威远年鉴

WEIYUAN YEARBOOK

2016

威远县人民政府 主办
威远县史志办公室 编纂

方志出版社
Publishing House of Local Records

图书在版编目（CIP）数据

威远年鉴.2016/威远县史志办公室编.—北京：
方志出版社，2016.12

ISBN 978-7-5144-2282-5

Ⅰ.①威… Ⅱ.①威… Ⅲ.①威远县—2016—年鉴
Ⅳ.①Z527.14

中国版本图书馆CIP数据核字（2016）第320375号

威远年鉴（2016）

编　　者：威远县史志办公室
责任编辑：黄　彦

出 版 人：冀祥德
出 版 者：方志出版社
　　　　　地址　北京市朝阳区潘家园东里9号（国家方志馆四层）
　　　　　邮编　100021
　　　　　网址　http://www.fzph.org
发　　行：方志出版社发行中心　（010）67110500
设计制作：成都益舟文化传播有限公司　（028）68889988
　　　　　网址　www.cdyzwh.cn
经　　销：各地新华书店
印　　刷：成都市金雅迪彩色印刷有限公司

开　　本：889×1194　1/16
印　　张：25
字　　数：887千字
版　　次：2016年12月第1版　　2016年12月第1次印刷
印　　刷：001~500册

ISBN　978-7-5144-2282-5　　定价：260.00元

威远名片

中国西部百强县

中国无花果之乡

中国民间文化艺术之乡

四川省环境优美示范县城

四川省丘陵地区经济强县

四川省首批扩权强县试点县

四川省“三农”工作先进县

婆城新貌

冷国文摄

2015 年 5 月 14 日，全市二季度项目集中开工仪式在威远县严陵工业园区举行　　县委宣传部供图

2015 年 4 月 12 日，中国工程院院士向仲怀教授（左一）在四川缔铂酒业有限公司调研桑葚产业发展情况
冷国文摄

2015 年 7 月 31 日，市委副书记、市长任晓春（右一）到川威集团调研　　县委宣传部供图

2015 年，威远县页岩气勘探开发取得重大进展　　县发改局供图

2015 年 8 月 2 日，威远县第二届无花果采摘节开幕　　余远文摄

2015 年 8 月 11 日，四川内江威宝食品有限公司的“威宝及图”注册商标被国家工商总局商标局认定为驰名商标　　周威摄

2015 年 3 月 16 日，威远县人民政府与中国农业大学举行无花果项目合作协议签约仪式　余远文摄

2015 年 6 月 10 日，威远县首批 20 个农村淘宝村级服务站在镇西镇杨家咀村集中开业　余远文摄

2015 年 6 月 24 日，威远县与广州川投投资有限公司举行桂圆种植基地项目签约仪式　县委宣传部供图

2015 年 10 月 23 日，威远县与四川巨洋文化旅游股份有限公司签订石板河景区投资合作协议

县旅游局供图

2015 年 11 月 29 日，“中国改革（2015）年会暨农村产权制度改革高层研讨会”与会领导和嘉宾到威远县调研万亩无花果基地 县委宣传部供图

2015 年，二环路西北段建设加快推进 冷国文摄

2015年7月8日，威远县第一个大型综合性公园——婆城公园建成开园

余远文摄

2015 年 12 月 26 日，内威荣高速公路建成通车　　冷国文摄

2015 年 5 月 19 日至 20 日，省关工委主任张中伟（前排左一）调研威远关心下一代工作　　余远文摄

2015 年 9 月 30 日，威远县在新店烈士陵园举行公祭烈士活动　　县委宣传部供图

2015 年 12 月 2 日，威远县第二届运动会在县体育馆闭幕　　县委宣传部供图

2015 年，威远县资助 395 名贫困大学新生，发放助学金 91 万元　　县委宣传部供图

2015 年，威远县特殊教育学校新校区投入使用　　冷国文摄

2015 年 2 月 2 日，威远县 10 名“爱心接力妈妈”与向义镇枇杷村 6 个留守儿童家庭开展“回家温暖幸福年”亲子活动　县委宣传部供图

2015 年，威远县新增就业 10617 人　　余向红摄

2015年，威远县新建公租房150套。图为建设中的东风花苑　　冷国文摄

2015年6月，县残疾人综合服务中心主体工程竣工　　冷国文摄

2015 年，县综合养老服务中心开工建设　　冷国文摄

2015 年，威远县建成“12349”为老服务信息平台　　余远文摄

五堡霞光　谢大宽摄

2015年7月，俯瞰牛头山　　陈　宁摄

2015年8月，曙光初照四方村　周崇镒摄

响潭子瀑布 缪体波摄

2015 年 4 月，长沙湖风光 冷国文摄

中国无花果之乡

威远县素有无花果种植的传统。近年来，通过业主带动、土地流转、企业加工，无花果产业成为威远县重点发展的特色优势产业之一，也是推进产村相融、促农增收的重要支撑。2014年7月，威远县被中国经济林协会命名为“中国无花果之乡”。2015年，全县无花果种植规模3500余公顷，总产量达5万吨，成为全国三大无花果种植大县之一。威远县依托无花果产业大力发展乡村旅游，努力建设国家AAAA级无花果主题公园，成功举办两次无花果采摘节。

无花果产业园

产村相融　　杨俊德摄

余远文摄

采摘之乐　　冷国文摄

整装待发

2015 年 8 月 2 日，威远县第二届无花果采摘节开幕式

无花果湖　崔海斌摄

闲情无花果园　阚小华摄

王金华摄

数字威远

●辖区面积 1289 平方千米

●城镇化率 46.18%

●空气质量达标率 92.3%

●总人口 729410 人

●实现国内生产总值（现价）2944307 万元

●第一产业 391144 万元

●第二产业 2011624 万元

●第三产业 541539 万元

●三次产业结构比为 13.29 ： 68.32 ： 18.39

●人均地区生产总值（现价）49451 元

●财政一般预算收入 75324 万元

●财政一般预算支出 297966 万元

●工业用电量 16.83 亿千瓦时

●社会消费品零售总额实现 754235 万元

●全年出口总额 2976 万美元

●进口总额 538 万美元

●境内公路里程 2637 千米

●公路货运周转量 502329 万吨千米

●公路客运周转量 650748 万人千米

●金融机构存款余额 1895491 万元

●贷款余额 1475354 万元

●城乡居民储蓄存款余额 1591586 万元

●全年保险公司保费收入 19806 万元

●全县有学校 94 所

●全社会固定资产投资完成 1697362 万元

●城镇居民人均可支配收入 26544 元

●农民人均纯收入 11850 元

●农民人均生活消费支出 7073 元

●招商引资项目到位市外投资 1070214 万元

●全年粮食播种面积 63266 公顷

●农林牧渔业总产值（现价）672307 万元

●卫生机构（含卫生站、村卫生站、所）536 个，实有病床床位数 3444 张

（数据来源：威远县统计局）

《威远年鉴（2016）》编纂委员会

《威远年鉴（2016）》编辑部

地　　址：四川省威远县严陵镇西街 2 号

邮　　编：642450

电　　话：0832-8222362

邮　　箱：wyszb2011@163. com

编辑说明

一、《威远年鉴》是威远县人民政府主办、威远县史志办公室编纂的年度资料性文献，自2010年起，逐年编辑出版。

二、《威远年鉴（2016）》以马克思列宁主义、毛泽东思想、邓小平理论、“三个代表”重要思想、科学发展观为指导，深入贯彻党的十八大及十八届三中、四中、五中全会精神以及习近平总书记系列重要讲话精神，客观记述威远县“五位一体”建设的历史进程，为各级领导、决策者、管理者以及社会各界了解和研究威远提供基本资料，并为志书编纂做必要的资料准备。

三、《威远年鉴（2016）》按分类编辑法，设特载、威远概览、2015年大事记、中共威远县委、威远县人民代表大会、威远县人民政府、政协威远县委员会、纪检监察、法治、群众团体·工商联、武装、农业、工业、商贸服务业、财政·税务、金融、信息服务业、综合经济管理、城市建设与管理、交通·邮政、环境保护、教育、科学技术、文化、卫生·体育、人力资源和社会保障、社会生活、镇域概况、婆城人物、榜上有名、附录31个类目。条目为记述的基本单位，其标题用黑体加“【】”表示。

四、“先进人物”收录威远县在2015年内受到国家级部门、中共四川省委、四川省人民政府、中共内江市委、内江市人民政府、内江军分区、中共威远县委、威远县人民政府表彰的先进个人；“逝世人物”收录2015年逝世的、较有影响的威远籍副县（处）级（含）以上领导、高级知识分子和曾在威远担任过副县（处）级以上的干部、享受地（县）级以上政治生活待遇的离休干部。

五、年鉴中收录的各单位领导干部名录、各村（社区）负责人名单均以记述年度内实际任职时间为准。先进单位、先进个人名录则以记述年度内获奖文件的时间为准。

六、《威远年鉴》所载信息资料和图片均由各单位提供，经年鉴编辑部整理编纂，并经年鉴编纂委员会审核而成。主要数据由威远县统计局提供，部分数据经撰稿单位核实后提供。年鉴中所有“上年”均指“2014年”，除特载外，计量单位亩、公斤、公里均换为公顷、千克、千米。

七、《威远年鉴（2016）》卷首有中文目录和英文要目，卷末有按汉语拼音排列的主题分析索引，读者所需信息可由目录、索引获得。

八、《威远年鉴》的编辑出版得到全县各单位的大力支持，在此深表谢意。由于编者水平有限，难免有疏漏、不足之处，欢迎读者批评指正。

目 录

CONTENTS

特 载

威远县“十二五”经济社会发展综述

五年，白驹过隙，一个城市新的发展格局已经建立，“工业”已不再是威远单一的城市标签。

成自泸赤高速公路建成通车，结束了威远没有高速公路的历史，让威远一举融入“天府新区1小时经济圈”；

新建建业大道、凤凰大道、威远大道，打通了全长12千米的县城二环路，初步搭建起中等城市道路骨架；

新兴产业发展壮大，页岩气勘探开发取得重大突破，年产能达10亿立方米，威远成为全国第一个使用页岩气的城市；

建成安置还房28.5万平方米、改造棚户区8386户，4000套保障房拔地而起……

五年来，威远积极适应经济发展新常态，加快经济结构调整步伐，新的产业格局正在形成，整个城市的形态也发生了巨大的变化，已拥有中国无花果之乡、中国民间文化艺术之乡、全省丘陵地区先进县等头衔，正昂首阔步向“宜居、宜业、宜游”的川南城市迈进……

经济运行稳中有进　综合实力大幅提升

数字看发展。威远县2015年主要经济指标与2010年相比，均有明显提升：GDP年均增长11.4%，人均GDP实现翻番；地方一般公共预算收入扩大至1.6倍，年均增长10.1%；全社会固定资产投资扩大至2.3倍，年均增长19.8%……四川省统计部门发布的数据显示，威远县经济综合实力排名全省181个县市区的23位，比2010年提升8位。

回眸这五年，威远县将加快转变经济发展方式这条主线贯穿始终，带着光荣和梦想走上科学发展之路：

从工业看，高新技术与工业经济的激情碰撞、续写发展传奇，产业文明和现代城市建设和谐共生、完美融合，“绿色”成为威远发展的颜色。

威玻六期、七期池窑拉丝项目投

2015年，成自泸赤高速公路威远牛拉栓大桥　（夏向前　摄）

2014年，威玻第七期池窑拉丝项目投产达效 （余远文 摄）

产达效，玻纤新材料产业逆势上扬、产销两旺，总产值年均增长23.2%，成功跻身中国同行业前列。

位于威远县向义工业开发区的内江东工设备制造股份有限公司注重技术更新，先后为云南、贵州等地区的大、中型水电站工程提供设备，产品覆盖全国，遍及西南、西北，其产品和服务质量位列国内同行业一流水平。

科学技术的创新，为企业插上了腾飞的翅膀，绿色崛起，挺起了威远的产业脊梁。目前，威远已累计建成国家高新技术企业13个、省级创新型企业10个。

2015年，全县高新技术产业实现产值61.45亿元，高新技术产业产值占规模以上工业总产值比重12.4%，分别比“十一五”末增长1.9倍和7.2个百分点。

值得一提的是，威远页岩气勘探开发也取得重大突破，年产能达10亿立方米，威远成为全国第一个使用页岩气的城市。

从农业看，威远成功探索形成农业BOT模式，成片发展无花果3万余亩，无论种植规模、生产技术，还是初加工链条都走在了全国前列。

同时，已建成“设施蔬菜”“柠檬”“大头菜”“香葱”“白萝卜”“无花果”“辣椒”等9个现代农业产业万亩示范区。

强村富民，农民人均纯收入提高到2010年的2倍，城镇居民人均可支配收入提高到2010年的1.8倍。

从服务业看，旅游发展进入快车道，船石湖旅游小镇道路骨架初步形成，石板河引爆了威远旅游，打响了“天下穹窿·魅力威远”旅游品牌。

全县电子商务异军突起，全县网上交易额成倍增长，被评为全国电子商务进农村“开拓型示范县”。

“十二五”期间，威远服务业税收贡献率比2010年提高了38.7个百分点。

道路串起都市生活 城市彰显生态魅力

2012年9月10日，成自泸赤高速公路（威远段）正式建成通车，结束了威远没有高速公路的历史，让威远融入了“成都1小时经济圈”，成为川南地区距成都最近的县城；

2015年底，内威荣高速公路建成通车，全县高速公路里程达87千米，出口7个，其中县城周边4个，威远人通达八方的梦想成为现实。

同时，国、省道行政规划调整后，全县拥有国道1条、省道5条，里程突破200千米。普通公路里程达到4569千米，全县实现了“村村通”。

来去自如，通道蕴藏门道。越来越多的威远企业开始借助便捷的交通网络，将产品卖出中国，卖到全球。曾藏于威远山岭沟壑中的穹窿美景也因交通的改善得到进一步开发。

如今，石板河、老君山古寨文化旅游景区、穹窿地貌核心区、慈菇塘森林公园等旅游景区，开始吸引更多人来这里“漫步云端、踏水看山”。

城区内，建成通车的二环路东段、花城路、凤凰大道、建业大道、威远大道等城市道路车辆川流不息，现代都市气息扑面而来。

交通圈拓展城市圈。如今，威远4平方千米的北部新区、5平方千米的南部工业园区已具雏形，县城建成区面积达到19.7平方千米；严陵、连界、镇西被纳入国家级重点小城镇，全县城镇化率提高了7.8个百分点。

同时，贡威路新农村示范片“一心一轴两环”格局基本形成，示范片内道路四通八达，产业特色鲜明，乡村风光优美。建成新农村综合体3个，改造农房1.6万余户，形成了独具特色的婆城民居风格。

以人民群众为本 发展成果惠及群众

威远县靖和镇三望村9组村民袁

守付，是三望村典型的贫困户。收入全靠5亩庄稼地，日子过得捉襟见肘。

2013年，县扶贫办联合林业局等部门为其送来了700余株无花果，并定期组织专家指导种植技术。如今，靠着无花果种植，小日子越过越舒心。

从“输血救助”到“造血共赢”。“十二五”以来，威远县以提升贫困户发展能力为重点，增强贫困户自身造血功能。利用财政专项扶贫资金项目，新发展无花果5009亩，新建钢架大棚60677平方米……受益贫困人口人均增收1500元，实现1.2万贫困人口脱贫。

安居乐业，是百姓的朴素愿望。保障和改善民生，是威远党委政府工作的出发点和落脚点。

五年来，城镇登记失业率连年控制在4%以内，五项社会保险覆盖面逐年扩大。

五年来，新改建农村敬老院8所，五保供养率提高5个百分点，城乡低保标准分别由2010年的每人每年2340元、1500元提高到4800元、2460元。

2015年，威远城西新貌 （谢大宽 摄）

五年来，累计建成安置还房28.5万平方米、廉租房809套、公租房3177套，改造棚户区8386户。

五年来，城乡居民用水、用电、用气、通信、广电网络等条件明显改善，教育、卫生、文体等社会事业蓬勃发展，社会公共服务进一步健全。安全生产形势根本性好转，社会治安防控体系趋于完善……

历尽天华成此景，人间万事出艰辛。“十三五”时期，是全面建成小康社会的决胜期、经济转型的关键期、全面深化改革的攻坚期、威远大有可为的机遇期。威远将坚定不移地走好符合威远实际的创新、协调、绿色、开放、共享发展之路，为决战决胜全面小康努力奋斗！

（徐 静）

威远县国民经济和社会发展第十三个五年规划纲要（摘要）

一、指导思想和奋斗目标

（一）指导思想：高举中国特色社会主义伟大旗帜，全面贯彻党的十八大和十八届三中、四中、五中全会精神，以邓小平理论、“三个代表”重要思想、科学发展观为指导，深入贯彻习近平总书记系列重要讲话精神，坚持“四个全面”战略布局，贯彻创新、协调、绿色、开放、共享发展新理念，坚持发展第一要务，以提高发展质量和效益为中心，加快形成引领经济发展新常态的体制机制和发展方式，保持发展定力，坚持稳中求进，统筹推进经济建设、政治建设、文化建设、社会建设、生态文明建设和党的建设，确保如期全面建成小康社会，为实现第二个百年奋斗目标、把威远建设成为经济发达、交通便捷、社会和谐的西部丘陵地区经济强县奠定更加坚实的基础。

（二）全面建成小康社会的主要目标

党的十八大提出了到2020年全面建成小康社会的宏伟目标，十八届五中全会又确定了全面建成小康社会新的具体要求。今后五年，努力实现以下目标：

经济保持中高速增长。增速继续保持高于全国平均水平，到2020年实现地区生产总值和城乡居民人均收入比2010年翻一番以上，人均地区生产总值与全国平均水平的差距明显缩小，主要经济指标平衡协调。

经济结构进一步优化。工业化和信息化融合发展水平进一步提高，产业迈向中高端水平，新产业新业态不断成长，服务业比重进一步提升，农业现代化取得明显进展。投资对增长的关键作用充分发挥，消费对增长贡献稳步提高。城乡差距和区域差距缩小，发展空间格局更加优化。

人民生活水平和质量全面提高。就业、教育、社保、医疗、住房等公共服务体系更加健全，基本公共服务均等化水平提高，劳动人口受教育年限明显增加。收入差距缩小，中等收入人口比重上升。现行标准下农村贫困人口实现脱贫。

全民素质和社会文明程度显著提高。中国梦和社会主义核心价值观更加深入人心，爱国主义、集体主义、社会主义思想广泛弘扬，向上向善、诚信互助的社会风尚更加浓厚，人民的思想道德素质、科学文化素质、法治意识、规则意识、健康素质明显提高，公共文化服务体系基本建成，文化产业在全县经济中的比重进一步加大。

生态环境质量持续改善。低碳绿色生产方式和生活方式基本形成，能源和水资源消耗、建设用地、碳排放总量得到有效控制，主要污染物排放总量控制和工业固体废弃物综合利用率达标，主体功能区布局和生态安全屏障基本形成，森林覆盖率保持在较高水平，城乡生态环境明显改善。

各方面体制机制更加完善。治理体系和治理能力现代化取得重大进展，全面深化改革取得制度性成果，系统完备、科学规范、运行有效的制度体系基本形成。人民民主不断扩大，法治政府建成，司法公信力明显提高，产权得到有效保护。开放型经济新体制基本形成。党的建设制度化水平显著提高。

具体目标建议是：到“十三五”末，地区生产总值年均增长8.0%，三次产业比重调整为12∶68∶20；全社会固定资产投资年均增长6.0%；地方一般公共预算收入年均增长4.0%；规模工业增加值年均增长9.0%；社会消费品零售总额年均增长12%；城镇居民人均可支配收入年均增长8.0%；农村居民人均可支配收入年均增长9.0%；城镇登记失业率控制在4.1%以内；城镇化率年均提高1.2个百分点；万元GDP能耗在“十二五”基础上再降低10%。

二、坚持创新发展，培育经济增长新动力

创新是引领发展的第一动力。抓创新就是抓发展，谋创新就是谋未来。必须把创新摆在发展全局的核心位置，把发展基点放在创新上，不断推进科技创新、制度创新、文化创新，激发各类创新主体活力，加快形成以创新为主要引领和支撑的经济体系和发展模式，加快实现发展动力转换，让创新在全社会蔚然成风。

（一）实施创新驱动发展战略，大力推进科技创新。

发挥科技创新在全面创新中的引领作用，加强基础研究，重视原始创新，重点推动集成创新和引进消化吸收再创新。努力在科技成果转化、科技金融、人才引进等领域探索出新路子。

引进消化吸收再创新、形成自有知识产权和核心竞争力的经验。强化企业技术创新主体地位，让市场成为优化配置创新资源的主要手段，积极引导创新资源向企业集聚，促进企业真正成为技术创新主体，加速培育一批创新型领军企业，支持科技型中小企业健康发展。

瞄准瓶颈制约问题，力求在关键领域和核心环节取得重大突破。构建产学研用合作创新联盟，建设一批科技产业化平台。加大科技金融创新力度，促进科技成果资本化、产业化。

加快科技成果产权制度、收益分配制度和转化机制改革。推动政府科技管理职能从研发管理向创新服务转变，完善政府科技决策咨询制度，集中支持事关发展全局的基础研究和关键共性技术研究，着力优化创新环境。

（二）推动大众创业、万众创新，构建产业新体系。

构建有利于“双创”并进的政策环境、制度环境和公共服务体系，广泛吸引科研人员、大学生、域外人才来威创业，激发全社会创业创新活力。

发挥金融创新对技术创新的助推作用，发展天使投资、创业投资、产业投资，完善科技金融结合机制，加大各类金融工具协同支持创新力度，推动科技金融产业融合发展。

培育多点支撑产业体系。瞄准国际国内同行业标杆，推进品牌建设，推动传统优势产业转型升级，提高科技含量和产品档次。加快发展战略性新兴产业，抢占未来产业制高点。推广新型孵化模式，鼓励发展众创、众包、众扶、众筹空间。

建设规模较大、集中度高、竞争力强的特色工业园区，推动优势产业集聚集约发展。支持企业开展跨行业、跨区域、跨所有制兼并重组，培育一批核心竞争力强的企业集团。完善落后产能退出机制，建立健全防范和化解产能过剩长效机制，遏制低水平重复建设。

（三）挖掘消费、投资、出口潜力，全面释放新需求。

我县经济发展的回旋余地和强劲韧性就在于巨大的需求潜力。必须促进消费、投资、出口协调增长，培育需求新增长点。

发挥消费对增长的基础作用。着力扩大居民消费，以扩大服务消费为重点，带动消费结构升级，打造多点支撑的消费增长格局，引导消费向智能、绿色、健康、安全方向转变。着力改善消费环境，促进养老家政健康消费，引导和做大信息消费，提质旅游休闲消费，扩大教育文化体育消费。推动绿色消费，探索信用消费。

发挥投资对增长的关键作用。全面对接“一带一路”、长江经济带建设、西部大开发等国家战略，围绕经济社会发展的薄弱环节和关键领域，优化投资结构，增加有效投资，新上一批事关长远发展的重大产业、基础设施、新型城镇化、生态环保、公共产品和公共服务项目。加快建设省、市级重点工程，大力推进城乡建设、交通建设、产业基础设施建设。创新融资方式，拓展融资渠道，完善公共基础设施建设投融资体制，推广政府和社会资本合作模式，撬动社会资本投融资，保障重大投资项目资金需求。

发挥出口对增长的促进作用。立足特色、厚植优势、龙头带头、多元发展，创新技术、产品、管理、营销模式，优化出口结构，扩大贸易规模，培育外向经济新优势。全方位、多层次、宽领域、大力度提升出口导向型产业的科技含量和附加值，不断壮大资本和技术密集型产业，提高我县优势产业在全国、全省价值链中的地位。

（四）转变农业发展方式，大力发展现代农业。

着力构建现代农业产业体系、生产体系、经营体系，推动现代粮经饲统筹、种养加一体、农牧渔结合、一二三产业融合发展，走产出高效、产品安全、资源节约、环境友好的农业现代化道路。

稳定农村土地承包关系，探索实现所有权、承包权、经营权三权分置的有效途径，依法推进土地经营权有序流转。

大力培育新型职业农民和新型农业经营主体，加快推进多种形式的农业适度规模经营，着力构建新型农业经营体系。

完善农村集体产权，深化农村金融改革，完善农业保险制度。坚持最严格的耕地保护制度，严守耕地红线，推进农村土地综合整治和高标准农田建设，加强机耕道标准化改造，加快完善农业基础设施。

加强粮食等农产品产能建设，优化农业产业布局，加快形成各具优势和特色鲜明的农业产业基地、现代农业示范区。推进农业结构战略调整，推进产业链和价值链建设，稳定发展粮油产业，稳定粮食总产量，加快发展特色畜牧业和特色高效经作产业，重点扶持发展休闲农业。

推进农产品加工业加快发展，提升农产品精深加工度。推进农业标准化和信息化，健全从农田到餐桌的农产品质量安全全过程监管体系、现代农业科技创新推广体系、农业社会化服务体系，提高农业机械化水平。

推进现代农业改革试点示范，加快建设一批省级现代农业示范园。

（五）强力实施工业强县战略，构建新型工业化。

坚持以信息化带动工业化，以工业化促进信息化，走出一条科技含量高、经济效益好、资源消耗低、环境污染少、人力资源优势得到充分发挥的新型工业化路子。坚持在提质增效中“盘活存量”，在高端引进中“做大增量”，加强技术改造和创新，实现产业结构、产品结构、企业组织结构的优化升级。加快冶金、建材、化工、食品等传统产业技术改造，推进传统产业转型升级，培育以技术、标准、品牌、质量、服务为核心的竞争新优势。

着力培育支柱产业，构建多点支撑的工业产业格局。全力支持钒钛合金、精细化工、建材新材料、绿色食品和机械制造升级改造，促进五大产业做大做强。大力培育以机械制造、汽车零部件为重点的装备制造业，以玻纤、特种陶瓷为重点的新材料产业，以页岩气开发为重点的新能源产业，以食品、油料加工为重点的农产品加工产业，以生物医药、健康养老产业为重点的大健康产业。

着力建设特色产业园区，培育特色产业集群。依托现有开发区和工业园区，对接国家产业发展方向，发挥区域比较优势，明确产业定位，培育特色产业园区，提高产业集中度。连界工业园区重点发展钒钛钢铁、冶金建材等传统优势产业，突出发展以钒资源综合开发利用为核心的战略性新兴产业，不断延长钒钛产业链条，建设大规模储能钒电池电解液关键技术工程研究平台，开发钒电池电解液、电石、高品质富钛料等战略性新兴产品，打造西部钒钛资源综合利用基地；严陵工业园区重点发展以威玻集团为主的玻纤新材料工业园、以白塔集团为主的建材工业园和中小企业园等特色园区，大力培育发展机械制造、电子信息、新材料等战略性新兴产业；镇西食品工业园区以绿色食品为主导，开展特色农产品精深加工，延长食品产业链，做大做强农业优势特色产业。

（六）促进服务业创新发展，培育现代服务业。

大力推动服务业现代化。推动生产性服务业向专业化和价值链高端延伸，推动生活性服务业向精细和高品质转变，推动制造业由生产型向生产服务型转变。推动服务业与现代农业、新型工业融合发展，着力建设一批生产性服务业集聚区和功能区。完善现代物流基础设施，加快发展第三方物流，促进现代交通、邮政快递、物流配送、电子商务与现代产业体系的对接、配套和融合。重点推动和支持教育、健康、养老、休闲、娱乐等与民生密切相关的服务业发展。改造提升批发零售、住宿、餐饮等传统服务业，促进传统服务业做优做强。

加强旅游强县建设。深入挖掘穹窿山水、穹窿古寨、穹窿文化、穹窿气候等特色旅游资源，创响“天下穹窿.魅力威远”品牌，把威远打造成国际知名的穹窿休闲度假旅游目的地。坚持“全域旅游”理念，以“旅游引领”的思路带动县域内各相关产业联动发展，实现“工旅并进”。围绕“新老旅游6要素”，着力实施“1336”旅游发展计划，即“构建一个全域旅游支撑体系（船石湖旅游小镇、交通建设、产业配套等），打造山水游乐、山地运动、休闲康养三大特色品牌，建设石板河、俩母山古寨群、慈菇塘森林公园三大拳头景区，发展长葫峡谷、无花果国家农业公园、中华感恩园、工业旅游、凤凰寨、韦家沟6个旅游培育区”。充分利用川南区域性交通枢纽的地理区位优势，以景区建设为核心，进一步加大石板河、船石湖AAAA级景区建设力度，进一步加快牛头山AAAA级景区、无花果国家公园等新兴景区的招商和开发速度，实现旅游景区建设稳步推进、突破推进、系统推进。充分挖掘“牛灯舞”“石坪山歌”“三威工业文明”“威远羊肉汤”等穹窿文化，实现旅游产业与文化业、服务业和工业的融合发展。充分挖掘农业资源特色，发展传统田园风光基础上的创意旅游（石板河倪家堰）、果林基础上的采摘休闲旅游（无花果公园）、乡村综合体基础上的体验旅游（四方新村）、核心景区辐射基础上农家配套旅游（船石村），实现旅游业与农业的有机融合，推动传统的农业经济向“旅游业+现代服务业+特色农业”的产业集群转型升级。

（七）推动信息化与经济社会深度融合。

实施“互联网+”行动计划，催生发展新形态、新业态，发展分享经济。支持基于互联网各类创新，有序推进“互联网+”农业、金融、交通、电力、安全、文化、教育、医疗、环保、旅游、物流、家居等发展，推进产业组织、商业模式、供应链、物流链创新，促进互联网和经济社会融合发展。

对接国家实施网络强国战略，着力建设“光网威远”“无线威远”“高清威远”，推进“三网融合”，构建高速、移动、安全的新一代信息基础设施。发展物联网技术和应用，提升信息安全保障能力。

推动大数据广泛深度应用，深入挖掘数据资源经济社会价值，推进大数据开放共享，推动云技术创新发展，发展大数据产业。加快电子政务云建设。

（八）加快建设现代基础设施，夯实发展新支撑。

坚持网络化布局、智能化管理、一体化服务的方向，实施重大公共设施和基础设施工程。

构建川南区域性交通枢纽。做好蓉昆高铁成都至自贡段途经威远的争取工作，力争在威远设立站点。立足川南交通一体化、经济一体化发展，规划建设内威荣高速公路（威远段）连接线及城市快速通道。以“30分钟内江”为指导思想，以调整后的国省道路网为重点，继续提升国省道及重要经济干线公路技术等级和运输服务能力。加大农村公路提升改造力度，重点解决镇与镇之间、村与村之间联网路、镇村出境路及产业园区路发展滞后问题，全面提升农村公路路面等级，真正做到外连内通，解决群众出行难问题。

构建煤电气互为补充的能源保障网。大力发展清洁新能源，加快页岩气开发利用，加强能源通道建设。

构建河湖库功能互补的水利设施网。推进除险加固、续建配套、河流治理、节水改造、农田水利、安全饮水工程建设，加快建成山洪地质灾害防御体系。

构建服务产业深度融合的新一代信息网。全面实施城市基础设施网络完善工程和宽带乡村工程。构建配套安全高效的城镇基础设施网，实施城市地下管网改造工程，加强城市公共交通、防洪防涝、公共消防等设施建设。统筹城乡基础设施建设，推动基础设施城乡互联互通、共建共享。

（九）全面深化改革，健全有利于创新发展的体制机制。

加大结构性改革力度，加快形成有利于创新发展的市场环境、产权制度、投融资体制、分配制度、人才培养引进使用机制。

深化行政管理体制改革。进一步转变政府职能，优化职能配置，持续推进简政放权、放管结合、优化服务，提高政府效能。加快事业单位分类改革，推进政事分开、事企分开和管办分离。统筹党政群机构改革，严格机构编制管理和领导职数管理。扩大经济发达镇经济社会管理权限。

鼓励、支持、引导非公有制经济发展。鼓励民营企业依法进入更多领域，引入非国有资本参与国有企业改革，更好激发非公有制经济活力和创造力。推进产权保护法治化，保护各种所有制经济产权和合法利益。开展非公有制经济参与国有企业改革试点。

推进供给侧改革。清理僵尸企业，淘汰落后产能，调整经济结构，实现要素最优配置，提升经济增长的质量和数量。优化企业发展环境，完善公平竞争、促进企业健康发展的政策和制度，不断降低企业生产性、经营性、外在性成本。拓宽多种融资渠道，着力解决企业融资难、融资贵等问题，支持有条件企业“新三板”挂牌。强化创业政策扶持。激发企业家精神，依法保护企业家财产权和创新收益。

深化市场配置要素改革。加快形成统一开放、竞争有序的市场体系，优化劳动力、资本、土地、技术、管理等要素配置。建立统一高效的人力资源市场体系，破除人力资源市场的城乡、地区、行业分割和身份歧视，维护劳动者平等就业权利。建立城乡统一的建设用地市场，稳妥推进宅基地管理改革试点，完善工业用地配置方式，引导集约高效开发利用建设用地。加快形成主要由市场决定价格的机制。培育、壮大、发展和利用好资本市场，扩大直接融资比重。

深化财税体制改革。稳步推进营改增、消费税、资源税、环境保护税、房地产税、个人所得税等税制改革和综合治税。清理规范财税优惠政策，规范非税收入管理，提高财政收入质量。健全政府预算体系。探索编制县级重大改革、重大项目、重要政策中期财政规划。

深化金融体制改革。支持商业性金融、开发性金融、政策性金融、合作性金融发展，形成多层次、广覆盖、有差异的银行机构体系，提高金融服务实体经济效率。发展普惠金融，扩大民间资本进入银行业，推动融资性担保机构全覆盖，推进再担保体系建设，着力加强对中小微企业、农村特别是贫困地区金融服务。提高金融机构管理水平和服务质量，降低企业融资成本。

三、坚持协调发展，构建平衡发展新格局

协调是持续健康发展的内在要求。必须正确处理发展中的重大关系，统筹推进区域协同、城乡一体、物质文明和精神文明并重，在协调发展中拓展发展空间，在加强薄弱领域中增强发展后劲，始终注重发展整体性、系统性、协同性。

（一）加快城镇一体化，促进区域协调发展。

塑造资源高效配置、要素有序自由流动、主体功能约束有效、基本公共服务均等、资源环境可承载的区域协调发展新格局。

进一步优化空间布局、明确产业定位、发挥功能作用，特别是立足未来威远的川南区域性交通枢纽地位，对接“一带一路”、西部大开发和长江经济带建设等国家区域发展战略，形成核心引领、板块联动、极带互动、多点支撑的竞相发展新格局。

加快推进川南城市群规划、基础设施、产业发展、公共服务、要素市场、环境保护等一体化。建立健全与

主体功能区制度相适应的投资、财政、产业、土地、环境等发展政策，实施差别化区域绩效考核评价体系。培育县域特色产业，深入推进特色县域经济强县建设。

（二）加快推进新型城镇化，促进城镇协调发展。

深入贯彻落实中央城市工作会议精神，转变城市发展方式，完善城市治理体系，提高城市治理能力，着力解决“城市病”等突出问题，不断提升城市环境质量、人民生活质量、城市竞争力，建设和谐宜居、富有活力、富有特色的现代化城市，提高新型城镇化水平。坚持以人的城镇化为核心，坚持走城市和产业并进发展的道路，进一步增强产业和基础设施支撑能力，重点推进新区建设，改造更新老城区，加快发展小城镇和重点农村社区，构建新型城镇化推进新格局。

县城新区：按照“突出向北，重点向西”的总体要求和“西扩北拓南延”的发展布局，将产业功能、城市功能和生态功能融为一体，建好15平方公里的县城新区。重点打造“一路一河”即威远河城区段和川威大道沿线的城市新区建设，加快推进高铁新城、商贸城和城市综合体建设。

旧城改造：加快实施城中村、老旧院落、背街小巷改造提升工程，推进城市棚户区改造。重点实施县城罗家坝片区、杨家坝片区城市棚户区和花塘片区、威玻老厂区旧城改造，分步推进县城老旧院落改造整治。

城市基础设施：完成二环路西北段拓宽改造，加快吴荣路快速通道、罗家坝、高铁新城片区等市政道路体系建设，启动城北和城东入城线建设，全面实施广场街、荷花街、老南街等旧城道路改造。重点推进威远河（清溪河）综合治理工程，实施圆顶山公园、花城公园、杨家坝湿地公园等五大公园建设。

小城镇及农民新村：明确镇域主导产业，加快推进“一镇一品”“一镇一业”，打造一批经济强镇、产业重镇和文化旅游名镇。重点抓好船石湖旅游小镇建设，着力推进石板河等AAAA级旅游景区建设。配套完善新型农村水、电、路、气、网等基础设施和文化、卫生、消防等公共服务设施，开展农村人居环境整治行动，加速推进农村环境整治和长效保洁机制建设，建设美丽宜居新村。

（三）推动文化建设，促进物质文明与精神文明协调发展。

坚持“两手抓、两手都要硬”，坚持社会主义先进文化前进方向，坚持以人民为中心的创作导向，坚持把社会效益放在首位、社会效益和经济效益相统一，加快文化改革发展，建设文化强县。

加强精神文明建设。坚持以邓小平理论、“三个代表”重要思想、科学发展观和习近平总书记系列重要讲话精神武装头脑、指导实践、推动工作，用中国梦和社会主义核心价值观激发活力、凝聚共识、汇聚力量。大力弘扬民族精神、科学精神和时代精神，以正面、鼓劲、鲜活、生动和富民、强县为主基调、主旋律，加强和改进基层宣传思想文化工作，深化群众性精神文明创建活动。加强公民思想道德建设和社会诚信建设，进一步提升全民文明素质。

大力发展文化事业。实施重大文化工程，扶持优秀文化产品创作生产，繁荣发展文学艺术、新闻出版、广播影视事业。实施文化惠民工程，创新公共文化服务方式，加强公共文化产品和服务供给。构建现代公共文化服务体系，促进基本公共服务标准化、均等化，保障人民基本文化权益。完善文化基础设施，加快推进文化体育中心建设，做好“三馆”、公共体育场和20个镇文化站等设施的免费开放，并形成1个以上的服务品牌。推进基层综合性文化服务中心建设，推动文化资源向基层和农村倾斜。建立广播电视公共服务网点和固定电影放映点，县城数字影院配置2k数字放映设备。加强地方史志研究，传承并发扬石坪山歌等优秀传统文化，加大文物保护和非物质文化遗产保护力度。发展体育事业，推广全民健身，增强人民体质。

坚持正确舆论导向。把正确导向贯穿到媒体发展的各环节和全过程，健全社会舆情引导机制，加强社会舆情应急管理，切实提高舆论引导能力和水平，传播正能量。加强网上思想文化阵地建设，实施网络内容建设工程，发展积极向上的网络文化，净化网络环境。优化媒体结构，规范传播秩序。推动传统媒体与新兴媒体融合发展，加快媒体数字化建设，培育壮大一批新型主流媒体，加快县广播电视台标准化建设，逐步推进采、编、播设备高清换代，全面完成广播电视台全台网建设。

（四）积极支持国防建设，促进军民融合发展。

大力实施军民融合发展战略，形成全要素、多领域、高效益的军民深度融合发展格局。推进军民融合科技创新、公共信息、成果孵化等公共服务平台建设。加强全民国防教育和后备力量建设，密切军政军民团结。

四、坚持绿色发展，建设生态文明新家园

绿色是人民对美好生活追求的重要体现。良好生态环境是最公平的公共产品，是最普惠的民生福祉。坚持绿色富县、绿色惠民，把生态文明建设摆在突出的位置，融入经济建设、政治建设、文化建设、社会建设和党的建设各方面和全过程，全面推进生态文明建设，加快推动生产方式和生活方式的绿色化，走生产发展、生活富裕、生态良好的文明发展之路，形成人与自然和谐发展的现代化建设新格局。

（一）健全生态文明制度体系。深化生态文明体制改革，构建产权清晰、多元参与、激励约束并重、系统完整的生态文明制度体系。建立归属清晰、权责明确、监督有效的自然资源资产产权制度，全面建成不动产统一登记体系，健全自然资源资产管理和监管体制，建立国土空间保护制度，建立生态红线制度，完善空间规划体系。建立以改善环境质量为导向，监管统一、执法严明、多方参与的环境治理体系；建立交叉运用经济杠杆进行环境治理和生态保护的市场体系。改革生态环境保护管理体制，改革环境治理基础制度，建立覆盖所有固定污染源的企业排放许可制，建立实时在线环境监控系统。健全生态环境保护责任体系，完善和落实生态环境损害赔偿和责任追究制度，健全充分反映资源消耗、环境损害、生态效益的生态文明绩效评价考核和责任追究制度。完善生态文明道德文化制度，健全生态文明公众参与机制。

（二）全面节约和高效利用资源。树立节约集约循环利用的资源观。强化约束性指标管理，实行能源和水资源消耗、建设用地等总量和强度双控行动。实施全民节能行动计划，提高节能、节水、节地、节材、节矿标准，开展能效、水效领跑者引领行动。实施最严格的水资源管理制度，以水定产，建设节水型社会。坚持最严格的节约用地制度，调整建设用地结构，降低工业用地比例，推进城镇低效用地再开发和工矿废弃地复垦，严格控制农村集体建设用地规模。开展重金属污染耕地修复治理和种植结构调整试点，在重金属重度污染区探索实行耕地轮作休耕制度试点。加强资源环境生态价值观教育，培养公民环境意识，推动全社会形成绿色消费自觉。倡导合理消费，力戒奢侈浪费，制止奢靡之风，推动形成勤俭节约的社会风尚。

（三）推动低碳循环发展。支持绿色清洁生产，引导绿色投资、绿色生产、绿色消费，建设绿色城镇，发展绿色产业，推动建立绿色低碳循环发展体系。实施循环发展引领计划，按照减量化、再利用、资源化的原则，转变资源利用方式，加快建立循环型工业、农业、服务业体系，深入推进全社会节能减排，大力推广循环经济典型模式，全面促进资源节约循环高效利用，推动循环发展。推进能源革命，加快能源技术创新，加快发展页岩气开发，加强储能和智能电网建设，发展分布式能源，建设清洁低碳、安全高效的现代能源体系。实行公共交通优先，鼓励自行车等绿色出行，推进交通运输低碳发展。提高建筑标准化、产业化、工厂化水平，推广绿色建筑和建材。加快发展节能环保产业，推动低碳发展。

（四）加强生态保护和环境治理。严格落实主体功能区制度，科学合理划定生产、生活、生态空间管制界限，划定农业空间和生态空间保护红线，严守资源消耗上限、环境质量底线、生态保护红线，构建科学合理的城市化格局、农业发展格局、生态安全格局。支持重点生态功能区建设，强化水源头和水源涵养区生态保护。实施山水林田生态保护和修复工程，构建生态廊道和生物多样性保护网络，全面提升森林、河流等自然生态系统稳定性和生态服务功能，构建生态保护屏障。开展大规模的国土绿色行动，推进林业重点工程建设，加强天然林保护。深入实施大气、水、土壤污染防治行动计划，实施工业污染源全面达标排放计划，实行城镇生活污水垃圾处理设施全覆盖和稳定运行，解决人民群众反映强烈的突出环境问题。继续推进清溪河综合治理，突出抓好老工业基地搬迁改造和重点区域治理。坚持城乡环境治理并重，加大农业面源污染治理力度，统筹农村饮用水安全、改水改厕、垃圾处理，推进种养业废弃物资源化利用、无害化处置。加强地质灾害防治，加快气象灾害监测预警体系建设。

（五）构建主体功能明确的空间布局。落实国家、省、市主体功能区战略，树立底线思维，整合全县国土利用规划、城市建设规划、资源环境保护规划等相关空间管制，统一底图，科学划分全域城镇、农业、生态三类空间，统筹推进聚集开发、分类保护和综合整治，促进空间利用结构优化。加大对农产品主产区和重点生态保护区的扶持力度，强化激励性补偿，探索建立横向补偿机制。建立由空间规划、用途管制、领导干部自然资源资产离任审计、差异化绩效考核等构成的空间治理体系。

五、坚持开放发展，拓展互利共赢新领域

开放是走向繁荣发展的必由之路。要主动对接国家“一带一路”战略，坚持内外需并重、进出口并重、引资和引技引智并重、引进来和走出去并重，加强对外经贸交流，深化多层次区域合作，进一步提升开放型经济发展水平。

（一）抓好内引外联。全面提升招商引资质量和水平。瞄准沿海经济发达地区的行业龙头和产业集群，组团外出，有针对性地开展招商。加大项目推介和洽谈力度，积极参加西博

会、渝洽会、珠洽会等大型投资贸易活动。突出企业主体，依托川威、建业、威玻等骨干企业，力求在引进机械制造、冶金建材、食品加工等重大项目上实现新突破。推动招商引资由要素驱动向创新驱动转变，由“拼政策”向“比服务”转变。瞄准世界500强、中国500强、民营企业500强，突出延伸产业链目标，切实打好高新产业引进、知名企业引进、人才带项目引进“三大攻坚战”，推动招商实现新突破。

（二）加强区域协作。立足县情，主动融入成渝经济圈、长江经济带和川南城市群经济带，发挥比较优势和后发优势，建成“一圈两带”新节点城市。加强与成渝经济圈在产业、市场、人才、技术和基础设施等方面的对接与合作，主动融入成渝、配套成渝、承接成渝，做大配套产业，做强配角经济，努力把威远建设成为成渝经济圈的冶金、建材、化工及装备制造等特色产业协作基地和农产品供应基地。深化川南城市群合作，推动川南经济区在城市规划上互融、基础设施上互通、产业发展上互补、公共服务上互联。依托区位交通优势，主动融入国家“一带一路”战略布局，推动威远成为四川南向开放的前沿阵地。

（三）扩大对外开放。提高经济外向度，鼓励有条件的企业开展出口业务，壮大外贸出口主体队伍。推进出口市场多元化发展，加快出口产品结构调整，重点支持高新技术、农产品等对区域经济带动性强和劳动就业贡献大的产品出口。重视科技兴贸，提高出口商品的技术含量和附加值，实现贸易增长方式由数量型向质量型转变，提高利用外资能力和水平。

六、坚持共享发展，创造幸福美好新生活

共享是中国特色社会主义的本质要求。要按照人人参与、人人尽力、人人享有的要求，把增进人民福祉、促进人的全面发展作为发展的出发点和落脚点，突出重点，完善制度，注重机会公平，保障基本民生，让人民有更多获得感，实现全县人民共同迈入全面小康社会。

（一）增加公共服务供给。坚持普惠性、保基本、均等化、可持续方向，增强政府职责，提高公共服务共建能力和共享水平。加强义务教育、就业服务、社会保障、基本医疗和公共卫生、公共文化、环境保护等基本公共服务，努力实现全覆盖。加强对特定人群特殊困难的帮扶。创新公共服务提供方式，能由政府购买服务提供的，政府不再直接承办；能由政府和社会资本合作提供的，广泛吸引社会资本参与。

（二）实施精准扶贫工程。农村贫困人口脱贫，是全面建成小康社会最艰巨的任务。深入实施精准识贫、精准扶贫、精准脱贫，因人因地施策，统筹抓好发展生产、公共服务、全民教育三件大事，突出兜底保障全覆盖、基础建设补短板、培育产业强支撑、教育培训拔穷根，把扶贫政策和措施到户、到项目、到资金、到产业、到举措、到效果，做到水、电、路、气、房、环境治理进农家，分年度实施脱贫计划，坚决贯彻能快则快、能早则早脱贫脱帽的政策举措，坚决完成脱贫目标任务，坚决打赢扶贫攻坚战。坚持分类扶持贫困家庭，通过发展生产和就业扶持一批，通过低保救助兜底一批，通过医疗救助扶持一批。实行低保政策和扶贫政策衔接，对贫困人口应保尽保。积极争取中央资金，加大省级财政扶贫投入，发挥政策性金融和商业性金融的互补作用，整合各类扶贫资源，开辟扶贫开发新的资金渠道。广泛调动各方面力量投身扶贫开发事业，形成全党动员、全民参与的扶贫攻坚合力。选派优秀干部组成扶贫工作队，驻村驻户，点对点帮扶贫困村，零距离服务贫困户，做到贫困村不“摘帽”、贫困户不脱贫工作队不撤出。大力倡导自力更生、艰苦奋斗精神，激发和调动贫困地区、贫困群众向贫困宣战的自觉性、主动性和创造性。

（三）着力提高教育质量。深化教育改革，加快完善现代教育体系，全面提高教育质量，促进学生德智体美全面发展。推动义务教育均衡发展，普及高中阶段教育，逐步分类推进中等职业教育免除学杂费，率先从建档立卡的家庭经济困难学生实施普通高中免除学杂费。发展学前教育，鼓励普惠性幼儿园发展。完善资助方式，实现家庭经济困难学生资助全覆盖。促进教育公平，加快城乡义务教育公办学校标准化建设，加强教师队伍特别是乡村教师队伍建设，推进城乡教师交流。扶持发展贫困地区教育，办好特殊教育。建设现代职业教育体系，推进产教融合、校企合作。推进教育信息化，发展远程教育，扩大优质教育资源覆盖面。支持和规范民办教育发展，鼓励社会力量和民间资本提供多样化教育服务。加强师德师风建设，强化立德树人、为人师表意识。

（四）大力促进就业创业。坚持就业优先，实施更加积极的就业政策，着力解决结构性就业矛盾。完善人力资源市场，打破城乡、地区、行业分割和身份、性别歧视，实现公平就业。加强对灵活就业、新就业形态的支持，促进劳动者自主就业。完善政府扶持创业的优惠政策，鼓励以创业带动就业。落实高校毕业生就业促进计划推行终身职业技能培训制度，实施新生代农民工职业技能提升计划。开展贫困家庭子女、失学青少年、农民工、

失业人员和转岗职工、退役军人免费接受职业培训行动。推行工学结合、校企合作的技术工人培训模式，推行企业新型学徒制。增强劳动力市场灵活性，促进劳动力在地区、行业和企业间自由流动。完善就业服务体系，提高服务能力，推动建立和谐劳动关系。

（五）增加城乡居民收入。坚持居民收入增长和经济发展同步、劳动报酬增长和劳动生产率提高同步，持续增加城乡居民收入。实行有利于缩小收入差距的政策，明显增加低收入劳动者收入，扩大中等收入者比重。建立科学的工资水平决定机制、正常增长机制、支付保障机制，推行企业工资集体协商制度，建立合理的最低工资增长机制，建立完善农民工工资保证金制度。完善市场评价要素并按贡献分配的机制，完善适应机关事业单位特点的工资制度。多渠道增加城乡居民财产性收入。整顿收入分配秩序，保护合法收入，规范隐性收入，杜绝以权力、行政垄断等非市场因素获取收入，取缔非法收入。支持慈善事业发展，广泛动员社会力量开展社会救济和社会救助活动。实行鼓励高收入者回馈社会、扶贫济困的税收政策。

（六）完善社会保障体系。坚持精算平衡，完善筹资机制，分清政府、企业、个人的责任。适当降低社会保险费率。完善社会保险体系。实施全民参保计划，基本实现法定人员全覆盖。完善职工养老保险个人账户制度，健全多劳多得激励机制。建立基本养老金合理调整机制。实现职工基础养老金全国统筹。逐步提高国有资本收益上缴公共财政比例，划转部分国有资本充实社保基金。出台渐进式延迟退休年龄政策。发展职业年金、企业年金、商业养老保险。健全医疗保险稳定可持续筹集和报销比例调整机制，实行职工退休人员医保缴费参保政策。全面实施城乡居民大病保险制度，促进基本医保与商业健康保险相互补充和衔接发展。逐步合并实施生育保险和基本医疗保险。改革医保支付方式，实现跨地区异地退休人员住院医疗费用直接结算。不断完善工伤、失业保险制度，健全符合实际的住房保障和供应制度。强化社会救助制度，统筹发展扶老、助残、救孤、济困、赈灾等社会福利事业。

（七）推进健康威远建设。深化医药卫生体制改革，实行医疗、医保、医药联动，推进医药分开，实行分级诊疗，建立覆盖城乡的基本医疗卫生制度和现代医院管理制度。推进公立医院综合改革，巩固扩大基层医改，优化医疗卫生机构布局，完善基层服务模式，促进医疗资源向基层农村流动。推进非营利性民营医院和公立医院同等待遇，鼓励社会资本兴办健康服务业。加强医疗质量监管，完善纠纷调解机制，构建和谐医患关系。坚持中西医并重，不断完善中医药事业发展政策和机制。完善基本药物制度，降低药品价格，健全药品供应和质量安全保障机制。加强艾滋病、结核病等重大疾病综合防治和职业病危害防治。实施食品安全战略，加快构建政府负总体责任、企业负主体责任、监管部门负监管责任、相关部门负协管责任的“四位一体”责任体系，全面建成国家级“食品安全示范县”。建立完善食品安全追溯系统，形成严密高效的食品质量安全治理体系，让人民群众吃得放心、喝得安全。

（八）促进人口均衡发展。坚持计划生育的基本国策，实施全面两孩政策。提高生殖健康、妇幼保健、幼托等公共服务水平，帮助计划生育家庭解决实际困难。弘扬敬老、养老、助老社会风尚，建设以居家为基础、社区为依托、机构为补充的多层次养老服务体系，推动医疗、卫生和养老服务相结合。保障妇女和未成年人权益，支持残疾人事业发展，健全扶残助残体系。全面实施2011—2020年威远妇女儿童发展纲要，建立健全农村留守儿童和妇女、老人关爱服务体系。

坚定信心 加快发展
努力实现“十三五”良好开局

——在中国共产党威远县第十三届委员会第十次全体（扩大）会议上的讲话

中共威远县委副书记 罗 平

（2016年3月17日）

同志们：

这次会议的主要任务是，全面贯彻落实党的十八届五中全会、省委十届七次全会、市委六届十次全会精神，以及中央、省委、市委关于经济工作的决策部署，回顾去年工作，分析当前形势，安排今年工作，动员全县各级党组织和全体党员干部，把思想行动统一到中央和省委、市委决策部署上来，奋力推动威远经济社会科学发展、加快发展。

下面，我受县委常委会委托，向全委会报告工作。

2015年工作回顾

2015年，面对复杂的经济形势和繁重的发展任务，我们在市委、市政府的坚强领导下，全面贯彻落实十八届四中、五中全会精神和省委、市委决策部署，紧紧围绕“四个全面”战略布局，扎实推进“稳增长、促改革、调结构、惠民生、防风险”各项工作，大力推进产业发展攻坚、城乡基础设施建设攻坚、脱贫攻坚，全县经济社会发展态势平稳。全年实现GDP294.4亿元，增长5.0%；地方公共一般预算收入7.5亿元，增长-5.8%；全部工业入库税金2.3亿元，增长11.8%；规模工业增加值增长3.9%；全社会固定资产投资169.7亿元，增长13.3%；招商引资到位资金107亿元，同口径增长14.7%；社会消费品零售总额75.4亿元，增长12.5%；城镇居民人均可支配收入26544元，增长8.3%；农村居民人均可支配收入11850元，增长9.6%。

一年来，我们坚持稳增长促转型，产业支撑更加有力。大力实施老工业基地调整改造，主导产业支撑力持续增强，白塔二期、金镭铸业等项目加快推进。大力发展高端成长型产业，威远—长宁国家级页岩气示范区加快建设。成功入围第四批国家技术创新工程四川省示范县，严陵工业园区科技企业孵化器获批省级科技企业孵化器，高新技术产业、战略性新兴产业占比分别为12.4%、19.0%。实施“一企一策”，全力支持困难企业脱困、转型发展。加强特色中小型企业培育，东工股份在新三板挂牌上市。三大园区道路、环保等基础设施进一步完善，园区承载面积达13.9平方千米。船石湖旅游小镇道路体系基本形成，石板河景区全年游客量达30余万人次。大力发展电子商务产业，成为阿里巴巴“农村淘宝千县万村计划”入川首个试点县。建成威远县无花果研究所、中国农业大学教授工作站，威远无花果获国家地理标志产品保护。全面推广“农业BOT”经营模式，新

2016年3月17日，中国共产党威远县十三届委员会第十次全体（扩大）会议 （余远文 摄）

发展无花果2000亩、核桃2000亩、中药材1000亩。农村居民人均可支配收入突破万元大关，被评为全省“三农”工作先进县。

一年来，我们坚持一体化均等化，城乡建设步伐加快。婆城公园投入使用，天域路、花塘路等4条市政道路建成通车，二环路西北段改造、威远河综合治理、雄飞城市综合体、荣威万象城市商贸综合体等项目加快推进，新增建成区面积1.4平方千米。连界镇船石湖大道、白牛路建成通车，完成木兰苑安置房和连界集中供水主体工程，船石湖小镇2平方千米启动区初具雏形；镇西镇高庙山公园加快建设。全县城镇化率达46.18%。大冲村新农村综合体全面建成，“十里荷塘”“长山竹海”、中坝村古村落等重点休闲农业节点加快建设，全年建成幸福美丽新村30个、新村聚居点45个。内威荣高速公路建成通车，G247贡威段路面改造全面完成，威双路、吴荣路快速通道顺利推进，新建农村公路331千米。新建、改建水厂4座，全域供水网络基本形成。

一年来，我们坚持抓重点搭平台，改革开放不断深化。深化政府机构改革，组建县经信局、县农林局、县卫计局，顺利完成工商局、质监局管理体制调整，政府工作部门调减为24个。深化行政审批制度改革，清理行政审批权力280项、取消5项，受理行政审批、许可等事项10万余件。农村产权交易流转服务站挂牌成立，村级流转信息员实现全覆盖。成功引进中石油、阿里巴巴、巨洋公司等企业来威投资，签约引进高新技术产业和战略性新兴产业项目12个。

一年来，我们坚持讲法治强意识，依法治县扎实推进。严格落实重大决策法律咨询、合法性审查和党内规范性文件备案制度，开展文件合法性审查40件、合同审查60余件。47个行政执法单位明确行政职权3374项，绘制389项权力流程图。健全立案登记制等10项机制，建立统一的涉法涉诉信访积案台账。新增天网高清探头371个，开展社会治安重点地区排查整治59次。县法院“125个红手印”案例被中央电视台、中国教育电视台等主流媒体报道。

一年来，我们坚持惠民生保稳定，群众生活持续改善。大力推进脱贫攻坚，帮扶脱困6698人。新增就业10617人，城镇登记失业率3.91%，社会保险覆盖人数达66.02万人次。县综合养老服务中心开工建设，“12349”信息平台全面建成。新建公租房150套，改造城市棚户区2796户、农村危房759户。顺利通过“义务教育发展基本均衡县”省级督导评估，生源地助学贷款工作连续6年名列全省前茅。县级公立医院全面取消药品加成，基本药物配送到位率达100%；被评为计划生育基层群众自治全国试点示范县。大力实施文化惠民工程，免费开放各类公共文化场所，成功举办全县第二届运动会。“全国50个煤矿安全生产重点监控县”顺利摘帽，狠抓“金属非金属矿山安全生产攻坚克难”、危化品监管等工作，安全生产四项指标全面下降。

一年来，我们坚持转作风强保障，党的建设全面加强。扎实开展“三严三实”专题教育和领导班子思想政治建设。意识形态工作切实加强，核心价值观教育入脑入心，宣传思想文化建设持续深入，“威远力量”进一步凝聚，“威远形象”进一步彰显。建立健全干部“选育管用”机制，遴选科级后备干部150名，选派68名递进培养对象到基层锻炼，引进紧缺型、高层次人才52名。扎实开展“基层党建全面提升年活动”，新改扩建村级活动场所103个，创新实施“村（社区）干部573考评办法”在全市推广。积极开展“党建服务扶贫攻坚六大行动”，选派75名干部到村任“第一书记”。落实作风效能常态化督查和定期通报机制，查纠问题92个，问责处理27人；始终保持惩治腐败高压态势，立案193件，同比增长40.88%，党政纪处分186人，同比增长38.81%，

2015年，船石湖大道、白牛路交会口　（余远文　摄）

通报曝光典型案件15件，在全县党员干部中形成了有力震慑。

一年来，我们坚持聚合力添动力，民主政治建设有序推进。发挥县委“总揽全局、协调各方”核心作用，支持人大及其常委会依法行使职权，支持政协按章程开展工作。“威远工会”微信公众号荣获“全国十佳运营推广策划工会新媒体”和“全国最有影响力工会新媒体”大奖。县史志办被纳入首批全国年鉴工作试点单位。国防动员、民兵预备役建设和双拥工作积极推进，民族、宗教、对台、外侨等工作取得新进展，共青团、妇联、科协、工商联等工作取得新成绩，凝聚起各条战线共促发展的智慧和力量。

2015年的工作成效，为我县“十二五”顺利收官画上了圆满句号，为实现“十三五”良好开局奠定了坚实基础。“十二五”期间，我县实现地区生产总值年均增长11.4%，工业增加值年均增长13.3%，全社会固定资产投资年均增长19.8%，社会消费品零售总额年均增长15.1%，地方一般公共预算收入年均增长10.1%，万元GDP能耗、二氧化碳和主要污染物排放总量等约束性指标全面完成目标任务。中等城市框架初具雏形，重点城镇、农民新村建设水平不断提升，交通、水利等基础设施不断完善，公共服务水平显著提高，安全生产形势持续好转，生态环境持续改善，从政环境风清气正，社会环境和谐稳定，全县综合实力显著增强，各项事业迈上了新的更高台阶。

这些成绩的取得，归功于市委、市政府的坚强领导，归功于县四套班子的团结协作，归功于全县75万人民的奋力拼搏。在此，我代表中共威远县委，向全县广大干部群众和社会各界人士，表示衷心的感谢，并致以崇高的敬意！

关于《“十三五”规划建议》的说明

“十三五”时期是决战全面小康的关键五年。制定好、实施好“十三五”规划，对于我县科学发展、加快发展，全面建成小康社会，具有十分重要的意义。县委高度重视《“十三五”规划建议》起草工作，多次组织县级有关部门和专家，对威远在“十三五”实现什么样的发展、如何实现发展等20个重大课题进行了专题研究，为起草《建议》打下了良好基础。《建议》初稿形成过程中，县委常委会专题研究，并广泛征求和吸纳各方意见建议，形成了送审稿，提交县委全委会审议。《建议》重点把握了三个方面的问题。

一是以“五大发展理念”为主线。十八届五中全会提出创新、协调、绿色、开放、共享“五大发展理念”，是“十三五”乃至更长时期全国发展思路、发展方向、发展着力点的集中概括，是实现更高质量、更有效率、更加公平、更可持续发展的必由之路，是我们党关于发展理论的一次重大升华。《建议》坚持将“五大发展理念”作为主线贯穿发展全局，提出以创新发展培育经济增长新动力、以协调发展构建平衡发展新格局、以绿色发展建设生态文明新家园、以开放发展拓展互利共赢新领域、以共享发展创造幸福美好新生活，确立了我县“十三五”时期的发展思路、发展方向和目标任务，充分体现和贯彻了中央、省委、市委的一系列重大决策部署。

二是以“科学发展、加快发展”为主题。实践证明，“科学发展、加快发展”这一主题充分体现了中央、省委、市委要求，也符合威远实际，是全县未来发展的重要遵循。“科学发展”，既是全面小康的本质内涵，更是威远长远发展的现实需要；“加快发展”，既是适应经济发展新常态的必然，也是威远产业结构调整的必需。实现“科学发展、加快发展”，必须立足威远现状，大力实施产业攻坚，推动产业转型升级，调整优化产业结构，加快发展动力转换；大力实施基础设施攻坚，缩小城乡差距、区域差距，优化发展空间格局；同时，保持经济中高速增长，用速度优势弥补总量差距，确保到2020年，全县地区生产总值和城乡居民可支配收入比2010年翻一番以上，人均地区生产总值与全国平均水平的差距明显缩小，主要经济指标平衡协调。

三是以建成全面小康为主旨。“小康”讲的是发展水平，“全面”讲的是发展的平衡性、协调性和可持续性。从发展的质量和效益来看，威远还面临一系列突出问题，这就要求未来五年必须更加注重发展的全面性，加快补齐产业结构不合理、区域发展不平衡、社会事业不同步、基础设施不完善等短板，以转型发展推进全面小康。从人民生活水平和质量来看，威远虽然没有集中连片的贫困区域，但仍有许多插花贫困户，这些群众脱不了贫、致不了富，就谈不上全面小康。《建议》提出，我们必须集中精力、集中资源，全力以赴打好脱贫攻坚战，深入实施精准识贫、精准扶贫、精准脱贫，统筹抓好“发展生产、公共服务、全民教育”三件大事，突出兜底保障全覆盖、基础建设补短板、培育产业强支撑、教育培训拔穷根，让广大贫困群众真正住上好房子、过上好日子、养成好习惯、形成好风气，以脱贫攻坚助力全面小康。

当前的形势和任务

2016年是“十三五”开局之年，也是全面建成小康社会决胜阶段的起步之年，必须深入研判当前和今后一个时期的基本形势，进一步把准方向、明确目标、坚定信心。

（一）准确把握形势。新常态下，全国经济社会发展已发生一系列深刻变化。从发展大势看，全国经济总量已超过10万亿美元，保持个位数的中高速增长将成为常态；经济发展动力逐步由要素驱动向创新驱动转换；产业发展正向中高端迈进，传统产业正在升级换代，新兴产业正在快速发展，多元化的业态已逐步呈现；工业化带动正向城镇化带动转变，城镇化将释放出投资和消费的双重活力。从上级要求看，中央、省委、市委明确指出，要处理好速度与效益的关系，努力保持经济中高速增长，迈向中高端水平；要处理好供给和需求的关系，推动高质量生产与多样化需求有效对接；要处理好传统产业和新兴产业的关系，在新技术、新工艺推动下，盘活存量、引导增量。这些，都是当前和今后一个时期，我们推动经济社会发展的重要遵循。

（二）正确看待困难。“十二五”期间，全县经济社会发展成效显著，但也存在一些短板。一是经济运行方面。从运行走势上看，威远经济增长由10%以上下降到个位数，与很多地区一样，在保持高速增长后，已进入一个调整期。从运行动力上看，目前全县重大项目相对减少，而创新驱动战略尚处于起步阶段，经济增长动力不足。从运行质量上看，由于钢铁、化工、建材、煤炭四大支柱产业生产经营大幅下滑，2014年以来，全县重点税源严重萎缩，财政收入连续两年负增长，在全省县一级中尤为典型。二是产业发展方面。从工业上看，全县传统产业比重仍然较大，高新技术应用水平不高，产业链短、产品附加值低，页岩气等战略性新兴产业占比偏小。川威、建业等骨干企业在前期大量投资后，遭遇到全行业不景气，导致生产经营极度困难；中小企业虽然发展快速，但数量不多，支撑力有限。从农业上看，威远现代农业特色鲜明、亮点众多，但覆盖范围还不够广，特别是山区镇村产业发展较为滞后，农民增收渠道不多。从服务业上看，在产业结构中的比重仍然偏小；电子商务快速发展的同时，也导致传统服务业利税下滑；旅游业尚处于打基础、创品牌、聚人气的阶段，对经济增长的支撑不足。三是项目投资方面。从社会资本投资项目看，在经济下行压力下，民营企业投资更加审慎，重大产业项目储备减少。从政府性投资项目看，因融资平台收紧，政府性债务受到严控，加之土地等要素制约，实施难度增大。这些困难和问题，既是差距所在，也是潜力所在，在“十三五”期间必须作为突破的重点。

（三）坚定发展信心。面对当前形势，我们必须始终保持战胜困难的决心，坚定加快发展的信心。信心源于政策机遇。国家将持续推出新兴产业、增强制造业核心竞争力、现代物流、城市轨道交通4类新工程包，有利于我们保持项目投资强度。全省大力开展“项目年活动”，将以股权投资、贷款贴息、补助和事后奖补等方式加大工业投资支持力度，并将在体制机制上给予产业园区更大成长空间；全市“工业强市、产业兴市”战略实施，将推动产业迈向中高端水平，进一步壮大产业支撑。这些机遇，有利于我们在经济新常态下展现更大作为。信心源于坚实基础。经过历届县委、县政府坚持不懈的努力，威远的产业支撑更加坚实，交通条件明显提升，城乡基础设施逐渐完善，新的经济增长点逐步形成。在重重困难下，川威集团等企业仍然保持稳定生产；在资金十分紧张的情况下，各重点项目仍然加快推进。这些，充分证明了威远经济社会发展基础越来越牢。信心源于干部精神。在去年年初经济大幅下滑的情况下，我们全力实现止滑回升，体现出广大干部尽职尽责的担当精神和执行力、把控力；在推进电子商务产业发展中，体现出威远干部敢想敢闯的开拓精神和革新力、创造力；在妥善处理各类不稳定因素中，体现出各级干部无私无怨的奉献精神和凝聚力、向心力。这些，都是我们战胜一切困难的动力源泉。

（四）明确目标任务。基于对当前形势和任务的把握，今年全县工作的总体要求是：深入贯彻落实十八届五中全会、省委十届七次全会和市委六届十次全会精神，以“四个全面”布局为统揽，以“五大发展理念”为指引，以省委“三大发展战略”为引领，以市委“工业强市、产业兴市”部署为主导，在深入推进从严治党和依法治县中，着力深化各项改革，努力实现“十三五”良好开局，为全面建成小康社会奠定坚实基础。奋斗目标是：地区生产总值增长7.2%；服务业增加值增长10%；规模工业增加值增长6.5%；全社会固定资产投资增长10.2%；社会消费品零售总额增长12.1%；地方一般公共预算收入与去年同期持平；城镇居民人均可支配收入增长8.5%；农村居民人均可支配收入增长9.5%。

当前和今后一个时期，我们一定要围绕“一个目标”，把握好“三个关系”，突出抓好“四项重点”。

一个目标：

确保到2020年全面建成小康社会，实现人民生活水平全面提升，全民素质和社会文明程度显著提高，生态环境持续改善，各方面体制机制更加完善。

三个关系：

——把握好“快”与“好”的关系。新常态下，要坚持以“好”为前提，在发展质量好、发展效益好、发展环境好的基础上，保持“快”的势头。要找准“快”与“好”的平衡点，在保持中高速增长的基础上，保证财政税收、企业利润、居民收入等稳步提高，努力实现更有质量、更有效益、更可持续的增长。

——把握好“远”与“近”的关系。要立足威远当前，着眼未来发展，把打基础作为一切工作的起点、根基和源头，把利长远作为推动发展的目的、落脚点和归宿。要坚持把近期目标作为远期规划的支撑和基石，把长远目标作为近期发展的旗帜和方向，推动威远科学发展、加快发展。

——把握好“谋”与“做”的关系。要始终坚持“知行合一”，以谋划引导实践，以实践促进谋划，厘清约束性和可行性，体现前瞻性和创造性，使工作谋划更加贴近威远实际，更加具有可操作性。要进一步提升执行能力，整合各种资源、凝聚各方力量，全力推动各项目标圆满实现。

四项重点：

——抓好产业攻坚。大力实施产业发展三年攻坚计划，深入推进“七大行动”，加速构建现代产业体系。工业要立足提升优势产业，着力在高新技术、新兴产业上求突破；农业要立足拓展特色产业，着力在新产业、新品种上求突破；服务业要立足巩固消费市场，着力在电子商务、现代物流、现代旅游上求突破。

——抓好基础设施攻坚。大力实施城乡基础设施攻坚三年行动计划，加快构建功能健全、布局合理的基础设施体系。要统筹考虑城市功能分区、综合交通组织、地下空间利用等因素，完善市政基础设施。要加快推动交通、能源、饮水、通信、环保、生命支持、信息网络等基础设施向农村延伸。要积极引导和鼓励民间资本参与基础设施建设。

——抓好脱贫攻坚。认真贯彻落实全省“扶贫攻坚十个专项方案”，坚持产业发展与基础设施协同推进，增强造血功能。要积极推行生态扶贫和移民搬迁安置，实现插花贫困户集中脱贫。要进一步整合资源，推动更多的社会力量参与脱贫攻坚。要抓好政策衔接，发挥好农村低保等社会救助制度的兜底作用。

——抓好改革攻坚。要主动破冰攻坚，在认真执行落实各项改革任务的基础上，敢于先行先试，大胆探索创新，增强发展动力。要突出抓好经济体制改革，特别是在积极释放有效需求的同时，大力推进供给侧改革，着重抓好“去产能、去库存、去杠杆、降成本、补短板”各项工作，提升经济增长的质量和数量。

2016年工作安排

实现“十三五”发展高点起步、良好开局，具有承前启后、继往开来的重大意义。做好今年各项工作，要把握好以下三个方面。

一、推动观念更新、理念创新，在优化发展路径上求突破

确保如期实现“十三五”经济社会发展目标，必须牢固树立创新、协调、绿色、开放、共享的发展理念，用新的理念引领新的发展、走出新的道路、开拓新的境界。

（一）将创新发展作为第一动力，在激发活力中破解发展难题。坚持“不创新就要落后，创新慢了也要落后”的理念，着力培育经济新的增长点，提高发展质量和效益。一要坚持深化改革，优化创新环境。大力推进供给侧结构性改革，不断提高全要素生产率。不断深化行政体制改革，加快政务服务新平台建设。继续深化农村产权制度改革，推动土地经营权有序流转。深化工商登记制度改革，推进“三证合一、一照一码”登记工作，加快社会信用体系建设。二要坚持“双创”驱动，激发创新活力。全面推进大众创业、万众创新，细化担保贷款、税费减免等政策措施，鼓励引导各类人才进入创新创业主战场。大力实施返乡创业“回家工程”，积极支持农民工、农民企业家以及在外威远知名人士等返乡创业。三要坚持重点突破，拓展创新空间。大力实施“互联网+”行动计划和“全企上网、全民触网”工程，推动新技术、新产业、新业态蓬勃发展。以连界、严陵科技园区孵化器为重点，推动重大创新平台建设，支持传统产业优化升级、新兴产业蓬勃发展。

（二）将协调发展作为第一取向，在补齐短板中增强发展后劲。坚持区域协同、城乡一体，在协调发展中拓宽发展空间，在加强薄弱领域中增强发展后劲。一要推动区域协调发展。按照“多规合一”精神，完成县全域规划编制、各镇总规及控规编制，加快新村聚居点规划，全面加快城乡一体化发展。统筹规划全域产业发展，打造一批特色鲜明的商贸镇、工业镇、旅游镇，推动产业和城镇融合发展、同步提升。二要推进城乡同步建设。按照“突出向北、重点向西”的空间发展布局，以“一路一河”为重点，

加快推进城西新区建设。配套完善城市基础设施，稳步推进棚户区改造，不断提升县城吸纳辐射带动能力。深化“百镇建设行动”，着力提高城镇承载能力，引导农村人口向城镇有序转移。坚持“保、改、建”结合，梯次推进幸福美丽新村示范片向贫困村、边远农村覆盖，新建幸福美丽新村66个、重点示范片1个。三要推进公共资源均衡配置。大力实施城乡基础设施攻坚三年行动计划，推动城镇公共服务向农村延伸。完成二环路西北段拓宽改造、威远河综合治理一期、杨家坝湿地公园等项目，启动自隆高速公路连接线、黄石大桥建设，加紧开展羊叉沟水库、关马沟水库建设前期工作，加快推进威双路改造等项目建设。加快农村饮水安全巩固提升，确保2017年基本实现城乡供水一体化目标。

（三）将绿色发展作为第一要求，在资源保护中建设生态威远。威远森林覆盖率达40.2%，要充分挖掘丰富的绿色资源，向生态要效益，向绿色要财富。一要强化绿色理念。落实主体功能区战略，科学划定全域城镇、农业、生态三类空间，统筹推进聚集开发、分类保护和综合整治。加强资源环境县情和生态价值观的教育，在全社会提倡环保、低碳的绿色文化，培养公民环境意识。二要发展绿色产业。推动建立绿色低碳发展产业体系，发展清洁能源产业和节能环保产业，大力开展产业园区循环化改造，促进资源循环利用和环境保护。严格环保设施运行监管，确保工业污染源全面达标排放。三要打造绿色家园。以提高环境质量为核心，以水、大气污染“双防治”为重点，实施工业污染源全面达标排放计划和清洁化改造，加强农村面源污染治理和环境综合整治，推进城镇生活污水、垃圾处理设施全

2015年4月4日，生态茶山采茶忙　（冷国文　摄）

覆盖和稳定运行。

（四）将开放发展作为第一路径，在合作共赢中拓宽发展空间。坚持以大开放促进大发展，努力把区位优势、产业优势、资源优势转化为发展优势。一要围绕重点产业“沿链招商”。围绕钒钛合金、新型建材、精细化工、绿色食品等主导产业，加强关联企业、配套产业的引进。二要突出重点区域“精准招商”。创新承接产业转移途径和模式，不断深化与泛珠三角、长三角、港澳台等地区合作，主动融入成渝、配套成渝，错位发展、借力发展。三要针对重点企业“精细招商”。帮助川威、建业、威玻、白塔等骨干企业转型升级，加强与行业龙头企业对接，引入一批具有雄厚实力、掌握核心技术的企业。四要依托重大平台“活动招商”。积极参与“中外知名企业四川行”、西博会、科博会、农博会、旅博会等重大投促活动和展会，努力引进一批大企业、大集团落户威远。

（五）将共享发展作为第一目标，在提升服务中增进人民福祉。人民群众对美好生活的向往，就是我们奋斗的目标。我们只有用真心惠民生，群众才会动真情促发展。一要大力推进脱贫攻坚。深入实施“五大扶贫工程”“四个一批”扶贫攻坚行动计划，打捆项目资金，整合各方力量，精准解决脱贫攻坚的突出问题，确保到2020年，实现建卡贫困户19946人全部脱贫、54个贫困村全部摘帽。二要着力建设法治威远。深入实施依法决策、依法行政、公平正义、社会法治、全民普法、权力制约“六大工程”，抓紧构建办事依法、遇事找法、解决问题用法、化解矛盾靠法的法治良序。三要全力改善民计民生。深化农民增收县委书记、县长负责制，拓宽居民财产性收入增收渠道。进一步完善养老、失业等保险制度，逐步实现医疗保险城乡统筹。建立健全农村留守儿童、未成年人、留守妇女、留守老人、残疾人关爱服务体系。启动县文体中心等一批社会事业项目，持续提升公共服务水平和质量。

二、实施工业强县、产业兴县，在转变发展动力上求突破

产业是发展的根基。必须奋力推进“工业强县、产业兴县”，大力实施产业发展攻坚三年行动计划，推动产业迈向中高端水平，加速构建以工业为主导、三次产业协调发展的现代产业体系。

（一）加快推进工业大县向工业强县转变。以“七大行动”为抓手，推动传统产业向中高端迈进，逐步增强高新技术产业、战略性新兴产业支撑作用，形成传统产业和新兴产业共促发展的“双引擎”。一要在产能释放中稳增长。千方百计释放现有企业产能，加快培育新的规上工业企业，促进停产半停产企业恢复生产，全力推进新增产能项目投产达效。对增长快的优势企业，鼓励其满负荷生产，对生产下滑企业，因企施策，分类指导，止跌防滑。积极引导金融机构，更多支持实体经济。精准对接中央和省上推出的稳增长“11个工程包”和“6个消费工程”，围绕老工业基地调整改造、产业转型升级等重点，谋划包装一批大项目、好项目。二要在盘活存量中转方式。改造提升特色优势产业，加快淘汰落后企业和落后工艺，推进钢铁、水泥等行业优化重组，支持医药、机械加工等产业发展壮大，推动冶金建材向钒钛合金新材料、机械制造向装备制造、大宗化工向精细化工转型升级，提升产业竞争力。突出“一园一主业、园区有特色”，完善园区配套服务功能，推动产业集聚集约集群发展，打造四川玻纤新材料基地、西部陶瓷基地和川南绿色食品基地。三要在扩大增量中调结构。深入实施企业创新主体培育、产业创新升级、区域创新发展示范、产学研系统创新“四大工程”，努力提高科技企业孵化器建设和营运水平，鼓励威玻、白塔等企业开发新技术、新产品，切实增强企业和产品的核心竞争力。深化与中石油、中石化的合作，加快页岩气勘探开发利用步伐，培育发展页岩气装备制造和油田服务业，延长页岩气产业链条。引导企业实施名牌战略、知识产权战略，提高白塔、川威、威宝等品牌知名度，鼓励中小企业争创中国驰名商标、省著名商标，加快培育一批质量过硬、品牌响亮的产品和企业。

（二）加快推进传统服务业向现代服务业转变。继续实施“服务重点行业示范工程”，着力提升电子商务、现代物流、现代旅游的比重，引领带动其他行业发展。一要创新发展电子商务。大力推进物流配送、支付信用等支撑体系建设，积极推进威远县电子商务中心、“农村淘宝”等重点平台建设，确保2016年实现全县村级电商服务站全覆盖，巩固我县在电商领域的优势。二要大力发展商贸物流。加快建设县城北部新区、西部片区现代商圈，大力推进雄飞城市综合体、荣威万象城市商贸综合体、汽车销售集群区等项目建设，打造一批商贸、金融、文化、健康等现代服务集聚区。三要加快发展特色旅游。优化旅游发展规划布局，全面实施全域旅游，完善旅游功能与配套设施，加快发展集休闲、养老、度假、文化于一体的复合型现代旅游产业。以建设船石湖小镇AAAA级景区、石板河AAAA级景区为突破口，带动穹窿旅游开发，打造山地运动、生态观光板块。以建设无花果AAAA级景区为中心，串联“十里荷塘”、桑葚园、紫薇园等休闲节点，打造南部大小环线乡村休闲板块。

（三）加快推进传统农业向现代农业转变。在稳定粮食生产的基础上，加快转变农业发展方式，促进农业增产、农民增收、农村发展。一要坚持做大规模。有序推进无花果、大头菜、核桃等3个5万亩产业基地建设，持续壮大设施蔬菜、树莓、柠檬等现代农业产业规模，加快培育龙头企业，推进现代农业向规模化、标准化、集约化转变。二要坚持做响品牌。积极开展无公害农产品、绿色食品、有机食品和地理标志农产品认证，培育引导集体商标、证明商标的注册，打造金四方、黄老五、威宝等一批特色鲜明、信誉良好、市场占有率高的特色农产品。积极开发农业多种功能，大力发展休闲观光农业，引导企业和产业合作社办好荷花观赏及桑葚、无花果、桂圆采摘活动。三要坚持做实基础。继续开办现代职业农民培训班，培育发展家庭农场、种养大户、专合组织等新型农业经营主体。加大农村基础设施建设力度，巩固提升贡威路新农村示范片、连界新农村示范片。加强农产品质量和食品安全监管，完善落实食品安全保障机制，从田间到餐桌形成全覆盖的监管体系。

三、坚持党要管党、从严治党，在强化发展保障上求突破

发展任务越重，越需要加强党的领导。必须坚决落实全面从严治党要求，坚持以改革创新精神全面推进党的各项建设，为决胜全面小康提供坚强有力的政治保证。

（一）夯实对党忠诚的思想根基。全面抓好“两学一做”学习教育，进一步巩固拓展党的群众路线教育实践活动、“三严三实”专题教育成果，引导广大党员坚定信仰信念、强化政治意识。落实意识形态工作责任制，坚持把学习习近平总书记系列重要讲话精神作为重大政治任务，深刻把握“四个全面”战略布局的核心要义和精神实质，切实增强贯彻中央、省委、市委、县委决策部署的自觉性和坚定性。坚持把学习党章党规作为深化党内经常性教育的重要内容，让广大党员干部受警醒、明底线、知敬畏，严守党的政治纪律和政治规矩，把“三严三实”要求体现到修身律己、干事创业各个方面。

（二）锤炼善作善成的实干队伍。坚持正确用人导向，立明规矩、破潜规则，认真落实领导干部能上能下若干规定，促进能者上、庸者下、劣者汰。着力抓好递进培养计划，建好干部监督信息库，完善领导班子定期综合分析研判制度，全面提升干部队伍履职能力和综合素质。创新人才政策机制、改善人才发展环境、激发人才创业激情，加大高端紧缺人才的引进力度，努力实现人尽其才、才尽其用、用有所成。今年，县镇村将陆续换届，要充分发挥党委领导和把关作用，发挥纪委和组织部门职能作用，把握好干部成长路径，选出忠诚、干净、担当的好干部，配出结构优、功能强的好班子，换出心齐、气顺、劲足的好面貌。

（三）筑牢坚强有力的战斗堡垒。要鲜明大抓基层导向，深化基层党建“三大工程”“十大行动”，率先实施“九大攻坚计划”，持续用力推进基层党建全面进步、全面过硬。要深入实施“党建服务脱贫攻坚六大行动”，统筹抓好第一书记和大学生村干部管理培养使用，推进基层党建和脱贫攻坚深度融合。要扎实推进党员教育“六上工程”，完善发展党员“三级预警”机制，加强对不合格党员的处置，全力打造党员教育管理“升级版”。加强基层党建组织带头人和党员队伍建设，加大村（社区）规范化建设力度，确保基层党组织工作有力量、办事有经费、活动有阵地。

（四）巩固风清气正的政治生态。坚持全面从严治党、依规治党，持续深入抓好作风建设，始终保持狠抓的勇气、严抓的耐心、常抓的韧劲，坚决防止“四风”问题反弹回潮。深入推进党风廉政建设和反腐败斗争，加快构建不敢腐、不能腐、不想腐的有效机制，从严惩处不收敛不收手、问题线索集中、群众反映强烈的腐败问题和作风问题，持续巩固干部清正、政府清廉、政治清明的良好政治生态。严肃换届纪律，严格遵守“九个严禁、九个一律”要求，加强警示教育，坚决查处拉票贿选、跑官要官等问题，确保换届风清气正，换出公信力、换出战斗力、换出凝聚力。

（五）凝聚推动发展的强大合力。实现“十三五”规划目标，必须调动一切积极因素，团结一切社会力量。围绕解决经济社会发展重大问题和涉及群众切身利益问题，支持人大及其常委会依法行使职权，支持政协按章程开展工作，支持法院、检察院依法独立公正行使审判权和检察权，充分发挥工商联、民主人士和无党派人士作用，认真做好民族宗教、外事侨务、人民武装等工作，加强对工会、共青团、妇联、科协等群众团体的领导，把各方面力量凝聚到推动改革发展上来。

同志们，实现“十三五”发展良好开局，任务艰巨，责任重大。我们一定要更加紧密地团结在以习近平同志为总书记的党中央周围，在市委、市政府的坚强领导下，团结带领全县广大党员干部群众，坚定信心、奋发有为、实干苦干，为全面建成小康社会而努力奋斗！

政府工作报告

——在威远县第十五届人民代表大会第六次会议上

威远县人民政府县长　罗　平

（2016 年 3 月 29 日）

各位代表：

我代表县人民政府，向大会报告工作，请予审查，并请县政协委员提出意见。

2015 年及“十二五”工作回顾

2015 年，是“十二五”规划的收官之年，也是威远发展进程中极其艰难的一年。一年来，面对经济下行压力持续加大的严峻形势，县人民政府在市委、市政府和县委的正确领导下，在县人大、县政协的监督支持下，与全县人民一道，主动适应经济发展新常态，始终坚持专注发展、转型发展，统筹抓好稳增长、促改革、调结构、惠民生、防风险各项工作，基本完成了县十五届人大五次会议确定的各项目标任务。全县实现地区生产总值（GDP）294.4 亿元，增长 5.0%；农村居民人均可支配收入 11850 元，增长 9.6%；城镇居民人均可支配收入 26544 元，增长 8.3%；城镇化率 46.2%，提高了 1.5 个百分点。

一、迎难而上，保持了经济总体平稳

工业经济负重前行。采取“一企一策、一类一策”等帮扶措施，帮助川威、建业等困难企业渡难关，最大限度地遏制了规模工业下滑势头。支持金镭铸业、黄老五等成长型中小微企业发展壮大，为企业争取到各类扶持资金 3500 余万元，东工水电成功挂牌“新三板”[1]。全年实现规模工业增加值 148.7 亿元，增长 3.9%。

项目投资持续增长。全年实施项目 331 个，完成投资 169.7 亿元，增长 13.3%。包装申报了威远穹窿旅游（一期）项目收益债，发行额度 12 亿元，已获国家发改委批准；并争取到专项建设基金 3.2 亿元。初步建成 PPP[2]项目库，筛选出项目 6 个、总投资 36 亿元。加大招商引资力度，新签约项目 62 个，实际到位资金 107.0 亿元，同口径增长 14.7%。

财政运行基本平稳。全力以赴抓好税费征管、向上争取和融资工作，缓解了工业税收锐减带来的收支压力。全年实现财政总收入 20.1 亿元，增长 1.1%；其中，地方一般公共预算收入 7.5 亿元，负增长 5.8%。争取到各类财力补助和专项资金 20.2 亿元，置换债务 11.8 亿元，融资到位资金 8.3 亿元。统筹安排、科学调度，财政总支出达 35.6 亿元，增长 6.2%。

二、持续用力，推进了产业结构调整

工业转型步伐加快。页岩气勘探开发累计完成投资 39.1 亿元，完钻气井 64 口，投产 45 口。企业投入技改

2016 年 3 月 29 日，威远县第十五届人民代表大会第六次会议召开（余远文　摄）

资金75.2亿元，实施了白塔二期、法拉特铸件等项目，淘汰落后产能企业（生产线）11户。严陵工业园区成功创建省级科技企业孵化器，“威宝及图”被认定为中国驰名商标。新增国家高新技术企业7户，战略性新兴产业、高新技术产业占比均提高了3.2个百分点。

现代农业稳步发展。完善推广农业BOT模式，成片发展核桃2000亩、中药材1000亩、桂圆1000亩。“威远无花果”获得国家地理标志产品保护，建成中国农业大学教授工作站、威远无花果研究所。培训新型职业农民164人，新发展家庭农场90个、种养大户63户、专合组织15个，新建无花果加工企业2个。界牌镇南强村被命名为全国“一村一品”示范村。

现代服务业发展提速。全国知名电商企业阿里巴巴农村淘宝网、西南网贸港赶场小站进驻威远，建成县级服务中心2个、镇村服务点80个。完成石板河景区一期工程，在未正式对外开放的情况下，自发前往石板河的游客超过30万人次。引进泸州巨洋集团投资20亿元实施石板河整体开发，已初步完成景区规划。全年实现社会消费品零售总额75.4亿元，增长12.5%。金融支持地方经济发展力度加大，贷款余额达147.5亿元，增长16.8%。

三、为民利民，改善了人民生活条件

民生实事扎实推进。全面完成了十大民生工程和19件民生大事，民生支出占地方一般公共预算支出的比例保持在70%以上。新增城镇就业10617人，支持258名高校毕业生自主创业，农民工及农民企业家返乡创业224家。建成安置还房7.8万平方米、公租房150套、廉租房143套，改造城市棚户区2796户。推进城乡供水一体化，完成了团鱼凼水厂改造及东线、南线管网项目。实施精准扶贫、精准脱贫，农村贫困人口减少6698人。建立“12349”养老平台，建成县残疾人综合服务中心和2个区域性养老服务中心。

社会事业加快发展。整合教育资源，全面消除小学、初中起始年级大班额，完成特殊教育学校迁建，通过了省政府义务教育均衡发展检查验收。县人民医院外科大楼完成改扩建，建成村卫生站85个，新店中心卫生院被评为全国“群众满意的乡镇卫生院”。坚持计划生育基本国策，优质服务水平不断提高。村（社区）农家书屋实现全覆盖，举办了县第二届运动会，新建数字化影城1座。狠抓食品药品安全监管，查处违法案件646件。

人居环境不断改善。县城北部新区、西部新区开发有序推进，新增建成区面积1.4平方千米。婆城公园正式对外开放，花塘东路、花塘西路、天域路、锦园路竣工通车，杨家坝湿地公园基本成型。深入实施百镇建设行动，连界镇建成船石湖大道、白牛路，镇西镇建成食品园区广场。贡威路新农村示范片全面建成，连界示范片加快推进，新农村示范县建设被评为省级优秀。新建幸福美丽新村30个、新村聚居点45个。内威荣高速如期通车，贡威路完成路面改造，威双路改造（一期）进展顺利。建成乡镇联网公路68千米、通村水泥路263千米，新增11个村通客车，群众出行更加便捷。

四、防控风险，维护了社会和谐

2015年7月，游客在石板河戏水 （冷国文 摄）

稳定

安全形势平稳向好。严格落实安全生产“党政同责、一岗双责、失职追责”制度，安全生产四项指标全面下降。煤矿安全连续两年实现“零死亡”，成功摘掉了煤矿安全生产重点县“帽子”，煤矿、非煤矿山安全监管工作得到了国家安监总局的充分肯定，先后两次作了全国性经验交流发言。成功创建国家级安全社区1个、省级5个。

环境保护力度加大。突出抓好大气污染、水污染等综合治理，城区PM10[3]浓度明显下降，威远河出境断面水质持续改善。妥善处置了“4·10”事件，对严陵工业园区实行安全和环保常态化监管。严格执行新环境保护法，依法立案查处环境违法案件41件。巩固绿化造林成果，开展林区矿业秩序整顿和植被恢复，全县森林覆盖率达到40.1%。

社会管理不断加强。进一步完善网格化管理体系，新增“天网”监控点位371个，实现城镇视频监控全覆盖。及时调处各类矛盾纠纷，化解省、市挂牌督办件20件。深入排查不稳定因素，积极做好舆情监测和引导工作，妥善应对了重点企业、非法集资、房地产开发、环境保护等涉稳事件。扎实开展社会治安重点地区排查整治，严厉打击了各类违法犯罪行为。

五、改进作风，树立了政府良好形象

坚持依法行政。自觉接受人大政协监督，办理人大代表建议91件、政协委员提案76件。接受县人大常委会关于县城区交通秩序及环境治理专题询问，基本完成整改承诺事项。坚持并完善了政府常务会会前学法、行政决策合法性审查、规范性文件备案审查等制度。加大“两集中、两到位”落实力度，清理了入驻政务服务中心的行政审批事项。扎实开展“六五”普法和“法律七进”活动，“依法治县”战略深入实施。

坚持深化改革。加快转变政府职能，完成工商、质监管理体制调整，合并组建农林、卫计、经信等部门，政府部门减少到24个。继续深化行政审批制度改革，全面清理了税收优惠政策，取消了未经批准的政府性基金和行政事业性收费项目；依法公开行政权力清单、责任清单及运行流程。实施先照后证、“三证合一、一照一码”改革，稳妥推进科技、文化、不动产统一登记、居民用气阶梯价格制度等改革。完成了全县农村集体土地的确权颁证，建成农村社区银行2个。

坚持改进作风。深入开展“三严三实”专题教育，认真学习贯彻习近平总书记系列重要讲话精神，组织开展“严以用权、担当有为”等专题学习讨论，深刻查摆“不严不实”等方面存在的突出问题，制定并落实了整改措施。加强政府系统党员干部的教育管理监督，持续开展了公务用车、“庸懒散浮拖”等正风肃纪专项治理，“三公”经费持续下降。

坚持反腐倡廉。全面落实党风廉政建设责任制，认真学习贯彻《中国共产党纪律处分条例》和《廉洁自律准则》，严格执行中央八项规定精神和省市县各项规定。加大政府性投资项目的监管力度，审减资金2.9亿元。查处了一批群众反映强烈的突出问题，政纪立案27件、处分27人。

此外，气象、邮政、通信、保险、烟草、盐业等事业实现了新发展，人民武装、档案、粮食、供销、史志、保密、民宗、应急、人防、工会、共青团、妇女儿童、红十字等工作取得了新进步。

各位代表，2015年任务的基本完成，标志着我县“十二五”规划平稳收官。五年来，我们团结一心、锐意进取、克难攻坚，全县经济社会发展迈上了新的台阶，婺城大地发生了深刻变化。

这五年来，全县综合实力大幅提升。2015年主要经济指标与2010年相比，均有明显提升：GDP年均增长11.4%，人均GDP实现翻番；地方一般公共预算收入年均增长10.1%；地方一般公共预算支出年均增长15.0%；全社会固定资产投资年均增长19.8%；社会消费品零售总额年均增长15.1%。2014年县级经济综合实力排名全省181个县市区的23位，比2010年提升8位。2011—2013年综合绩效目标考核连续三年排名全市第一。

这五年来，交通区位优势逐步显现。2012年建成的成自泸高速结束了威远没有高速公路的历史，让威远融入了“天府新区1小时经济圈”，成为川南地区距成都最近的县城；去年底，内威荣高速建成通车，全县高速公路里程达87千米，出口7个，其中县城周边4个。国、省道行政规划调整后，我县拥有国道1条、省道5条，里程突破200千米。普通公路里程达到4569千米，全县实现了“村村通”。

这五年来，城乡面貌呈现崭新变化。新建了建业大道、凤凰大道、威远大道、小河路，改造了花城路、人民路、三河路、顺城街西外段，打通了全长12千米的二环路，威远是全市唯一真正拥有环城路的县城，初步搭建了中等城市道路骨架。建成滕家坝广场、婺城公园，改造了城市花园广场、城南总站广场，新建星级公厕8个，市政配套设施逐步完善。4平方千米的北部新区、5平方千米的南部工业园区初具雏形，县城建成区面积达19.7平方千米。严陵、连界、镇西被纳入国家级重点小城镇，全县城镇化率提高了8.2个百分点。贡威路新农村示范片“一心一轴两环”格局基本形成，示范片内道路四通八达，产业特色鲜明，乡村风光优美。建成新农村综合体3个，改造农房1.6万余户，形成了独具特色的婆城民居风格。

这五年来，新兴产业不断发展壮大。页岩气勘探开发取得重大突破，年产能达10亿立方米，威远是全国第一个使用页岩气的城市。威玻六期、七期池窑拉丝项目投产达效，玻纤新材料产业逆势上扬、产销两旺，总产值年均增长23.2%。组建镇西食品工业园区，入驻食品企业6户，年产值达6.7亿元。探索形成农业BOT模式，成片发展无花果3万余亩，《人民日报》对此进行了专题报道。旅游发展进入快车道，船石湖旅游小镇道路骨架初步形成，石板河引爆了威远旅游，打响了“天下穹窿·魅力威远”旅游品牌。电子商务异军突起，全县网上交易额成倍增长，被评为全国电子商务进农村“开拓型示范县”。服务业税收贡献率比2010年提高了38.7个百分点。

这五年来，民生质量得到明显改善。农村居民人均可支配收入提高到2010年的2.1倍，城镇居民人均可支配收入提高到1.8倍。城镇登记失业率连年控制在4%以内，五项社会保险覆盖面逐年扩大。新改建农村敬老院8所，五保供养率提高5个百分点，城乡低保标准分别由2010年的每人每年2340元、1500元提高到4800元、2460元。累计建成安置还房28.5万平方米、廉租房809套、公租房3177套，改造棚户区8386户。城乡居民用水、用电、用气、通信、广电网络等条件逐步改善，教育、卫生、文体等社会事业蓬勃发展，社会公共服务进一步健全。安全生产形势实现根本性好转，社会治安防控体系趋于完善。

五年以来，我县先后荣获中国无花果之乡、中国民间文化艺术之乡、全国“平安农机”示范县、全省丘陵地区先进县、四川省建设长江上游生态屏障先进县、全省“三农”工作先进县和助农增收先进县、省级环境优美示范县城、省级餐饮服务食品安全示范县等国家级、省级荣誉称号，《石坪山歌》《威远年鉴》和群众体育工作获全国表彰。连界列入全国第三批发展改革试点城镇，向义被认定为全国“一村一品”示范镇。连界工业园区列入全省首批新型工业化产业示范基地，严陵工业园区列入全省特色产业园区，镇西食品工业园区列入国家级农业产业化示范基地。

各位代表，过去的五年，是成绩显著的五年，是硕果累累的五年。这是市委、市政府和县委正确领导的结果，是县人大、县政协监督支持的结果，是社会各界通力协作的结果，是全县人民团结奋斗的结果。在此，我谨代表县人民政府，向给予政府工作充分理解和大力支持的人大代表、政协委员及社会各界人士，向全县人民，向所有关心关注威远发展的朋友们，表示衷心的感谢并致以崇高的敬意！

成绩令人鼓舞，发展任重道远。回顾这五年，我们清醒地认识到，全县经济社会发展还存在不少问题：一是尽管我们付出了比以往更多的努力，但受内外部环境、主客观因素的影响，总体发展成果未能完全达到预期，经济指标增速回落，个别重点项目没有如期完成。二是经济结构不尽合理，传统产业正在经历转型阵痛，新兴产业还处于起步阶段，支撑能力明显不足。三是川威、建业等骨干企业运转困难，工业入库税金从高峰时期2012年的8.0亿元直线下滑至2015年的2.3亿元，地方一般公共预算收入自2014年下半年至今持续负增长，财政收支举步维艰。四是安全稳定风险依然存在，环境问题比较突出，教育、医疗、社保、安置还房、城市管理等方面还存在许多亟待解决的矛盾。五是部分政府工作人员没有主动适应新常态，群众观念不牢、服务意识不强、担当作为不够。各位代表，困难是暂时的，道路是曲折的，前途是光明的。面对这些困难和问题，我们决不回避、决不退缩，一定会坚持问题导向，找准对策措施，全力加以解决。

“十三五”展望和2016年工作安排

“十三五”时期，是全面建成小康社会的决胜期、经济转型的关键期、全面深化改革的攻坚期、威远大有可为的机遇期。面对新形势、新任务，我们要在适应新常态中把握大趋势，在应对新挑战中争取主动权，不断拓展新空间、开创新局面。根据县委关于“十三五”规划编制的建议，县人民政府组织编制了《威远县国民经济和社会发展第十三个五年规划纲要（草案）》，已印发大会审议。这里，我着重从四个方面作一简要说明。

认清发展形势。“十三五”时期，国际国内环境将发生深刻变化，我国经济进入“新常态”发展阶段。经济增长由高速向中高速换挡，增长动力向创新驱动、全要素增长驱动转变，各种矛盾、困难、挑战相互交织，形势依然复杂严峻。就我县而言，通过全县上下多年的努力，产业结构调整初见成效，交通区位、城乡基础设施、生产生活条件等方面都得到显著改善，为“十三五”发展奠定了良好基础。国家实施“一带一路”、长江经济带建设、天府新区等战略，四川推动川南经济区率先突破、规划建设成都新机场至自贡城际铁路等机遇，有利于威远在政策、项目、资金等方面获得更多的支持。

明确奋斗目标。为确保与全国、全省、全市同步全面建成小康社会，我们提出的具体目标建议是：到“十三五”末，地区生产总值年均增长8.0%，三次产业比重调整为12：68：20，规模工业增加值年均增长9.0%，全社会固定资产投资年均增长6.0%，地方一般公共预算收入年均增长4.0%，社会消费品零售总额年均增长12.0%，农村居民人均可支配收入年均增长9.0%，城镇居民人均可支配收入年均增长8.0%。到2020年，地区生产总值和城乡居民人均收入比2010年翻一番，产业迈向中高端水平，消费对经济增长贡献明显加大；农业现代化取得明显进展，人民生活水平和质量普遍提高，贫困村全部“摘帽”，农村贫困人口全部脱贫；公民素质和社会文明程度进一步提升，生态环境质量总体改善，各方面制度更加完善。

突出主攻方向。规划纲要主要体现了三个方面的攻坚，下大力气破解制约全面建成小康社会的重点难点问题。打好产业发展攻坚战，把工业强县、产业兴县作为威远科学发展、加快发展的首要任务，全力发展“六新产业”[4]，积极打造“三大基地”[5]，加速壮大“三大园区”，推动产业转型升级取得实效。打好城乡基础设施建设攻坚战，着眼于打基础、利长远，加快建设交通、水利、能源、市政、环保、信息等基础设施，不断增强城乡综合承载能力。打好脱贫攻坚战，切实把“六个精准”[6]总体要求、“五个一批”[7]扶贫攻坚行动计划落实到村到户到人，重点解决好“插花式”贫困问题，真正让群众住上好房子、过上好日子、养成好习惯、形成好风气。

找准发展路径。坚定不移地走好符合威远实际的创新、协调、绿色、开放、共享发展之路，是“十三五”发展的根本遵循，也是贯穿规划纲要的主线。坚持创新发展，深化重点领域和关键环节改革，全面推进大众创业、万众创新，有序实施“互联网+”行动计划，培育壮大经济增长新优势。坚持协调发展，调整优化三次产业结构，统筹推进城乡一体化发展，进一步提高发展的协调性、整体性、平衡性。坚持绿色发展，加强环境保护和生态建设，继续推进重点流域和饮用水源地水污染治理，强化资源节约集约利用，狠抓重点领域节能减排，加快构建生态文明新家园。坚持开放发展，提升招商引资水平，推动一批大企业、大项目在威远落地生根。坚持共享发展，稳步增加城乡居民收入，着力解决事关人民群众切身利益的教育、医疗、就业、社会保障、环境治理等方面的问题，顺应人民群众对美好生活的新期待。

各位代表，千里之行，始于足下。2016年是“十三五”规划的开局之年。今年政府工作的指导思想是：深入贯彻落实党的十八届五中全会、省委十届七次全会和市委六届十次全会精神，以“四个全面”布局为统揽，以“五大发展理念”[8]为指引，以省委“三大发展战略”[9]为引领，以市委工业强市、产业兴市部署为主导，按照县委十三届十次全体（扩大）会议的总体要求，着力抓好产业攻坚、基础设施攻坚、脱贫攻坚、改革攻坚，努力实现“十三五”良好开局，为全面建成小康社会奠定坚实基础。

综合考虑当前经济形势和各方因素，今年全县经济社会发展的主要预期目标是：地区生产总值增长7.2%左右；规模工业增加值增长6.5%；地方一般公共预算收入力争与去年持平；社会消费品零售总额增长12.1%；全社会固定资产投资增长7.3%；农村居民人均可支配收入增长9.5%，城镇居民人均可支配收入增长8.5%；城镇登记失业率控制在4.1%以内。为此，我们将坚定不移地抓好八个方面的工作。

一、坚定不移地建设工业强县，巩固工业支撑地位

积极改造提升传统产业。加快老工业基地调整改造，鼓励建材、化工企业采用新技术、新工艺、新设备实施改造升级，提高产品科技含量，增强市场竞争力。以三大园区为支撑，稳步提升投资强度和产出效率。推进白塔二期、新型节能灰渣混凝土等项目，完成技改投资75亿元。推动钢铁、煤炭行业化解产能，实现脱困发展。严格控制高耗能、高排放和产能过剩行业新上项目，继续淘汰一批落后工艺和生产线。

继续加大企业扶持力度。认真落实省、市关于川威帮扶及风险化解工作的各项部署，积极筹建产业发展基金，支持川威保生存、保发展、保稳定。坚持“五项制度”[10]，强化金融、社保、税费、电力等支持，帮助困难企业尽快走出困境。积极开展“企业服务年”活动，做大做强东工水电、缔铂酒业、康而好药业等发展势头良好的中小微企业。

大力发展优势优质产业。加大页岩气勘探开发、就地转化和产业化培育力度，发展与之配套的装备制造及环保产业，力争页岩气优势资源在域内实现优先转化利用。加快推进高性能玻纤池窑拉丝、金四方技改扩建等项目，打造四川玻纤新材料基地和川南绿色食品基地。大力发展机械制造、生物医药等产业，建成金镭铸业专用铸锻件及精密加工生产线等项目。创建国家级高新技术企业2户，力争战略性新兴产业、高新技术产业占比分别提高2.5个、2个百分点。

二、坚定不移地发展现代农业，促进农民增收致富

稳定粮食生产。大力实施粮食生产能力提升工程和粮食丰产科技工程，深入推进全国新增1000亿斤粮食生产能力项目、“千斤粮万元钱”粮经复合产业基地建设，稳定粮食播种面积，确保粮食总产量稳步增长。继续探索和完善种植托管模式，积极支持粮食适度规模经营。严守耕地红线，完成永久基本农田划定工作，确保全县耕地保有量75万亩以上。

壮大特色产业。发展现代农业产业基地，力争成片种植桂圆2000亩、枳壳和佛手2000亩、栀子和玉竹2000亩。巩固提升无花果产业，努力在种植技术、精深加工、产品推广上实现新突破。鼓励林下间作，规模化发展“三季彩糯玉米+一季大头菜”5万亩。推广“种养结合、自流灌溉”畜牧发展新模式，开展肉羊标准化基地县建设。

培育新型农业经营主体。继续开办现代职业农民培训班，支持新型农业经营主体多元化发展，培育家庭农场10个、专业大户40户、专合组织4个、龙头企业1户以上。启动农村集体资产股份制改造试点，鼓励农村集体经济组织以货币、资产、土地等要素入股兴办农民合作社、农业企业。进一步落实农民增收负责制，多渠道增加农民财产性、转移性、工资性、经营性收入。

三、坚定不移地壮大服务业，培育新的经济增长点

全力推进旅游开发。加快重点旅游项目建设，努力掀起穹窿旅游开发热潮。支持泸州巨洋集团尽快编制完成石板河景区规划，力争早日启动建设，着力打造AAAA级景区。快速推进船石湖旅游小镇建设，实施游客接待中心、商业街、云海步道等项目。大力发展观光休闲农业，以四方村采摘园为中心，积极筹建无花果AAAA级景区和国家级主题公园，鼓励业主举办荷花观赏节和无花果、桑葚等采摘节，实现“四季有花、四季有节”。

着力培育新型服务业。加快阿里巴巴“特色中国威远馆”、苏宁易购“中华特色威远馆”等电商平台建设，力争实现全县村级网点全覆盖。创建一批电商示范企业，力争规模企业电商应用率达到60%以上。引导工业企业剥离物流业务，大力发展物流配送，打造区域性综合物流中心。积极引进域外金融机构到威远设立分支机构，着力开发特色金融产品。完善“12349”养老平台功能，加快建设县综合养老服务中心，推动健康养老服务业发展。

积极提升传统服务业。推进雄飞城市综合体、荣威万象城、汽车4S销售集群区等服务业重点项目建设，积极培育以城市综合体为中心的城北商圈、以荣威万象城为中心的城西商圈。着力引进大型购物广场、超市、酒店，开展汽车、家居、家电等展会、促销活动。认真落实省、市“楼市新政”，鼓励农民工和农民进城购房，加快“去库存”。培育“威远羊肉汤”等品牌，推动特色餐饮上规模、上档次。

四、坚定不移地深化各项改革，充分激活发展动力

推进重点领域改革。深化工商登记制度改革，完善后续监管措施，推动社会信用体系建设。推进供给侧改革，不断降低企业生产性、经营性、外在性成本。实施公务用车制度、城区水价联动机制[11]改革，稳妥推进不动产统一登记、供销社综合体制等改革。深化农村改革，引导土地经营权依法有序流转。深入推进财税体制改革，严格依法治税，狠抓重点行业、重点企业、重点项目、重点税种的征管，力争财政总收入实现21亿元，努力遏制地方收入下滑势头。全力向上争取均衡性转移支付、专项建设基金和就业、民政等非项目类民生资金。加强政府性债务风险防范，积极争取更多的债务置换年度指标。

强化项目投资拉动。扎实开展“项目年”活动，全年计划实施项目307个，完成投资182亿元。突出抓好2个省级重点项目和27个市级重点项目建设，分别完成投资11亿元、17.7亿元。围绕中央和省上推出的11个工程包[12]和6个消费工程[13]，争取更多项目进入中央和省上的盘子。进一步充实PPP项目库，实施一批成熟项目。用好沿链招商、精准招商、精细招商、活动招商等有效方式，积极引进投资规模大、科技含量高、示范带动强的项目，力争全年新签约项目60个，到位资金118亿元。

坚持创新驱动发展。加快建设创新平台，鼓励企业自主创新，增强孵化器承载能力，新增入孵企业5户以上。加大创业扶持力度，大力实施返乡创业回家工程，吸引农民工及农民企业家返乡创业。积极创建国家技术创新工程四川省试点示范县，持续优化创新环境。推进“互联网+”工业、农业、商贸、旅游、公共服务等，促进网络经济与实体经济融合发展。

五、坚定不移地推进新型城镇化，促进城乡统筹发展

提升城镇承载能力。树立以人民为中心的规划理念，把宜居放在首位，结合城际铁路、高速公路建设，深化完善城市总体规划及相关专项规划。以“一路一河”[14]为重点区域，推进15平方千米的县城新区建设。完成威远河综合治理一期、杨家坝湿地公园等项目，增加生态生活空间。加快建设吴荣路一期、五云东路等项目，启

动吴荣路二期、狮子山公园及罗家坝市政道路等项目，统筹推进威玻老厂区、罗家坝棚户区改造。继续实施百镇建设行动，分步启动连界旧城改造，加快推进木兰苑安置房、千鸡山水厂等项目，建成镇西祥和广场。

建设幸福美丽新村。全面实施“六大行动”[15]，推进贡威路新农村示范片提质扩面，完善“十里荷塘”“长山竹海”、中坝古村落等休闲观光节点的基础设施。着力打造连界新农村示范片，加快土河沟古村落、船石村综合体建设，打造栀子花、风景名树等农业公园。坚持“保、改、建”相结合，推进院落治理和“三建四改”[16]，新建幸福美丽新村66个。

打造综合交通枢纽。积极推进自隆高速连接线建设，力争宜仁高速途经我县并设出口，编制城东、城北高速公路出口连接线道路规划。完成威双路改造（一期），建成县公路机械化养护中心，加快推进连乐铁路建设，启动威双路改造（二期）、威连路连界过境段改造。全力争取成都新机场至自贡城际铁路途经我县并设城际站。实施农村公路完善工程145千米，全面推进通组入户道路建设。

完善城乡基础设施。实施“五小水利工程”和长葫灌区、胜利渠灌区渠系改造，建成高标准农田2万亩。加强集中式饮用水水源地保护，推进农村饮水安全巩固提升工程，解决0.8万人的饮水安全问题。实施土地整理项目2个，狠抓城乡建设用地增减挂钩试点、工矿废弃地复垦试点等项目。推进骨干电网建设，加大中低压配电网、农村电网和老旧小区供配电设施改造。继续实施“宽带乡村”试点工程，力争所有行政村实现宽带全覆盖。

六、坚定不移地推动绿色发展，积极打造生态威远

实行最严格的环保制度。全面落实环境保护“党政同责、一岗双责”、生态环境损害责任终身追究、“一票否决”和环保“三同时”[17]等制度，严格环评管理和环境准入。完善污染物排放许可制度，实施环保常态化巡查，建立环境保护网格化监管责任体系。及时公布各类环境监测数据，主动接受社会监督，依法严查重处偷排偷放、不正常使用治污设施等违法行为。

加大污染治理力度。尽快启动县城第二污水处理厂及配套管网、连界污水处理厂及配套管网建设，完成县城垃圾处理厂渗滤液处理站技改扩容、城南片区截污干管整改等项目，加强乡镇污水处理设施运行管理。实施工业污染源全面达标排放计划，确保主要污染物总量减排和万元GDP综合能耗完成省、市下达的目标任务。开展大气污染综合治理，全面落实“降尘、控烟、治车、减排、禁烧”等措施，确保PM10浓度持续下降。推进威远河流域深度治理，加强工业园区、生活污染和畜禽养殖等重点领域的污染治理，进一步改善威远河水质。扎实整改环保部西南督查中心综合督查反馈的问题，着力解决结构性环境突出问题。

统筹治理城乡环境。强化城市管理，建成城管数字化系统，基本覆盖县城区主要街道、公园、广场。探索联合执法机制，继续开展占道经营、夜市摊点、城区交通秩序等专项整治，突出抓好婆城公园、滨河公园、桃花山公园和集贸市场的管理。深化城乡环境综合治理，扎实开展清洁城市行动，全面治理农村生活垃圾。积极创建四川省绿化模范县，实施新一轮退耕还林和天然林保护工程，巩固生态绿化成果。启动省级卫生县城创建，力争2017年创建成功。

七、坚定不移地改善民计民生，共享改革发展成果

协调发展社会事业。开展义务教育阶段学生免费午餐试点，推进“五改一提高”[18]工程，加快凤翔中学建设前期工作，通过义务教育均衡发展国家督导评估认定。落实中等职业教育全面免学费政策。坚持计划生育基本国策，实施全面两孩政策。支持县人民医院创建三级乙等医院，推进王氏医院等民办医院建设。开展牛灯舞、石坪山歌传承教学，新建省级文化示范站2个。深入实施全民健身计划，积极备战省第十三届运动会。加强公民道德建设和精神文明建设，丰富群众文化体育活动，新创省级文明单位1个、国家级乡村学校少年宫1个。落实食品药品监管“四个最严”[19]要求，创建省级食品安全示范县。完成第三次全国农业普查，创建省级农产品质量安全监管示范县。强化国防动员和后备力量建设，做好双拥共建、人民防空等工作。

完善社会保障体系。按照“坚守底线、突出重点、完善制度、引导预期”的思路，深入实施十大民生工程。坚持以创业带动就业，突出抓好高校毕业生、农民工、化解过剩产能中失业人员等重点人群的就业和再就业，力争城镇新增就业8200人。实施全民参保计划，严格执行被征地农民社保资金预存制度。继续推进“百万安居工程建设行动”，力争棚改货币化安置比例超过50%。新建社区日间照料中心12个，新增、改造养老床位900张。

全力实施脱贫攻坚。完善“七个一”干部驻村帮扶机制[20]，确保4677名农村贫困人口脱贫、25个贫困村“摘帽”。山区重点发展经济林果、中药材、林下养殖和乡村旅游业，外区重点发展无花果、设施蔬菜等优势

产业，促进贫困户增收。因地制宜确定扶持项目，确保有劳动力的贫困户至少有1个增收项目。加大财政投入和资金整合力度，将50%以上的涉农资金集中向贫困村、贫困户倾斜。

全面加强社会建设。认真贯彻落实《安全生产“党政同责”暂行规定》，深化“三级五覆盖”[21]、“五落实五到位”[22]安全生产责任体系建设。突出煤矿、非煤矿山、危险化学品、道路交通、建筑施工、特种设备、消防等重点行业领域及人员密集场所的安全监管，推进隐患排查和“打非治违”常态化，严防重特大安全生产事故发生。加强法治宣传教育，积极谋划“七五”普法。巩固完善“天网”视频监控系统，健全立体化社会治安防控体系，依法打击各类违法犯罪行为。开展信访“三无”[23]创建活动，规范信访秩序，确保“六个不发生”[24]。

八、坚定不移地强化自身建设，打造人民满意政府

建设法治政府。增强政治意识、大局意识、核心意识和看齐意识，坚决贯彻县委的决策部署，认真执行人大及其常委会的决议、决定，主动接受人大工作监督、法律监督和政协民主监督，坚持重大事项向人大报告、规范性文件向人大备案。严格执行专家咨询、社会公示、风险评估、合法性审查和集体讨论决定的决策程序，建立健全重大行政决策终身责任追究及责任倒查机制。全面实行“三张清单”[25]制度，推动行政权力平台有效运行。加大政府信息公开力度，提高政府工作透明度。

建设高效政府。继续深化行政审批制度改革，加快建设新政务服务平台，力争完成20个镇便民服务中心规范化建设，推行“互联网+政务服务”，切实方便群众办事。扎实开展“两学一做”[26]学习教育，驰而不息地推进行政机关作风效能建设，把更多的时间和精力用在服务群众和推动工作上。加强督促检查，对制定的政策、确定的目标、部署的任务，一抓到底、善做善成。强化行政问责，坚决整治“不作为、怕作为、慢作为、乱作为”，确保每一项工作都落到实处。

建设廉洁政府。继续强化党风廉政建设“两个责任”[27]和“一岗双责”，落实“一案双查”[28]，建立容错纠错机制，健全用制度管人、管事、管权的长效机制。不折不扣地执行中央八项规定精神和“三严三实”要求，持之以恒纠正“四风”，切实解决发生在群众身边的不正之风和腐败问题。严格执行“九个严禁、九个一律”[29]，营造风清气正的换届环境。进一步加强项目招投标、土地出让、政府采购、民生项目等重点领域、关键环节的行政监察和审计监督，严肃查处顶风违纪行为，保持惩治腐败的高压态势。

各位代表，威远发展已经站上了一个新的历史起点。面对发展的新任务、人民的新期待，让我们紧密团结在以习近平同志为总书记的党中央周围，在省委、省政府、市委、市政府和县委的正确领导下，在县人大、县政协的监督支持下，紧紧依靠全县干部群众，用信心凝聚力量，用实干铸就辉煌，为决战决胜全面小康而努力奋斗！

注释：

[1] 新三板：全国性的非上市股份有限公司股权交易平台，主要针对的是中小微型企业。

[2] PPP：公私合作模式，即政府与私人组织之间，为了合作建设城市基础设施项目，或是为了提供某种公共物品和服务，形成的合作关系。

[3] PM_{10}：空气动力学直径小于或等于10微米的颗粒物，也称可吸入颗粒物或飘尘。

[4] 六新产业：新能源、新材料、新商贸、新旅游、新食品、新制造六大产业。

[5] 三大基地：四川玻纤新材料基地、西部建材陶瓷基地、川南绿色食品基地。

[6] 六个精准：扶贫对象精准、项目安排精准、资金使用精准、措施到户精准、因村派人精准、脱贫成效精准。

[7] 五个一批：扶持生产和就业发展一批、移民搬迁安置一批、低保政策兜底一批、医疗救助扶持一批、灾后重建帮扶一批。

[8] 五大发展理念：创新、协调、绿色、开放、共享五大发展理念。

[9] 三大发展战略：多点多极支撑、“两化”互动城乡统筹、创新驱动三大发展战略。

[10] 五项制度：领导干部联系企业、重点工作定期会商、政银企对接联系、经济运行监测预警、重点工作督查问效五项制度。

[11] 城区水价联动机制：供水成本受上游资源水价、水利工程水价政策性开征或调整时，城市供水终端水价同步同幅联动调整。

[12] 11个工程包：粮食水利、交通、生态环保、健康养老服务、信息电网油气等重大网络工程、清洁能源、油气及矿产资源保障工程、新兴产业、增强制造业核心竞争力、现代物流、城市轨道交通11个工程包。

[13] 6个消费工程：信息消费，绿色消费，稳定住房消费，提升旅游消费，挖掘教育文化体育的消费潜力，适应中国老龄化需求的相关消费。

[14] 一路一河：川威大道、威远河。

［15］六大行动：扶贫解困、产业提升、旧村改造、环境整治、文化传承、改革创新六大行动。

［16］三建四改：建庭院、入户路、沼气池，改厨、厕、水、圈。

［17］环保“三同时”：建设项目中防治污染的设施，应当与主体工程同时设计、同时施工、同时投产使用。

［18］五改一提高：改饮用水、改食堂、改厕所、改垃圾池、改变不良习惯，提高师生文明素养。

［19］四个最严：最严谨的标准、最严格的监管、最严厉的处罚、最严肃的问责。

［20］“七个一”干部驻村帮扶机制：每个贫困村有1名领导联系，有1个帮扶单位，有1名第一书记，有1个驻村工作组，有1名驻村农技员，每个贫困村有1个帮扶方案，每一户贫困户确定1名帮扶责任人。

［21］三级五覆盖：三级即县、镇、村（社区）三级。五覆盖即“党政同责”全覆盖、“一岗双责”全覆盖、“三个必须”全覆盖（管行业必须管安全、管业务必须管安全、管生产经营必须管安全）、政府主要负责人担任安委会主任全覆盖、各级安委会办公室定期向本级纪检和组织部门报送安全生产情况全覆盖。

［22］五落实五到位：五落实即各类企业必须落实“党政同责”要求，必须落实安全生产“一岗双责”，必须落实安全生产组织领导机构，必须落实安全管理力量，必须落实安全生产报告制度。五到位即安全责任到位、安全投入到位、安全培训到位、安全管理到位、应急救援到位。

［23］三无：无进京非正常上访，无进京越级上访，无到省集访。

［24］六个不发生：不发生到省进京集体上访和非正常到省进京上访，不发生影响大的群体性事件，不发生暴力恐怖活动，不发生敌对分子的破坏活动，不发生特别重大的恶性案件和治安问题，不发生群死群伤的恶性事故。

［25］三张清单：行政权力清单、政府责任清单、市场准入负面清单。

［26］两学一做：学党章党规、学系列讲话，做合格党员。

［27］党风廉政建设“两个责任”：党委党风廉政建设主体责任和纪委监督责任。

［28］一案双查：既要追究当事人责任，又要倒查追究相关领导责任，包括党委和纪委的责任。

［29］九个严禁、九个一律：一是严禁拉帮结派，对搞团团伙伙、结党营私的，一律给予纪律处分；二是严禁拉票贿选，对在民主推荐和选举中搞拉票、助选等非组织活动的，一律排除出人选名单或者取消候选人资格，并视情节给予纪律处分，贿选的依法处理；三是严禁买官卖官，对以谋取职务调整、晋升等为目的的贿赂他人或者收受贿赂的，一律先停职或者免职，并依纪依法处理；四是严禁跑官要官，对采取拉关系或者要挟等手段谋取职务或者职级待遇的，一律不得提拔使用；五是严禁造假骗官，对篡改、伪造干部档案材料的，一律对相关人员给予组织处理或者纪律处分；六是严禁说情打招呼，对搞封官许愿或者为他人提拔重用说情打招呼的，对私自干预下级干部选拔任用的，一律记录在案，情节严重的严肃追究责任；七是严禁违规用人，对突击提拔调整干部、超职数配备干部和违反规定程序选拔任用干部的，一律宣布无效，并视情节对相关人员给予纪律处分；八是严禁跑风漏气，对泄露、扩散涉及换届人事安排等保密内容的，一律追究相关人员责任；九是严禁干扰换届，对造谣、诬告他人或者妨害他人自由行使选举权的，一律严厉查处，涉嫌违法犯罪的移送司法机关处理。

威远县“三严三实”专题教育

2015年，威远县设立“三严三实”专题教育和领导班子思想政治建设工作协调小组，组建4个工作组，共抽用人员32人，扎实推进专题教育各项工作。覆盖范围：在全县18个单位，42名县处级领导干部中开展“三严三实”专题教育。全面启动：2015年5月25日，威远县召开“三严三实”专题教育工作座谈会，对开展“三严三实”专题教育工作进行动员和安排部署。

从严从实举办“三严三实”专题党课 以“实”为前提，搞好学习调研。坚持先学一步、深学一层。认真学习习近平总书记系列重要讲话精神重点内容，领会核心要义，掌握精神实质。按照以学促行的要求，坚持领导干部带头深入调研，广泛听取意见建议，了解党员干部思想、工作和作风实际，进一步查找“不严不实”问题，想清楚讲什么、怎么讲。以“严”为标准，把好质量审核关。严把党课内容审核关，要求做到“七不过关”（课件内容没有做到主题聚焦不过关；“三严三实”和“忠诚干净担当”精神实质及实践要求没有讲清楚不过关；“不严不实”和“不忠诚不干净不担当”具体表现和严重危害没有讲清楚不过关；内容没有结合自身成长经历和分管工作不过关；工作安排空洞无物不具体不过关；讲课中没有“七个做到”和“七个绝不”公开承诺不过关；课件不是由本人亲自撰写或涉嫌抄袭、拼拼凑凑不过关），真正做到标准不降，从严从实要求。以“广”为基础，全覆盖教育对象。县委书记率先垂范，在全县“三严三实”专题教育工作座谈会和全县科级领导干部专题读书班上党课；其他县级领导干部结合工作分工，分别到联系点、分管联系部门、“双报到”社区讲党课，确保教育对象全覆盖。据统计，县级领导干部已开展专题党课54次，带动各镇各部门党委（党组）一把手开展讲党课80余次。

从严从实开展“三严三实”专题学习研讨 开展学习讨论，发挥示范引领作用。县委主要领导坚持做学习的表率，带头领学相关篇目，带头谈学习、谈认识、谈体会，深挖在学习态度和思想认识层面存在的突出问题，为全县党员干部端正学风和转变作风树立了样板。县委通过中心组（扩大）学习会的形式，开展“严以修身，强化修养”“三严三实大家谈”“讲政治、守纪律、守规矩”“坚持‘三个六’选拔‘三严三实’好干部”“严以律己，遵纪守法”大讨论8场次，召开南充拉票贿选案专题剖析反思会1次，每位领导主动查找问题、分析原因、明确整改方向查找问题200余个。带动其他县级领导干部所在单位开展各类大讨论80余场次，开展反思学习讨论16次，举办主题演讲2次，撰写心得体会文章200多篇，充分发挥领导干部的示范引领作用。开设培训班，发挥理论先导作用。开设浙江大学—威远县电子商务和科技企业孵化器培训班，开设优秀年轻干部人才培养递进班，开设科级领导干

2015年7月20日，县级领导干部开展“三严三实”学习讨论会 （县委组织部 供图）

部专题培训班和科级（校级）后备干部专题培训班，进一步强化领导干部政治理论，提升综合素质。举办专题讲座，发挥实践引导作用。邀请省委党校副校长裴泽庆教授作《坚定理想信念，自觉践行“三严三实”》、市检察院检察长钟长鸣作《法治的春天》专题辅导报告；在全县党政领导读书班上，邀请省农工委张能坤、省法制办王彬、省直机关党校李绍华等学者，分别围绕“全面建成小康社会”“全面依法治国”“讲政治、守纪律、守规矩”主题作专题讲座，进一步引导党员干部践行“三严三实”，自觉做到崇廉尚实、遵纪守法。

从严从实召开“三严三实”专题民主生活会 从严从实查摆，确保问题聚焦。对照“三严三实”要求，采取剖析案例、比照先进等方式，查找个人思想、工作、生活上存在的“不严不实”问题72个；采取发放征求意见表、座谈走访、网络平台等方式，广泛征求各镇各部门、“两代表一委员”、党员群众的意见建议39条；深入联系点、基层一线，采取召开院坝会、入户走访等方式，面对面听取基层群众的意见建议30条。全面谈心谈话，确保谈出实效。坚持“三必谈”，采取“一对一”“一对多”等形式，带着诚意带着问题谈，充分交换意见，认领批评意见清单，实现了沟通思想、交换意见、增进理解、达成共识的目标。县委书记与11名县委常委、20个镇党政主要负责人开展谈心谈话51人次；县委常委相互之间开展谈心谈话66人次；县委常委与分管部门主要负责人开展谈心谈话58人次。深刻对照检查，确保工作落实。坚持“高、准、深、实”四字标准，认真撰写对照检查材料和发言提纲。县委常委班子的对照检查材料由县委书记主持起草，班子成员的发言提纲一律自己动手，做到重在写问题、重在找原因、重在查自身。县委常委班子对照检查材料修改10稿，列举县委班子“不严不实”问题9个，县领导个人“不严不实”问题108个，提出整改措施106条，有力有效的推动工作落实。

从严从实抓好宣传引导 编发《威远县“三严三实”专题教育学习手册》200本，《领导干部学习资料汇编》800本，供领导干部学习；及时制定宣传方案，开设专栏3个；整合内宣、外宣、网宣力量，多渠道、多形式开展宣传，进一步增强专题教育同群众联系的紧密性和直接性。全年被各级媒体采用宣传信息150余篇。

从严从实抓好整改落实 开展专项整治。深化教育实践活动和巡视反馈问题整改，扎实推进“12+2”“四风”突出问题专项治理，开展“三公”经费检查、违规发放钱物清理等专项行动，对农村低保、危房改造、惠农财政专项资金使用等重点领域和解决基层干部不作为乱作为等损害群众利益问题开展专项整治，提高了群众满意度。加大惩处力度。推行述责述廉、“一案双查”等制度，强化警示教育，多批次组织干部参观法纪教育基地、观看警示录警示片、讨论剖析腐败案件，筑牢“不想腐”的政治清醒和“不能腐”的行动自觉。加大重点领域腐败案件查办力度，县纪委立案48件48人。其中，科级领导干部6件6人，收缴违纪款30余万元。狠抓正风肃纪。制定《2015年作风建设督查方案》，成立督查组，开展明察暗访885人次，定期专题向县委常委会报告。2015年以来，对全县42个行权部门在网络正式运行的4498项权力事项，实施督查21次，查找并督促整改问题3个，发现并督促整改报警、预警件6件。围绕党员干部行为规范，开展督查20余次，提出整改意见8条，诫勉谈话1人，批评教育2人。

从严从实抓好立规执纪 健全责任落实机制。制定制度建设“废改立”清单，明确牵头单位、责任单位和完成时限，加强督促考核，把制度建设纳入单位“一把手”党建述职的重要内容，确保制度建设按期保质完成，推动形成科学完备的制度来规范引领领导干部的思想和行为。全年出台相关制度文件32个。健全常态化管理机制。抓好党的建设制度“废改立”工作，“不严不实”问题的梳理和建章立制，五个方面政策制度调研，解决基层干部不作为乱作为等损害群众利益的问题。全面深化党的建设制度“废改立”工作，废止制度207件，修订和新建制度216件。其中，按照上级要求修订和新建183件、自主创新制度33件，完成修订和新建任务81件。收集“不严不实”问题清单、整改方案及整改台账158份，查找“不严不实”问题162个，收集制度调研报告35份。健全执行督查机制。采取明察暗访、定期检查、公示通报等形式，下大力气、用真功夫抓好制度执行，坚决防止有令不行、有禁不止，增强制度的刚性和权威性，推动思想建设、政治建设、组织建设、作风建设常态化、长效化。年内，开展督查21次，对12个单位制度执行不规范、执行力度不够、“不作为、慢作为、乱作为”等问题进行纠正处理。

威远县在县级领导干部中开展“一谈二诺三联四服务”活动 “一谈”，即集中开展一次“践行‘三严三实’大家谈”。通过学习交流，畅谈践行“三严三实”认识、心得体会和感受，进一步坚定理想信念、强化党性观念、增强实干精神。全县县级领导干部所在单位开展“践行‘三严三实’大家谈”8次，撰写心得体会

2015 年 5 月 7 日，严陵镇党委领导到联合村开展基层接访　（严陵镇　供图）

62 篇。“二诺”，即在一定范围内作出“七个做到”和“七个绝不”两个公开承诺。全县县级领导干部亲自签订承诺书，并通过公开栏、宣传栏等方式公示亮诺。签订承诺书 184 份，42 名县级领导干部作出公开承诺。“三联”，即联系农村、联系企业、联系困难家庭。县级领导干部通过深入基层调研，听意见、转作风、办实事，让人民群众切实感受到作风新气象。建立村级联系点 26 个，联系困难企业 26 个，联系困难家庭 54 户，结成帮扶对子 162 对，走访党员干部群众 500 余人次，收集意见建议 180 余条，解决实际问题 112 个。“四服务”，即服务大局、服务发展、服务民生、服务群众。县级领导干部立足本职岗位，按照分管联系工作，在服务中提升能力水平、融洽感情、树立良好形象。解决民生难题 68 件，投入资金 130 余万元。

威远县从严从实督查《党员干部行为规范》　威远县出台专项文件，成立制度监督执行督查组，分片区进行重点督查和抽查，确保制度执行有力。全年开展督查 20 余次，提出整改意见 8 条；各单位根据要求将《规范》内容以制度形式上墙贯彻落实；对照《规范》已诫勉谈话 1 人，批评教育 2 人，提醒党员干部在日常工作学习中自觉遵守，践行“三严三实”，树立忠诚干净担当的良好形象。

（张　雷）

威远概览

县情概要

【地理位置】 威远县位于四川盆地中南部，辖区面积1289平方千米，南北长54千米。地跨北纬29°22′～29°47′，东经104°16′～104°53′。东邻内江市市中区，南连自贡市大安区和贡井区，西界荣县，北衔资中，西北与眉山市仁寿县、乐山市井研县接壤。县城东至内江市市中区31千米、重庆市202千米；南至自贡市自流井区25千米、宜宾市翠屏区100.4千米；西至自贡市荣县31.7千米、乐山市96千米；北至资中县39.8千米、成都市138千米；西北至眉山市仁寿县79千米、乐山市井研县91.9千米。

【地质地貌】 威远属扬子陆台四川分区西南部，出露有中生界和新生界地层。境内地质构造为荣威穹窿与新店子向斜。全县地势西北高、东南低，分为低山、丘陵两大地貌区。西北低山区山峦起伏，沟谷纵横，一般海拔500～900米，相对高差200～300米，新场镇鹞子岩海拔901.9米，为全县最高点。东南丘陵区多方山、馒头山和漫岗岭脊，低山向丘陵过渡带有单斜丘陵，间有缓坡台地，一般海拔300～400米，相对高差30～80米，向义镇双河口海拔277.6米，为全县最低点。

穹窿浅释 穹窿，亦称“穹隆”，指天空中间高四周下垂的样子，也泛指高起成拱形。通俗地讲，就如一口倒扣的铁锅。穹窿构造地貌是指发育在地台盖层上的圆弧形构造地貌。荣威穹窿（亦称威远穹窿、威远背斜）位于川中台拱中部，为一大的隆起区，呈东西长、南北短的不对称椭圆形背斜，横贯威远县西北部，是四川盆地中部一种非常特殊的地质构造，属构造拱曲穹窿。一亿多年前，在地壳运动过程中受内外力挤压整体上拱隆起的一块帽状高地，其顶部在上拱过程中断裂形成无数方山台地和峡谷坑道。威远穹窿地质构造面积达641.5平方千米，占整个荣威穹窿总面积的71%。荣威穹窿构造特征是南陡北缓、西窄紧、东开阔。其资源的独特性和富集性，是全省唯一、全国最大的穹窿地质构造。900余平方千米的穹窿地貌奇观中，有300余座秀美的方山台地、80余座军事古寨、50余条幽深峡谷、20余个宁静湖泊、4万余公顷森林，组成一道道丽质佳景。穹窿地质构造孕育了丰富多样的地质景观与人文景观，是独具特色的自然与文化遗产，也是威远旅游可持续发展最重要的基础条件之一。

2015年，穹窿地貌 （余远文 摄）

【建置沿革】 威远古为梁州之域，周属蜀国，秦隶蜀郡，汉属犍为郡，东晋时为僚人聚居地。北周保定五年（565年），置盘石县，辖有威远境地。隋开皇三年（583年），置威远戍，取“威名远震”之义。开皇十一年（591年），改戍为县，为威远建县之始。唐贞观元年（627年），威远县析置为婆日、至如二县。县城所在地为婆日镇（今严陵镇），“婆城”之名由此而来。宋乾德五年（967年），和义县并入威远县。元初，废威远县。元统元年（1333年）复置。明洪武四年（1371年）威远县并入荣德县，隶属于嘉定府。明洪武九年（1376年）复设威远县。清初仍沿明制，县属嘉定州。清康熙六年（1667年），威远县并入荣县；十三年复设；二十年再并入荣县，至雍正七年（1729年）又复设威远县，属嘉定州。光绪三十四年（1908年）威远县隶属于上川南道嘉定府。清宣统三年（1911年），四川保路运动兴起。同年11月1日，保路同志军攻占威远，宣布威远独立，成立军政府。民国元年（1912年）废道制，由省辖府（州、厅），威远县仍属嘉定府，县军政府改名县公署。民国2年（1913年）恢复道制，威远县属上川南道，翌年改属建昌道（治所在今雅安市）。民国17年（1928年）废道制，县直属四川省。民国24年（1935年），威远县隶属第二行政督察区资中专员公署（治所在今资中县城），直到民国38年（1949年）12月9日威远解放。1950年2月，资中专员公署迁内江，改名为内江专区，1968年改为内江地区，1985年撤销内江地区改为地级内江市，威远县均属之。至2015年，威远建县1424年。

【区划人口】 1992年7月，县进行行政区划调整，撤销原7个区、42个乡（镇），调整为20个镇。2015年，全县辖严陵镇、铺子湾镇、新店镇、向义镇、界牌镇、龙会镇、高石镇、东联镇、靖和镇、镇西镇、庆卫镇、山王镇、黄荆沟镇、观英滩镇、新场镇、连界镇、越溪镇、两河镇、碗厂镇、小河镇共20个镇，313个村民委员会、4823个村民小组；57个社区居民委员会、451个居民小组。威远县人民政府驻地：严陵镇西街2号。

2015年，全县年末总人口729410人。年出生人口4899人，人口出生率6.7‰；死亡人口7062人，人口死亡率9.6‰；人口自然增长率-3.0‰。迁入人口1505人，迁出人口5156人。

【民族宗教】 县内人口的民族结构以汉族为主，有32个少数民族1344人，其中彝族261人、藏族103人、苗族163人、土家族98人、回族50人。从来源看，主要以婚迁为主；工作迁入的主要是因企业转产从甘孜州丹巴县迁入严陵镇的藏族群众。少数民族群众分散居住在全县20个镇，其中人数较多的镇有严陵镇、新场镇、连界镇和观英滩镇；少数民族群众居住较集中的村（社区）为严陵镇花城路社区。

县内信教群众主要信奉佛教、基督教、道教、天主教，有信教群众约10万人。经登记颁证的宗教活动场所20个，其中佛教17个、基督教2个、天主教1个。宗教教职人员35人，其中佛教34人、基督教1人；基督教堂有未按牧神学生1人；天主教堂教职人员由天主教宜宾教区派员兼任。

【自然资源】 全县年初实有耕地29519公顷，年末实有耕地面积29570公顷，其中水田15895公顷、旱地13675公顷。林地40173公顷。西北低山区植被良好，林木种类37科58属1000余种，原生植物主要为马尾松、杉木、柏木、大头茶等，栽培植物有湿地松、火炬松等。有名木古树81株，其中国家一级保护树红豆杉22株、二级保护树红豆木2株。森林覆盖率40.15%，森林蓄积382万立方米；丘陵区土壤肥沃，是四川重要的粮食和蔬菜种植基地，柠檬、茶叶、七星椒、大头菜、无花果为久负盛名的地方特产。矿产资源有石油、天然气、煤、石灰岩、铝土页岩矿、砖用页岩、含钾水云母黏土矿、黏土、高岭土、岩盐等20余种。其中，石油、天然气主要分布在新场镇及越溪一带，面积850平方千米，储量400亿立方米。煤藏探明储量约8000万吨，广泛分布于山王、黄荆沟、观英滩、新场、连界、越溪、两河、小河、碗厂、铺子湾、庆卫、镇西等镇。

【土特名产】 威远物产丰富。新店七星椒具有个小尾尖、色红皮薄、肉厚清香、辣味醇厚的特点，号称“中国第一香辣”，2001年8月成为中国吉尼斯吃辣椒比赛唯一指定用椒，2007年获国家质检总局“地理标志产品保护”认证和“四川省特色旅游商品”称号。威远是全国柠檬商品生产基地县，年产柠檬7万吨以上，平均单果重150克左右，1999年被评为四川省“名优水果”。威宝牌周萝卜是远近闻名的地方特产、四川特色旅游商品。复立雪芽茶2000年荣获国际茶博览会金奖，为全国十三大名茶之一。“飘香雪芽”绿茶获2004年第八届茶文化研讨会“国际名茶”金奖，是第八届中国西部国际博览会推荐茶叶。八卦鸳鸯酒系中药保健酒，被评为第二届中国国际保健节推荐产品。黄老五花生酥具有“甜、白、香、酥、脆”五大特色，其生产技术已获得国家专利，产品制作工艺被录入市级非物质文化遗产名录。国友果业公司生产的系列果酒采用枇杷、柠檬、桑葚果汁经控温发酵酿造而成，是绿色纯天然食品，荣获内江市首批“名优特新食品”称号，远销上海等地。此外，金四方无花果、川老妈香辣酱、“泉威”竹笋也深受消费者喜爱。

羊肉汤是威远最普遍的营养美味快餐，也是最具威远特色的地方名小吃。羊肉汤馆遍布县城区和各镇。周记红油抄手、龙姐羊肉米线、三毛兔头脍炙人口，均被评为四川名小吃。

【气候】 2015 年，威远县年平均气温偏高，降水量正常略偏少，日照偏多。全年无霜期 365 天、雨日 168 天、霾日 19 天、雾日 9 天、轻雾 310 天、雷暴日 20 天，局部出现大风冰雹，最长连续降水日数 8 天，最长连续无降水日数 20 天，年最多风向频率为北西北风（12）。年内无明显的低温时段，强降温次数少，也无明显的高温酷暑天气出现；干旱轻微，出现一般性的冬干夏旱；汛期出现大雨 6 次，暴雨 4 次但整体范围小、强度小，洪涝偏轻。经综合评估：2015 年威远县气候属正常偏好年景。

气温　2015 年平均气温 18.9℃，比历年平均值偏高 1.0℃，比 2014 年偏高 0.8℃。年极端最高气温 36.2℃，出现在 8 月 2 日，比 2014 年偏低 1.2℃，比历年极端值偏低 4.6℃；年极端最低气温 3.0℃，出现在 12 月 17 日，比历年极端值偏高 5.4℃，比 2014 年偏高 1.1℃。年内平均气温 7 月正常（与历年同期持平）、12 月正常（偏高 0.4℃），8 月、9 月分别偏低 0.7℃，1 月、2 月、3 月、4 月、5 月、6 月、10 月、11 月月平均气温均偏高，尤以 3 月为甚，异常偏高 2.6℃。

以季节而言，冬季季平均气温为 9.6℃，比历年同期平均值偏高 0.8℃，比 2014 年偏高 0.9℃；春季平均气温为 20.2℃，与多年平均值比较偏高 1.8℃，比 2014 年偏高 1.3℃；夏季平均气温为 26.1℃，正常，与多年平均值持平，同 2014 年；秋季平均气温 19.2℃，比历年同期平均值偏高 0.7℃，比 2014 年偏高 0.4℃；稳定通过 10℃的初日在 2 月 12 日，比历年同期平均日偏早 29 天；秋季稳定通过 22℃的终日在 9 月 10 日，比历年同期平均日偏早 34 天。>0℃的活动积温为 6912.5℃，比 2014 年偏多 305.0℃，比历年平均值偏多 427.5℃。年内气温总体以偏高为主（除 7 月持平、8 月、9 月负距平外，其余月份均为正距平），特别是上半年持续偏高。

降水　2015 年总降水量正常为 864.0 毫米，比 2014 年偏少 77.4 毫米，较累年年平均值偏少 42.8 毫米即偏少 4.7%。全年雨日 168 天，比 2014 年少 3 天，其中≥0.1 毫米的降水日数为 136 天，比 2014 年少 4 天；≥1.0毫米的日数为 87 天，比 2014 年少 14 天；≥5.0 毫米的日数 39 天，比 2014 年少 8 天；≥10.0 毫米的日数 25 天，比 2014 年少 7 天；≥25.0 毫米的日数为 6 天，比 2014 年少 2 天，≥50.0毫米的日数为 4 天，比 2014 年多 3 天。年内 1 日最大降水量为 9 月 10 日（81.6 毫米）。雨强 49.1 毫米/小时，开始出现时间 9 月 10 日 22 时 25 分。最长连续降水日数为 8 天，出现在 9 月 24 日至 10 月 1 日，过程降水量为 26.9 毫米，最长连续无降水日数为 20 天，出现在 2 月 2 日至 2 月 21 日。月降水量：2 月、4 月、5 月、6 月、7 月、8 月、10 月、11 月偏少，偏少幅度在 5%（8 月）～70%（2 月）。1 月、9 月、12 月偏多。尤其是 12 月降水量为 16.7 毫米，比多年平均值偏多 8.6 毫米即偏多 106%。9 月降水量为 229.7 毫米，比历年同期异常偏多 116.2 毫米，即偏多距平百分率 102%。大雨开始于 7 月 14 日，结束于 9 月 10 日（也是暴雨的开始日河结束日）。

以季节而言，冬季总降水量正常为 24.1 毫米，比多年平均值偏少 24.9%；春季总降水量为 125.8 毫米，比多年平均值偏少 24.4%；夏季总降水量为 431.0 毫米，比多年平均值偏少 18.7%；秋季总降雨量 276.1 毫米，比历年同期平均值偏多 55%。年内降雨量总体以偏少为主（除 1 月、3 月、9 月正距平外，其余月份均为负距平），4 月至 8 月连续偏少。

日照　年总日照时数偏少为 1141.9 小时，比 2014 年多 209.2 小时，比累年年平均值少 45 小时。年内日照上半年以偏多为主，下半年以偏少为主。2 月、3 月、4 月、5 月、8 月、10 月偏多，偏多的幅度在 15%（5 月）～40.6%（3 月）。其余月份均偏少，偏少的幅度在 7%（8 月）～51.3%（11 月）。

以季节而言，冬季总日照时数为 166.9 小时，较多年同期平均值偏多 28.9%；春季总日照时数为 443.7 小时，较多年同期平均值偏多 28.1%；夏季总日照时数为 420.2 小时，较多年同期平均值偏多 1%；秋季总日照时数为 140.0 小时，较多年同期平均值偏少 31.8%。

【水利】 县境内威远河为沱江一级支流，发源于俩母山麓，自西北流向东南，斜贯县境中部，纳新场河、龙会河、达木河三条较大支流，入自贡市釜溪河，全长 131 千米，县境流域面积 838 平方千米。东南与内江市市中区相邻的乌龙河，西南与荣县交界的中溪河，亦属沱江水系。西北越溪河为岷江水系一级支流，发源于越溪镇清风寨南麓，县境流域面积200平方千米。县内地下水储量2715万立方米，可开采量1218万立方米。地表水主要由降水产生，年均4.4亿立方米。全县年均水资源总量46880万立方米，人均占有量642立方米，为全省人均值的四分之一，属贫水区。年内，全县有水利工程11150处，总蓄引提水能力22687万立方米，有效灌溉面积32220公顷，保证灌溉面积19900公顷，年度实灌面积27190公顷。有水库61处，其中中型水库2处、小型水库59处，总库容量17557万立方米。有农村水电站6个，装机容量4720万千瓦，年发电量414万千瓦时。

【名胜古迹】 独特的穹窿地质构造，孕育出奇险秀绝的自然景观。威远依据穹窿方山台地修筑的各类古寨有近百座，且保存完好，形成规模庞大、景观独特、全国少有的穹窿古寨群。其中向家寨、高顶寨、凤凰寨、五堡墩等古寨占地宽广，规模巨大，融奇险秀于一体，是考古、观光、休闲和户外运动的绝佳之地。威远山川秀丽，仅海拔800米以上的山峰就有7座，沟壑型峡谷30余条。俩母山海拔高度833米，双峰并秀，自唐宋以来便为川南名山，享有“西蜀二峨眉”之美誉。老君山雄奇瑰丽，方若削壁，有华山之险，从唐宋以来就已成为道家的修炼之地和风景名胜之地。慈菇塘省级森林公园是川中唯一的亚热带原始次生林，面积400公顷，是天然的生态氧吧。长沙湖、葫芦湖、船石湖等人工湖泊景色宜人。长沙湖又名长沙坝水库，为世界著名坝工建筑，大坝雄姿和湖内景点曾在《人民画报》上彩印刊出。“彩虹飞瀑”于夏秋季可见，场景十分壮观。葫芦湖水域有4平方千米，湖边怪石如“龙头望天”“狮子回背”“罗汉迎宾”“三星红岩”等，惟妙惟肖。船石湖有大小港汊203条，全岛、半岛100余个，有月亮崖、千鸡寨、轿子石、鹰嘴岩等诸多自然景点。位于东联镇佛尔岩风景区的弥陀寺依山而建，错落有致，寺内千年唐代摩崖造像远近闻名；静宁寺为川南规模最大的儒、释、道三教合一寺庙，抗日战争时期曾为国立东北中山中学和东北中学校址；感恩寺规模宏大，金碧辉煌，舍利宫如北京天坛般庄严布局，吸引八方游人。此外，县城内还有初建于明朝的白塔、清乾隆年间建造的古城墙可供游览。

【文化遗存】 威远历史悠久，文化遗存较多。靖和镇发现的汉代岩墓群、黄荆沟镇秀峰桥村的古窑坑出土的汉“五铢”钱币、位于观英滩镇永兴桥村的神仙沟隋代聚落遗址，两河镇围子湾宋墓、县城狮子山明御史墓，是威远数千年历史文化的有力佐证。老君山、高顶寨、向家寨等数十座山寨，从周齐时即为“铁山僚人”盘踞之所，后成为南宋余玠抗元山寨体系的重要组成部分。东联镇佛尔岩摩崖造像，高13.42米，凿于唐贞观年间，被誉为“世界上最美的立佛”。小河镇民治村高2米的石桅杆，建于清咸丰年间，内江市仅此一对。县内还保存有10余条骡马古道，其中位于新场镇的古佛顶千年盐煤古道，全长近10千米，在四川境内十分罕见。山王镇象鼻岭古道有对联“象鼻岩边日过几千好汉，龙池河岸常住数百人家”，生动描述了当年的繁忙景象。抗战时期冯玉祥亲笔题写的“还我河山”碎瓷花瓶被省博物馆收藏。反映工业发展文明的古代冶铁、采矿遗址散布于连界、越溪等镇，红村石油会战旧址、威远煤矿小火车·黄泥段窄轨铁路均被列入省级文物保护单位。全县有抗战遗址3处、革命遗址8处，罗世文烈士史料陈列馆是四川省爱国主义教育基地。此外，县境内还有许多保存完好的古牌坊、古碑、古桥、古塔、古寺。全县有省级文物保护单位10处、县级文物保护单位12处、地面文物692处、馆藏文物441件。“石坪山歌”“越溪牛灯舞”“周萝卜传统酱菜技艺”是四川省非物质文化遗产，黄老五花生酥制作技艺、八卦鸳鸯酒酿制技艺是市级非物质文化遗产。全县有县级以上非物质文化遗产项目12个。

【威远名人】 威远历代名人辈出，代代相传。唐宋起就有崇文之风，南宋绍兴年间景氏7人俱中进士，传为佳话；淳熙年间，进士李圃，官至忠州别驾；神宗熙宁三年（1070）何郯官至尚书右丞。明清时期威远出进士31名、举人71名、武进士2名。明末滇黔总兵倪养宁保境安民，为一代名将；清乾隆时学者知县李南晖主政威远14载，政绩卓著；淡水同知李慎彝在台湾为官8年，百姓称颂；傅光弼中同治庚午科解元，获主考赠匾；吴天成著《齐书》五卷，号“嘉郡文翁”。近代人物荟萃，“现代孔夫子”段正元创建道德学社，倡导人间大同；“神仙军师”刘从云一度为四川军阀座上宾。有曾担任孙中山临时大总统府秘书、中国佛教协会副会长的刘泌文，保路运动先锋、辛亥志士胡驭垓，中共四川省委书记、著名烈士罗世文。民国时期，全县百余人报考黄埔军校，涌现出曾扩情、官全斌、吴淡人、谭心、熊顺义、卿云灿等10余名国民党将军。在自然科学上威远人建树颇丰，有重庆人民大礼堂的设计者张家德，近代农学家罗世嶷、当代数学教育家丁尔升，著名的抗干扰快速记忆专家、特色教育专家，被中央电视台誉为“东方记忆奇人”的倪新威。在文化艺术方面，威远更是人才辈出。古希腊文学翻译家罗念生获得雅典文学院颁发的希腊最高文学艺术奖（国际上仅4人获此奖）；军旅诗人杨星火作词的歌曲《叫我们怎能不歌唱》《一个妈妈的女儿》唱遍全中国；有《人民日报》文艺部编辑、当代讽刺诗人易和元，《少年先锋报》总编徐国岩；《当代》杂志主编、以“周洪说话”系列丛书引起强烈反响的周昌义，著名诗人、比较文学研究专家邹建军。清末民初书法家王伯乔题于青城山天师洞的“一生二，二生三，三生万物；地法天，天法道，道法自然”为传世名联。当代著名国画家刘克刚以擅画八哥名世，有“蜀中刘八哥”之美誉。收藏家唐光晋的藏品得到徐悲鸿、谢无量等书画大师的首肯。新闻出版方面，有原人民日报社总编辑、社长胡绩伟。金融方面，有中国人民银行原副行长、国家外管局原局长，被美国《福布斯》两度选入“全球最有影响力的女性”排行榜的吴晓灵。体育方面，唐琳获得第二十七届悉尼奥运会女子柔道78公斤级冠军，扬威体坛。2014年，龙骄尔在首届世界太极拳锦标赛女子A组自选太极剑比赛中勇夺冠军。

（冷国文）

国民经济和社会发展状况

【概况】 2015年，面对经济下行压力持续加大的严峻形势，县委、县政府与全县人民一道，主动适应经济发展新常态，积极克服宏观经济持续下行等不利因素，全县经济总体运行平稳。实现国内生产总值294.4亿元，同比增长5.0%（可比价，下同）。其中，第一产业增加值39.1亿元，增长3.9%；第二产业增加值201.2亿元，增长4.2%；第三产业增加值54.1万元，增长9.3%。全县三次产业结构比为13.3∶68.3∶18.4，三次产业对经济增长的贡献率分别为7.4%、63.3%和29.3%。人均GDP为49509元，增长5.0%。

民营经济增加值实现178.2亿元，增长5.4%，对经济增长的贡献率为61.4%，占全县国内生产总值的比重为60.5%。

【农业】 全年粮食种植面积63266公顷，比上年增加284公顷，增长0.5%，其中：谷物45635公顷，增长-0.1%；豆类5750公顷，增长1.5%；折粮薯类11881公顷，增长2.2%。油料种植面积9590公顷，增加85公顷，增长0.9%，其中：花生2252公顷，增长0.4%；油菜籽7338公顷，增长1.0%。蔬菜及食用菌种植面积20454公顷，增加829公顷，增长4.2%。

全年粮食总产量310839吨，增长2.5%，其中：谷物248239吨，增长2.4%；豆类18430吨，增长3.3%；折粮薯类44170吨，增长2.1%。油料总产量19967吨，增长2.1%，其中：花生4469吨，增长3.9%；油菜籽15498吨，增长1.6%。水果产量77648吨，增长6.0%。蔬菜产量756932吨，增长7.9%。（见表1）

表1　2015年主要农产品产量

指　标	实绩（吨）	增减（±%）	指　标	实绩（吨）	增减（±%）
粮食总产量	310839	2.5	油料产量	19967	2.1
#：水稻	120525	3.3	#：油菜籽	15498	1.6
小麦	44640	1.9	花生	4469	3.9
玉米	83074	1.4	茶叶	1837	7.2
薯类	44170	2.9	水果	77648	6.0
豆类	18430	3.3	蔬菜产量（含菜用瓜）	756932	7.9

全年出栏肉猪53.6万头，增长-2.7%。肉类总产量52769吨，增长-1.1%，其中：猪肉产量38286吨，增长-2.7%，猪肉产量占肉类总产量的比重为72.6%；禽肉产量6145吨，增长1.2%，禽肉产量占肉类总产量的比重为11.6%。禽蛋产量9528吨，增长2.0%。水产品产量25360吨，增长7.5%。（见表2）

表 2　　2015 年主要畜牧业产品产量

指　标	计量单位	实绩	增减（±%）	指　标	计量单位	实绩	增减（±%）
出栏肉猪	万头	53.6	-2.7	出栏兔	万只	393.7	5.0
出栏肉牛	头	5254	8.0	蚕茧产量	吨	406	-8.8
出栏山羊	万只	20.2	4.7	肉类总产量	吨	52769	-1.1
出栏家禽	万只	420.2	1.1	水产品产量	吨	25360	7.5

2015 年，全县农林牧渔业总产值 67.2 亿元，增长 4.3%（增速为可比价）。其中：农业产值 34.8 亿元，增长 6.4%；林业产值 2.1 亿元，增长 5.1%；牧业产值 25.6 亿元，增长 1.1%；渔业产值 4.0 亿元，增长 7.5%；农林牧渔服务业产值 0.7 亿元，增长 7.7%。

新增综合治理水土流失面积 3010 公顷，有效灌溉面积达 32220 公顷。全年化肥施用量（折纯）2.1 万吨，增长 4.9%；农村柴油使用量 1.7 万吨，增长 1.0%。

【工业】　2015 年，全县共有 98 户规模工业企业，实现总产值 494.9 亿元，增长-2.3%；工业增加值 148.7 亿元，增长 3.9%；主营业务收入 493.9 亿元，增长-1.9%，产品销售率 100%；工业对经济增长的贡献率为 59.5%。新型建材、精细化工、机械制造、绿色食品等支柱产业加快发展，全县四大支柱产业实现产值 449.8 亿元，占全县规模工业的比重达 90.9%。高新技术产业及战略性新兴产业占工业总产值的比重分别为 12.4% 和 19.0%，分别比上年增长 3.2 和 3.2 个百分点。全年工业企业入库税金 2.3 亿元，增长 11.8%；规模工业企业实现利税总额 4.9 亿元，增长 1449.4%，其中，利润亏损 1.7 亿元。工业经济效益综合指数 57.1%，比上年增长 8.7 个百分点。规模工业万元增加值能耗比上年下降 3.0%。主要工业品中，焦炭、玻璃纤维纱等产品产量增长明显；钢、茶叶等产品产量稳步增长；瓷质砖、水泥产品产量略有下滑；陶质砖、机制纸板、成品钢材、原煤、塑料制品、耐火材料等产品产量下滑明显。（见表 3）

表 3　　2015 年主要工业产品产量

指　标	计量单位	实绩	增减（±%）	指　标	计量单位	实绩	增减（±%）
原煤	万吨	121.2	-53.4	水泥	万吨	120.4	-7.2
焦炭	万吨	260.7	37.8	钢	万吨	266.3	9.9
瓷质砖	万平方米	5481.9	-1.0	成品钢材	万吨	267.6	-19.7
陶质砖	万平方米	4554.1	-15.3	塑料制品	万吨	4.5	-32.8
耐火材料	万吨	8.3	-21.7	机制纸板	万吨	6.0	-26.8
玻璃纤维纱	万吨	20.5	15.2	茶叶	吨	2317	11.2

【固定资产投资和建筑业】　2015 年，施工项目 331 个，比上年同期增加 69 个，增长 26.3%。完成全社会固定资产投资 169.7 亿元，增长 13.3%。

总计中，技改投资 77.2 亿元，增长 13.4%；房地产业投资 25.1 亿元，增长 21.6%。

总计中，工业性投资 75.9 亿元，增长 4.9%。

总计中，第一产业投资 6.0 亿元，增长 222.3%；第二产业投资 76.3 亿元，增长 5.2%；第三产业投资 87.4 亿元，增长 16.0%。

总计中，国有投资 87.6 亿元，增长 21.3%；非国有投资 82.1 亿元，增长 5.9%。

全年商品房竣工面积 63.4 万平方米，比上年增长 6.1 万平方米，增长 10.6%；商品房销售额 18.8 亿元，增长 47.6%。

全县有资质等级的建筑企业 15

个，实现总产值 27.0 亿元，增长 14.4%；房屋建筑施工面积 170.0 万平方米，增长-11.0%；房屋建筑竣工面积 96.9 万平方米，增长 42.5%。

【国内贸易和对外经济】 2015 年，全县实现社会消费品零售总额 75.4 亿元，增长 12.5%。其中，城镇市场 40.1 亿元，增长 12.6%；乡村市场 35.3 亿元，增长 12.3%。从行业看，批发业 1.8 亿元，增长 10.4%；零售业 54.9 亿元，增长 11.0%；餐饮业 18.3 亿元，增长 17.3%；住宿业 0.4 亿元，增长 15.4%。

全年实现进出口总额 3514 万美元，增长 49.0%。其中：出口总额 2976 万美元，增长 56.1%；进口总额 538 万美元，增长 19.0%。

全年到位域外资金 107.0 亿元，同口径增长 14.7%。其中，高新技术产业和战略性新兴产业到位资金 38.9 亿元，占到位资金的 36.3%；省外资金 104.0 亿元，同口径增长 23.7%。

【交通旅游和邮电通信】 全县境内公路里程 2637 千米，比上年增加 34 千米。全县境内公路中有高速公路 87 千米、国道 35 千米、省道 145 千米、县道 554 千米、乡道 446 千米、村道 1370 千米。全年客运量 0.4 亿人次，旅客周转量 65.1 亿人千米，货运量 0.4 亿吨，货物周转量 50.2 亿吨千米。

全年接待旅游人数 342.2 万人次，增长 24.4%。实现旅游总收入 20.8 亿元，增长 24.9%。

全年实现邮政主营业务收入 3661 万元，增长 14.4%。年末固定电话用户 8.2 万户，增长-10.3%；移动电话用户 40.2 万户，增长-2.7%；国际互联网用户 6.8 万户，增长 23.8%。

【财政、金融和保险】 2015 年，财政总收入实现 20.1 亿元，增长 1.1%。其中，地方公共财政收入 7.5 亿元，增长-5.8%。财政支出 35.6 亿元，增长 6.2%。其中，地方公共财政支出 29.8 亿元，增长 6.2%。

全年金融机构各项存款余额 189.5 亿元，增长 8.4%。其中住户存款余额 159.2 亿元，增长 11.7%。金融单位贷款余额 147.5 亿元，增长 16.8%。

全年保险公司保费收入 19806 万元，增长 13.3%。总计中，人保收入 12502 万元，增长 18.6%；财保收入 7304 万元，增长 5.2%。总计中，寿险保费收入 11572 万元，健康险保费收入 345 万元，人身意外伤害险保费收入 586 万元，企业财产保费收入 64 万元，机动车辆 4934 万元。保险支付各类赔款与给付 7232 万元，增长-11.9%。总计中，人保赔付 3788 万元，增长-22.9%；财保赔付 3444 万元，增长 4.5%。总计中，寿险保费赔付 3328 万元，健康险保费赔付 272 万元，人身意外伤害险保费赔付 187 万元，企业财产保费赔付 1 万元，机动车辆保费赔付 2560 万元。

【教育和科学技术】 2015 年末，全县有各级各类学校 94 所，在校学生 67446 人，毕业学生数 19082 人；教职工 5244 人，其中专任教师 4931 人；小学学龄人口入学率 100%；初中升学率 89.0%，高中升学率 89.8%。幼儿园 139 所，在园幼儿 17855 人。全县高考上线 3744 人，其中：大学本科上线 1746 人、大学专科上线 1998 人；高等院校录取 3204 人，其中：大学本科录取 1466 人、大学专科录取 1738 人。

全年完成重点科研项目 8 项，推广应用新技术 18 项，开发省级新产品 9 个。2 项科技成果获省科技进步奖，4 项科技成果获市级科技进步奖，6 项科技成果获县级科技进步奖。全年受理专利申请 185 件，专利申请授权量 141 件。全县高新技术产业企业 13 个，实现总产值 61.5 亿元。

【文化、卫生和体育】 2015 年，全县共有文化馆站 20 个，广播电台 1 座，电视台 1 座，乡镇广播站 20 个，广播电视综合覆盖率 98.5%，艺术表演场所 2 个，群众艺术馆、文化馆 1 个，剧场、影剧院 1 个。

全县拥有公共体育场馆 1 个，成功举办县以上运动会 1 次；市级以上运动会获取前三名 32 个，其中：第一名 8 个、第二名 10 个、第三名 14 个。

2015 年，全县新型农村合作医疗参合人数 507195 人，参合率 93.1%，较上年下降 2.7 个百分点。年末全县共有卫生机构 536 个，其中：综合医院 18 个，卫生院 19 个，疾病预防控制机构 1 个，妇幼保健机构 1 个，卫生执法监督机构 1 个，个体诊所和村卫生室 473 个，其他卫生事业机构 23 个。实有床位数 3444 张，卫生技术人员 4153 人。其中：执业医师及执业（助理）医师 1306 人，注册护师（护士）991 人，其他人员 1856 人。卫生防疫工作成绩卓著，全县乙肝疫苗接种率 99.3%，卡介苗接种率 99.3%，脊灰疫苗接种率 99.2%，麻疹疫苗接种率 99.4%。

全年农村改水投资 360 万元，改水累计受益人口 52.4 万人，受益率 93.3%，农村自来水普及率 68.5%，农村卫生厕所普及率 88.2%，农村人畜粪便无害化处理率 74.5%，城市享有安全饮用水的人口覆盖率达 100%。

【市政建设、环境保护和安全生产】 2015 年，城镇建设资金支出 15662

万元；县城建成区面积达到19.7平方千米，年内新增1.2平方千米；建成区绿化覆盖面积6.3平方千米，建成区绿化覆盖率为32.2%，城市公用绿地面积6.0平方千米，城市人均住宅建筑面积41.9平方米，城市人均住宅使用面积31.2平方米。城镇化率46.2%，比上年提高1.5个百分点。

全县有污水处理厂1个、污水处理站18个、垃圾处理站1个。主要污染物排放量中，化学需氧量排放量控制在8571吨、氨氮排放量控制在992吨、二氧化硫排放量控制在44736吨；烟尘排放量控制在6728吨，其中工业烟尘排放量6623吨，工业烟尘排放达标率96%；工业粉尘排放量1235吨；工业废水排放量868.4万吨，排放达标率96%；化学需氧量排放8571吨。工业固体废物综合利用率99.5%。全县县城饮用水源水质保持达标率100%，空气质量达标率92.3%，城市生活污水处理率89.2%。

全县实施造林面积1487公顷，年末森林面积47913公顷，森林覆盖率40.2%。

全县共发生各类伤亡事故9起，比上年下降35.7%；死亡4人，下降55.6%。全县亿元国内生产总值生产安全事故死亡人数0.01人，比上年减少0.02人。

【人口、人民生活和社会保障】 2015年末，全县总人口为729410人。全年出生人口4899人，人口出生率6.7‰；死亡人口7062人，人口死亡率9.6‰；人口自然增长率-3.0‰，全年净减人口2163人。（见表4）

表4　　2015年人口主要构成情况

指　标	2015年末数（人）	比重%	指　标	2015年末数（人）	比重%
全县总人口	729410	100	其中：0~17岁	113361	15.6
其中：农业人口	544978	74.7	18~34岁	160548	22.0
非农业人口	184432	25.3	35~59岁	296945	40.7
其中：男	375196	54.4	60岁以上	158556	21.7
女	354214	48.6	—	—	—

2015年，全县城镇新增就业10617人，城镇登记失业人员3961人，年末城镇登记失业率为3.91%。全年城镇居民人均可支配收入26544元，增长8.3%。其中：工资性收入17308元，增长7.1%；经营净收入6081元，增长11.5%；财产性收入1512元，增长10.2%；转移性收入1643元，增长8.1%。人均总支出33799元，增长18.4%。其中：消费支出19074元，增长12.9%，消费支出中食品支出4506元，增长12.6%。城镇居民恩格尔系数23.6%。

全年农村居民人均可支配收入11850元，增长9.6%。其中：工资性收入6211元，增长8.9%；家庭经营收入4105元，增长10.2%；财产性收入347元，增长19.0%；转移性收入1187元，增长9.2%。农民人均总支出14561元，增长5.8%。其中：消费支出8813元，增长10.5%；消费支出中食品支出2990元，增长7.9%。农村居民恩格尔系数33.9%。

年末全县城镇单位从业人员39803人，增加1012人；从业人员人均劳动报酬为50081元，增加6945元，增长16.1%。城镇在岗职工人均货币工资51296元，比上年增加7308元，增长16.6%。

全县参加失业保险23008人；城乡居民社会保险参保人数266453人，其中农村参保人数263132人；参加新型农村新型合作医疗507195人。参加城镇基本医疗保险人数为154567人，其中居民87030人、职工67537人。城乡居民最低生活保障人数28154人，其中城镇低保人员10440人、农村低保人员17714人。最低生活保障经费支出5660万元。

说明：

1. 公报中各项数据为初步统计数。

2. 公报中生产总值及增加值指标绝对数按当年价格计算，增长速度按可比价格计算。

3. 全国实行城乡一体化调查，在老调查与新口径调查过渡时期，汇总指标、分类标准、计算方法等不同，因此，2015年与2014年农村居民人均可支配收入与城镇居民人均可支配收入相关指标无法对比。

（威远县统计局提供）

组织机构及负责人

中共威远县委

书　记　曾云忠
副书记　罗　平　周功会
　　　　吴　昊（挂职）
　　　　陶用波（3月任，10月免，挂职）
常　委　林双全（3月免）
　　　　毕　胜（8月任）
　　　　韩双林　李玉文
　　　　刘维帝　李　磊
　　　　徐永杰　王昭夏（女）
　　　　李　杜
　　　　龙　婉（女，4月免）
　　　　曾令和（4月任，挂职）

威远县人大常委会

主　任　倪习才
副主任　罗智铨（12月免）
　　　　刘志华　唐克友
　　　　龚建华

威远县人民政府

县　长　罗　平
副县长　林双全（6月免）
　　　　毕　胜（10月任）
　　　　韩双林　谭　斌
　　　　林　文（女，3月免）
　　　　胡小虎　王志文
　　　　康玉波（3月免）

政协威远县委员会

主　席　刘浑源
副主席　张正兴（4月免）
　　　　甘建国（10月免）
　　　　王志远（党外）
　　　　罗伦建（4月任）
　　　　常　胜（4月任）
党组副书记　胡林仁
秘书长　汪世秀

中共威远县纪委

书　记　王昭夏（女）
副书记　倪永秋　黄革委
常　委　袁成援　倪永东
　　　　林　利
　　　　汤　程（1月任）
派出纪工委书记　曾宏志
派出纪工委副书记　曹德付
办公室主任　汤　程
纪检监察一室主任
　　　　官　俊（9月免）
纪检监察二室主任　丁云伟
纪检监察三室主任
　　　　黄锦杰（4月任）
案件审理法规室主任
　　　　王　敏（女）
信访室主任　陈远泰
党风政风监督室主任　李　平
宣传教育调研室主任
　　　　李雨浓（女）
执法和效能监督室主任
　　　　谢　毓（3月免）
招标投标监察室主任　杨　炜
干部管理室主任　（空缺）
预防腐败室主任　胡易林

县委工作机构

县委办公室

主　任　金　毅
副主任　熊安禄　缪永利
　　　　丁　兀（挂职）
　　　　邱　麟　黄　森
　　　　杜　刚（7月任）
专职纪检员　张　华（女）

县委政研室

主　任　谢勇灵（1月任）
副主任　刘建均

县委保密办（县国家保密局）

主　任（局长）　陈刚涛
副主任（副局长）　刘明鑫

县委防范和处理邪教问题领导小组办公室

主　任　曹　涛
副主任　张　波

县委机要局（县密码管理局）

局　长　陈泽容（女）
总工程师　叶红梅（女，1月免）
副局长　许贞勇

四川党政网威远县管理中心

主　任　陈　彬

县委县政府目标督查室

主　任　罗　辉（8月免）
　　　　蒲丽梅（女，8月任）
副主任　李建宏　陈　香（女）

县接待办

主　任　罗　琼（女）

县委组织部

部　长　李　杜
常务副部长　申宏伟
副部长　倪毅中
　　　　张建云（女，兼）
　　　　许　可（兼）
　　　　赖贵先（兼）
专职纪检员　幸荣辉（女，5月免）
部务委员　李举勇

县人才办

主　任　尤洪斌（兼）
副主任　唐　丽（女）

县委组织员办

主　任（空缺）

县委党建办

主　任　倪毅中（兼）
副主任　张　雷（1月任，兼）

县委党联办

主　任（空缺）

副主任　官大燕（女）

县委党员教育中心

主　任（空缺）

县委党员干部信息中心

主　任（空缺）

县委宣传部

部　长　刘维帝

副部长　喻升刚　付晓丹　陈丽（女）　唐　勇

专职纪检员　夏　敏（女）

县精神文明建设委员会办公室

主　任　喻升刚（兼）

县委外宣办（县政府新闻办）

主　任　陈　丽（女，兼）

县文学艺术界联合会

主　席　唐　勇（兼）

副主席　陈　权

县互联网信息办公室

主　任　陈　丽（女，兼）

专职副主任　官荣常

县社会科学界联合会

主　席　余　利（女，7月任）

县对外宣传报道中心

主　任　倪瑞琪（女）

县委统战部

部　长　张正兴（3月免）

胡林仁（3月任）

常务副部长　刘成海

副部长　潘华富

专职纪检员　肖池平（女）

县台湾工作办公室

主　任　黄　楷

副主任　何燚（女）

县委政法委

书　记　李玉文

常务副书记　谭宏军

副书记　刘德友

政工科长　肖明忠

专职纪检员　张　玲（女）

县综治办

主　任　刘德友（兼）

副主任　廖　华

县委维稳办

主　任　王　朝

副主任　刘增汉

县大调解中心专职副主任

王灵宇（1月任）

县委群工局（县政府信访局）

局　长　缪永利

副局长　黄　林　官玲琳（女）

专职纪检员　吴源军（女）

县群众接待中心

主　任　林程彬

县书记县长热线管理中心

主　任　郭凡毅

县直机关工委

书　记　张克东

副书记　熊　燕（女）　刘国友

纪工委书记　熊　燕（女，兼）

县委编办

主　任　许　可

副主任　夏　宁

专职纪检员　陈芳（女）

县事业单位登记管理局

局　长　易　兵

县委农工委

主　任　蒋远辉

副主任　罗　杰　吴　铭

专职纪检员　袁守贵

县委老干部局

局　长　张建云（女）

副局长　蒋　锋（7月免）

专职纪检员　徐　丽（女）

县关心下一代工作委员会办公室

主　任　刘迎春（女）

县委党校

校　长　李　杜（兼）

常务副校长　陈　良

副校长　曹顺堂　邓超军（女）

专职纪检员　柳　艳（女）

县人大常委会办公室、各工作委员会

办公室

主　任　李宇时

副主任　余付香（女）

王　燕（女）

专职纪检员　周华斌

人事代表工委

主　任　周作书（4月任）

副主任　倪　凌

教科文卫工委

主　任　丁立超

副主任　姜荣平

农经工委

主　任　黄永高

副主任　陆富田　刘志明

财经工委

主　任　周作书（4月免）

翁有铭（4月任）

副主任　邓明礼

翁有铭（4月免）

法制工委

主　任　刘　斌

副主任　陈　波　周清泉

预算工委

主　任　童杰华

副主任　杨美善

建环工委

主　任　魏显德

副主任　江　梅（女）

信访办公室

主　任　杨　萍（女）

副主任　姚本学

县政府工作机构

县政府办公室

主　任　郭永权

副主任　黄　强　钟　钢

龚小寒（11月免）

陈中华

李革英（女，11月任）

纪检组长　卢礼慧（女）

法制办

主　任　黄　强

副主任　曹文平

金融办

主　任（空缺）

副主任　苟　飞（主持工作）

王　佳

人大、政协联络办

主　任　郭　波（1月免）

雷自立（女，1月任）

应急办（救灾办）

主　任　李勇军（4月任）

人防办

主　任　吴建忠

县电子政务办（信息公开办）

主　任　周仕文

县民族宗教事务局

局　长　韦　军（6月任）

副局长　韦　军（6月免）

城乡环境综合治理办

主　任　董凤玲（女）

副主任　刘勇辉（6月免）

县发展和改革局

局　长　王学斌（8月免）

杨普尚（8月任）

党组副书记　张　伟

副局长　张　伟（12月免）

潘利鑫　倪　成

许伯溪

纪检组长　罗　英(女，11月免)

张　伟（11月任）

县物价局

局　长　潘利鑫（兼）

县经济信息中心

主　任　冯光辉

县重点项目办公室

主　任　（空缺）

副主任　吴　旭

县招标投标管理办公室

主　任　秦勇超（4月免）

县城乡统筹委员会办公室

主　任　林双全（兼）（8月免）

副主任　韩双林（兼）

钟玉钦（兼）

蒋远辉（兼）

王学斌（兼）

专职副主任　刘华友

县监察局

局　长　倪永秋

副局长　曾宏志　司晓英（女）

派出监察分局

局　长　曹德付

县教育局

党委书记、局长

张　琳(6月免)

郭秀英（女，7月任）

党委副书记　李佳栖（女）

副局长　甘永红（2月免）

倪　萍（女）　唐　庆

纪委书记　罗　刚

县人民政府教育督导室

主　任　郭　波（1月任）

县教育工会

主　席　田　源

县大学中专招生委员会办公室

主　任　魏义国

县青少年活动中心

主　任　钟　英（女）

县科学技术和知识产权局

局　长　段培燕（女）

副局长　肖永康

纪检组长　史国伟

县经济和信息化局

局　长　林传冲（7月免）

钟玉钦（7月任）

党委副书记　余　利(女，7月免)

副局长　邹红云（女，8月任）

林传冲（8月任）

邱俊波（8月任）

杨　勇（8月任）

陈旭东（8月任）

纪委书记　龙翠芳（女，7月免）

张恪玮（女，7月任）

机关党委书记　龚　波（8月任）

县中小企业局

局　长　邱俊波（兼）

副局长　刘　平　龚　波

县商务行政执法大队

队　长　龚平真

县公安局

局　长　胡小虎

政　委　梁　稳

副政委　梁显强

副局长　钟国文　章　可

林　刚　姚　亮

倪　俊

纪委书记　汪大强

党委委员　李成勇

黄　义（5月任）

政工监督室主任　李成勇

指挥中心主任　何荣贵（4月免）

黄　义（5月任）

指挥中心教导员

杜秀繁（4月免）

王铭薇（4月任）

刑侦大队大队长　李贤刚

刑侦大队教导员　曾　建

国保大队大队长　李清才

国保大队教导员　张　斌

巡警大队大队长

杨仁彬（4月免）

黄　勇（4月任）

巡警大队教导员

黄　勇（3月免）

何荣贵（3月任）

交管大队大队长　倪进东

交管大队教导员　周学伟

禁毒大队大队长　高　源

禁毒大队教导员　陈　飞

看守所所长　谈小刚

看守所教导员　聂建清

拘留所所长　兰　天

拘留所教导员　吴钦桦

情报信息中心

主　任　李良冬

教导员　王铭薇（女，4月免）

杜秀繁（4月任）

县民政局

局　长　倪　清（女）

副局长　夏光明　倪先进

熊　莺（女）

纪检组长　温　鸣

县老龄委办公室

主　任　钟生图

副主任　刘　波（4月任）

县低保中心

主　任　李荣生

县双拥办

主　任　邓莲琼（女，1月免）

叶红梅（女，2月任）

县司法局

局　长　魏　键

副局长　曾本伟　赵　理

纪检组长　曹　毅（女）

政工科科长　杨　莉（女）

县法律援助中心

主　任　彭　静（女）

县财政局

局　长　樊元金

副局长　林成刚　缪　伟

黄　勇

纪检组长　曹幕展

总会计师　陈代红

县农业综合开发办公室

主　任　吴开友

县财政投资评审中心

主　任　古　斌

县财政国库支付中心

主　任　罗　杰

县国有资产管理办公室

主　任　李响铃

县农村综合改革办公室

主　任　郭章宏（1月任）

县人力资源和社会保障局

局　长　赖贵先

副局长　蒲丽梅（女，11月免）

钟勇刚

罗建国(12月免)

谢元寿（12月免）

李建军（12月任）

纪检组长　赖庆勇

县公务员办

主　任　叶　新

县劳动人事争议仲裁委员会办公室

主　任　崔　胜

县职称改革办公室

主　任　雷新华

县军队转业干部安置办公室

主　任　杨剑波（1月免）

李建军(4月任，12月免)

李雪涛（12月任）

县人力资源开发服务中心

主　任　李雪梅（女）

县社会保险事业管理局

局　长　谢元寿（兼）

县医疗保险管理局

局　长　余　刚

县机关事业社会保险局

局　长　罗建国（兼）

县城乡居民社会养老保险管理局

局　长　杨明福

县就业服务管理局

局　长　殷学良

县国土资源局

局　长　刘　平

副局长　李　毅　钟孝军

徐显文

纪检组长　张志军

县国土资源执法监察大队

大队长　丁　兀

连界国土分局局长　龚　勋

县环境保护局

党组书记　陈海辉

局　长　陈海辉（8月免）

罗　辉（8月任）

党组副书记　吴友成

副局长　沈长文　王飞强

纪检组长　肖代泉

县环境监察执法大队

大队长　张洪良

县环境监测站

站　长　李向勇

县核与辐射安全管理办公室

主　任　王　策

县住房和城乡规划建设局

局　长　陈光友

副局长　李付君（12月任）

刘泽林　邬长德

黄艳丽（女，8月免）

纪委书记　幸荣辉（女，5月任）

县城乡规划办公室

主　任　黄艳丽(女，兼，8月免)

总规划师　朱　彬

县房地产管理局

局　长　刘朝勋

县市政管理所

所　长　熊明勇

县园林管理所

所　长　段　波

县建筑勘测设计院

院　长　廖永胜

县质量安全监督管理站

站　长　谭　波

县测绘管理办公室主任

袁　秋（1月任）

县交通运输局

局　长　张立学

副局长　黄　梅（女）　李盛忠

黄志威

纪委书记　郭慧敏（女）

党委委员　机关党委书记

幸享成（8月任）

县交通战备办公室

主　任　冯　旺

副主任　段希聪（女）

总工程师　付再明

县公路运输管理所

所　长　李孟聪

县公路养护管理段

段　长　袁　岗

县公路路政管理大队

大队长　幸享勇

四川省威远县地方海事处（县航务管理处）

处　长　叶　朗

县交通重点工程建设办公室

主　任　杨春梅（女）

县农村公路建设办公室

主　任　（空缺）

县水务局

局　长　张焕明

副局长　张兴宏　王　良

魏　强

县水利工程建设服务中心

主　任　曾德坤

总工程师　董　麒

县农林局

局　长　王学斌（8月任）

副局长　钟　政（8月任）

曾　进（8月任）

周俊美（女，8月任，12月免）

杨俊德（8月任）

卓　建（8月任）

纪委书记　况　英（女，8月任，11月免）

周俊美（女，11月任）

机关党委书　记　杨启稳（8月任）

总农艺师　倪艳梅（女，8月任）

县蚕业管理总站

站　长　张学琦

县森林公安局

局　长　林义文

县水产渔政局

局　长　李明良

县林场

场　长　何　斌

县农业局

局　长　钟　政（8月免）

副局长　曾　进（8月免）

杨俊德（8月免）

幸享成（8月免）

纪委书记　倪艳梅（女，8月免）

县蚕业管理总站

站　长　张学琦（8月免去党委委员职务）

县林业局

局　长　罗伦建（4月免）

党委副书记　杨启稳（8月免）

副局长　周俊美（女，8月免）

纪委书记　况　英（女，8月免）

县森林公安局局长　林义文（8月免去党委委员职务）

县林场场长　何　斌（8月免去党委委员职务）

党组成员　曹学培（8月免）

县商务局（2015年8月，因机构改革，县商务局职责划入县经济和信息化局，原人员职务自然消失）

局　长　常　胜（8月免）

党组书记　邹红云（女，8月免）

副局长　叶华召（8月免）

陈旭东（8月免）

纪检组长　张恪玮（女，8月免）

县商务执法大队

大队长　龚平真（8月免）

县文化广电体育新闻出版局

局　长　付晓丹

党委书记　王章龙

副局长　王　祎　倪鹏志（4月免）

张建英（女）　李　睿

纪委书记　袁昌建

县广播电视台台长　唐　林

县文化市场综合执法大队

大队长　倪鹏志（兼）（4月免）

县卫生和计划生育局（2015年8月，因机构改革，原县卫生局、县人口和计划生育局合并组建威远县卫生和计划生育局）

局　长　李　伟（7月任）

副局长　周国庆（女，7月任）

张　春（7月任）

纪委书记　蒋程红（女，7月任）

党委委员　机关党委书记

陈　洁（女，7月任）

县爱国卫生运动委员会办公室

主　任　杨笛宇（女）

县卫生执法监督大队

大队长　赵存春

县疾病预防控制中心

主　任　刘文林

副主任　李劲松　袁守田

县人民医院

院　长　李　伟（兼）

副院长　刘元生　肖华辉

县中医院

院　长　张仲华

副院长　段长明　邹照樆

县妇幼保健院

院　长　傅佳智

县人口计生服务中心

主　任　曾　莉（女）

县卫生局（2015年8月，因机构改革，原人员职务自然消失）

局　长　周国庆（女，8月免）

副局长　蒋程红（女，8月免）

张　春（8月免）

县人口和计划生育局（2015年8月，因机构改革，原人员职务自然消失）

局　长　杨普尚（8月免）

副局长　杜　刚　李文祥

陈　洁（女）

县人口和计划生育服务中心

主　任　曾　莉（女）

县计划生育协会

专职副会长　李树衡

县食品药品监督管理局

局　长　胡子林

副局长　陈玉辉　袁　莉（女）

纪检组长　王　华（女）

药品总监　晏小波

食品总监　熊　威

县审计局

局　长　陈　红　（女）

副局长　吴　涛（女）　邓文涛

纪检组长　杨汉伟

总审计师　阳建全

经济责任审计分局局长　吴　波

投资审计分局局长　陈　翔

县安监局

局　长　欧东林

副局长　刘安贵　张　勇

周　军　吴东升

纪检组长　刘　明

总工程师　邹　鸣

县统计局

局　长　郭秀英（女，7月免）

滕学礼（8月任）

副局长　周　建　曾国利

纪检组长　王　平（女）

总统计师　周华清（女）

县国情国力普查中心

主　任　康　玲（女）

县政务中心

主　任　吴　斌

副主任　罗正华

纪检组长　苟文彬（女）

县公共资源交易中心

副主任　胡　广

县政协办公室、各工作委员会

政协办公室

主　任　阳伯初（12月免）

石华文（12月任）

副主任　石华文（12月免）

夏　虹（女）

李天佑（12月任）

副秘书长　阳伯初（兼）

周长辉（女）

陈明刚

专职纪检员　陈明刚（兼）

政协提案委

主　任　张真能

副主任　李学明

政协经科委

主　任　郭小林

副主任　周宝华

政协教文委

主　任　郭　刚

副主任　李　伟（10月免）

张卿明

政协社法委

主　任　袁国琪

副主任　赖　平　袁朝荣

政协学文委

主　任　钟珍友

副主任　龚　坚（女）

李天佑（12月免）

人事联络委

主　任　张智品

副主任　余　群（女）

政协信访室

主　任　袁国琪（兼）

副主任　袁朝荣（兼）

县政府直属事业机构

县城市管理局

局　长　胡跃辉

副局长　陈晓康　董　鑫

纪检组长　张　雷（1月免）

秦勇超（1月任）

县城市管理局执法大队

大队长　陈晓康（兼）

指导员　董　鑫（兼）

县环卫管理所

所　长　李知荣

连界城管分局局长　董成康

县粮食局

局　长　王立平

副局长　王　立　游　忠

纪委书记　王沛舣（女）

县投资促进局

局　长　余典谕（女）

副局长　杨国辉（4月免）

许　彬（4月任）

倪碧皎（女，4月任）

纪检组长　周　猋

承接产业转移办公室

主　任　余广彬

县外事侨务旅游局

局　长　夏年方

副局长　周自新　张何军

王小朋

纪检组长　刘建盆

县畜牧食品局（2015年8月，因机构改革不再保留，原人员职务自然消失）

局　长　李　方

副局长　陈义付　卓　建

纪检组长　付　强

县动物卫生监督所（县动物卫生执法监督大队）

所长（大队长）　缪雨利

县档案局

局　长　刘　莉（女）

副局长　卢　云　杨汉明

纪检组长　袁丽涛（女）

县史志办公室

主　任　冷国文

副主任　李吉强

纪检组长　廖天清（女）

县供销合作社联合社

主　任　李永辉

副主任　唐　金

崔　平（1月任）

纪委书记　李青峰（女）

党员委员　机关党委书记

徐志伟（9月任）

县扶贫开发办公室

主　任　周　兵

副主任　刘　燕（女）　胡勇强

纪检组长　张世刚

威远投资控股集团有限责任公司

董事长　李建斌

总经理　陈　翔（1月任）

副总经理　高玉萍（女，4月免）

　　刘　平（5月任）

　　严　冬（4月任）

财务总监　李晓平

威远县人民法院

院　长　黄成兵（4月免）

　　刘应江（4月任）

党组副书记　陈德友

副院长　官东华（1月免）

　　彭华清（1月任）

　　杨　飞　付　军

纪检组长　滕仲全

政治处主任　欧子前

执行局长　李　涛

审判委员会专职委员

　　潘安仁　李　嘉

威远县人民检察院

检察长　刘明亮

副检察长　彭华清（1月免）

　　官东华（1月任）

倪　涛　陈　双

纪检组长　赵竖尧

政治处主任　罗晓吾（女）

反贪局局长　官文军

检察委员会专职委员

　　熊思德　李　健

威远县人民武装部

部　长　罗启才（2月免）

　　袁开武（2月任）

政　委　徐永杰

副部长　于晓宁（2月免）

　　刘永安（2月任）

中国人民武装警察部队威远县中队

中队长　孙克华

指导员　周山淞

中国人民武装警察部队威远县消防大队

大队长　曾修晨

政治教导员　王　锐

内江预备役防化团三营

营　长　侯勇军（4月免）

　　毛小军（4月任）

副营长　刘文林（5月任）

副营长　林成刚（5月任）

政治教导员　李　杜（兼）

县人民团体

威远县总工会

主　席　李　磊

常务副主席　陈　剑

副主席　杜　旭　高　恒

纪检组长　余良才

共青团威远县委员会

书　记　曾　瀚

副书记　魏　嘉（女）

威远县妇女联合会

主　席　吴红艳（女）

副主席　付　洁（女）

妇儿工委办公室

副主任　杨鲤逢

威远县工商业联合会

主　席　罗　刚

党组书记　潘华富（兼）

副主席　李正戈

秘书长　黄　忠

威远县科学技术协会

主　席　曾顺才

党组成员　龙荣洲（1月任）

威远县归国华侨联合会

主　席　王志远（兼）

副主席　吴正军

威远县残疾人联合会

理事长　杨照华

副理事长　余　涛

纪检组长　叶　华（女）

威远县红十字会

会　长　林　文(女，兼，3月免)

专职副会长　文国秀（女）

工业园区、镇

严陵工业园区管委会

党工委书记　李玉文（兼）

主　任　张长华（兼，4月免）

　　陈刚涛（4月任）

规划建设办公室

　主　任　金耀元

　副主任　孙正来

综合办公室

　副主任　吴　畏（女）

经济发展办公室

　副主任　罗　燕（女）

发展服务中心

　主　任　高学萍（女）

　副主任　唐凤飞（女，1月任）

连界工业园区管委会

党工委书记　曾云忠（兼）

党工委副书记　罗　平（兼）

　　王　劲（兼）

主　任　罗　平（兼）

　　王　劲（兼）

副主任　钟玉钦　王跃辉（兼）

经济发展办公室

　主　任　暂　缺

规划建设办公室

　主　任　唐光耀

综合办公室

　副主任　党　伟

发展服务中心

　副主任　林　青

镇西工业园区管委会

主　任　曾远和

副主任　刘丽娟（女）

严陵镇

党委书记　张长华（4月免）

　　张　琳（4月任）

副书记、镇长　刘忠明

人大主席　杨荣科

党委副书记、纪委书记　陈礼胜

副镇长、武装部长　杨舒文

副镇长　罗　超

　　童亮淇（5月任）

党委委员　童亮淇　李国华（女，5月任）

罗　英(女，4月免)
戴　民(女，5月任)

铺子湾镇

党委书记　李政频
副书记、镇长　夏年志
人大主席　周俊丽（女）
副书记、纪委书记
卢　容（女）
副镇长、武装部长　邹　伟
副镇长　胡小刚
刘勇辉（6月任）
党委委员　陈秀梅（女）
县委组织员　刘成林

新店镇

党委书记　林卫萍（女）
副书记、镇长　成　城
人大主席　周继仁
副书记、纪委书记　（空缺）
副镇长、武装部长　叶　强
副镇长　余　良（1月任）
曾宏新
党委委员　李革英（女，11月免）
县委组织员：陈友平（女）

向义镇

党委书记　李　谷
副书记、镇长　彭春林
人大主席　刘　永
副书记、纪委书记　黄　剑
副镇长　李　平（女）
潘安童　向　楷
县委组织员　温春艳（女）
党委委员　刘　琳（女）
孙　伟

界牌镇

党委书记　倪雪梅（女）
副书记、镇长　王文渊
人大主席　谭长平
副书记、纪委书记　周　游
副镇长、武装部长　刘海枫
副镇长　付哲骁（5月免）
殷智勇（1月任）
党委委员　熊　萍（女）
县委组织员　李　强

龙会镇

党委书记　梁平春
副书记　陈念东（市下派挂职，9月任）
副书记、镇长　何　林
人大主席　龙荣洲（3月免）
唐　刚（3月任）
副书记、纪委书记
唐　刚（1月免）
李凌宇（1月任）
副镇长、武装部长　毛长春
副镇长　李凌宇（1月免）
王　秀（女）
党委委员　梁洪源　肖　潇

东联镇

党委书记　李正中
副书记、镇长　陈　春
人大主席　黄谦云
副书记、纪委书记　余华祥
副镇长、武装部长　唐　波
副镇长　缪丽鹃（女）
党委委员　何利成
黄超英（女）
县委组织员　何利成

高石镇

党委书记　邱　勇
副书记、镇长　郑镈沅
人大主席　李　良（女）
副书记、纪委书记　罗均衡
副镇长、武装部长　龙天崇
副镇长　景　晟　龚建钧
党委委员　周麟林
李勇军（4月免）
刘　竹

靖和镇

党委书记　杨　林
副书记、镇长　黄龙成
人大主席　阴代林
副书记、纪委书记　倪秀川
副镇长、武装部长　唐功树
副镇长　滕　芸（女）　黄　禹
党委委员　应淑丽（女）
刘建明

镇西镇

党委书记　缪红军
副书记、镇长　王　勇
人大主席　吴培元
副书记、纪委书记　王兴安
副镇长　黄志桥　漆彦岑（女）
付书伟
党委委员　刘　忠
县委组织员　刘玉忠

庆卫镇

党委书记　李革非
副书记、镇长　曾云松
人大主席　倪昔武
副书记、纪委书记　许　凤(女)
副镇长、武装部长　王　毅
副镇长　阳琳莉（女）　邹欣原
党委委员　古世平（女）
罗　敏（女）

山王镇

党委书记　袁　超
副书记、镇长　王　勇（1月免）
宋　剑（1月任）
人大主席　周基武
副书记、纪委书记　张光忠
副镇长、武装部长　唐小洪
副镇长　陈　娜（女）　刘书国
党委委员　欧　清（4月任）
段竣译（4月任）

观英滩镇

党委书记　桂　雄
副书记、镇长　曾建涵
人大主席　朱能军
副书记、纪委书记　杨　洁(女)
副镇长、武装部长
崔　平（2月免）
朱明远（2月任）
副镇长　曾正洪
罗利勇（2月任）
党委委员　王　文

黄荆沟镇

党委书记　刘期文
副书记、镇长　刘　砜（2月任）
人大主席　贺晓勇
副书记、纪委书记　吕恒权
副镇长、武装部长　杨建生
副书记　郑人弋（挂职，9月任）
副镇长　陈永谊（女，4月免）
　　何　健（2月任）
党委委员　张　辛　谢　刚

新场镇

党委书记　陈　强
副书记、镇长　余　华
人大主席　陈万葫
副书记、纪委书记
　　李建军（3月免）
　　倪鹏志（4月任）
副镇长　曹康林　杨　芳（女）
　　王灵宇（1月免）
　　喻　丹（女，7月任）
党委委员　蒋大贵
　　黄虹瑜（女）
县委组织员　吴　彬

连界镇

党委书记　王跃辉
副书记、镇长　崔　山
人大主席　刘芝秀（女）
副书记、纪委书记
　　黄述友
副镇长、武装部长　谭智洪
副镇长　谢鹏跃　余长春（1月任）
党委委员　张顺清
　　喻　丹（女，7月免）

越溪镇

党委书记　滕学礼
副书记、镇长　罗　兴
人大主席　杨宗辉
副书记、纪委书记　周　兵
副镇长、武装部长
　　余长春（1月免）
　　吴玉明（4月任）
副镇长　叶　飞
　　雷自立（女，2月免）
　　曾红梅（女，2月任）
党委委员　朱章万　吴云敵
　　杨岭松
县委组织员　梁　红（女）

碗厂镇

党委书记　宋加元
副书记、镇长　杨　岗
人大主席　胡德才
副书记、纪委书记　黄禹森
副镇长、武装部长　宋建军
副镇长　李国军
党委委员　肖平林
县委组织员　刘　军

小河镇

党委书记　唐明友
副书记、镇长　何茂林
人大主席　贺彬兰（女）
副书记、纪委书记　何晓松
副镇长、武装部长　梁宏杰
副镇长　隆　强　王庆臣
党委委员　叶绪燕（女）
　　陈仕文（4月任）
县委组织员　吴　华

两河镇

党委书记　钟明亮
副书记、镇长　杨国辉（3月任）
人大主席　陈付君（女）
副书记、纪委书记　黄　宇
副镇长、武装部长　王荣建
副镇长　曾　旭　胡帮亿
党委委员　罗　莉（女）
　　欧仁明（4月任）
县委组织员　杨玉萍（女）

垂管单位和其他机构

县国家税务局

局　长　刘　毅
副局长　陈　刚　黄世斌
　　李　磊
纪检组长　李华兵
机关党委书记　王　宇

县地方税务局

局　长　郑国伟
副局长　许华忠（12月免）
　　唐光大
　　杨　勇（12月任）
　　熊文安
纪检组长　赖　剑
总会计师　王文贵
机关党委书记
　　杨　勇（12月免）
　　许华忠（12月任）

县气象局

局　长　叶晓锋
副局长　汪延波（6月免）
　　王　梅（女）

威远县质量技术监督局（2015年1月由内江市质量技术监督局下划至威远县人民政府管理，更名为威远县质量技术监督局）

局　长　邱剑波
副局长　彭志能　刘达永
纪检组长　闵　斌（7月免）
　　付　强（7月任）
总工程师　闵　斌（8月任）
主任科员　王章春

四川省长葫灌区管理局

局长、党委副书记　闵学理
党委书记、副局长　代北川
党委副书记、纪委书记、工会主席　周宗剑
副局长　杨　桓　尹光成

威远供电局

总经理　曾　强
党委书记　任明新
副总经理　沈　澜　蒋世建
　　何　敬

内江市威远县工商行政管理局

局　长　唐鸿刚
副局长　胡　宁　刘英才
　　余　勇

纪检组长　杨永良

国家统计局威远调查队

队　长　刘金元

副队长　伍桥良

纪检组长　许良英（女）

四川省威远县烟草专卖局（内江市烟草公司威远县营销部）

局长、经理　龙　英（女）

副局长　戴旭川

副经理　周　宇

四川省盐业总公司威远盐业支公司

经　理　翟　静

副经理　商　毅

威远县邮政局

局　长　陈荣华

副局长　郭　军

四川省邮政速递物流有限公司威远县分公司

经　理　李　伟

中国电信股份有限公司威远分公司

总经理　许　扬

副总经理　温弱愚（5月免）

张　川

戴　彬（5月任）

中国移动通信集团四川有限公司威远分公司

经　理　熊　辉（3月任）

副经理　朱　江

陈　烁（8月任）

经理助理　陈　烁（8月免）

中国联通威远分公司

总经理　叶　洪（11月免）

周　胜（11月任）

中国人民银行威远县支行

行　长　陈　智（1月免）

张特格（1月任）

副行长　倪　东（3月免）

曾　茜（女）

曾晓飞（10月任）

中国工商银行威远县支行

行　长　郑　钢

副行长　王东春（3月免）

刘　眉（女，3月免）

苏　忆（3月任）

罗　成（3月任）

陈　健（女，8月任）

中国农业银行威远县支行

行　长　罗晓东（7月免）

罗　元（7月任）

副行长　叶　刚（7月免）

秦　勇　刘远瞩

行长助理　黄　凯（8月任）

中国银行威远支行

行　长　张　君（女）

副行长　郑　勇（4月免）

曹天鸿　钟　霞（女）

方　方（5月任）

中国建设银行威远县支行

行　长　崔敏阳

副行长　王鸿来

派驻风险经理　龙存彬

中国农业发展银行威远县支行

行　长　石　玲（女，3月免）

王险峰（3月任）

副行长、工会主席　周晓彬

副行长　倪晓蓉（女）

中国邮政储蓄银行威远县支行

行　长　阳　珉

行长助理　刘云霞（女）

威远农商银行

理事长　刘阳德

行　长　周英秀（女）

内江兴隆村镇银行威远支行

行　长　晏　萍（女）

副行长　倪砚辉

中国人寿保险股份有限公司威远县支公司

总经理　唐红英（女）

副经理　黄必勇（1月免）

经理助理　冷雪莲（女）

刘学生（女）

中国人民财产保险股份有限公司威远支公司

经　理　周广勇（女）

副经理　丁　凯

经理助理　谢岳平

威远县中小企业融资担保公司

董事长　胡树华

总经理　罗墩明

威远德福小额贷款有限责任公司

董事长　肖建平

总经理　宋世聪

光大证券股份有限公司内江威远县南大街证券营业部

经　理　陈　慧（女）

（年鉴编辑部统稿，县委组织部校核）

2015 年大事记

1 月

12 日　威远县 27 户企业进入四川省首次企业公示信息抽查名单。

15 日　市委书记彭宇行深入到连界工业园区、严陵工业园区，调研园区科技孵化器建设情况，并到川威集团看望慰问一线工人和劳模；深入到威远县电子商务中心，调研电子商务发展情况。

20 日　威远县召开县委常委（扩大）会议，专题听取县委书记曾云忠抓党建工作专项述职。

同日　威远县举行 2015 年首场返乡民工专场招聘会，电子、机械、食品加工等数十个行业现场提供 118 个工种 2228 个就业岗位。

22 日　中国共产党威远县第十三届委员会第九次全体（扩大）会议在县委大礼堂召开，230 余人参加会议。会议听取并讨论曾云忠代表县委常委会所作的题为《把握新常态　抢抓新机遇　在加快发展中奠定全面小康的坚实基础》的工作报告，审议通过《中共威远县委关于贯彻落实党的十八届四中全会精神全面深入推进依法治县的实施意见》和《中共威远县委关于坚持思想建党与制度治党紧密结合全面推进从严治党的实施意见》。

27 日　威远县召开 2015 年领导干部经济责任审计工作联席会。

29 日　威远县召开 2015 年安全生产工作会暨一季度安委会（扩大）会议。

30 日　《四川日报》《四川经济日报》《华西都市报》及内江新闻网、四川在线、四川新闻网等媒体走进威远，聚焦威远县城新区建设和民生工程推进情况。

2 月

2 日　曾云忠主持召开县规划委员会 2015 年第一次方案审查会。会议审议通过威远县城西片区控制性详细规划，花城公园规划设计方案，晨南食品有限公司标准化屠宰场及农副产品冷链物流方案设计，连界客运中心方案设计，威远县公路机械化养护（应急抢险）中心方案设计，以及关于调整二环路西北段、吴荣路快速通道（一期）一标段商贸城段绿化方案的请示。

同日　县委印发《关于贯彻落实党的十八届四中全会精神全面深入推进依法治县的实施意见》。

2 日至 4 日　副省长陈文华、省政协副主席高烽率队赴内江市开展“双联”工作，实地调研威远县连界镇船石村、隆昌县工业园区等。省政府副秘书长何旅章和省“双联”工作第十七工作组有关单位负责同志参加调研。

2015 年 2 月 4 日，省市媒体聚焦威远依法治县工作开展情况（县委宣传部　供图）

4 日　由《四川日报》《四川经济日报》《华西都市报》《四川法制报》和四川新闻网、内江电视台、《内江日报》等媒体记者组成的“聚焦内江依法治市”集中采访团到威远，详细了解威远县依法治县工作开展情况。

6 日至 7 日　威远县召开 2014 年度镇党委书记党建工作专项述职评议大会。曾云忠主持会议，并对述职对象逐一进行质询和点评。

6 日　县委印发《关于坚持思想建党与制度治党紧密结合全面推进从严治党的实施意见》。

10 日　威远县启动县城春节亮化工程，以街心花园、城市花园广场、滕家坝广场等 5 条主线为重点，打造火树银花的灯光美景，持续至 3 月 6 日结束。

同日　县委印发《关于批转〈政协威远县委员会 2015 年工作要点〉的通知》。

10 日至 21 日　中国成都艺术团赴埃塞俄比亚、塞舌尔、毛里求斯等东非国家进行“欢乐春节非洲行”慰问演出，威远县原创男声独唱歌曲《我的老爸老妈》在演出中获得好评。

25 日　市委书记彭宇行，市委副书记、市长杨松柏到川威集团，亲切看望慰问企业干部职工，了解企业生产经营情况，勉励川威集团要一鼓作气，负重拼搏，实现健康发展、创新发展、转型升级发展，为全市工业经济“开门红”贡献力量。

同日　曾云忠主持召开农业基础设施建设规划委员会第四次全体会议。会议审议通过《威远县南部新农村示范片基础设施增点扩面规划》和《高石镇止马新村聚居点规划》。

同日　县委、县政府印发《关于推进无花果和核桃产业发展的实施意见》和《关于大力发展家庭农场的实施意见》。

2015 年 3 月 16 日，威远县人民政府与中国农业大学举行无花果项目合作协议签约仪式，达成长期合作关系　（余远文　摄）

3 月

2 日　威远县召开开工动员大会，启动连界集中供水工程和团鱼凼水厂改造及南线管网延伸工程。其中，连界集中供水工程总投资 2110 万元，新建千鸡山水厂，供水规模 10000 吨/日，新建管道 29255 米，解决连界、两河、新场 3 镇 12 村 42 社 3 万人饮水安全问题。团鱼凼南线工程总投资 2337 万元，改造团鱼凼水厂，日供水规模 20000 吨，新建管道 14635 米，解决铺子湾、严陵、新店、向义等 4 个镇 15 个村 46 个社 4.4 万人的饮水安全问题。

6 日　威远县第十三届纪律检查委员会召开第六次全体会议。会议传达贯彻中纪委、省纪委和市纪委有关会议精神，总结部署全县党风廉政建设和反腐败工作。

同日　曾云忠主持召开会议，专题研究船石湖旅游小镇 AAAA 级景区、石板河 AAAA 级景区建设工作。

9 日　威远县召开 2015 年度组织宣传工作会。会议回顾 2014 年组织宣传工作，并就 2015 年组织宣传工作做安排部署。

16 日　威远县人民政府与中国农业大学举行无花果项目合作协议签约仪式，达成长期合作关系。曾云忠、罗平、倪习才、刘浑源、韩双林、唐克友、甘建国，以色列农科院教授、国际园艺学会无花果分会主席摩西，中国农业大学科研院教授马会勤、张文，中国农业大学科研院科研合作与推广部部长王福军出席合作签约仪式。签约项目及技术培训活动持续至 3 月 19 日。

31 日　威远县无臂农妇陈英和特殊教育学校盲人教师林健在内江大千国际酒店庐山厅，向市直机关 400 余名干部职工讲述其自强故事。

4 月

1 日　省地方志编纂委员会党组书记、副主任马小彬到威远调研指导地方志工作。

1 日至 2 日　副省长陈文华、省

2015年5月8日，县召开阿里巴巴农村淘宝新闻发布会　（县委宣传部供图）

政协副主席高烽一行实地调研威远县连界镇船石村中药材种植基地、木兰苑安置房建设工地、建业集团、威玻集团，召开工作座谈会，听取威远县、连界镇和重点企业相关工作情况汇报，指导产业发展、城镇建设，强调要主动适应经济发展新常态，保持专注发展定力，更加注重提高经济发展质量和效益，培育新的增长动力，加快实现产业转型升级。

9日　罗平主持召开县第十五届人民政府第五次全体会议，要求抓重点、破难题，打赢稳增长攻坚战；讲规则、强举措，落实依法行政各项要求；重执行、求实效，确保完成全年目标任务。

同日　县政府发出《关于颁布第四届威远县科学技术杰出贡献、外智人才突出贡献和2014年度科学技术进步奖的决定》。

10日　18时许，威远县城南片区空气出现较重异味。经排查，异味系威远县建业鑫茂瓷业有限公司煤气冷凝水溢出所致。11日凌晨3时，异味源头切断，溢出物取样送检。12日，李玉文、谭斌主持召开威远县建业鑫茂瓷业有限公司煤气冷凝水溢出情况通报会。13日，威远县委、县政府再次研究作出决定：由县环保局、县经信局、威远县建业鑫茂瓷业有限公司负责，采取科学有效的方法尽快消除异味，恢复空气正常；由县环保局牵头，县公安局、县经信局配合，对威远县建业鑫茂瓷业有限公司和企业法人代表进行立案调查，并加大调查取证力度，依法依规严惩责任企业和责任人员；对威远县建业鑫茂瓷业有限公司立即停产整顿，城南片区所有使用煤气的企业全部暂停使用煤气；由县环保局负责，待检测机构出具检测结果后，及时向社会公布。

13日　威远县委政法工作会议在县委大礼堂召开，传达中央和省委、市委政法委工作会议精神，总结2014年政法工作，安排2015年的工作，并宣读省委政法委、省委维稳领导小组表彰威远县政法系统先进集体和先进个人，维护稳定工作先进集体及个人等文件。

23日　威远县在“2015中外知名企业四川行”活动中成功签约58.5亿元。

26日至28日　政协威远县第九届委员会第五次会议在县委大礼堂召开。会议应到政协委员259名，实到245名。县政协主席刘浑源受政协威远县第九届委员会常务委员会委托，向大会作工作报告。

27日至30日　威远县第十五届人民代表大会第五次会议在县委大礼堂召开。会议应到代表253名，实到242名。罗平代表县人民政府向大会作政府工作报告。

5月

2日　威双路路面改造一期工程正式施工，计划于2016年9月竣工。该工程是威远县2015年市重点考核基础设施建设项目，改造路面共计17.2千米，其中连威路部分4.8千米，路面宽度12米，按二级公路路面改造；威双路部分12.4千米，改造路面宽度7米，按三级公路路面改造，局部裁弯取直，项目建安投资6900万元。

8日　阿里巴巴农村淘宝威远项目启动仪式在阿里巴巴农村淘宝威远服务中心举行。

同日　威远县召开阿里巴巴农村淘宝威远服务中心试运营新闻发布会。

同日　省国家税务局党组书记刘建国到威远县调研指导税收工作。

14日　内江市二季度项目暨威远县白塔二期工程集中开工仪式在威远县严陵工业园区举行。市委书记彭宇行宣布项目开工。集中开工的项目共65个，总投资76.59亿元，其中，威远县项目29个、总投资46.14亿元，项目数量和投资额度居全市各县区榜首。

同日　市委书记彭宇行，市委副书记、市长杨松柏到威远县白塔集团调研工业环保工作情况。

同日　市委书记彭宇行，市委副书记、市长杨松柏前往威远县阿里巴巴农村淘宝威远服务中心、新店镇民付村农村电商服务站，实地调研农村电子商务发展情况。

17 日至 20 日　省关工委执行主任张中伟率队到威远严陵镇东街社区、严陵镇中心校、龙会镇互助村等地调研内江市关心下一代工作开展情况。

18 日　县政府印发《2015 年度威远河流域水污染综合治理实施方案》《关于促进农村公路建管养运协调发展的实施意见》《关于表扬 2014 年消防工作先进单位和个人的通报》。

22 日　县人大常委会集体视察县城重点项目建设，先后到商贸城基础设施建设、吴荣路快速通道、二环路西北段改扩建、威远河一期综合治理及湿地公园、婆城公园等项目现场，听取介绍，了解工程建设情况。

25 日　威远县召开“三严三实”专题教育工作座谈会，深入学习贯彻习近平总书记系列重要讲话精神和中央、省委、市委有关精神，并从威远实际出发，对威远县开展“三严三实”专题教育工作进行安排部署。

25 日至 26 日　省人大常委会委员、城环资委主任委员何大清率相关人员到威远，就威远县贯彻落实《中华人民共和国水污染防治法》情况进行检查。

6 月

2 日　威远县完成第三批县本级 90 名优秀年轻干部和人才递进培养对象的遴选工作。

10 日　威远县首批 20 个农村淘宝村级服务站在镇西镇杨家咀村集中开业。

11 日　省审计厅厅长黄河到威远向义镇审计站、无花果产业基地、婆城公园等地调研审计工作。

15 日　省统计局纪检组长秦开荣率队到川威集团调研生产经营情况。

2015 年，农村淘宝威远服务中心　（余远文　摄）

16 日　威远县无花果种植科普示范基地、威远县严陵镇接官亭社区居民委员会被中国科协、财政部列为 2015 年“基层科普行动计划”奖补单位。

24 日　威远县与广州川投投资有限公司举行桂圆种植基地项目签约仪式，向义镇和广州川投投资有限公司双方代表签署合作协议。

25 日　威远县十五届人大常委会第二十八次会议举行第三次全体会议，对“县城交通秩序及环境治理”进行专题询问。

26 日　曾云忠主持召开县规划委员会 2015 年第二次方案审查会。会议通过 2014 年棚户区改造项目（罗家坝 B 区）修建性详细计划、赵家坝四组团（荣威·外滩）修改方案、白塔二期工程规划建筑设计方案、二环路西北段改扩建工程（一期）绿化带建设项目施工设计方案、威远县四利油料经营部双桥加油站迁建选址的请示。

28 日　香港时代国际奥特莱斯管理有限公司正式入驻威远时代广场。

30 日　威远县召开庆祝建党九十四周年暨表扬先进基层党组织和优秀共产党员座谈会。

7 月

1 日　威远县智慧党建信息化平台上线仪式在严陵镇政府举行。

8 日　威远县第一个环境优美、功能齐全的大型综合性公园——婆城公园建成开园。

8 日至 9 日　威远县在第二届中国县域电子商务峰会上被评为全国电子商务进农村“开拓型示范县”。

11 日　在四川电视台公共频道《联播四川》中播出威远县穹窿国际休闲度假旅游区项目。同月 22 日至 24 日，威远穹窿国际休闲度假旅游区被列为四川国际旅游投资大会排名第一的首推项目。

22 日　威远县召开“三严三实”专题教育和领导班子思想政治建设协调小组工作会，对全县“三严三实”专题教育和领导班子思想政治建设工作进行安排部署。

28 日　内江市副市长、威远县委书记曾云忠主持召开威远县电子商务中心和科技孵化器建设推进工作会。

8 月

2 日　“2015 四川花卉果类生态

旅游节分会场暨第二届威远无花果采摘节”在威远县向义镇四方村开幕。活动持续至9月2日。

4日 串联内江、眉山、乐山三市的连界至乐山铁路（以下简称“连乐铁路”）项目，获得省发改委核准批复。

19日 威远县召开2015年贫困大学新生资助大会，向395名贫困大学新生发放91万元资助金。

11日 四川内江威宝食品有限公司的“威宝及图”注册商标被认定为中国驰名商标。全县拥有中国驰名商标3枚，占内江市驰名商标总数的37.5%。

28日 四川省县级经济综合评价评价结果发布，威远县在全省175个县（市、区）中居23位，在69个丘陵县（市、区）中居第8位，继续保持“丘陵地区先进县”称号，也系全市唯一被表彰区县。

9月

6日 威远县召开选派机关优秀党员干部到村任“第一书记”工作动员会，对全县选派机关党员干部到村任职工作进行动员部署。

21日 罗平主持召开威远县规划委员会2015年第三次方案审查会。会议审议并原则通过威玻老厂棚户区改造规划方案、威远县花塘住宅项目规划方案、威远河综合治理一期工程杨家坝湿地公园等规划修改方案、威远县牛头山·中华感恩园总体规划暨局部修建性详细规划方案、内江市威远县公众移动基站建设布点规划方案、合力金融写字楼建设项目规划方案。

23日至24日 县人大常委会集体视察威远县贯彻《中华人民共和国旅游法》及旅游产业发展情况。

28日 全县第一张“三证合一”营业执照颁发给威远县国有资产经营有限公司。

30日 威远县社会各界人士在新店烈士陵园举行公祭烈士活动。

10月

9日 罗平主持召开县委全面深化改革领导小组第五次会议。

21日，26日至27日 四川省安全社区建设现场评定组先后对高石镇、新场镇四川省安全社区建设工作进行现场评定验收。

23日 威远县与四川巨洋文化旅游股份有限公司签订投资合作协议，该公司将投资20余亿元，把威远石板河景区项目打造成为国家级旅游度假区或AAAAA级景区。

29日 由国家工商行政管理总局企业管理局副局长周晓红率队的国务院安办金属非金属矿山整顿工作第九调研督导组，到威远县检查督导金属非金属矿山整顿关闭工作。

同日 市委副书记、市长任晓春率队深入威远县部分企业，督查调研内江市环境保护工作。

11月

2日 “斯杰普及图”“穹窿花”2件商标被认定为内江市知名商标。

11月11日至12月2日 举行第二届县运动会。运动会历时22天，举办五人制足球、乒乓球、篮球、川牌、中国象棋、趣味体育、羽毛球等7个项目的比赛。

19日 由省人大常委会副主任黄润秋率队的推进四川省页岩气产业发展调研组到内江，了解页岩气产业勘探开发现状及页岩气产业发展存在的困难和问题，以促进全省页岩气产业发展。

28日至29日 “中国改革（2015）年会暨农村产权制度改革高层研讨会”在内江举行。11月29日，与会领导和嘉宾到威远县四方村，调研万亩无花果基地和农村产权制度改革农业BOT成果。

12月

3日 省供销社党组成员、副主任王小刚到威远县调研与县供销社有加盟合作关系的龙头企业的生产经营情况。

11日 威远国税纳税服务科被四川省妇女联合会授予四川省“巾帼文明岗”称号。

18日 罗平主持召开威远县规划委员会2015年第四次方案审查会。会议审议并原则通过达木河城市综合体段景观设计方案、船石湖旅游小镇总体规划、高石镇总规方案、界牌镇总规方案及《威远县城市规划管理技术规定（送审稿）》（2016版）和《威远县房地产开发项目公共配套设施验收程序和内容实行办法（送审稿）》，征求对杨家坝渡改桥和白塔大桥初步设计方案的意见。

中共威远县委

综　述

【概况】　2015年，威远县委大力推进产业发展攻坚、城乡基础设施建设攻坚、脱贫攻坚，全县经济社会发展态势平稳。全年实现地区生产总值294.4亿元，增长5.0%；地方公共一般预算收入7.5亿元，增长-5.8%；全部工业入库税金2.3亿元，增长11.8%；规模工业增加值增长3.9%；全社会固定资产投资169.7亿元，增长13.3%；招商引资到位资金107亿元，同口径增长14.7%；社会消费品零售总额75.4亿元，增长12.5%；城镇居民人均可支配收入26544元，增长8.3%；农村居民人均可支配收入11850元，增长9.6%。

【政治建设】　按照省委、市委实施"两化"互动城乡统筹、创新驱动、改革开放"三大战略"，全面加强"五位一体"建设，不断提升党的建设科学化水平，第十三届九次全会作出《把握新常态　抢抓新机遇　在加快发展中奠定全面小康的坚实基础》的决定。威远经济稳中向好的态势没有改变，加快发展的战略机遇更多，盘活存量、做优增量的潜力更大。全县各级要把新常态作为谋划发展的新要求，在形势判断上认识新常态，在把握规律上适应新常态，在谋划工作上遵循新常态，切实做到观念上适应、认识上到位、方法上对路、工作上得力，牢牢掌握加快发展的主动权，努力推动经济社会健康发展。明确2015年全县工作的总体要求：全面贯彻落实党的十八届四中全会、省委十届五次全会和市委六届八次、九次全会精神，坚持稳中求进、好中求快的工作基调，主动适应新常态、把握新常态，以全面建成小康社会为总揽，以经济建设为中心，着力加强依法治县、改革开放、从严治党，更加注重提高发展质量和效益，更加注重保障和改善民生，全面完成"十二五"规划各项目标任务，推动经济社会科学发展、加快发展，为全面建成小康社会奠定坚实基础。

【经济建设】　2015年，威远县以稳定经济增长的质量和效益为中心，实施"两化"互动、城乡统筹、创新驱动、改革开放"三大战略"，推进"稳增长、促改革、调结构、惠民生"各项工作，经济社会呈现出良好的发展态势。

产业支撑　实施老工业基地调整改造和威远—长宁国家级页岩气示范区建设，白塔二期、金镭铸业等项目加快推进。威远县入围第四批国家技术创新工程四川省示范县，严陵工业园区科技企业孵化器获批省级科技企业孵化器，高新技术产业、战略性新兴产业占比分别为12.4%、19.0%。实施"一企一策"，支持困难企业脱困、转型发展。加强特色中小型企业培育，东工股份在新三板挂牌上市。

2015年4月19日，县委书记曾云忠主持召开县委常委会议　（余远文　摄）

三大园区道路、环保等基础设施进一步完善，园区承载面积达13.9平方千米。船石湖旅游小镇道路体系基本形成。发展电子商务产业，成为阿里巴巴“农村淘宝千县万村计划”入川首个试点县。建成威远县无花果研究所、中国农业大学教授工作站，威远无花果获国家地理标志产品保护。全面推广“农业BOT”经营模式，新发展无花果133.33公顷、核桃133.33公顷、中药材66.67公顷。农村居民人均可支配收入突破万元大关，被评为全省“三农”工作先进县。

城乡建设　婆城公园投入使用，天域路、花塘路等4条市政道路建成通车，二环路西北段改造、威远河综合治理、雄飞城市综合体、荣威万象城市商贸综合体等项目加快推进，新增建成区面积1.4平方千米。连界镇船石湖大道、白牛路建成通车，完成木兰苑安置房和连界集中供水主体工程，船石湖小镇2平方千米启动区初具雏形；镇西镇高庙山公园加快建设。全县城镇化率达46.18%。大冲村新农村综合体全面建成，“十里荷塘”“长山竹海”、中坝村古村落等重点休闲农业节点加快建设。全年建成幸福美丽新村30个、新村聚居点45个。内威荣高速公路建成通车，G247贡威段路面改造全面完成，威双路、吴荣路快速通道顺利推进，新建农村公路331千米。新建、改建水厂4座，全域供水网络基本形成。

深化改革　深化政府机构改革，组建县经信局、县农林局、县卫计局，完成工商局、质监局管理体制调整，政府工作部门调减为24个。深化行政审批制度改革，清理行政审批权力280项、取消5项，受理行政审批、许可等事项10万余件。农村产权交易流转服务站挂牌成立，村级流转信息员实现全覆盖。引进中石油、阿里巴巴、巨洋公司等企业到威远投资，签约引进高新技术产业和战略性新兴产业项目12个。

【社会建设】　依法治县　2015年，威远县严格落实重大决策法律咨询、合法性审查和党内规范性文件备案制度，开展文件合法性审查40件、合同审查60余件。47个行政执法单位明确行政职权3374项，绘制389项权力流程图。健全立案登记制等10项机制，建立统一的涉法涉诉信访积案台账。新增天网高清探头371个，开展社会治安重点地区排查整治59次。

群众生活改善　2015年，威远县推进脱贫攻坚工作，帮扶脱困6698人。新增就业10617人，城镇登记失业率3.91%，社会保险覆盖人数达66.02万人次。县综合养老服务中心开工建设，“12349”信息平台全面建成。新建公租房150套，改造城市棚户区2796户、农村危房759户。通过“义务教育发展基本均衡县”省级督导评估，生源地助学贷款工作连续6年名列全省前茅。县级公立医院全面取消药品加成，基本药物配送到位率达100%；被评为计划生育基层群众自治全国试点示范县。实施文化惠民工程，免费开放各类公共文化场所，举办全县第二届运动会。“全国50个煤矿安全生产重点监控县”顺利摘帽，狠抓“金属非金属矿山安全生产攻坚克难”、危化品监管等工作，安全生产四项指标全面下降。

【党的建设】　2015年，威远县委落实“党要管党、从严治党”的各项要求，开展“三严三实”专题教育和领导班子思想政治建设。意识形态工作切实加强，核心价值观教育入脑入心，宣传思想文化建设持续深入，“威远力量”进一步凝聚，“威远形象”进一步彰显。建立健全干部“选育管用”机制，遴选科级后备干部150名，选派68名递进培养对象到基层锻炼，引进紧缺型、高层次人才52名。开展“基层党建全面提升年活动”，新改扩建村级活动场所103个，创新实施“村（社区）干部573考评办法”在全市推广。开展“党建服务扶贫攻坚六大行动”，选派75名干部到村任“第一书记”。落实作风效能常态化督查和定期通报机制，查纠问题92个，问责处理27人；始终保持惩治腐败高压态势，立案193件，同比增长40.88%，党政纪处分186人，同比增长38.81%，通报曝光典型案件15件。

（黄秀梅）

【综合协调服务】　中共威远县委办公室（简称县委办）切实精简文件资料，严把文件起草、审核、发文“三关”，提高文件、汇报材料、领导讲话材料等文字资料的质量，规范各级公文的传递及办理。全年撰写汇报材料、领导讲话360余篇、120余万字；制发县委及县委办文件400余件；运转公文5000余件。年编报党委信息1000余条。市委办公室采用得分333分、完成市目标任务118.93%；省委办公厅采用得分36分、完成省目标任务200%；省、市电子政务内网采用1200余条。重点加强对涉密计算机信息系统和办公涉密U盘以及各类国家统一考试保密工作的管理，全年未出现失泄密事件。执行《会务服务规范流程制度》，制定标准化会务工作流程，细化会务工作环节，做到安排到位、服务到位、保障到位，全年承办省市领导到威视察、县委全委（扩大）会、县委常委会等大小会议280余次。

（马传勤）

【政策调研】2015年，县委政研室编

发《威远调研》6 期，刊发调研文章80余篇，涉及县域经济、“两化”互动、农业产业化、新农村建设、旅游开发、历史文化、依法治县、深改工作等内容，主送市县相关领导、各镇各部门主要负责人。全年向市委政研室上报调研文章4篇。其中曾云忠的《实施创新驱动　加快转型升级—关于威远县高新技术产业和战略性新兴产业发展的思考》、王学斌的《对威远县农村产权制度改革的调查》和刘建均的《新形势下依法治县的思考》等被《内江调研》采用。县四大家主要领导4篇调研文章入选《内江市领导干部调研文集》并印发。

（谢勇灵　刘建均）

【目标督查】 2015 年，市下达威远县年度主要工作目标共五大类 170 小项，包括综合指标 14 项、重点项目 23 项、分类目标 12 项、民生目标 109 项、保证目标 12 项。县委、县政府的主要工作目标是：确保全县地区生产总值增长4.5%以上，地方公共财政收入增长1%以上，规模工业增加值增长3.5%以上，全社会固定资产投资完成169亿元，社会消费品零售总额增长11.5%以上，招商引资到位资金104亿元，城镇居民人均可支配收入增长9%以上，农民人均纯收入增长10%以上。

县目标管理委员会于2015年4月3日和5月5日，分别以威目委发〔2015〕2号、威目委发〔2015〕4号、威目委发〔2015〕5号文件下发《关于分解下达2015年市下达县目标任务的通知》《关于下达2015年度县级部门绩效目标任务的通知》和《关于下达2015年度各镇绩效目标任务的通知》，对各镇和各部门年度绩效考核目标进行分解下达。

民生工程　县委、县政府坚持把保障和改善民生放在更加突出的位置，进一步加大民生投入，抓好民生大事，着力解决一批人民群众最关心、最直接、最现实的利益问题。在教育助学、促进就业、医疗卫生、社会保障、百姓安居、生态环境、基础设施建设等民生问题上取得新进展。完成市下达威远县民生工程9大类90项、民生大事19件。

督查督办　县委、县政府目标督查室按照“把握大局，围绕中心，突出重点，抓住关键”的工作思路，采取实地督查、跟踪督办、明察暗访、联合督查等方式开展各类督查。全年督办会议议定事项627件，主要领导批交办事项354件；开展涉及重点项目、安全生产、环境保护等重点工作的督查督办95件次；开展通村通畅工程、农村危房改造项目、农村饮水安全项目等工作的督查督办72件次；按时按要求办结办理市委市政府交办件122件次。

年度考核　县委、县政府目标督查室对纳入绩效目标考核的104个单位分20个镇、84个县级部门分别考核，镇分山区镇和外区镇进行，县级部门分党群、经济、非经济、二级局、垂管、园区、其他七个序列进行。严格按照四个程序进行考核，并于2016年2月4日通报2015年全县绩效目标考核结果（威委发〔2016〕2号）。其中，外区镇一、二、三等奖各3个，山区镇一、二等奖各4个，三等奖3个；党群及民主法制序列一、二等奖各5个，三等奖4个；综合经济序列一等奖6个，二等奖3个，三等奖4个；非经济序列一、二等奖各6个，三等奖5个；独立核算二级局序列一、二、三等奖各4个；垂直管理序列一等奖4个，二等奖5个；园区序列一、二、三等奖各一个；县四套班子机关和人武部均为一等奖。

2015年威远县绩效目标考核一等奖名单

序列	获奖单位	序列	获奖单位
各镇	严陵镇、界牌镇、向义镇、连界镇、山王镇、新场镇、黄荆沟镇	独立核算二级局序列	交警大队、就业局、社保局、养路段
党群及民主法制序列	宣传部、县纪委、组织部、检察院、政法委	垂直管理序列	地税局、国土局、国税局、气象局
综合经济序列	交通运输局、经信局、住建局、财政局、发改局、统计局	其他序列	人武部
非经济序列	公安局、人社局、安监局、教育局、审计局、文广体新局	园区序列	严陵工业园区

（陈　香）

重大部署

【《关于坚持思想建党与制度治党紧密结合全面推进从严治党的实施意见》】 2015年2月6日，县委出台《关于坚持思想建党与制度治党紧密结合全面推进从严治党的实施意见》（威委发〔2015〕4号），文件要求，要深刻领会中央、省委、市委精神，充分认识和准确把握推进从严治党的重大意义、指导思想、目标任务、基本原则和总体要求；要强化思想教育，打牢思想建党根基；要坚持和健全民主集中制，从严开展党内政治生活；要落实从严从实要求，健全党员干部管理监督制度；要持续深入改进作风，健全密切联系群众制度；要从严惩治腐败，深入推进党风廉政建设；要从严纪律约束，规范党内行为准则；要从严落实管党治党责任，形成聚精会神抓党建工作格局。

【无花果和核桃产业发展】 2015年2月25日，县委、县政府出台《关于推进无花果和核桃产业发展的实施意见》（威委发〔2014〕7号），从优化区域布局，壮大种植基地规模；构建营销体系，拓展鲜销市场；培育产业龙头，推动加工业发展；实施品牌战略，提升产业知名度；建立机构，加强人才开发等五个方面进行安排部署，进一步加快全县无花果、核桃产业发展步伐，推进现代农业产业结构调整和农业产业化经营，促进农民增收。

【家庭农场发展】 2015年2月25日，县委出台《关于大力发展家庭农场的实施意见》，对发展家庭农场的重要意义、家庭农场的认定标准和注册登记、工作重点（加强注册登记服务、加强土地流转服务、加强人才培训服务、加强品牌建设服务，建立家庭农场科技特派指导员制度、加强用地保障服务）、政策措施（项目支持、财政支持、金融支持、示范奖励、严格申报审核）四个方面进行明确，着力深化农村改革，培育新型农业生产经营主体，解决“谁来种地、适度规模经营”等问题。

【落实环境保护“党政同责”和“一岗双责”责任制】 2015年12月21日，县委、县政府出台《关于印发〈落实环境保护“党政同责”和“一岗双责”责任制〉的通知》，主要包括四个方面的内容：提高认识，增强使命，践行绿色发展理念；明确各镇党委、人民政府和各工业园区管委会环境保护监管职责；明确县级部门（单位）环境保护监管职责；明确保障措施。

【党政领导干部和国有企业领导人员离任经济责任事项交接制度】 2015年2月6日，县委办、县政府办出台《关于印发〈威远县党政领导干部和国有企业领导人员离任经济责任事项交接办法〉的通知》（威委办发〔2015〕4号），对实行党政领导干部和国有企业领导人员离任经济责任事项交接办法的原因、所称领导干部包含人员范围、管理部门范围、离任时需要交接的事项、交接时应遵循的程序、审计机关（内部审计机构）对有争议的离任交接资料审核范围等14项内容一一进行明确，以达到界定前任和接任领导干部的经济责任，规范领导干部从政行为的目标。

【安全生产“党政同责”暂行规定】 2015年2月17日，县委办、县政府办出台《关于印发〈威远县安全生产“党政同责”暂行规定〉的通知》（威委办发〔2015〕6号），《规定》包括总则、安全生产工作职责、安全生产责任落实机制、附则四个方面的内容。《暂行规定》明确各级党委、政府对安全生产工作共同负有领导责任，其班子成员按照“管行业必须管安全，管业务必须管安全，管生产经营必须管安全”（以下简称“三个必须”）的原则，既要负责分管范围业务工作，又要负责分管范围内的安全生产工作，分别承担分管领域的安全生产工作职责。要求狠抓安全生产责任制落实，完善安全生产工作领导机制，健全安全生产工作考核机制和安全生产工作决策机制，完善生产安全事故应急处置机制，建立安全生产年度述职机制，完善安全生产工作约谈机制，严格落实安全生产问责机制，强化“党政同责、一岗双责、失职追责”，坚持以人为本、以民为本，坚定不移保障安全生产。

（余丽娟　蒋敦燕）

重要会议

【中共威远县委十三届九次全体（扩大）会议】 2015年1月22日，中共威远县委召开第十三届九次全体（扩大）会议。县委书记曾云忠代表县委常委会作报告。会议全面贯彻落实党的十八届四中全会、省委十届五次全会、市委六届九次全会以及中央、省委、市委经济工作会议精神，力争全年地区生产总值增长7.8%；服务业增加值增长9.6%；规模工业增加值增长8%；招商引资到位资金增长15%；全社会固定资产投资增长15%；社会消费品零售总额增长13%；地方公共财政收入增长7%；城镇居民人均可支配收入增长9.8%；农民人均纯收入增长11%；城镇化率提高1.8个百分点。

【中共威远县委第十三届常委会会议】

2015年，县委常委会共召开34次会议。

1月9日，十三届县委常委会第116次会议。传达贯彻内纪发〔2014〕10号、内纪通〔2014〕5号精神，传达贯彻《中共内江市委关于坚持思想建党与制度治党紧密结合全面推进从严治党的实施意见》文件精神，传达《中共内江市委关于贯彻落实党的十八届四中全会精神全面深化推进依法治市的实施意见》（内委发〔2014〕23号）文件精神等7个议题。

1月21日，十三届县委常委会第117次会议。传达贯彻市委经济工作会议精神等、通报《新闻现场》栏目关于“威远多可爱幼儿园无证办园”报道的有关调查情况、审议《关于纪律作风专项督查有关问题调查情况及处理建议》等9个议题。

1月30日，十三届县委常委会第118次会议。传达川机管发〔2014〕53号文件精神等、通报2015年安全生产工作会暨一季度安委会（扩大）会议参会情况及调查结果情况、传达《中共内江市委办公室内江市人民政府办公室关于做好2015年节假日期间值班工作的通知》文件精神等10个议题。

2月6日，十三届县委常委会第119次会议。确定县（区）长会议推荐人选。

2月6日，十三届县委常委会第120次会议。确定县（区）长人选考察对象。

2月15日，十三届县委常委会第121次会议。传达中办通报〔2015〕第1期文件等精神，审议中共威远县纪委、县委组织部关于2015年1月纪律作风专项督查有关问题调查情况及处理建议，传达市六届人大五次会议、市政协六届五次会议精神等10个议题。

2015年4月15日，中央电视台“新闻直播间”栏目报道威远县建业鑫茂瓷业有限公司煤气冷凝水溢出事件　（资料图片）

2月15日，十三届县委常委会第122次会议。干部任免。

3月4日，十三届县委常委会第123次会议。传达学习川委发〔2015〕2号文件精神、传达国家煤矿安监局领导与四川煤矿安全重点县党政主要负责同志“谈心对话”活动精神、传达贯彻内纪发〔2015〕1号文件精神等11个议题。

3月9日，十三届县委常委会第124次会议。确定县政协副主席会议推荐人选。

3月9日，十三届县委常委会第125次会议。传达学习国务院办公厅内部情况通报第182期等精神、传达贯彻办公厅通报第15期等精神、审定《威远县加强和改进机关党的建设暂行办法（送审稿）》等6个议题。

3月9日，十三届县委常委会第125次（2）会议。确定县政协副主席人选考察对象。

3月10日，十三届县委常委会第126次会议。干部任免。

3月17日，十三届县委常委会第127次会议。审定威远县2014年县级领导干部和正副县级学校领导干部年度考核结果、干部任免。

3月27日，十三届县委常委会第128次会议。传达学习全国两会精神、传达贯彻全市居家养老服务信息平台建设推进会、全市科技企业孵化器建设推进工作会精神，传达贯彻彭宇行书记带队赴浙江开展投资促进活动精神和赴绵阳市、德阳市学习考察精神等8个议题。

4月14日，十三届县委常委会第129次会议。听取威远县建业鑫茂瓷业有限公司煤气冷凝水溢出情况汇报。

4月14日，十三届县委常委会第130次会议。干部任免、听取威远县建业鑫茂瓷业有限公司煤气冷凝水溢出情况汇报、分工调整。

4月15日，十三届县委常委会第131次会议。审定威远县建业鑫茂瓷业有限公司煤气冷凝水溢出事件处理方案。

4月16日，十三届县委常委会第132次会议。听取“4·10”事件情况通报、干部任免。

4月23日，十三届县委常委会第133次会议。传达学习全市领导班子思想政治建设工作会议精神、审定《中共威远县纪委、县委组织部关于2015年2、3月纪律作风专项督查有关问题调查情况及处理建议》、传达学习《中共中央纪委关于8起党风廉政建设责任追究典型案件的通报》(中纪通〔2015〕2号）等10个议题。

4月26日，十三届县委常委会第134次会议。传达学习内纪办〔2015〕17号、审定《关于表扬威远县2012—2014年度关心下一代工作先进集体、先进个人的请示》、审定《关于命名2014年度县级最佳文明单位、县级文明行业等称号的请示》等10个议题。

5月8日，十三届县委常委会第135次会议。审定《威远县城西片区高压电力线路迁改工程协议》、审定《关于全县标准地址信息编制采集及街路巷、门（楼）牌制作安装相关问题的请示》、审定《威远县2015年电子商务发展实施意见》等7个议题。

5月15日，十三届县委常委会第136次会议。听取《县委工作报告制度》等14项重要事项2014年执行情况、传达贯彻全市统战部部长会议精神、审定2014年度各镇各部门“四好”领导班子创建活动结果等7个议题。

5月25日，十三届县委常委会第137次会议。传达贯彻省委、市委“三严三实”专题教育工作座谈会会议精神，通报“4·10”煤气冷凝水溢出事件调查处理意见，审议中共威远县纪委、县委组织部关于2015年3—4月纪律作风专项督查有关问题调查情况及处理建议等8个议题。

6月12日，十三届县委常委会第138次会议。传达贯彻全省幸福美丽新村建设推进工作会议精神，传达贯彻国家安监总局局长杨栋梁在煤矿安全生产警示教育视频会上的讲话、国家煤矿安全生产工作专项督导巡视组组长杨江有5月22日到威远检查时的讲话，通报（内安委〔2015〕11号）文件精神、传达贯彻《中共内江市委常委会议议决事项通知》（六届〔2015〕常通字63号）等9个议题。

6月26日，十三届县委常委会第139次会议。审定《威远县2015年村改社区工作实施方案》、审定《关于进一步完善体制机制加强公共资源交易管理的实施意见》等4个文件、审定《关于威远县石板河景区招商引资有关事项的请示》等9个议题。

7月11日，十三届县委常委会第140次会议。传达贯彻陈文华副省长、高烽副主席到威远调研精神，传达贯彻省委常委、省纪委书记王雁飞《在全省解决发生在群众身边的“四风”和腐败问题工作视频会上的讲话》精神等，听取威远县“十三五”规划编制工作推进情况的报告等7个议题。

7月29日，十三届县委常委会第141次会议。审议《2015年5—6月纪律作风暨防汛减灾专项督查工作汇报》、审定《关于表扬2014年度全县维护社会稳定暨社会治安综合治理工作先进单位的请示》、审定《关于威远宏大房地产开发有限公司（清溪鹭岛）1-1-20-39、40号宗地竣工验收的请示》等13个议题。

8月5日，十三届县委常委会第142次会议。干部任免。

8月21日，十三届县委常委会第143次会议。专题听取党风廉政建设半年工作情况汇报等、传达贯彻全国安全生产电视电话会议精神和市委六届171次常委会议精神等、审定《关于〈威地挂〔2015〕12号地块国有建设用地使用权挂牌出让方案〉等6个方案的请示》（威府党组〔2015〕35号）等5个议题。

9月29日，十三届县委常委会第144次会议。学习《中共中央转发〈中共全国人大常委会党组关于加强县乡人大工作和建设的若干意见〉的通知》，传达贯彻《关于六起收受红包礼金、吃拿卡要等发生在群众身边的“四风”和腐败典型问题的通报》，听取2015四川花卉果类生态旅游节分会场暨第二届威远无花果采摘节举办情况的报告等8个议题。

10月16日，十三届县委常委会第145次会议。审定《关于“威远穹窿旅游（一期）”项目收益债发行工作的请示》，审定《关于政府购买居家养老服务方式的请示》，审定《关于四川任源食品有限公司房屋征收工作及补偿金额有关问题的请示》等7个议题。

11月13日，十三届县委常委会第146次会议。传达学习党的十八届五中全会、《中共四川省委办公厅关于学习党的十八届五中全会精神的通知》（川委办发电〔2015〕17号）(川机4882号）精神，传达贯彻《中共中央关于部分省市县党委书记违纪违法案件及其教训警示的通报》（中发电〔2015〕10号）等，审议中共威远县纪委、中共威远县委组织部、威远县监察局、威远县县委政府目标督查室2015年7—10月纪律作风暨专项督查有关问题调查情况及处理建议等9个议题。

11月20日，十三届县委常委会第147次会议。听取《关于贯彻落实中央八项规定精神和省、市、县十项规定的情况汇报》，工作安排。

12月11日，十三届县委常委会第148次会议。传达《中共中央纪委关于五起党风廉政建设责任追究典型案件的通报》等，传达党的十八届五中全会、省委十届七次全会、市委六届十次全会精神，传达学习《中共内江市委办公室关于参加市委会议有关注意事项的通知》等10个议题。

12月18日，十三届县委常委会第149次会议。传达学习《四川省党政领导干部保密工作责任制实施办法》，传达贯彻中央扶贫开发工作会议和《中共中央、国务院关于打赢脱贫攻坚战的决定》精神，审定《关于绩效目标考核有关事项的请示》等12个议题。

（余丽娟　蒋敦燕）

全面深化改革

【概况】　2015年，威远县委全面深化改革领导小组是县委常设议事机构，直接受县委常委会领导。以县委书记曾云忠为组长，县委副书记、县长罗平和县委副书记周功会为副组长的县委全面深化改革工作领导小组以及相关分管县领导为组长的10个专项领导小组，具体包括：经济体制改革专项小组、科技体制改革专项小组、农业和农村体制改革专项小组、扩权强镇改革专项小组、生态文明体制改革专项小组、民主法制领域改革专项小组、文化教育卫生体制改革专项小组、社会体制改革专项小组、党的建设制度改革专项小组、纪律检查体制改革专项小组。县委全面深化改革领导小组下设办公室（县委全面深化改革领导小组办公室，简称县委改革办），负责处理县委全面深化改革领导小组日常事务工作。

【工作任务推进】　2015年，威远县深入贯彻落实中央、省委和市委全面深化改革工作的各项决策部署，立足县情，扎实推进各项改革工作。

任务分工　制发全面深化改革工作要点和任务分工方案，将13个大项、57个小项的改革小项任务落实到相关部门；印发改革工作台账，厘清职责范围、工作重点。全年召开深改小组会议4次，出台专项改革方案20余个。

宣传发动　学习传达上级有关改革会议精神，推动各部门积极探索改革新思路。利用QQ群和联络员制度，打通宣传干线，了解全县的改革动态。全年印发《威远改革信息》34期。

学习交流　年内，中国经济体制改革杂志社副社长潘志宏一行到威远考察调研农村产权制度改革和农村金融制度改革情况；省农业厅副厅长涂建华到威远调研农村电商工作；省农业厅副厅长张强到威远调研农村土地承包经营权确权登记颁证和农村经营权流转工作，扩大全县改革工作的影响力。

【改革试点探索】　2015年，威远县委围绕“建设工业强县、提升基础设施、打造生态威远”的总体战略目标，大力推进重要领域和关键环节改革。

经济体制改革方面　继续推进行政审批制度改革，开展非行政审批事项清理，加快推进收入分配改革步伐，有序推进价格改革和公务用车制度改革。深化登记制度改革，加强后续监管，建立“宽进、严管、善管”市场体系。

科技体制改革方面　深化县校（院）、校（院）企合作。县政府与中国农业大学就无花果产业发展开展县校合作。设立县校（院）合作专项资金，深化校（院）合作。加快发展电子商务进农村，探索政府推动、市场运作、梯度推进、企业主体、万众创业“五位一体”的电商发展模式。

农业和农村体制改革方面　加快推进农村产权制度改革。以创新幸福美丽新村建设为重点，以“业兴、家富、人和、村美”为目标，建立统筹协调的规划体系。加快培育新型农业经营主体，创新农业经营机制，探索“立体农业”模式。成功举办第二届无花果采摘节。

生态文明建设方面　加强区域大气联防联控，构建污染物排放总量量化管理机制，严格控制主要污染物排放总量。加大威远河的治理力度和畜禽规模养殖场污染治理。

民主法治建设和社会治理方面　建立并落实党委（党组）中心组法治专题集中学习制度及县委常委会、政府常务会会前学法制度。制定了“公正司法四项制度”“社区矫正五种制度”“社会治理五个实施方案”“风险评估和大调解两大机制”等制度机制。实施立案登记制度改革，做好未成年人案件综合审判庭试点。出台关于创新社会治理方式推进网格化服务管理工作意见的贯彻意见。

文化教育卫生体制改革方面　稳步推进全县文化体制改革和教育改革，制定义务教育就近入学和多校划片招生办法。加快推进食品监管体制改革和县级公立医院综合改革，巩固实施基本药物制度。

党建机制建设方面　制定《威远县选拔科级（校级）后备干部初步人选推荐工作的实施方案》，创新开展“村干部573述职评议法”，促进村经济社会科学发展、和谐发展。创新党建电商双促发展“四个三”模式，制定党员领导干部、村“两委”干部、大学生村干部服务电商试行办法。威远县党建电商“四加法”模式得到市委领导的肯定性批示。

纪律检查体制方面　按照上级纪委“分类派、全覆盖、统一管”的要求，加强对下级纪检机构工作的考核；加强对派驻机构的监督管理，建立

2015年10月10日，威远县基层党建工作现场会在山王镇召开（山王镇　供图）

“内审”“外调”“综合”三类纪检监察干部人才库。在保持职能职责、内设机构数、行政编制数和领导职数“四个不变”的原则下，完成县纪委内设机构调整。

（李　秀　余　鑫　丁　莉　曾　皓）

组织工作

【概况】　截至2015年底，全县有党的基层组织1249个。其中，党委31个、党总支24个、党支部1194个。全县有党员30728人。全县现有在职副科级以上领导干部625名，其中正县级6人，副县级20人，正科级205人，副科级394人。副科级以上领导干部中非中共党员干部有37人，其中，副县级3人，正科级5人，副科级29人。

（潘维刚）

【领导班子和干部思想政治建设】　2015年，县委组织部制定《全县党政领导干部读书班学习方案》，采取“三级三讲”模式，分层分类对全县600多名科级以上领导干部、1万余名党政机关事业单位干部和1400余名村（社区）干部，全覆盖开展党纪国法、宗旨意识等教育。探索建立“一月一督查”“一季一研判”“一年一考评”的“月督季研年考”工作法，提升党政领导干部的思想政治素质。深化“四好班子”等创建活动，全覆盖开展领导干部谈心谈话。

【干部选拔任用工作】　2015年，全县共调整干部184名，其中提拔4名（正科级干部2名、副科级干部2名）。办结4名调任干部手续，交流使用少数民族干部1名，向市委推荐党外干部1名。

【干部人事制度改革】　坚持五好干部标准，突出“三重”导向，落实省委“三个六”要求，出台《威远县选拔任用县管干部动议办法（试行）》，规范动议提名。出台《威远县党政领导干部任职试用期办法》，完成58名试用期满干部考核工作。出台《威远县新提拔县管领导干部任职“双承诺”实施办法》，建立干部考察“一评议、两公示、两核查”制度，拓宽发现问题渠道。实行班子功能结构模型管理，实施“四色预警”（蓝、黄、橙、红四色预警机制）管理模式，对2014年全县绩效目标考核、组织工作目标考核排名靠后和超职数配备干部最多的9个镇，以及涉及机构改革或群众切身利益的7个县级部门开展综合研判。落实干部能上能下，免职领导干部2名。出台乡镇设置非领导职务办法，按每镇3名、全县机动9名设置乡镇非领导职数。

【干部监督管理】　2015年，县委组织部制发县管干部监督联席会议1+2文件，完善干部监督体系。制定《威远县干部工作监督员管理暂行办法》，遴选60名干部监督员参与监督。制定《威远县党政领导干部和国有企业领导人员离任经济责任事项交接办法》，对12个单位的党政正职进行经济责任审计，对6个单位正职开展离任经济责任审计，提出整改建议2个。制定县管干部个人有关事项报告、抽查核实制度，实现县管科级干部报告个人有关事项全覆盖。持续开展“三超两乱”（是超职数配备干部、超机构规格提拔干部、超审批权限设置机构，擅自提高干部职级待遇、擅自设置职务名称的统称）专项治理，整改消化率达92.48%。推进干部人事档案审核，完成2781名干部档案清理。对80余名科级干部的因私出境护照、往来港澳通行证、大陆居民往来台湾通行证等证件进行集中登记管理。

【干部教育培训】　分类制定干部专业能力素养提升工作计划，加大干部培训力度，选派111名领导干部到浙江开展电商培训。举办2015年全县非领导职务干部培训班三期，培训225名干部。采取“组织推荐、择优上报、统筹比选”的方式，遴选199名科级（校级）后备干部，全面更新后备人才库。实施递进培养对象“进基层、接地气、砺品质”计划，完成第三批90名县本级递进培养对象的选拔、培训等工作，选派前三批共计68名优秀递进培养对象分别到市县镇和市县重点企业开展“双向”挂职（顶岗）锻炼。

（辛荣辉）

【人才工作】 2015年，制定完善《威远县科学技术进步奖励办法》《威远县专利资助管理办法》等制度。引进急需高端人才12名，紧缺专业和高层次人才40名，其中外籍专家2名，带项目科技人才2名。组团到4所高校开展教育卫生高层次和紧缺专业人才招聘活动，16人签订就业意向性协议。实施企业家递进培养、大学生和科技人才创新创业扶持等人才计划，选送110余名优秀企业家到高等院校、科研机构等学习深造，送培各类经营管理人才230余人，新增高技能人才200余人，新增农村实用人才250余人；建立大学生创业孵化园1个，评出“有突出贡献人才”和“拔尖人才”7名，创建省级企业技术中心1个，市级企业技术中心4个。加大宣传力度，制作“威远英才”宣传片6部、宣传专刊10余期。

（尤洪斌）

【基层组织建设】 2015年4月1日，县委办公室印发《关于开展“基层党建全面提升年”活动的实施意见》，实施村（社区）党组织活动场所“达标升级工程”，启动59个村级活动场所达标建设和升级改造工作。印发《关于建立镇“两新”组织党总支的实施意见》，推行产业园区建党工委或“两新”组织党委，乡镇（街道）建“两新”组织党委制度。推行“书记领办项目”工作机制，20个镇、11个党（工）委书记认领基层党建重点项目80个。推行基层党组织书记抓党建工作“纪实管理”制度，建立“月报季评”考核机制，逐步推进党建工作考核管理日常化。2015年1月14日，县委办公室印发《关于调整村（社区）实职干部基本养老保险补助和实行医疗保险补助的试行办法》，建立村（社区）干部“573”述职评议工作法，激发村（社区）干部干事创业激情；分层分类对全县1000余名基层党组织书记实行全覆盖培训。

【党员教育管理】 2015年，威远县落实《2015—2018年四川省党员教育培训工作规划》，举办入党积极分子培训班32期，教育培训党员干部和入党积极分子11200人次。坚持推行“三推两定一规划”工作法，严格按照培养规划，提升积极分子公信度。制发《信息库操作中党员党组织关系接转须知》，规范党组织关系接转流程。全年发展党员285人。其中35以下达到241人，大专以上文化学历达到170人，农村新发展党员中优秀青年占年度发展党员指导数的84.9%，超出目标任务5个百分点。

【基层民主建设】 2015年，威远县全面推行党委委员联系党代表、党代表联系党员、党员联系群众的“三联”制度，建立370余个镇、村（社区）党代表工作室，搭建党代表履职平台。实行党代会代表任期制，制发《关于试行镇党代会年会制的实施方案》，新增小河镇、山王镇、新场镇、向义镇等4个镇为党代会年会制试点镇。大力推行“四议两公开一监督”（“四议”即涉及村发展和村民切身利益的重大事项，要经村党支部会提议、“两委”会商议、党员大会审议后，提交村民会议或村民代表会议讨论作出决定；“两公开”即实行村级重大事务决议内容公开和实施结果公开。“一监督”即村重大事项的决议和决议实施全过程要自觉接受党员、村民的监督）工作法和“三自一引”（是尊重农民主体地位，凡村组重大事项均由农民以自主、自愿、自治的方式讨论决定，党委、政府加强引导，变“代民做主”为“让民做主”）村级民主治理机制，依法选举产生监督委员会成员963名，村议事会成员10545名。全面落实党务公开，规范农村党组织党务公开的内容、形式和程序，切实保障党员民主权利。

【大学生村干部工作】 2015年，调整中共威远县大学生村干部党总支委员会成员和大学生村干部管理办公室人员，印发《威远县大学生村官培养使用方向工作方案》，开展《2015年上半年威远县从大学生村干部中考核招聘乡镇事业单位工作人员》工作，14名大学生村干部考核招聘为乡镇事业单位工作人员。

【第一书记工作】 2015年，通过“两选两定三考”方式，为全县54个建档立卡贫困村，32个软弱涣散村选优配强75名“第一书记”。出台《威远县村党组织第一书记管理办法》，创新第一书记“1+10”管理体系，召回管理“第一书记”6名、调整“第一书记”1名。

【党建电商“双促”工作】 2015年5月20日，县委组织部出台《关于抓好农村党建电商双促发展工作的实施意见》，制定全县农村党建电商“双促进”工作考核细则。全县创新实施“带好队+领好头”“选好苗+育好种”“搭好台+铺好路”“建好点+用好站”的“四加法”，创新“发挥三大作用、强化三大保障、加强三大建设、拓展三大功能”的“四个三”模式，全面对接市委党建电商“四先”计划。组织开展大学生村干部电商培训670人次，大学生村干部融入电商率已达100%。成立大学生村干部电商协会，协会成员开设淘宝网店10余家、微商店铺50余家。

（张　生）

【党员干部现代远程教育】　2015年，全县投资40余万元，对351个村站点设备进行维护，为43个村站点接入互联网，全面完成远教站点改版升级工作。推荐县委党校、电大威远分校等6个单位创建省级“三学院三基地”。录制党员教育先进人物事迹10余部，视频新闻300余条，优选39名领导干部、专业技术人才进入党员教育师资库，组织全县400余名党员教育工作者进行培训。借助“互联网+”，利用微信公众号、手机APP等新媒体开展党员教育工作，全县共有12000余名党员干部群众订阅共产党员微信。

（刘馨云）

【威远县实施“五大工程”建设“一流队伍”】　2015年，威远县创新实施党员管理“正本清源工程”、村（社区）干部“选优训强工程”、大学生村干部“成长成才工程”、党员志愿服务“爱心暖心工程”、实施党务干部“育才量才工程”，相关工作获得中组部组织一局巡视员、副局长李国喜等上级领导和组织部门充分肯定。

【威远县援藏干部在全省第三批援藏干部人才工作周年座谈会上作交流】　2015年，威远县创新智力援藏模式，为助推黑水跨越发展和长治久安发挥了积极作用，受到省市和援藏州各级干部群众的充分肯定，毛泽林作为全省唯一的援藏教师代表在全省第三批援藏干部人才工作周年座谈会上作交流发言。

【“573村干部述职评议工作法”】　2015年，威远县积极探索新常态下加强基层干部管理激励的措施，创新推行村干部“573考核评价法”，明确思想政治、道德品质、能力素质、勤政廉洁、服务水平“五项重点内容”，严格宣传发动、晾晒业绩、大会述职、分类考评、组织审定、反馈沟通、结果公示“七个环节”，强化考评结果与政治待遇、经济待遇、整改提高“三个结合”。此做法被《四川基层党建情况通报》第51期刊用，获得市委领导肯定性批示，并在全市推广。

【基层党建工作“321定期推进”制度】　2015年，威远县狠抓基层党建工作落实，建立“每3个月召开一次基层党建工作流动现场会、每2月召开一次党建工作定期会、每1个月召开一次县委组织员工作例会”“321定期推进”制度，全面保障各项基层党建工作成效。

【大学生创业孵化园建设】　2015年，威远县设立100万元大学生“创新创业基金”，吸引8名大学生组团成立“晓晓科技”“翰林科技”2个公司，开展“火电厂煤灰综合利用”等项目研发。大学生创新创业园工作经验在全市大学生创新创业工作推进会上作交流发言。

（张　雷）

宣传工作

【概况】　2015年，威远县宣传工作贯彻落实党的十八大和十八届三中、四中、五中全会精神和习近平总书记系列重要讲话精神，全面落实中央、省委、市委重要会议精神，紧紧围绕全县中心工作，聚焦思想理论建设和意识形态领域工作，推进社会主义核心价值观培育践行，提升宣传舆论引导能力，为地方经济社会发展提供思想保证、精神动力、舆论支持和文化环境。

【理论学习】　2015年，县委宣传部把学习宣传贯彻习近平总书记系列重要讲话精神引向深入。在“三严三实”专题反思学习讨论和讲党课中，县委书记发挥带头示范作用，中心组成员结合“三严三实”教育活动，到分管领域和联系点讲课40场。印发文件对健全党委（党组）中心组学习的制度体系、改进方式方法、加强组织领导提出贯彻实施意见。全年组织集中学习15天。其中，专题集中学习8次共8天，外请专家教授或上级领导授课7次共7天，自学4天。组织参听市委宣讲团巡回宣讲报告6次，组建3个县委宣讲团开展巡回宣讲，共宣讲50场次，参听人数达8000余人次。组织开展群众性宣讲活动，共组建宣讲队（组）108个，群众宣讲小分队30个，宣讲150场次，参听总人数30000余人次，参加宣讲的专家学者20人次。全年中心组成员下基层调研不少于60个工作日，并撰写调研报告。曾云忠在《人民日报》发表署名文章《不能只“坐位子”不“挑担子”》。各级媒体采用中心组学习信息110余篇次。其中，中央级媒体11篇、《四川日报》15篇。对下级党委（党组）中心组理论学习指导、检查、考核情况。坚持每月到四个镇党委或县级机关党委（党组）参加中心组学习，参学督学和旁听达60%以上。

【网络舆情监控管理和舆论引导】　2015年，威远成立新闻发布协调领导小组、网络安全和信息化领导小组，设立县舆情中心，配备编制和人员，加强网络舆情监控和舆论引导。把握好舆论引导“时度效”。在汉安堂、大千社区、麻辣社区等网站刊载正面引导贴文7628条，完成指令性网评任务69次，参与人数1000余人次。在“4·10”事件、“李小佳遭枪击事件”中，及时监测网络舆情，适时发布权威信息，讲清事实真相、政策措施及处理结果等。加强与省舆情中心联系，加大舆情信息报送力度，全年上报舆情信息4500余条，被中宣部采用74条，占省通报内江用稿量的一半以上。坚持7×24小时值班制度，全年监测涉威舆情4454条，下发舆情通报34期，办理回复市网络舆情交办通知14期，整理呈送舆情专报33期。开展以“网络敲诈和有偿删帖”专项整治、“剑网2015”专项行动和清除网上留存的各类有害信息为主要内容的“清网”行动，共删除、上报违法及不良信息80余条。办理回复市委书记市长信箱信件262封，组织2次网络从业人员集中培训计400余人次参加，到基层面对面指导50余次。不断扩充网军的数量，拥有普通网评人员200余人、骨干网评人员10人。

【对外宣传】 2015年，全县开展各类新闻外宣活动54次，召开新闻发布会8场，参与市上新闻发布会1场。其中，中国威远第二届无花果采摘节，借助省林业厅、省生态旅游协会的资源，到成都开新闻发布会。8月2日，邀请37家媒体62名记者（首次邀请川南各市级媒体）到威远县进行采访报道。借助“威远成为阿里巴巴落户四川发展农村电商第一个示范县”契机，谋划宣传方案，召开新闻发布会，全面开展威远电商宣传，省内外市州县到威远参观学习。2015年，中央电视台用稿5条、《人民日报》用稿2条，《四川日报》、四川广播电视台用稿30余条，其他各类媒体刊发正面宣

2015年9月25日，县委召开中心组（扩大）学习会（县委宣传部 供图）

传稿件2000余条，打造出“天下穹窿·魅力威远”“中国无花果之乡”“国家级页岩气产业示范园”“阿里巴巴开拓型示范县”等宣传品牌。

【传统媒体与新兴媒体融合发展】 2015年，威远县推进传统媒体与新兴媒体融合发展，大力发展即时通信工具，开通认证政务微博81个、微信公众平台40个，“威远工会”政务微信排名全国工会系统前10名；微威远、广播电视台、威远史志、威远共青团、山王镇等公众平台活跃度高，影响力大。投资上100万元在婆城公园建设大型公益电子显示屏。探索政府购买公益性全媒体产品模式，通过财政资金安排，购买航拍设备，实施县广播电视台标准化改造，谋划广播电视台全媒体播控平台项目建设。

【社会主义核心价值观建设】 2015年，威远县组织开展“实现伟大中国梦、建设美丽繁荣和谐四川”“崇德向善·厉行法治”“诚信·孝敬·勤俭”主题教育活动，开展形式多样的“庆祝中国人民抗日战争胜利70周年暨纪念红军长征入川80周年”活动。开展“美德少年”评选、童心向党歌咏节目、向国旗敬礼、“崇德向善·奋发向上”青少年爱国主义读书教育等活动。开展“‘农商杯’寻找最美家书·童书中国梦”活动，举办家庭教育公益讲堂讲座和留守学生监护人培训班。组织广大中小学生传唱二十四字歌《世纪的约定》，向省市推荐8名“岗位学雷锋敬业标兵”和8个“岗位学雷锋先进集体”。组织相关部门到各镇各村送精神文化产品、农业实用技术、医疗卫生服务、党的方针政策和法律法规知识等活动上百场次。深化“我们的节日”主题活动，结合重要节点，开展社区文化、企业文化、校园文化、广场文化、全民健身、读书教育等群众性活动，以县文化馆为活动示范点，打造“文化四季风”活动品牌。成立威远县志愿服务活动领导小组，组建4个综合志愿服务队和26支文明单位志愿服务队。严陵镇接官亭等18个社区标准化志愿服务站定期开展志愿活动，全年开展60余次社区志愿活动。加强乡村学校少年宫建设，打造公益广告主题公园。全县20个镇中心校和8所直属学校建有青少年心理辅导室，集中开展心理辅导68

场次，受益学生86300余人次。在婆城公园、赵家坝广场等重要场所的宣传栏、文化长廊、公园围墙上，制作具有本地特色的价值观宣传公益广告。

【群众性精神文明创建活动】 2015年，威远县广泛开展群众性精神文明创建活动。指导文明单位“道德讲堂”活动的开展。严陵镇接官亭社区开设“社区道德讲堂”，全年开讲6次，以身边人讲述身边事，以身边事感染身边人。开展道德模范评选表扬活动，发掘身边好人好事，打造宣传“核心价值观先进人物”“道德模范人物”，向市推荐第四届道德模范8人次。

【基层宣传思想文化工作】 2015年，威远县加强基层文化设施建设和幸福美丽新村（社区）文化院坝建设。基本建成严陵镇接官亭社区、向义镇四方村、龙会镇水库村、连界镇船石村等20个文化院坝，受益群众3万余人。2015年是威远县农村文化礼堂建设试点建设年，按照“文化礼堂、精神家园”的定位和要求，做好各项筹备工作。制定《威远县文化礼堂建设实施方案（建议）》，打造“四方村村文化礼堂”，示范带动全县农村文化礼堂（村民文化之家）全面建设。探索运用政府购买、市场机制、社会捐助等多种形式，提高文化服务基层的水平和效率。研究出台政府购买公共文化服务的具体落实办法。完成85个村文化活动室相关设备设施的配送安装，全部投入使用。建成16个村电子农家书屋（村公共电子阅览室），分别配送6台电脑和桌椅。全年报送经验交流材料10余篇。加强基层宣传思想文化工作队伍建设，全县各镇均配备专职党委宣传委员，镇（街道）综合文化站均配备文化站长或1名以上专职人员。制定全县宣传文化系统干部教育培训中长远规划，完成市委宣传部下达的教育培训任务和全县教育培训任务。组织年轻优秀的文化专干、宣传委员参加全省乡镇（社区）宣传文化专干培训班，组织全县宣传文化战线的副科级以上领导干部、县级文化单位负责人参加全市宣传系统干部文明礼仪培训班、全市宣传系统领导干部培训班各1次，举行全县宣传干部培训班1次。

（彭　宇　刘　莉）

2015年10月23日，县委统战部长到两河镇勇敢村督查脱贫攻坚工作（县委统战部　供图）

统一战线工作

【概况】 2015年，中共威远县委统战部学习贯彻中央、省委、市委统战工作会议精神，紧紧围绕全县中心工作目标，开展扶贫攻坚工作，发挥统一战线独特优势，不断巩固统一战线共同思想政治基础，把改革创新精神贯通于统一战线各领域各个方面，加快构建“大统战”工作格局，为全县改革发展提供了广泛的力量支持。全县统一战线工作荣获省实践创新成果优秀奖、市委统战部8个单项奖，荣获县目标考核二等奖。

【党外代表人士工作】 2015年，县委统战部组织党外干部、无党派人士、民族宗教人士和工商经济界人士等参加培训共90人次。5月中旬，党外干部、县工商联主席罗刚参加全国工商联在北京举办的为期一周的培训，党外干部、县民宗局局长韦军在北京参加的“新任民宗局局长培训”，20余名党外代表人士赴浙江大学参加“电子商务和科技孵化器”培训。推动党外代表人士的政治安排和实职安排。县委提拔1名党外干部为正科级领导干部，提拔使用2名党外干部为副科级领导；交流2名党外干部的工作岗位；调整增补2名九届县政协常委、18名九届县政协委员。加强党外干部的走访和考核工作。10月，对全县34名党外干部进行走访了解和考核调研，听取党外干部对统战部的意见和建议。开展党外干部普查和党外后备干部建设。对全县党外干部和中高级知识分子进行全面的摸底调查，会同组织部门确定8名党外年轻后备干部人选。

【非公有制经济领域统战工作】 2015年，县委统战部组织开展非公有制经济人士教育培训活动。制定《关于以守法诚信为重点深入开展理想信念教育实践活动的实施方案》，明确活动的指导思想、工作目标、主要内容、组织实施。组织10名企业家参加市上教育实践活动动员会，组织10名非公有制经济人士听取县检察院检察长刘明亮作法治讲座，组织10名企业家听取市检察院检察官作《建立和谐政商关系》讲座。6月30日，召开理想信念教育实践活动动员会，50余名非公企业代表人士参加会议，企业家做“以法同行，诚信经营”的宣誓。县环保局副局长王飞强作新环境保护法讲座。引导非公有制经济人士参政议政和建言献策。年初两会期间，商会中的人大代表、政协委员共提交《大力发展农村电商》《扶持传统工业转型升级》等提案、建议15件，《大力发展农村电商》被选为2015年度政协重点提案。引导非公有制经济人士健康成长，成为推动县域经济发展的重要力量。强化服务引导，加强与各行业商会的协调，配合威远顽购网、威远零距离网站，对农产品加工商会、日用副食品商会、餐饮商会主要成员的商品信息进行采集，推动本土电子商务平台的发展；引导企业转型发展，机砖商会会长投资建成威远第一个本土电子商务网站——顽购网；引导企业创新发展，东工水电在新三板上市。

【民族宗教领域统一战线工作】 2015年，县委统战部以“六进”活动为载体，开展各种民族团结进步创建工作。组织民族政策法规知识问答竞赛，利用“六五普法”“依法治县”等法治宣传活动契机，宣传党的民族政策和法律法规，全县形成了尊重少数民族的信仰和习惯，不同民族间相互信任，各民族和谐稳定的良好氛围。制定《威远县和谐寺庙示范创建活动实施方案》，指导各宗教活动场所开展和谐寺观教堂创建示范活动；确定佛尔岩、感恩寺、静宁寺3个示范点，以点带面，推动全县12个寺观教堂开展创建工作。加强对宗教节点日、宗教“敏感日”等特殊时段的安全检查，对县城基督教活动点等场所大型活动全程介入，组织专门人员协调管理，落实安全措施确保重大节日期间民族宗教领域的和谐稳定。切实加强对民间信仰场所的监管，有效制止未批先建和乱建、乱塑神像等问题。

【海外统战工作】 2015年，县委统战部宣传贯彻执行归侨侨眷权益保护法、反分裂法等，使“三胞三属”知法、懂法、用法，善于依法维护自己的合法权益。组织15名“三胞三属”代表参加县委、县政府主办的迎春、中秋茶话会，让“三胞三属”了解威远县的经济发展情况，鼓励他们经常性保持与海外亲人的联系，宣传威远取得的成就，增强海外人士对故乡威远的亲情感。做好联谊交友工作，走访“三胞三属”72户，接待来访20人次，接待信访咨询25人次，办好事、实事6件，接待回威远探亲华侨16人次。县侨联经常联络走访，了解和掌握企业经营动态，主动为企业提供政策咨询服务，3个重点侨属企业发展势头良好。国友果业与四川大学共同开发的“特色水果酿酒发酵技术研究与应用”获四川省科技进步二等奖。

【县委统战工作会议】 于2015年9月1日在威远银桦半岛酒店召开。会议传达中央、省委、市委统战工作会议精神，安排部署全县统战工作。市政府副市长、县委书记曾云忠对全县统战工作提出“一坚持五狠抓”的要求。县委组织部、县财政局、县教育局、严陵镇、镇西镇、靖和镇分别就党外干部、财政保障、党外知识分子、社区统战、基层商会、宗教管理等方面作大会交流发言。

（秦建国）

对台工作

【概况】 2015年，中共威远县委台湾工作办公室、威远县人民政府台湾事务办公室（简称县台办），以党的十八大精神为指针，传达贯彻全市对台工作会议精神，围绕县委、县政府的中心工作和对台工作的任务，抓重点，突特点，扎实有效地做好台商服务、对台宣传等各项工作，推动全县对台工作的平衡发展。4月至5月，通过举办涉台知识讲座、开展涉台教育主题会议、印发涉台宣传教育资料等形式，在全县范围内开展涉台宣传教育活动。

【台商服务】 2015年，威远县重点抓对台招商引资和“2015年服务台商大走访季”活动，利用有利平台向台湾岛内和台商推介县上的亮点项目和优势项目。按照省、市台办关于开展“2015年服务台商大走访季”活动的通知要求，于8月至9月在全县开展为期两个月的“服务台商大走访季”活动。走访台资企业3家、台属企业1家，拜访台胞台属35人，征集意见5条，收集台企（台商、台属）主要诉求4条，立行立办解决问题2件次。建立领导干部帮扶联系台胞台属和台资企业制度，协调相关部门为台资企业落实优惠政策。全年办理诉求31件，接访43次，结案率100%。

【联络联谊】 2015年，台胞台属台商代表6人作为人大代表、政协委员积极参政议政，8人参加县委、县政府召开的各界人士迎春茶话会和中秋茶话会。县台办走访慰问重点、困难台胞台属20人次，发放慰问金3000元。

（何　燚）

2015年5月25日，县级部门在滨河广场开展《信访条例》修订实施十周年集中宣传活动　（县委群工局　供图）

信访工作

【概况】　2015年，县信访局受理群众来信82件，同比下降15.4%，其中：初信59件，占总量的71%，同比下降40%；重信23件，占总量的29%，同比上升220%。接待群众来访293批3275人次，同比批次下降23.6%、人次上升4.8%（其中，集访119批2944人次，同比批次、人次分别下上升26.5%、11.9%）；未发生严重损害内江形象的集访事件，也未发生在全省范围内有影响的群体性事件；全年到市上访共57批212人次，同比批次、人次分别上升16.3%、35%（其中，集访5批57人次，同比批次持平，人次下降24%）；到省上访56批115人次（其中集访2批35人次），同比批次、人次分别下降30.8%、28.3%；4-6月，到省巡视组驻地上访62批96人次；到京上访43批81人次，同比批次、人次分别上升48.2%、19.1%。办理“12345市民热线”592件、书记县长热线28件、“省长信箱”58件、“县长信箱”514件、“人民网留言”107件、信访信息系统网上直转件230件，网上信访事项共办理1522件，办结回复率100%，同比下降25%。办理中央、省、市交办（包括网上直转件和领导批示件）252件，办结率100%。县委、县人大、县政府、县政协领导累计接待群众169批1973人次。

【信访案件复查】　2015年，县政府复查委员会共受理复查事项23件，出具复查意见书16件，出具不予受理告知书的7件。

【信访积案化解】　2015年，全县共承办省、市挂牌督办突出信访问题22件，其中省集中交办12件、市挂牌督办10件，全部纳入县级领导包案，均按期办结化解。全县各镇、各部门矛盾纠纷积案共计摸排621件。县联席会议领导小组对其中的41件落实包案县级领导，明确调处、稳控责任单位；78件进行科级领导包案，对信访问题的办理时限、办结标准等方面进行明确，将其纳入对镇和相关部门的年终综合目标考核。截至12月，全县积案119件，结案119件，结案率100%；化解68件，化解率58.6%，息诉息访率58.6%。其中，县级领导包案41件（含省、市挂牌督办件22件），结案41件，化解18件，化解率44%；科级领导包案78件，结案78件，化解50件，化解率64%。

【群众满意度评价】　2015年，威远县根据有关文件要求，对全国网上信访信息系统第一次登记受理的信访事项纳入群众满意度评价范围。在办理工作中坚持“谁初次办理、谁负责公开、谁接受评价”的原则，努力减少问题积累、矛盾上行。坚持服务群众、依靠群众、让群众参与、由群众评价，实现信访事项办理过程公开、结果透明，可查询、可跟踪、可督办、可评价，全面推行“阳光信访”。全年承办群众满意度评价信访事项22件，均已按时办结。

【信访法治化建设】　2015年，县委群工局宣传新法规，规范信访程序，引导群众依法逐级走访。坚持每周对可能进京上访重点人员进行排查，坚持每月矛盾纠纷排查化解。坚持重大信访事项交办、会办，使信访案件“件件有着落，事事有回音”。探索无理上访听证终结机制，坚持敏感时期的督查，对重大信访事项进行督办。组织开展依法打击信访活动中违法犯罪行为专项行动，对22名进京上访人员进行训诫，依法处理10名非法聚集闹访人员，维护信访秩序，着力解决“以访谋利、以闹求决”突出问题。

【“三无”县区和“五无”乡镇创建活动】　2015年，县委群工局按照市联席会议领导小组的统一安排部署，印发《威远县处理信访突出问题及群体性事件联席会议领导小组关于创建“三无县区”“五无乡镇”活动的实施方案》，各镇积极安排部署工作，全县14个乡镇被评为“五无”乡镇。

（唐丽娟）

县直机关党建

【概况】 2015年末，中共威远县直属机关工作委员会（简称县直机关工委）辖直属基层党组织52个（其中机关党委3个、党总支部3个、党支部46个）和5个部门党委及县个私协党委所属党组织，共5个党总支部、176个党支部、2979名党员。

年内，县直机关工委牢牢把握和适应经济发展、依法治理、依规治党新常态，以贯彻落实新形势下从严治党八条要求为主线，深化文化提升、志愿服务、品牌促进、体系完善、纪律敬畏“五大行动”，不断推进学习型、服务型、创新型、规范型、廉洁型“五型党组织”建设，进一步增强基层党组织的创造力、凝聚力和战斗力。

【思想政治理论教育】 2015年，县直机关工委通过集中宣讲、主题教育、中心组学习、“三会一课”、政治学习等形式组织党员干部学习党的十八大和十八届四中、五中全会精神，学习“四个全面”战略布局，学习省委十届五次全会、市委六届九次全会、县委十三届九次全会精神，共3000余人次参学。开展县直机关党的十八届四中全会、省委十届五次全会和市委六届九次全会精神集中宣讲、无偿献血知识宣讲、党史知识宣讲，举办县直机关迎“七一”主题演讲比赛。

【基层组织建设】 2015年3月24日，中共威远县委出台《威远县加强和改进机关党的建设暂行办法》。受县委党建领导小组委托，2月在各部门（单位）开展内部述职评议的基础上，县直机关工委组织县直机关37名部门党组（党委）书记和56名基层党组织书记就履行党建工作责任情况进行述职并接受评议，其中58名书记作现场述职，35名书记作书面述职，实现县直机关部门党组（党委）书记和基层党组织书记抓党建工作述职评议考核工作的全覆盖。2015年县直机关工委批准新设立机关党委9个，撤销党支部1个，指导12个党组织完成换届选举，2个党组织完成缺额补选。接转党员组织关系237人次，按规定收缴党费599605.52元。继续试行择优确定发展对象办法，从符合条件的84名入党积极分子中确定发展对象28名。严格发展党员程序、材料审核，批准接收预备党员28名，批准16名预备党员按期转正。

【作风建设】 2015年，县直机关工委牢固树立作风建设永远在路上的理念，落实党风廉政建设“两个责任”，通过开展党的群众路线教育实践活动整改落实“回头看”对问题重新梳理，分析落实整改工作。总结“七项专项整治”“12+2”突出问题专项整治中取得的效果和理清专项治理工作中存在的问题，以领导班子和领导干部为重点，加强教育引导，制定实施方案，开展专项整治。深入学习习近平总书记系列重要讲话精神，贯彻落实中央和省委从严治党的部署要求，对照“严以修身、严以用权、严以律己，谋事要实、创业要实、做人要实”的要求，聚焦对党忠诚、个人干净、敢于担当，把思想教育、党性分析、整改落实、立规执纪结合起来，着力解决“不严不实”问题，切实增强践行“三严三实”要求的思想自觉和行动自觉，努力在深化“四风”整治、巩固和拓展党的群众路线教育实践活动成果上见实效，在守纪律讲规矩、营造良好政治生态上见实效，在真抓实干、推动改革发展稳定上见实效。

【反腐倡廉建设】 2015年，县直机关工委落实党风廉政建设社会评价有关工作任务，参与县纪委牵头组织的专项督查工作。指导县直各党组织开展“创铸树”活动（省纪检监察系统

2015年6月30日，县直机关工委组织“迎七一”主题演讲比赛　（县委宣传部　供图）

“创三优、铸利剑、树新风”活动），开展以“讲政治、守纪律、守规矩”的主题学习教育。对照习近平总书记指出的“七个有之”“五个必须”和省委指出的“十类问题现象”，开展学习讨论、对照检查和剖析反思，强化思想理论、纪律、警示、先进典型教育，严明政治纪律和政治规矩，做到对党绝对忠诚。指导县直各党组织突出红色传统教育、黑色警示教育和绿色宗旨教育，将反腐倡廉教育纳入党组（党委）中心组的重要学习内容。

【干部驻村帮扶】 2015年，威远县整合力量将“双联”工作（党政机关联系困难企业、机关干部联系困难职工）及“结对帮带”两项活动整体转入干部驻村帮扶工作中。调整县“双联”工作联席会议成员并成立县干部驻村帮扶工作协调小组。12月4日，威远县县级部门参与联系指导基层工作联席会议办公室印发《关于成立干部驻村帮扶工作联络小组及调整干部驻村帮扶工作组相关工作的通知》，组建干部驻村帮扶工作联络小组16个、驻村工作组54个。12月14日，印发《关于整合力量深入开展干部驻村帮扶工作的通知》，调整县级领导及县级部门（单位）“双联”工作联系点及“结对帮带”活动联系点，实现全县54个贫困村均有一名县级领导或县级部门（单位）主要领导联系该村精准脱贫和驻村帮扶工作。市、县农林局派出54名驻村农技员到各贫困村，确保干部驻村帮扶“七个一”工作要求的落实。8月18日，县委组织部、县委统战部、县直机关工委、县人力资源和社会保障局、县扶贫开发办公室联合印发《威远县干部驻村帮扶工作考核办法（试行）》，制定《2015年干部驻村帮扶工作考核细则》，将干部驻村帮扶工作纳入到全县绩效目标的分类目标考核中。组织督查组到各镇、各部门（单位）开展专项督查，制发督查通报2期。各级、各类帮扶力量采取“菜单式”帮扶，全年提供致富信息1436条，帮寻就业机会2160次，解决民生难题1663件，化解基层矛盾3230次，协调项目数188个、资金达857.03万元，落实农村道路基础设施建设项目63个、农田基础设施项目75个、民生及社会事业项目46个，实施产业发展项目36个，举办农业技术培训186次。

【志愿服务和党员义工日活动】 2015年，县直机关工委指导县直机关各级党组织党员干部以“双报到”的形式到单位所在社区报到，建立志愿者信息台账，组建专业党员志愿服务队11支。通过与“结对帮带”“法律七进”等活动相结合，到场镇、街道、社区（村）、学校和企业等，深入干部群众中宣讲政策法规，发放宣传资料。走访慰问困难党员、困难职工、困难群众、留守儿童、敬老院老人；实施“一元钱”工程，开展“一日捐”活动，资助贫困学生；开展义诊、咨询、健康知识讲座；参加环境卫生集中治理、“包街包点”义务劳动、红绿灯交通劝导，深入城市社区清洁脏乱差地段，清扫街道卫生死角、居民房前屋后垃圾，清理街道“牛皮癣”。

（胡小川）

机构编制管理

【政府职能转变和机构改革】 2015年，威远县按照川委发〔2014〕5号、委办发〔2015〕33号文件精神为指导，将“三减两改一加强”作为政府职能转变的核心，把权责清单共同作为政府依法履职的准绳。公布政府部门权力清单和责任清单，全面清理和取消非行政性许可审批事项。重新组建县农林局、县卫计局、县经信局，完成县工商局、质监局管理体制调整。改革后，全县设置政府工作部门24个，挂牌机构8个。依据县政府公布的《威远县县级行政权力项目目录》，县委编办牵头编制全县32个县级部门6007项责任清单，于12月31日在政府门户网站上进行公示。推进扩权强镇改革，制定《中共威远县委编办2015年扩权强镇工作要点》。会同相关部门开展调研，形成《威远县镇西镇行政管理体制改革试点工作方案》。该项工作荣获全市机构编制系统体制机制创新推动重点小城镇建设工作先进称号。

【事业单位改革】 2015年，威远县严格按照省、市关于“积极、稳妥”的原则，以盘活全县编制资源为着力点，稳步实施事业单位改革。有序推进事业单位分类改革。截至2015年12月底，除省上明确要求暂缓的单位外，已基本完成批复工作。整合规范事业单位。印发《关于县属事业单位整合机构编制资源和规范管理的工作意见》（威委编发〔2015〕4号）文件，对设置重复、名存实亡的事业单位进行撤销或合并，整合1个事业单位（威远县水利工程建设服务中心和威远县水利工程质量安全监督管理站整合，设立威远县水利工程质量和安全监督管理站），撤销2个事业单位（威远县龙会渔种场、威远县工人文化宫）。开展事业单位法人治理结构试点。制定《威远县开展事业单位法人治理结构试点工作方案》，明确县妇幼保健院为试点单位，并报市委编办备案。全面完成事业单位年度检验改年度报告公示、开办资金验资登记改确认登记"两项改革"。受理399个单位提交的《事业单位法人年度报告书》，对符合公示要求的单位在"威远政府门户网站"上进行公示，接受社会监督；对5个新设立的事业单位（威远县无花果核桃产业发展服务中心、威远县电子商务促进中心、威远县高新技术创业服务中心、威远县学生资助服务中心、威远县不动产登记中心）取消验资证明，改为确认登记。深化巩固中文域名注册和网站标识管理工作，完成有效注册政务和公益域名431个。全县共199个域名申请网站标识，审核通过并发放152个。

【机构编制管理】 2015年，县委编办以建章立制为抓手，不断强化机构编制日常管理。规范完善机构编制责任审计。与县审计局联合制定《关于做好机构编制管理和执行情况审计工作的意见》，对机构编制审计工作内容进行细化明确，建立健全机构编制审计工作运行机制。根据川委发〔2008〕7号文件精神，县委编办会同县纪检、组织、财政、人社等部门，制定《关于进一步加强机关事业单位财政供养人员管理的通知》。按照县委编委《关于实施控编减编的工作方案》的相关要求，严格控制编制总量，确保全县财政供养人员只减不增。执行机构编制"三个一"制度和"五不准"规定。全年收到县级部门关于机构编制请示事项52项，经初审提交县委编委审议43项，通过43项。严格按管理权限审批机构，没有新成立承担行政职能和从事生产经营活动的事业单位。优化机制编制资源配置，将县政府有关部门分别承担的土地、房屋、林地等不动产登记职责整合，在县国土资源局加挂不动产登记局牌子。组建县不动产登记中心，为公益

2015年12月7日，威远县召开机构编制统计工作培训会 （县委编办供图）

一类副科级事业单位，从全县调剂23名事业编制到县不动产登记中心，在全县10个镇国土资源所加挂镇不动产登记站牌子。调整安全生产监管体制，将县安监局"非煤地下矿山安全监管监察股"更名为"非煤矿山安全监管监察股"。优化卫计系统事业单位机构编制事项，撤销县妇幼保健院和县人口和计划生育服务中心，组建县妇幼保健计划生育服务中心，为县卫计局所属的全额拨款正科级事业单位。将乡镇计划生育技术服务机构对应整合到乡镇卫生院，并在各镇卫生院加挂"妇幼保健计划生育服务站"牌子。全力保障重点项目的机构编制需求，成立无花果核桃产业发展服务中心、高新技术创业服务中心、旅游产业发展服务中心、威远县电子商务促进中心。制定全年公开招考用编计划，下达324名行政事业编制用于全年招考。保障教育、医疗、乡镇等重点岗位的人员配备，共计下达67名编制专门用于专业人才及选调生引进。完成转业士官安置工作等专项任务。

【实名制管理及统计】 2015年，县委编办会同组织、人社、财政等部门，建立健全信息共享、配合协调的工作机制。坚持实名制动态调整。坚持每月对全县行政事业单位的人员编制进行清理核对，实现"四清"（即机构清、编制清、领导职数清、实有人员清）"两对应"（即具体机构设置与按规定审批的机构相对应、实际配备人员和财政供养人员与批准的编制和职数相对应）。及时更新实名制系统相关信息，准确掌握各单位编制使用情况，从源头上控制超编进人。全面完成机构编制统计工作。11月9日，召开全县机构编制统计工作培训会，进行专题安排部署和培训。11月31日，将统计结果和分析报告上报市委编办。

（周　樾）

老干部工作

【概况】 中共威远县委老干部局（简称县委老干部局）为县委部门管理机构，由县委组织部管理，是服务管理全县离退休干部工作的职能部门。全县有离退休老干部128人，其中离休干部24人、副县级及以上退休干部104人。

组织离退休干部和机关干部职工学习党的十八届五中全会精神，学习习近平总书记系列重要讲话和中央、省、市、县重要会议精神及重大决策部署，组织全国"两会"精神、全国离退休干部"双先"表彰大会精神和

2015 年 4 月 24 日，老干部参观婆城公园　（县委老干部局　供图）

全省离退休干部工作会议暨“四先”表彰大会精神、全国全省老干部局长会议、全市组织部长会议精神的学习，组织专题辅导学习 7 次。加强离退休干部“两项建设”（思想政治建设、党支部建设），为全县 23 个离退休干部党支部订阅《离退休干部党支部学习参考》，组织老干部学习“一带一路”战略、新常态下经济社会发展形势分析等专题讲座 5 次。

【离退休干部政治待遇】　2015 年，威远县全面落实党中央关于老干部工作方针政策，组织老干部参加全县“两会”“迎春茶话会”等重要会议，落实领导联系老干部制度等，做到重要会议老干部参加、重要情况向老干部通报、重大决策征求老干部意见。督促有关单位为老干部订阅报刊，全面落实老干部政治待遇。

【离退休干部生活待遇】　县委老干部局协调人社、财政等部门，全面落实老干部增加地方生活补贴和增加离退休费，特别是企业离休干部的待遇，主动协调县社保局及时落实，使老干部“两费”及时足额发放。开展走访慰问工作，全年走访慰问老干部 846 人次，发放慰问金 36 万元、慰问品价值 5.7 万余元，看望生病住院老干部 24 人次。

【离退休干部文体活动】　开展“展示阳光心态、体验美好生活、畅谈发展变化”系列活动。组织老干部学习全国“双先”典型事迹、参观县城北部新区建设。3 月中旬和 7 月上旬、9 月，会同市、县电视台开展对 80 岁以上的老党员代表、参加过抗日战争或解放战争的离休干部代表的专访。组织庆“端午”棋牌比赛、门球比赛、川牌比赛、书画展览等文体活动，参加全市老干部运动会，获一等奖、二等奖各 1 个。组织开展纪念中国人民抗日战争暨世界反法西斯战争胜利 70 周年系列活动，开展“学习光荣历史、传扬红色精神”主题活动，组织纪念座谈会、开展抗日老战士访谈、走访慰问抗日老战士、举办书画摄影展览等。

【“四进五讲五员”活动】　2015 年，县委老干部局全面支持县关工委、县老年书画研究会利用各种资源组织老干部开展志愿服务活动，组织送健康讲座进社区、送书画培训进职业技术培训学校、送抗战故事进机关、送法治服务进农村社区等活动 11 场次。1 名老干部被省委组织部、省委老干部局表彰为“全省离退休干部先进个人”，县关工委被中关工委表彰为“全国关心下一代工作先进集体”。

（王　曼）

党校工作

【概况】　中共威远县委党校、威远县行政学校是县直属事业单位，是培训党员干部和公务员的主渠道，是党的哲学社会科学研究机构。党校占地面积 2528.84 平方米（共用分摊面积），建筑面积 3124.12 平方米，使用面积 2434 平方米。1959 年至 2015 年共举办各类干部轮（培）训班 240 期，培训 33815 人次，学历班 127 个，毕业 4226 人。其中，2015 年举办各类培训班 11 期，培训 762 人次。县委党校两次被评为“省委党校函授学院先进辅导站（班）”，连年保持“县级最佳文明单位”“先进党组织”等称号。

【干部轮培训】　2015 年，县委党校发挥干部教育培训主阵地和主渠道作用，推进创新和转型。年度干部培训早计划、早安排，通过县委组织部审定印发。坚持干部培训需求调研，推动按需施训工作科学化和常态化。以党的理论教育、党性教育为主线，坚持将“四个全面”“三严三实”、廉政建设、中共党史等作为重要教学内容，形成丰富的课件库，建立起“菜单式”选学模式。积极探索教学新模式，把“送教上门”办成“流动课堂”，开辟为“第二课堂”，实现党校教学模式“两条腿”走路。大胆尝试教学方法创新，运用案例式、模拟式、互动式等教学方法，深化师生、学员交流互动。全年举办各类培训班 11 期，培训 762 人次。其中：非领导职务干部思想政治建设专题培训班 3 期 219 人，新任纪检监察干部综合业务培训班 1 期 64 人，科级领导干部读书班 1 期 96 人，入党前培训班 1 期 35 人，新录用公务员培训班 1 期 100 人，干部考察员培训班 1 期 48 人，新任副科级领导干部培训班 1 期 39 人，县直机关基层党组织书记培训班 2 期 161 人。“送教上门”宣讲十八届四中和五中全会、“三严三实”、基层工作方法等专题 24 场次，培训 2032 人次。

2015 年 11 月 18 日，威远县第 37 期副科级领导干部培训班开班　（县委党校　供图）

【科研教研】　2015 年，县委党校围绕县委、县政府工作中心，注重重点、难点、热点理论问题和现实问题研究，促进科研接地，发挥思想库作用。全年围绕县情研究形成调研报告 12 篇。加强与部门、乡镇的科研合作，主动承担上级安排和部门交办的课题。广泛参与各级各类科研活动，加强纵向沟通和横向联系，建立起灵活、开放的大科研格局。2015 年参与立项申报课题 12 个，获省党校系统课题立项并获优秀结项 1 个，市社科规划课题立项 1 个。完成县委组织部、纪委交办调研报告 2 篇。参与理论研讨、征文活动文章 7 篇，其中获一、三等奖各一篇。鼓励科研成果转化为教学专题，促进教学科研一体化，“教学出课题、科研出成果、成果入课堂”的教学科研互动机制不断健全。《提高领导干部运用法治思维维护社会稳定的能力》《威远县创新幸福美丽新村建设的探索与思考》等成果转化为教学专题。健全集体备课、新课试讲、教师听课、教学提纲审定、教学质量考评等系列制度，组织开展体验式教学方法研讨、小组课题研讨、调研情况汇报、课题评审等教研科研活动，加大教研科研协调指导力度，提高教研科研组织化程度。

（周光俊）

威远县人民代表大会

综　述

【概况】　2015年，县人大常委会举行常委会会议9次，召开主任会议13次，听取和审议工作报告17个，检查4部法律实施情况，作出决议、决定16项，提出审议意见书11件，完成县十五届人大五次会议确定的常委会各项任务。

【监督工作】　2015年，县人大常委会依法行使监督权，加强对“一府两院”的工作监督和法律监督。

围绕转型升级加强监督　听取2015国民经济和社会发展计划（半年）执行情况的报告并提出工作建议。听取并审议县政府关于扶持中小微企业和发展民营实体经济情况、畜牧发展及防疫工作情况、培育税源及税收征管与改革情况的报告，进行满意度测评。集体视察了石板河、船石湖、俩母山等地，听取县政府贯彻实施旅游法及发展旅游产业情况的报告，有针对性地提出意见。听取县政府实施新预算法情况的报告，提出相关建议。听取审议决算、审计工作、预算执行情况、预算调整方案等报告，审查批准2014年县级财政决算、2015年财政预算调整方案。

围绕深化改革加强监督　听取并审议县政府清理、调整和取消行政审批事项的报告，农村土地流转和创新农业经营方式及农民职业培训情况的报告，生态绿化和林权改革及其成果运用情况的报告，对以上报告分别提出审议意见并进行满意度测评。听取食品药品监管、质量技术监督、工商行政管理等体制调整后的工作情况报告，提出工作的相关意见。

围绕民之所望加强监督　听取县政府关于政务信息公开和联网方便群众办事情况、教育经费使用情况、计划生育工作及社会抚养费征收情况、敬老院建设和社会救助工作、贯彻实施残疾人保障法情况、扶贫工作情况的报告，提出相关意见交县政府研究处理。听取审议县政府关于县城及各镇规划和建设情况的报告并提出审议意见。集体视察商贸城基础设施、吴荣路快速通道、二环路西北段改扩建、威远河一期综合治理及湿地公园、婆城公园等项目。依法首次开展“县城交通秩序及环境治理”专题询问。

围绕依法行政、公正司法加强监督　听取审议县政府依法行政和“六五”普法工作情况报告，评议县科技、公安、财政、国土、水务、食药监管、审计局7个部门换届以来的工作情况报告，对公务员法、职业教育法等实施情况进行检查。听取审议县法院立案及审判工作情况报告、县检察院民事行政检察工作情况报告，对以上报告分别提出审议意见并进行满意度测评；听取县法检两院半年工作情况报告，提出进一步做好工作的意见。聘请9名法律专业人士为咨询专家参与规范性文件备案审查，全年收到报送备案的规范性文件69件，提出纠改意见3件。

2015年9月23日，县人大常委会集体视察旅游业发展　（县人大办　供图）

2015年6月25日，县人大常委会开展“县城交通秩序及环境治理”专题询问 （县人大办 供图）

【决定重大事项】 2015年，县人大常委会依法行使重大事项决定权，审议县政府提请的关于2015年地方政府债务限额的议案、关于威远县2015年地方政府债券资金预算的议案，并作出批准决定。审议和决定县政府关于威远穹窿旅游一期建设项目财政补贴、安置房建设工程项目委托代建购买服务资金列入财政预算的融资议案。

【人事任免】 2015年，县人大常委会坚持党管干部与人大依法任免有机统一的原则，规划行使人事任免权。严格执行提请任免票决、任前考法、任职陈述等程序，全年任免国家机关工作人员38人次，任命人民陪审员18人，决定接受辞职2人。首次开展任后履职情况监督，县人大常委会审议通过《对任命的国家机关工作人员履职监督暂行办法》，任命的地方国家机关工作人员在上年初作出“年度履职承诺”并网上公开，年终向人大常委会报告履职情况、接受测评。

代表工作

【概况】 2015年，县人大常委会重视代表议案承办，及时交办代表意见，运用“互联网+”推动建议办理，首次全面地将代表建议内容、提出时间、承办单位、办理情况等上网公开。县十五届人大五次会议提出的1件议案（《关于深入推进依法治县的议案》）、91件意见建议（含闭会期间1件）均在规定时限内答复代表。代表对办理情况比较满意。向50余名代表征集年度监督工作议题，向200余名代表发送短信征询对“一府两院”专项工作的意见建议，分别邀请40余名代表、镇人大主席列席常委会会议、参加视察调研、专题询问、执法检查等。发出“扶贫攻坚人大代表再行动”通知，要求代表积极投身精准扶贫。组织50余名代表参加市、县党风政风行风测评。30余名代表旁听县法院庭审。为每位县人大代表订赠《人民权力报》，函请有关单位订阅《中国人大》《民主法制建设》。组织镇人大主席参加上级人大的业务培训。依法保障代表活动经费。组织在威远的部分市县人大代表视察重大项目、重点工程。依法增补常委会代表资格审查委员会副主任委员1名（周作书），补选市人大代表2名（王小平、李杨）。接受1名县人大代表（刘正权）辞职，并公告其代表资格终止。

【人大代表】 2015年，威远县有县级以上人大代表303人，其中，全国人大代表1人、四川省人大代表3人、内江市人大代表46人、威远县人大代表253人。

2015年威远县县级以上人大代表名单

代表类别	人数	代表名单	备注
全国人大代表	1	王　劲	
省人大代表	3	倪习才　袁　勇　刘晋闽	
市人大代表	46	王立平　王志文　朱　彬　司晓英　刘元生　刘明亮　刘树明　苏小平 李　伟　李　伟　李　阳　李六君　李永辉　李崇德　连　云　吴金容 张　琳　张长华　张焕明　陈　莉　范洪洋　林卫萍　林传冲　易建国 罗　平　罗　刚　罗　牧　罗智铨　周国庆　赵　理　胡子林　钟玉钦 姚　英　袁　勇　倪　清　倪习才　唐　洪　唐克友　龚建华　韩双林 曾　茜　曾云忠　曾玉萍　雷自立　滕学礼　黄成兵	

续表

代表类别	人数	代表名单	备注
县人大代表	57	曾云忠　罗　平　倪习才　刘浑源　周功会　林双全　韩双林　李玉文 刘维帝　李　磊　王昭夏　李　杜　罗智铨　龚建华　谭　斌　张正兴 刘明亮　杨普尚　王　燕　司晓英　李　竞　丁立超　刘树明　官　华 官　群　余　泳　张革英　杨　萍　段培燕　周作书　温建德　詹　勇 杨荣科　夏年方　龙民桦　刘　超　刘淑华　卓　驰　李　明　李朝远 杨学文　杨菊春　罗　英　罗　牧　罗祥华　周　莉　范洪洋　金耀元 倪进东　彭廷军　廖桂芳　李政频　黎良富　夏年志　王德春　刘　捷 钟国莉	第一代表团
县人大代表	43	刘志华　唐克友　钟玉钦　李宇时　胡子林　张　梅　易建国　倪　清 赖贵先　叶祖新　杨智霞　陈　丽　陈　智　金　毅　林传冲　陶玉华 樊元金　李建兵　刘佐玲　张立学　郭永权　林卫萍　周继仁　成　城 方永芬　李志明　林　洪　兰发奎　唐　雨　彭　燕　曹利加　李　谷 曾宏志　刘　永　刘静涛　邹家能　谢　萍　谭长平　倪雪梅　宋　娟 陈海光　夏毕光　彭春林	第二代表团
县人大代表	42	唐　洪　胡林仁　李建华　陈历达　周　刚　倪　凌　张焕明　张　琳 倪艳梅　刘　莉　申宏伟　周国庆　梁平春　龙荣洲　陈开兴　兰树明 李秋菊　宋星材　张云杰　钟　英　黄谦云　陈　春　罗　明　曾凤玉 周　兵　李正中　李　良　王润明　刘润良　吴仲英　余小霞　余　泉 罗开森　黄昔明　释演凡　杨　林　阴代林　陈淑芬　倪　伟　夏茂仙 黄龙成　翁有铭	第三代表团
县人大代表	30	王志文　黄永高　刘宗成　刘阳德　陈光友　罗　刚　郭　刚　彭　玲 金　华　吴培元　缪红军　付四贵　李祥俊　吴惠超　周玉鸣　周正洪 邹书明　王俊英　童敏芝　邱吉高　李惠明　樊　玲　杨光红　李革非 倪昔武　曾云松　李　燕　郑巨新　陈　良　王　勇	第四代表团
县人大代表	22	欧东林　刘　斌　刘明鑫　周自新　崔敏阳　李建明　刘期文　袁　超 张小英　蔺银仙　贺晓勇　伍昌明　唐　明　李明红　游洁琼　倪永秋 朱能军　桂　雄　刘君秀　闵　彪　崔　扬　崔君玉	第五代表团
县人大代表	32	汪世秀　郭顺文　童杰华　罗伦建　林　誉　雷　艳　朱　娟　卓　燕 左　丽　李　辉　陈　强　余　华　陈万萌　闵永宏　刘　勇　唐红英 罗雪丹　陶金玉　蔡群英　唐维明　王跃辉　刘芝秀　王成元　刘　碧 刘　艳　刘本权　刘丽娟　胡恒铭　唐　俊　陈　程　雷有能　黎　容	第六代表团
县人大代表	27	李　伟　余付香　赵　理　滕学礼　杨宗辉　罗　兴　许　琳　曾成刚 唐建明　蒋　英　康淑群　贺十祥　倪毅中　钟明亮　胡子华　杨佩雪 石华文　胡德才　宋加元　李群华　王学斌　王良都　倪先进　肖建强 胡晓燕　姜　胜　唐明友	第七代表团

重要会议

【县第十五届人民代表大会第五次会议】 2015年4月27日至30日，威远县第十五届人民代表大会第五次会议在县城举行。大会应到代表253名，第一次、第二次、第三次全体会议分别实到代表242、234、233人。会议听取和审查县人民政府工作报告，同意报告提出的2015年工作总体部署和工作重点，并批准《报告》；审查和批准威远县2014年国民经济和社会发展计划执行情况及2015年计划草案的报告；审查威远县2014年财政预算执行情况和2015年财政预算草案的报告，批准2014年县本级财政预算执行情况和2015年县本级财政预算；听取和审查威远县人民代表大会常务委员会工作报告，同意报告提出的2015年的主要任务，并批准《报告》；审查和批准威远县人民法院工作报告、威远县人民检察院工作报告。会议补选：刘芝秀、陈良、周自新、翁有铭为威远县第十五届人民代表大会常务委员会委员，刘应江为威远县人民法院院长。会议闭幕时，县委书记曾云忠作题为《服务发展大局　依法履职行权　在推进“四个全面”中主动作为》

的讲话。

【县人大常委会会议】 2015年，县人大常委会共举行常委会会议9次，会议情况具体如下：

1月23日，县人大常委会举行第二十五次会议。会议审议县人大常委会主任会议《关于提请补选王小平同志为内江市第六届人民代表大会代表的议案》。经表决，王小平当选为内江市第六届人民代表大会代表。会议审议县人大常委会主任会议《关于提请接受刘正权辞职请求的议案》。经表决，接受刘正权辞去威远县第十五届人民代表大会代表职务。会议审议决定有关人事任免事项。

3月10日，县人大常委会举行第二十六次会议。会议听取和审议县人民政府关于清理、调整和取消行政审批事项的报告，表决通过《威远县十五届人大常委会第二十六次会议对县人民政府〈关于清理、调整和取消行政审批事项的报告〉的审议意见》。会议审议县人大常委会主任会议《关于提请审议〈威远县人大常委会对任命的国家机关工作人员履职监督（暂行）办法（草案）〉的议案》《关于提请审议〈威远县人大常委会关于召开威远县第十五届人民代表大会第五次会议的决定（草案）〉的议案》，表决通过《威远县人大常委会对任命的国家机关工作人员履职监督（暂行）办法》《威远县人大常委会关于召开威远县第十五届人民代表大会第五次会议的决定》。会议听取县人民检察院关于落实《威远县十五届人大常委会第二十二次会议对县人民检察院公诉工作情况报告的审议意见》的情况（书面）报告。会议审议决定有关人事任免事项。

4月24日，县人大常委会举行第二十七次会议。会议听取和审查县人民政府关于威远县2014年财政预算执行情况和2015年财政预算（草案）的报告，听取和审议县人民政府关于落实《威远县十五届人大常委会第二十三次会议对全县交通建设和农村客运规范发展情况报告的审议意见》的情况报告、关于扶持中小微企业和发展民营实体经济情况的报告、关于畜牧发展及防疫工作情况的报告，听取和审议县人民检察院关于民事行政检察工作情况的报告；表决通过《关于提请县十五届人大五次会议审查批准2015年县级财政预算（草案）的决定》和会议《对县人民政府〈关于扶持中小微企业和发展民营实体经济情况的报告〉的审议意见》《对县人民政府〈关于畜牧发展及防疫工作情况的报告〉的审议意见》《对县人民检察院〈关于民事行政检察工作情况的报告〉的审议意见》。会议听取县人民政府关于落实《威远县十五届人大常委会第二十三次会议对县人民政府保障性住房建设、分配和贯彻〈四川省物业管理条例〉工作情况报告的审议意见》的情况报告（书面）、关于落实《威远县十五届人大常委会第二十三次会议对县人民政府公安工作情况报告的审议意见》的情况报告（书面），听取威远县第十五届人民代表大会第五次会议筹备工作情况报告、县人大常委会代表资格审查委员会关于威远县第十五届人民代表大会代表变动情况的报告，审议通过威远县第十五届人民代表大会第五次会议议程、日程、选举办法等及有关建议名单（草案）。会议审议《威远县人民代表大会常务委员会工作报告（稿）》。会议审议决定有关人事任免事项。会议审议县人大常委会主任会议关于提请接受黄成兵辞职请求的议案，决定接受黄成兵辞去威远县人民法院院长职务。会议审议县人大常委会主任会议关于提名刘应江为威远县人民法院代理院长的议案，决定刘应江为威远县人民法院代理院长。

2015年6月25日，县十五届人大常委会举行第二十八次会议 （县委宣传部 供图）

6月24日、25日，县人大常委会举行第二十八次会议。24日，会议听取和审议县人民政府关于农村土地流转和创新农业经营方式及农民职业培训、培育税源及税收征管（煤矿远程监控运行）与改革、全县正风肃纪工作、教育经费和城市基础设施配套费使用等情况的报告；听取和审议县人大常委会执法检查组关于检查《中华人民共和国义务教育法》实施情况的报告；表决通过会议《对县人民政府

〈关于农村土地流转和创新农业经营方式及农民职业培训情况的报告〉的审议意见》《对县人民政府〈关于培植税源及税收征管（煤矿远程监控运行）与改革情况的报告〉的审议意见》《对县人民政府〈关于全县正风肃纪工作情况的报告〉的审议意见》。会议听取县人民政府关于《威远县人民政府职能转变和机构改革方案》的备案报告、关于落实《威远县十五届人大常委会第二十四次会议对县人民政府〈关于农民增收及发展特色农业情况的报告〉的审议意见》的情况（书面）报告、关于落实《威远县十五届人大常委会第二十三次会议对县人民政府关于贯彻〈四川省物业管理条例〉工作情况报告的审议意见》的情况（书面）报告。会议审议决定有关人事任免事项。25日，会议开展“县城交通秩序及环境治理”专题询问。

7月28日，县人大常委会举行第二十九次会议。会议学习中共中央转发《中共全国人大常委会党组关于加强县乡人大工作和建设的若干意见》。补选李杨为内江市第六届人民代表大会代表。

8月18日，县人大常委会举行第三十次会议。会议听取和审议县人民政府关于威远县2015年1—6月国民经济和社会发展计划执行情况的报告、关于威远县2014年县级预算执行和其他财政收支（包括政府性重点投资项目及“三公”经费）的审计情况报告、关于生态绿化和林权改革及其成果运用情况的报告，听取和审查县人民政府关于威远县2014年财政决算和2015年1—6月财政预算执行情况的报告；表决通过《威远县人民代表大会常务委员会关于批准威远县2014年县级财政决算的决议（草案）》《威远县人民代表大会常务委员会关于〈威远县2014年度县本级财政预算执行和其他财政收支（包括重点项目、“三公经费”）审计情况的报告〉的决议（草案）》《威远县十五届人大常委会第三十次会议对县人民政府〈关于生态绿化和林权改革及其成果运用情况的报告〉的审议意见（草案）》。会议听取县人大常委会执法检查组关于《中华人民共和国水污染防治法》执法检查情况的报告、县人民政府关于落实《威远县十五届人大常委会第二十六次会议对县人民政府

2015年6月4日，县人大常委会主任倪习才（左四）调研煤矿安全工作情况（县人大办　供图）

〈关于清理、调整和取消行政审批事项的报告〉的审议意见》情况的报告。会议审议决定有关人事任免事项。

10月26日，县人大常委会举行第三十一次会议。会议听取和审议县人民政府关于依法行政和“六五”普法工作情况的报告、关于县城及各镇规划和建设情况的报告，听取和审议了县人民法院关于立案及审判工作情况的报告；表决通过会议《对县人民政府〈关于依法行政和“六五”普法工作情况的报告〉的审议意见》《对县人民政府〈关于县城及各镇规划和建设情况的报告〉的审议意见》《对县人民法院〈关于立案及审判工作情况的报告〉的审议意见》。会议审议了县人民政府《关于提请审议威远县2015年地方政府债券资金预算的议案》（威府函〔2015〕95号），表决通过《关于批准威远县2015年地方政府债券资金预算的决议》。会议听取和审议县人大常委会执法检查组关于检查《中华人民共和国公务员法》实施情况的报告。会议听取县人民政府关于《威远县十五届人大常委会第二十七次会议对扶持中小微企业和发展民营实体经济情况报告的审议意见》的落实情况报告、关于《威远县十五届人大常委会第二十七次会议对畜牧发展及防疫工作情况报告的审议意见》的落实情况报告和县人民检察院关于《威远县十五届人大常委会第二十七次会议对民事行政检察工作情况报告的审议意见》的落实情况报告。会议审议决定有关人事任免事项。

12月30日，县人大常委会举行第三十二次会议。会议听取和审议县人民政府关于县十五届人大五次会议代表意见建议办理情况的报告、关于2014年县级预算执行和其他财政收支（包括政府性重点投资项目及“三公”经费）审计查出问题的整改情况报

告、关于计划生育工作及社会抚养费征收情况的报告，听取和审查县人民政府关于威远县2015年财政预算调整方案的报告，审议《威远县人大常委会2016年监督工作计划（征求意见稿）》；表决通过《威远县人民代表大会常务委员会关于批准2015年县级财政预算调整方案的决议》。会议审议县人民政府《关于提请审议批准2015年地方政府债务限额的议案》（威府函〔2015〕143号），表决通过《关于批准威远县人民政府〈关于提请审议批准2015年地方债务限额的议案〉的决议》。会议听取并评议县政府7个组成部门（县发改局、县教育局、县经信局、县民政局、县环保局、县林业局）换届以来的工作情况报告，对工作报告情况进行满意度评测。会议听取县人民政府落实《威远县十五届人大常委会第二十八次会议对农村土地流转和创新农业经营方式及农民职业培训情况报告的审议意见》的情况报告、落实《威远县十五届人大常委会第二十八次会议对培育税源及税收征管（煤矿远程监控运行）与改革情况报告的审议意见》的情况报告、落实《威远县十五届人大常委会第二十八次会议对全县正风肃纪工作情况报告的审议意见》的情况报告。会议审议决定辞职事项：接受罗智铨辞去威远县第十五届人民代表大会常务委员会副主任职务。

重要活动

【视察活动】 2015年5月22日，县人大常委会集体视察县城重点项目建设。县人大常委会主任倪习才，副主任罗智铨、刘志华、唐克友、龚建华和常委会委员，县人大有关委室负责人，县人大代表刘淑华、李明等40余人参加。视察组先后到商贸城基础设施建设、吴荣路快速通道、二环路西北段改扩建、威远河一期综合治理及湿地公园、婆城公园等项目现场，听取介绍，了解工程建设情况。视察座谈时，县住建局、县商务局、县投控集团等项目业主单位负责人汇报项目的进展及问题，与会人员进行讨论发言。副县长韩双林，县政府办、县政府联络办、县发改局、县经信局、县财政局、县国土局、县环保局、县住建局、县水务局、县商务局、县供电局、县投控集团、严陵镇政府负责人陪同。

2015年5月25日至26日，省人大常委会委员、城环资委主任委员何大清率相关人员到威远，就威远县贯彻落实《中华人民共和国水污染防治法》情况进行检查。王宾、张世忠、田文平、倪习才、李玉文、刘志华等市县领导陪同。

2015年9月23日至24日，县人大常委会集体视察威远县贯彻《中华人民共和国旅游法》及旅游产业发展情况。县人大常委会主任倪习才，副主任罗智铨、刘志华、唐克友、龚建华和常委会委员参加。视察组先后视察连界镇石板河、船石湖旅游小镇、越溪镇俩母山、两河镇建明民俗博物馆。实地视察后召开座谈会，听取县政府副县长王志文作的《关于贯彻〈旅游法〉及旅游产业发展情况的报告》及县旅游局负责人作的相关工作汇报。与会者对贯彻《旅游法》和发展旅游业的情况进行认真讨论。县政协副主席甘建国，县法院院长刘应江，县检察院副检察长倪涛，县委办、县人大有关委室、县政府办、连界镇、越溪镇、两河镇等负责人参加视察和座谈。

【专题调研】 2015年6月4日，县人大常委会主任倪习才调研煤炭计量远程监控系统运行情况，并到联系煤矿了解安全工作。县人大常委会副主任刘志华，县人大预算工委、县财政局、县安监局、县国税局负责人参加。

2015年11月19日，由省人大常委会副主任黄润秋率队的推进全省页岩气产业发展调研组到威远，详细了解页岩气产业勘探开发现状及页岩气产业发展存在的困难和问题，以促进全省页岩气产业发展。市人大常委会主任王宾陪同。调研组在龙会镇详细了解页岩气产业发展情况后，召开座谈会，听取页岩气产业勘探开发现状及页岩气产业发展情况汇报。省人大常委会城环资委主任何大清，西南石油大学国家大学科技园主任、油气地址二级教授秦启荣，省国土资源厅副厅长徐志文参加调研；市委常委、常务副市长方存好，市人大常委会副主任张长安、刘洪伟及秘书长舒先明陪同调研或出席座谈会。县领导罗平、倪习才、刘志华等参加座谈会。

（李宇时　周华斌　魏　星）

威远县人民政府

综　述

【概况】 2015年，县人民政府坚持专注发展、转型发展，统筹抓好稳增长、促改革、调结构、惠民生、防风险各项工作。全县实现地区生产总值（GDP）294.4亿元，增长5.0%；农村居民人均可支配收入11850元，增长9.6%；城镇居民人均可支配收入26544元，增长8.3%；城镇化率46.2%，提高1.5个百分点。

【新型工业化】 2015年，威远县实现规模工业增加值148.7亿元，增长3.9%。页岩气勘探开发累计完成投资39.1亿元，完钻气井64口，投产45口。企业投入技改资金75.2亿元，实施白塔二期、法拉特铸件等项目，淘汰落后产能企业（生产线）11户。严陵工业园区创建为省级科技企业孵化器，"威宝及图"被认定为中国驰名商标。新增国家高新技术企业7户，战略性新兴产业、高新技术产业占比均提高3.2个百分点。

【农业现代化】 2015年，威远县完善推广农业BOT模式，成片发展核桃133.33公顷、中药材66.67公顷、桂圆66.67公顷。举办第二届无花果采摘节，"威远无花果"获得国家地理标志产品保护，建成中国农业大学教授工作站、威远无花果研究所。培训新型职业农民164人，新发展家庭农场90个、种养大户63户、专合组织15个，新建无花果加工企业2个。界牌镇南强村被命名为全国"一村一品"示范村。推广应用农业新技术，稳定粮食生产。高标准打造农村基础设施，建成生产便捷、布局合理的道路网络体系，实现"山水田林路"综合治理，发展"猪—沼—果（蔬）"循环经济，完成全县农村集体土地的确权颁证工作。

【现代服务业】 2015年，全国知名电商企业阿里巴巴农村淘宝网、西南网贸港赶场小站进驻威远，建成县级服务中心2个、镇村服务点80个。完成石板河景区一期工程，在未正式对外开放的情况下，自发前往石板河的游客超过30万人次。引进泸州巨洋集团投资20亿元实施石板河整体开发，初步完成景区规划。全年实现社会消费品零售总额75.4亿元，增长12.5%。引导域内金融机构增设营业网点，推进担保公司、小贷公司、保险公司等非银行类金融机构健康发展，巩固"全省金融生态示范县"成果。建成农村社区银行2个，金融支持地方经济发展力度加大，贷款余额达147.5亿元，增长16.8%。

【项目招商】 2015年，威远县紧紧抓住项目建设这个经济社会发展的

2015年12月，严陵工业园区成功创建省级科技企业孵化器　（余远文　摄）

"牛鼻子"，实施项目331个，完成投资169.7亿元，增长13.3%。内威荣高速公路（威远段）、二环路西北段扩建（一期）、船石湖大道、"十二五"农村安全饮水等项目如期竣工。包装申报威远穹窿旅游（一期）项目收益债，发行额度12亿元，获国家发改委批准，争取到专项建设基金3.2亿元。初步建成PPP项目库，筛选出项目6个、总投资36亿元。加大招商引资力度，借助省市重大活动招商平台，打好"三大攻坚战"（指引进高新产业、引进知名企业、引进人才带项目）；按照新的产业发展和调整的要求，积极参加电商投资内江行、欧洽会·内江专场推介会、中国西部（四川）国际投资大会等专题招商活动；围绕重点产业，精准对接，全力组织参加"中外知名企业四川行活动"、中国西部（四川）国际投资大会。全年新签约项目62个，实际到位资金107.0亿元，同口径增长14.7%。

【基础设施建设】 2015年，威远县城北部新区、西部新区开发有序推进，新增建成区面积1.4平方千米。婆城公园正式对外开放，花塘东路、花塘西路、天域路、锦园路竣工通车，杨家坝湿地公园基本成型。深入实施百镇建设行动，连界镇建成船石湖大道、白牛路，镇西镇建成食品园区广场。贡威路新农村示范片全面建成，连界示范片加快推进，新农村示范县建设被评为省级优秀。建成安置还房7.8万平方米、公租房150套、廉租房143套，改造城市棚户区2796户。新建幸福美丽新村30个、新村聚居点45个。内威荣高速公路如期通车，贡威路完成路面改造，威双路改造（一期）进展顺利。建成乡镇联网公路68千米、通村水泥路263千米，新增11个村通客车，群众出行更加便捷。推进城乡供水一体化，完成团鱼凼水厂改造及东线、南线管网项目。

【民生实事】 2015年，威远县全面完成十项民生工程和19件民生大事，民生支出占地方一般公共预算支出的比例保持在70%以上。新增城镇就业10617人，支持258名高校毕业生自主创业，农民工及农民企业家返乡创业224家。实施精准扶贫、精准脱贫，农村贫困人口减少6698人。建立"12349"养老平台，建成县残疾人综合服务中心和2个区域性养老服务中心。整合教育资源，全面消除小学、初中起始年级大班额，完成特殊教育学校迁建，通过省政府义务教育均衡发展检查验收。县人民医院外科大楼完成改扩建，建成村卫生站85个，新店中心卫生院被评为全国"群众满意的乡镇卫生院"。坚持计划生育基本国策，优质服务水平不断提高。村（社区）农家书屋实现全覆盖，举办县第二届运动会，新建数字化影城1座。狠抓食品药品安全监管，查处违法案件646件。

【社会管理】 2015年，威远县严格落实安全生产"党政同责、一岗双责、失职追责"制度，安全生产四项指标全面下降。煤矿安全连续两年实现"零死亡"，摘掉煤矿安全生产重点县"帽子"。创建国家级安全社区1个、省级5个。突出抓好大气污染、水污染等综合治理，城区PM10浓度明显下降，威远河出境断面水质持续改善。妥善处置"4·10"事件，对严陵工业园区实行安全和环保常态化监管。严格执行新环境保护法，依法立案查处环境违法案件41件。巩固绿化造林成果，开展林区矿业秩序整顿和植被恢复，全县森林覆盖率达到40.1%。进一步完善网格化管理体系，新增"天网"监控点位371个，实现城镇视频监控全覆盖。及时调处各类矛盾纠纷，化解省、市挂牌督办件20件。

【政府自身建设】 2015年，县人民政府自觉接受人大、政协监督，办理人大代表建议91件、政协委员提案76件。坚持并完善政府常务会会前学法、行政决策合法性审查、规范性文件备案审查等制度。加大"两集中、两到位"落实力度，清理入驻政务服务中心的行政审批事项。扎实开展"六五"普法和"法律七进"活动，"依法治县"战略深入实施。加快转变政府职能，完成工商、质监管理体制调整，合并组建农林、卫计、经信等部门，政府部门减少到24个。继续深化行政审批制度改革，全面清理税收优惠政策，取消未经批准的政府性基金和行政事业性收费项目；依法公开行政权力清单、责任清单及运行流程。实施先照后证、"三证合一、一照一码"改革，稳妥推进科技、文化、不动产统一登记、居民用气阶梯价格制度等改革。深入开展"三严三实"专题教育，学习贯彻习近平总书记系列重要讲话精神，持续开展公务用车、"庸懒散浮拖"等正风肃纪专项治理，"三公"经费持续下降。全面落实党风廉政建设责任制，学习贯彻《中国共产党纪律处分条例》和《中国共产党廉洁自律准则》，严格执行中央八项规定精神和省市县各项规定。加大政府性投资项目的监管力度，审减资金2.9亿元。查处一批群众反映强烈的突出问题，政纪立案27件、处分27人。

【文会办理】 2015年，县政府办树立公文精品意识，强化公文管理，加强审核把关，精简公文数量，提升公文质量，做到少行文、行短文、行好文。严格行政决策合法性审查规定，提交常务会的议题和印发的重要文件均进行合法性审查，并做好规范性文件报备工作。全年接收处理各类文件4290件。其中处理上级来文1198件、请示（报告）766件，县政府及县政府办共印发各类文件846件。印发《威远政务》26期。坚持节约周全办会，保证县政府会议室会务设备常态完好。完成850余次会议的承办任务，其中，县政府全体会1次、县政府常务会议21次、全县性会议71次、电视电话会议34次、县长办公会1次、其他720余次。

【综合协调】 2015年，县政府办积极履行综合协调职能，按照县领导要求参与“4·10”煤气冷凝水溢出等突发事件的协调处置工作。完成县政府领导交办的工作，组织外出考察政府新政务服务平台建设的经验，督促各镇各部门扎实推进10大类90项民生工程以及19件民生大事。加强公务用车编制管理，严格按照“一车一编”的要求，将全县所有行政单位公务用车编制实行重新核定。加强公务用车使用管理制度建设，严格执行节假日公车停放制度。强化县政府大院的日常管理，加强大院内绿化、卫生、车辆停放、亮化、安全等工作的安排管理，做好到县政府大院上访群众的接待引导工作。

（陈中华　王文玉　马勇）

重要会议

【县第十五届人民政府第五次全体会议】 2015年4月9日，县第十五届人民政府第五次全体会议在银桦半岛酒店召开，130余人参加会议。会议

2015年4月9日，召开县十五届人民政府第五次全体会议　（县委宣传部　供图）

传达市政府六届七次全体会议暨全市依法行政工作会议精神，分析当前经济运行情况，全面部署2015年县政府各项工作。会议要求：看问题、找原因，增强加快发展的紧迫感。中国经济全面进入新常态，在各种主客观因素的叠加影响之下，威远经济形势正遭遇着历年来最“冷”的寒冬，面临着前所未有的困难。具体体现在主要指标严重下滑、企业经营举步维艰、收支矛盾异常尖锐、转型升级任重道远。抓重点、破难题，打赢稳增长攻坚战。把稳增长作为当前政府工作的首要任务，正确处理好速度转换与结构优化的关系，坚持存量稳增长、增量调结构，推动全县经济社会持续健康发展，确保全年GDP增长5%。讲规则、强举措，落实依法行政各项要求。坚持依法决策、推进简政放权、确保公正执法、强化普法宣传、依法接受监督。重执行、求实效，确保完成全年目标任务。严格目标管理、落实五项制度、积极主动作为。以雷厉风行、真抓实干的作风，以攻坚克难、敢作敢为的狠劲，全力以赴抓好政府各项工作，干出成效、干出精彩，为威远科学发展、加快发展多作贡献！

【县政府常务会议】 2015年，县政府召开21次常务会议。

1月19日，召开第49次常务会，学习《中华人民共和国旅游法》，传达贯彻安全生产有关会议和文件精神，审议并通过《威远县安全生产“党政同责”暂行规定》、威远县人民政府法律顾问团人员名单、三河路综合整治（一期）工程等项目投资变更的有关问题、川南农产品（冷链）交易市场和威远农业博览园项目投资协议书、《关于大力发展家庭农场的实施意见》和《关于推进无花果和核桃产业发展的实施意见》、2014年污水处理单价的有关问题、表扬2014年度应急管理示范单位有关问题、购置三板桥煤矿闲置房屋建设敬老院的有关问题、确定县综合养老服务中心项目投资人的有关问题、设立桂花社区居民委员会、威远县重金属污染综合防治“十二五”规划及2015年实施意见、威远县预拌混凝土管理暂行办法、威地拍〔2014〕23号国有建设用地使用权拍卖出让方案等25个方案、人事任免等议题。

2月15日，召开第50次常务会议，学习《中华人民共和国预算法》，安排春节期间重点工作，审议并通过

威远投控集团创升中型企业、威远县党政机关国内公务接待管理实施细则、关于增加50个就业困难公益性岗位储备、《关于加快发展农村客运的意见》、关于增加协勤人员招聘名额并将工作经费纳入县财政预算的问题、《威远县应急委员会工作规则（试行）》和《威远县应急委员会办公室工作细则（试行）》《威远县城区露天娱乐管理暂行办法》、威地挂〔2014〕34号地块国有建设用地使用权挂牌出让方案等7个方案、船石湖旅游小镇建设有关问题、人事任免等议题。

3月3日，召开第51次常务会议，审议并通过人事任免议题。

4月2日，召开第52次常务会议，学习《中华人民共和国宪法》，传达贯彻市政府七次全体会议暨全市依法行政工作会议、全市质量强市暨品牌建设工作大会、全市旅游发展大会和《四川省行政决策合法性审查规定》精神，审议并通过《威远县行政许可项目目录》、2015年污水处理单价、第四届威远县科学技术杰出贡献奖和外智人才突出贡献奖和2014年度威远县科学技术进步奖名单、《威远县科技企业孵化器扶持资金暂行管理办法》、成立威远县国有土地出让底价确定领导小组、关于陆颖辞职和辞退李勤义的问题、关于对林传冲违纪问题立案调查和给予林传冲警告处分的问题、人事任免等议题。

4月10日，召开第53次常务会议，学习《中华人民共和国消费者权益保护法》，审议并通过2015年政府工作报告等三个报告、涉改部门“三定”方案、关于部分事业单位机构编制的问题、关于石军辞去公职等议题。

4月22日，召开第54次常务会议，学习《中华人民共和国文物保护法》，审议并通过威远投控集团短期融资、威远县2012—2014年度关心下一代工作先进集体先进个人名单、2014年度县级最佳文明单位和县级文明行业等称号的名单、威地挂〔2015〕04号地块挂牌出让方案等4个方案，以及威远电子商务战略合作协议和威远县阿里巴巴农村电子商务合作协议等议题。

4月27日，召开第55次常务会议，审议并通过调整县政府领导分工、给予赵礼泉开除处分、人事任免等议题。

5月4日，召开第56次常务会议，学习《中华人民共和国农业法》，审议并通过2014年冬季退役士兵接收安置办法、威远县城西片区高压电力线路迁改工程协议和全县标准地址信息编制采集及街路巷、门（楼）牌制作安装的问题，以及威远县2015年电子商务发展实施意见等议题。

5月21日，召开第57次常务会议，学习《中华人民共和国公路法》，审议并通过2015年一、二季度安全生产工作情况的报告、“4·10”煤气冷凝水溢出事件调查处理情况的报告、土地出让收支和耕地保护专项审计整改落实情况等议题。

6月15日，召开第58次常务会议，学习《校车安全管理条例》，审议并通过威远县2014年度建议提案办理工作先进单位和先进个人名单、《关于进一步完善体制机制加强公共资源交易管理的实施意见》《威远县国有资产处置中介机构备选库管理办法》《关于成立威远县公共资源交易管理委员会的通知》《威远县县级公共资源交易目录（试行）》《威远县2015年村改社区工作实施方案》、关于提高城乡低保对象补助标准、2014年消防工作先进单位和先进个人名单、威远县天网视频监控系统建设工作方案、《2015年威远河流域水污染综合治理实施方案》、威远县人民政府《关于进一步促进农村公路建管养运协调发展的意见》、人事任免等议题，听取关于全国、省、市党史和地方志工作会议精神的报告。

6月25日，召开第59次常务会议，学习《中华人民共和国招标投标法实施条例》，听取赴南溪区考察PPP建设模式有关情况的报告，审议并通过研究威远县非行政许可审批事项清理结果、威远县突发生产安全事故应急预案、严陵镇人民政府修建平山村安置房建设项目供地方案等5个方案、威远县石板河景区招商引资有关事项等议题。

7月9日，召开第60次常务会议，学习《中华人民共和国环境保护法》，听取县级领导检查煤矿（非煤煤系矿山）安全生产情况的报告，审议并通过2014年夏秋季征兵工作先进单位和先进个人名单、关于命名表扬威远县拔尖人才和有突出贡献人才名单、2014年度全县维护社会稳定暨社会治安综合治理工作先进单位名单、威远县突发环境事件应急预案、威远县突发社会安全事件应急预案，以及赵家坝2、4、5、6组团开发项目等议题。

7月16日，召开第61次常务会议，学习《中华人民共和国城乡规划法》，审议并通过威远投控集团经营班子2014年考核结果和2015年考核细则、关于绩效考核离退休人员生活补助发放的问题、关于发放节假日期间值班补贴的问题、威远县金属非金属矿山安全生产攻坚克难工作方案、威远宏大房地产开发有限公司（清溪鹭岛）1—2—20—39、40号宗地竣工验收方案，以及威远县2015—2016年应急服务贷款等议题。

8月5日，召开第62次常务会议，学习《中华人民共和国公司法》，传达贯彻全国金属非金属矿山新增重点县县长安全生产座谈会及视频培训会精神，审议并通过建立健全转变工作作风狠抓工作落实五项制度、威远县2015年推进简政放权放管结合转变政府职能工作方案和威远县推进政府职能转变协调小组成员名单、威远县县直机关培训费管理办法、威地挂〔2015〕12号地块国有建设用地使用权挂牌出让方案等6个方案、威远县科学技术奖励办法、威远县创建四川省食品安全示范县工作实施方案、人事任免等议题。

10月8日，召开第63次常务会议，学习《中华人民共和国审计法》，审议并通过县政府议决事项及领导同志批示事项跟踪落实制度、威远县县级行政权力项目目录、2015年第二批债务置换方案、《威远县政府与社会资本合作模式项目管理办法（试行）》《威远县政府采购评审专家劳务报酬支付暂行办法》、关于县公安消防大队等单位行政审批项目进驻政务服务中心的问题，关于组建四川威远投资发展有限公司的问题、威远县自然灾害救助应急预案、威远县2015年道路交通安全综合整治深化巩固年行动实施方案、关于解除林传冲行政处分和关于魏潇怡、叶人源辞去公职，以及人事任免等议题。

10月13日，召开第64次常务会议，学习《中华人民共和国水法》，审议并通过威远县2015年“互联网+”重点工作实施方案、“威远穹窿旅游（一期）”项目收益债发行工作、关于政府购买居家养老服务方式的问题、《威远县突发公共卫生事件应急预案》《关于加快农村通组公路和“户户通”道路建设的实施意见》、关于举办威远县第二届运动会的问题、关于四川任源食品有限公司房屋征收工作及补偿金额的问题、连界镇人民政府修建白牛区木兰苑安置房建设项目划拨供地方案等8个方案、威远县商贸城项目投资建设协议书之补充协议、威远县电子商务中心房屋租赁协议等议题。

11月25日，召开第65次常务会议，学习《中华人民共和国行政监察法》，传达贯彻内江市《加快重点项目推进十六条措施》《内江市委维护社会稳定领导小组关于对发生大规模群体性事件和一般群体性事件实施问责查究有关事项的通知》、省委办公厅《关于参加省委会议有关注意事项的通知》精神，审议并通过整合不动产登记职责的问题、威远县不动产统一登记工作实施方案、县污水处理厂部分设备更换及技术改造的问题、提高全县城乡居民最低生活保障标准、2015年退役士兵接收安置办法、县新农合管委会《关于加强新型农村合作医疗管理相关工作的通知》和《威远县2016年新型农村合作医疗管理办法（试行）》、威远县兴远物资有限公司轿车4S店项目投资建设协议书、威远县连界镇生活污水处理厂及配套管网工程PPP建设方案，以及人事任免等议题。

11月25日，召开第66次常务会议，审议并通过给予胡小虎行政警告处分议题。

12月11日，召开第67次常务会议，传达贯彻环保部西南督查中心张迅主任关于内江生态文明建设与环境保护工作讲话精神、市政府第101次常务会议及全市环保大会精神，审议并通过关于做好当前突出环境问题整改工作的通知、关于落实环境保护“党政同责”和“一岗双责”责任制的通知、《威远县秸秆和垃圾禁烧与综合利用问责细则》、全县环保工作会议方案，以及邀请西督中心领导到威讲课等议题。

12月11日，召开第68次常务会议，学习《中华人民共和国土地管理法》，听取关于全县禁毒工作情况的报告，审议并通过2015年全县绩效目标考核有关事项、关于税收等优惠政策清理结果的处理意见、威远县人民政府门户网站“县长信箱”管理办法（试行）、关于推进威远县新政务服务中心平台建设、关于设立三河等七个社区居民委员会、威远县民办养老机构新增床位补助办法、威远县神源商贸有限责任公司所使用国有土地及房屋的征收补偿方案等2个方案，以及威地挂〔2015〕10号地块国有建设用地使用权挂牌出让方案等议题。

12月29日，召开第69次常务会议，学习《中华人民共和国物权法》，听取关于落实县政府第63次常务会议精神情况的报告，审议并通过威远县县级部门责任清单清理结果，关于县工商局处置闲置资产支付修建工程欠款、威远县乡镇机关事业单位工作人员实行乡镇工作补贴实施方案、威远县突发重大动物疫情应急预案、威远县突发食品安全事故应急预案、威远县食品药品违法案件举报奖励办法、威远县公路安全生命防护工程实施方案、关于王栎稀辞去公职和关于实施钒钛大道、船石湖大道和白牛路绿化工程的问题，以及人事任免等议题。

人大、政协联络工作

【人大代表建议办理】 2015年，县政府人大、政协工作联络办公室办理代表建议91件。其中，县十五届人大五次会议代表建议90件，闭会期间收到建议1件。根据建议内容，分别明确到县交通运输局、县住建局、县卫计局、县外事侨务旅游局等24个承办单位。建议涉及的问题已经解决或基本解决的22件，占24.2%；正在解决或已列入计划逐步解决的62件，占

68.1%；因国家法律法规政策和其他客观条件限制暂不能解决的7件，占7.7%。对于办理结果，代表满意的84件，占92.3%；基本满意的7件，占7.7%。

【政协委员提案办理】 2015年，县政府人大、政协工作联络办公室办理委员提案76件。根据提案内容，分别明确到县住建局、县交通运输局、县公安局、县教育局等26个承办单位。会议提案所涉及的问题已经解决或基本解决的37件，占48.7%；有待落实或列入规划解决的37件，占48.7%；确因政策和客观条件所限，暂不能解决的2件，占2.6%。对于办理结果，政协委员满意的68件，占89.5%，基本满意的8件，占10.5%。

政协威远县委员会九届五次全会重点提案

案号	提案人	标题	主办单位	会办单位	县政府领办领导	县政协督办领导	联系委室
1	罗俊华	大力发展农村电商	商务局		王志文	刘浑源	办公室
2	倪碧皎	解决中小企业用地难的建议	国土局		王志文	甘建国	经科委
3	黄　梅、李　玲、刘　华、李良经、邹红云、李　璞、罗俊华、杨春梅、张真能	力争成自泸城际铁路选择途经威远	发改局		常务副县长	王志远	教文委
4	付双祥、杨　勇	加强土地拍卖监督，提高我县土地拍卖交易率	国土局		王志文	罗伦建	社法委
5	周秀英、林玉兰、张惠群、李凤英	加快高速公路接道建设	住建局		胡小虎	常　胜	提案委
6	潘华富	关于规范我县城市标识牌的建议	住建局	民政局	胡小虎	胡林仁	联络委 学文委

2015年4月20日，县政协组织委员视察内威荣高速公路建设　（县政协办　供图）

【县人大常委会开展首次专题询问】 2015年6月25日，威远县十五届人大常委会第二十八次会议举行第三次全体会议，首次对“县城交通秩序及环境治理”进行专题询问。采取一问一答的方式，12名人大常委会委员围绕《关于县城交通秩序及环境治理的调研报告》就城区道路交通规划、如何缓解城区“行车难”与“停车难”、如何规范摊点摆放、如何强化农贸市场管治、如何使城市干净整洁宜居等问题进行询问。县人民政府领导和县委办公室、县交通运输局及运管所、县公安局及交警大队、县城管局、县工商局、县环保局、县住建局、县治理办、严陵镇人民政府等23个单位主要负责人到会回答询问，并就“改善县城交通秩序及环境治理”作出表态。专题询问会后，县人大常委会建环工委和法工委做好跟踪监督工作。12月，承诺单位完成“专题询问意见处理结果报告”，并报送县人大常委会相关委室。

（雷自立）

2015年7月22日至24日，威远县组团参加中国（四川）国际旅游投资大会 （县旅游局 供图）

招商引资

【概况】 2015年，威远县投促局把握科学发展、加快发展的工作基调，以提升引进项目质量和投资促进总体效益为中心，以招商引资“三大攻坚战”为重点，谋划开展形式多样的投资促进活动，强化目标管理，狠抓开放合作，实现到位市外资金107.02亿元，同口径增长14.71%，形成固定资产投资70.71亿元，引进高新技术产业和战略性新兴产业项目28个，5亿元以上项目13个。

【项目“招引”举措】 围绕升级转型招新引优 县委、县政府综合研判主导产业领域内大企业好企业的战略布局、投资意向，提高招商选资的针对性。工业方面，瞄准医药化工制造、节能环保、机械制造等重点，引进页岩气扩建项目、新建页岩气管线工程项目、灰渣混凝土空心隔墙板等项目。服务业方面，瞄准电子商务、现代旅游、现代商业、物流等重点，引进泸州巨洋集团投资石板河景区旅游开发项目、阿里巴巴投资农村淘宝项目、威远商贸城新博美家居广场项目、广东亿佰家集团新建连锁超市项目。农业方面，瞄准现代农业集聚区和特色优势产业等重点，引进“恬园·康桥”农旅项目、无花果种植项目、金丝楠木种植项目、桂圆种植项目等。基础设施方面，瞄准交通运输、水利及城市供排水、市政公共设施等重点，精心包装推介威远河综合治理二期、文化体育中心、川威大道等项目，并加强与潜在合作对象的沟通联系，做实意向项目的跟踪对接工作。

围绕重点领域招大引强 2015年，威远县围绕高新产业引进、知名企业引进和人才带项目引进三大重点，共包装推出重大项目105个，涉及投资总额407.97亿元。其中：工业类项目62个，投资总额132.58亿元；服务业类项目29个，投资总额232.66亿元；农业类项目7个，投资总额9.55亿元；基础设施类项目7个，投资总额33.18亿元。参与“中外知名企业四川行”、中国西部（四川）国际投资大会和市上组织的各类专题招商活动，引进页岩气勘探开发等高新技术产业和战略性新兴产业项目28个，引进新加坡新博美等知名企业4个，引进石板河景区旅游开发项目等总投资额5亿元以上产业项目13个。

围绕招商平台跟踪对接 主动出击，开展小分队招商活动。先后赴广东、浙江、重庆、成都、泸州等地开展20余次招商活动，分别与华润集团、广东奥马集团、阿里巴巴、四川网贸港科技等公司开展项目对接活动。积极邀请，坚持“请进来”招商。围绕重点产业和重点项目大力宣传推介，邀请中建材、港中旅、中节能、美国大集科技等企业到威远考察洽谈项目。精心组织，参与重大招商活动。借助省市重大活动招商平台，参加中国西部（四川）国际投资大会、电商投资内江行、欧洽会·内江专场推介会等专题招商活动。组织参加“中外知名企业四川行活动”并成功签约9个项目，引资总额达58.50亿元；组织参加中国西部（四川）国际投资大会并成功签约10个项目，引资总额达58.87亿元。借力返乡创业“回家工程”，引进珠海迈科集团、四川汇丰农业等企业实施返乡创业项目，鼓励企业家回家乡再创业、再发展。

围绕投资环境提升服务 落实县级领导联系重点招商引资企业（项目）“一对一”服务制度，强化招商引资专项目标考核。建立健全引资项目落地建设体制机制，力促招商项目早落地、早建成、早见效。完善并严格执行招商引资优惠政策，以实际行动取信于企业，取信于投资者。严格招商标准，避免引进税收少、投资小、占地多、污染大的企业和项目。

（许 彬）

行政审批服务管理

【概况】 2015年，县政务服务中心保留县级部门行政审批项目182项、县级部门暂停审批的行政审批项目10项。全年受理各类行政审批、许可及公共服务项目101297件，办结101294件，提前办结率100%，即办件27341件，占总办件数的26.99%，承诺提速58.82%，办理提速100%，按时办结率100%，现场办结率100%，无一件群众投诉。2015年获内江市政务服务工作综合考评一等奖、政务服务信息工作一等奖、乡镇便民服务中心规范化运行工作考评一等奖。

【两集中、两到位】 2015年，对入驻政务中心的30个部门的行政审批权力再次进行梳理，清理调整行政审批项目。按照应减必减、该放就放的原则，进一步取消和调整行政审批项目，重点纠正利用“红头文件”，以登记、备案、年检、监制、认定、审定以及准销证、准运证等形式，变相设置审批事项和增加审批条件等行为；对新增的行政审批项目，做到有据可查，程序严格，严禁私设或变相设定。督促部门充分授权，确保“两到位”。对调整较大的单位，重新签订《四川省行政审批授权委托书》，授权窗口工作人员审批决定权、审核上报权、组织协调权和印章使用权，做到授权到位、办理到位。运用行政审批电子监察系统，对窗口人员的行政审批进行实时监控，全程监督，使行政审批中的不作为、慢作为、乱作为和超时件的发生得以有效遏制。再造审批流程，提高行政审批效率。加快行政审批的“流程再造”，按照“精简效能、权责一致、公开透明”的要求，对清理出来的行政许可承诺项目，最大限度地压缩审批环节，减少审批时限，降低审批成本，使绝大多数审批窗口办结时限比法定时限减少50%以上。召集工商、质监、国税、地税等部门协商，全面推行“三证合一”登记制度，进一步优化准入流程、减少重复性审查、缩短办事时限。继续推行“延时服务”“预约服务”“一站式服务”等特色服务，畅通绿色服务通道，精简办事环节、简化办理手续、压缩办理时限，真正实现便民、利民、热情、高效。

2015年，山王镇便民服务中心开展便民服务活动 （吴 斌 摄）

【标准化建设】 2015年，县政务服务中心在办事大厅设置2台触摸式查询机，方便企业、群众查询办事指南、网上申请、网上咨询、网上投诉、中心工作、法律法规等内容。在办事大厅设置WIFI无线上网装置，为办事群众免费提供无线上网服务。在各窗口安装LED显示屏提示办事群众窗口名称和办理事项，设置大厅意见箱，更直接更快捷地收集群众意见，促进政务服务大厅标准化建设。按照“三年一更新”的要求，为窗口工作人员更换统一工作装，并更新更衣室。规范服务事项，印制《服务项目办事指南》11万份。

加强镇便民服务中心和村级（社区）便民服务代办点标准化建设。按照省、市部门的要求，推进镇、村级（社区）便民服务建设，制定镇便民服务中心、村级（社区）便民服务代办点标准化建设标准，组织镇便民服务工作领导到先进县区参观学习。12个镇完成便民服务中心标准化建设，其中镇西镇、龙会镇、界牌镇荣获2015年度全市政务服务示范单位，超额完成内江市提出的标准化建设目标任务。

【并联审批】 2015年，县政务服务中心在服务大厅设立并联审批区VIP室，确定专人负责。全面推进中央和省拉动内需、促进增长投资项目、招商引资项目及一般性并联审批的启动落实工作；完善三级联审工作运行机制，配制流程，规范工作，提高行政审批效率。

【电子政务服务大厅建设】 2015年，

威远县完成电子政务服务大厅建设工作，电子政务大厅基础数据完善达90%以上。加强电子政务应用建设，网上实时交流答复量占网上咨询提问总量的100%。各种公告发布及时全面，内容更新及时，并在网上展示各镇便民服务中心的有关情况动态。全年向上级报送信息172篇，被省级部门采用5篇，被市级部门采用91篇；撰写调研文章1篇。利用电视、月报、宣传栏、互联网等，加大对政务服务中心的宣传力度，扩大政务服务中心在社会各界的影响力。

【公共资源交易监管】 2015年，威远县制定“分散+集中”“配合+制约”“服务+监管”的交易模式，并采取行业主管部门、行业监管部门、交易中心“三重监督”。进一步完善交易受理、交易组织、交易评审、监管监察、综合管理等“五大系统”为技术支撑的公共资源交易服务体系。按照分段管理、分权制衡的流程管理模式，将内部管理划分为交易受理、交易组织、交易评审、现场监督和技术信息等5个环节。

组建交易网站，利用网站和LED电子显示屏强化对交易信息、交易流程、交易监管等方面内容的公开。优化制度规范，修订完善《专家劳务费支付管理办法》《岗位廉政风险防控点》等规章制度。全年受理各类项目198个。其中：工程建设项目75个，预算金额54272.95万元，成交金额49368.45万元，节约资金4904.5万元；政府采购项目122个，预算资金7716.92万元，成交金额7148.73万元，节约资金568.18万元；土地交易项目1个，成交价款2177万元。

（李　虎）

外事侨务

【外事工作】 2015年，威远县外事侨务旅游局做好因公出访和境外非政府组织管理工作，严格执行相关审查制度。贯彻执行中央《关于进一步加强因公出国（境）管理的若干规定》及省委办公厅、省政府办公厅印发的《四川省党政干部因公出国（境）管理规则》文件要求，开展治理公款出国（境）旅游专项工作，严格执行各单位因公出国（境）计划申报制度，做到有计划、有目的地安排因公出国（境），全年因公出国（境）8人。加强因公护照的管理，对过期因公护照一律收缴存放。严把审查关，全年无一例违规事件发生。

【侨务工作】 2015年，县外事侨务旅游局加大对《中华人民共和国归侨侨眷权益保护法》的宣传力度，更好地营造全社会依法护侨的良好氛围，切实维护归侨侨眷合法权益。走访慰问侨属，及时掌握并帮助解决侨胞侨眷和侨资企业在生产和生活中遇到的问题和困难，做到工作到位、联系到人、服务到家。春节走访慰问侨属、归侨及侨眷20人。多渠道了解侨胞侨眷和侨资企业的需要。继续做好为侨服务工作，做好海外侨胞和归侨侨眷来电、来信、来访的接待工作。

（胡　雪）

2015年12月10日，威远县开展精准扶贫送医送药下乡　（县卫计局供图）

扶贫工作

【概况】 2015年，省财政厅、省扶贫和移民局、市财政局下达县财政专项扶贫资金1199万元，其中省级1179万元、市级20万元。全部用于基础设施建设、发展扶贫产业等项目。

【财政专项扶贫资金项目】 2015年2月9日，县政府批复同意2015年财政专项扶贫资金项目实施方案。县财政专项扶贫资金项目在镇西镇永和村、黄泥村、铜锣村、五星村、秧田村，观英滩镇青山村、一碗水村，严陵镇三胜村、建立村实施，包括镇西镇、观英滩镇、靖和镇、向义镇的全部建档立卡贫困户。以村道、水利设施、生产便道和扶贫产业四大项目为主。

项目投入省级财政扶贫资金852万元、市级财政资金20万元、县级财政资金196万元。

基础设施：新建村道15.5千米，新建便民路和田间生产路37千米，新建砖砌围水田埂339口17102米，新建砖砌蓄水池16口1600立方米，整治山平塘35口，新建渠道6785米。

发展扶贫产业：栽植核桃119.53公顷、栀子20.3公顷、大叶香樟24.6公顷、樱桃3.33公顷。养殖生猪1425头、山羊（肉羊）1000只。

【财政专项扶贫资金（第二批）】 2015年9月28日，县政府批复同意2015年第二批财政专项扶贫资金项目实施方案。2015年第二批财政专项扶贫资金项目仍在镇西镇永和村、黄泥村、铜锣村、五星村、秧田村，观英滩镇青山村、一碗水村，严陵镇三胜村、建立村实施，包括镇西镇、观英滩镇、靖和镇、向义镇的全部建档立卡贫困户。以水利设施、生产便道和扶贫产业为主，安排贫困村产业扶持周转金，帮助贫困户发展生产。项目投入省级财政扶贫资金327万元、县级财政资金26万元。

基础设施：整治山平塘3口，新建便民路3697米。

产业发展：栽植核桃88.67公顷、黄栀子12.18公顷。养殖生猪（育肥仔猪）385头、山羊（肉羊）58只。

产业扶持周转金：每个贫困村安排20万元，总计200万元。分别是镇西镇永和村、黄泥村、铜锣村、五星村、秧田村，观英滩镇青山村、一碗水村，严陵镇三胜村、建立村、新家村等10个贫困村，支持贫困户发展种养业。

【“栋梁工程”】 “栋梁工程”是由省扶贫基金会发起的一项扶贫帮困活动，旨在帮助学习成绩优异而家庭贫困的大学新生顺利进入大学。每年，省、市扶贫基金会都会多方筹资，全部用于帮助贫困新生入学。2015年6月至9月在威远县开展“栋梁工程”活动，为贫困家庭子女上大学提供一次性资助。资助威远贫困大学新生36名，资助金额11万元。

（胡勇强　黄　承）

民族宗教事务

【概况】 2015年，威远县内有32个少数民族1344人，其中彝族261人、藏族103人、苗族163人、土家族98人、回族50人。从来源看，主要以婚迁为主；因工作原因迁入县内的，主要是因企业转产从甘孜州丹巴县迁入县内严陵镇的藏族群众。这些少数民族群众分散居住在县内20个镇，其中人数较多的镇有：严陵镇272人、新场106人、连界86人、观英滩镇69人；少数民族群众居住较集中的村（社区）为严陵镇花城路社区，约50人。

县内信教群众主要信奉佛教、基督教、道教、天主教。全县有信教群众约10万人，其中佛教约9.5万人、基督教约0.4万人、道教约0.06万人、天主教约0.04万人。经登记颁证的宗教活动场所15个，其中佛教12个、基督教2个、天主教1个。宗教教职人员35人，其中佛教34人、基督教1人；天主教堂教职人员由天主教宜宾教区派员兼任。

2015年，民族宗教工作在县委、县政府的领导下，以贯彻党的民族宗教工作基本方针为主线，积极开展民族工作，依法管理宗教事务，保持民族宗教领域的和谐稳定。

【民族工作】 2015年，威远县民族宗教事务局利用会议、宣传挂图等形式，大力宣传党的民族政策，提高群众法治意识。尊重民族习俗，贯彻民族法规政策，依法处理涉及少数民族群众的矛盾纠纷。开展送温暖活动，向20户困难少数民族群众发放慰问金5000元。关心藏区“9+3”困难学生，向困难学生捐款捐物价值2000余元。协助县城管局为到威远经商的少数民族群众合理设置摊位。

【宗教工作】 2015年，威远县民族宗教事务局加强宗教活动场所管理，发挥场所民主管理组织的作用，促进管理民主化、规范化。继续规范场所财务管理，协调县基督教福音堂开设银行对公账户。加强场所安全工作，安排部署汛期安全工作，开展夏季消防大检查工作。指导基督教在场所外开展复活节活动，对观音寺大殿落成及开光典礼进行指导。加强活动期间安全管理，全年未发生任何安全事故。开展以“教风”为主题的和谐寺观教堂创建活动，对场所办理组织机构代码证工作进行督促，完成天主教堂管理组织换届工作，基本完成县佛教协会筹备工作。加强教职人员管理教育，狠抓宗教界代表人士教育培养工作。扎实开展法律进寺观教堂工作，完善教职人员学法制度，组织场所负责人开展集中学法活动5次，组织管委会成员、镇村干部座谈学习宗教法规10次，印发依法治县相关宣传资料5000余份。开展非法佛道教场所调查处置工作，对全县情况进行摸底调查，指导各镇制定处置方案，开展处置工作。引导宗教界开展敬老、扶贫、助残等慈善活动，个别教职人员开展“一对一助学”活动，动员信教群众捐献募集款物3万余元。

（韦　军）

档案工作

【概况】2015年，威远县档案局（馆）按照川办函〔2005〕103号文件精神和国家档案局《机关文件材料归档范围和文书档案保管期限规定》，继续推进机关档案室、科技事业单位、企业档案工作规范化管理，联合县统筹城乡工作委员会强化土地确权档案监管，整理试点村民付村档案30余卷。观英滩镇、靖和镇财政所由三级规范化管理水平档案室升级为二级。参照县目标考核办法，对县级机关、各镇等108个立档单位进行年度考核与检查。依法行政，对县国税局、住建局、新店镇、东联镇等10个单位的档案管理工作进行执法检查。国家重点档案抢救进展顺利，对3000卷破损、褪变民国档案进行抢救，并完成重点档案案卷级目录著录3000条。加大档案宣传和文化建设力度，突出对重大建设项目档案的监管。档案利用数持续增长。

【档案规范化管理】 2015年，县档案局对县检察院、地税局、严陵镇、山王镇政府等10余个单位的档案工作进行指导，全县11个机关、6个镇政府，20个镇财政所进行复查，2个财政所通过省二级验收。开展“项目档案工作服务年”活动，加大对重大建设项目档案工作的监督指导力度，对威远县婆城公园及配套道路建设工程、连界镇政府征地拆迁档案、省道207线威远至自贡段路面大修二期工程、威双路路面改造一期工程、二环路西北段改扩建工程项目（一期）等在建省市重点项目进行档案登记、管理，指导12个项目，验收5个项目。抓实产业园区档案管理工作。指导工业园区做好档案的收集、整理与日常管理工作，2个园区档案完成立卷归档工作，积极筹划建立综合档案室。加强对入驻企业进行档案的指导与监督，45家规模以上企业全部建档。加大对企业档案工作的指导和监督，宣传贯彻国家档案局10号令，帮助企业进行建档建制工作，实现规范化管理。指导2个国有企业、5个非国有企业的档案工作，以“以会代训”的方式对企业档案业务人员开展培训，1期43人次。四川劲力置业有限公司等企业统一使用《四川省电子文档管理系统（3.1）》进行档案录入，实现计算机快速检索。

【档案安全体系建设与数字化】 2015年，威远县档案局加强档案安全体系建设，规避重大灾害和突发事件对馆藏重要档案数据带来的风险，制定《威远县档案馆数据安全存储及备份制度》，与资中县档案局签订《重要档案数据异地备份协议》，继续将《威远县档案馆重要档案数据备份光盘》交资中县档案馆保存。健全安全制度，规范管理，对库房314.4平方米标准档案密集架进行适时维护、维修。利用视频防盗监控体系对查档过程进行监控，预防涂改、损毁档案事件发生。坚持启用去湿机、空调、温湿度自动记录仪等设备设施，有效控制库房温湿度，确保库内温湿度达国家标准。争取上级重点档案抢救经费，抢救重点档案3000卷，修裱档案12260张。加快档案数字化建设步伐，提高现代化管理水平。要求全县各部门、各镇、各企事业单位统一使用《四川省电子文档管理系统》软件，开展县档案数字化管理工作，落实专人负责对威远档案资源网后台的安全管理与维护，充实完善档案工作相关内容，建立健全档案馆检索体系。购置资阳泰德公司馆版软件，29万条婚姻档案、招工档案文件级目录已经导入并投入使用。与威远联通公司签订数字档案馆网络联通协议，参与数字档案馆系统测试工作。

【档案资源建设与编研利用】 2015年，县档案局加强地方特色史料接收管理工作，征集地方特色史料39卷（册），接收档案54卷（盒）。向市档案局、县委宣传部提供国务院前总理温家宝到威远考察时的图片、签名等资料。从馆藏档案中挖掘、整理、录入7个专题，14个题材，照片1组5张，形成35000余字的《民国时期的威远》初稿；为纪念抗战胜利70周年，与县史志办公室联合编印《抗日救亡在威远——纪念中国人民抗日战争胜利70周年》专辑。加强档案利用体系建设，全年接待查档群众7724人次，提供10687卷次，利用8089卷次，复印9548件15076页，出具证明1783件。

（曹　卫）

史志工作

【概况】 2015年，威远县史志办公室（简称县史志办）完成《威远年鉴（2015）》资料收集初审编辑工作。编印发行两本地方文化系列丛书《抗日救亡在威远》和《民间大儒段正元》。编印《威远史志》2期。编辑完成《中共威远县历史大事记（2014）》。深入推进史志“五进”活动，举办《史志讲堂》1期。完成《美食内江》《四川年鉴》《内江年鉴》（威远篇）的资料收集和上报工作。搞好史志宣传，继续办好威远史志网，“威远史志”微信公众号创刊。开展地方历史文化资料收集整理工作，征集家谱、族谱信息，共征集到家(族)谱18部。

积极参与南部乡村大环线旅游开发和文化打造，加强四方村文化陈列馆管理，配合搞好县第二届无花果采摘节的筹办工作，抓好四方村文化陈列馆的现场讲解。参与婆城公园总体规划修编、界牌镇中坝村文化打造，为威远旅游开发提出建设性意见5条，悉数被采纳。

【省地方志编纂委员会领导到威远调研】 2015年4月1日，省地方志编纂委员会党组书记、副主任马小彬，市县处副处长高伟明到威远调研指导地方志工作。马小彬参观四方村文化陈列馆并听取工作汇报，对威远地方志工作给予充分肯定，认为威远县委、县政府高度重视，在班子配备、经费保障、工作指导上做了很多工作，为地方志工作创造了良好条件；县史志办工作思路清晰，注重创新，追求一流，特别在地情开发与新农村建设的结合上抓出了成效。

2015年4月1日，省地方志编纂委员会党组书记、副主任马小彬（左二）到威远调研　（余远文　摄）

【《威远年鉴（2014）》出版】 2015年12月，由威远县人民政府主办，威远县史志办公室编纂的《威远年鉴（2014）》公开发行，系总第4卷。该书由中国文史出版社出版，共720千字，大16开彩色精装本，印数500册。电子版（光盘）随书赠送。《威远年鉴》篇首设新获荣誉、婆城新貌、威远要闻、关注民生、美丽威远、数字威远6组彩页计32幅彩图，正文有专文、重要报告、威远概貌、2013年大事记等36个类目，配有118幅彩色插图、64张图表，记述2013年威远经济建设、社会建设和各行各业的发展历程，反映全县各项事业取得的新成就、新变化和新经验。该卷增设“艺文选粹”类目，选录小说、故事及诗歌等作品14篇（首），增加年鉴的可读性，提升其文化品位。电子版新增“影像威远”专题，使县域内重要事项表现更为丰富直观，使之成为各级领导决策和社会各界全面了解威远、熟悉威远、研究威远的一张名片。

【“威远史志”微信公众号开通运行】 2015年8月，经过微信认证的县史志办微信公众平台“威远史志”（微信号：wyxszb2015）正式开通运行。“威远史志”微信公众平台是县史志办唯一的官方微信公众平台，按周推送消息，设有《威远概览》《婆城风情》《微互动》等三个大栏目和《县情速览》《历史沿革》《人物春秋》《大事纪要》《历史遗迹》《图说威远》《民间传说》等13个子栏目，内容丰富，图文并茂。“威远史志”是“互联网+史志”的重要尝试，旨在利用新型网络平台，宣传史志工作，普及党史和地方志知识，鼓励和倡导全社会读史、传史、用史。截至2015年末，“威远史志”微信公众号共推送56条消息。

【《民间大儒段正元》出版】 2014年，是威远籍国学大师段正元诞辰150周年。为纪念这位“中国近现代孔夫子”，激活和弘扬地方优秀传统文化，2015年威远县史志办公室对收集到的有关段正元生平和著作共50余万字的资料进行梳理，去粗取精，汇编成《民间大儒段正元》一书并出版。《民间大儒段正元》共21万字，由《前言》《传记》《学术研究》《社会影响》《故里风物》《年谱》《附录》与《后记》构成，汇集多篇业界专家、教授研究段正元思想的重要论述，较为系统和客观地展示段正元一生致力于明道弘德、传承和创新儒学所作出的贡献。

【《抗日救亡在威远》出版】 8月，由威远县史志办公室、威远县档案局联合编印的《抗日救亡在威远——纪念中国人民抗日战争胜利70周年》特辑出版。该刊用《抗战纪实》《抗战回忆》《抗战人物》《抗战遗址》和《抗战文献》5个栏目、3万余文字和60余幅珍贵图片，较为系统地反映威远人民开展的抗日救亡运动。

2015年12月，威远县史志办公室被中国地方志指导小组办公室确定为全国首批年鉴工作试点单位　（县史志办　供图）

【威远县史志办公室被确定为首批全国年鉴工作试点单位】　12月，经中国地方志指导小组办公室研究，确定山西省地方志办公室等10家单位为2016年至2020年首批全国年鉴工作试点单位，威远县史志办公室名列其中。近年来，威远县史志办公室不断探索，把年鉴内容、框架、运作机制、思想理论等方面作为创新的重点和主攻方向，通过交流年鉴、异地取经、参加培训等方式提升编纂水平，年鉴编纂出版质量稳定，先后荣获全国年鉴编校质量一等奖、四川省第十六届地方志优秀成果一等奖等殊荣。

（汪　明）

应急管理

【概况】　2015年，威远县人民政府应急管理办公室（简称县政府应急办）按照县委、县政府的总体要求和部署，着力加强应急体系建设，全面推进应急管理工作。全年修编县级专项应急预案8个、各类县级专项预案39个、各类部门预案80个、各类镇级预案169个。

【应急演练】　2015年，威远县根据年初制定的预案演练计划和方案，针对常发突发公共事件，在全县各镇、各学校、各企事业单位、各地质灾害点共计开展应急演练2300余次，其中县级专项应急演练8次。5月7日，举行山洪灾害防御应急演练；5月9日，举行地质灾害应急疏散演练；7月16日，举行暴恐袭击综合应急演练；8月10日，举行危化品泄露应急演练；8月24日，举行燃气泄漏应急演练；9月21日，举行山洪灾害救援应急演练；10月21日，举行突发餐饮服务食品安全事故应急演练；10月30日，举行森林防火应急演练。

【应急处置】　2015年，威远县的暴雨洪涝、冰雹、大风、地质灾害等自然灾害集中发生在6月至9月，累计受灾人口达9.42万人，农作物受灾1749公顷，倒塌房屋250间，严重损坏房屋519间；粮食损失1700余吨；造成直接经济损失1578.39万元，给部分群众的生产生活造成严重影响。县政府应急办及时发布预警信息，及时统计自然灾情，协同相关镇、县级相关部门及时组织群众撤离避险，确保群众生命安全。10月24日19时35分，高石镇止马村止马铺发生1起较大道路交通事故，造成3人当场死亡、2人受伤。事故发生后，县政府应急办立即启动突发公共事件应急预案，事故得到妥善处置。

【应急队伍建设】　2015年，县级有关部门按照职责分工分别组建、充实和完善专业应急救援队伍，各镇分别组建30~50人的基层应急救援突击队伍。以县和部门为单位，以各专业应急救援队伍为基本力量组建公安、消防、卫生、燃气、通信、气象、民兵、应急信息员等应急队伍43支1889人；以镇村为单位，以镇村干部和基层民兵为成员组建应急队伍85支3112人。依托共青团组织、红十字会、基层社区，建立形式多样的应急志愿者队伍，重点加强青年志愿者队伍建设，全县志愿者共计800余人。

【宣教培训】　2015年，威远县组织20名分管或从事应急管理工作的领导干部参加省委党校组织的应急管理培训。5月12日，组织开展“防灾减灾日”主题宣传活动，开展“防灾减灾”进机关活动，共发放宣传资料3.6万份，普及居民30余万人次。向各学校、各居民小组免费发放《威远防灾应急知识手册》2万册。

（李勇军　胡子德）

政协威远县委员会

综　述

【概况】　2015年，政协威远县委员会（简称县政协）高举中国特色社会主义伟大旗帜，坚持以邓小平理论、“三个代表”重要思想、科学发展观和习近平总书记系列重要讲话精神为指导，全面贯彻落实党的十八大，十八届三中、四中、五中全会精神，省委、市委、县委重大决策部署，紧紧围绕党政工作中心，积极履行政治协商、民主监督、参政议政职能，团结动员政协委员和社会各界人士，建睿智之言、献务实之策、谋创新之举、尽精诚之力，倾力服务大局、真情服务群众，全面完成县政协九届五次会议确定的年度各项工作和县委交办的各项任务。

【政治协商】　2015年4月25日至28日，召开九届五次全委会议，组织各界别委员讨论协商县政协常委会工作报告，对“一府两院”工作、国民经济和社会发展计划、财政预决算工作进行全面协商，共商威远改革和发展大计，委员们就城乡一体化、文化产业、水利建设、交通安全、新兴产业发展等方面提出建议意见200余条，县政协及时对委员提出的建议意见进行梳理归纳，形成10条重要建议提交县委。政协常委会议对各镇党委书记、镇长和县级部门正职人选等进行人事协商，对县委、县政府的阶段性工作和群众普遍关注的安居工程、页岩气开发、依法治县、农村饮水等问题进行专题协商，提出意见建议40余条。2015年召开5次常委会议、9次主席会议和17次专题协商会议，安排报告会、座谈会、通报会20场次。

【民主监督】　2015年，县政协继续强化民主监督工作，统一选派35名政协常委或委员担任县级机关和部门民主监督员，组成7个民主监督小组，分别对县住建局、地税局、环保局、药监局、公安局、交通局、民政局等7个重点窗口部门开展监督工作。监督小组半年向主席会、年终向常委会报告监督情况。

【参政议政】　2015年，县政协领导列席县委常委会议、县人大常委会议、县政府常务会议，参与对全县经济发展战略、地方重大事务、重要人事任免等重大问题研究，及时提出相关意见建议。主席（党组）会成员按照县委任务分工，在棚户区改造、城乡供水（团鱼凼）工程、二环路西北段拓宽改造等重点工程推进中，提出完善规划、加快施工进度的建议意见，多次召集有关部门和涉及人员研究协商，参与一线指挥协调，促进相关工作的顺利实施。

2015年4月26日，政协威远县第九届委员会第五次会议开幕（县委宣传部　供图）

【提案办理】 县政协九届五次会议以来，提案委共收到委员提案86件（其中：九届五次会议期间75件、会后11件），比上年增加23件。经审查立案82件。其中：经济建设方面12件，占立案数的14.6%；城建城管交通方面45件，占54.9%；教育、文化、医疗卫生等方面17件，占20.7%；社会管理及其他方面8件，占9.8%。对6件委员提案内容基本一致的在交办时进行合并处理，实际交办76件。各承办单位均在法定期限内办理完毕，并向委员作书面回复。会议提案所涉及的问题已经解决或基本解决的37件，占48.7%；有待落实或列入规划解决的37件，占48.7%；确因政策和客观条件所限，暂不能解决的2件，占2.6%。对于办理结果，政协委员满意的68件，占89.5%，基本满意的8件，占10.5%。

【社情民意】 九届五次全会后，政协提案委从大会讨论发言中整理出委员关注广泛的10条重要建议书面报告县委，县委常委会专题作安排。2015年12月，县委副书记周功会向县政协常委会专题报告委员建议办理落实情况。及时将委员提交的“管好婆城公园”“内环路改建西段中的建议”等社情民意信息转县政府作工作参考。坚持把信访工作作为了解和反映社情民意的重要渠道，及时妥善处理来信、来访。

【联系联络】 主动加强同省、市政协及县区兄弟政协的联系与交流。应邀到遂宁船山区、广安武胜县、达州大竹县、巴中南江县等地政协交流工作10余次，就界别设置、委员管理、基层政协组织建设的创新及特色工作进行交流学习。同时，接待自贡贡井区、广安邻水县、广元朝天区、重庆江津区、资阳雁江区、绵阳江油市等省内外政协到威远学习考察20余次，就政协工作创新、新农村建设、特色农业发展等进行深入的交流探讨。协助省、市政协到威远调研电子商务发展暨改革推进情况、基层卫生服务能力建设情况、群众信访工作等10余次。承办2015年内江市市县（区）政协老委员联谊会议，凝聚共识、助推发展。

2015年7月16日，政协威远县九届二十四次常委会议召开 （县政协办 供图）

【文史活动】 为纪念中国人民抗日战争暨世界反法西斯战争胜利70周年，县政协编纂出版《威远抗战史话》。全书共8个部分16万余字，分为抗战纪实、抗战轶事、抗战回忆、抗战人物、抗战遗址及抗战文献、静宁钟声、我的抗战8个篇章。该书通过大量亲历亲见回忆文章及文献史料，图文并茂，真实、客观地再现威远1937年至1945年抗日救亡的历史，高扬威远人民不畏强暴、勇于牺牲的民族精神以及血火淬炼出的伟大抗战精神。该书于2015年8月形成初稿，11月出版发行，并向全县各级各部门、全体县政协委员赠阅。

【委员活动】 2015年下半年，县政协分7个委员联络组，以学习贯彻党的十八届五中全会精神为主题，开展委员活动。活动邀请所在片区镇党委书记、镇长参加。全年举办《政协讲堂》4期，分批组织委员参加以“应急救援”“国防知识”“树立宪法意识、维护宪法权威”“政协委员的修养”为题的专题讲座。分批参加“通村通畅公路视察”“我县保障性安居工程建设情况进行视察”“北部农村示范建设工作情况进行现场视察”等视察、调研9次。反映“加快动迁农民安置房建设”“严查重处违规排放污水杂物行为”“加快社区养老机构建设”“县城区域内增建公厕”等社情民意信息90余条。参与扶贫攻坚活动，委员帮扶贫困村46个、结对帮扶400户贫困户，组织开展个人捐款30余万元，社会资金700余万元，协调落实各类项目资金2000余万元。

【政协委员】 2015年末，威远县政协委员有258人。

中共界（47名）

刘浑源　李　杜　张正兴　甘建国
胡林仁　余　刚　崔　山　汪世秀

2015 年 10 月 28 日，县政协组织视察电子商务发展情况 （县政协办 供图）

阳伯初 余良才 李宇时 喻升刚
张 伟 刘成海 缪永利 刘国友
曹顺堂 蒋远辉 文国秀 钟生图
林成刚 谢元寿 刘朝勋 冷国文
陈刚涛 许华忠 陈礼胜 卢 容
唐光耀 袁春桥 王文渊 唐 刚
余华祥 罗均衡 倪秀川 周 兵
廖 华 杨 炜 陈远泰 李建军
宋 剑 唐 勇 周俊丽 贺彬兰
黄 宇 张光忠 周英秀

无党派界（16 名）

林 文 王志远 余 群 司晓英
倪 成 付 洁 周自新 刘 刚
张念锋 李 磊 肖华辉 龚建钧
李 彬 王小平 廖建辉 蒋超惠

工会界（10 名）

陈 剑 苏小平 沈长文 魏建华
李 虎 韩 敏 罗 洪 古 鹏
朱应峰 刘云华

共青团界（6 名）

曾 瀚 魏 嘉 付哲骁 段竣译
刘增斌 余 俊

妇联界（14 名）

肖建花 付 娟 刘 玲 李 永
官利群 李晓霞 李 珊 李凤英
陈群英 林荣茂 刘承秀 肖秀彬
杨淑祥 刘建平

工商联界（21 名）

罗 刚 李建兵 李正戈 李 璞
宋世聪 李 林 陈朝奎 潘华富
黄崇友 龚建国 陈传虎 唐远志
范才勇 雷友铭 罗新生 赵良云
宋正德 刘守军 胡智敏 刘 华
罗俊华

科技界（15 名）

林传冲 胡秀丽 朱 彬 廖永胜
杨春梅 林平芳 印建辉 陈兴明
蒋东安 李崇德 赵 理 温弱愚
魏 斌 廖永康 李尚勇

经济界（37 名）

常 胜 丁 兀 杨 勇 邓文涛
倪碧皎 倪朝阳 郭秀英 邓秉和
邓 勇 廖红钢 李 伟 陈 余
周国民 付双祥 孙存铸 李炳舒
明文正 蒋建军 闵群芳 李三明
王忠国 王成建 孔治权 蒋建彬
李 良 吴培琪 何 斌 欧德清
蒲海章 吴新军 陈泽明 杨 明
倪小宇 刘晋闻 李尚蔓 朱兆奎
邹红云

农业界（15 名）

罗 超 官仲明 陈代英 游小平
钟自章 罗伦传 张正太 陈 湘
尹新远 周秀英 邓建群 周 虎
温长贵 刘尚勇 潘安童

教育界（22 名）

魏 刚 饶学庆 付洲极 曾祥芝
蒋国琼 刘 云 刘 玲 肖锦屏
付友方 何利洪 黄利萍 唐 刚
赖 燕 颜玉贤 苏云洲 周志英
潘秀英 张惠群 王智奇 晏 艳
欧 鲜 陈兆华

医卫计生界（17 名）

刘文林 李先敏 吴 斌 蒋 燕
刘元生 史 庆 赵 华 李 玲
李晓娟 王承宗 李秀红 缪 科
龙胜军 倪 杰 林玉兰 刘仁华
宋 丽

文化体育新闻出版界（8 名）

倪鹏志 袁昌建 李 阳 李 勇
徐志英 徐 超 王菊英 滕 飞

侨联界（5 名）

吴正军 李进平 宋德明 刘 钢
张永红

民族宗教界（5 名）

雷自立 田仁春 释净明 释圣法
韦 军

法律界（6 名）

彭华清 陈德友 刘 纲 谢勇灵
朱先友 梁 稳

特邀界（14 名）

郭洪波 张真能 袁国琪 郭小林
张智品 郭 刚 叶 洪 黄 梅
于晓宇 倪念书 周饶丰 肖 筑
唐 萍 董 萍

【宣传信息】 2015 年，县政协加强与各级各类新闻媒体的沟通联系，推动县政协创新性工作和重大活动宣传工作实现全覆盖，对政协的调研视察、协商座谈、民主监督等履职实践进行宣传报道，及时传播政协“好声音”，传递委员“正能量”。在人民政协网、《中国政协理论与实践汇编》、中国食品网、《贵州政协报》等中央及省外媒体用稿 6 篇，在《四川政协报》、四川政协网、《内江日报》和内江政协新闻网等省市媒体上稿200余篇。其中，《浅谈如何加强新时期政协民主监督工作》理论文章在《四川政协报》刊登，并被《中国政协理论与实践汇编》一书刊载。在县广播电视台播放1个优秀提案的提出、审查、立案、办理、回复等全过程和3名优秀政协委员先进事迹视频。县政协荣获2015年度全省政协新闻宣传工作一等奖。

重要会议

【县政协九届五次全体会议】 2015年4月25日至28日，县政协九届五次全体会议在县城举行。威远县共有259名委员，227名委员出席会议。会议听取并审议县政协第九届委员会主席刘浑源代表常务委员会所作的工作报告和副主席王志远代表常务委员会所作的提案工作情况报告以及县人民法院工作报告、县人民检察院工作报告；列席县第十五届人民代表大会第五次会议，听取县人民政府县长罗平所作的政府工作报告，协商讨论县政府工作报告、国民经济和社会发展计划报告、财政预决算报告。补选县政协九届常委会组成人员。曾云忠、罗平等县领导出席开幕和闭幕会议，并分别参加小组讨论。曾云忠在闭幕会议上作题为《齐心谋发展　团结开新局　为全面建成小康社会贡献更大力量》的重要讲话。会议审议通过《政协威远县第九届委员会第五次会议决议》《政协威远县第九届委员会第五次会议提案委员会关于九届五次会议提案审查情况的报告》。

【县政协常委会议】 2015年，县政协召开5次常委会议。

4月24日，县政协召开九届二十二次常委会。会议听取县政府审计工作情况通报；听取和评议县残联、县政府农业工作情况通报；审议通过“城区客运出租运营管理情况”的调研报告和“内威荣高速公路建设情况”的视察报告；审议通过县政协九届五次全会相关事项、县政协常委会工作报告和提案工作报告；审议通过人事任免事项。

4月27日，县政协召开九届二十三次常委会。会议协商决定政协威远县第九届委员会常委会组成人员正式候选人名单、选举办法（草案）、监计票员建议名单，审议通过政协威远县第九届委员会第五次会议提案审查报告（草案），通过政协威远县第九届委员会第五次会议大会决议（草案）。

7月16日，县政协召开九届二十四次常委会。会议听取县政府财政预算执行情况通报；听取和评议县政府工商、文广体新工作情况汇报；审议通过县政府工商、文广体新工作的评议意见（草案）；审议“威远页岩气开发建设情况”“农村饮用水安全情况”的调研报告和“通村通畅工程建设工作情况”的视察报告；会议还书面审议县残联、县农业局对九届二十二次常委会评议意见的整改落实情况报告。

10月26日，县政协召开九届二十五次常委会。会议听取县政府司法和档案工作情况通报；审议通过“依法治县推进情况”“网吧违法接收未成年人情况”的调研报告和“北部新农村示范片建设情况”视察报告；审议通过县政府司法、档案工作评议意见（草案）；书面审议县工商局、县文广体新局对九届二十四次常委会评议意见的整改落实情况报告；审议通过人事任免事项。

12月29日，县政协召开九届二十六次常委会。会议听取县政协统一派驻监督员工作、全县党风廉政建设工作、县政府提案办理、县委关于县政协建议案办理情况通报；审议通过“安居工程建设工作情况”视察报告；

2015年9月21日，县政协组织靖和镇干部群众考察新农村建设（县政协办　供图）

书面审议县司法局、县档案局对九届二十五次常委会评议意见的整改落实情况报告；审议通过人事任免事项。

【主席会议】 2015年，县政协共召开9次主席会议。

2月5日，召开县政协九届四十次主席（扩大）会议，协商审议县政协九届五次全会筹备情况，协商审议2015年评议、调研、视察方案，讨论研究常委、委员调整补充意见等。

3月9日，召开县政协九届四十一次主席（扩大）会议，协商讨论政协第九届委员会第五次会议上的常务委员会工作报告（送审稿）和提案工作报告（送审稿），传达贯彻国家党政机关公务接待管理实施细则，通报县政协委员变动情况。

4月23日，召开县政协九届四十二次主席（扩大）会议，审议通过县政协九届五次全会议程（草案）、日程（草案）、讨论小组划分等有关事项。

5月11日，召开县政协九届四十三次主席（扩大）会议，听取九届五次全会工作总结情况，明确班子成员分工，安排部署下阶段工作。

7月13日，召开县政协九届四十四次主席（扩大）会议，审议县政协九届二十四次常委会议有关事项，听取并审议“威远页岩气开发建设情况”“农村饮用水安全情况”调研报告和通村通畅公路建设情况视察报告。

8月24日，召开县政协九届四十五次主席（扩大）会议，安排县政协三季度的视察、调研、评议工作及《政协讲堂》的有关事项，听取上半年民主监督组工作情况通报，审定各镇政协联络小组联络员任免事项，并就机关开展党风廉政建设和“三严三实”活动作出安排。

10月20日，召开县政协九届四十六次主席（扩大）会议，协商九届二十五次常委会有关事项，听取并审议“依法治县推进情况”“网吧违法接收未成年人情况”的调研报告，以及“北部新农村示范片建设情况”的视察报告，听取重点提案办理进展情况的有关事项，协商人事任免事项等。

11月5日，召开县政协九届四十七次主席（扩大）会议协商九届二十六次常委会有关事项，听取并审议委员联组工作会议方案、《政协讲堂》方案、安居工程建设工作视察方案等，协商调整部分班子成员分工，并对年度工作总结进行安排。

12月17日，召开县政协九届四十八次主席（扩大）会议，学习《中共四川省委关于新形势下进一步加强和改进人民政协工作的意见》文件精神，审议九届二十六次常委会有关事项，听取各民主监督组工作情况的通报，听取关于到遂宁市船山区、广安市武胜县等地外出学习考察情况的通报，协商人事任免事项等。

【专题协商会议】 2015年，县政协共召开常委专题协商会议10次，先后协商滕学礼、罗辉等13人拟任镇党委书记、镇长及县级部门主要负责人人选的重要人事事项，对页岩气开发、农村饮用水安全、客运出租运营等问题进行专题协商，提出意见建议40余条。

（张真能　钟珍友　李天佑　周长辉　陈明刚　张　鹏　夏　虹）

纪检监察

综　述

【概况】　中共威远县纪律检查委员会、威远县监察局实行“一套工作机构、两个机关名称”的合署办公体制，履行党的纪律检查和政府行政监察两种职能。

中共威远县纪委、威远县监察局贯彻落实党的十八大和十八届历次全会，十八届中央纪委五次全会，省委十届六次全会，省纪委十届四次全会，市委六届九次全会以及市纪委六届六次全会精神，紧紧围绕县委十三届九次全会的安排部署以及市、县下达的重点工作目标任务，扎实推进纪检监察各项工作，为威远科学发展提供坚强的纪律保障。

2015年，中共威远县纪委、县监察局组织干部下访和镇纪委书记接访，拓宽信访举报渠道，共受理群众信访举报230件。发挥反腐败协调小组职能作用，纪检监察与司法、审计等行政执法机关相互移送案件线索12件。采取县纪委提级办案、派员督办，镇纪委交叉办案等形式，提升基层办案质效。全县纪检监察组织初核问题线索264件，立案193件，给予党政纪处分186人；办结省委巡视组交办件11件；通报曝光典型案件15件；在6个案发单位召开专题民主生活会；为68名干部澄清是非。

【纪检监察队伍建设】　2015年，中共威远县纪委以纪检监察系统“创铸树”活动为契机，组织8期33名纪检干部到县纪委跟班学习，63名派驻机构新任纪检干部到法纪教育基地接受警示教育；选派年轻干部到上级纪委上挂锻炼10人次，抽调协助省、市纪委办案50余人次；组织80余名新任纪检干部参加综合业务知识培训班。从严管理干部，对11名违反会议纪律的纪检干部和1名履行监督责任不力的纪检组织负责人进行组织处理。开展纪检监察系统廉政风险防控工作，全县80个纪检组织落实风险防控措施335条，205名纪检干部落实风险防控措施691条。

2015年3月6日，中共威远县第十三届纪律检查委员会第六次全体会议在银桦半岛酒店召开　（县纪委　供图）

重要会议

【中共威远县第十三届纪律检查委员会第六次全体会议】　2015年3月6日，中共威远县第十三届纪律检查委员会第六次全体会议在银桦半岛酒店召开。会议的主要任务是深入贯彻十八届中央纪委第五次全会，省纪委十届四次全会和市纪委六届六次全会精神，回顾总结2014年全县党风廉政建设和反腐败工作，安排部署2015年工作任务。会议组织学习《习近平关于党风廉政建设和反腐败斗争论述摘编》，传达中央、省、市纪委全会精神，集中观看全市反腐倡廉警示教育片，与各党委（党组）书记签订党风廉政建设责任书。县委书记曾云忠出席会议并讲话。县四套班子领导及县法院院长、县检察院检察长参加会议。

【纪检工作会议】 2015年5月26日，全县党风廉政建设社会评价工作推进会在县政府309会议室召开。各镇纪委书记，县级各部门纪检组长（纪委书记、纪工委书记），县委各部委专职纪检员参加会议。

2015年6月10日，全市纪检体制改革专项小组工作会议暨县（区）纪委内设机构调整改革座谈会在威远县召开，会议由市委常委、市纪委书记、市纪检体制改革专项小组组长戴震主持。会上，各县（区）纪委汇报内设机构改革工作情况，审议并原则通过《2015年内江市纪律检查体制改革工作督导方案》，各县（区）纪委和市发展改革委纪委书面汇报纪检体制改革重点课题探索情况。

2015年10月23日，全县纪检监察干部监督工作会在银桦半岛酒店召开。县纪委全体干部，各镇纪委书记、副书记，县级各部门纪检组长（纪委书记、纪工委书记），县委各部委专职纪检员，县级有关单位分管领导参加会议。

2015年10月30日，2015年下半年全县党风廉政建设社会评价工作动员会在银桦半岛酒店召开。县纪委（监察局）中层以上干部，各镇党委书记、纪委书记，县级各部门党委（党组）书记、纪检组长（纪委书记、纪工委书记），县委各部委专职纪检员参加会议。

2015年12月16日，全市党风廉政建设示范点验收工作会在银桦半岛酒店召开，市纪委验收组人员、各县（区）相关负责人参加会议。

2015年12月31日，2015年镇、县级部门主要负责人、纪检组织主要负责人向县纪委全委会述责述廉会议在银桦半岛酒店召开。县纪委委员，县监察局副局长，各镇党委书记、纪委书记，县直部门主要负责人、纪检组织主要负责人（分管领导），特邀监察员参加会议。

2015年11月10日，威远县党风廉政建设巡展在县城三十米大街展出（县纪委 供图）

反腐倡廉

【党风廉政建设】 2015年7月3日，威远县委、县政府印发《关于2015年党风廉政建设和反腐败工作的意见》，将工作任务细化为6大项40小项，落实牵头县级领导和责任单位，层层分解任务。对20个镇和93个单位2014年落实党风廉政建设责任制情况进行集中检查考核，对排名靠后的单位进行通报批评，对其主要负责人进行约谈。中共威远县纪委提请县委常委会研究部署党风廉政建设重点工作38项，学习文件制度14次，开展警示教育20次，督办作风建设问题整改6次，把关并督办案件6次。受县委委托，向县委十三届第143次常委会专题通报上半年党风廉政建设和反腐败工作情况。用活年初签订责任书、日常发放提示卡、年终公开报告书等载体，采取领导干部约谈、诫勉谈话、廉政谈话、述责述廉等形式，对各级各部门履责情况实施全面监督。组织50名镇和部门党委（党组）书记向县委常委会述责述廉。县纪委书记约谈有关人员30人次。

【惩防体系建设】 2015年3月17日，印发《中共威远县纪委、威远县监察局2015年惩防体系建设和预防腐败工作要点》，建立工作台账，实行动态管理。坚持每日巡查制，定期督查各行权部门行政权力在网上运行的情况；对各行权单位行权事项录入、办理情况进行实时监控，对出现的预警、报警件及时督促整改，并严格落实预警报警事项处理情况季度报告制度。推进“积极预防、系统治理”，在县交通运输局、县人社局等单位立项并规范开展系统化防治腐败工作。落实领导干部个人重大事项报告制度和报告抽查制度，加强对党员干部廉洁从政和廉洁自律情况的日常督查，定期分析研判各领域各层级党员干部苗头性、倾向性问题。督促执行领导干部操办婚丧喜庆等事宜报告制度，

2015年6月18日，威远县举办“践行六项承诺，争做纪检监察标兵”演讲比赛 （县纪委 供图）

35名科级领导干部就有关事项向中共威远县纪委备案。

【反腐倡廉宣传教育】 中共威远县纪委拓宽廉政教育宣传渠道，在县电视台开设《廉政视窗》专栏，在县委党校开设反腐倡廉教育课程4期培训学员318人，在各镇巡回开展“廉政电影城乡行”活动，在城市花园广场举办“廉洁威远·幸福婆城”群众广场文化活动，传播廉政理念。丰富廉政文化阵地建设，将罗世文烈士史料陈列馆打造为市级廉洁教育示范基地，将佛尔岩弥陀寺打造为廉政文化景区，将向义镇四方村打造为农村廉政文化示范点，把廉洁教育与爱国主义教育、民俗村史传承相结合，以点带面，推进全县廉政文化建设。加强反腐倡廉调研工作，《纠“四风”有哪些难点？——“四风”问题监督难》《一线巡查深挖线索》《别样青春》等信息被《中国纪检监察报》刊载，在《廉洁四川》《华西都市报》等省级媒体上刊发稿件10余篇，在《内江日报》《廉洁内江》等市级媒体上刊发稿件270余篇。

政令检查和效能监督

【专项监督检查】 威远县监察局强化对各级党委政府重大决策部署落实情况、重要领域、重点项目和土地出让的监督检查。开展县级涉改部门人、财、物专项清理工作督查，纠正问题15个；开展防汛和地质灾害防范工作专项检查，发出督查通报6期，对工作落实不力的3个镇、9个部门进行通报；开展涉农项目资金使用情况监督检查，发现问题11个，提出处理建议7条。督促主管部门查纠县青宁供水站工程中标人资格问题，取消中标候选人资格并依法没收其保证金10万元；参与政府性投资项目变更监督，对14个项目进行现场监督26次，对1个违规变更项目提出处理建议2条，为国家挽回直接经济损失29.66万元；突出程序性监督，参与土地招拍挂出让监督20宗，出让土地面积21.86公顷，土地出让增值溢价850万元。

【作风建设】 威远县监察局持续用力正风肃纪，健全常态督查、定期报告、专项整改、通报曝光等工作机制。紧盯元旦、中秋等重要节点和公务接待、福利发放等关键环节，组织开展“拉网式”督查182次。提请县委常委会6次观看作风建设督查专题汇报视频、研究处置意见，督促整改问题92个，问责处理27人；针对部分县级部门派驻基层站所管理不严的问题，约谈纪检组织负责人12人，定期回访整改情况。聚焦群众身边的“四风”和腐败问题，对93个单位开展专项巡察和驻点巡察，发现问题86个，督促4个单位提交整改报告，责令1个单位和3名干部作出书面检查，立案22件22人，给予党纪处分17人。

（廖 苓）

法 治

政法委及综治

【概况】 2015年，中共威远县委政法委员会内设委机关办公室、政工科、执法督查室。威远县社会治安综合治理委员会办公室（简称县综治办）、中共威远县委维护社会稳定领导小组办公室（简称县委维稳办）挂靠县委政法委。县委政法委行政编制18人，工勤编制1人（其中县综治办编制7人、县委维稳办编制4人）。年内建成威远县网格化服务管理监管中心1个，借用教师4名、事业编制人员2名担任管理员，协调办理网格化事务（暂未落实机构和人员编制）。

2015年，全县政法工作深入推进“平安威远、法治威远”和过硬的政法队伍建设，成功处置“川威集团”“鹏润融资”“4·10”群众聚集等重点涉稳问题。坚持“严打”方针不动摇，组织开展“打黑除恶”及危爆物品、寄递物流清理整顿等系列专项行动。全年公安机关破获刑事案件521件，查获犯罪团伙3个，侦破牟某故意杀人、李某故意杀人等命案6起；县法院受理各类案件3983件，已审结案件3607件，结案率90.5%，审判质效指标首次进入全省法院前五十名；“天网”建设稳步推进，新建城乡“天网”监控探头、治安卡口共371个，实现县城区、重要节点全域覆盖，对违法犯罪活动形成强大的震慑力；深化“大调解”体系建设，新增20个调解室、5个调解文化大院，受理矛盾纠纷4113件，调解成功4049件，调解成功率达98.4%。

【“法治威远”建设】 2015年，威远县坚持把厉行法治作为开展工作的首要前提，按照“谁执法谁普法”的要求，深入开展普法宣传教育，不断加强法律服务，为推进依法治县凝聚强大正能量。县委政法委制定《关于2015年依法治县牵头工作的实施方案》并印发给22个县级相关单位，进一步加强组织领导，细化目标任务，狠抓落地实施。组织开展法治文化基层行活动、“12·4”法制宣传活动、《中华人民共和国反间谍法》颁布一周年专题宣传活动，报送依法治县信息14篇。县法院开展送法下乡，推行巡回办案1622件，为困难当事人缓、减、免诉讼费33万余元，发放救助款项20余万元；县检察院积极贯彻落实依法行政改革的要求，全面加强与全县34家行政执法单位的协作配合，实行对行政执法案件的动态监管，提高监督行政执法案件的质量和效率；县司法局指导建立法制辅导站20个、法律援助工作站20个，组建法制宣传队伍20支、400余人，设立村（社区）法制宣传栏372个，培养村（居）民小组“法律明白人”5000余人，发放便民法律服务联系卡30余万张，编发

2015年4月13日，县委政法工作会在县委大礼堂召开（县委政法委 供图）

2015 年 3 月 25 日，“威远县综治及平安创建巡回展”在连界镇连界广场开展　（县委政法委　供图）

《公务员常用法律知识问答》《农村居民常用法律知识问答》《青少年常用法律知识问答》2.6 万册。

【2015 年威远县综治及平安创建巡回展】　3 月 25 日至 31 日，“2015 年威远县综治及平安创建巡回展”在威远县严陵镇城市花园广场、连界镇连界广场口、观英滩镇石坪场、龙会镇十字街口等地点开展，为期一周。

巡回展采用展板宣传、资料宣传、广播宣传、画报宣传、口头宣传等方式，共发放网格化服务管理宣传资料 5000 余份，平安内江建设宣传及问答材料 1000 份、铁路护路知识宣传手册 600 本、摩托车驾驶员安全宣传手册 400 份，以及各镇自行印发的“防骗宣传海报”“致全镇人民的一封信”“安全常识”“防邪拒毒宣传资料”“除四害宣传手册”等群众喜闻乐见的配图手册、年画共计 2000 余份。群众对网格化服务管理表现出极大的兴趣，部分群众现场提出生活中遇到的问题，得到及时处理。

【涉法涉诉信访工作】　2015 年，起草出台《威远县深化司法体制改革实施方案》；建立领导干部干预司法活动、插手具体案件处理的记录、通报和责任追究制度。加强人权司法保障，坚持罪刑法定、疑罪从无、非法证据排除等刑事原则，完善冤假错案防范纠正问责机制。全面贯彻落实修订施行的行政诉讼法，严格行政诉讼审理程序。严格高效公正开展“特赦”工作。组织县政法各部门及有关单位收看内江市律师工作电视电话会议。按照“两院一部”要求，组织政法部门制定《关于开展集中打击拒不执行判决、裁定等犯罪行为专项行动的实施细则》；开展涉法涉诉信访工作。加强涉法涉诉信访数据的统计报送工作；调查核实并回复信访人反映政法干警徇私枉法、滥用职权问题。协助县委群工局（县信访局）调处化解信访老户问题，多次牵头组织有关部门和乡镇召开信访座谈会。加强信访调研和信息工作，形成《关于威远县涉法涉诉信访工作的调研报告》。做好信访接待与疏导工作，向咨询群众做好法律释疑，引导群众依法表达和实现信访诉求。在全国、省、市“两会”，县委全委会，十八届五中全会等重大会议和活动期间，参与信访群众的劝解疏导工作，保障会议的正常召开和活动的顺利进行。被内江市信联办评为“全市群众和信访工作一等奖”。

【“平安威远”建设】　平安和谐“三级联创”活动　2015 年，威远县开展平安镇、平安村（社区）、平安单位（机关、校园、工地等行业）平安创建活动，确保创建率 100%，达标率 90%以上，有效地预防和减少各类案件的发生。

社会治安防控体系建设　2015 年，全县新增 371 个监控探头（枪机 245 个、球机 111 个、治安卡口 15 个），在重点部位、重点单位、主要路段、人员密集区布设高清“天网”监控点位进行 24 小时严控。搭建起一个全方位、一体化、统一的天网视频应用平台，实现社会力量安装监控与“天网”的有效对接。

开展“三个专项行动”　2015 年，威远县按照《全省集中开展寄递物流、危爆物品清理整顿和矛盾纠纷排查化解专项行动方案》要求，在全县范围内开展“三个专项行动”。成立以县委政法委书记为组长、县公安局局长为副组长的工作领导小组，分别制定并下发 3 个工作方案。经排查，全县共掌握涉爆从业单位 45 个（其中民爆物品销售 1 个、非营业性爆炸作业单位 44 个）；注册涉爆从业人员 535 名；危险货物运输车辆 19 辆；危险化学品生产企业 9 个，经营单位 28 个，使用单位 4 个；危化品运输企业 1 个；烟花爆竹批发经营企业 1 个，零售网点 248 个；使用民爆物品煤矿企业 22 个，非煤矿山企业 26 个；清理统计快递、运输行业网点 96 个。并对排查发现的问题隐患，牢固树立“有患必除、除患务尽”的思想，逐

2015 年，威远县网格化服务管理监管中心成立　（县委政法委　供图）

级压实责任，及时整顿落实，严防引发重大安全问题。

做到“一个稳中有升”　2015年，全县通过LED、公交车广告幅、群众巡逻队、手机信息平台、电视网络、村（社区）和小区公示墙、发放宣传手册、挂图等方式，对平安建设进行广泛宣传，加大对危害社会治安犯罪行为的打击宣传力度，鼓励群众积极参与维护社会治安工作。结合市综治办的相关文件要求，对省、市安全感测评中出现的问题进行认真分析，共梳理出两抢一盗、黄赌毒、制假售假、非法运营、黑恶势力、政法机关作风6个方面的具体问题。以开展治安巡逻、加强治安防控体系建设、彻查制假贩假、打击非法运营、强化机关作风效能建设等手段，对存在问题进行逐一整改，确保群众满意度和安全感显著提升。

【网格化服务管理】　2015年，成立威远县网格化服务管理监管中心，将全县划分为552个网格，建成20个乡镇网格管理服务中心，开通141个PC账户，电子政务外网47个，落实专兼职网格员552名并配备250部手持终端机。该信息平台与威远县110指挥中心天网系统实现对接，与县有关直属部门系统互通，下接各镇网格化服务管理中心、社区（村）网格员。县网格化服务管理工作以“三项重点工作”为重点，即网格员协助县公安局、卫计局、司法局动态掌握和录入流动人口、社区矫正及刑释人员、易肇事肇祸等严重精神障碍人员、吸毒人员、重点青少年等特殊人群。为各镇派出所、司法所卫生院开通电子政务外网，经过对各类人员信息的初步筛查和甄别，实现对各类人员的电子签收。

【铁路护路】　2015年，县综治办加强铁路安全隐患的排查整治工作，发动联防队员、联户代表开展多种形式的排查整治行动。通过加强宣传教育，签订责任书等工作，提高现有联户代表的护路积极性。威远县被省综治委评为2015年度省级平安铁道线（车站）、2015年度“九无”平安铁路示范村（社区）。

【政法队伍建设】　2015年，全县政法机关按照“五个过硬”要求，坚持政治建警、素质强警、作风兴警、班子带警，以开展“三严三实”专题教育和领导班子思想政治建设为抓手，加强思想政治教育。邀请市委学习贯彻党的十八届四中全会、委委十届五次全会和市委六届九次全会精神报告团到威远宣讲，组织政法干部职工收看六期“四川政法大讲堂”。集中开展纪律作风整顿和素质能力培训，强力整改队伍突出问题，全县政法队伍形象得到有效提升。县政法、综治、维稳工作获省、市表彰29次；县法院获市级以上表彰35次，其中省级以上14次；县检察院连续四年获内江市检察系统年度目标考核第一名，2015年1月被内江市检察院授予“集体三等功”，被省检察院评为“2015年全省先进基层检察院”；县公安局禁毒大队被四川省禁毒委员会评为“全省禁毒工作先进集体”，同时被省人力资源和社会保障厅、公安厅表彰为“四川省公安系统先进单位”，刑事侦查大队被省公安厅命名为新一轮“全省公安机关执法示范单位”；县司法局法制宣传获得新突破，司法部网站、中国普法网、中国法律援助网以及四川电视台都分别采用或报道威远县的司法行政工作。

（钟泽勇　郑　涛）

【维护社会稳定】　县委维稳办开展不稳定因素和突出信访问题大排查、涉稳突出问题大化解行动，不断加强应急处置机制建设，深入推进社会稳定风险评估，全县完成社会稳定风险评估20件，主要涉及交通建设和项目建设、民生工程等方面，准予实施20件，评估率100%。坚持稳定形势分析研判，共向市委维稳办和县委维稳领导小组提交18份形势分析报告。组织各镇各部门对社会稳定风险评估、群体性事件应急处置机制、创新社会管理、维护社会稳定等方面开展专题调研活动。全年收到各镇各部门上报调研文章42篇，上报内江市委维稳办8篇。

2015年，威远县委维稳办加强维稳工作理论研究和专题调研工作，多次牵头和配合县公安局、县委群工局等部门完成中央、省、市领导到威远视察调研、各种活动和现场会议的安保维稳任务。在春节、两会、“9·3”等敏感时期，全县高度重视反恐维稳工作，启动二级巡防模式和一级武装设卡盘查，并对网吧、KTV、娱乐城等人员聚集的治安复杂场所进行专项清查，对治安乱点进行专项整治，进一步强化社会面管控。

2015年，威远县承办市级挂牌督办的突出涉稳问题有8件，其中鹏润公司涉稳问题与隆昌县共同牵头办理，成自泸赤高速公路涉稳问题（威远段）、川威成渝钒钛公司不稳定因素由威远县牵头办理，以上3件问题均未发生赴省进京集访、非访，未发生大规模群体性事件，已稳控结案；其余5件为共通性问题，在全县表现并不突出，整体平稳，稳控率100%。县挂牌督办的涉稳问题多数实现阶段性化解，未化解的也处于可控范围内。

组织开展县级专项应急演练8次，各镇、各部门和各系统分别进行应急处突培训和模拟实战演练。全县各镇各部门整体联动，处置“4·10”城南片区异味事件、建业集团职工堵路事件、因房地产开发引发的聚集阻工等突发事件。

县委维稳办对全县107个被考核单位进行年终目标考核验收和年度评查。通报表扬维护社会稳定工作先进单位58个，其中镇12个、单位46个。

2015年，威远县继续推进维稳工作平台建设。召开专题培训会，对各

2015年11月13日，威远县在县城市花园广场举行反间谍法宣传（县委政法委　供图）

镇和重点涉稳部门的维稳信息员进行培训；督查各镇维稳平台使用情况，并一对一指导。通过维稳信息平台录入不稳定因素信息401条，上报324条；录入社会稳定风险评估20条；上报涉稳人员621名，其中重点人员111人。每月形势分析研判、专项汇报等资料通过平台上报。县委维稳办通过其他形式收到涉稳信息67条，向相关镇和部门预警、通报信息54条。

（刘　娟）

法治政府建设

【概况】 2015年，政府法治工作深入贯彻落实党的十八大，十八届四中、五中全会精神，根据《四川省依法治省纲要》《四川省人民政府严格依法行政的规定》《四川省人民政府关于深入推进依法行政加快建设法治政府的意见》（川府发〔2015〕1号）和《四川省人民政府2015年度推进依法行政工作安排》（川办发〔2015〕11号）和省、市政府相关要求，积极履行政府职能，不断提高政府治理能力，加快推进法治政府和服务型政府建设。

2015年3月17日，威远县人民政府办公室印发《2015年县政府常务会议学法计划》（威府办发〔2015〕28号），全年安排县政府常务会议会前学法24次、专题学法4次；要求各镇、各部门建立健全领导干部带头学法制度，党委（党组）中心组每年至少进行1次法治专题集中学习，中心组成员每年底结合年终述职专题汇报1次学法用法守法情况。深入开展“法律七进”活动，编制并深入机关、学校和乡村等单位发放与群众生产生活直接相关的通俗法律宣传资料。

【行政执法资质】 2015年，县政府法制办落实行政执法主体资格审查及公示制度。严格实行行政执法人员持证上岗、岗位培训和资格管理制度，组织新办行政执法证件人员参加通用法律知识考试，参考156人。探索推进综合执法，推进扩权强镇改革和推行跨部门综合执法，减少执法队伍种类。

【行政规范性文件的制定和审查】 2015年，县政府法制办严格执行

《四川省行政决策合法性审查规定》，提交县政府常务会议审定的行政决策事项，除《规定》第十六条所列事项外，均严格进行合法性审查。完善规范性文件起草机制，对专业性较强、利益关系调整比较复杂的规范性文件，加大意见征求的范围，广泛听取社会各界的意见和建议。做好规范性文件备案审查工作，共制定并发布12个规范性文件，全部在规定时间内报送市法制办和县人大常委会备案。

【行政执法监督检查】 2015年5月28日，威远县人民政府办公室印发《威远县2015年行政执法和行政执法监督工作要点》（威府办发〔2015〕58号），全面落实行政执法责任制。加强行政执法监督队伍建设，强化行政权力内部流程控制；畅通行政执法举报投诉渠道，设立并公布行政执法监督举报投诉电话，督促行政执法机关全面履行法定职责；发挥监督工作合力，落实行政执法案卷评查、行政执法统计分析、重大行政行为备案审查制度。全年对县政府所属工作部门和下级政府行政执法情况进行定期、驻点监督检查12次，案卷评查160件。

【行政复议】 2015年，县政府法制办收到行政复议申请书5件，受理5件。经过审理，维持4件，部分撤销1件。经过行政复议的案件，申请人均未再提起行政诉讼。全年涉及县政府的应诉案件1件，县级部门7件；法院审理后维持5件，撤回申请1件，正在审理2件。应诉案件涉及的管理部门以国土、住建等为主。2015年4月28日，县政府法制办与县法院共同举办“行政执法与行政诉讼实务研讨和新的行政诉讼法”培训讲座活动，县级39个行政执法单位共130余人参加培训。组织执法部门的一线执法人员参加法院庭审，通过旁听增强法治意识，并促使大家在执法过程中始终牢记“依法行政”，以进一步保障公民的合法权益。

2015年7月11日，县司法局在高石场镇社区开展“法治宣传进社区”活动 （县司法局 供图）

【行政调解】 2015年，威远县建立行政调解联席会议制度，定期听取全县行政调解工作情况汇报。健全行政调解指导工作机制，行政调解指导中心加强对全县行政调解工作的组织指导和督查考核领导；健全行政调解工作网络，行政调解联席会议成员单位均成立调解委员会，建立“矛盾纠纷调解室”并开展行政调解室标准化建设，确定专兼职行政调解人员负责本行政机关矛盾纠纷的排查调解、建立业务台账和信息上报等工作。建立互动机制，加强衔接配合，分期召开行政调解与人民调解、司法调解联席会议，优化、整合调解资源，实现“三大调解”的优势互补。全年县政府法制办主持调解4次，参与部门调解13次。

【行政权力清理】 2015年10月20日，威远县人民政府编制印发《威远县县级行政权力项目目录》（威府发〔2015〕31号），按照事项属性分类，其中行政许可179项，行政处罚5141项，行政裁决4项，行政给付33项，行政检查145项，行政奖励51项，行政强制201项，行政确认56项，行政征收54项，其他行政权力247项，共6111项。

（黄 强 曹文平 黄文东）

依法治县

【依法决策】 威远县委严格落实党委（党组）书记法治建设第一责任人职责和班子成员“一岗双责”职责，与各单位签订目标责任书120份，建立干部法治档案2000余份。坚持党委（党组）中心组法治专题集中学习制度，县委常委会、政府常务会会前学法制度。全面建立法律顾问制度，聘请专业律师担任县委、县政府法律顾问；严格落实重大决策法律咨询、合法性审查和党内规范性文件备案制度。

【依法行政】 威远县委明确各类规范性文件，须经政府法制机构合法性审查后印发。县政府合法性审查文件76件。成立政府性投资项目合同审查办公室，完成合同审查125件，合同备案219件。全面推行人权、事权等公开，主动公开办事依据、程序、条件、时限等，及时公开事关群众切身利益的政务活动信息近3万条。全县47个行政执法单位明确行政职权3374项，绘制389项权力流程图，向社会公开责任清单6007项、权力清单6111项，接受群众监督。

【权力制约】 威远县完善“签字背书”、提交述廉报告等制度，健全“积极预防、系统治理”工作机制，强化监督执纪问责。全年纪检监察机关共受理群众举报196件、来人来访203批次、电话咨询252项，立案31件31人，收缴违纪款30万余元，挽回经济损失200万余元。健全依法治县监督体系，选派35名民主监督员，派驻到7个窗口职能部门，对部门各项工作进行全面监督。

（李　秀　余　鑫　丁　莉　曾　皓）

公　安

【概况】 威远县公安局（简称县公安局）内设8个综合管理部门、10个专业大队，辖看守所、拘留所（含强制隔离戒毒所）和22个派出所。

2015年，县公安局紧紧围绕“平安威远”建设这个中心，以打防管控为抓手驾驭社会治安，以规范细节强化队伍正规化建设，以创新社会管理助推经济社会发展，全县公安工作和队伍建设成效明显。完成全国、省、市“两会”和中共十八届四中、五中全会等重要会议及重大节日、大型活动安保维稳任务，妥善处置各类涉群事件。全年搜集编发上报维稳信息373条、维稳专刊39期，调处各类矛盾纠纷1270起，行政拘留违法上访人员4人。在各敏感期，安排警力加大对车站、商场等重点要害部位的巡逻检查，加强对涉疆涉藏等重点人员的排查管控，全县没有发生极端暴恐案事件。参与处置堵路、阻工、集访等各类涉稳突发事件70余起，其中妥善参与处置“4·10”群众聚集事件，行政拘留15人，训诫教育70余人。县公安局“110”接警中心受理有效报警12275起，同比下降4.08%，通过“110”快速反应，为群众提供救助服务757人次，提供咨询1958人次。以开展“两抢两盗一诈骗”、禁毒破案攻坚会战等专项行动为载体，强力开展破案打击工作，立刑事案件1993件，破刑事案件857件，刑拘402人，逮捕277人，移诉441人，抓获各类逃犯24人。侦破牟某故意杀人、李某故意杀人等命案6起；破“两抢”案件18件、盗窃案件472件、诈骗案件17件，破毒品刑事案件63件。立经济犯罪案件12起，破经济犯罪案件12起。

【治安管理】 县公安局查处治安案件1116起，行政处罚1043人，其中治安拘留655人。全县治安形势总体稳定良好。查处涉黄涉赌行政案件174件279人。破获涉黄涉赌刑事案件27件，移送起诉41人。组织开展“夜查统一行动”“酒驾”“打非治违”等专项行动，查获各类交通违法行为13.33万起。办理机动车业务25446笔。全面排查和整治消防安全隐患，全年安全检查100余场次，对威远县第二人民医院、威远王氏医院、威玻新材料集团有限公司、威远县天逸老年公寓等几个存在重大火灾隐患的单位作出挂牌督办整改。开展“缉枪治爆”“治爆打非”等专项行动，查处涉危涉爆案件16起，收缴枪支32支、管制刀具121把、烟花爆竹448件，销毁雷管35104发、炸药2248.6千克、导火索100米。

【户籍管理】 全县有常住人口

2015年3月26日，副县长、县公安局局长胡小虎（中）走访群众，征求治安防控意见　（县公安局　供图）

729410人。县公安局办理二代居民身份证27188张、临时身份证7152张，审核全县征地农转非人员1336人，迁入1509人，迁出5156人，出生登记4899人，死亡注销7062人。贯彻落实《四川省流动人口管理办法》，建立流动人口申报点1582个，采录流动人口6986人，查处5起拒不申报流动人口信息案。

【出入境管理】 县公安局审核、办理出国境申请14774人次，登记并入库录入法定不批准出境人员通报备案数据937条，登记境外人员临时住宿191条。

【公安法治】 县公安局狠抓执法规范化建设，不断在提升执法办案效能、强化法治支撑保障、提升执法能力素质等方面发力，深入推进法治公安建设。召开公检法联席会议4次；规范办案专项整治，梳理突出问题35个；坚持所有案件实行“网上审批、网上流转”，坚持每月开展执法评查通报；组织民警参加执法资格等级考试，开展庭审旁听12次，开展知识竞赛1次；对交警大队办案中心等7个执法办案场所升级改造。全年审核各类案件816件，无重大执法错误、无冤假错案和行政败诉案件。

【监所管理】 威远县看守所关押各类人员533人，威远县拘留所收拘428人、强制隔离戒毒47人。威远县看守所启动AB门建设。公安监所部门开展监所安全检查21次，深挖提供线索38起，协破刑事案件93起。

【巡逻防范】 县公安局完善《扁平化指挥调度工作规范》《每日警力报备制度》等工作机制，每日对街面巡防警力点名、定位，每日对治安、巡警等警种进行警力统计。开展专业化巡逻的同时，组建社区巡逻组、“红袖标”巡逻组、应急机动队巡逻组等巡防队伍，叠加补充巡逻。8月，购置3辆流动警务车，分别在城南总站、城北汽车站、城市花园广场等人员流动密度大的地段开展设卡盘查。

【基层基础建设】 投资30余万元对县城区各警务室改建升级，实现警务室的公安网、互联网、党政网“三网通”。每月对社区警务室和派出所进行绩效精细化考核。整合各类社会信息20类67万条，DNA录入数据库812件，录入现勘2365个，法医活体检验45件。法医标准尸体解剖室全面竣工，设备、设施安装调试完毕。业务技术用房建设顺利推进，县监管中心建设项目下达中央预算内投资计划857万元、省预算内投资计划250万元。

【人口信息无相片人员清理“百日攻坚战”】 2015年1月4日起至4月14日，县公安局按照上级公安机关安排部署，开展人口信息无相片人员清理“百日攻坚战”工作。清理人口信息无相片人员信息13050条，采集新增照片7892张，注销已死亡未下户、已迁出未注销及重户人员5158人，100%完成人口信息无相片人员清理工作任务，取得全市第一的佳绩。

【“一标三实”基础信息大采集】 2015年，县公安局对全县人、房、业等基础信息要素进行全面采集、录入、更新。录入实有人口433677人，实有房屋322824户，实有单位17672家，维护更新实有人口441405人次，实有房屋412123套，实有单位17205家。9月，在全省各区县公安机关“一标三实”信息质量第二次交叉检查中排名第一，受到省公安厅表彰。县公安局、高石派出所、严陵派出所荣立集体三等功。

【两项机制改革试点】 2015年3月，威远县公安局被省公安厅确定为县级公安机关两项机制改革（警务运行机制和执法权力运行机制改革）试点单位后，深入开展试点工作，将改革试点项目细化为2大板块13个大项47

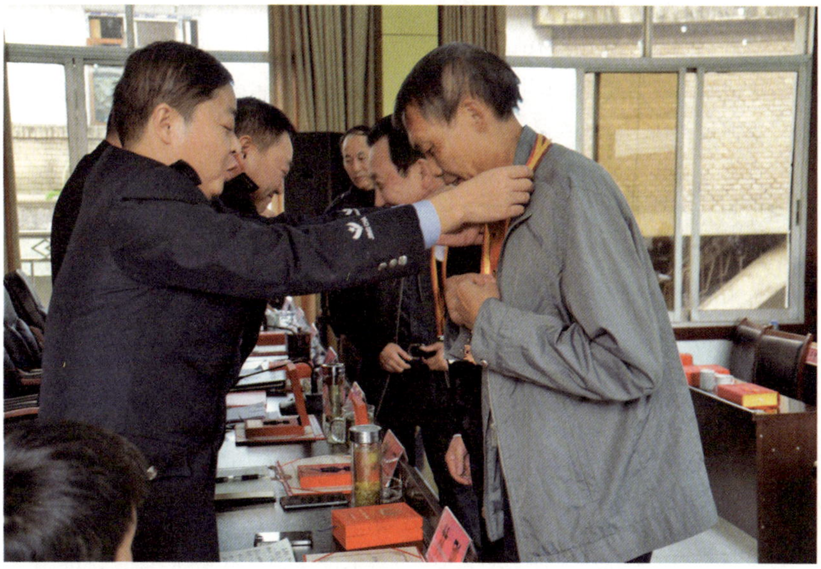

2015年11月13日，县公安局举行首次公安民警职业荣誉颁发仪式 （县公安局 供图）

个小项，先后组队到峨眉山市公安局、自贡市富顺县公安局、广元市公安局学习考察警务机制改革工作。12月，通过省公安厅“两个运行机制”改革试点考评检查工作。《人民公安报》《华西都市报》等媒体刊载县公安局警务机制改革工作成效。

【首次公安民警职业荣誉仪式】 2015年11月13日，威远县公安局举行首次公安民警职业荣誉仪式，为6名退休民警代表分别颁授金、银、铜质“忠诚服务奖章”。县公安局局党委成员、局机关民警100余人参加仪式。

（倪相霖）

检　察

【概况】 2015年，威远县人民检察院以法治精神为引领，以法律监督为主线，深入贯彻落实全市检察长会议精神，按照市人民检察院“讲规矩、严司法、重整合、促发展”的工作要求，围绕“五个注重”工作思路，以开展“规范司法行为专项整治”活动和“三严三实”专题教育为契机，严守政治纪律和政治规矩，坚持从严治检，狠抓规范司法，认真履行检察职能。全年依法批准逮捕166件224人，提起公诉205件306人，批捕准确率和起诉有罪判决率均为100%。立案查办职务犯罪案件10件20人，其中，贪污受贿案件7件16人，渎职侵权案件3件4人。在全市检察系统绩效目标考核中，17项单项工作进入先进行列，其中11项名列全市第一；获全市检察系统年度绩效目标考核第一名；被省检察院表彰为“2013年—2015年度全省检察机关先进集体”，被市院记集体三等功3项，

2015年12月23日，县人民检察院检察长刘明亮（左一）到联系村结对帮扶　（县检察院　供图）

获县级以上表彰11项。

【反贪污贿赂】 县人民检察院立案侦查贪污受贿案件7件16人，大案率100%。查办县畜牧食品局原局长李某、原副局长陈某某受贿大案；查办村社干部贪污国家专项资金等涉农惠民职务犯罪案件4件13人。

【反渎职侵权检察】 县人民检察院共立案侦查渎职犯罪案件3件4人，大案率100%。查办县人力资源和社会保障局行政审批股原副股长黄某、刘某某玩忽职守案。

【预防职务犯罪】 县人民检察院开展行贿犯罪档案查询和重点工程项目跟踪预防工作，为重大工程项目出具查询告知函81份，涉及单位108家，金额上亿元，参与重点工程项目跟踪预防29次。开展法治宣传13次，提供法律咨询80人次，发放资料1200余份。为县教育局、工商局、公安局等单位作预防职务犯罪专题讲座11次，受教育人数900余人。

【刑事检察】 县人民检察院批准逮捕166件224人，决定不批准逮捕40件56人；受理审查起诉案件303件479人，提起公诉253件389人，不起诉2件3人，附条件不起诉3件4人。

【控告申诉检察】 县人民检察院共受理群众来信来访264件，检察长接待来访31件，受理并审查处理控告申诉案件77件，受理职务犯罪举报线索15件，控告一般违法行为62件，刑事控告4件。办理司法救助案件3件3人，为当事人提供司法救助资金1万元。

【民事行政检察】 县人民检察院办理民事行政生效裁判监督案件4件，发出再审检察建议案件4件，办理行政违法行为监督案件4件。办理的唐某某等7名煤矿工人与威远县越溪镇某煤矿工伤保险待遇纠纷抗诉案，被评为全国“百大优秀案件”和省“十大精品案件”。

【刑事执行检察】 县人民检察院办理刑罚执行和监管活动违法情形监督

4件4人，提出书面纠正4件，开展羁押必要性审查21件21人。对全县社区矫正工作进行全面监督检查，共向监外执行单位发出纠正违法通知书33份，监督意见均被采纳。

【未成年人刑事检察】 县人民检察院共受理批准逮捕未成年人犯罪案件12件14人，批准逮捕8件10人，不捕4件4人；受理审查起诉未成年人犯罪案件20件27人，提起公诉12件15人，附条件不起诉1件1人。开展社会调查42人次，犯罪记录封存21人次，法律援助27人次，通知合适成年人到场53人次。

【检务保障】 2015年，司法警察参与职务犯罪线索初查11件，出警178人次，获“全省检察机关司法警察练兵先进单位”。加强的技术性证据材料审查工作，完成技术性证据审查案件43件，其中向市院移送文件检验3件，出具技术性证据审查材料40份。完成同步录音录像22件39人次。开展规范司法行为专项整治活动，召开新闻发布会1次，公检法司联席会议3次，检律协调会2次，规范案件管理，制定《威远县人民检察院涉案财物管理办法》《威远县人民检察院诉讼文书立卷归档实施办法》。共撰写各类报告、文件、信息、调研、检察宣传等材料400余篇25万余字，撰写信息、调研共300余期。规范统计、档案、保密、车辆、文印、财务等工作。

【威远县人民检察院办理的一起案件被评为全国检察机关民事检察优秀案件】 2015年12月17日，威远县人民检察院办理的唐某某等7名煤矿工人与威远县越溪镇某煤矿工伤保险待遇纠纷抗诉案，被最高人民检察院评为“全国检察机关民事检察优秀案件”，被四川省人民检察院评为“全省检察机关民事行政检察精品案件”。

2010年7月，唐某某等7名矿工因患煤工尘肺病要求解决伤残待遇与用人单位发生纠纷，矿方采取“各个击破”办法，与7人分别签订一次性补偿调解协议。获知补偿差异后矿工诉至法院，结果一审、二审、再审均维持调解协议驳回其诉求。县人民检察院受理当事人的监督申请，运用民事检察调查核实权，查明矿方与矿工签订的调解协议为“阴阳协议”，违背矿工真实意思，显失公平，于是依法提请抗诉。2015年3月，该起由内江市人民检察院提请抗诉，省、市、县三级院共同监督的、历时5年的煤矿工伤保险待遇纠纷案，通过启动审判监督程序，在县人民法院的主持下获得成功调解，用工煤矿另行一次性支付7名矿工各项待遇共计26万余元。2015年9月，最高人民检察院副检察长姜建初就该案作出“高度关注弱势群体权益保护，立足民行检察职能，保证司法公平正义实现”的肯定批示。

（周测琦）

法 院

【概况】 2015年，威远县人民法院有内设机构18个，派驻基层人民法庭7个。全院有工作人员109人，其中法官66人、法官助理10人、书记员7人、法警9人、工勤7人、其他审判辅助人员9人。平均年龄为41岁。研究生学历3人，大学本科学历87人，大专及以下学历19人。全院有中共党员76人，占全体在职工作人员的70%。

2015年，县人民法院受理各类案件4004件，办结3829件，结案率为96%，审限内结案率100%。

【刑事审判】 2015年，县人民法院审结各类刑事案件260件。依法惩处严重危害社会治安犯罪，审结一批故意杀人、故意伤害、“两抢一盗”罪犯，确保治安秩序继续好转。依法严惩毒品犯罪，深化严打力度。依法严惩赌博、卖淫，审结开设赌场、容留卖淫案件，有力净化社会风气。依法惩处危害交通安全犯罪，促进交通秩序好转。依法打击破坏市场经济秩序犯罪，一审审结王某威非法吸收公众存款案件，促进社会稳定。依法打击和预防职务犯罪，推动形成良好政治生态。2名人社局干部玩忽职守被定罪。依法尊重和保障人权，对过失犯罪等犯罪情节较轻的罪犯适用非监禁刑。

【民事审判】 2015年，县人民法院审结各类民事案件2540件。依法保护弱势群体合法权益，审结侵权类纠纷案件、劳动争议类案件693件。依法化解各类民事纠纷，审结婚姻家庭案件645件，促进家庭关系和谐。依法促进经济转型升级，审结民间借贷、金融借款合同案件690件。为党委、政府决策提供法律支持，针对白塔集团、伊兰丝集团债务，建业集团“冷凝汽”泄露、川威职工医保待遇等问题，为党委、政府依法处置建言献策，妥善化解上千人的涉法信访，促进社会稳定。依法规范诉讼行为，一审依法判决驳回“虚假诉讼”案原告诉讼请求案件6件。

【行政审判】 2015年，县人民法院院受理各类行政诉讼案件132件，审结132件，结案率达100%。注重保护行政相对人合法权益，坚持依法裁判，保护行政诉讼相对人的合法诉求。依法监督支持行政机关推进重点工程建设，审结涉及征地拆迁及违建拆除行政案件 5 件。依法化解行政争议，妥善审理郭某某等集体土地征收案件，依法维护合法行政行为，并做好判后释疑工作，促使当事人服判息诉。强推行政首长出庭应诉制度，较好解决了行政诉讼告官不见官问题。县公安局副局长倪俊等出庭应诉，提升行政领导的出庭应诉意识。主动延伸司法职能，针对行政审判中发现的行政复议、送达程序不规范等问题，县人民法院院向行政执法机关发出书面司法建议 7 份。行政审判庭一些经验在全省推广。

【执行工作】 2015 年，县人民法院院执结各类案件 842 件，涉案金额 76817. 10 万元。充分发挥执行联动机制作用，用好“点对点”网络查控功能，初步实现快速查询被执行人及其财产。开展“集中打击拒不执行法院生效裁判”专项行动，被执行人陈某某非法处置法院查封财产，被判处有期徒刑二年六个月。积极创新执行工作举措，加大信用惩戒力度，将 463 例失信被执行人信息纳入全国联网的数据库。

【便民利民】 2015 年，县人民法院建成集接待导诉、立案登记、流程咨询、投诉监督等司法业务办理于一体的诉讼服务中心，为群众办理相关业务 26500 余人次。安装 POS 刷卡机收取诉讼费，提供刷卡服务 233 次，刷卡 100. 78 万元。在立案大厅播放立案须知视频，辅导当事人进行立案操作。添置触摸查询屏、复印机、诉状样本、诉讼指南、医药箱等便民诉讼工具，为当事人提供便利。提升立案质效。采用权力下放、分工负责、一次审批等措施简化立案程序，累积优化立案流程 10 余项，将立案时间由过去的 45 分钟缩短到 15 分钟以内。明确立案人员职责，实行立案首问负责制，加强立案审批，立案准确率为 99. 5%。实行导诉服务制度，全面告知诉讼风险，避免 175 人因意气用事而提起诉讼。主动公示案件受理费收费标准，对符合条件的当事人减、缓、免诉讼费 38 万余元。建成网上立案系统方便当事人网上立案，推行远程立案、电话立案，巡回立案以及上门立案等措施，为残疾人、老年人等弱势群体提供服务，上门立案 2821 件，电话预约立案 1209 件。

2015 年 10 月 20 日，威远县人民法院举办 2015 年人民陪审员培训会（县法院　供图）

【审判管理】 2015 年，县人民法院不断完善审判质效评估指标体系，加强对各业务部门及审判人员的质效评估，制定《威远县人民法院质效考核办法（试行）》；强化审判运行态势分析与研判，召开质效分析会 4 期，及时发现影响均衡结案、制约案件质量、效率和效果的问题，针对弱势指标想对策、提建议；坚持每周进行审限督办警示，结案催办总通报 24 期，其中刑事案件 13 件，民事案件 22 件，督促案件 3 件，执行案件 31 件，非执审案件 2 件，无超审限案件。坚持按月分析质效数据，为院庭长科学决策提供参考，全年出审判管理专刊 16 期、收结案通报 12 期、其余与质效相关通报 98 次；同时与上级法院沟通协调，提交数据修改申请表 30 余份，修正质效相关指标，特别是进入发改指标的数据，使全院审判质效稳步提升。

【司法公开】 2015 年，县人民法院加强司法公开三大平台建设，对裁判文书上网情况实行动态监管，不定期检查，做到“公开为原则，不公开为例外。”严格执行公开审判制度，公开开庭审判率 100%。开展“审判流程公开、裁判文书公开、执行信息公开”的三大平台建设，全面落实法律文书上网制度，县人民法院在互联网公布生效裁判文书 2043 份，公开率 100%，被市法院表彰为裁判文书上网先进法院。敞开法院大门，主动邀请人大代表、政协委员旁听法院庭审 63 人次。举行法院开放日，邀请学生走进法院感受审判。在各类媒体上发布信息 200 余条，召开新闻发布会 2 次，拍摄法制节目《开庭说法》4 期，微博互联网直播庭审 1 次。

（袁继伟　钟文君）

司法行政

【概况】 威远县司法局（简称县司法局）为县政府工作部门。县司法局设6个内设机构，即办公室（行政审批股）、法制宣传教育股、基层工作股（县刑释解教人员帮教安置工作领导小组办公室）、律师公证工作股、司法鉴定管理股、政工科；另设20个基层司法所。下设3个事业单位，即威远县法律援助中心、四川省威远县公证处、四川知行律师事务所。2015年底，县司法局及其所属事业单位共有编制59名，实有人数42名（其中公务员37名，事业人员3名，机关工勤人员2名）；领导职数6名，实有6名。2015年，县司法局被市司法局评为法制工作、司法鉴定管理工作先进单位。

【普法依法治理】 2015年，全县深入开展“法律七进”工作，举办法制专题讲座160场次，发放法制宣传资料118400余份，展出宣传挂图201幅，制作展板136块，出动宣传车120辆次，参加法律知识竞赛1300余人次、有奖法律知识问答12000余人次，解答法律咨询54100余人次，电视网络影视宣传350场次，各级媒体网站采用普法宣传信息130余条。其中中国司法部网站采用2条、中国普法网采用2条、中国法律援助网采用1条。在县图书馆建立全县法治教育基地，在县城滨河公园制作大型法制宣传栏2块，指导高石镇、界牌镇建成法治宣传长廊，营造浓厚法制宣传氛围。全县“六五”普法工作顺利通过检查验收。

【基层司法工作】 2015年，全县20个司法所人员巩固，每个司法所有1～2名专职司法助理员，岗位目标责任制落实。为6个司法所新换电脑，11个司法所更换打印机，为全面开展基层司法行政业务提供有力保障。对全县2551名人民调解员进行业务培训，提高业务素质。注册法律服务机构8个，基层法律服务工作者25人。继续开展社会管理创新活动，推进网格化管理，密切干群关系，推进全县司法行政工作的开展。

2015年7月17日，省委副秘书长、省委政法委常务副书记杨天宗（右二）一行到严陵镇接官亭社区指导法律“七进”工作 （县司法局 供图）

【人民调解】 2015年，全县共建立健全各类调委会501个（其中镇调委会20个、村调委会321个、社区调委会50个、企业调委会86个、行业调委会8个、物业纠纷调委会5个、其他调委会11个）。全县落实调解人员2551人，调解各类纠纷1526件，防止群体性上访22件727人；排查纠纷716次，预防纠纷712件，调解各种疑难复杂案件158件。推荐上报评定四星级人民调解委员会5个，一级人民调解员3名，市级人民调解能手5名。

【帮教安置及社区矫正】 2015年，全县接收刑释解教人员595名，已安置578人，安置率97.1%；已帮教588人，帮教率98.7%；在监服刑人员信息核查235人，核查率100%。运行远程视频探视系统，与自贡、宜宾、眉山等监狱建立视频探视点数个，共开展远程视频探监23人次。规范社区服刑人员管理制度，建立健全请假外出制度、社会调查评估制度、社区矫正担保人制度、集中教育学习等社区矫正制度。全年开展社会调查评估187件，提出社区矫正警告处分7起，向人民法院提起撤销社区服刑8件，向公安局提起治安管理处罚建议2件。依法开展部分社区服刑人员特赦工作，累计特赦社区服刑人员32人，累计接收监狱特赦人员7人。全县共有在册社区服刑人员378人（其中缓刑357人、暂予监外执行6人、假释14人、管制1人），累计接收社区矫正人员1604名。高石镇社区服刑人员雷某不顾自身疾病，勇救落水儿童，属重大立功表现，内江市中级人民法院依法对其裁定减刑一年。这是全市第一例社区服刑人员减刑案件。

【法律援助】 2015年，县法律援助中心共办理各类法律援助事项3989件，占全年任务数的183%；受理法律援助案件242件（其中民事法律援助案件178件，刑事辩护案件61件，行政3件），占全年任务数的116%，有力地维护弱势群体的合法权益。不断加强法律援助机构网络建设，形成“法律援助中心—工作站—联络点”的三级法律援助网络体系。

【律师工作】 2015年，全县有2个律师事务所，注册律师25人，其中四川知行律师事务所10人、四川普佑律师事务所15人。全体律师以诚信为本，践行“务实、优质、高效”的服务宗旨，恪守职业道德和执业纪律，及时为公民、法人提供优质服务。各律师事务所和法律服务机构为县级部门和镇人民政府担任常年法律顾问，参与政府重大决策，为政府宏观经济决策、重大经济行为、农业结构调整、招商引资、重大工程建设等提供法律建议。全县律师代理案件427件，其中民事案件333件、刑事案件51件、行政诉讼案件7件、非诉讼案件36件，为当事人挽回经济损失2300余万元。

【公证服务】 2015年，威远县公证处有公证员2人。积极办理各类公证，为广大群众提供方便快捷的法律服务。畅通绿色通道，为70岁以上或行动困难的群众上门办理公证，为困难群众提供法律援助，及时参与县城管局、县国土资源局的招投标和拍卖现场公证等便民公证。全年办理各类公证2765件，其中上门服务18件40人次，减免公证费5000余元。

【司法鉴定】 2015年，四川谨诚司法鉴定所有注册鉴定员10人。其中法医临床、法医病理鉴定员8人。保险纠纷鉴定员2人。年内，县司法局加强对谨诚司法鉴定所的内部管理和对外宣传，对鉴定质量进行专项检查，并按照《司法鉴定程序通则》规定，协助鉴定机构对资质等级、鉴定质量、鉴定人诚信等级进行自查初步评估。四川谨诚司法鉴定所共办理司法鉴定795件，其中快速受理610件，减免司法鉴定服务费用27500元。无错鉴、无违规违纪、无当事人投诉，鉴定意见均被有关单位和司法机关采信。

（张懿姮）

群众团体·工商联

威远县总工会

【概况】 威远县下属基层工会823个，职工人数24892人，会员人数24375人。其中机关事业单位90个、职工人数3791人、会员人数3708人。威远县总工会设办公室、财务股、组织保障股3个股（室）和经费审查委员会、女职工委员会，撤销县工人文化宫、法律援助中心工会工作站、县总工会困难职工帮扶中心，新组建成立威远县职工服务中心。在县城区启动打造8个户外劳动者之家，争取到5名创业成功大学生名额的奖励资金。开展夏季“送清凉”慰问活动，共发放十滴水、金灵丹、毛巾、茶叶等物品1000余份，价值3万元，发放高温慰问金14000元。举办2015年女职工健康知识讲堂。开展以“构建和谐劳动关系，促进企业发展”为主题的工会法律法规宣传活动，发放工会法、工会章程、劳动法、劳动合同法、职业病防治知识等有关工会组织和涉及职工合法权益的法律法规宣传材料3000余份，接待受理法律维权、劳动保护、工伤救助、帮扶救助等方面的法律法规咨询167人次。是年，县总工会获内江市总工会县（区）工会工作竞赛、信息工作、“农民工入会集中行动”、县（区）工资集体协商等级评价、民生工程工作、推进基层劳动争议调解组织规范化建设工作先进单位称号等6个。内江威远港华燃气有限公司安全运行工会小组获“四川省模范职工小家”称号，威远县严陵镇工会联合会获“四川省示范乡镇‘街道’工会”称号，威远县镇西镇胜利街社区工会委员会获“四川省示范社区工会”称号，白塔新联兴陶瓷集团有限公司检验班长杨秀琼、新米兰陶瓷有限公司机电维修工程师孙正军、新店镇民付村村支部书记李海斌、威远县农商银行向义支行信贷员李真甫获“四川省第七届劳动模范”称号，白塔新联兴陶瓷集团有限公司工会主席吴国华获“全国优秀工会工作者”称号，镇西镇工会联合会主席王兴安获“四川省优秀工会工作者”称号。

【“五比一创”劳动竞赛】 2015年，县总工会以“当好主力军、创新创业立新功”劳动竞赛为统领，在全县重点区域、重点产业、重点工程广泛开展劳动竞赛活动，在三个工业园区开展“五比一创”（指“比技术创新、比科学管理、比经济效益、比安全生产、比团队和谐”和创“工人先锋号”）劳动竞赛，在白塔集团、威玻集团、勤达公司、港华燃气分别举办筛砖、络纱、汽车维修、安全救援等劳动竞赛。全县规模企业参与面90%，参赛职工3.4万人。举办以“大培训、大比武、大提升”行动为主题的知识

2015年12月4日，白塔新联兴陶瓷集团有限公司工会主席吴国华获“全国优秀工会工作者”称号 （县总工会 供图）

竞赛职业培训、技能比武等活动，企业参与面90%。组织黄老五食品股份公司职工参加川南四市职工电子商务技能大赛，荣获三等奖；组织卫生、教育等行业开展安全知识竞赛活动6次；组织利宏陶瓷、井得制衣、东工水电等基层工会开展技术技能大比武20场。围绕企业转型升级，深入开展提合理化建议、技术攻关和科技成果转化、技术创新“三个一”活动，企业参与面91%；围绕企业提质增效，在全县企业中广泛开展“比创新、比技能、比管理、提质增效”为主要内容的竞赛活动，企业参与面达85%；对每个企业建立节能减排义务监督员。在勤达、井得毛织、白塔等企业开展女工驾驶操作、女工织毛衣等专业竞赛活动8次，参与职工人数800人次。举办女职工风采大讲堂，在井得毛织制衣有限公司开展玫瑰书香女职工读书年活动。推进创建“工人先锋号”活动向纵深发展，开展创建活动的规模以上企业达91%。充分发挥职工技能人才或劳模的带头作用，在白塔集团、威玻集团、井得毛织制衣建立技能人才（劳模）创新工作室。

【“劳模风采”宣传活动】 2015年“五一”劳动节，孙正军、杨秀琼、李真甫、李海斌等4人获“四川省第七届劳动模范”称号。为45名全国、省、市劳模开展健康体检。春节期间慰问省劳模58人，市劳模54人，发放慰问金20.59万元。开展劳模风采“五一”宣传月活动，同县文化广电体育新闻出版局联合制作4期全国劳动模范和先进工作者的先进典型事迹宣传片，在县电视台《劳动者之歌》栏目作连续专题报道。《内江日报》内江电视台对省级劳模白塔集团杨秀琼（检验车间的“高手”）进行报道，《四川工人日报》《内江日报》

2015年4月12日，县总工会、威远勤达公交公司举办修理工维修技能竞赛　（冷国文　摄）

《华西都市报》分别对“互联网+工会”进行宣传报道，被市级以上新闻媒体采用稿件50条。

【帮扶工作】 2015年，威远县全面完成省政府民生工程下达的困难职工救助、下岗失业人员再就业、资助困难职工子女入学等工会承担民生工程目标任务，帮助418名城镇失业人员再就业，占任务300人的139.3%。帮扶救助生活、医疗困难职工（农民工）1550人，占任务640人的242.2%。资助困难职工子女上学209人，占任务120人的174.2%。进一步做好为农民工服务工作，加强农民工技能培训职业介绍。8月至10月同联兴电脑学校联合举办农民工技能培训班4期200人次，12月下旬送培26名农民工参加市总工会举办的“职工电子商务实用技能培训班”学习。因病因灾帮扶农民工724人，帮扶资金36.2万元。联合县就业局每周五定期举办现场招聘会活动，在城市花园广场举办“春风行动”专场招聘会2次，累计提供免费就业人数418人（其中享受培训补贴人数80人）。建“户外劳动者之家”8个，分别位于县城区堰塘角、滨河广场、威远南高速路口、腾家坝广场、人民路、东风路、半边街、婆城公园。8月，到蓝色地中海施工现场、环卫工人清扫现场、交警执勤地点、威玻集团、白塔集团高温一线车间慰问一线工人706名，发放毛巾、茶叶、矿泉水、夏桑菊等防暑物资价值6万元。在镇西镇井得毛织制衣有限公司建设“妈咪宝贝屋”1个，建心理驿站1个，聘请专业心理指导师1名，接受心理咨询21人次、心理援助13人次。

【基层工会组织建设】 2015年，按照“依法建会、全面覆盖、科学管理”的思路，全县共建立20个镇工会联合会、3个工业园区工会联合会、11个系统工会工作委员会，有非公企业工会495个，行业区域性工会84个，工会组建率达97%，职工入会率97.7%，初步实现县、镇（工业园区、系统工委）、基层工会三级工会组织管理体系。深化乡镇创“六好”，社区工会创“五好”工作，打造一批示范典型。年内，创建铺子湾镇、高石镇、龙会镇、靖和镇、黄荆沟镇5个“六好”镇工会联合会，创建严陵镇东风路社区、严陵镇东街社区、铺子湾镇铺子湾街社区、高石镇场镇社区、龙会镇龙会场社区、靖和镇华乐社区、山王镇山王场社区、黄荆沟镇一井社区、黄荆沟镇桥湾社区、黄荆沟镇老明槽社区、黄荆沟镇胜利街社区11个“五好”社区工会。

【厂务公开与工资集体协商】 2015年，威远县强化分类指导，推动建立区域性行业性职工代表大会制度并规范运行，已建会公有制企业厂务公开和非公企业厂务公开、职代会制度建制率分别达100%、99.7%，确保职工人数25人以上单独建立工会组织的企业申报参与工资集体协商工作等级评价的面保持在99%。威玻集团获内江A级示范企业，女职工专项集体合同、职业病防治专项集体合同签订率99%。全面实施工资集体协商提质增效2014—2017年工作规划，“三级联动递进”实现工作集体协商提质增效，评定出工资集体协商工作等级企业245户。其中A级企业115户、B级企业69户、C级企业61户。培育选树白塔集团、威玻集团、勤达公司等6个先进典型企业，培育区域性镇西园区、严陵园区等4个先进典型。

【劳动争议调解】 全县建立20个镇工会联合会、3个园区、49个社区、25人以上的企业495个，25人以上的企业建立劳动争议调解组织和工会劳动法律监督组织475个，覆盖率达到95.95%，镇工会联合会、社区规范化建设率达100%，25人以上的企业劳动争议调解组织和工会法律监督组织规范化建设率达到91.9%。开通工会维权“12351—6”热线和微信在线维权服务，组建专业律师维权团队，收集法律咨询、维权纠纷等诉求30条，处理率100%。建立基层工会法律顾问委派制度，委派率80%。

【“金秋助学”活动】 2015年，县总工会“金秋助学”时间从5月中旬至9月中旬，历时4个月，募集资金29.25万元，资助困难职工（农民工）子女275人。助学方式分为两个阶段：第一阶段从5月中旬至7月中旬，资助对象为中、小学生因就学造成家庭困难的职工（农民工）家庭，资助人数185人，资助金额9.25万元；第二阶段从7月中旬至9月中旬，资助对象为困难职工（农民工）家庭大学新生入学，资助人数90人，资助金额20万元。

2015年12月17日，“威远工会”微信公众号被评为“全国最有影响力工会新媒体”和“全国十佳运营推广策划工会新媒体” （县总工会 供图）

【威远工会微信公众号】 2015年8月中旬，威远工会微信公众号正式启动运营，截至12月底，累计发布信息134条，吸引粉丝1.1万余名，总阅读量38万人次。在“全国工会系统微信公众号排行榜”中，1次进入前10名，5次进入全国前20名，长期稳定于全国30强以内。12月17日，“威远工会”在全国总工会举办的首届全国最有影响力工会新媒体论坛上，被评为“全国最有影响力工会新媒体”和“全国十佳运营推广策划工会新媒体”称号。在全国工会新媒体100强中，“威远工会”位列全国第15名，在全国县级工会新媒体中排名第一。分别在武汉、浙江长兴两次全国总工会的新媒体会议上作经验交流发言。该项工作先后被《工人日报》《四川工人日报》《华西都市报》《内江日报》等省、市媒体报道16次。12月30日，《四川工人日报》头版头条报道《“互联网+工会”开创工运新天地，“威远工会”声名远扬》。

【首届职工风采摄影大赛】 于2015年5月揭晓。范思霄《咱们工人有力量》、王金华《无悔（组图）获数码相机组一等奖；余远文《矿工》、曾鸣《一丝不苟》、夏向前《川庆石油工人》、朱学英《建工风采》（组图）获数码相机组二等奖；吴迪《仰望》、杨宗品《流水线上》、唐艳《高空骑士》、李八中《喜悦、杨俊德《架模工人》、杨杰《工作间歇》获数码相机组三等奖；崔益广《练功》等20幅作品获数码相机组优秀奖。手机

（平板）组一等奖空缺；王昊《补线》、倪龙《打井工》获手机（平板）组二等奖；罗静《小区美容师》、王龙江《安装工》、罗英《齐心协力》获手机（平板）组三等奖；冯文章《玻纤女工》等6幅作品获手机（平板）组优秀奖。

（唐群英　潘利群　唐华仙）

共青团威远县委

【概况】　2015年，全县共有镇团委20个，县直属学校团委10个，机关团支部28个，两新团组织12个。县团委撰写的调研报告《发展农村电子商务，促进农业产业化发展》被团中央表扬，获三等奖，被团省委表彰为农村青年创业就业示范县、改革创新试点县等，共青团工作1人被评为全国优秀少先队辅导员、1人被评为全国最美中学生。

【促进青年创业】　2015年，共青团威远县委以威远县青年创业协会为依托，构建“推广—融资—实践—组织”四位一体平台，举办“农村青年电商培训示范班”，推报6个项目参与首届川南电商博览会，建成青年创业基地10个、青年创业站点22个、青年见习基地15个。撰写的《发展农村电子商务，促进农业产业化发展》在全国第四届政府部门和农村青年致富带头人“倾听心声，共促发展”活动中荣获调研报告三等奖。建立青年创业就业导师库，吸纳各领域优秀人才58名，印制威远县青年创业服务手册5000余册，实施“青年创业小额贴息贷款”、SYE贷款项目（四川青年创业促进计划），为500余名创业青年提供1000余万元资金支持。开展“逐梦计划”、暑期“三下乡”等实践活动，

2015年7月26日，团县委与县农商银行举办威远县首届“无花果仙子”评选活动　（团县委　供图）

1058名见习青年通过实践得到全方位的提升。开展暑期实践活动60余场，引导青年创新创业创优。

【青年志愿服务】　2015年，培育孵化威远民间志愿者团队、威远县青年志愿者协会义工分会等5支青年社会组织，招募志愿者5000余人，从上级争取到购买公共服务项目资金10余万元，参与社会治理各项公共事务。共青团志愿服务工作被《四川日报》《华西都市报》、腾讯网等媒体广泛报道。

【青少年关爱行动】　2015年，共青团威远县委充分整合社会资源，为全县新入学大学生争取四川省青少年基金会“我要上大学”项目资金30余万元；开展“百万好书下乡村，十万赤子送阅读”，为全县27所留守学生之家捐赠1万余本少儿读物；筹集物资40余万元，为靖和镇、镇西镇、观英滩镇各捐建1所省级示范爱心书屋；采用志愿服务众筹的方式，为患白血病的王若晶、小脑出血的刘上铭、尿毒症患者王志刚、白血病患者杜忠泽等困难青少年筹集物资共计70余万元。

【青少年思想道德建设】　2015年，威远县以旗帜鲜明的红领巾为主题，开展青少年喜闻乐见的队日活动，如“环保微炬会”“红领巾小导游”“红领巾祭英烈”“我是向上向善好队员”“红领巾相约中国梦——关注少代会，当好小主人”等等，102个少先队大队，3万余名少先队员参与主题队会活动，活动参与率高达98%以上。在2015年少先队主题说课比赛中，2名基层少先队辅导员荣获省少工委表彰。

【预防青少年违法犯罪工作】　2015年，威远县开展“共青团与人大代表、政协委员面对面”活动，定期召开“预青”领导小组工作联席会议，调动青少年参与“依法治县”活动的主观能动性。加强对流浪儿童、闲散青少年、不良青少年的教育管理，迎接团中央对威远县重点青少年群体服务管理和预防犯罪工作的检查。

【首届“无花果仙子”评选大赛】　2015年7月26日晚，由共青团威远县委主办，威远农商银行、威远广播电

视台承办，威远印象传媒、威远文化馆协办的“农商银行杯”威远县首届无花果仙子评选大赛在城市花园广场落下帷幕。大赛历时一个月，经过海选和复赛，140余名参赛选手评选出30位“仙子”进入决赛。选手唐婉凭一曲古典舞《兰陵王入阵曲》征服评委和在场观众，荣膺桂冠，官思栖、邱月分列二、三位。大赛同时评选出最佳才艺奖、最佳形象奖和最佳人气奖三个单项奖。

【“我为婆城添光彩”志愿服务项目】 2015年7月，启动实施以婆城公园为主要阵地，以婆城公园志愿服务站为依托，坚持“四定”（定口号、定人、定时、定队伍）原则，开展全省首个以文明劝导、维护公园环境、宣传城市绿色文化等为内容的公园项目志愿服务项目——“我为婆城添光彩”威远县党员义工暨青年志愿者服务项目。自志愿服务项目实施以来，累计开展58次，全县各行各业1万余人次参与，共计服务时长2万余小时。

（杨雪梅）

威远县妇女联合会

【概况】 2015年，全县有县级妇联1个、镇妇联20个、村（社区）妇代会371个、县直属妇委会13个，共有专兼职妇女干部673人。

县妇联切实履行组织妇女、引导妇女、服务妇女和维护妇女合法权益的职责，引领妇女“居家临活就业”；巩固和拓展城乡基层组织建设；结合践行社会主义核心价值观和女干部素质提升工程；提升妇女整体素质，深化甜女品牌内涵。年内，获得全国妇联《婚姻与家庭》宣传推广先进奖；省妇联、省综治办、省公安厅等联合表彰的四川省“平安家庭”创建工作先进集体；市妇联业务工作目标综合考核一等奖；市卫生局、市妇联等联合表彰的市妇幼健康技能竞赛优秀组织奖；县委表彰妇联“四好班子”、党风廉政建设一等奖、综治先进单位。

【基层组织建设】 巩固和拓展城乡基层组织网络，镇（街道）、村（社区）妇女组织组建率达100%，村（社区）妇代会主任进“两委”比例达100%。建立健全“妇女之家”，镇（村）组建率100%，依托“妇女之家”建立“一站、一线、一队”，即妇女儿童维权站、“12338”维权服务热线、巾帼志愿队伍，促进宣传、教育、培训、维权、健康服务、就业创业、组织活动等各项服务妇女儿童的工作进入“妇女之家”，在严陵镇建业路社区和镇西井得毛织制衣有限公司新建“妇女之家”“儿童之家”示范点各1个，在严陵镇接官亭社区建立“儿童之家”示范点1个。配合组织部门加大培养选拔妇女干部工作力度，通过走出去、请进来，召开会议、讲座、网络学习等多种形式，全面加强女干部队伍的素质建设。建立妇女干部人才库，储备科级以上后备干部33名。全县公务员中女性比重逐年提高，共有女领导126名，达8%；县级领导班子中有1位副县级女性领导干部，20个镇党政班子妇女干部配备率达100%；县人大女代表73名，占代表总数的28.9%，政协女委员58名，占委员总数的22.4%；女党员7455名，占总数的24.3%。

【促进妇女全面发展】 2015年，县妇联与县就业局联合开展“春风送岗位行动”，利用2015年首场返乡农民工专场招聘会设立妇女就业专区，发放宣传资料1万余份，提供免费服务人数4000余人次，提供女性岗位384个，达成就业意向的女性121人。根据妇女需求，因需施教，分层次、分类型抓好定向培训。在东联镇新建甜女居家灵活就业示范基地1个，5月25日至30日举办为期6天的100余农村妇女参加的居家技能培训班；在靖和镇花祠村开展家政和职业技能培训，

2015年6月17日，内江市井得毛织制衣有限公司总经理童敏芝（左一）为妇女进行居家灵活就业培训　（县妇联　供图）

为40余名妇女传经送宝；与爱君家政服务公司合作开展培训3期，为城乡妇女就业提供平台。发挥各级巾帼文明岗立足岗位、奉献社会的示范辐射作用，推进手工业制作、居家灵活就业和两新组织的岗位创建，加强对各级文明岗的检查评审。年全县新建复评县级岗25个，上报市级岗2个、推荐上报省级岗1个。

【维护妇女儿童合法权益】 2015年，威远县以“男女平等·幸福威远”“深化妇女普法教育，携手共建法治威远”“实施六五普法规划，推进依法治县进程”为主题开展各类法制宣传妇女维权咨询活动5场次，免费发放婚姻法、妇女权益保障法、女性健康知识手册等1000余册及《城乡环境综合治理进家庭活动倡议书》《珍爱生命，远离艾滋》等2000余份，共接受咨询600余人次，受教育妇女群众1000余人次。特邀县禁毒办、县防艾办专家在铺子湾镇为镇、村干部及妇女代表100余人进行“巾帼维权大讲堂”法治讲座。配合四川省妇联和西南财大，在威远县铺子湾镇、向义镇、界牌镇开展《农村土地经营权确权登记颁证工作中妇女权益保护情况》的调研，向100名农村妇女进行问卷调查，对部门、镇、村（社区）干部和20名农村妇女进行现场走访座谈。发挥县、镇、村三级妇联信访渠道作用，为受害妇女排忧解难。完善信访接待和主席接待日制度，在全县各镇妇联建立妇女儿童接访窗口21个，受理来电、来信、来访等投诉15件，办结率100%。各镇村调解家庭矛盾纠纷663件。

【开展贫困救助】 2015年，县妇联开展“冬之暖”慰问、贫困母亲救助、“春蕾计划”“留守儿童关爱行动”等慰问活动，走访慰问305户贫困家庭和贫困儿童，发放慰问金4万余元。采取集中与分散的方式，在各镇开展以“关爱、陪伴、陪护、看护”为主题的“爱心接力妈妈”巾帼志愿活动30余次，结对50余名留守儿童。在全县启动“关爱女性健康，呵护留守儿童，1+1传递爱”活动。全县共有承保妇女10220人，收取保费32万余元，获赔妇女2人，接受“1+1”传递爱资助留守儿童40人。组织全县科级女领导干部和各级妇联干部、妇女代表在严陵镇开展以《健康生活方式·精彩完美人生》为主题的健康知识讲座；靖和镇、东联镇、镇西镇等分别请老妇科医生为妇女姐妹讲授妇女疾病健康保健等知识。

【和谐创建活动】 2015年，威远县推选县级“最美家庭”30户，推荐上报3户评选为市级“最美家庭”，推荐上报1户为省级“最美家庭”候选家庭。推荐“甜女”参加市礼仪队，组队参加市“甜女杯”舞蹈大赛获组织奖和三等奖。发放甜女宣传画册200余份，展示威远女性风采。开展“幸福内江、甜城甜女”工作调研，助推甜女品牌工作向纵深发展。将“倡导廉洁家风，培树家庭美德，创建幸福家庭”为主题的廉政文化进家庭示范单位创建活动与“最美家庭”“平安家庭”“和谐家庭”“幸福家庭”等活动相结合，引导家庭成员敬廉、崇廉、助廉，共筑家庭反腐倡廉防线，建立3个市级廉政文化进家庭示范点。对全国巾帼建功标兵、内江市“三八”红旗集体、内江市“三八”红旗手的先进事迹进行宣传，在威远县广播电视台采访报道4名全县各行业优秀女性；评选表彰30个妇联工作先进集体和14名优秀妇女工作者。

（杨 莉）

威远县科学技术协会

【概况】 2015年，新成立社区科协2个（威远县观英滩镇街道社区科协、威远县黄荆沟镇一井社区科协），新成立事业单位科协1个（威远县向义镇卫生院科协），新发展农村专业技术协会5个（威远县向义镇无花果产业协会、威远县镇西镇甘蔗产业协会、威远县花椒协会、威远县龙会镇养鱼协会、威远县越溪镇林木种植协会）。截至年末，县科协所属县级学（协）会27个、企业科协6个、镇科协20个、社区科协14个、事业科协2个；全县农村专业技术协会105个。科普惠民益民取得新进展，基层科普行动再创新业绩，获国家表彰奖补项目2个、省级表彰奖补项目3个，争取省级科普专项经费项目1个，新发展建立农村科普示范基地1个（威远县中药材种植科普示范基地）。科技与人才工作进一步推进，调整科技思想库，入库专家总数42名。编印完成科技思想库论文集收录专家论文13篇，组织中青年专家参加全省第七届中青年专家学术大会征文，全县7名中青年专家的4篇论文入选并在学术大会上获奖及交流。白塔集团院士（专家）工作站被评为四川省民营企业院士专家工作站合格单位；银会合作平台进一步完善，“银会合作”客户数据库初步建立。全年完成信贷放款120笔、1511万元。县科协被市科协表彰为2015度科普工作、信息工作、统计工作先进集体和全市青少年科技创新大赛优秀组织奖单位；全县科协系统中：1个镇科协、2个社区科协、1个企业科协、5个农技协、4个农村科普示范基地和6名个人荣获市科协表彰的全市科协系统先进集体、先进个人；威远县无花果种植科普示范基地被中国科协、财政部表彰为“全国科普惠农兴村先进单位”；威远县严陵镇接官亭社区居委会被中国科协、财政部表彰为“全国社区科普益民计划先进单位”（全国科普示范社区），被四川省科协命名为“2015年四川省科普示范社区”。

【科学普及】 2015年5月12日，围绕“科学减灾，依法应对”主题，威远县在县城区滨河广场举办“5·12”防灾减灾日主题宣传活动，县科协组织到严陵镇河北街小学开展防灾减灾科普进校园宣传活动。5月16日，组织县级相关部门、有关企业单位共计50余人参加中国科协、四川省在内江市国际展览中心举办的四川省科技活动周启动仪式暨科技内江行系列宣传、展示展销活动。5月21日至22日，县科协、县科技局牵头组织农科专家到铺子湾镇、新店镇开展送科技下乡宣传活动，发放各类科技科普资料1500余份，宣传推广农村实用技术8项次。9月22日，在县城区滨河广场举办威远县2015年全国科普日科普益民进社区宣传活动，参加单位共18个。9月21日至25日，举办科技电影展映周活动。

【科普培训】 2015年4月10日，县科协联合新店镇组织县畜牧食品局、县鸭鹅产业协会专家在新店镇民付村举办农村实用人才技术培训，计生“三结合”户、结对帮带户、养殖大户等50余人参加，发放科技资料100余份、优质鸭苗500只。5月21日，联合县科技局、粮食局在铺子湾镇举办香葱实用技术培训，参训农村基层干部、香葱种植大户等80余人。5月22日，联合县科技局组织县林业局、县向义镇无花果产业协会、县七星椒产业协会在新店镇举办无花果、七星椒生产技术培训，参训农村基层干部、果蔬种植大户100余人，发放科普宣传资料2000余份。9月17日，联合县科技局、新店镇组织县水产渔政局专家在新店镇民付村举办农村科普惠民实用人才技术培训，参训农村基层干部、计生三结合户、水产养殖户等60余人，发放科技资料1000余份。9月25日，联合县柠檬协会牵头组织县农业局和内江雨果科技有限公司的专家在高石镇兰田泡桐村的柠檬科普示范基地举办农村实用人才柠檬生产技术培训，参训农村基层干部、柠檬种植大户共80余人，发放各类资料1200余份。10月15日，配合县科技局、白塔集团公司科协承办由内江市科协主办的《企业知识产权管理规范》培训，白塔、威玻等企业的70余名科技人员参训。年内，县科协所属团体、农技协、基层科协组织等举办各类实用技术培训班324期，培训农村党员基层干部2600人次，农技协骨干450人次，农民群众23850人次。

【科普惠农】 2015年，全县申报成功“基层科普行动计划”项目5个（国家级2个、省级3个）。威远县无花果科普示范基地被中国科协、财政部表彰为“全国科普惠农兴村先进单位”，获得奖补资金20万元；威远县严陵镇接官亭社区居委会被中国科协、财政部表彰为“全国社区科普益民计划先进单位”（全国科普示范社区），获得奖补资金20万元；威远县养鸡协会、威远县鸭鹅产业协会理事长荣获省级“科普惠农兴村计划”项目奖补表彰，分别获得省级项目奖补资金10万元、2万元；威远县连界镇劳动街社区荣获省级“社区科普益民计划”项目奖补表彰，奖补资金10万元；威远县严陵镇西街社区省级科普专项资金项目支持10万元。

【青少年科技创新大赛】 2015年2月至3月，围绕“体验·创新·成长”主题，县科协配合县教育局开展县第30届青少年科技创新大赛，共征集科学实践、科技论文、小发明小制作、科幻画及科学影像等学生作品

2015年9月22日，县科协举办科普益民进社区活动　（县科协　供图）

1100件（其中选送市级参赛作品185件）。获得市级一等奖28件、二等奖66件、三等奖54件，获得市级优秀组织奖单位8个、市级优秀科技教师6名、市级优秀科技指导教师44名；学生作品获得县级一等奖35件、二等奖201件、三等奖193件。

【严陵镇接官亭社区被评为“全国科普示范社区”】 2015年6月9日，中国科协、财政部以科协发普字〔2015〕49号文件，公布2015年基层科普行动计划奖补单位和个人，威远县严陵镇接官亭社区居委会获得中国科协、财政部奖补表彰并被授予“全国科普示范社区”称号。同年4月，该社区被四川省科协命名为“2015年四川省科普示范社区”。2015年，接官亭社区两委和社区科协将创建科普示范社区、落实推进基层社区科普益民行动计划纳入工作日程，加大科普投入，加强社区科普基础设施条件建设，组织开展社区科普宣传系列活动，建立完善社区科普组织网络，壮大社区科普志愿者队伍。接官亭社区通过项目支持、自筹等方式累计投入科普资金10余万元，建成彩屏电子科普宣传栏1个、科普宣传橱窗（栏）3个，购置科普设施设备10台（套）、科普图书4000册，开展各类科普宣传、科普培训讲座等30余场次，发展科普志愿者85人、评选科普示范家庭50户，社区科普活动居民群众参与面达85%以上。

【威远县无花果种植科普示范基地获评“2015年全国科普惠农兴村先进单位”】 2015年6月9日，中国科协、财政部公布2015年基层科普行动计划奖补单位和个人，威远县无花果种植科普示范基地获得中国科协、财政部奖补表彰并被授予“全国科普惠农兴村先进单位”。该基地由威远县金四方果业有限责任公司申请经县科协批准于2010年12月建立，其核心示范园、示范片总规模达206.67公顷，先后以基地为中心，引导发展无花果种植333.33公顷，公司基地通过BOT模式发展无花果种植1333.33公顷。2015年，县无花果科普示范基地联系对接科研院所4个、承担县级以上科技项目2项，引进开展适应性试验示范新品种10余个，示范推广无花果新品种8个、自主开发新品种2个，培育科技示范户598户，示范带动果农6000余户发展产业增收致富。申报产品注册商标2个，其产品获得四川省无公害农产品产地认证、有机转换产品认证、森林食品认证。被评为威远县优秀科普示范基地、内江市科协系统科普工作先进集体。2015年3月启动申报实施国家基层科普行动计划（科普惠农兴村计划）项目，经逐级推荐评审获得国家奖补。

2015年9月17日，县科协在新店镇民付村举办农村科普惠民实用人才技术培训　（县科协　供图）

【威远县2015年全国科普日科普益民进社区宣传活动】 2015年9月22日，威远县2015年全国科普日科普益民进社区宣传活动在县城区滨河广场举行。活动由威远县委宣传部、县科协、县科技局、县环保局联合举办，严陵镇党委政府、严陵镇接官亭社区居委会承办，县总工会、县妇联、团县委、县残联、县卫计局（县疾控中心、县人民医院、县中医医院）、县文广体新局、县农林局、县食药监局、县气象局、县电信公司和严陵镇西街社区、河东街社区等参加；县委常委、县总工会主席李磊到现场指导。集中宣传活动围绕“科技成就梦想，拥抱智慧生活”“创新创业成就梦想、建设法治文明美丽和谐威远”主题，共展出低碳生活健康安全等科普挂图25幅、防灾减灾科普展板5块，发放农林科技知识、食品药品安全、节能环保、老年安全出行知识、幼儿安全防拐常识、残疾人康复知识、危化品防爆消防安全、健康科普知识、法制文明社区、生态文明智慧城乡等科普宣传资料15500份，法律法规资料5900余份，接待群众咨询服务2500余人次，开展群众义诊200余人次、城区居民群众3000余人在活动中受益。9月21日至25日，县科协牵头协调组织县文广体新局、县电影发行放映公司、严陵镇接官亭社区在赵家坝广场举办科技电影展映周活动。

（余祥贵）

威远县归国华侨联合会

【概况】 2015年，全县有侨联委员11人、归侨侨眷2941人，其中归侨2人。全年接待海外来宾6批、26人次；慰问重点、困难归侨、侨眷35人次，慰问金1.05万元。县侨联被市侨联表彰为2015年度县（区）侨联维护侨益工作先进单位和第十六届世界华人学生作文大赛优秀组织单位。

【宣传教育】 2015年，县侨联将《中华人民共和国归侨侨眷权益保护法》和经过第九次全国归侨侨眷代表大会审议通过的《中华人民共和国归国华侨联合会章程（修正案）》及印制的《涉侨法规政策选编（2000—2015）》共2400份宣传资料，通过召开侨界代表学习座谈会、全委扩大会、走访侨户、上街设点宣传等方式，送到归侨侨眷、港澳眷属及人民群众手中，使广大归侨侨眷知法、懂法、用法，善于依法维护自己的合法权益。

【组织侨企到内江参观考察】 2015年9月17日，组织威远县侨商企业四川省缔铂酒业有限公司赴内江参观高新区孵化园、四川效率源科技有限公司、四川汇宇制药有限公司、内江市城市规划展览馆，听取内江各公司介绍企业基本情况、发展前景和发展经验。侨企通过定期外出参观考察，在企业文化和经营管理理念等方面获得交流与学习机会，提升企业自身的发展内动力。

（胡　雪）

威远县工商业联合会

【概况】 2015年，威远县工商业联合会建有机砖、日用副食、农产品加工、餐饮、汽车行业等5个行业商会和1个异地商会（成都市工商联威远商会），重庆、昆明2个异地商会和多个行业商会在筹建之中。县总商会、行业商会、异地商会会员总数1100余名。县工商联组织4次80人次工商联界别人大代表、政协委员参与各类调研，形成《大力发展农村电商》《扶持传统工业转型升级》等有价值提案、议案15件。其中，《大力发展农村电商》被评为2015年度政协重点提案。

【光彩事业】 2015年，县工商联牵头，威远杰林塑胶艺术品厂与县残联达到初步协议，为残疾人提供艺术品加工项目和技术培训，帮助建立残疾人日间照料中心，为残疾人奉献爱心。

【行业建设】 县工商联助推电子商务发展，强化服务引导。会员企业网上销售发展迅速，黄老五、金四方等企业电子商务交易额大幅上升，黄老五全年突破5000万元。加强与各行业商会的协调，配合威远顽购网、威远零距离网站，对农产品加工商会、日用副食品商会、餐饮商会主要成员的商品信息进行采集。配合县商务局等部门推动全县电子商务发展，县电子商务中心成立，阿里巴巴入驻威远，成为四川省首个农村电子商务示范县。助推企业转型升级，引导企业转型发展，机砖商会投资建成威远第一个本土电子商务网站——顽购网。引导企业创新发展，东工水电新三板上市工作进展顺利，于2015年7月31日正式挂牌，成为非上市公众公司。11月26日，举行挂牌仪式。配合县科技局、严陵工业园区等开展科技企业孵化器建设工作，动员10户会员企业入园注册。举办推荐和评选威远羊肉汤特色名店活动，提升威远羊肉汤水平。

（黄　忠）

威远县文学艺术界联合会

【概况】 全县有县作家协会、县摄影家协会、县川剧爱好者协会、正阿书法研究院、镇西文学艺术协会、县美术家协会、县诗词学会、县老年书画研究会、县书法协会等9个文艺家协会，拥有县级会员664人。

年内，县文学艺术界联合会围绕全县工作大局，高举社会主义核心价值观旗帜，突出中国梦的时代主题，坚持以人民为中心，创新工作机制、延伸服务手臂，勇于担当、真抓实干，团结引导广大文艺工作者深入社会实践，努力创作优秀作品，服务大局、服务人民。2015年，县文学艺术界联合会被省、市文联评为先进文联。

【文艺创作】 2015年，威远县各文艺门类深入生活、潜心创作，在全国、省、市级刊物及展览中收获颇丰。全县作家在市级以上报刊发表各类作品200余篇（首）；出版长篇小说《心狱解码》；网载小说8部，文字达200多万。推荐40余件文学作品参加第二届“非常梦想——四川省第二届农民工原创文艺作品大赛”，18篇作品进入省级评选。县美术家协会步入全市第一方阵，5幅作品入展第五届川南文化艺术节，20余幅国画和油画入选内江市首届美展。县书协举办“问道经典”临帖书法展，与县教育局组织“阳光园丁书画展”等活动。3人作品入展全国、省、市级展览。县摄协组织“光影威远·大美穹窿”专题摄影活动，30余幅反映威远风光的图片分三个专题在四川省摄影家协会网站登载。4人摄影作品入选“看四川—文艺精品摄影创作工程”优秀摄影作品展，9人31幅（组）作品在“印象甜城·幸福内江”摄影大赛中获奖。县诗词学会与严陵镇文化站在严陵镇接官亭社区举行庆祝抗日战争胜利70周年暨红军长征80周年诗歌朗诵会，到石板河、芦高山挖掘整理穹窿山水民间传说和诗词楹联。县老年书画研究会书法、国画组组织60余名会员创作作品参加纪念中国人民抗日战争暨世界反法西战争胜利70周年的展出活动；举办内江市三县两区老年书画研讨会，出版《天下穹窿·魅力威远诗词、书画、摄影集》和《清溪浪花》；获省级奖励6人7件作品，获市级奖励36人47件作品。县川剧爱好者协会组织表演唱21场次，每场观众300余人次。县正阿书法研究院主办书画艺术交流展览活动2次，免费指导培训387人次；创作各类书画艺术精品56幅，交流收藏国内书画艺术名家精品48件。镇西文学艺术学会是内江市首个乡镇文联协会，承办市文联组织的“送文化送春联到基层”活动和镇西正月十三元宵晚会。

（陈　权）

2015年7月17日，市、县文联组织“光影威远·大美穹窿”省市摄影家采风活动　（县旅游局　供图）

威远县红十字会

【概况】 2015年，威远县有县红十字会基层组织150个、团体会员25个、成人会员1504人、青少年会员15500人、志愿者1504人、学校红十字会7个、社区红十字服务站9个、村级红十字会16个。年内，县红十字会贯彻国务院《关于促进红十字事业发展的意见》和四川省人民政府《关于促进红十字事业发展的实施意见》，落实县红十字会的新闻发言人制度，改版网站，建立红十字会微博，为理事会成员单位和红十字会领导订阅一报一刊73份共6516元。加强同县级媒体的合作，在威远县广播电视台等媒体播放公益短片和发布重要信息。结合博爱家园项目的实施以及“5·8”红十字博爱周等活动，在中小学生、村（居）民和志愿者中开展红十字运动基本知识及其法律法规和应急救护知识的宣传培训。

【“三救三献”工作】 （“三救三献”工作：指应急救援、应急救护、人道救助和献血液、献造血干细胞、献人体器官组织）进一步完善县红十字会应急预案快速反应机制，并使其步骤化、框架化，将预案上墙。与县气象局、应急办建立信息共享平台，通过电话、短信和网络平台等方式强化信息的随时互通，及时了解气象信息和灾情，畅通灾害信息收集报送渠道，查灾报灾5次。在中小学生和村民中举办防灾减灾知识宣传培训3次300余人。开展应急救护知识“五进”活动，在学校、社区和“政协讲堂”以及对大学生志愿者等进行4场专题讲座，参加人员300余人次。选派志愿者2名参加市上开展“爱心放飞梦想——学习雷锋　内江志愿者携手圆梦——内江市第十四个公民道德月宣传月暨志愿服务”活动。建立师资团队，选派骨干师资参加中国红十字总会举办的提高班培训，培训急救讲师2名，建立县级急救讲师6人团队，开展教研活动4次。心肺复苏宣传片在威远县广播电视台播放。红十字博爱送万家、天使阳光行动和博爱助困等志愿服务活动共救助困难群众51户230余人，发放救助金2万余元。将14岁以下的白血病2人、先天性心脏病6人等患儿和困难群众的求助资料上报上级红十字会和相关组织及时给予救助。帮扶新场镇万祥村50户250余人3000元；精准扶贫新场镇联丰村，通过走访调研，帮扶贫困家庭4户800元，筹集资金1000元和县史志办一起为联丰村建立扶贫基金，帮助困难群众和贫困村脱贫致富奔小康。通过在党政网和红十字会网站发出倡议书等方式重点开展造血干细胞志愿者捐献者宣传和报名登记工作，新增造血干细胞捐献登记11人，1名志愿者捐献精配进行中。

【减灾项目建设】 2015年，全县共有2个在建减灾项目。东联镇李家坪村红十字博爱家园项目生计基金8万元运作顺利，帮助村民发展经济，减灾工程建设基本结束；船石村的项目全面实施，发展基层红十字会员，招募红十字志愿者，相继开展基线调查和易受损性及能力评估，分别对灾害管理委员会成员和志愿者进行培训。通过层层筛选，争取到香港红十字会在威远县实施博爱家园——社区为本减灾项目2个64万元，受益人数将达6000余人。结合项目的实施抓好志愿者的招募和培训工作，使其在项目实施和人道救助工作中发挥积极作用。

（袁成碧）

2015年8月13日，香港红十字会驻成都联络办事处、四川省红十字会项目办负责人考察威远红十字博爱家园——社区为本减灾项目点 （县红十字会供图）

威远县残疾人联合会

【概况】 2015年，县残联下设镇残联20个，残疾人专门协会5个，村（社区）残协372个。截至2015年底，全县有持证残疾人20630人，其中：肢体残疾11751人、听力残疾942人、言语残疾119人、视力残疾3100人、智力残疾1188人、精神残疾2226人、多重残疾1304人。全年为2.8万余名残疾人提供“量体裁衣”式个性化服务。实施残疾人十大民生工程和一项民生实事，扶持城乡残疾人居家灵活就业9596人，居家灵活就业直接补贴669人66.5万元，为10777名农村贫困残疾人发展生产、增加收入，适配贫困残疾人亟须的基本辅助器具2846人次，为贫困家庭脑瘫儿童提供手术治疗6人、适配辅具14人、康复训练45人，投入41.7万元为696名符合条件的智力、精神三级残疾人提供居家托养服务，投入13.5万资助一家残疾人托养服务机构，投入资金23.9万元为97户残疾人家庭进行无障碍改造，为13名贫困家庭重度听力残疾儿童免费配戴助听器，其中2名进行免费人工耳蜗植入，投入363万元为4660名重度残疾人发放护理费用补贴，救助40名智力残疾儿童进行康复训练，全面建成县残疾人综合服务中心。

【残疾人基本服务状况和需求专项调查】 2015年1月4日，威远县残疾人基本服务状况和需求专项调查工作全面启动，选取铺子湾镇王家村作为专项调查启动示范村。采取入户调查的形式，对王家村5户残疾人的基本情况和需求进行调查，并对村调查员的终端录入操作进行现场指导，完成19089人的全国性专项调查工作任务。

【“全国助残日”系列活动】 县残工委围绕“关注孤独症儿童，走向美好未来”的主题，开展第25个“全国助残日”系列活动。5月14日，集中看望慰问11名孤独症儿童和4户特困残疾人，推动建立孤独症儿童筛查诊疗康复的衔接机制，帮助孤独症儿童康复，加强残疾儿童特殊教育。15日，县残联与威远协和医院在城市花园广场，举行残疾预防知识、各级惠残政策及碘缺乏病防治宣传咨询，并开展义诊和防盲脱残的白内障筛查活动。

【启辰智力残疾儿童康复训练项目】

贫困智力残疾儿童康复训练项目是国家残疾人事业专项彩票公益金支持救助项目，也是省、市残联下达威远县的2015年度民生工程，由县残联主办、威远县启辰智力残疾儿童康复训练中心（威远协和医院）承办。启辰智力残疾儿童康复训练项目在县残疾人综合服务中心三楼运行，使用面积600余平方米。县残疾人综合服务中心于2014年1月开工建设，2015年6月全面完成。项目总投资1746万元，占地0.57公顷，总建筑面积7118.94平方米，分建残疾人康复托养主楼和标准化室内运动场两幢单体建筑（主楼6437.39平方米、室内运动场681.55平方米），设置残疾人康复训练、托养庇护、就业培训、文体娱乐、综合服务五项功能。除启辰智力残疾儿童康复训练项目外，其他功能尚未正式运行。

【“创维公益万里行”威远站惠民助残活动】 2015年10月至12月，创维公司到威远县开展“创维公益万里行”惠民助残活动。捐赠价值1万元的16床棉被和100个电饭煲，同时通过各镇残联为每名持证残疾人发放“惠民存折”，凭“惠民存折”在该次活动有效期内（2015年10月29日至12月31日）到创维公司指定地点选购活动指定商品及数量（仅限创维品牌的电视机、洗衣机、冰箱、空调，每张“惠民存折”各品类限购一件）时，可享受补贴500元。11月25日至11月26日，创维公司联合威远广电在县残疾人综合服务中心举办一次集中的惠民行动。

【助残扶老】 2015年9月23日，由深圳狮子会百合服务队主办，深圳狮子会海悦服务队、香港华东集团协办，威远县残联承办，四川狮子会春熙路

2015年9月23日，深圳狮子会百合服务队向威远县残疾人综合服务中心捐赠物资　（县残联　供图）

服务队支持的助残扶老捐赠仪式在威远县残疾人综合服务中心举行。深圳狮子会百合、海悦服务队，向威远县残疾人综合服务中心捐赠床垫70张、棉被70床，为东联镇敬老院捐赠床垫30张，总价值10余万元。

（罗铮铮）

威远县社会科学界联合会

【概况】 威远县社会科学界联合会（简称县社科联）于2011年2月25日成立，指导和协调所属学会、协会、研究会，理顺社科联工作体系。设社科联主席1人。

2015年，县社科联围绕县委、县政府中心工作，积极发挥社科联的“桥梁和纽带”作用。指导和协调所属学会、协会、研究会，理顺社科联工作体系。组织社科工作者围绕习近平总书记系列重要讲话精神，围绕县委、县政府中心工作，组织开展课题调研。

【社科成果】 2015年，威远县申报获立市级规划课题项目6个，年内结题获得市一等奖1个、三等奖2个、优秀奖1个。（陈　俊）

2015年威远县获市级社科规划立项研究成果奖名单

序号	立项研究成果	获奖奖次	课题组成员
1	《民俗文化与旅游产业融合发展之路的思考——以四川省威远县民俗文化旅游产业发展为个案》	一等奖	夏年方　杨国康（单位：威远县外事侨务旅游局）
2	《威远县无花果产业发展的思考》	三等奖	蒋远辉　罗杰　周俊美　蒋东安　周琼英（单位：威远县农工委）
3	《按照“三严三实”要求　持续深入推进工作作风建设不断取得新成效的实践与思考》	三等奖	陈　良　杨进军（单位：威远县委党校）
4	《深入挖掘历史文化资源　服务威远经济社会发展》	优秀奖	冷国文（单位：威远县史志办公室）

2015年5月19日，省关工委执行主任张中伟（中）到龙会镇互助村调研关工委工作　（县委老干部局　供图）

威远县关心下一代工作委员会

【概况】　2015年，县关工委机构进行调整，由4组7团调整为5委4团，即农村、机关、社区、企业、金融5个工作委员会，组成校外辅导、教育调研、科技卫生服务、法制宣教等4个服务团。截至年末，县关工委共有专兼职人员101名，其中专职人员2名。全县52个规模企业、64个机关、57个社区、313个村全部建立健全关心下一代工作组织，实现纵到边、横到底的组织建设网络全覆盖。

县关工委开展“五个一千”工程、“六个像雷锋那样”和“三无”（无吸毒、无犯罪、无进营业性网吧）学校、社区创建活动，并采取以会代训、现场指导等方式加强业务指导。县关工委各工作团、组及各级关工委开展多项主题教育活动，对青少年进行思想政治、形势传统、法制宣传、卫生科普、文化艺术等教育，受教育人数达数万人次。全县12名先进个人和6个先进集体获市关工委表彰，县关工委被中国关工委和中央文明办评为全国关心下一代工作先进集体。

【“五老”作用发挥】　威远县通过组织出面动员、“五老”（老党员、老干部、老军人、老模范、老教师）骨干影响、载体活动吸引等方式，扩大和动员更多的“五老”人员参与关心下一代工作。全县从事关心下一代工作的老同志有9000余人。充分发挥广大“五老”对青少年的引导、关爱作用，使“五老”作用渗透到关心下一代工作的每个角落。

【“六好”基层关工委创建】　各基层关工委对照创建标准，申请“六好”基层关工委创建。县关工委采取听汇报、查资料、看现场等方式，分组对农村、社区、机关、企业、学校等5个片区进行全面验收。新验收通过51个单位，共95个单位成功创建“六好”基层关工委。

【“三无”学校、社区创建】　县关工委在全县学校、社区中继续开展“三无”创建工作，进一步净化未成年人的成长环境。通过学校、社区的教育、监督，以及和辖区派出所、工商、文体等单位的配合管理，新验收8个社区、2所学校。累计有38个社区、28所学校创建成功。

【主题教育活动开展】　2015年，县关工委组织开展纪念抗战胜利70周年系列活动，听抗战老兵讲述抗战故事，组织青少年参加公祭烈士活动等。在全县机关职工未成年子女和广大中小学生中开展“我们的价值观，我们的中国梦”“少年传承中华美德教育”“最美家书”“学雷锋做一个道德的人”“爱学习·爱劳动·爱祖国”主题教育活动，参与网络舆论引导，引导广大青少年积极践行社会主义核心价值观。

【关爱帮扶】　县关工委加强与社会各方面的协调联系，动员社会各界力量参与捐资助学助残助困。开展“金秋助学”帮扶活动，资助困难职工（农民工）子女大学新生入学75人，资助金额16万元；爱心企业川庆集团资助困难职工（农民工）子女大学新生入爱25人，资助金额5万元；资助威远中学、龙会中学、特殊教育学校180名品学兼优但因家庭困难造成学费负担特别重的中小学生，发放助学资金9万元。“六一”期间慰问500余名社区贫困、留守和残疾儿童，送去价值2万余元的现金和学习用具。关爱特殊学生，为特殊教育学校学生送去慰问金6750元。组织关工委老同志关爱帮扶特殊、弱势青少年群体，切实为他们健康成长办实事、解难事。县关工委科技卫生服务团组织专家到12所学校作疾病预防讲座，并为特殊教育学校学生进行免费体检；教育调研团组织开展家庭教育讲座。教育局关工委开展“五个一千”工程活动。全县共动员组织1270余名退休教职工参与，对1800余名留守儿童、2000余名学困生、1300余名贫困学生进行帮助。暑期对城区4个社区和农村3个村社的留守儿童、单亲子女、农民工孩子进行为期一个月的免费培训。组织“千名青少年书画培训”活动，选送176幅作品参加内江市“大千故里·文化内江”万名少年儿童书画比赛。

【培训调研】 县关工委组织2名基层老同志参加省关工委工作培训，组织社区关工委干部参加全县的社区工作会，以会带训。完成1篇调研文章《浅谈新时期如何将培育和践行青少年社会主义核心价值观融入关心下一代工作》。县关工委教育调研团组织县妇联、县残联、县总工会、团委等单位到村组、社区、乡镇、机关、学校、家庭，通过调查、访谈、看资料、典型案例分析等形式形成3篇调研文章（《发挥关工委在预防青少年违法犯罪中作用的研究》《威远县关工委教育调研团关于关爱“五失”青少年的实践与对策的调研报告》《威远县关工委教育调研团关于我县残疾儿童生存状况的调研报告》）。县关工委社区工作委员会副主任罗丽辉的的文章《搭建村、社区桥梁，抓好校外暑期留守儿童教育工作》在全国教育系统关工委“社区教育理论与实践研究”征文活动中荣获一等奖。

【法治宣传】 2015年，各级关工委结合“六五”普法规划的目标、任务和要求，开展形式多样的宣传教育活动。县关工委法制宣教团利用综治宣传月、“6·26”禁毒日、“12·4”法制宣传日等机会，开展“万名学生法治宣传教育”工程，送法治到学校、社区、街头，为上万名学生进行法治教育，提升他们的法律意识。

【弱势青少年关爱】 2015年，县关工委组织关爱队伍到看守所看望帮扶18岁以下的在押青少年，鼓励他们洗心革面，重新做人。加强社区回归青少年的矫正工作，对辖区内的回归青少年开展上门走访，并与相关部门采取帮教措施，预防重新犯罪。开展对服刑在教人员未成年子女特殊“留守儿童”的关爱工作，对特殊“留守儿童”进行文化、心理、法律知识等辅导工作，用爱心温暖他们的心灵，让他们健康快乐地成长。

（罗　玲）

武 装

人民武装

【概况】 2015年，县人民武装部紧紧围绕党在新形势下的强军目标，举旗铸魂保方向，突出主题练打赢，依法从严强管理，真抓实干转作风，人武部全面建设再上新台阶，全县国防后备力量建设稳步推进。

修订完善作战、抢险等预案，开展民兵野外应急救援演练和防洪抢险应急演练、首长机关训练和各分队训练，完成威远中学、龙会中学的学生军训任务。县人武部被内江军分区评为“新闻宣传先进单位”，严陵镇武装部被军分区表彰为“践行强军目标先进基层单位”。

【思想政治建设】 县人民武装部学习贯彻党的十八届三中、四中、五中全会精神和习主席系列重要讲话精神，及时用上级的指示精神统一干部职工思想和行动。开展“三严三实”专题教育和“学习践行强军目标，做新一代革命军人”主题教育，结合整组训练、骨干集训等时机，抓民兵政治学习和思想教育，培育战斗精神，夯实民兵队伍高举旗帜、听党指挥、履行使命的思想根基。利用大交班、党组织生活、重大节日等时机，与干部职工广泛交心谈心，做好一人一事工作，增进内部团结，修炼遵章守纪的基本素养，端正是非善恶的基本标准，打牢以部为“家”思想。9月，参加内江军分区组织的驻内部队纪念抗战胜利70周年歌咏比赛，取得第四名。

【军事工作】 2015年3月，县人民武装部修订完善《威远县人武部作战预案》《威远县民兵应急维稳处突预案》《威远县民兵、预备役部队抢险救灾行动方案》等1个主案、10个副案。购买补充民兵应急分队战备物资、器材，抓县本级和基层武装部战备库室规范化建设，确保硬件设施符合战备规定。5月，利用民兵整组点验对民兵应急连进行应急演练。6月，组织民兵应急分队进行应急救援演练。突出抓首长机关训练，完成大纲规定课目的学习训练。5月，采取集中训与岗位练相结合的方法，完成民兵应急分队、步兵分队、专业技术分队和对口专业技术分队训练任务，完成应急连和民兵骨干实弹射击训练任务。6月，现役干部参加军分区组织的“两实”作业和半年军事训练考核，成绩名列军分区前茅。9月，完成威远中学、龙会中学2500人的学生军训任务。

【征兵工作】 县人民武装部坚持“早计划、早安排、早部署”，抓征兵各个环节，征兵宣传实现传统媒体与新兴媒介“无缝链接”。县城内可用于宣传的载体均播发征兵口号，广大

2015年2月15日，县委副书记周功会带队慰问驻威部队官兵 （县委宣传部 供图）

适龄青年报名踊跃。严格组织征兵体检，公开透明审批定兵，及时兑现奖惩。完成新兵征集任务，其中大学生比例达 34.5%。无一例责任退兵，未发现违规违纪行为。

【正规化建设】 县人民武装部贯彻依法治军从严治军理念，以条令条例为依据，以“六个管好”（管好人员、管好车辆、管好枪弹、管好营院、管好经费、管好秘密载体）为重点，持续推进正规化建设。3 月，开展“条令学习月”“驾驶员作风纪律教育整顿”“安全检查教育周”活动。4 月，调整安全、保密委员会和密码领导小组委员会成员，投入经费 3 万元补充更换保密设施设备。强化文件资料、办公计算机、移动存储介质的使用管理，每季度组织一次保密形势分析和保密检查。6 月，制定《人武部人员管理规定》《人武部人员安全管理网络图》《人武部人员考评奖惩实施细则》，用规章制度管人管事。9 月，开展“民兵废旧武器弹药专项整治”；10 月，组织安全工作“三无”（无刑事案件、无责任事故、无政治问题）竞赛。修订完善单位和个人防范重大安全问题预案，签订安全责任书。

【参建参治】 2015 年，威远县人民武装部按照四川省军区“军分区帮扶一个村、人武部帮扶一个组”的要求，协调县扶贫办确定省级贫困村山王镇象鼻村 5 组 35 户 105 人作为帮扶对象。拿出 20 万元作为扶贫启动资金，主要为村民修葺蓄水池、修建便民路，为贫困户修缮屋舍、添置生活用品、购买家禽苗等，帮助他们解决生产生活困难。动员广大民兵预备役人员在地方经济建设、精神文明创建、社会综合治理中当先锋、作表率，扶持民兵致富带头人扩大产业规模，带动更多退伍还乡人员走向致富路。4 月，动员民兵 120 人待命应对“4·10”煤气冷凝水溢出事件。开展涉军信访工作，做到接访、记录、协调、办理和回馈，稳定信访人员的思想情绪。履行军人军属法律援助工作站职责，为 5 名军属提供法律援助。

（刘英启 魏 辉）

2015 年 7 月 7 日，县武警中队党员重温入党誓词 （县武警中队 供图）

武 警

【概况】 2015 年，县武警中队按照“六个聚焦”的工作指导原则和“四个进一步”的工作思路，围绕“固本强基，戒‘傲气’，防滑坡，稳中求进，再创先进”的工作目标，以党的十八届五中全会和习主席系列重要讲话精神为指导，较好地完成以执勤和处突为中心、反恐维稳为重点的各项任务。县武警中队被武警四川省总队表彰为“基层建设先进中队”。

【执勤处突】 2015 年，县武警中队担负威远县看守所外围武装警戒、武装押解和县域内反恐、处突任务。中队下大力稳固“五防一体化”成果，积极协调“AB 门”上勤工作。完成重大临时勤务 13 次，累计出动兵力 160 余人次，完成重大节日、特殊敏感期战备、武装设卡及武装押解等任务。

（周山淞）

消 防

【概况】 2015 年，县公安消防大队加强部队正规化建设和部队灭火救灾、抢险救援实战能力训练，推行网格化管理和消防安全知识宣传普及活动，开展“冬春火灾防控”和“夏季消防安全检查”专项活动。全年接警 144 起，其中火警 74 起、抢险救援 70 起。出动消防车 223 辆次，参战官兵 1342 人次，抢救被困人员 22 人，疏散被困人员 22 人。参与高速公路等道路车辆事故救援和威远县“4·10”煤气冷凝水溢出事件处置，开展摘取蜂窝、取钥匙等为民服务活动。县公安消防大队被省消防总队评为“2015 年度先进基层单位”；被市消防支队评为“安全工作标兵单位”“2015 年度执法质量先进单位”；县公安消防大队下

2015 年 2 月 14 日，威远消防大队战士扑救县城东大桥火灾　（冷国文　摄）

辖凉风路中队被市消防支队评为“2015 年军事业务训练先进单位”。

【消防监督】 县公安消防大队开展“冬春火灾防控”和“夏季消防安全检查”等消防安全专项整治活动，共检查社会单位和场所 784 家次，督促整改火灾隐患 171 处，临时查封 14 家，责令“三停”（停止施工、停止使用、停产停业）单位 9 家，政府挂牌督办重大火灾隐患整改单位 6 家。举办消防安全知识培训班 12 期，组织培训 5000 余人；举办大型消防宣传咨询活动 2 次，发放消防宣传资料 3 万余份。继续推进“网格化”“户籍化”管理，全县按镇、村、组三级划分为“大、中、小”三级网格，开展社会网格化消防安全管理；将消防安全管理纳入县政法委综治平台。

（曾修晨）

预备役

【概况】 内江陆军预备役防化三营着眼强军目标，练就过硬技能，提高应急处突能力，紧紧围绕“三严三实”教育活动，努力打造一流预备役营队。开展全民国防教育知识宣讲 3 场，组织预备役人员扶贫帮困，参与应急维稳、军训学生等工作。完成内江市第六届龙舟节安保任务与东兴初中学生军训任务。年内，八连被团表彰为“践行强军目标先进连”，5 名预备役军官被团表彰为“优秀预备役军官”，17 名预备役战士被通报表彰。

【整组训练】 2015 年，内江陆军预备役防化三营全面贯彻落实《四川省预备役部队整组工作暂行规定》精神，继续优化编兵结构，防化七连编在严陵镇，防化八连编在城管局，防化九连编在龙会镇和高石镇。全营共调整出队人员 68 人，补充政治思想好、业务能力强、军事素质过硬的官兵 68 人。经过新模式的编组，大专以上文化程度达到 78%，党员达到 80%。修改完善应急预案和抢险救灾方案，结合各类预案，全营进行快速动员集结演练，并实施规范化点验。5 月至 6 月，在团统一组织下，全营出动 24 名官兵，完成为期一个月的野外驻训任务。12 月初，4 名预备役官兵参加军分区组织的信息情报员集训。

【抢险救灾】 2015 年 11 月 23 日至 24 日，内江陆军预备役防化三营出动 8 名官兵，配合东兴区安监局，东兴区环保局参与内江市原山山制药厂遗弃危险化学品处置工作，协助地方专业公司回收盐酸 20 吨、氨水 16 吨、丁醇 8 吨。

（毛小军）

人民防空

【人防工作】 2015 年 9 月 18 日，县人民防空办公室结合抗日战争胜利 70 周年纪念活动，在城区和重点镇鸣放防空警报，鸣响率 100%。同时，在县广播电视台进行宣传报道，并通过移动通信网络发送宣传短消息 15000 余条。结合“5·12”全国“防灾减灾日”，发放人防法律法规和政策宣传资料 3 万余份。编发《人防应急知识手册》2 万余册，供县内各级学校、机关、企事业单位和村、组学习参考。加强人防队伍准军事化建设，配合市人防办参加 2 次跨区拉练。根据 2015 年全市人防工作会议精神，加强已建警报预知系统的维护保养，确保防空警报器完好率达 100%。全县安装新型电声警报器 14 台、移动电声警报器 1 台、中央控制器 1 套。组织一年一度的警报试鸣工作，鸣响率和音响覆盖率均达 100%。启动人防机动指挥所建设，购置人防机动指挥前端信息采集车 1 辆。利用罗世文烈士史料陈列馆爱国主义教育基地，建成内江市首个县级人防（民防）宣教中心——威远县人防（民防）宣传教育中心，并于 2015 年 1 月正式开放。

【威远县人防（民防）宣传教育中心建成开放】 威远县自 2013 年 5 月开始筹建人防（民防）宣传教育中心，

至2014年底竣工，历时近两年，总投资100余万元。为内江市首个建成的县级人防（民防）宣传教育中心。

该中心与爱国主义教育基地完美结合，建于威远县罗世文烈士史料陈列馆二楼。展馆面积100余平方米，具体展项27个，分为序厅、人民防空展区、防灾减灾展区、人防（民防）剧场、尾厅五个部分，采用现代多媒体与声、光、电技术相结合，图文并茂的方法，对人民防空概念、空袭方式、防空知识、自然灾难、生活事故等内容进行系统讲解和展示。除大量的音视频设备和图展外，展馆内还设置多个体验性专区。可以现场体验结绳、心肺复苏挤压和防空警报发放方式等，掌握应对各种灾害的自救、互救知识和基本方法。该中心采取定期开放的方式，接纳社会各界的免费参观和体验，截至年末共吸引6000余人参观体验。

2015年1月，县人防（民防）宣传教育中心建成开放　（樊碧贞　摄）

【人防行政审批】　2015年，威远县贯彻《中华人民共和国人民防空法》和《四川省〈中华人民共和国人民防空法〉实施办法》以及省、市、县有关文件规定，进一步规范行政执法，按照“一个告知、三个前置、一个同步”行政审批程序，加强监督检查，坚持不定期开展执法活动。按规定收取防空地下室易地建设费，做到应收尽收，无一例违规减免。截至2015年底，全县收取易地建设费4200余万元。

（吴建忠　郝嘉裔）

农 业

综 述

【概况】 2015年，全县农业农村经济持续健康发展。“威远无花果”获国家地理标志产品保护，威远县获得全省“三农”工作先进县，示范县建设获得全省“优秀”，幸福美丽新村建设获得全市一等奖，界牌镇南强村获得第五批全国一村一品示范村镇，镇西食品工业园区被认定为国家农业产业化示范基地，国家生猪调出大县监测调查工作、产粮大县粮食监测调查工作获全省通报表彰。全县实现农业增加值39.5亿元，增长3.9%；农村居民可支配收入11850元，增长9.64%；粮食产量310839吨，增长2.5%；蔬菜产量75.69吨，增长7.9%；生猪出栏53.57万头，农业农村经济在高起点上实现稳中有进、提质增效。

（何树国）

【农业生产】 全县粮食播种面积63266公顷，粮食总产量310839吨。其中：小春粮食播种面积19986.67公顷，总产量5.8万吨；大春粮食播种面积43273.33公顷，总产量25.28万吨。油菜播种面积7340公顷，总产1.55万吨。全县优质粮油播种面积41366.67公顷。其中：优质稻面积10266.67公顷，优质玉米面积8386.67公顷，优质大豆5633.33面积公顷，优质专用小麦面积6573.33公顷，优质洋芋面积3493.33公顷，优质油菜面积7013.33公顷。蔬菜播种面积20453.33公顷（其中大棚等设施蔬菜种植面积1378公顷），蔬菜总产75.69万吨。水果面积10866.67公顷，总产15.13万吨。新发展优质蚕桑基地72公顷，养蚕16427张。

主要粮油作物播种和收获期 水稻：浅丘区3月上旬至4月上旬播种，低山区3月中旬至4月中旬播种，8月中旬至9月下旬收获。玉米：浅丘区3月中旬至4月上旬播种，低山区4月上旬至4月中旬播种，7月中旬至8月下旬收获。小麦：浅丘区10月下旬至11月中旬播种，低山区10月下旬至11月上旬播种，次年4月下旬至5月中旬收获。红苕：浅丘区3月上旬、低山区3月中旬育种，正季红苕5月下旬至6月中旬栽插，秋红苕8月上旬至下旬栽插。油菜：9月中旬至下旬播种育苗，10月上旬至下旬移栽，次年4月中旬至5月上旬收获。

威远县2015年主要农作物面积产量

作物名称	面积（公顷）	单位产量（千克/公顷）	总产量（吨）
一、粮食作物	63266	4920	310839
水稻	1579.20	7635	120525
玉米	14642	5670	83074
小麦	15201	2940	44640
红苕	6301	4665	29403
豌胡豆	1703	2730	4647
洋芋	3086	2835	8729
黄豆	3971	3375	13414

续表

作物名称	面积（公顷）	单位产量（千克/公顷）	总产量（吨）
杂粮	76	—	369
二、油料作物	9590	—	19967
其中：油菜	7340	2115	15498
花生	2252	1980	4469
三、蔬菜	20454	—	756932
设施蔬菜	1378	—	72220
四、水果	6540	—	77648
柑橘	4710	—	45829
梨	182	—	4412
李	—	—	—
桃	439	—	8113
樱桃	155		2632

【政策性农业保险】 全县水稻、玉米、油菜、马铃薯农业政策性保险承保面积27698.93公顷，总保费1737899元。其中：水稻面积11652.93公顷，收取保费786573.27元；玉米面积10641.60公顷，收取保费718307.96元；油菜面积4341.80公顷，收取保费166073.75元；马铃薯面积1062.60公顷，收取保费66943.8元。

【农业技术推广】 县农林局编著水稻、油菜、小麦全程机械化规程，在全县推广水稻强化栽培示范、再生稻示范、旱育秧、集中育秧、玉米地膜覆盖、三季彩糯玉米、秋洋芋免耕栽培、冬洋芋高产栽培等技术。

【农业产业化经营】 威远县沿207省道建设设施蔬菜、枇杷、无花果优势特色产业带；沿内威线建设优质粮油和柠檬产业带；沿成自泸高速公路线建设茶叶、香葱、特色水果等产业带；以威远县新农村建设示范片为中心环线建设大棚设施蔬菜、无花果、大头菜、特色鲜食玉米、锅炉循环水生姜等特色农产品产业片。县域内主产鲜食菜玉米、威远冬豆、七星椒、早春大棚黄瓜、苦瓜、越夏反季芹菜、早子姜、大头菜、秋冬季白萝卜、香葱、柠檬、无花果、茶叶等特色农产品。

【休闲农业】 威远县举办第二届无花果采摘节、首届树莓采摘节，全年旅游间接收入5000余万元。上报威远县无花果公园为省级示范农业主题公园，协助银杏山庄、凤凰古寨两家省级示范休闲农庄加入麦味网等休闲农业平台；建设“十里荷塘”观赏区、紫薇园、桑葚园、林果园等“农旅结合”景点。大力转变休闲农业发展方式，扩大以观光、体验、休闲、度假为主的产业格局。全县共发展有一定规模

2015年8月26日，省农业厅副厅长涂建华（左二）调研威远县农村电商工作　（县农林局　供图）

和影响的休闲农业经营主体（含农家乐、乡村酒店、农业园区、乡村景点等）40余个，从业人员2741人，辐射带动农户2.1万余户。通过开展垂钓、果品采摘、农家土菜等接待游客超过62万人次，获得综合性经营收入6700余万元。

【农产品产地初加工项目】 2015年，威远县争取并实施农产品产地初加工补助项目，支持威远源润种植农民专合社等4家专合社在新店镇和界牌镇，建成19座100吨组装式冷藏库和1座10吨/天的多功能烘干窑，预计每年将为全县的农产品减少损失1.02万吨，将间接助农增收2240余万元。

【农田建设】 完成高标准农田建设面积1682.67公顷。实施国家新增1000亿斤粮食生产能力建设、基本口粮田建设、现代农业生产发展水稻项目、高标准农田建设等农田建设项目。

【农村能源建设】 威远县组织实施国债沼气、大型沼气等农村能源建设项目，总投资380万元。全年新建农村户用沼气池213口。 （李建平）

【现代农业】 威远县利用BOT模式引进业主，成片发展无花果1666.67公顷，总面积2000公顷。建成中国农业大学教授工作站、威远无花果研究所，建成无花果加工厂3个。2015年12月，威远县金四方果业与德国捷克纳食品集团公司达成协议，实施无花果“营养能量制品和医药中间体”精深加工项目，开发蛋白酶、酵素等医药中间体，标志着全县无花果产业进入精深加工领域。根据各村当地种植习惯，成片发展桂圆66.67公顷、枳壳及佛手100公顷，栀子花及玉竹100公顷。扩面发展木质原料林733.33公顷、香樟200公顷，发展种植核桃800公顷。在稳定粮食种植面积的基础上，持续扩大特色产业规模，建成设施蔬菜、柠檬（3个）、大头菜、香葱、白萝卜、无花果、辣椒等9个现代农业产业万亩示范区，形成大头菜、生姜、三季鲜食彩糯玉米等“一村一品”22个。以现代畜牧业示范园区和畜禽重点村建设为切入点，大力推广“串珠式”生猪养殖模式、“种养结合、自流灌溉”循环经济和“三方”联动寄养模式，建成畜禽标准化养殖场83个、畜禽养殖小区17个、现代畜牧示范园区2个、重点村5个、循环经济示范场21个、“三方”联动寄养场6个。

【农民增收】 威远县把农民增收作为“三农”工作的出发点和落脚点，促进农民持续增收。促进转移就业，鼓励自主创业。开拓就业岗位，把电商、物流、休闲农业等重点领域作为吸纳农民就业的主渠道，稳定务工队伍、稳定收入来源。加强农民技能培训和职业教育，提高农民转岗就业能力，扩大就业空间。加快发展新兴产业，引导农民发展壮大蔬菜、水果、茶叶、花卉等特色种植业，发展节粮型草食牲畜、特色小家畜禽，让特色农产品鼓足农民的“钱袋子”。发展农产品加工，支持农户开发竹木工艺品、针织品、绣制品等特色手工艺产品，增加农民家庭经营性收入。深化农村产权制度改革，盘活农村土地、房屋、林权等财产性资源，释放财产增值潜力。搞活土地经营权，有序引导土地流转，增加农民土地流转收益。运用产改成果，以土地的经营权和附着物预期收益为抵押的融资贷款达1000万元。发放耕地地力保护补贴

2015年，新店镇帽塘村葡萄园 （余远文 摄）

6034.33万元，惠及农户17.14万户。坚持扶贫攻坚与全面精准扶贫“两轮驱动”，实施基础、产业、新村、能力、生态扶贫工程，开展“领导挂点、部门包村、干部帮户”活动，着力改善农村扶贫对象生产生活条件，帮助6698名农村贫困人口实现脱贫解困。

（黄永亨　付　涛　代　银　李文慧）

【农业基础设施建设】　威远县在丘区打造“立体农业”。旱地，采取“护坡、修池、加道”等措施，治理水土流失，保持水土涵养，改善耕作条件，全年完成营造林1600公顷；水田，对田埂进行硬化加固，布局下田机耕道，建设适宜大田机械作业的高标准农田，全年建成高标准农田1666.67公顷，测土配方施肥32000公顷，主要农作物耕种收综合机械化率达到38%；庭院，按照“乔—灌—草”模式栽植枇杷、时令蔬菜，配建围栏、廊架、休闲座椅、游览步道等设施，建成“房前屋后、瓜果梨桃、鸟语花香”的农村庭院，全年完成枇杷、无花果、不知火、桂圆等庭院苗木栽植21587株，建设农村庭院500余户。在山区建设“山野公园”。为适应产业发展需要，借鉴北京门头沟区、怀柔区的经验，按照“一沟一产业、一沟一特色”的沟域经济思路，建成山野公园4个、主题公园1个，连界示范片建成土河沟古村落、船石村综合体、中药材（枳壳、佛手）种植基地、栀子花观光园、风景名树园等5个农村休闲节点。

【幸福美丽新村建设】　威远县按照“业兴、家富、人和、村美”的总体要求，幸福美丽新村及新村聚居点建设全面完成，建成四方村、大冲村、船石村3个新农村综合体。采取“保护、改造、新建”相结合的方式，注重把新居建设与旧房改造，以及古村落的保护、修缮等统筹推进，对古村落、老院落、土坯房、砖瓦房等进行改造、保护。采取秸秆还田、综合利用，分户建干粪池、回收垃圾，联户建“生态肾脏”、进行生活垃圾生态处理，自然降解生活垃圾，着力解决垃圾乱扔、污水乱排、秸秆乱烧问题，村落环境得到明显改善。以扶贫解困为重点，通过“新村聚居点建设一批、高速公路拆迁安置一批、地质灾害避险搬迁一批”等方式，分类推进农村廉租房建设，解决农村无房户、危房户、住房困难户的住房困难问题2100余户。设置“邮递式”社会化服务窗口，每月定期开展广场舞教学、医疗卫生等服务，让村民足不出村、到就近院落就能享受到便捷、免费的公共服务。传承地域民俗农耕文化。以特色农作物为主题，建成“三馆合一”四方村文化陈列馆、花朝门生态观光园，农耕文化的传承助推一、二、三产业发展。

2015年，向义镇大冲村新农村综合体建成　（冷国文　摄）

【新型农业经营主体培育】　2015年持续举办“威远县现代职业农民培训班”，培训农户162户。120余名学员发展起适度规模种养殖，带领更多的农民立足土地发家致富。农业产业化龙头企业不断壮大，全县农业产业化龙头企业94个，实现销售收入18.5亿元。镇西食品工业园区创建为支农再贷款支持现代农业省级示范基地、国家级农业产业化示范基地。将发展农民专合组织和专业大户纳入农业目标考核，促进农民专业合作经济组织持续稳定发展。全县农民专业合作组织276个，其中市级示范社15个、省级示范社14个、国家级示范社2个。指导农民专合社创建农业部健康养殖示范基地3个、无公害水产品基地5个。按照《内江市家庭农场注册登记暂行办法》支持、引导符合条件的种养大户注册登记家庭农场。全县注册登记家庭农场131家，其中2015年新发展92家。2015年2月25日，县委、县政府出台《关于大力发展家庭农场的实施意见》，每年县财政安排200万元用于支持示范家庭农场创建、标准化生产、产品加工、品牌创建等。

【农业电子商务】　威远县把电子商务作为现代服务业发展“一号工程”，农业电商在全市电子商务进农村工作中率先突破。通过以目标导向，探索农业电商发展模式；出台政策，有效促进农业电商发展；引进平台，不断完善农业电商配套；突出特色，持续推进农业电商基地建设；健全保障，加大农业电商保障力度等举措建成农业电商村级服务站 80 个、县级电商中心 1 个、县级物流配送基地 1 个、示范镇 1 个（向义镇）、示范村 2 个（四方村、民付村）、示范企业 2 个（威远县黄老五土特产食品有限公司和威远县金四方果业有限责任公司，其中黄老五食品股份有限公司被认定为全省农业电子商务示范企业）。示范镇村企业交易额达 7200 余万元。全县 36 个市级以上农业经营主体全部上网，实现农业电子商务交易额 12000 万元。

【新型农业经营体系构建】 威远县加快推进农村产权制度改革。统筹农村各类产权“多权同确”，运用“三自一引”办法，坚持组织动员、测绘测量、结果公示、方案议决、确权颁证“五步工作法”，做到确实权颁铁证。2015 年底全面完成全县 20 个镇的土地承包经营权确权登记颁证。加大确权登记成果运用，推进农村土地流转收益保证贷款试点，探索土地承包经营权抵押、担保的多种收益实现形式。坚持依法、自愿、有偿原则，尊重农民群众的意愿，引导农户土地承包经营权在公开市场向新型农业经营主体流转，发展多种形式规模经营。建立农村土地流转激励机制，鼓励农户以土地承包经营权入股农民合作社，实行农民股份合作，发展农业产业化经营。

（何树国）

2015 年 4 月 15 日，全省早春大棚黄瓜高效栽培技术现场会在威远县召开（县农林局　供图）

种植业

【概况】 2015 年 8 月，根据中共威远县委办公室、威远县人民政府办公室《关于印发〈威远县人民政府职能转变和机构改革方案〉的通知》（委办发〔2015〕33 号）文件精神，将原县农业局、原县林业局和原县畜牧食品局的职责、原县商务局的生猪屠宰管理职责、县水务局的水产渔政行政管理职责整合，组建县农林局。不再保留县农业局、县林业局、县畜牧食品局，不再保留原县农业局加挂的县农业机械管理局牌子。

机构改革后，县农林局人员编制 569 个，其中行政编制 48 个、机关工勤 5 个、事业编制 516 个。截至 2015 年底，全局实有 1058 人。内设机构 11 个，党组织、纪检监察机构 2 个，站、中心、队、所 31 个，基层工作站 29 个（林业工作站 9 个、畜牧兽医站 20 个），二级局 4 个（县农能局、县水产渔政局、县森林公安局、县林场）。

2015 年，县农林局以推进全县现代农业、畜牧业、林业产业重点县建设为重点，在狠抓基础设施建设的同时，抓好农业生产、生态建设、特色产业开发等重点工作，完成市、县下达的各项目标任务。全年耕地地力保护补贴面积 26541.45 公顷，补贴标准 151.57 元/公顷，补贴资金 6034.33 万元。全县 25 户享受国家种粮大户补贴，共流转土地 174.28 公顷，享受补贴面积 145.14 公顷，补贴金额 15.27 万元。推广测土配方施肥面积 71866.67 公顷。县农林局获得省人社厅、林业厅“森林病虫害防治工作先进集体”、省农业厅 2015 年省部畜禽检测工作二等奖、省档案工作规范管理一级标准、省森林公安局三等功一次和全省森林公安机关执法示范单位、省森林病虫害防治检疫总站“2014 年全省林业有害生物中心测报点工作达国家级中心测报点良好”、市委市政府“最佳文明单位”、县委“2014 年度‘四好’领导班子”和“2014 年度落实党风廉政建设责任制优秀单位”等荣誉称号。

【粮油作物良种推广】 全县种植水稻以川优 6203、川优 8377、宜香 2115、川香稻 5 号、泰优 99、龙优 8 号、川香 9 号、川香 506 等品种为主，玉米以金穗 888、珍禾玉 1 号、中单 808、成单 30、高玉 171 等品种为主。

【粮油高产创建】 全县开展粮油高产创建活动，先后建立水稻、玉米、小麦、油菜、洋芋高产示范区。在镇西镇新屋村的再生稻高产创建示范中，表现最优的田块一季稻产量 682.5 千克，再生稻 299.7 千克，突破再生稻县内纪录。

【土地托管】　在严陵、界牌、新店、新场镇，支持粮油种植合作社试点“土地托管”模式 13.33 公顷，将促进合作社从传统的“流转耕种”向新型的“服务群众”转型升级。

【粮经复合产业基地建设】　全县新发展粮经复合产业基地面积 3553.33 公顷，其中“千斤粮万元钱”2133.33 公顷、“吨粮五千元”1420 公顷。在界牌镇建设标准钢架大棚 3.34 公顷；在界牌镇、严陵镇、新店镇、镇西镇、向义镇等粮经复合产业基地重点区域由农户自建钢架大棚 19.48 公顷，安装喷灌滴灌管道灌溉示范工程 22.14 公顷；在新建钢架大棚和现代农业万亩示范区集中推广优质种子种苗 108.80 公顷。

【植物保护】　威远县主要农作物病虫草鼠害发生中等，虫害重于病害。发生面积 180660 公顷次，防治面积 253320 公顷次，病虫害实际损失率 1.15%，全年完成政府购买水稻病虫害防治面积 2000 公顷次。全县未发现各类检疫性有害生物发生。水稻病害主要是纹枯病，稻曲病和稻瘟病零星发生；水稻主要虫害主要是二化螟、大螟，三化螟、稻纵卷叶螟、稻飞虱、稻蝗等虫害少量发生。玉米病害以玉米纹枯病为主，玉米大、小斑病少量发生；玉米虫害主要以地下虫害为主，其次是玉米螟等虫害。小麦主要病害是小麦条锈病和小麦白粉病，其次是赤霉病和纹枯病；小麦虫害主要是麦蚜和麦蜘蛛。油菜病害主要是油菜菌核病和霜霉病，虫害主要是蚜虫。

【种子及农资经营】　全县种子销售总代理 17 个，进入威远县销售种子的种业公司 79 个，种子销售网点 293 个。备案水稻品种 121 个、玉米品种 174 个、油菜品种 66 个。全县种子供应满足生产需要，未发生重大种子质量事故。全县农药经营公司（单位）5 个，经营农药、肥料、农膜网点 263 家。

农村经营管理

【农村基本情况】　2015 年，威远县辖 20 个镇，313 个村，4823 个村民小组，200392 户农户。农业人口 538088 人，农村劳动力 324419 个。年末耕地面积 29570 公顷。其中：田 15884.8 公顷、土 13685.20 公顷。

【农村土地承包】　威远县农村家庭承包经营耕地面积 28528.53 公顷，家庭承包经营农户 183864 户，家庭承包合同 183666 份，颁发农村土地承包经营权证书 177220 份。全县发生农村土地承包经营权流转面积 6821.40 公顷。

【农村财务管理】　县域内村财务实行“双代管”，即村的账务和资金全部由镇农村会计服务中心代管。全县 20 个镇均成立镇农村会计集中核算服务中心。

【农村合作经济组织建设】　全县农民专业合作社共 309 个。其中：种植业 100 个、林业 79 个、畜牧业 85 个、渔业 41 个、服务业 1 个、其他 3 个。有国家级农民专业合作社 2 个、省级农民专业合作社 9 个、市级农民专业合作社 22 个、县级农民专业合作社 42 个。

【农村产权制度改革试点】　全县确定小河镇、两河镇、连界镇、碗厂镇、越溪镇、观英滩镇、山王镇、黄荆沟镇为农村土地确权登记镇，共 110 个村、1664 个村民小组。

农产品质量安全

【农产品质量安全监管】　2015 年，县域内未发生重大农产品质量安全事件。全年省级例行抽检 4 次、市级例行抽检 12 次、外销蔬菜抽检 1 次；县农产品质量安全监督检验站根据生产季节定期抽检，共抽检叶菜类、豆类、根茎类、瓜类、水果等 7 类 506 个样品，抽检样品合格率 99.61%。

【无公害农产品生产】　2015 年，县域内经农业部认定的粮油、蔬菜、水果等无公害农产品生产基地 18333.33 公顷，多分布于内（江）—威（远）、资（中）—威（远）、自（贡）—威（远）公路和成自泸高速公路沿线的主产区。经农业部认证的无公害农产

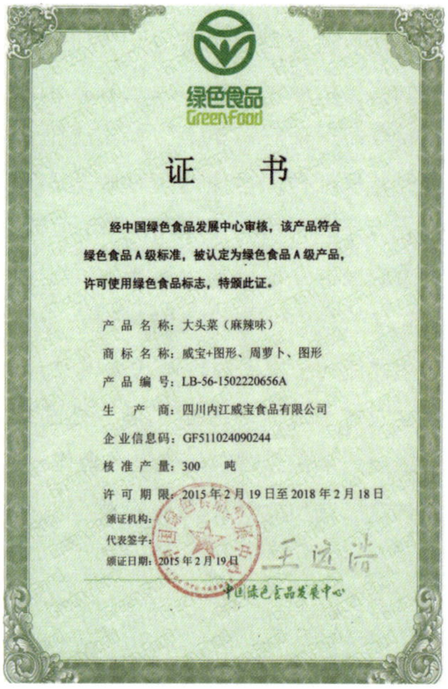

绿色食品
GreenFood

证　书

经中国绿色食品发展中心审核，该产品符合绿色食品 A 级标准，被认定为绿色食品 A 级产品，许可使用绿色食品标志，特颁此证。

产品名称：大头菜（麻辣味）
商标名称：威宝+图形、周萝卜、图形
产品编号：LB-56-1502220656A
生　产　商：四川内江威宝食品有限公司
企业信息码：GF511024090244
核准产量：300　吨
许可期限：2015 年 2 月 19 日至 2018 年 2 月 18 日
颁证机构：
代表签字：王运浩
颁证日期：2015 年 2 月 19 日
中国绿色食品发展中心

2015 年 2 月 19 日，“威宝”牌周萝卜取得绿色食品认证

（周正洪　摄）

品有七星椒、苦瓜、柠檬、香葱、大头菜等，无公害农产品面积3833.33公顷。“威宝”牌周萝卜等5个产品取得绿色食品认证，新店七星椒、镇西白萝卜和复立茶叶取得国家农产品地理标志认证。全年向农业部申报无公害农产品产地整体认定25186.67公顷；申报无公害农产品认证10个。

农业机械

【农机化建设】 2015年，全县电力提灌站476座，装机20522.5千瓦，全年提水量4450万立方米，提灌面积10533.33公顷。全县农业机械总动力40.04万千瓦，耕种收机械化水平41%。有耕整机械5242台、19395.4千瓦，机动脱粒机7187台、15443千瓦，农用水泵4072台，节水灌溉类机械5628台套，农用拖拉机417台、4602千瓦。全年更新改造提灌机械968台次、9725千瓦。

【农机购置补贴】 全年发放农机购置补贴资金56.76万元，补贴农机具823台套，其中：微耕机443台、联合收割机1台、田园管理机32台、水稻插秧机3台、饲料粉碎机113台、稻麦（玉米）脱粒机146台、抗旱机泵1台、喷雾器20台、菜籽收获机1台、碾米机62台、水果分级机1台，受益农户726户。

【农机安全】 全年未发生重大农机安全事故。全县在册发牌发证的各类大中型拖拉机1049台，年内检验拖拉机789台。有拖拉机驾驶员801人，年内新培训92人；驾驶员体检备案421人。

（黄永亨 付 涛 代 银 李文慧）

林 业

【概况】 威远县分为山区、丘陵两大地形区，20个镇中有12个林区镇。2015年，全县林业用地面积41446.67公顷，有林地面积40173.33公顷，森林覆盖率40.15%，活立木蓄积382万立方米。全县实施森林管护41600公顷，巩固退耕还林4400公顷，新造林总面积2566.67公顷，义务植树56万株，森林采伐9340立方米未超限额，未发生重特大森林火灾和人员伤亡事故。全县实现林业产值12.03亿元，农民人均林业年收入1450元。

【天然林保护工程】 全县实施天然林保护工程森林管护41600公顷，国有林管护4160公顷。集体公益林管护5733.33公顷，补偿5733.33公顷，补偿金额126.6万元。利用手机短信、广播、电视、报刊、发放护林防火宣传资料、书写岩标、墙标、出动宣传车辆等方式广泛宣传，提高全民生态意识，与各镇、林业站签订天然林管护责任书（卡），全面落实森林管护。狠抓火源管理和森林防火检查督促，继续推行森林防火“两项制度”（重点林区村推进村民巡山护林制度、村民轮流挂牌值班制度）和“三进六有”（指森林防火要进社区、进学校、进景区，森林防火重点林区乡镇要有队伍、有经费、有制度、有预案、有装备、有措施）基础工作、护林防火管理责任户轮流挂牌制度试点工作，加强专业扑火队伍建设，对专业扑火队伍进行扑火机具调试指导、扑火基本知识培训，切实做到山有人管、林有人护、火有人报、虫有人查。

【退耕还林工程及巩固退耕还林成果专项建设】 全县巩固退耕还林成果4400公顷。1月至2月安排对退耕还林工程、天保工程、造林补贴、新增专项建设、产业基地等项目进行自查清理和整改。3月至4月、9月至10月、11月至12月调运巨桉、湿地松、香樟、无花果等树苗对造林工程进行补栽补植。做到早安排、早行动，特别是因工程占用置换部分，想方设法抓住有利时机，进行补植补造，确保工程建设质量。

【生态绿化工程】 全县实施道路绿化38千米，栽植天竺桂、香樟、巨桉2.5万株；实施河流绿化37千米，栽植巨桉2万余株；在大环线栽植桂圆、

2015年，威远县天然林保护工程实施地 （余远文 摄）

樱桃等经果林20公顷；在连界船石、石板河栽植经果林和绿化树种6.67公顷；在连界、界牌、靖和、新店、向义等镇继续推进新村庭院绿化建设。继续巩固生态绿化工程1666.67公顷，开展镇级自查验收，对保存率不足的进行补植补造，及时兑现政策补助。

【植树造林】 全年完成营造林2566.67公顷。其中：新造林1066.67公顷、低效林改造500公顷、森林抚育866.67公顷、封山育林133.33公顷。开展全民义务植树活动，全县参加人数12万人次，共植树56万株。

【林业科技推广】 县、镇两级采取送技术下乡，开现场会等形式，开展核桃、无花果、樱桃、桂圆、柠檬、巨桉等栽培管理技术培训和森林抚育技术培训，培训科技骨干320人次、林农2000人次，发放技术资料2000余份。

【林业产业】 威远县发展林业产业基地3533.33公顷，在新店、向义、界牌等镇发展无花果基地1833.33公顷，在越溪、新场、山王、严陵等镇发展木质原料林1700公顷。建设林业特色专业村3个，分别为龙会镇高湾村发展核桃40公顷，新场镇二峨村发展绿化苗木23.33公顷，向义镇白石村发展桂圆22.33公顷。通过建设景区生态环境，发展和培植生态旅游，全年生态旅游收入2.14亿元。

【林业有害生物防控】 全县组织开展林业有害生物的越冬代复查，松材线虫病普查，马尾松毛虫、蜀柏毒蛾、松叶峰、松树病害定期调查，及时进行预测预报和信息发布，重点抓好松墨天牛的诱捕。开展林业植物产地检疫和检疫执法，全年未发生林业有害生物成灾事件。

【林地管理】 根据《四川省林业厅转发国家林业局关于切实加强对非法侵占林地案件查处问责的通知》（川林资函〔2015〕229号）要求，县农林局从2015年3月20日起对全县在非法侵占林地清理排查专项行动中清理出的46宗违法占地的进行查处问责。处理46件，行政处罚45人，处罚52.9万元，收回林地5.43公顷。全年办理征占用林地面积14.63公顷，收取植被恢复费98.06万元；办理7起临时占用林地，面积共2.69公顷，其中林地1.93公顷、经济林地0.09公顷、其他林地0.66公顷。

【野生动植物保护管理】 县农林局加大野生动物保护法律法规的宣传力度，组织开展“爱鸟周”宣传教育活动，印发宣传资料3000余份。联合工商部门开展野生动物保护执法检查活动，依法没收野生动物230只，现场整改非法经营野味广告牌、菜谱18处，警告并处罚21人，向受检经营户发放野生动物保护宣传资料600余份。全年新发展蛇类养殖户2户、环颈雉养殖户1户。对连界镇土河沟村11组新发现的野生南方红豆杉、连界镇土河沟村马尾松进行挂牌保护。

【木材经营加工管理】 县农林局严格木（竹）材经营加工管理，全面开展到期木（竹）材经营加工许可证换证工作，对全县153户木材经营加工企业进行清理整顿，逐户登记造册。开展木材运输流动检查工作，共检查运输木材车辆172车次，检查木材22505立方米，查处违法运输木材14车次、木材32立方米，处理木材变价款15000元。

【森林防火】 威远县全面落实森林管护责任，共签订护林防火等责任书580余份。先后投资8万余元，购置消防水泵1台，印发《致全县林区农户的公开信》5万余份，更换森林防火宣传牌12幅，在林区的中、小学开展森林防火知识教育活动。组织宣传车在重要时段深入林区进行流动宣传，并与气象、通信部门按照森林火灾预警标准要求，在火险天气达到3级以上时，对全县各级相关领导和有关人员发出短信预警提示，县电视台《天气预报》栏目发布语言或字幕预警提示，共发送短信2万余条次。强化火源管理，加大林区、林缘野外火源的管理，重点防火区域派出人员实时监控，重点地段加大巡查密度，力求不留死角和隐患。实行24小时值班制度。继续加强森林专业扑火队建设，对专业扑火队伍实行集中食宿、统一训练的半军事化管理，防火期内24小时处于集结待命状态。对扑火机具、器材的维护实行专人负责。

【森林公安】 全县开展林区缉枪治爆、林区禁种铲毒、森林火灾专项查处、立案突出问题专项行动、利剑行动、林地专项行动、雷霆行动等专项行动，共出动车辆200台次，出动警力555人次，依法受理涉林案件34件，打击处理各类涉林犯罪人员25人8个企业。其中：林业刑事案件3件（滥伐林木2件、森林火灾1件），涉案人员5人，均移送审查起诉；林业行政案件31起，处理20人8个企业。收缴罚款25.64万元、木材14.82立方米，没收木材变价款1.24万元，没收刑事违法所得2.2万元，收回林地1.23公顷，责令补种林木1917株。共为国家挽回经济损失70余万元。

【集体林权制度改革】 威远县开展

完善和深化集体林权制度改革“回头看”，重新登记、纠错等新办林权证139本，面积83.41公顷；完成遗留林权纠纷调解2件。至2015年底，全县林权流转面积3779.60公顷（年内新增流转33.33公顷）。完成林权抵押面积31.95公顷，金额700万元。全县森林保险参保面积3.99公顷。

（黄永亨　付　涛　代　银　李文慧）

畜禽养殖

【概况】 2015年，威远县畜牧业总产值31.33亿元，畜牧业产值占农业总产值的比重达65%以上，农民人均畜牧现金收入180元。全县出栏生猪57.9万头，同比增长5.13%；出栏牛4973头，同比增长2.22%；出栏羊19.76万只，同比增长2.57%；小家禽出栏429.21万只，同比增长3.3%；兔出栏387.09万只，同比增长3.25%；肉类总产量达到5.58万吨，同比增长4.6%；生猪三元杂交面达到88.1%，同比增长5.2%；禽良种面达到96%。完成畜牧招商引资4200万元，固定资产投入3748万元，分别完成任务的105%和125%。

【畜禽养殖规模化、标准化发展】 建成两河镇镇江村生猪养殖重点村，新发展年出栏50头以上的生猪规模户110户，规模养殖比重达提高11.3%，新增小家禽畜出栏万只以上的规模户11户。完成2014年生猪标准化、肉羊标准化、肉羊标准化基地县建设等项目建设工作，并通过县级验收合格。3个项目总投资800万元（其中财政投资400万元），新（改）建畜禽标准化养殖户20户，建设面积16000余平方米。启动2015年肉羊标准化基地县项目，该项目建设12户养殖户，财政补助资金200万元。

2015年，威远县完成肉羊标准化基地县建设　（汪　明　摄）

【畜牧示范园区和养殖小区建设】 在巩固新店畜牧园区的基础上，新规划建设大环线现代畜牧示范园区。投入资金5966万元，建成标准化适度规模养殖户9户，建设生猪圈舍面积7140平方米。新增畜禽标准化养殖场建设11户、畜禽养殖小区8户；创建畜禽标准化示范场（户）2户。

【良种补贴与品种改良】 建成原种猪场1个，二杂母猪扩繁场20个。标准化猪人工授精站1个，服务网点21个，生猪三元杂交面达到86.1%。全年实施生猪人工授精38123窝，发放补贴资金76.25万元。

【畜禽养殖管理及污染治理】 全年建循环经济养殖模式21户。完成威远河、斧溪河范围内48户生猪适度规模养殖户的整治任务。投入675.65万元完成向义镇王国友等12户养殖场治理工作；限期治理界牌镇陈建忠等8户生猪养殖场；依法关闭禁养区内6户养殖场。按照“种养结合”的发展模式，财政投入资金160万元，农民自筹170.67万元，安装聚乙烯（PE）排污管22118米，新建曝氧池14口约1400立方米，无害化处理池7口，全部正常运行。完成环境保护部西南环境保护督查中心提出的3个环保突出问题的整改措施，继续推进沼气工程建设。

【畜禽养殖技术培训及畜牧科技推广】 全县生猪规模养殖比重达到67%，家禽良种及改良面、家禽规模养殖比重分别达到96%、50%。对2户肉羊养殖场进行种草养畜综合配套技术推广，对3个养殖场进行创建标准化示范场建设。组织15次畜牧兽医科技培训，培训畜牧兽医科技骨干1150人次。

【动物疫病防控】 全县对猪瘟、口蹄疫、高致病性猪蓝耳病、高致病性禽流感等重大动物疫病实施强制免疫，对鸡新城疫实施全面免疫，应免率达100%。猪瘟免疫115.95万头次，猪口蹄疫免疫115.95万头次，高致病性猪蓝耳病免疫88.46万头次，牛口蹄疫免疫4.7万头次、羊口蹄疫免疫49.93万头次，高致病性禽流感免疫812.61万羽次，鸡新城疫免疫543.25万羽次，狂犬病免疫4.72万只次，小反刍兽疫免疫28.61万头次。精心组织开展春夏秋冬四季防疫工作，春、秋防工作通过市农业局检查验收。加强重大动物疫情应急管理，完善健全应急预案，建立全县动物防疫应急队伍，强化疫情监测预警及举报核查制度。全年妥善处理群众举报的突发疫情3件，发放消毒药12982千克，消毒面积450万平方米，发放耳标38万套。举办各类法律法规及动物防疫技术培训班2期，培训人员210人次。规范兽医实验室建设，强化动物疫病监测诊断，兽医实验室参加全省兽医实验室检测能力比对实验，准确率100%。动物疫病监测血清样品共计3493份、送检200份。加强鲜奶收购站管理，对生鲜牛奶收购的个个环节每日巡查，每月定期开展一次黄曲霉毒素M1和三聚氰胺检测，共计抽样12批次60个样，检测结果全部为阴性。组织全县执业兽医的考试考务和日常监管工作，全年报考全国执业兽医师资格考试3人，其中获得执业兽医师资格1人、助理执业兽医师1人。

【畜产品质量监管】 威远县全面实施检疫申报制度。严格执行检疫操作规程，严防外来疫情传入，检疫申报受理率达100%，受理检疫率达100%，检出病害动物和病害动物产品无害化处理率达100%，流通环节“瘦肉精”监督抽检率达100%。全县设立检疫申报点24个，生猪产地检疫57.9万头；生猪屠宰检疫55.16万头，对检出的29头病害生猪全部作无害化处理。全县配套建设3个病死畜禽无害化处理收集点，规模养殖场共死亡生猪8865头，上报无害化处理补助8865头，无害化处理率达100%。对全县26家屠宰场基本情况进行清理审核。开展2次养殖环节“瘦肉精”拉网式专项监测工作，共使用检测“瘦肉精”试纸条9166份，检测猪牛羊3014头次，全部为阴性。全县签订责任书和承诺书各572份。开展各类培训9次，共培训1318人次。全年查处违法案件1起。

【兽药、饲料质量监督管理】 县农林局指导3个饲料生产企业重新注册，完成4个饲料生产企业的检查监管备案工作，对20个镇28个市场220户饲料经营户进行检查，收缴过期产品5091.8千克。全年开展6次大检查，出动检查人员650人次。

（黄永亨　付　涛　代　银　李文慧）

水产渔政

【概况】 2015年，威远县实现水产品总产量25360吨（其中名特优水产品9020吨），比上年同期增长7.48%。全社会渔业经济总产值5.38亿元，养殖面积1946公顷。注册“塘参”牌泥鳅商标1个、“享寿”牌甲鱼商标1个。创建农业部健康养殖示范场3个、农业部无公害水产品产地认证基地5个。

【禁渔期渔政检查】 2015年“春季禁渔”期间全县开展现场检查35次，共出动车辆15辆次，渔政执法检查80人次。发放宣传资料1000余份，张贴春季禁渔通告300份，悬挂横幅22幅，取缔深水张网1张。

【高石镇甲鱼养殖示范村】 高石镇甲鱼养殖基地位于高石镇禾丰村、止马村，核心区养殖面积20公顷，建成生态甲鱼养殖池10公顷，甲鱼繁育温室房270平方米，累计建设投资500余万元。主要养殖甲鱼、鲤鱼、鲫鱼和四大家鱼等品种，取得农业部无公害水产品基地和农业部健康养殖示范场称号。2015年生产甲鱼30吨，鲤鱼、鲫鱼和四大家鱼20吨，年产值1000余万元。

【向义镇水产健康养殖示范村】 向义镇水产健康养殖示范基地位于向义镇大冲村，养殖面积23.55公顷，其中水产健康养殖核心区面积10公顷。2015年新建示范基地2.33公顷，建设总投资140万元。主要养殖斑点叉尾鮰、泥鳅和四大家鱼等品种，年生产斑点叉尾鮰80吨、泥鳅50吨、四大家鱼40吨，年产值350万元。

【威远县昌琪特种水产渔场】 威远县

2015年，高石镇甲鱼养殖示范基地　（冷国文　摄）

昌琪特种水产渔场位于铺子湾镇红星村，是县内重要的特种水产苗种生产基地，建有标准化亲鱼培育池和苗种培育池2.67公顷。水产苗种繁育设施齐全，主要开展南方大口鲶、鲈鱼、武昌鱼、泥鳅、建鲤、鲫鱼、鲢鱼、鳙鱼、草鱼等鱼类繁育，取得农业部无公害水产品基地认证。2015年更新青鱼、鲢鱼、鳙鱼、草鱼等亲本6900千克。年生产各类鱼水花1亿尾，培育鱼苗3000万尾，年产值200万元。

【内江市享寿水产品有限责任公司】 内江市享寿水产品有限责任公司成立于2012年4月，注册地威远县，主要经营水产品的养殖及深加工、水产饲料的批发和零售业务，注册商标“享寿”。公司集中研发甲鱼深加工技术，研发出一种即时性水产食品——金甲营养羹，并申请发明专利。2015年投资300万元建成第一条甲鱼深加工生产线并正式投产，年加工甲鱼25吨，实现产值800余万元。公司研发甲鱼深加工系列产品，在“霸王月子汤”和“黄金早餐”两个产品上取得突破。

（黄永亨　付　涛　代　银　李文慧）

水　利

【概况】 2015年4月，根据威委办发〔2015〕15号文件要求，将威远县水产渔政局承担的水产渔政管理职责划入威远县农林局，威远县水务局所属的威远县农产品质量安全监督检验站划归威远县农林局管理。机构调整后，威远县水务局局机关内设办公室、水政水资源股、水利管理股、规划建设股、移民办、财务股。有干部职工134人。

2015年，全县完成各类水利工程项目724处，其中，整治病险水库除险加固4座、维修整治塘坝（堰闸）105处、修复水毁工程615处。新建加固堤防1.74千米，清淤沟渠835千米，疏浚河道4.72千米，新增年节水能力216万立方米。投工1822万工日，出动机械台班数5494.5台班，完成土石方616万立方米。完成投资22775万元，其中上级专项资金16415万元、县级配套资金2630万元、社会投资3730万元。新增蓄水能力594万立方米，新增有效灌面1780公顷，恢复改善灌溉面积3566.67公顷，新增节水灌面1053.33公顷，治理水土流失面积28.5平方千米，解决4.69万人农村饮水安全问题。象鼻嘴水库主体工程完工，总库容542.3万立方米，正在完工验收和蓄水验收。河道综合治理完成威远县越溪河、新场河防洪治理工程，综合治理河道4.5千米。2014年山洪灾害防治县级非工程措施建设项目，非工程措施部分完工验收，调查评价通过市级审查。

【防汛抗旱】 2015年入汛以来，全县经历3次区域性暴雨过程，造成局地发生不同程度的洪涝灾害，导致房屋倒塌、农作物受淹、桥梁公路及水利设施损毁等。据统计，汛期（5月1日至10月15日），洪涝灾害造成受灾人口4.73万人，转移人口34人，房屋倒塌134间；农作物受灾面积967.33公顷，其中成灾面积536公顷，绝收面积40.67公顷；水产养殖业损失10吨、受灾面积13.33公顷；公路损毁4条次，供电设施中断3条次；塘坝损毁13座，灌溉设施损坏25处。全县直接

2015年，无花果基地水体工程　（余远文　摄）

经济总损失1027.7万元，其中水利设施直接经济损失74.8万元、农林牧渔业532万元、工业交通运输业98.7万元。

全县成立防汛抗旱指挥部21个，其中县级1个、镇级20个，村（社区）级防汛抗旱指挥小组372个。自2002年开始成立威远县防汛抗旱服务大队，20个镇级服务中队，313个村级服务小队，抢险队伍人员共计4272人。在汛前充实3万元的防汛物资，并建立防汛物资进出库登记簿。据统计，全县防汛抢险队伍180支3805人，主要有抢险机械设备冲锋舟4艘、机动船48艘、橡皮舟3艘、挖掘机9台、推土机8台、潜水设备10套、排涝设备10套等。

【监测预警系统】 在2012年度山洪灾害非工程措施项目的基础上，威远县2014年度山洪灾害防治项目建设完成5个自动雨量监测站、5个自动水位雨量监测站、2个卫星通信备用通道、2个自动视频监测站、60个简易雨量站（配置10套无线广播以及60个手摇报警器、60套锣鼓号口哨）、24个简易水位站、3套户外预警显示大屏等项目，2015年9月底投入运行。

年内，完成与省、市防汛部门相连的防汛视频会商中心1处；完成由8处自动雨量站、15处自动水位雨量站、5处视频监测站、4处自动气象站等组成的县级山洪灾害监测预警系统；完成136处简易雨量站，并配置铜锣、高音喇叭、手摇报警器136套、无线预警广播106套等镇村级监测预警设施。据统计，2015年汛期全县通过山洪灾害监测预警平台发送预报预警信息26928条次，涉及相关责任人300余人。

【农建示范片】 建帽塘—水口农建综合示范区，示范区涉及新店镇帽塘村、长山村，界牌镇中坝村、南强村、花荷村、漫水村，向义镇水口村，共计3个镇、7个村。2015年度完成投资16039万元，建设规模96.67公顷，新建水源工程370处，新建提灌站3座，新建渠道21.3千米，建设高标准农田653.33公顷，新建通乡通村公路178千米，建设农村机耕便民道47.5千米，修复改造提灌机械0.0003万台次/0.0135万千瓦。建成后新增有效灌溉面积166.67公顷，新增节水灌溉面积673.33公顷，新增粮食产量1089.08吨，粮食综合生产能力提高24.6%。

2015年，象鼻嘴水库大坝　（县水务局　供图）

向义—大冲全域灌溉示范小区、新店—张建全域灌溉示范小区2个，完成100%。新建硬化囤水田386.67公顷，新建山平塘132口，改造山平塘97口，新建、改造石河堰4道，新建、整治渠道34千米，新增节水灌面59.33公顷，新建、改造提灌站5座，新增蓄水能力232万立方米。

【水土流失治理】 全县完成综合治理水土流失面积30平方千米。县水务局以小流域为单位，完成威远河界牌小流域水土流失综合治理。

2014年国家农业综合开发水土保持项目　该项目在界牌镇南强、中坝等5个村实施，完成综合治理水土流失面积6.67平方千米。项目总投资300万元。其中：新建坡改梯31.19公顷，栽植水保林91.93公顷，经果林80.29公顷，封禁治理97.55公顷，保土耕作366.04公顷，新建蓄水池13口，沉沙凼28个，山平塘整治1座，排灌沟渠2.16千米，作业道路1.14千米。项目于2015年1月开工建设，2015年6月竣工，并通过省级验收，评定为合格。

2015年国家农业综合开发水土保持项目　该项目在界牌镇花园、桥凼等5个村实施，完成综合治理水土流失面积6.67平方千米，该项目区与2014年国家农业综合开发水土保持项目区连片建设。项目总投资300万元。其中：新建坡改梯30.77公顷，栽植水保林38.76公顷，经果林78.81公顷，封禁治理137.56公顷，保土耕作381.1公顷，新建蓄水池10口，沉沙凼28个，整治山平塘2座，排灌沟渠3.8千米，作业道路2.22千米。项目实施后，提高水资源涵蓄量25.39万立方米，控制水土流失面积6.67平方千米，减少土壤侵蚀量1.53万吨，降低土壤侵蚀模数0.23万吨/年·平方千米，提高植被覆盖率11.06%，新增粮食生产能力34.60吨，新增经济林产品生产能力310.90吨，新增总产值85.38万元，农民人均增收48元，减少贫困人口53人。

【春灌用水】 威远县2015年春灌工作从4月9日至5月17日，历时59天。长葫灌区提供农业灌溉用水1036.47万立方米，其中团结渠输水406.77万立方米、联合渠输水629.71万立方米。灌区完成水稻栽插面积7366.67公顷，占计划栽插面积的100%。

【水利工程蓄水】 全县有各类蓄水工程处数8044处。应蓄水量18941万立方米，汛末计划蓄水量13960万立方米，有效水量8301万立方米，现蓄占计划96%，多年同期蓄水量14460万立方米，上年同期需蓄水量15326万立方米。其中：中型水库2座，现蓄水量8061万立方米，多年同期蓄水量8902万立方米，上年同期蓄水量9469万立方米；小（一）型水库11座，现蓄水量2699万立方米，多年同期蓄水量2887万立方米，上年同期蓄水量3039万立方米；小（二）型水库41座，现蓄水量442万立方米，多年同期蓄水量469万立方米，上年同期蓄水量491万立方米；山平塘7752处，现蓄水量1486万立方米，多年同期蓄水量1533万立方米，上年同期蓄水量1639万立方米；石河堰238处，现蓄水量646万立方米，多年同期蓄水量669万立方米，上年同期蓄水量688万立方米。

【小型农田水利重点县建设项目】 完成小农水重点县三年建设任务，在新店、严陵等6个镇的83个村共新建及整治渠道775.9千米，改造泵站64座，整治山平塘839座，新建蓄水池382口。小农水三年绩效考评均获得优良等次。

【病险水库除险加固项目】 全县完成新增出险病险水库除险加固4座，建成水库动态预警监管系统17座，全面覆盖小（一）型水库。恢复蓄水能力20万立方米，恢复灌面80公顷。

【农村饮水安全项目】 2015年，全县建设完成镇西供水工程、团鱼凼水厂改造及南线工程、团鱼凼水厂东线工程、连界供水工程、青宁供水工程、2011年和2013年农村学校师生饮水安全工程、水质检测中心建设等8个项目。共完成新建、改造水厂4座，增加和改善日供水处理能力3.4万吨，敷设各类管道139.82公里，完成工程投资约10584万元，解决20.34万农村居民饮水安全和24301名学校师生饮水安全。

【库区移民工程】 威远县有大中型水库移民3228人，直发直补移民2520人，其中三峡移民180人、项目扶持移民708人、培训移民和移民干部248人，发放直发直补资金153.67万元。

“威远县2013年度、2014年度大中型水库库区基金”项目，项目主体、附属工程完工。

【水资源管理】 全县划定饮用水水源和备用水水源保护区域。开展52座水库水质检测，开展长葫水库饮用水水源地禁泳等问题专项治理活动。巩固取缔肥水养鱼、网箱养鱼和承包养鱼成果，23个饮用水水源保护区均未施肥养鱼，水源污染情况明显好转。

【水政执法】 县水务局依法查处河道内倾倒弃土排放淤泥案6起、非法打（洗）砂案1起、非法采砂案1起、河

2015年，威远县小型农田水利重点县建设项目　（冷国文　摄）

道管护范围内未经批准修建建筑物（构筑物）案5起、破坏长葫灌区渠道水利设施案1起。处理各类信访、投诉3件。办理各类审批项目17件。

（罗　琳　周　建）

长葫灌区管理

【概况】 长葫灌区位于四川盆地中部，包括内江市威远县和自贡市部分地区。其主体工程由长沙坝、葫芦口两座中型水库（以下简称长葫水库）及团结干渠、联合干渠和工业、生活供水管道组成。两水库位于长江三级支流威远河上游，梯级开发、联合调度，总库容1.21亿立方米，年平均供水量7000万立方米。灌区面积550平方千米，设计灌面21633.33公顷，农干渠2条总长100.59千米，支渠17条总长165.73千米，斗渠46条总长202.01千米；工业、生活用水管道长31.4千米，承担着自贡市、内江市威远县400余家企业、100余万城镇人口和21000余公顷农田灌溉的供水任务。长葫灌区是四川省大型灌区之一。2015年，向灌区提供有效水量7791万立方米，其中完成城市工业及生活供水5509万立方米，向威远县提供生态用水951万立方米；向灌区提供农业灌溉用水1331万立方米，灌溉农田20666.67公顷。

【防汛管理】 2015年汛期，省长葫管理局落实各项防洪措施，下达防洪经费，落实防洪抢险器材，严格执行安全度汛方案，组织开展汛前、汛中、汛末三大安全检查，严查整改薄弱环节。在主汛期前及时召开防洪联席会，成立联合防洪抢险队伍，为搞好防汛工作提供组织保证；依靠防洪测报系统，实时收集雨情、水情，及时准确预测预报和科学调度。长葫两库主体工程和团结干渠均实现平安度汛。

2015年，威远团结渠大田口渡槽　（王强　摄）

【工程管养维护】 完成省财政下达省长葫管理局日常维修养护资金260万元，完成管养工程7个大项，长葫水库、团结干渠工程及附属设施均安全运行，工程完好率在80%以上。

【水政水资源保护与管理】 省长葫管理局加强水法宣传，坚持定期水质监测，配合威远县面向社会群众执行“关于禁止在长葫水库游泳的通告”，切实保护城市生活饮用水水源。依法办理和处理涉水事件，办理有关单位和个人施工穿越渠道及团结干渠管护范围的事件13件。

【团结渠大田口渡槽整治工作全面启动】 在2014年12月团结渠大田口渡槽整治工程可行性研究报告获省发改委正式批复后，省长葫管理局于2015年全面启动团结渠大田口渡槽整治工程的相关工作。年初成立项目建设领导小组和工作小组，开展工程整治建设动工前的各项工作，完成工程设计、施工、监理招投标、签约、开工前准备等工作，将在2016年春灌结束后动工整治建设。

（李万淑）

工 业

综 述

2015 年，法拉特砂型铸造生产线技改项目 （冷国文 摄）

【概况】 2015 年 8 月，根据委办发〔2015〕33 号和威委办发〔2015〕16 号文件精神，原县商务局的职责划入县经济和信息化局，设立威远县经济和信息化局，加挂威远县商务局、威远县中小企业局牌子，为县政府工作部门。威远县经信局内设机构 11 个，即办公室、工业商贸运行股、外经贸股、技改和园区股、电子商务和信息化股、企业管理股、市场体系建设股、流通行业监管股、综合执法和安全环保股、能源股、政工人事股，下属参公事业单位 2 个，即威远县商务行政执法大队、威远县中小企业局。威远县经信局共有编制 69 名（其中行政编制 30 名、参照公务员管理编制 34 名、工勤人员 5 名）。

【规模工业】 2015 年，威远县推进工业强县、产业兴县的各项措施，稳增长、调结构、促转型，通过加大企业帮扶和规模以上工业企业培育，加快冶金、建材、化工、食品等传统产业转型升级，发展玻纤新材料、高端装备制造等新兴先导型企业，不断夯实县域经济发展基础。完成工业总产值 494.91 亿元，工业增加值增速 3.9%，战略性新兴产业产值占比提高 3.2 个百分点，工业技改投资 75.2 亿元，工业入库税金完成 2.3 亿元，增长 11.8%。全县规模以上工业企业 98 户，实现规模工业增加值 148.70 亿元。川威、建业、威玻、白塔进入全省 100 户大企业大集团名单，川威牌钢筋获国家著名商标、白塔瓷砖连续两年荣获“中国 500 强最具价值品牌”，周萝卜、黄老五等食品企业产品获全省名优食品、东工水电在全国中小企业股份转让系统挂牌上市。

【技改投入】 威远县采取“一企一策”的办法，帮助企业渡难关。全县上报市“四个一批”项目（含上报省经信委的重点项目）42 个。其中，竣工项目 14 个、在建项目 17 个、新开项目 5 个、储备项目 6 个，计划总投资 76.6 亿元。主要有至诚电子高性能玻纤布生产线项目、法拉特砂型铸造生产线技改项目、凤凰高新特种电缆用高档聚氯乙烯生产线项目、内江新能源有限公司新能源综合利用工程项目等一批竣工、在建和新开项目。年内，三帝陶瓷 1400 万平方米陶瓷砖生产线项目、至诚电子高性能电子布生产线项目和加利矿产机制砂生产线等一批项目按进度建成投产。金镭铸业高端精密铸件加工建设项目、凤凰高新特种电缆用高档聚氯乙烯材料生产线项目按计划实施。全年实施技改项目 110 个，完成工业企业技术改造投资 77 亿元，同比增加 13%。

【产业结构】 全县加快产业结构调整步伐，发展钒钛合金、建材新材料、精细化工、绿色食品、电子机械等产业，逐步以页岩气、信息安全、节能环保三大高端成长型产业为发展重点，推进信息安全等高端成长型产业加快发展。全县五大主导产业实现总产值452亿元，增加值136亿元，分别占全县规模工业总量的91.3%、90%。页岩气勘探开发取得重大进展，2015年开钻77口井、完钻64口井。同时，战略性新兴产业增加值占比达到19.9%，成为推动产业转型升级的重要力量。

产业园区日益壮大。严陵、连界、镇西三大园区承载面积达13.9平方千米。三大园区实现总产值471亿元，占全县工业总量的95.2%。连界园区被纳入全省“51025工程”1000亿园区发展规划、全省首批新型工业化产业示范基地，严陵园区被列入全省特色产业园区，镇西园区被评为全省中小企业创业示范基地。

新兴产业快速发展。随着钒资源综合利用、白塔一期、威玻七期等重大产业项目相继投产达效，产业结构不断优化，初步形成以钒钛合金为主导、新型建材和精细化工为两翼、绿色食品和机械加工为补充的新型工业体系。重点培育以川威、威玻为代表的新材料产业、以煤焦化集团、白塔为代表的节能环保产业、以百胜、康而好为代表的生物产业等三大产业为主的战略性新兴产业。

2015年2月19日，川威集团公司董事长、首席执行官、党委书记王劲慰问公司生产一线员工 （县委宣传部 供图）

钒钛合金产业

【概况】 全县钒钛合金产业限上企业仅川威集团1户。年内，加快钒资源综合利用项目建设，开发钒钛制品、高端合金焊丝钢、抗震高强度钢筋等产品，推进钒钛合金产业集群发展。年总产值312.5亿元。

【川威集团】 川威集团是中国企业500强，中国重要的钒钛深加工基地，四川省着力培育的大企业大集团。前身是始建于1929年的威远钢铁厂，是四川冶金工业的鼻祖。1997年以来，企业求真务实，负重发展，创新超越，已从单一的钢铁企业发展成为集矿产资源开发及矿产资源加工、钒钛钢铁、水泥、钢结构、物流、贸易等领域均有建树和特色、产业互动和优势互补的大型企业集团。2010年10月8日，国家工商行政管理总局商标局认定四川省川威集团有限公司第184776号“川威及图”商标为中国驰名商标。2010年6月川威钒资源综合利用项目征地拆迁安置补偿工作启动，2012年6月29日，投资136亿元、占地333.33公顷的钒资源综合利用项目点火并投入试生产，“钢铁川威”正跨入低碳环保的“钒钛时代”。2015年，川威集团实现工业总产值312.5亿元、销售收入309.87亿元。

精细化工产业

【概况】 全县精细化工产业有限上企业5户，实现产值27.98亿元。以四川煤焦化集团、建业天科等为龙头，推进煤化工生产线改造升级，向煤化工精深加工及副产品综合利用转变，努力实现综合利用、循环生产，大力发展循环经济。

【建业集团】 是集煤炭开采、洗选、机焦、煤焦油、粗苯精制、纯苯、甲苯、二甲苯、环己酮于一体的煤化工企业，总资产13亿元。是四川省首批循环经济试点企业、四川省高新科技企业、四川省工业企业100强。拥有30万吨原煤、30万吨洗精煤、100万吨焦炭，5万吨焦油、1.3万吨粗苯、2万吨环己酮、3万吨粗苯精制、7万吨甲醇的年生产能力，形成“原煤—捣固焦—煤焦油—粗苯—精苯—环己酮”的产业链。2015年实现产值24.25亿元、销售收入24.27亿元、利润1.67亿元。

建材新材料产业

【概况】 全县建材新材料产业有限上企业18户，产值91.93亿元。以威玻集团、白塔集团为龙头，白塔一期、威玻七期等重大产业项目为支撑，开发玻纤纱制品、高档瓷砖等新材料产品，推进新型建材产业集群发展；西南水泥公司、博瑞陶瓷、新米兰陶瓷、远达耐材、特种耐材、共华水泥等企业配套发展。

2015年，白塔新联兴集团销售中心产品展厅 （冷国文 摄）

【四川威玻新材料集团有限公司】 是中国第四大玻纤企业、国家级高新技术企业。集团总部位于四川威远县城，拥有总资产30亿元，员工3000余人。威玻坚持科技创新和产业升级，发展池窑拉丝及高性能树脂基和工程塑料增强复合材料，形成“高性能玻纤—玻纤织物—玻纤复合材料”一条龙深加工体系，企业年生产无碱玻纤纱17万吨，玻纤织物40000吨，玻纤复合材料20000吨，高硅氧玻璃球及纤维10000吨，改性工程塑料5000吨。产品通过ISO9001：2008质量体系及劳氏质量认证（LR），远销北美、欧洲、东南亚、中东等20多个国家和地区。2013年10月，投资4.5亿元的第七条年产5万吨无碱玻纤池窑生产线建成投产，采用单元窑池窑技术，构建通路系统、DCS控制系统、纯氧燃烧系统、电助熔系统、原料均化系统等装置。2015实现产值50亿元、销售收入51.54亿元、利润1.6亿元。

【四川白塔新联兴陶瓷集团公司】 始建于1979年，是一家集瓷砖设计、生产、销售于一体的大型企业，占地面积60余公顷，拥有总资产6亿元，产销值均突破10亿元。该公司作为西部地区最大规模的建陶企业，多次荣获中国建材企业500强、中国陶瓷行业最具影响力发展企业、中国建筑陶瓷制品制造企业50强、中国建陶行业AAA级诚信企业、四川省质量管理先进企业、四川省质量信誉等级AAA级企业、四川工业企业100强等荣誉称号，被誉为中国建陶行业的“西南王”。主要生产建筑陶瓷三砖（即地砖、内墙砖、外墙砖）及琉璃瓦，产品有全颗粒超级花岗石、锦绣中华激光缎面砖、瓷质梦幻砖、水晶釉面砖等18大系列，大小规格100余款，花色品种1000余个，年产能力5000万平方米。白塔集团首期生产线搬迁项目，总投资10亿元，首期建设用地16公顷，投资3.4亿元，同时进行三条节能陶瓷生产线建设，年产抛光砖、内墙砖、外墙砖1400万平方米。2013年3月建成投产。2015年实现产值13.26亿元、销售收入12.99亿元、利润0.4亿元。

【四川威远西南水泥有限公司】 四川威远西南水泥有限公司（简称“威远西南”）是西南水泥有限公司实施“大水泥”区域化战略背景下，投资5.05亿元于2012年4月17日注册成立的一个大型专业化水泥公司。2015年，公司拥有员工291名，其中高级中程师2名、中级工程师职称人员26名、各类工程技术人员80余名。总占地面积30余公顷，年水泥产能规模为150万吨，享受“三废”利用税收优惠政策。是四川省西南部规模最大、科技含量最高的现代化大型水泥企业之一。拥有先进大型的现代化旋转窑和高效粉磨系统，采用国内先进的DCS中央控制系统，机械化、自动化程度高，生产工艺先进，装备具有现代化、大型化、规模化的生产能力，有高精度检测仪，检测手段先进科学，检验数据真实可靠。按照国际标准制定自原材料进厂到水泥出厂一整套严格的产品质量管理体系，通过ISO9001：2000质量管理体系认证和产品认证。主要产品有复合硅酸盐水泥32.5、32.5R，普通硅酸盐水泥42.5、42.5R、52.5；道路硅酸盐水泥；火山灰质硅酸盐水泥等。2015年实现产值5.8亿元、销售收入5.9亿元、利润0.46亿元。

绿色食品产业

【概况】 食品产业作为威远支柱产业

2015 年，黄老五土特产食品有限公司加工车间　（余远文　摄）

之一，始终坚持“做大基地、做响品牌、做活营销、做强龙头、做优特色”的思路，奋力推进农业产业化经营，推进食品产业发展。

2015 年，全县绿色食品产业有省级龙头企业 4 户、市级龙头企业 13 户（其中限上企业 12 户），实现产值 7.69 亿元。绿色食品产业主要集中在肉类食品加工、酿造食品生产、农副产品加工三大板块。肉类食品加工方面以宏远白塔动物产品加工经营部等企业为龙头，发展冷冻肉、分割肉、禽肉和直接食用的各类熟肉精制品。酒类酿造方面以三维酒业为龙头，洋龙酒业、国友果业和荣林古酒厂为龙身，生产白酒、食用酒精、工业酒精，以及各类果蔬酒、保健酒和高品质食用酒。果蔬粮加工方面以威宝食品、复立茶叶、黄老五花生糖、高山云雾茶业、泉威食品、川老妈等企业为龙头，发挥新店七星椒、向义大头菜、镇西萝卜干优势，开发各类果蔬粮深加工产品。“威宝”“沐春雪芽”“高山云雾茶图形”“川老妈”“黄老五”获四川省著名商标或省名牌产品；新店七星椒获中国“原产地地理保护标志”；“飘香雪芽”获蒙顶山杯茶博会金奖；金四方无花果、金川玉龙须大头菜、宏源辣椒精等食品畅销省内外；“周萝卜”“黄老五”打入航空食品，有 20 余个航班使用；威宝公司成为康师傅的主要供应商。

【威远县黄老五土特产食品有限公司】 原名南泰食品厂，位于四川省内江市威远县镇西镇，始建于 2008 年，是一家以生产花生酥、花生米花酥、核桃酥等系列糖果制品为主的农产品加工企业。公司注册资金 1111.11 万元，占地面积 7.06 公顷，有职工 300 余人。在镇西镇食品工业园区投资 7700 万元，新建厂房和办公大楼，扩建 19 条年产量为 6650 吨的酥糖系列产品生产线，逐步向现代化、科技化集团迈进。公司生产技术获得国家发明专利，取得 ISO9001：2008 国际质量管理体系认证。生产技艺录入内江市非物质文化遗产名录，董事长黄崇友被认定为非物质文化遗产代表性传承人。公司被评为市重合同守信用企业、农村信用社“A”级信用企业；荣获四川重点龙头企业、四川省“小巨人”企业等称号。其商标获得四川省著名商标，并获得“中国糖酒食品业畅销品牌”。产品荣获内江市名优特新食品、内江市消费者喜爱食品、首批四川特产食品、四川省消费者喜爱食品等荣誉。2015 年公司资产总值 10038 万元，净资产 3824 万元，产值 13817 万元，销售收入 14232 万元，利润 1380 万元，税金 588 万元。

【四川省复立茶业有限公司】 创建于 1983 年，是以茶叶研发、种植、加工、销售为一体，年产名优绿茶、花茶、出口绿茶 2000 吨的四川省农业产业化重点龙头企业、四川省小巨人企业、四川省新农村建设示范企业、四川省重合同守信用企业，四川省茶叶优秀企业，拥有进出口经营权。“沐春”复立茶具有香高、味醇、鲜爽、耐泡的独特品质，被国家农业部认定为“无公害农产品”，并荣获国际博览会金奖、四川农产品名牌、峨眉杯优质名优茶一等奖。2009 年被四川省人民政府授予四川名牌称号。1300 余公顷茶园基地被农业部认定为国家无公害农产品基地、全国第六批农业标准示范区。“沐春”商标评为四川省著名商标。2015 年实现产值 7010 万元、销售收入 7010 万元、利润 1157 万元。

电子机械产业

【概况】 全县机械产业主要集中在机械制造、机械铸造、汽车及摩托车零配件生产，2015 年有机械企业 50 余户，其中规模企业 21 个。机械制造以东工水电、银星实业、能达选煤为龙头，东工水电生产开发水利工程专用机械，银星实业、能达选煤开发制造成套洗选煤设备。机械铸造以金镭、法拉特等企业为龙头，金镭铸业主要加工制造各种规格型号的高中低档阀门铸钢件，法拉特生产砂型铸造、水玻璃及硅溶胶精密铸造、各型阀门。金镭专用铸件、法拉特不锈钢精密阀件、银星公司全程自动化洗煤机等企业精加工产品已经跻身高端产品行列。汽摩零配件以五环汽配为龙头，主要加工制造汽车、摩托车零部件，为重庆长安企业配套；鑫达动力以摩托车零部件为主，为重庆宗申等企业配套。洗选煤设备制造企业是威远机械产业的佼佼者，其市场份额占据西南地区半壁江山，部分产品远销中东、非洲等国际市场。全年机械产业实现产值30亿元。

【内江东工设备制造股份有限公司】 坐落在风景秀丽的釜溪河畔，位于四川省内江市威远县向义开发区，与自贡市市区北环路仅一河之隔，距内宜高速公路、成自泸赤、成渝高速公路5~40千米，交通十分便利。公司占地11. 13公顷，厂房及办公楼面积5万平方米，年产值上亿元。拥有现代化、规模化生产的金属切削、焊接、压力、校正、卷制、探伤等大型加工及检测设备，年生产能力2万吨。

内江东工水电设备制造有限公司是集科研、生产、培训、服务于一体的新型现代化水工金属结构件及水利水电启闭设备、特种设备的专业制作、安装企业。有员工300余人，其中高、中级职称40人，专业技术人员占20%以上。主营业务为水工金属结构闸门、压力钢管、启闭机和特种设备等的制作安装。与国家级成勘院、昆勘院、中南院、西北院及云贵川渝省级院等全国各大水利水电设计院密切合作，先后为云南、贵州、四川、重庆、新建、甘肃等地区大、中型水电站工程提供大量优质产品。具备各类大型水工金属结构件产品生产许可证、启闭机使用许可证、特种设备制造许可证、水工金属结构制作与安装工程专业承包三级资质以及安全生产许可证和ISO9001质量认证及AA级银行信用。2015年4月2日，东工水电完成股份制改造，整体变更为内江东工设备制造股份有限公司，7月31在全国中小企业股份转让系统（新三板）正式挂牌成为非上市公众公司（股票代码：833155，简称：东工股份）。2015年11月26日，东工水电新三板挂牌仪式。2015年末，东工水电主营业务实现收入2. 88亿元、产值2. 74亿元、利税1418万元。

其他产业

【概况】 除钒钛合金、建材新材料、精细化工、绿色食品、电子机械等支柱产业和特色优势产业、重点扶持产业外，威远县还有电力能源、轻纺、造纸、医药、包装、印刷等产业。不过，包装、印刷等企业规模都太小，具有代表性的企业有鸿星包装制品有限公司、威远县宏发包装公司、精荣印业有限责任公司。另有供水、供气的行业，具有代表性的企业为威远县清溪水务公司、威远港华燃气公司。

【四川百胜药业有限公司】 总资产5904万元，有员工125名。以制药业为主体，经营范围包括药品生产、药品批发、药品零售、中药材种植等。具备年产4071吨中药饮片、2180吨药用曲类的生产能力，在广东广州、河北安国、陕西西安等地设有省级总代理，并与全国203个制药企业建立供应关系。2015年实现产值2. 2亿元、销售收入2. 3亿元、利润0. 22亿元。

（黄永其　刘栋明　陈　丹　李进平　蒲　梅　刘成新　宋智红　幸文复　温　波　赵会亮　幸　星）

严陵工业园区

【概况】 严陵工业园区位于威远县城南部，地处成渝经济圈、融入川南城市群，具有区位交通、规划布局、资源、政策环境、金融等优势。成自泸赤高速公路绕园而过，园区距成都130千米、距重庆180千米，内威荣高速公路通车后，威远至内江的距离仅30千米。

园区主导产业有焦化及其下游产业、建材及新材料和机械电子。园区建成面积7. 94平方千米，其中工业用地6. 4平方千米。截至2015年底，园区共入驻企业81户，其中工业企业61户（规模工业企业45户）。全年完成销售收入205. 1亿元，占目标任务的105. 2%；实现工业入库税金1. 8亿元，占目标任务的120%；完成项目投资额13. 6亿元，占目标任务的136%；新增承载面积0. 24平方千米，完成目标任务120%。

【投资环境】 2015年，园区基础设施建设更趋完善。有配气站2座、变电站2座、污水处理厂1座，水电气杆管线沿园区大道架设和铺筑，国道247已经启动建设。

启动和完善教育、卫生、公共交通等公共设施建设。燃气、电力等一大批公用设施项目，相继在园区开工建设并投入使用。

公共服务体系建设取得较大进展，建有研发设计、信息服务、融资、商务、物流等公共服务平台。

管理体制和运行机制建立健全。县委、政府成立严陵工业园区建设工作领导小组，县长任组长。园区成立管委会，内设综合办公室、经济发展办公室、规划建设办公室3个正科级办公室。下设发展服务中心。年内，园区管委会经编办审批新设1个正股级内部机构：威远县高新技术创业服务中心。着力打造优质服务平台，规范项目入驻审批程序，简化办件流程，提高办件效率，形成一站式审批机制。

【产业发展】　2015年，园区规模工业企业45户，总产值180.12亿元，销售产值180.79亿元。实现工业入库税金1.8亿元，占目标任务的120%；完成项目投资额13.6亿元，占目标任务的136%。

主导产业骨干企业情况：

白塔新联兴陶瓷集团有限责任公司，2011年5月入驻园区，是中国西部规模最大的建筑陶瓷生产企业。2014年“白塔牌”获中国500最具价值品牌，品牌价值达42.78亿元。主要生产各种地砖、内墙砖、外墙砖，产品主要销往西北地区、西南地区等。白塔集团现有资产6.8亿元，2015年实现销售收入12.99亿元。

威玻新材料集团有限公司，2009年3月入驻园区，是中国第四大玻纤企业、国家级高新技术企业、四川省出口创汇优秀企业。2015年大力发展特色池窑拉丝及其深加工产品，着力打造中国西部的玻纤制造及深加工产业集群，产品远销北美、欧洲、东南亚、中东等20多个国家和地区。威玻集团有资产32亿元，全年实现销售收入51.54亿元。

【开放合作】　严陵工业园区全年招商引资到位市外资金9.04亿元，形成固定资产占比50%，制造业资金占比83%，省外资金占比97%；新签并开工1亿元以上、制造业0.5亿元以上、高新战略类0.3亿元以上项目6个（其中高新技术人才带项目1个、投资总额5亿元以上项目1个）

2015年，威玻新材料公司池窑拉丝生产线　（余远文　摄）

【科技创新】　搭建产学研对接平台，推动企业技术中心与科研院所、大专院校构建技术创新联盟，着力构建以企业为核心的“产学研”互动创新机制，推进企业自主创新能力建设。2015年，园区建成省级商标战略进园区工作示范指导站1个，新增省级企业技术中心1个，总数4个；新增市级企业技术中心4个，总数10个；新增国家级高新技术企业6户，总数12户。建成全市唯一的四川省玻纤复合材料工程技术研究中心，新增“天地源陶瓷”“伊兰丝”等工业品牌。发展战略性新兴产业和高新技术产业，新签并开工高新战略类项目6个。建成省级科技企业孵化器1个。

【资源利用和环境保护】　园区规模企业完成国家、省和市级政府下达的节能减排目标任务。园区单位产值能耗1.2吨标准煤/万元，单位工业增加值用水量31.58立方米/万元，污水集中处理率100%，工业“三废”排放达标率100%，工业固体废物综合利用率95%，全部达到国家和行业标准。园区主要污染物有工业固体废弃物、清洗废水和污水、少量含SO_2、CO_2废气等。排放量情况：工业固体废弃物330万吨，利用率95%；清洗废水和污水130万吨，污水集中处理率100%；少量含SO_2、CO_2废气达标排放。

园区坚持集约用地原则。坚持节约用地，尽量节省建设用地；坚持集约用地，建设用地必须提高投入产出的强度，提高土地利用的集约化程度；坚持通过整合、置换和储备，合理安排土地投放的数量和节奏，改善建设用地结构、布局，挖掘用地潜力，提高土地配置和利用效率。

（吴　畏）

连界工业园区

【概况】　2015年，连界工业园区实现销售收入446亿元，工业入库税金1.48亿元，全部项目投资24.8亿元，新增承载面积0.25平方千米。连界工业园区2人分获全国劳动模范、四川省劳动模范表彰。

【帮扶企业】　连界工业园区上下积极应对钢铁产能严重过剩的严峻形势，围绕支持龙头企业成渝钒钛“保稳定、保生产、保增长”中心工作，开展协调服务。发挥承上启下帮扶作用，落实省、市、县三级党委和政府联手帮扶各项政策，细化“一对一”“一企一策”帮扶方案，全力帮扶向上争取技改贴息、研发平台建设等资金支持，争取到工程棚户区改造资金4238万元、含钒钢筋补贴1000万元。协调金融支持，帮助企业向中铁信托、川发展借款11亿元。强化煤、电、油、气、运要素保障，优先保障企业需要，优惠电量3.3亿千瓦时，节约电费2625万元。发挥桥梁沟通作用，引导企业加强与客户的沟通解释，与多数客户达成“老款挂账、新款不欠、继续合作”的共识，合作关系全面恢复、正常稳定。同时，引导企业员工与企业同舟共济，努力保障员工队伍稳定、保生产经营基本稳定、保债权人基本稳定。发挥支持引导作用，鼓励企业深化改革、锐意进取，恢复正常生产经营。全年钢坯产量247万吨，销售钢材244万吨，主要指标达到国内领先水平。

2015年3月2日，省委、省政府督查组到川威集团督查调研工业经济运行情况　（川威集团　供图）

【项目建设】　连界工业园区完成石板河景区项目主入口道路、观光车道、步行道一期、停车场、旅游厕所配套设施等，具备接待能力；总投资7.8亿元的灰渣混凝土空心隔墙板项目完成一期生产线建设工作，进入试生产；660套白牛区木兰苑安置房项目完成主体工程建设；2.87千米的船石湖大道竣工通过验收；1.64千米白牛路项目完成竣工验收。

【自主创新】　连界工业园区牢牢把握国家“一带一路”战略和长江中游经济带建设的转型机遇，成立“十三五”规划编写小组。有计划地落实《中国制造2025》规划，继续推动“钢铁川威”向“钒钛川威”转型。“钒钛钢铁废水综合利用零排放技术研究”获2015年四川省科学技术进步奖。紧扣提质增效主线，发展高新技术产品和战略性新兴产业，注重发挥钒钛基地的装备技术优势，加快发展技术含量更高、附加值更高且节能环保的含钒高强度优特钢产品和大型储能钒电池及系列配套产品，延伸钒钛产业链。实施企业触网工程，推动“互联网+钢铁”的电商平台，降低交易成本，优化物流运作。支持“大众创业、万众创新”，有序实施科技孵化园建设，进一步完善硬件设施，鼓励重点发展钒钛、新兴产业、新材料、节能环保等领域的科研创业。园区投入41.5万元建立工业能耗测试控制中心，各类专业器材全部安装到位，落实了管理机构和人员。

【依法治园】　连界工业园区坚持依法治园，提前介入、主动应对，建立维稳联动机制，落实法律进机关、进企业活动。开展矛盾隐患排查，建立健全矛盾纠纷调处机制，落实领导干部包案化解，妥善协调群众关注强烈的问题，依法处置敏锐劳务公司等一批急难险重矛盾。加强舆论引导，起到凝聚人心、提振信心的作用。协调配合企业审计评估，债务重组工作按计划推进。开展安全生产隐患排查整治和环保治理、职业病防治等活动。督促企业落实安全和环保主体责任，按照工程建设“三同时”工作要求，及时办理钒资源综合利用工程建设相关的安全、环保、消防等验收资料的收集和上报工作。与园区企业签订安全生产责任书，强化企业负责人安全责任意识。加强春节、五一、国庆等节假日前后的安全生产、环境保护大检查工作，全年未发生重大安全生产事故和环保事故。

（党　伟）

镇西食品工业园区

【概况】　威远县镇西食品工业园区位于威远县镇西镇南部，距离威远县城约12千米，距成自泸高速公路4.5千米、内威荣高速公路3.5千米。园区规划用地180.4公顷，其中建设用地168.4公顷。根据适度发展的原则，园区第一批入驻的企业有6家，分别是黄老五食品股份有限公司、内江市川老妈食品有限公司、四川缔铂酒业有限公司、威远县金四方果业有限公司、洋龙酒业有限公司和威宝食品有限公司。6家企业中只威宝食品有限公司尚未入园建厂。园区第一期征用土地31.33公顷，全部用于实际入园的5家企业建设厂房，除洋龙酒业有限公司尚未完成建设以外，其余4家企业均建设完毕并投入生产。园区坚持以走特色农产品生产加工的发展道路为根本思路，逐步形成较为稳固的“公司+专

2015年，威宝食品公司泡菜生产线　（冷国文　摄）

合组织+基地+农户”的特色农业发展模式。2015年，园区企业完成固定资产投入1.2亿元，年产值6.7亿元，年产值较2014年增加3个百分点。2015年2月，作为内江市“一区四园”的特色园区，威远县镇西食品工业园区作为特色园区与内江市其他3个园区一道通过科技部的考评，被认定为“四川内江国家农业科技园区”。

【辐射带动】　镇西食品工业园区各企业以专业合作组织为依托带动周边群众增收致富的产业链模式，推进优质农产品的种植和加工，优先选用基地和周边的农产品，园区5家企业共计组建6个农民专业合作组织，吸纳800余户群众加入，专门为企业提供相对应的农产品原材料。仅专业合作组织这一项，合作社农户年均增收3600元至5500元不等。此外，园区企业也收购未加入合作社的农户的农产品，覆盖农户1.3万户以上。

【科技项目】　进入镇西食品工业园区的各企业重视提升自身的科技含量。威宝食品有限公司致力于钻研泡菜的传统制作工艺与现代化工艺技术完美结合，主动与四川农业大学、中国农科院柑橘研究所、四川省食品发酵研究所等部门寻求合作和研究，寻求传统泡菜制作的高精尖技术，提出“传统泡菜现代工业化生产关键技术和设备研发及产业化示范”项目，尚在接触磋商之中。黄老五食品股份有限公司继续狠抓花生酥、米花酥等拳头产品市场宣传推广，加大核桃酥等新产品的开发和提升，并在2015年底启动生产线建设二期工程；依托设在成都的市场总部，发展电商、微商，不断拓展新的销售渠道和模式。川老妈食品有限公司继续与四川省调味品研究所等多家科研机构保持长期合作关系，加大产品策划和宣传投入。金四方果业公司稳定与四川省食品发酵工业研究设计院的合作关系，无花果太阳能烘烤房建成投产，单次烘烤量在10吨以上，大幅度降低烘干环节对电、气的依赖。

（周文雍）

商贸服务业

综　述

【概况】　2015年，威远县推进服务业发展，强化统计基础工作，培育限上企业，做大做强传统产业，着力提升服务质量，努力扩大外贸出口，狠抓大型项目建设，全力推进服务业发展。实现服务业增加值增速9.3%，社会消费品零售总额75.4亿元，增速12.5%；实现服务业税收6.59亿元，占全县总税收比重的62.5%；新进规上商贸企业8户，外贸进出口总额实现3500万美元，实际利用外资1450万美元。全县限上商贸企业电商应用率78%，电商销售额达到4亿元，比上年翻了一番。

【重点项目建设】　加快推进荣威万象城、汽车4S销售集群区等服务业重点项目建设，培育以城市综合体为中心的城北商圈、以荣威万象城为中心的城西商圈。

汽车销售集群区项目　位于威远县严陵镇吴家湾地块，占地13.33公顷，总投资5亿元。该项目按现代化、规模化、集群化、标准化的要求，通过汽车展示区、汽车销售区、客户休息中心、汽车维修美容区和汽车检测中心办公区（行政办公楼、餐饮区、员工宿舍、培训中心等）和综合服务中心（入驻交警、运政、税务、银行、保险，办理按揭、保险、上牌等增值业务）的建设，使之成为一个具备整车销售、配件供应、售后服务和信息反馈、汽车装饰美容、保养维修、电动轿车充电、新车试乘试驾等功能的品牌汽车销售集群区。2015年完成项目所涉范围的征地拆迁、土地平整以及1个4S店的展示区、销售区、客户休息区、维修美容区等主体工程的建设。

威远商贸城（荣威万象城）项目　位于威远县严陵镇吴家湾地块，占地29.33公顷，总投资22亿元。该项目将建设成一个以市场交易区、中心展示区、仓储物流区、综合配套区四大板块为依托，囊括机电机械、家居建材、食品、木材、服饰家纺、时尚购物等业态，集“产品交易、国际展览、仓储物流、外贸服务、电子商务、品牌推广、中央商务、生活配套、运营管理、休闲娱乐”等功能于一体，在川南地区全面领先的超大型生态商贸公园。项目投资方通过引进新博美、九龙广场等国内外知名品牌商家入驻。2015年完成万象城（第一期）范围内管网改迁，完成万象城范围内隐蔽工程的80%（周边5条道路的水电气供应、雨污管道、网络通信等相关设施的预埋工作）。

【对外经贸】　帮助威玻新材料、内江盈德气体、内江井得制衣等企业申报中小企业国际市场开拓资金、外贸发

2015年，汽车销售集群区项目　（冷国文　摄）

展促进资金以及区域协调发展等资金。动员有条件的企业获得外贸出口经营权，年内新增获权企业4户。组织县上企业参加中国西部（四川）国际投资大会投资促进会、第三届泸州博览会、第八届中小企业交易会、第十届食品博览会、第十七届渝洽会等，为企业开拓市场搭建平台。黄老五、威宝、川老妈等被评为“老百姓最喜欢的产品”。

外贸进出口情况　威远县完成外贸进出口3514万美元，同比增长49.1%。其中：外贸出口2976万美元，同比增长56%；外贸进口538万美元，同比增长19%。

实际利用外资情况　威远县实际利用外资1450万美元，完成市下达目标任务1000万美元的145%。全县利用外资的特点：现有外商投资企业增资扩股成为吸收利用外资主要增长点；投资结构日趋合理，领域不断拓宽，由最初的玻璃制品发展到纺织服装、气体加工等。

外商投资企业审批　审批内江华原的股权质押，港威有限公司的法人变更，威远华原公司的法人变更及经营范围的变更，使外商投资企业更加规范化。

2015年6月10日，农村淘宝严陵镇建设村服务站代购员正在为村民们代购商品　（严陵镇　供图）

【电子商务和物流业】　2015年，威远县贯彻落实“互联网+”行动计划，把电子商务作为现代服务业发展“一号工程”，实施“全企上网、全民触网”工程，鼓励“大众创业、万众创新”，通过发展电子商务带动传统产业转型升级。引进阿里巴巴、农村淘宝、易田网购等平台企业3户，培育本土“威远零距离”“同城爱购”“12349”健康养老服务平台等5户。建成面积2100平方米集办公、物流、产品展示、培训于一体的电商中心，建成镇村服务站80个，组织各类电商培训32次，培训各类电商人才5000人次。电子商务应用不断扩大，电子商务产业规模不断壮大，获全国第二届中国县域电子商务峰会“农村淘宝开拓型示范县”，实现网上销售额4亿元。

随着全县交通基础设施的改善、经济的持续增长和电子商务的快速发展，全县物流业规模不断扩大，物流企业迅速成长。2015年全县有物流企业45户、快递企业20户，进出货物5亿吨、邮件400万件，物流企业营业收入38亿元。

（黄永其）

【威远县邮政速递物流公司】　四川省邮政速递物流有限公司威远县分公司（简称威远县邮政速递物流公司）隶属于四川省邮政速递物流有限公司内江市分公司，于2010年6月成立，为省属国有企业。主要经营国际、国内EMS特快专递业务、合同物流业务、货运代理业务等相关的综合速递物流业务，业务通达全球200余个国家以及国内近2000个城市。

2015年，威远县邮政速递物流公司设专门的揽投中心和营销中心，在顺城街142号专设速递物流品牌店1个，拥有员工11人。城区投递段5个，揽收段道2个，配备生产运输车辆8辆；乡镇支局15个，代办所3个。拥有基础地址、组织机构、个人名址三大类数据库，开通威远到成都精品物流专线。建立信息处理平台、EMS邮件跟踪查询系统、11183客户呼叫中心等，引进GPS、GIS、PDA、EDI等信息系统和实施设备，从而实现全环节的信息监控、跟踪，确保邮件时限和安全。威远县邮政速递物流公司拥有享誉全球的“EMS”特快专递品牌和国内知名的“CNPL”物流品牌。年内，以二代证直通车、外管证照、高考纸质档案寄递、电商客户、法律文书等业务为抓手，开拓项目市场，带动业务增收。通过40余天的努力，威远县分公司在项目类业务上共创收22.98万元。截至12月底，威远县分公司实现速递业务收入143.49万元。其中“生姜项目”的启动，成为创收的一大亮点。全年未发生安全事故和资金票款案件。

（林　静）

旅游业

【概况】 2015年，威远县围绕内江市旅游发展大会精神，大力实施“138”旅游发展计划。全县接待游客342万人次，同比增长24.36%；旅游收入20.81亿元，同比增长24.91%。全县有名胜风景区和文物保护区2个，星级饭店1家，星级饭店客房数80间。

【“1336”旅游发展战略】 2015年，威远县坚持“全域旅游”理念，以“旅游引领”的思路带动县域内各相关产业联动发展，围绕“新老旅游6要素”，着力实施“1336”旅游发展战略，即：建设1个全域旅游支撑体系（船石湖旅游小镇、交通建设、产业配套等），3个旅游品牌（山水游乐、山地运动、休闲康养），3个拳头景区（石板河、俩母山古砦群、慈菇塘景区），6个旅游培育区（长葫峡谷、中国无花果国家农业公园、南部乡村旅游、凤凰古砦、工业旅游、韦家沟旅游）以项目为引领稳步推进，突破推进，系统推进。

【旅游规划编制】 2015年12月，县委、县政府编制完成《威远县全域旅游发展规划（2015—2025）》、石板河AAAA级旅游景区控规及核心区修建性详细规划、船石湖旅游小镇旅游规划、牛头山中华感恩园规划等工作。编制完成《威远县穹窿旅游综合体策划方案》，启动石板河规划设计工作。聘请北京大学中国城市设计中心主任陈可石教授作为总设计师，实施船石湖旅游小镇城市建设总规、云海步道等规划设计30余项，委托四川师范大学王者旅游规划研究院编制《船石湖AAAA级旅游总体规划》；编制完成《牛头山中华感恩园规划》；与省旅游学校签订《结盟友好单位合作协议》，由该校免费为威远县编制相关景区规划设计，并提供三年旅游人才免费培训。

2015年12月5日，威远石板河旅游景区规划单位评选会召开 （县旅游局 供图）

【重点项目建设】 石板河景区建设 2015年，威远县按照“边建设边招商”的思路，由县投控集团公司先期投入实施景区基础设施建设。截至5月底，累计投入2500余万元，建成主入口道路石黄路、观光车道石灵路和步游道，完成石灵路绿化和临时停车场、环卫设施等建设，安装景区旅游安全、道路指引等标示标牌，初步具备接待能力。全年接待游客30余万人次，单日最多接待游客达1万余人次。大力开展招商引资工作，先后到广东、重庆等地进行石板河景区专题招商，组织客商到威远考察10余次。7月23日，穹窿国际休闲度假旅游区项目，被省委、省政府主办的中国（四川）国际旅游投资大会列为全省38个项目中的首推项目。10月19日，威远县与四川巨洋文化旅游股份有限公司签订石板河景区旅游开发项目投资合作协议。

船石湖小镇建设 自2012年以来，船石湖旅游小镇建设累计投入8亿元，编制连界总规、控制性详细规划、旅游规划等系列规划。截至2015年底，威连路改线段完工并实现车辆正常通行，船石湖大道、白牛路具备通车条件，小镇道路系统基本形成。木兰苑安置房主体工程完工，进入外墙装修及附属设施建设中，船石湖宾馆改造项目完成游泳池、配套功能房、儿童乐园、绿化景观改造等项目。污水处理厂、游客接待中心、云海旅游步道、朱笔路、花田路商业步行街等项目建设前期准备工作完成。

【旅游宣传营销】 2015年，《天下穹窿·魅力威远》形象宣传片拍摄完成，总投资54.77万元，其中年内完成投资27.74万元。优先在威远县广播电视台播放。确定威远旅游形象口号，大力宣传独特的穹窿地貌资源和浓郁的地方特色。对威远县旅游局网站进行更新改版，设置重点景区、图说威远、威远游记等板块。3月，建立威远旅游微信平台，推送16条旅游信息，实现旅游资源及旅游产品的网上宣传、网上促销。

2015年12月3日，省供销社副主任王小刚（右）察看川老妈产品展示区　（县供销社　供图）

【旅游服务质量提升】　2015年，威远县加快吃、住、行等配套设施建设，不断优化旅游接待环境。引导辖区内银花山庄、银杏山庄、如意山庄、花朝门生态园等企业创建旅游餐馆。威远县青年旅行社、鑫宏大酒店等6家旅游企事业单位完成标准化示范创建任务。推行规范化服务，培训旅游管理人员、导游及旅游从业人员100余人次。加强旅游安全督查。强化安全教育，落实防范措施，完善安全防范预案，健全工作长效机制，不断优化旅游环境。在重要节假日前夕深入景区景点开展安全检查20次，整顿旅游市场秩序，规范旅游经营行为，为游客营造良好的旅游服务环境。

（苟　丹）

农资供销

【概况】　2015年底，全县供销合作系统共有在册职工583人；县级联社1个（内设办公室、生产科技股、财计物统股，人员22人），直属企业4个，基层供销股份合作社12个，加盟企业4个；各类农村专业合作经济组织122个。各类连锁经营网点1172个，其中农资经营网点470个、农副产品经营网点156个、烟花爆竹网点246个、再生资源网点280个。

2015年，县供销社落实化肥储备，保障农资供应；发展农民专业合作社，农村社区综合服务中心，改造升级农村服务网点和庄稼医院，服务新农村建设；参与国家农业综合开发，指导、帮助供销社领办的农民专业合作社和农业产业化龙头企业的发展申报项目；指导企业抓好烟花爆竹、再生资源回收利用管理，强化社有资产管理；坚持开放办社，推进民主办社，广泛吸收、发展成员社。同时，2015年是全县供销综合体制改革试点的第一年。全县供销社系统实现商品购进总额53891万元，商品销售总额62756.41万元，农资料供应额7981.26万元，农副产品购进总额33571.3万元，连锁销售额8863万元，再生资源回收额8203万元，行业利润总额2611万元，基层社利润245万元，基层社销售收入12820万元，社会贡献总额4690万元。

【农资供应】　全县农业生产资料供应市场稳定。县供销社择优选取政府化肥承储企业，指导督促承储企业抓好化肥储备，储备氮肥3500吨，其中：碳铵2500吨、尿素1000吨，农药100吨。开展农忙时节延伸农村服务网络，增设化肥经营网点，延长服务时间，提供科学配方送肥进村到户。做好农资供应，调节市场供需矛盾，保证农户买到品种齐全、质量优良、价格稳定的农资商品。

【庄稼医院】　县供销社按《农村庄稼医院建设实施方案》和《威远县庄稼医院建设及升级改造项目》的要求，聘请县级相关部门专业人员，在县城及各镇举办各类农技推广咨询服务活动4场，培训庄稼医院医生150余人。全年供应各类优质化肥49709吨，农药315吨，占全县供应数量的95%。

【项目建设】　县供销社狠抓项目储备、规划、实施、包装、申报工作，发挥项目储备库作用，向上争取政策资金支持，包装项目22个入总社项目库，5个入省级项目库；申报2016年度总社农村产融项目1个，争取资金700万元，支持内江川老妈食品有限公司的发展；申报2016年省级供销改革资金项目1个，发展新型产融基层供销合作组织；争取项目资金120万元，推进向义和庆卫2个集配中心建设。

【农民专业合作社发展】　全县新发展昌俊种植农民专业合作社等44家农民专业合作社，其中申请加入供销社成为社员社的5家。加强合作社内部管理制度建设、财务制度建设，规范50家农民专业合作社生产、管理、经营行为，富强茶叶种植专合社、添鑫水产养殖专合社等4户农民专业合作社分别被省工委、

2015年8月13日，市发改委领导到威远县检查督导“粮安工程”建设项目 （县粮食局 供图）

省供销社评为示范社。

【再生资源利用管理及城乡环境综合治理】 按照县城乡环境综合治理指挥部的统一部署，集中开展废旧物资回收网点的专项治理工作。集中1个月时间对76户场镇废旧物资回收网点进行整治规范。完成机关所在地的环境卫生，并投入人力和财力参与“包街” “包点”工作，派专人随时对“包街”进行巡查，发现问题及时处理，保持目标任务地段的整洁卫生。

【烟花爆竹安全管理】 县供销社会同公安派出所、各镇安办、工商所等部门，对所辖区域1家烟花爆竹批发企业、247家零售户开展拉网式安全大检查，加大对非法生产经营烟花爆竹的打击力度。同时，在春节、清明节集中旺销时段进行管控。

【省供销社领导调研龙头企业】 2015年12月3日，省供销社党组成员、副主任王小刚实地走访调研与县供销社有加盟合作关系的几家龙头企业的生产经营情况。

王小刚察看威宝食品有限公司、内江川老妈食品有限公司、金四方果业有限公司等3家企业的生产流程，听取并询问产品经营销售状况及带动农业专合社社员情况。在川老妈食品有限公司调研时，王小刚指出：要严把质量关，确保供销社这个核心品牌价值；要不断开发新品种，研究新工艺，适应不同客户需求；要依托“供销e家”等电商平台，拓宽线上销售渠道；要规划好发展项目，申报农业综合项目要精准，争取上级项目资金支持，把企业做大做强，以良好的经济和社会效益打响供销的品牌。要求县供销社要做好服务协调工作，积极争取项目资金，帮助企业发展壮大；要加大与龙头企业的联系与合作，用“专合社+龙头企业+供销社”的模式，抱团发展，共利共赢。

（黄小俊）

粮油流通

【概况】 威远县粮食局为县政府直属事业单位，下设1个事业单位威远县粮油食品质量监督站，管理2家国有粮食购销企业四川威远严陵省粮食储备库和威远县粮油收储有限公司。局机关内设办公室、业务股、财务股、监督检查股。2015年底，县粮食局及其所属事业单位实有在编事业人员20名（其中县粮食局机关15名）。2015年，县粮食局落实国家粮食最低收购价保护政策，粮食收购均价明显高于上年，完成全年购销任务。

【储备粮管理】 县粮食局强化省级和县级储备粮油规范化管理在现有粮仓机械通风、环流熏蒸、粮情监测3项技术科学储粮的基础上，大力推广绿色储粮新技术。严格掌控熏蒸施药时间和用量，减少熏蒸施药次数。运用准低温储粮技术和智能通风技术，达到减排增效的目的。加强粮食质量安全监管，做好全县粮油质量检验监测建设项目编制和论证工作。严格粮油入库、出库、储藏和市场销售各环节的质量检查，实施粮食“危仓老库”维修改造工程，新增粮食仓储能力6000吨。“放心粮油工程”进展迅速，总投资130.45万元。建成威远县放心粮油配送中心1个，总投资100万元；建成放心粮油示范店3个，总投资5.25万元；建立乡镇放心粮油示范店18个，总投资25.2万元。

【粮食流通管理】 2015年，全县建成8个粮油价格监测点，每周及时做好资料分析，准确上报。制作10期《粮油价格信息简报》。按照《威远县粮食应急预案》要求，县粮食局与6个粮油加工、储存、供应企业签订应急责任书，建成23个粮食应急供应网点。按照《威远县城镇小包装成品粮油储备管理办法》，县粮食局每月对储存企业进行督促检查，每个季度联合县财政局、农业发展银行进行检查，及时预拨存储单位费用和利息补贴。确保小包装应急粮油调得动、用得上。

加强粮食流通市场行政执法监督，确保区域内粮食流通市场稳定。

【市场监管】 2015年，全县新办粮食收购许可证3户、换证10户、变更1户。截至年末，全县粮食收购许可证持有者滚存累计为77户（国有企业2户、民营企业4户、个体收购户71户）。开展大小春粮食收购专项执法检查。大小春收购期间共检查粮食经营户44户，形成现场检查记录44份；共发现违规经营户6户，开出期限整改通知书6份（其中给予警告处理2户）。开展粮食最低最高库存量检查，对核定有最低最高库存量的3户经营者实施检查，情况良好。各经营企业和个体工商户的粮食库存数量均在核定的标准之内，没有囤积居奇或抢购抢收的现象。在《粮食流通管理条例》颁布实施11周年之际，在严陵镇粮食市场开展粮食法律法规现场宣传，发送宣传资料500余份、科技储粮光碟80套。

（周　川　杨力川）

烟草专卖

【概况】 四川省威远县烟草专卖局、内江市烟草公司威远分公司成立于1983年12月，为国有企业，主要负责威远县的卷烟市场管理和卷烟销售工作。2015年，根据《关于变更全省烟草系统县级机构名称的通知》（内烟法〔2015〕276号），内江市烟草公司威远分公司更名为四川省烟草公司内江市公司威远分公司。

威远县烟草专卖局负责县内20个镇313个村的卷烟市场管理，负责对1600户卷烟零售户的营销服务工作。2015年销售卷烟1.74万箱（5万支/箱，下同），上缴税金2399万元，上缴税收居全县商业企业前列。被内江市人民政府评为纳税1000万元以上“纳税大户”。

【营销管理】 2015年，县烟草专卖局（四川省烟草公司内江市公司威远分公司）组织客户经理加强客户拜访，通过电话沟通，借助QQ、微信等现代通信技术，发挥“互联网+”的营销优势，对不同的客户制定不同的品牌培育方案，促进有实力的经营户提升卷烟销售能力。开展现代终端建设，累计发放现代终端展示牌156户，并选取荷花街作为终端示范街，为铺开终端网络提供有益借鉴。加强明码标价宣传，协助卷烟零售客户对标价签进行整理和摆放，开展群访和一对一拜访，实行网格化管理，提高服务的精准性。

【法规宣传】 以“3·15”“6·29”“12·4”等时间为切入点进行普法宣传工作。领导带队深入基层、社区、街道进行上门入户宣传活动。利用电视、宣传栏、横幅、标语、展板、图片、资料等宣传法律法规，发放宣传资料8500余份，零售户宣传教育3920人次，接待咨询群众3650余人次；悬挂横幅、宣传标语31条，墙体宣传标语1条。组织零售户法律法规培训20次计1600余人次，覆盖全县所有卷烟零售户。

【专项行动】 2015年，县烟草专卖局（四川省烟草公司内江市公司威远分公司）联合县公安、工商等部门在全县范围内集中组织开展“今冬明春”“非法流通专项行动”“天府金剑”等7次专项整治行动，累计查案231起，其中1万元以上案件18起、5万元以上真烟案件2起。查获违法卷烟122.55万支，案值66.5万元。市场平均净化率保持在97.5%以上。

（缪　勇）

食盐专营

【概况】 四川省盐业总公司威远支公司（威远盐政市场稽查所）是川盐自贡分公司下属支公司。2015年，威远食盐销售2200吨，生产加工用盐销量4500吨。在7月开始调整销售结构，推销高品质盐。

【盐政执法】 威远盐政稽查所加大对盐业市场的检查和管理力度。按照内江市盐政稽查处的工作部署，加强

2015年3月，威远县开展卷烟专项整治行动　（县烟草专卖局　供图）

2015 年 4 月 3 日，城区电网改造（冷国文 摄）

与县上相关部门的联系，配合地方物价部门，和县食药监局进行定期或不定期的盐业市场整治工作。在执法工作中，对用盐企业，学校及工地食堂，各食盐零售商、超市、农贸市场等进行专项检查，对检查过程中发现的跨区域销售和串货等问题进行有效的整顿和纠正。12 月，召开内江片区经销商座谈会，确保全县食盐正常有序供应。

【盐政宣传】 威远盐政稽查所会同县公安、工商、物价、质监、教育等部门，开展各种宣传活动，设立咨询台，散发宣传资料，接受群众咨询。主要围绕《食盐专营办法》《食盐加碘消除碘缺乏危害管理条例》等盐业行政法规，碘缺乏对人体的危害，怎样正确使用碘盐等群众感兴趣的问题开展宣传活动，使盐政法规和食碘盐的知识深入人心。

（李雪梅）

供　电

【概况】 2015 年，县供电公司在册职工 149 人，专职电工 347 人，劳务派遣人员 7 人；集体企业职工 51 人，临聘员工 48 人，各类用工人数合计 602 人。公司设有办公室、运维检修部、营销部、发展建设部等 10 个部门，下辖营业班等 8 个班组和城郊、连界等 11 个供电所，2 个县城供电营业窗口。有 35 千伏及以上变电站 17 座，主变 31 台，主变容量 111.24 万千伏安。其中，220 千伏变电站 2 座，容量 57 万千伏安；110 千伏站 5 座，容量 42.15 万千伏安；35 千伏站 10 座，容量 12.09 万千伏安。220 千伏线路 5 条 114.84 千米，35～110 千伏线路 32 条 315.941 千米，10 千伏线路 69 条 1720.83 千米，低压线路 1.3 万千米。在 10 千伏网络中，有城网线路 19 条 77.13 千米，配变 463 台，配变容量 195455 千伏安；农村线路 50 条共 1643.7 千米，公用配变 2112 台，配变容量 259078 千伏安，用户专变 757 台，配变容量 162130 千伏安。年内未发生人身死亡、重伤事故，未发生重大、特大设备事故，未发生重大、特大交通事故和火灾事故。截至 12 月 31 日，实现连续安全生产 3422 天。

全年完成售电量 112133.49 万千瓦时，同比减少售电量 18454.56 万千瓦时，同比下降 14.13%，完成年计划的 98.97%（计划 113300 万千瓦时）。售电均价为 600.03 元/千千瓦时，同比下降 25.01 元/千千瓦时。综合电费（含川威集团）应收 73153.46 万元，实收 73153.46 万元，回收率 100%。110 千伏累计线损率 5.7%，同比下降 0.34 个百分点（年度目标 5.74%）；10 千伏综合线损率 7.63% 同比下降 0.75 个百分点（年度目标 7.44%）。

【供电情况】 县供电公司直供用电客户 24.15 万户，供电人口 74.65 万人，2015 年网供电量 11.74 亿千瓦时，平均负荷 13.4 万千瓦，最高负荷 26.4 万千瓦；2015 年售电量 11.21 亿千瓦时。主要大宗工业客户有川威集团、远威水泥有限责任公司、白塔新联兴集团公司、威远冶金化工股份有限公司、内江市沙湾煤业有限公司等 90 户，占公司售电量的 70.61%（其中川威集团占 31.99%），非普工业用电占 3.96%，农业用电占 0.54%，非居民生活用电占 1.73%，居民生活用电占 17.77%，商业用电占 5.39%。

（孔琳卉）

供　气

【概况】 2015 年，全县有燃气企业 13 家，其中管道然气企业 10 家、压缩天然气加气站 2 家、液化石油气企业 1 家。

2015 年威远县燃气企业统计

序号	单位名称	类别	法人代表	供气区域	经营情况
1	威远县港华燃气有限公司	管道燃气	李　峰	严陵镇、高石镇、龙会镇庆卫镇、黄荆沟镇、铺子湾镇	正常经营
2	威远县新场镇天然气有限公司	管道燃气	张建英	新场镇、观英滩镇、连界镇（川威厂区、碧水湾小区、滨湖花园小区除外）	正常经营
3	威远县镇西天然气有限责任公司	管道燃气	罗吉平	镇西镇	正常经营
4	威远县越溪天然气有限公司	管道燃气	余越超	越溪镇、两河镇、小河镇、碗厂镇	正常经营
5	威远县新店燃气有限责任公司	管道燃气	周桂兰	新店镇	正常经营
6	威远县界牌燃气有限公司	管道燃气	夏华宗	界牌镇	正常经营
7	威远庚星天然气有限公司	管道燃气	钟　波	山王镇	正常经营
8	威远旭东天然气有限公司	管道燃气	金旭东	向义镇	正常经营
9	威远华燃天然气有限责任公司	管道燃气	倪志勇	靖和镇、东联镇	正常经营
10	内江市川威实业有限公司	管道燃气	林继华	川威厂区、碧水湾小区、滨湖花园小区	正常经营
11	中石油 CNG	压缩天然气加气站	余竖威	威远县	正常经营
12	港华 CNG	压缩天然气加气站	李　峰	威远县	正常经营
13	威远县圣骑液化气有限公司	液化石油气	张绪东	威远县	正常经营

2015 年 11 月 13 日，威远港华燃气有限公司 SCADA 控制中心　（任倩玥　摄）

【威远港华燃气有限公司】　威远港华燃气有限公司为专业从事城市燃气建设与供应的管道燃气公司，注册资本 3000 万元。经营范围：管道天然气；批发、零售天然气配套产品、厨房电器设备；天然气管网的建设、安装、维修。建有 1000 立方米的调峰储气罐门站 1 座，新建城南工业园区门站 1 座，拥有龙会、黄荆沟、高石、庆卫等乡镇门站 4 座，形成了辐射区域广、供应能力强的管网格局。威远港华燃气有限公司具有“建筑企业管道工程专业承包三级资质”“特种设备安装改造维修许可”等专业认证。建成集工业自动化技术和 GPRS 无线传输技术为一体的 SCADA 信息系统、GIS 系统等。截至 2015 年末，累计建成天然气埋地管线 690.54 千米，日供气能力达 120 万立方米，拥有 6.7 万余户居民用户和 1234 家工商用户，气化率达 98% 以上。年内，完成 29426 户居民用户安检，入户率达到 85%，一级隐患消除率达 100%。

（任倩玥）

供　水

【概况】　威远县有粮丰、白塔和团鱼凼3座水厂，日处理能力5.3万吨。有DN75mm以上输、供水管道136千米，供水区域覆盖威远县城及郊区。威远清溪水务有限公司负责威远县城及近郊的生活及工业用水，2015年有用水户7万余户，供水人口16.8万人。全年有效供水总量975万立方米。清溪水务有限公司进行定期对设备维护保养，对突发性设备故障，以“小修不过夜”的原则保证设备的完好率。对供水中可能发生的问题，制订专门的供水预案；在高峰用水季节，专门制定高峰用水操作管理办法。与县疾控中心联合在供水区域内设立10个管网水采样点，加强对学校、医院等公共场所的水质监测，除自检以外，不定期地配合县疾控中心、卫生执法大队的监督检查工作，保证供水水质符合国家饮用水标准。9月21日，受中国住房城乡建设部委托国家城市供水水质监测网成都监测站对清溪水务有限公司进行水质突击检查。经检验，清溪水务有限公司出厂水和管网末梢水全部达到国家尚未强制实施的106项指标，饮用水产品质量领先全省大多数市、县城市，名列全省前茅。

【老城区旧管网改造】　2015年，清溪水务有限公司开始对老城区旧管网进行改造，共改造961户，旧水表拆换897只，改造φ15mm ~63mm管道8098米，φ100mm以上管道3550米（其中杉树坳及顺城街主管道φ300 ~400mm的1290米）。投入人工1万余人次，投入资金600万元，3万余人的生活饮用水水质得到改善。

【水网管护】　全城输水主管道上安装压力表48个，测漏人员坚持每天巡查、测漏，发现异常及时排查，在保证安全供水的同时，降低漏失率。维修人员对易出现爆管和可能出现塌方的地段进行重点巡查并加固。采取24小时昼夜值班，保障用户正常用水。2015年新增安装消火栓58只。轮换到期水表1472只，更换闸阀280只，惠及5000人。

2015年5月6日，席草田供水管网改造工程　（清溪水务公司　供图）

（李　梅）

【供水价格】　2015年，威远县区域供水价格保持平稳，符合市场经济发展规律，与经济社会发展水平和资源环境相协调。

2015年威远县区域供水价格

单位：元/吨

供水区域	供水类别	到户价	其中		
			水利工程水费	水资源费	污水处理费
城区	居民	2.3	—	地表水0.06 地下水0.15	0.8
	工商业	工业3.0 商业2.6	—	地表水0.085 地下水0.20	工业1.0 商业0.9
	特种行业	4.0	—	地表水0.10 地下水0.20	2.00
农村	居民	2.3	—	—	—
	工商业	工业3.0 商业2.6	—	地表水0.085 地下水0.20	—

（威远县水务局）

财政·税务

财　政

【概况】　2015年，威远县财政总收入完成201099万元，较上年上升1.12%，增收2232万元。公共财政预算收入完成75324万元，占年初预算的89.24%，较上年同比下降5.79%，减收4633万元。基金收入完成73103万元，占预算的230.03%，较上年增收12130万元，同比增长19.89%。全县税收收入上划43194万元，比上年同期减收3813万元，下降8.11%。

全县地方公共财政预算支出297967万元，较上年同期增支17496万元，增长6.24%。其中：教育支出60085万元，增支5177万元，同比上涨9.43%；社会保障和就业支出59337万元，增支13963万元，同比上涨30.77%；城乡社区支出17188万元，增支6577万元，同比上涨61.98%。

千方百计抓收入　威远财政积极应对宏观经济持续下行，川威、煤焦化集团生产经营困难，税源严重不足，煤炭企业全面停产整顿等不利影响，及时分解目标任务，明确责任，研究经济运行情况，做到应收尽收。抓好欠税清收，完善征收联动机制，财政与税务部门互通信息，对财政安排的债券置换资金、安置房工程款等，要求企业首先缴纳欠税。按照省市要求，将2014年底形成的11项基金结余缴库。

财政基本保障　保人员经费、机

2015年各镇财政所基本情况及一般预算收支情况

财政所名称	所长姓名	职工人数（人）	一般预算收入（万元）	一般预算支出（万元）
严陵镇财政所	陈玉坤	16	2866.5	6170.9
铺子湾镇财政所	肖　曦	5	312.9	972.9
新店镇财政所	罗卫星	7	384.1	2246.4
向义镇财政所	高凡	6	267.3	1543.7
界牌镇财政所	林传发	5	116.6	1968.4
镇西镇财政所	曾坤林	8	557.5	2960.8
庆卫镇财政所	李　萍	7	201.3	908.0
龙会镇财政所	王树端	7	311.7	1747.6
高石镇财政所	杨伯成	8	272.7	1618.7
东联镇财政所	黄和伟	5	62.7	1019.6
靖和镇财政所	刘建明	5	111.0	1033.1
山王镇财政所	邱昌林	8	86.1	1079.3
观英滩镇财政所	叶　勇	5	84.9	1205.9
黄荆沟镇财政所	曾　挥	5	66.7	1363.0

续表

财政所名称	所长姓名	职工人数（人）	一般预算收入（万元）	一般预算支出（万元）
新场镇财政所	谢良巨	9	456.2	1808.4
连界镇财政分局	陈　利	9	2482.6	5933.7
越溪镇财政所	李华银	8	170.9	1277.5
碗厂镇财政所	刘　政	5	196.0	875.5
两河镇财政所	林通友	5	607.9	1206.4
小河镇财政所	周德远	6	86.5	875.0

关基本运转。保证增加村社干部基本报酬、办公经费补助标准及党员教育培训经费的落实。民生保障范围不断拓展，保障机制不断健全，通过实施城乡居民基本医疗保险、最低生活保障、医疗救助，使广大城乡居民直接受益；通过实施政策农业保险保费补贴，农业信贷担保风险补助、粮食补贴、生猪保险等财政补助，调动农民生产积极性；通过实施农村新村建设、农村危房改造、农村公共文化建设、村级组织建设，促进区域间、不同社会群体间的均衡协调发展。通过融资平台融资、调剂安排财政资金等方式，促进交通、城建以及生态等重点工程建设的正常进行。

竭力盘活存量　威远县财政按照《四川省人民政府办公厅转发国务院办公厅关于进一步做好盘活财政存量资金工作通知的通知》精神，清理存量资金，加强结余结转资金管理，最大限度激活存量资金潜力。

全力争取支持　2015年均衡性转移支付收入和县级基本财力奖补资金总量达34181万元，增量为5652万元，一次性困难补助3001万元；各类专项转移支付收入（含地方债券转贷）实现82814万元。

管好政府性债务　威远县从2015年2月开始开展地方政府债券置换存量债务的工作。2015年省财政厅下达威远县2015债券资金共118000万元。

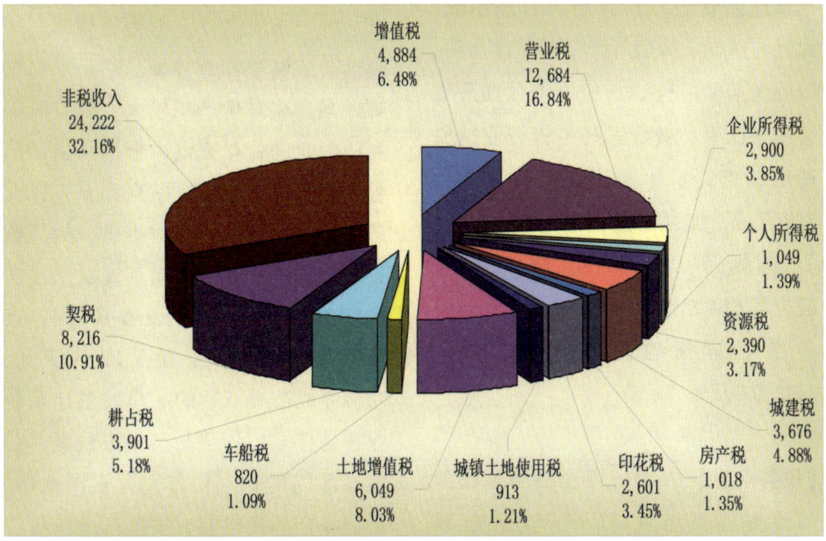

2015年，威远县税收构成　（县财政局　供图）

【财政监督】　2015年，威远县先后开展会计信息质量、强农惠农资金专项检查和财政资金安全检查工作。加强对政府性投资项目的监管，规范投资行为，强化财政投资评审工作。全年评审202个投资项目，送审金额16.78亿元，审定额14.46亿元，审减2.32亿元，审减率13.83%。

【财政创新改革】　严格控制“三公”经费及其他一般性支出，坚持集中财力办实事。推进财政国库管理制度改革，国库集中支付范围覆盖20个乡镇，改变以往乡镇走实拨资金的模式，将乡镇资金全部纳入“大平台”管理。扩大财政支出绩效评价范围，加强重大项目绩效评估、跟踪问效，提高政府资金配置和使用效益。推进财政预（决）算，部门预（决）算和“三公经费”公开，“阳光财政”建设进一步深化。执行《四川省非税收入管理条例》，规范行政事业性收费、政府性基金、国有资源和国有资产有偿使用收入、国有资本经营收益、罚没收入及其他收入等行为。加强票据管理，对全县农村公益事业筹资专用收据使用情况进行专项检查和专题调研。完善以非税收入项目、标准审核，收费票据核发、审验、核销，收费资金的收缴为核心内容的征管制度。

（刘　尧）

国家税务

【概况】 2015年，威远县国家税务局按照“一个保持，一个加快，三个提升”的总体要求，主动适应税收新常态，迎难而上、积极作为，完成各项税收任务。组织税收收入35558万元，同比增收803万元，增幅2.31%；完成地方级税收收入9522万元，超额完成省、市局下达县局地方级9000万元收入任务，提前9天完成年度既定税收目标任务。入库页岩气开发税款3198万元，同比增收2510万元，取得页岩气资源开发劳务增值税从无到有的实质突破；稽查查补税款1122.11万元，全年查补总额和完成进度均列全市三县首位。

【依法行政】 严格贯彻落实税收执法责任制和税收执法过错责任追究制度。对税收执法检查和税收执法考核子系统发现的过错行为，经查实应追究过错部门和个人责任的，严格按照规章制度进行责任追究，督促执法人员严格规范税务行政执法行为。严格执行税务行政复议和诉讼制度，保证行政相对人税务法律救济权利的实现。2015年累计发生执法行为27423条，调整前过错共计20条，调整后过错共计17条，无过错调整3条，不予调整17条。调整前执法正确率为99.93%，调整后执法正确率为99.94%。全年无一起税务行政复议、诉讼或赔偿案件发生。

【税收征管】 威远国税稳步推进征管改革创新步伐，改革创新税收征管机制，巩固强化税收征管力度，做强税收征管文章，以管理促增收、促提效。做好重点税源企业纳税评估，对

2015年5月8日，省国家税务局领导在川威集团调研指导税收工作（县国家税务局 供图）

大企业大额进项抵扣、销项收入、财务费用及成本列支，尤其是对财产损失列报和提取折旧进行专项评估审计，把好各类重大工程建设、重大投资项目税收关口。对超市行业、药品零售、珠宝玉石、汽修汽配、家具建材、卷烟零售等行业开展风险核查和专项整治，堵塞征管漏洞，防范税收流失，增加税收收入。累计评估入库税款及滞纳金463万元。做好个体税收征管，分乡镇、街道开展个体经营户清理，把漏征漏管户理清并纳入管理系统。加强与医保、金融等部门和单位合作，以社保卡、银行POS机刷卡数据采集运用为抓手，做好医药零售行业纳税评估核查，累计查补税款及滞纳金115万元。加强企业所得税管理，落实企业所得税汇算清缴工作，指导完成全县654户纳税人2014年度企业所得税汇算清缴工作，汇算补税2598.97万元。

【税务稽查】 2015年，县国家税务局检查各类企业33户，查补总额1121.40万元。其中，硬查补入库总额807.29万元（税款567.27万元、罚款156.10万元、滞纳金83.92万元），完成调整后稽查硬查补收入任务800万元的100.91%，提前16天完成全年稽查收入任务，占全年国税收入任务35400万元的2.28%，同比增加28.76万元、增长3.69%；查减增值税留抵税额314.11万元，查减亏损额450万元。入库率100%，违法案件平均处罚率100%。参与推进“集中集约”稽查体制改革。全面实施“统一调配资源、统一集中选案、统一组织检查、统一组织审理、统一处罚标准、统一属地执行”的稽查模式，提高选案准确率和查补率。创新推出稽查预案。在对生产规模大、税收风险高的企业进行检查前，根据其生产流程、行业特点，搞好稽查预案，提前做好各项急难问题应对准备，提高稽查工作效率。县稽查局查处发票违法违章企业10户，涉案发票106份，查补税款35.00万元，罚款11.50万元，超额完成市局下达的5户发票违章企业查处任务。加强与县地方税务、公安等部门的执法协作，探索国地税、税警联合办案机制，发挥打击税收违法犯罪的联动优势。

【纳税服务】 威远县国家税务局实施“纳税服务升中有进计划”，推进“便民办税春风行动”。全方位、立体式的进行税收宣传，多渠道满足纳税人涉税需求。召开国地税联席会议，制定国地税合作工作方案，确定年度的重点合作项目。开通涉税业务“全市通办”项目，推进国地税联合办税、网上办税、自助终端办税、移动平台办税等多元化便民办税模式，方便纳税人高效快捷办税。做好“三证合一、一照一码”登记制度改革的推行工作，开展“金税三期”工程建设，开出“金三”系统全市首张税票。贯彻落实《纳税服务规范》，不断规范办税业务流程，减少办税环节，统一涉税资料报送。举办3期纳税人学校培训。加强办税服务厅建设，拓展办税服务场所，推行网络办税和“免填单”服务。全面落实首问服务、公开服务、延时服务、预约服务、限时服务、导税服务等系列服务制度。全年审核评定出包括四川威远至诚新材料有限公司在内的119家企业为纳税信用等级A级企业的纳税人。

（张士杰）

地方税务

【概况】 截至2015年12月31日，威远县地方税务局有税收征管户数6642户，其中单位纳税人2378户、个体工商户4145户、其他119户。

地方税务局以服务地方经济发展为宗旨，落实好各项税收政策，支持企业改革和经济结构的调整，组织地方税收收入。2015年累计组织总收入7.04亿元，其中税收收入入库6.64亿元。县镇级地方公共财政收入实现48530万元，占全县地方公共财政收入的64.5%。建安税收方面，继续实行“正常管户+项目+片区”的管理模式，采取责任到人的方式将项目落实到专管员头上，确保每个片区有人管，每个项目无遗漏。完善重点税源监控体系，对重点工程项目实行专人管理，按期巡查，确保税源真实性。二所累计入库地税收入13892万元。房地产税收方面，提高行业精细化管理水平，强化税收管理员巡查制度，分企业、项目、幢号，对项目前、中、后期进行连续性跟踪管理。加强营业用房销售收入的监控，确保涉税事项真实性。做好三方信息比对工作，实现税源动态监控管理，挖掘潜在税源。三所累计入库地税收入28526万元。煤炭税收方面，加强与县国税、公安、安监等部门的沟通协调，开展市场调查，定期采集煤炭开采产量信息，抽查监控录像，核实该企业生产数量、销售数量、销售价格等。严格执行产量电子监控数据、工资备案制、技改备案制、运费备案制、赔偿备案制和现金流监管等税收管理办法。严格贯彻落实资源税改革政策。四所累计入库地税收入1117万元，五所累计入库总收入14906万元，六所累计入库总收入2837万元，七所累计入库总收入1501万元，八所累计入库总收入2245万元，九所累计入库总收入1829万元，十所累计入库总收入3068万元。其中只有五所超额完成全年任务，超年初任务数2806万元。

【税收征管】 县地方税务局结合辖区税源发展趋势和重点建设项目情况，抓好收入任务的分析、测算、编制，努力挖潜增收，发挥税收分析的前瞻性，尽力缩短收入差距。严格按照三级税源管理体系，将纳税户的正常税源、一次性税源、已纳税款、欠税等情况纳入监控对象，做好台账。加强欠税管理，对欠税进行清理，老欠清准确，新欠动态化管理。各所每月的申报率、申报准确率达100%。按要求落实资源税税费改革和营业税改征增值税改革工作。全年资源税入库3677万元，同比增加1356万元，增长58.4%。开展企业所得税汇算清缴，汇算面100%，补缴税款394万元。强化专项清理，盯紧建安房地产、临时占地耕占税、房产税和城镇土地使用税，乡镇零散税收，督促税收实现。提出税源链条式管理，对纳税人的涉税事项进行规范性、封闭式、链条式的管理，强化对基础税源的管理。做好行政事业单位税收征管工作，开展基础信息收集工作，完善征管台账，指导财务人员做好工资薪金个人所得税的代扣代缴工作。完成征管档案电子化系统建设，构建基础数据收集、整理、监督管理机制。做好风险防控工作，组建成立第十三税务所，负责风险防控相关工作。做好金税三期相关工作，建立工作机构和组织架构，制定推广实施方案，抽调业务骨干组成师资团队，做好全员培训。加强对内对外的宣传力度，开展初始化、数据清理、数据迁移工作，打赢金税三期工程上线攻坚战。

【税收检查】 县地方税务局加大税务稽查力度，通过实地勘查、到银行取证、查看重大合同等手段，严厉查处涉税违法行为。全年完成检查44户，其中日常检查和专项检查41户、受理举报和转办案件3户。查补收入2418.79万元，其中检查查补收入116.52万元、加收滞纳金17.40万元、罚款45.55万元、企业自查补税2302.18万元。按税收征收管理法第六十三条处理1户，移送司法机关1户。

【依法治税】 威远县全面推进依法

治县工作。制定依法治县工作计划，成立领导小组。全面推行税收执法责任制，与各征收单位签订《2015年税收执法责任书》。开展落实依法行政示范单位创建工作和法治税务示范基地创建活动。建立健全领导干部学法制度，集中学习不少于12次。加大地税干部的法制培训教育力度，利用重要时间节点开展宣传，4月开展“税法宣传月”活动，12月组织开展国家宪法日暨全国法制宣传日宣传活动。开展税务案卷评查、税收执法督查、“过头税”清理检查、收票证稽核检查等工作。加大行政审批项目清理力度，精简涉税审批事项，完善并联审批，继续深化“两集中、两到位”，规范办理流程，提高审批效能。做好行政权力依法规范公开运行工作，56条行政权力事项全部进入行政权力依法规范公开运行平台运行，并按照设定流程进行办理。创新稽查模式，初步建立以税收风险导向为基础的稽查模式，实现对稽查过程和质量的控制、监督。

2015年4月1日，县地方税务局在婆城公园开展税收宣传月活动　（县地方税务局　供图）

【税法宣传和纳税服务】　2015年，县地方税务局升级改造办税服务大厅，开辟自助办税区和等候休息区，设立休息座椅、资料架，设置导税台，新增自助办税终端设备，引入电子叫号排队系统和服务质量评价牌系统，更换办税大厅LED显示屏，配置电子征管档案室，新购置扫描仪、扫描枪等13套。推行全功能“一窗式”服务，采取“一个窗口受理，内部协调运转，全程限时办结”。深化国地税合作，与县国家税务局建立定期联系制度，互相通报重要情况，在税收宣传、联合办证、交换税收登记信息、页岩气税收管理、税款核定、大企业专项风险核查、纳税信用评价、税收稽查等方面协同推进。推行“三证合一、一照一码”，全年办理业务192笔。严格执行营业税起征点调整政策，落实西部大开发、高新技术、资源综合利用、农业产业化、促进就业、小微企业等税收优惠，指导纳税人依法申报税收减免。全年享受减免税收优惠532万元。推广应用“网上办税服务厅”，纳税人可以足不出户办理各项涉税业务。全年有528户纳税人使用网上办税业务，通过“网上办税厅”平台受理纳税申报880户次，申报税款255.52万元。

（罗　娟　毛德理）

金　融

综　述

【概况】　全县有金融机构9家：中国人民银行威远县支行、中国工商银行股份有限公司威远支行、中国农业银行股份有限公司威远县支行、中国银行股份有限公司威远支行、中国建设银行股份有限公司威远支行、中国邮政储蓄银行股份有限公司威远县支行、中国农业发展银行威远县支行、威远农商银行、内江兴隆村镇银行股份有限公司威远支行；保险公司2家：中国人寿保险股份有限公司威远县支公司、中国人民财产保险股份有限公司威远支公司；小额贷款公司2家：威远县融通小额贷款有限公司、威远县德福小额贷款有限公司；融资性担保公司1家：威远县中小企业融资担保有限责任公司。银行业金融类机构营业网点84个，从业人员760余人，是内江市营业网点覆盖最广、从业人员最多的县。2015年，全县金融机构各项存款189.55亿元，增长8%；贷款余额147.54亿元，增长16.76%；存贷比达78%，高于全市平均水平。

【加快金融创新步伐】　2015年，筹建威远县丰硕农业融资性担保公司，获得省金融办批复，正在筹备开业。抓好两类公司监管，做好融资性担保公司和小额贷款公司监管评级工作。全县小额贷款公司累放贷款6976万元，融资性担保公司在保余额4020万元。推进农村金融制度改革，不断创新金融服务，加大授信额度，简化贷款程序和手续，推出信用贷款、企业联保及互保贷款、应收账款质押贷款等信贷品种。鼓励企业进军资本市场，稳步推进重点企业排队上市融资工作，威玻公司、黄老五土特产公司被列为省重点培育上市企业，内江东工设备制造股份有限公司于2015年7月31日在新三板挂牌，成为威远县首家在全国中小企业股份转让系统上市的企业。

（苟　飞　王　佳　杨　江）

2015年10月22日，人行成都分行领导到威远调研　（县农商银行　供图）

金融管理与服务

【依法落实货币政策】　加强货币政策窗口指导，突出信贷支持重点　2015年，中国人民银行威远县支行加大对县域重点项目、“三农”、小微企业、民生等经济社会重点领域和薄弱环节的支持力度，促进信贷结构不断调整优化，存贷款总量指标较快增长。截至12月末，全县金融机构本外币存款余额189.55亿元，较年初增加14.72亿元，同比增长8.4%；全县本外币各项贷款余额147.54亿元，比年初增加21.18亿元，同比增长

2015 年 12 月 3 日，农行内江分行领导到川威集团抵押资产现场调研（县农业银行　供图）

16.76%。落实专项货币信贷政策，推动“中小微企业金融服务提升工程”，推进大学生村干部金融春雨行动，加大对绿色金融的宣传力度。截至 12 月末，发放农村青年信用户贷款余额 70 万元。加大民生领域金融支持力度，改善民生金融服务。截至 12 月末，累计发放下岗失业人员小额担保贷款 25376 万元，余额 1925 万元（其中劳动密集型企业累计发放 4440 万元，余额 505 万元）；个人累计发放 20936 万元，余额 1420 万元。无一笔不良贷款。做好差别准备金动态调整工作，发挥逆周期和结构引导功能，引导地方法人金融机构贷款合理增长。地方法人金融机构全年新增贷款 10.29 亿元，在上级行合意贷款额度以内。推动县政府召开两次政银企对接会，按照地方政府创新驱动发展战略要求，引导金融机构做好对五大高端成长型产业和七大战略性新兴产业的金融支持。

灵活运用货币政策工具，加大对“小微”“三农”信贷支持　2015 年初，通过举办人民银行再贷款支持小微、涉农企业信贷投放集中签约会，签约金额 1.8 亿元，支持辖内“三农”、小微企业融资项目 16 个。强化农业产业化金融服务，做好省级再贷款示范基地——镇西农产品加工工业园区的金融支持和服务工作。发挥再贷款的正向激励作用，发放支农再贷款 4000 万元，引领银行机构发放涉农贷款余额 100.75 亿元，推进辖内现代农业发展，达到“金融支持一地、基地引领一批、产业带动一片”的目的。发挥支小再贷款投向和价格引导作用，引导地方法人金融机构加大对中小企业等实体经济信贷投放，降低中小微企业融资成本。指导农商行用好用活 1 亿元支小再贷款，惠及小微企业 30 家。

运用多种有效措施，支持企业转型升级　引导金融机构调整优化票据业务结构，尝试运用货币政策工具定向支持科技型中小企业，为承办金融机构开辟快速通道，为重点科技型企业——威玻集团办理票据融资再贴现业务 1 笔，贴现金额 240 万元，再贴现利率 2.25%。与地方科技部门合作，搭建定向金融支持服务平台，确定入围 6 户科技企业名单和承办银行名单，扩大再贴现政策工具运用覆盖面。引导企业多元化融资，推动企业直接融资，拓宽融资渠道，缓解融资困难。东工设备制造股份有限公司在新三板挂牌，实现县内直接融资零的突破。举办威远县企业直接融资培训会，邀请省级银行机构专家，为县辖 22 家重点企业法人、财务负责人培训银行间市场债务融资、新三板融资等相关内容。对威玻、金镭、威宝等重点企业在银行间债券市场融资进行重点培育，推进应收账款融资服务平台业务发展。截至 12 月末，指导威远农行、农商行对威玻集团上下游企业威远至诚长远复合材料有限公司、威远县金荣印业有限责任公司办理应收账款质押融资 3 笔、金额 973 万元。创新发放“流转土地经营权抵押贷款”，截至 12 月末，威远农商银行开办农村土地流转收益保证贷款业务，贷款余额 600 万元。大力扶持“公司+基地+农户”经营模式的重点农业龙头企业金四方果业公司，发放信贷资金 1800 余万元，带动共同致富家庭 1095 户，创造就业机会 1650 个，实现农业产值 4229 万元。

【金融生态环境建设】　中国人民银行威远县支行推动辖内金融机构进一步深化改革，重点完善涉农金融机构动态监测评估制度，将 1 个改革试点县级“三农金融事业部”、1 家农商行和 1 家村镇银行纳入监测评估范围，根据机构类型进行分类监测评估。根据上级行的工作部署和安排，在《存款保险制度条例（草案）》公开征求意见期间，及时向地方党政汇报，落实各项工作措施，建立领导工作机制、沟通协调机制、监测机制、处置预案等制度。完成威远农商银行存款保险申报资料的审核上报工作。继续推动农业银行“三农金融事业部”改革试点工作。做好农村信用社改革试点专项票据兑付后续监测考核动态监测评估，推动威远农村信用社改制组建农商银行。开展票据兑付后续监测考核的审查审核，密切关注农村信用社改革动态。2015 年 1 月，威远县农村信用社改制组建农商银行工作全部完成。

完善金融稳定监测机制，促进金融机构稳健经营 中国人民银行威远县支行加强地方法人金融机构的金融稳定风险监测，运用金融稳定风险监测系统预警，注重风险提示，促进地方法人金融机构稳健经营；提高对川威、建业等重点风险企业监测的及时性和准确性，指导银行机构持续开展重点风险企业监测，及时掌握重点风险企业的基本情况。全年编发金融稳定事项专报 10 期。开展防范打击非法集资宣传月活动，努力营造防范打击非法集资的良好氛围。

金融管理工作不断强化，依法开展专项检查 中国人民银行威远县支行对农商银行开展支农再贷款业务专项检查，督促农商银行及时整改检查中发现的问题。开展利率现场评估。对威远农商银行利率定价能力、执行利率政策情况进行现场评估。全面了解地方法人金融机构利率定价组织架构、信息系统、机制建设、决策执行、信息披露、竞争行为，指导和督促提升自主定价和风险管理能力。

【金融服务】 强化国库基础核算工作 截至 2015 年 12 月末，中国人民银行威远县支行共办理国库业务 8.6 万笔，同比增长 6.5%；实现公共预算收入 126680.41 万元，同比减少 6.3%；办理预算支出 478571.36 万元，同比增长 48.1%；办理各种退库（税）16042 万元，同比增长 49%。办理电子缴税 5.65 万笔，入库金额 72520 万元，业务量占比达 71%，比

2015 年 10 月 28 日，中国农业发展银行威远县支行在银企对接会上与企业签约 （县农业发展银行 供图）

年初提高 8.3 个百分点。加强对各类资金支拨和预算退库的审核，对不合规的拨款和退库坚决拒绝办理，防范业务风险。截至 12 月末，共堵住不合规业务 21 笔，金额 1857 万元。

开展“诚信威远”创建活动 威远县开展“诚信威远”创建活动，评定信用村 154 个、信用农户 14.6 万户、“金融诚信企业”146 户，建成信用镇 4 个。开展以“加强征信宣传，提升国民信用水平”为主题的“信用记录关爱日”和中小企业服务宣传活动。与银行业金融机构联合开展征信知识送下乡镇、进校园、到企业、上公交。组织全县金融机构围绕“加强征信业管理，保护信息主体权益”为主题的宣传活动。截至 12 月末，办理个人信息查询 3992 人次，企业信息查询 243 人次。新发放企业信用代码证 567 户，变更补办 110 户。

制定《威远县支付惠农 2015 年示范工程创建规划》，督促指导银行机构推进示范工程提速升级。用 3 个月时间建成并投入使用 2 个村级社区银行；创建内江唯一一家农村金融综合服务站（花园村服务站）和 3 家支付惠农优质服务点。CRS（ATM）机具、银行网上商城等现代化金融服务进入农村偏远行政村，农村金融服务水平初步实现与城市接轨。截至 12 月末，全县助农取款服务点开展小额取现 84003 笔，金额 2174 万元；代理缴费 531 笔，金额 6.14 万元；转账 127892 笔，金额 1202.7 万元。创建省级银行卡刷卡无障碍示范街 1 条、市级示范街 1 条，通过省银行卡协会组织的复查验收。推动金融机构在农村地区发展“金融+互联网”业务，累计发展手机银行用户 188967 户。

加强人民币管理，打击假币犯罪 全县多方联动启动新版人民币宣传，提高社会公众对新版 100 元纸币的认知度。联动交通部门，宣传走进车站；联动教育部门，宣传走进校园；联动金融机构，宣传走进社区。组织商业银行员工 326 名参加反假人民币上岗证考试，合格率 87.11%。完成纪念中国人民抗日战争暨世界反法西斯胜利 70 周年流通纪念币发行工作，督促指导金融机构为群众兑换纪念币 12.9 万元。开展假币收缴、反宣币收兑工作。督促金融机构加强反假币机具配置，

全县配备A类点钞机260台。组织金融机构开展邪教“法轮功”反宣币专项整治工作暨反假货币宣传活动，发放各种宣传资料4.5万份。

开展反洗钱监管走访工作　中国人民银行威远县支行综合采取“四个突出”方式（科学选择走访对象，突出合理性；针对选择监管内容，突出重点性；按照法定程序开展，突出合法性；根据问题提出意见，突出有效性），对辖内2家保险机构开展监管走访，了解反洗钱工作开展情况。开展反洗钱宣传活动，通过悬挂横幅、摆放宣传展板、播放宣传片、发放宣传资料等形式，向城乡居民散发征信资料、电子银行产品、反洗钱、反假币、防范非法集资、信用卡、网上（手机）诈骗等宣传资料7000余份，接受咨询500余人次。

（周建伟）

银行机构

【中国农业发展银行威远县支行】　2015年，中国农业发展银行威远县支行有在职职工17人，领导班子成员3人；内设办公室、会计结算部和客户业务部。

截至年末，该行各项贷款余额28199万元，较年初增加3413万元，增幅13.8%；日均存款余额6169万元，账面利润363万元；不良贷款绝对额和占比均为零，到期贷款收回率100%，贷款利息收回率100%。主要做好粮油收储政策性业务，配合粮食部门做好全省粮食清仓查库工作，支持严陵省粮食储备库全面完成省级储备稻谷2000吨、县级储备小麦915吨、县级储备稻谷743吨的轮换计划。完成2015年托市收购任务，截至12月末，入库稻谷1465吨。继续支持实体经济发展与确保存量贷款安全并重。年内压缩刚子食品贷款60万元，支持威宝、复立、百胜等优质客户续贷3140万元。支持地方政府基础设施、农业开发和县域城镇建设。1月至5月，向县投控集团新增投放跨年度农民安置房建设贷款4000万元；11月，向连界污水处理厂新增发放项目资本金贷款700万元；12月底，当年新支持合力公司“富康小区”农民安置房2亿元贷款项目获批。全年拨付各项财补资金6039万元，其中粮食直补资金528万元、农资综合补贴款5511万元。

（付文宇）

2015年，客户适当性管理　（光　宣　供图）

【中国工商银行威远支行】　2015年，中国工商银行威远支行有在册员工68人，其中党员31人。具有大专以上文化63人，获得中级职称11人。辖三部一室：综合部、法人业务营销部、个人业务营销部、营业室；两个二级支行：川威支行、顺城支行；两个分理处：兰草街分理处、堰塘角分理处。

截至年末，该行累计实现利润6324万元；各项存款160520.18万元，较年初净增630万元；各项贷款242762.36万元，较年初净增48902.91万元。年末实现中间业务收入1747万元。全年净增个人客户10853户、净增5万元以上个人中高端客户465户，净增法人客户-10户，净增5万元以上法人中高端客户-24户。全年实现无案件和安全事故。

（邓　威）

【中国农业银行威远县支行】　中国农业银行威远县支行内设综合管理部、风险管理部、运营财会部、客户部，下辖9个营业网点（城区5个、乡镇4个），分别是支行营业部（北街）、祥龙支行（南大街）、堰塘角支行（中心街）、外北路支行（红旗仓）、花城路分理处（雄飞·水晶国际）、新店支行、镇西支行、连界支行、龙会分理处。2015年7月上级行批复威远新增自助银行2个，农行离行式自助银行增至6个（兰草街自助银行、堰塘角自助银行、顺城街自助银行、下桥街自助银行、荷花街自助银行和土地坳街自助银行）。2015年12月20日，位于威远大道“欧景城”投资1775万元的支行办公及营业部用房2590平方米装修改造完工。截至年末，该行在职员工162名。为全省“211工程”40个重点发展行和20个农村特色行之一。该行荣获中国农业银行（总行）“平安农行”称号。

2015年末，各项存款（不含同业）余额34.11亿元，较年初增加1.14亿元，增幅3.45%；各项贷款余额23.86亿元（含贴现），较上年增加2.31亿元。其中公司客户贷款余额20.02亿元（含贴现），较年初增加1.73亿元；个人贷款余额3.84亿元，较年初增加5890万元，其中长期个人贷款比年初增加5766万元。全行到期贷款现金收回率74.21%，不良贷款出现“双升”，不良贷款余额4.1亿元，占比17.21%，分别比年初增加3.91亿元和16.46个百分点，主要是川威集团25966万元、煤焦化集团18775万元、建业商砼1388万元。实现中间业务收入1758万元。开展助农支付通、电话银行、手机银行、网上银行、商务POS、信用卡、银行卡营销，电子银行客户总量15.5万户，实现新增电子银行客户2.5万户，个人电子银行活跃客户新增24625户，企业电子银行活跃客户新增98户，提升贵宾客户1452户。

（曾珊珊）

【中国银行威远支行】 2015年，中国银行威远支行内设行长室、综合管理部、业务发展部、营业部，辖属4个营业网点（三十米大街支行、人民路支行、南塔山支行、城南支行），且网点全部分布在城区。

截至年末，人民币核心存款时点余额236299万元，较年初时点净增23902万元；外币存款余额148万美元，较年初净增63.69万美元；核心存款四大行市场份额为26.64%，较年初提升1.29%。本外币各项贷款余额297745万元，较年初净增25474万元；四大行市场份额为36.14%，较年初下降1.52%。全年新增公司基础客户173户、网银动户616户、单位结算卡116张；

2015年1月31日，威远县举办“兴隆村镇银行杯”广场舞大赛（冷国文 摄）

新增借记卡14987张、社保卡7248张、信用IC卡3183张、短信签约11022户、网银交易客户12856户、手机银行交易客户9828户、ETC签约安装2943户；新增离行式自助银行1个；新增“易商E社区”楼盘4个，实现发卡2800余张。

（张红川）

【中国建设银行威远支行】 2015年末，中国建设银行威远支行有公司业务部、个金部、财务会计部、综合管理部4个部门，3个网点分别为支行专柜、顺城街支行、高升分理处。有附行式自助银行3个、离行式自助银行4个，全行在岗员工46人。截至2015年末，全口径存款余额149232万元，较年初新增13118万元，增速9.66%。其中：储蓄存款余额113132万元、公司类存款余额36040万元。各项贷款44765万元（固定资产贷款4966万元、流动资金贷款3900万元、个人贷款35899万元），较年初新增3465万元。住房金融业务保持同业领先优势，全年维护和营销楼盘8个，储备楼盘3个，个人住房贷款余额34078元。实现中间业务净收入579.56万元。全年资产质量良好，不良贷款率为零。实现利润总额2188万元。年内，三河路自助银行1台ATM置换为CRS，新增离行式自助银行尚座雅致1个，网点新增智慧柜员机STM4台。通过县公安局第四轮安全评估验收，得分99.86分，位列威远县同业第一。构建反洗钱风险预防体系，反洗钱工作在市分行保持A级水平。开展党风廉政建设“两个责任”及案防工作，2015年市分行案防工作考核得分97.36分，在县支行中排名第一。

（罗瑶茜 陈 闵）

【中国邮政储蓄银行威远县支行】 2015年，中国邮政储蓄银行威远县支行直辖一类网点3个：威远县支行营业部、威远县大桥街支行和威远县东风路支行；信贷营业部2个：威远县个金信贷营业部、威远县公司信贷营业部。在岗职工总数46人。邮储银行设综合管理部、个人金融部、公司业务部3个管理部门，配备管理人员13人。有汽车3辆、ATM机7台。威远县支行信贷中心开始装修。完成业务总收入2903.85万元；个人储蓄存款余额46172.16万元；各类贷款余额41532.30万元（小额贷款余额

5379.71万元、个人商务贷款余额22983万元、小企业贷款余额6588.88万元、消费贷款余额6580.71万元)，净增151.25万元。对公存款余额32790.89万元。基金有效销量129.18万元；人民币理财日均保有量3566.76万元；开放式理财完成1632.08万元；封闭式理财完成1504.68万元；国债销量344.59万元；代理保险业务完成736.2万元。信用卡新增发卡1451张。坚持服务“三农”、服务中小企业、服务社区的定位，自觉承担起“普之城乡，惠之于民”的社会责任，大力支持县域经济，为地方经济服务，大力支持当地实体经济，扶持中小企业和农村种养殖户。截至2015年底，各类贷款余额41532.30万元，净增151.25万元。

（周 敏）

【内江兴隆村镇银行威远支行】 2015年，内江兴隆村镇银行威远支行内设营销部、综合管理部、会计管理部3个部门，下辖威远支行营业部、威远人民路支行、威远中心街支行、威远东街支行（2015年9月16日对外营业）4个营业网点。2015年9月16日，内江兴隆村镇银行威远支行迁至威远县花城路。截至2015年底，各项存款余额22261.94万元，较年初减少155.93万元，日均存款18361.86万元，较年初减少5453.82万元。其中个人存款16233.62万元，占比72.92%；单位存款6028.32万元，占比27.08%。增值宝余额1974.93万元，笔数351笔。各项贷款户数490户，余额23323.38万元（户均贷款47.60万元），与年初相比减少1492.70万元。从信贷结构上，公司类贷款余额13784.46万元，个人类贷款余额9538.92万元。全年投放信贷资金11902.77万元，投放住房按揭749.8万元。实现对公开户60户，对私开户5306户；支付密码器推广数59户，推广率98%；开通企业网银28户，累计交易3928笔，交易金额29120.60万元；开通个人网银125户，累计交易6174笔，交易金额19337.81万元。陆续推出一系列针对小微企业的特色信贷产品、降低利息、让利小微等举措，免除“三农”及小微企业的全部服务收费，打造服务地方经济的“全免费”银行，即开卡（户）不收年费、卡费、小额账户管理费，本地或异地汇款全免手续费，ATM在全国范围内跨行取款、查询、转账以及对公业务购买支票、转账等全部免费。在全国范围内与160余家银行2万多个网点成功实现柜面互通，在互通银行柜面上可办理现金存、取款、转账、余额查询等业务，均不收取任何手续费。及时加入“电子同城”支付网络，为客户提供更加快捷、便利的服务。推出的“增值宝”新型产品，让客户有更多的选择。

（尹 婕）

2015年，四方村社区银行 （县农商银行 供图）

【威远农商银行】 2015年，威远农商银行有营业网点39个，其中城区8个、乡镇31个。在岗员工350人，拥有专业技术职务的在岗员工200人，占在岗员工总数的57.14%。截至2015年末，该行各项存款余额72.12亿元，比上年增加5.8亿元，市场份额从上年的37.94%提升到38.05%；各项贷款余额55.85亿元，较年初净增10.29亿元，增幅23.09%。存贷比例61.79%。市场份额从上年的36.05%提升到37.85%。全年实现总收入89936万元，同比增长26050万元，实现拨备前利润21870万元。年末存贷款规模达127.97亿元，占全县金融市场份额约37.96%，较上年上升0.81个百分点，位居全县金融机构之首。持续加强支农支小信贷服务，全年涉农贷款余额13.9亿元，余额较年初增加1.59亿元；小微企业贷款余额17.36亿元（人行统计口径），较年初增加3.08亿元，小微企业贷款增量较上年同期多增2272万元，增速为23.11%。开展信用工程建设，年内实现4个信用镇和152个信用村的创建。开展“支付惠农”等民生工程，优先对10个“农村金融综合服务（点）站”进行达标升级，成功试点3个“农惠通”代理点。自主开发威远农

威远县人保财险公司营业服务大厅　（县人保财险公司　供图）

商银行官方网站和官方微信系统并投入运行；投放并建成“农惠通”网点3个，成为全市金融机构首家布放“农惠通”的金融机构。加强银企联系，实现金融IC卡电子现金在出租车行业应用突破。同时，发行威远农商银行“蜀信、百姓家园卡”首个联名卡。创新建设2个农村社区银行。2015年6月29日，全省第一张具有川剧脸谱的商务版手机银行卡在威远农商银行开办。

（李建钢）

保险机构

【中国人民财产保险股份有限公司威远支公司】 2015年，中国人民财产保险股份有限公司威远支公司有员工50人，其中具有10年以上保险经验的管理人员31人。下设经理室、综合部、直销业务一部、中介业务一部、营销业务部、农业保险部、客户服务部、连界营销服务部、碗厂营销服务部、出单分中心和理赔分部。在连界镇、碗厂镇、镇西镇、观英滩镇设有4个营销服务部，在威远县车管所、连界营销部、碗厂营销部设有3个远程出单点。主要经营机动车辆保险、企业（家庭）财产保险、农业保险、责任保险、综合保险、意外伤害保险等保险业务。全年实现业务保费总收入7303万元，其中机车险保费收入4934万元、非车险保费收入658万元、农业保险保费收入1711万元。全年支付各项赔款3443万元，其中车险赔付2559万元、农业保险赔付672万元、非车险赔付212万元。代收车船税305万元，实现利润1270万元。年内，全力打造“人保之友客户俱乐部”建设，提升服务品质和服务质量。投入20余万元新建“客户俱乐部”职场，聘请专业服务人员，开发客户服务软件，落实客户服务细节。建成7个“三农”营销部、20个镇级保险服务站，313个村级保险服务点，基本建成“三农”保险服务体系。先后投入50余万元，对4个农村营销服务部、8个保险服务站职场进行装修、完善软硬件设施。开展把保险送到农民家门口活动，将建设重点放在服务功能的前置与渗透上，创新推出适合农村市场的便民举措，做好就地承保、快速理赔工作，将服务送到老百姓的田间地头。

（祁方勇）

【中国人寿保险股份有限公司威远县支公司】 2015年，中国人寿保险股份有限公司威远县支公司内设6个部门和18个农村营销服务部，公司有员工407人，其中劳动合同制员工21人、劳务派遣员工2人、个人代理人349人、客户经理15人、理财规划师20人。有代理人、团体业务、银保业务、收展服务四个业务发展主渠道；有工行、农行、中行、建行、邮储银行、邮政局、信用联社等保险代理渠道。经销保险产品涵盖健康、养老、理财、意外伤害、医疗等五大类。截至年末，实现总保费12502万元；新单保费6447.7万元，其中期交保费1882.71万元、趸交3634.54万元、短险930.45万元。受理理赔案件3562件，支出赔款787.8万元。个险期交保费创历史最高，达1543.71万元。在20个镇启动农村小额人身保险、关爱女性生殖健康保险、银龄安康保险的推广工作，三种保险收保险费302万元，承保81441人，参保率为21%；受理理赔案件704件，赔付金额104.03万元，赔付率为34.45%。全年银保渠道完成趸交保费3634.54万元，期缴保费339万元。

（李　峰）

证券与信贷

【光大证券股份有限公司内江威远县南大街证券营业部】 光大证券股份有限公司内江威远县南大街证券营业部隶属光大证券股份有限公司，经营面积540平方米，位于威远县南大街146号附2号三楼的县城中心繁华商业地带，交通便利，环境优雅。业务范围广泛，交易品种繁多，为投资者提供综合性的产品服务。2015年，光大证券威远营业部内设财富顾问部和综合运管部2个部门，有正式员工8名、证券经纪人6名。营业部秉承

2015年7月31日，内江东工股份正式在全国中小企业股份转让系统挂牌（光 威 摄）

“诚信、专业、卓越、共享”的经营理念和“提升客户价值，造就员工未来”的核心价值观，坚持“客户至上”的服务宗旨，求真务实，开拓进取，内控严密，运营安全，效益良好。2015年，营业部资金账户数11212户、交易额309.44亿元、手续费收入3947万元、税金187.80万元。年内促成内江东工设备制造股份有限公司于2015年7月31日在全国中小企业股份转让系统正式挂牌，是内江辖区范围内本土券商推荐的第一家新三板上市企业。

（陈燕妮）

【威远县中小企业融资信用担保有限责任公司】 威远县中小企业融资信用担保有限责任公司成立于2003年，是威远县唯一一家经四川省人民政府金融办公室核准备案的专业信用担保机构，注册资本5000万元。主要从事贷款担保、票据承兑担保、贸易融资担保、项目融资担保、信用证担保等融资性担保业务。2015年，公司累计为36家中小企业及个人提供38笔担保贷款4190万元，受惠企业涉及种植、养殖、农副产品加工、化工、矿山、贸易服务等行业。

（夏红秀）

【威远德福小额贷款有限责任公司】

威远德福小额贷款有限责任公司注册资本金10000万元，地址在威远县严陵镇顺城街286号，主要办理小额信贷以及贷款业务咨询。2015年设业务部、综合部和财务部3个部门，有员工16人。该公司按照“自主经营、自我约束、自我发展、自担风险”的经营方针；坚持安全性、效益性和流动性的经营原则；本着“诚信合作、共同成长”的经营理念；办理业务过程中严格落实贷款制度，遵守各项规章制度，以支持“三农”为立足点，服务于广大中小型企业、个人及个体工商户，帮助中小企业、“三农”客户、个人解决融资难的问题。全年发放贷款14笔，各项贷款余额13091万元（个人贷款12311万元、企业贷款780万元）；实现地方税收168万元。

（王一丞）

信息服务业

电 信

【概况】 中国电信股份有限公司在威远设分公司和连界营销中心（简称威远电信），有员工76人。威远分公司下辖严陵、铺子湾、黄荆沟、高石、龙会、靖和、东联、界牌、向义、新店、镇西11个镇，农村设龙会、新店、镇西、高石、靖和5个支局。连界营销中心下辖庆卫、新场、越溪、碗厂、小河、两河、连界、观英滩、山王9个镇，管理连界支局、新场支局、小河支局、观英滩支局的经营服务。电信营业网点遍布城乡，城区有1个主厅、4个社区厅、7个专营店，乡镇有54个代理点。主要经营天翼手机、宽带、光纤、固定电话、无线座机、高清影视等业务。2015年，威远电信拥有固定电话用户65300户，天翼手机用户91300户，实现营业收入8150万元。

【工程建设】 2015年，威远电信全面建成“智慧城市”，率先在全县范围内实施“宽带中国·光网威远”宽带小区及信息镇建设项目，开展城域网光纤建设。完成FTTH新建39000线，覆盖用户数为69500户，新建5400芯千米、450皮长千米。“宽带乡村”让用户感受信息进村的便利和优势。4G信号覆盖全县及成自泸、内威荣高速公路沿线，满足移动互联网时代人民群众的通信需求。

2015年，县电信公司城北分局志愿服务队 （廖 勇 供图）

【业务经营】 威远电信主动融入县域经济发展大局，推进“智慧城市、光网中国”，在全县范围内推进光纤网络升级工作。威远电信向全县人民郑重承诺：电信光纤宽带10兆起步，更有100兆极速光宽带供用户选择，让老百姓享受快速、稳定、多元化的信息新生活，是惠及广大群众的一项重要民生工程。同时，结合“智慧城市”和“信息消费试点城市”打造，以及威远县旅游、农业产业实际，威远电信推动以智慧政务、智慧产业、智慧民生为核心的多项应用产品在全县农村地区的延伸。农村群众通过“天虎云商”平台实现农家产品网购网销。根据人民群众的实际需要，将助农取款、农技宝、亲人天天见、翼校通、天虎云商、党员远教7个信息化应用产品进行重点推广。

【服务管理】 威远电信以“推进实施‘一去两化新三者’”（“一去”指“去电信化”，就是适应移动互联网时代的要求，以创新的思维、创新的观念，摈弃不适应发展的东西，更加贴近客户、了解需求，更加关注客户感知。“两化”指差异化、市场化。“差异化”就是不断拓展信息化应用，满足各种信息化需求，避免陷入价格战；“市场化”就是运用市场化的机制和

2015年，电信基站 （樊碧贞 摄）

手段，充分调动基层管理者和员工的积极性、主动性和创造性，进一步解放和发展生产力，增强企业发展的活力。“新三者”就是继续深化战略转型，努力成为智能管道的主导者、综合平台的提供者、内容和应用的参与者）战略，谱写中国梦电信篇章”为主题，推动企业改革稳定发展。公司注重人才培养，选拔优秀青年人才到市场前端工作，交任务、压担子、授方法，帮助快速成长、创造业绩。以“用户至上、用心服务”为服务宗旨，“以创新和服务双领先推动规模和效益双提升”为发展要求，强化服务监督，多渠道满足客户业务查询、业务办理、费用缴纳、障碍申告等需求。开展为民服务，提高服务质量和水平，展示国有企业情系群众、诚实守信、服务优质的形象。

（廖 勇）

移动通信

【概况】 中国移动通信集团四川有限公司威远分公司（以下简称“威远移动”）是经营移动通信全业务的外商投资企业分公司。2015年4月，公司组织架构优化，设置2部（综合部、营销部）、2中心（政企客户中心、网络支撑中心）和7个支局（城区支局、新店支局、龙会支局、镇西支局、新场支局、连界支局、越溪支局）。截至年末，威远移动在职员工90人，退休职工11人。

【业务发展】 2015年，移动业务收入完成年计划的100.12%，同比增幅2.63%；威远移动用户31.1万户，移动光宽带用户3.2万户。综合客户满意度达80%，城乡村社建设服务网点达100%，覆盖率达100%。

2015年，中国移动第四代手机通信网络（简称“移动4G”）在城区、乡镇主干道区域全面覆盖。推出提速降费，不换号免费换卡升4G，流量不清零，无需漫游费，全国拨打一口价，接听全免费等惠民政策。在春节、中秋、国庆等节日期间，联合广电和异业商家开展移动和4G家庭产品惠民活动。结合用4G套餐送话费、存话费送4G手机、办宽带送高清互联网电视等惠民活动，送关爱进社区进校园。为集团用户推出政企通信录、集团专线、集团V网、集团彩铃、视频监控、驾讯通等产品业务；为商铺用户推出商务管家、商铺专线、商务动力包等产品业务；为校园学生安全防护，推出和校园、守护宝、学生卡片机、腕表等业务。

【网络建设】 全县移动通信基站1000余个，实现网络无缝全覆盖。小区宽带总体建设达7万余线，城区除在建新小区外其他全覆盖，乡镇场镇全覆盖，村通覆盖近50%。

年内，威远移动参与汛期应急通信保障，为威远县第二届无花果采摘节、感恩寺川南越野拉力赛等做好应急通信保障，保障地方重要大型会议、庆典及应急抢险的通信畅通。

【服务地方】 年内，威远移动以服务提升锻造全业务竞争格局下的新优势，主动改进客户接触点服务能力水平，通过强化对客户的尊重、关心、理解和爱护，关注客户需求，加强服务人员的服务技能培训，提高客户满意度，为社会创建放心满意的消费环境，为企业发展营造良好的氛围。通过推广优势服务举措，强化客户感知，树立良好服务形象，让移动公司成为展现文明、传播文明的窗口，让客户享受随时随地的沟通快乐以及接收信息传递的价值。

威远移动参与公众信息化系统项目建设和威远教育城域网的建设，实现全县教育资源的共享。在建设公安天网的基础上启动“平安乡镇”项目建设。开发“商务动力包”产品服务于商铺市场，提供无线、有线上网、店主手机看店，座机手机互打免费等功能，为构建“和谐社会”发挥效能。

（余 英）

联合网络通信

【概况】 中国联合网络通信集团有限公司（简称中国联通）于2009年1月6日在原中国网通和原中国联通的基础上合并而成。下属联通威远分公司于2002年成立，与中国网通威远分公司合并后现有员工37人，其中大专以上学历者占85%以上。2015年末，威远联通拥有各类营业厅及代理点75家，乡镇便民点50余家，移动通信物理基站267座，逻辑基站464座，网络覆盖率达99%。

2015年7月16日，中国农业银行威远县支行、中国移动威远分公司举办“银讯通”业务推广培训会　（县农行　供图）

【服务管理】　2015年，中国联通秉承“以客户为中心，用服务促发展”的服务理念，以为用户提供优质通信服务及促进社会和谐为己任，倾力做到“消费请客户放心，服务让社会满意”。联通威远分公司加强客户服务管理和设施建设。全年开展网上营业厅交费，星级用户一对一服务，不断提高服务质量，拓宽服务渠道，扩大通信服务的内容和内涵，以品牌服务赢得社会普遍认可。

【网络建设】　2015年，威远移动基站新增180余个。截至年末，威远联通2G基站共169个，3G基站共164个，建设4G基站131个。联通宽带用户4839户，固话1200户。

（倪婷婷）

综合经济管理

发展规划与经济体制改革

【年度国民经济和社会发展情况】 2015年，全县地区生产总值（GDP）实现294.4亿元，增长5.0%，其中：第一产业实现39.11亿元，增长3.9%；第二产业实现201.16亿元，增长4.2%；第三产业实现54.13亿元，增长9.3%，产业比由2014年的12.8∶71.0∶16.2调整到2015年的13.3∶68.3∶18.4。完成全社会固定资产投资169.7亿元，增长14.4%。地方公共财政收入实现7.5亿元，增长-5.8%；规模工业增加值实现148.7亿元，增长3.9%；招商引资到位市外资金107.0亿元，同口径增长14.7%；社会消费品零售总额实现75.4亿元，增长12.5%；城镇居民人均可支配收入26544元，增长8.3%；农村居民人均可支配收入11850元，增长9.6%；城镇登记失业率3.91%；人口自然增长率4.5‰，符合政策生育率76.23%。

从计划执行情况看，县第十五届人民代表大会第五次会议确定的主要经济指标中，地区生产总值、全社会固定资产投资、规模工业增加值、社会消费品零售总额、招商引资到位资金、城镇化率、节能减排、就业、人口自然增长率9项指标完成年度目标；地方公共财政收入、服务业增加值、城镇居民人均可支配收入和农村居民人均可支配收入等4项指标与预期目标有一定差距。当前和今后一个时期，威远县经济社会发展仍面临严峻挑战：经济下行压力仍然较大、新的增长点不多；经济结构调整还不够，服务业发展不足；要素制约仍然偏紧，发展后劲乏力；公共服务体系还不完善，民生改善有待进一步提高。

【项目管理与固定资产投资】 2015年，全县固定资产计划投资任务169亿元，完成投资169.74亿元，同比增长13.9%，完成进度100.4%。

全县实施省级重点项目1个，计划投资20亿元，实际完成投资24.9亿元，占全年目标任务的124.5%；实施市级重点项目29个（其中市考核县重点项目23个），计划投资33.67亿元，实际完成投资41.8亿元，占全年目标任务的124.2%。

2015年威远县市级重点项目投资及进度情况

单位：万元

序号	项目名称	总投资	2015年计划		2015年完成情况	
			计划投资	项目进度	投资	年度计划完成率
1	威远白塔二期搬迁技改项目	50000	4000	完成6.67公顷征地拆迁，进场场平	5100	127.50%
2	威远县新型节能灰渣混凝土空心隔墙板生产线	78000	8500	完成一期生产线建设，完成调试，并投入生产；完成二期场平工程	8850	104.00%

续表

序号	项目名称	总投资	2015 年计划		2015 年完成情况	
			计划投资	项目进度	投资	年度计划完成率
3	威远县无花果系列产品加工技术改造项目	10500	5000	完成生产厂房一期工程，完成冷藏库建设，完成职工宿舍改建，新建办公楼，完成346.67公顷流转土地，购置部分无花果酶生产线建设设备，启动配套基础设施建设	5200	104.00%
4	威远新建年产3万吨专用铸锻件及精密加工生产线	25000	8000	完成办公楼主体工程建设，完成厂房建设2万平方米	9700	121.25%
5	内江市页岩气勘探和综合利用	400000	200000	实现2015年底达到6~10亿立方米的产能目标，2015年完钻64口井。	249000	124.50%
6	威远新天地	15000	10000	完成商业建筑面积4.2万平方米	11500	115.00%
7	威远县雄飞城市综合体	300000	6000	完成商业建筑面积1.5万平方米	15500	258.33%
8	威远商贸城（荣威万象城）	220000	6000	完成万象城（第一期）范围内管网改迁，完成万象城范围内隐蔽工程的80%（周边五条道路的水电气供应、雨污管道、网络通信等相关设施的预埋工作）	6030	100.50%
9	威远县汽车4S店销售集群区	15000	3000	1个4S店基本完成主体工程	3600	120.00%
10	威双路路面改造工程	14690	2000	完成工贸仓储区1台地磅和1059平方米综合楼主体工程建设	3000	150.00%
11	资泸路贡威段（G247）路面改造二期工程	6200	6200	竣工	6200	100.00%
12	吴荣路快速通道威远城区段一期一标段	25000	5000	启动主体工程建设，完成商贸城4条道路土石方工程	5200	104.00%
13	威远县婆城公园及配套道路建设工程	10000	9000	完成公园及道路主体工程建设	12000	111.11%
14	威远县二环路西北段扩建工程	28570	6000	完成土石方工程、3千米沥青砼路面铺筑、管网工程及排水工程	7300	121.67%
15	威远县船石湖大道	36000	8000	道路工程及综合管网工程完工	8000	100.00%
16	威远县乐雅居棚户区改造项目	18020	8000	完成棚户区建筑面积4万平方米	14800	185.00%

续表

序号	项目名称	总投资	2015 年计划		2015 年完成情况	
			计划投资	项目进度	投资	年度计划完成率
17	威远县城北花塘片区安置房工程	14300	4000	完成一组团 5.2 万平方米主体工程建设	5200	130.00%
18	威达煤业棚户区改造	45412	20000	完成建筑面积 10 万平方米	22300	111.50%
19	威远县船石湖片区安置房	20000	6000	房建主体工程完工	7300	121.67%
20	威远县公共租赁住房一期工程	12000	6000	竣工	7300	121.67%
21	威远河（清溪河）综合治理一期工程	30000	6000	完成 B 段（赵家坝大桥至狮子山段）自行车道、栈道及绿化亮化工程；完成人行景观桥建设；启动 C 段（狮子山段至罗家坝上堰）滨河道路及人行道建设等；启动湿地公园建设	6500	108.33%
22	石板河项目	2394	2394	新建石灵路 1.92 千米、石黄路 3 千米、旅游步道栈道 3 千米	2436	101.75%
23	平山 8 组安置房项目	4481	1000	竣工	1030	103.00%
24	威远铁路专用线	100000		完成前期工作协议签订		
25	威远县连威路改建工程	16435		完成施工图设计		
26	威远县内荣路改建工程	11453		完成施工图设计		
27	威远县船凤路新建公路工程	29000		完成施工图设计		
28	威远县城乡供水一体化工程	50000		开展前期工作		
29	威远县西山一二社安置还房工程	16000		完成施工图设计		

【规划编制及经济运行分析】 2015 年，威远县围绕“四个全面”战略布局，把握新常态，抢抓新机遇，扎实推进“稳增长、促改革、调结构、惠民生、防风险”各项工作，大力推进产业发展攻坚、城乡基础设施建设攻坚、脱贫攻坚，经济社会呈现出良好的发展态势，基本完成县第十五届人民代表大会第五次会议确定的各项目标任务。编写《2014 年全县国民经济和计划执行情况及 2015 年计划报告》，发挥经济宏观管理职能，按季度检查计划的执行情况，分析全县经济运行态势、特点，查找问题，并针对经济运行的基本特点和面临的新情况、新问题，起草《2015 年上半年国民经济和社会发展计划执行情况报告》，从全局的角度把握经济发展方向，综合指导全县经济工作，为县领导的科学决策提供依据。结合“十二五”以来取得的成绩和经验，着眼全局和长远发展，组织编制《威远县“十三五”规划纲要》，提出引领新常态的思路和举措，使规划纲要既符合实践的需要，又经得起历史的检验，行之有效、利于长远，成为高水平全面建成小康社会的纲领性文件。

【国债资金争取】 2015 年，威远县争取到中央及省预算内投资项目 35 个，到位资金 22904.77 万元，争取资金总量居全市第一。

2015 年县发改局争取项目及资金统计

单位：万元

序号	项目名称	建设性质	建设规模	总投资	2015 年到位资金	责任单位
1	2015 年农村饮水安全项目	新建	解决 3.88 万农村居民饮水问题	1965	1553	县水务局
2	威远县监管中心	新建	建筑面积 10594 平方米	2225	857	县公安局
3	威远县监管中心	新建	建筑面积 10594 平方米	2225	250（省预算内资金）	县公安局
4	威远县严陵人民法庭	新建	建筑面积 1030 平方米	118	83	县法院
5	威远县严陵人民法庭	新建	建筑面积 1030 平方米	118	20（省预算内资金）	县法院
6	威远县 2015 年农网改造升级工程	改造	新建及改造 10 千伏线路 135.5 千米，10 千伏配变 96 台，低压线路 279.1 千米	4403	579	县供电局
7	威远县 2014 年棚户区改造项目 A 区	新建	改造棚户区 204 户，20400 平方米。配套建设道路 1.02 千米，绿化 1200 平方米，给排水管道 4 千米，燃气管道 3.9 千米，电力线路 2.6 千米，电信管线 2.4 千米，以及室外场地等	4488	326	县住建局
8	威远县 2014 年棚户区改造项目 B 区	新建	改造棚户区 897 户，89700 平方米。配套建设道路 6 千米，绿化 5200 平方米，给排水管道 17.8 千米，燃气管道 12.1 千米，电力线路 10.5 千米，电信管线 11.4 千米，以及室外场地等	19734	1435	县住建局
9	威远县连界镇生活污水处理厂及配套管网工程	新建	处理规模 1.0 万立方米/天；配套建设厂外截污干管 10801 米	4874	2050	连界镇
10	贡威路连接线道路建设工程	新建	建设道路长 1800 米，宽度 20 米，配套建设管网、绿化、亮化等附属设施	4000	300（省预算内资金）	严陵工业园区
11	中西部农村初中校舍改造工程（威远县镇西中学）	改扩建	运动场 7400 平方米	150	150	县教育局
12	中西部农村初中校舍改造工程（威远县新场中学）	新建	运动场 7400 平方米	150	150	县教育局
13	中西部农村初中校舍改造工程（威远县向义镇初级中学校）	新建	学生宿舍 1500 平方米；运动场 7400 平方米	300	300	县教育局

续表

序号	项目名称	建设性质	建设规模	总投资	2015 年到位资金	责任单位
14	中西部农村初中校舍改造工程（威远县严陵镇城北初级中学校）	改扩建	学生宿舍 1000 平方米；食堂 1000 平方米	300	300	县教育局
15	中西部农村初中校舍改造工程（威远县靖和镇初级中学校）	改扩建	学生宿舍 1500 平方米	270	270	县教育局
16	威远县 2014 年棚户区改造项目（滕家坝片区福康小区棚改安置点）	新建	改造棚户区 1101 户，115847 平方米。配套建设商业及其他配套用房 4295.49 平方米，及相关附属设施等	30382	2202	县住建局
17	四川省川威集团有限公司连界工业棚户区改造一期工程（成渝钒钛工矿棚户区改造项目一期）	新建	改造工矿棚户区 973 户，58380 平方米。配套建设给排水、燃气、电力、道路、绿化等附属基础设施	20216	2000	川威集团
18	天然林资源保护工程二期	新建	人工造林 333.33 公顷		150	县林业局
19	新任生猪养殖场农民专业合作社大型沼气工程	新建	建设日产气 1200 立方米大型沼气工程 1 个	450	180	新任生猪养殖场农民专业合作社
20	威远县计生服务站购置化学发光免疫分析仪	新建	购置化学发光免疫分析仪 1 台	35.53	28.82	县计生局
21	村卫生室建设	新建	建设 44 个村卫生室	352	220	县卫生局
22	乡卫生院建设	新建	建设界牌、铺子湾 2 所乡镇卫生院	250	200	县卫生局
23	巩固退耕还林成果专项建设	新建	改土培肥 313.33 公顷，中低产改造 224.6 公顷，农村能源（建沼气池）18 口，发展特色经果林 97.87 公顷，丰产措施 212.8 公顷，新（改扩）建畜禽圈舍 8558 平方米	1416.50	657.1	县农业局县林业局
24	威远县严陵镇滕家坝社区服务站	新建	社区服务站 450 平方米	135	55	县民政局
25	威远县残疾人服务中心	新建	残疾人托养中心 2000 平方米	500	240	县残联

续表

序号	项目名称	建设性质	建设规模	总投资	2015 年到位资金	责任单位
26	石漠化综合治理	新建	治理岩溶面积 24 平方千米，治理石漠化面积 6.18 平方千米。人工造林 214 公顷、人工种草 20 公顷、建设棚圈 1000 平方米，坡改梯 4 公顷、排灌渠 2.14 千米、田间生产便道 7 千米、蓄水池 19 口、山平塘 8 座。	576	480	县石漠化综合治理领导小组办公室
27	威远县连界独立工矿区改造搬迁工程连界镇白牛路道路工程	新建	新建白牛路道路全长 1653.62 米、路幅宽度 16 米，包括给水工程、雨水工程、污水工程、路灯照明工程；道路隧道全长 79.03 米，其中左洞 39.52 米（其中暗挖段长 17.99 米），右洞 39.52 米（其中暗挖段长 24.30 米）；地下停车场总建筑面积 7082 平方米，其中地下一层 4362 平方米、地下二层 2720 平方米。	31921	3000	四川劲力置业有限公司
28	威远县连界独立工矿区改造搬迁工程连界镇船石湖大道道路工程	新建	新建道路全长 3865.09 米，桥梁 3 座、全长 131 米，其中船石湖大道 2875.89 米、路幅宽度 30 米，一号桥长 40 米、宽 2×14 米，二号桥长 51 米、宽 30 米；威连公路改线段 989.19 米，路幅宽度 8 米、24 米、12 米和 30 米，三号桥长 40 米、宽 30 米；包括排截水沟、交通设施、绿化、人行道栏杆等	31921	3000	四川劲力置业有限公司
29	退耕还林还草工程（2015 年）	新建	退耕还林 233.33 公顷	105	105	县林业局
30	放心粮油工程	新建	放心粮油配送中心 1 个，社区放心粮油示范店 3 个，乡镇放心粮油示范店 18 个	283.3	87.6（省预算内资金）	县粮食局
31	2015 年以工代赈项目（乡村道路）	新建	界牌镇四合村界正路 4 千米	102	102（省预算内资金）	界牌镇
32	威远县 2015 年新增农网改造升级工程	改造	新建及改造 10 千伏线路 10.9 千米，10 千伏配变 29 台，低压线路 93.3 千米	1310	262	县供电局
33	2015 年第二批农村危房改造（第一批）	改造	759 户 7 度地震烈度危房改造	569.25	293.25 276（省预算内资金）	县住建局

续表

序号	项目名称	建设性质	建设规模	总投资	2015 年到位资金	责任单位
34	2015 年第二批农村危房改造（第二批）	改造	716 户 7 度地震烈度危房改造	537	537（省预算内资金）	县住建局
35	农村饮水安全项目升级配套	新建	解决 4.67 万农村居民饮水问题	2365	206（省预算内资金）	县水务局

【物价管理】 以价格法统领物价工作，贯彻落实国家燃油价格、客运票价、天然气综合价格和取消、降标的收费政策（规定），依法开展价格认证和价格行为专项监督检查活动，共接受各类价格委托 122 件、鉴定金额 186.2 万元，出具《价格鉴定意见书》122 份。开展超市、车站、药店等价格监督检查 15 次 718 户，客运市场检查 60 多台次。查处价格举报（咨询）32 件次，责令清退乱涨价、乱收费金额 1 万余元，办结率 100%。取消收费许可证制度，原发放收费许可证作废。制定《城区居民生活用气销售价格联动调整试行办法》，并组织召开听证会，按程序上报县政府审批后执行。依法依规降低住房转让手续费和受理商标注册费等 12 项行政事业性收费，切实减轻农民、企业和社会负担。

【招投标管理】 县发展和改革局严格执行招标投标法和县政府关于政府性投资项目监管、招投标管理工作的相关规定，强化对重要环节的现场监管，严格项目责任追究，从源头上杜绝各类违法违纪行为。全年完成招投标（比选）36 项，总控制价 19501 万元，中标价 16447 万元，节约国家资金 3054 万元，节资率 15.6%。完成婆城公园配套及道路工程材料、连界镇亮化改造工程材料等 17 个工程共 294 类材料的询价工作。全年涉及变更投资（20 万元以上）的项目共 19 个、变更总金额 1900 万元，均提交领导小组会议审定。

2015 年，页岩气勘探和综合利用项目　（龙会镇　供图）

【统筹城乡】 威远县统筹城乡工作坚持以“还权赋能”为核心，以农村产权制度改革为突破口，严格按照“五步工作法”，集中力量加快农村产权制度改革，推动现代农业集中连片发展。全面推进黄荆沟、山王、观英滩、连界、小河、两河、越溪、碗厂等 8 个镇 110 个村的农村产权制度改革工作，测绘、确权等外业工作完成 70%，全面完成试点镇村（组）议事会、监督委员会组建，民主选举 110 个村议事会和 1664 个村民小组议事会，议事会成员 7000 余人。“归属清晰、权能完整、流转顺畅、保护严格”的农村集体产权制度逐步建立，基层民主制度、社会保障制度、户籍管理制度、农村金融体制的改革工作配套推进。推广“农业 BOT”模式，2015 年新增种植无花果 660 余公顷，全县累计种植 3533.33 公顷，年产量 3 万吨，产值 9.1 个亿。强化“产改”成果运用，利用全市第一所区域性农村产权交易场所——四方农村产权交易服务中心，规范农村土地流转，挂牌流转土地超过 130 公顷，以土地的经营权和附着物预期收益为抵押的融资贷款达 1000 万元，迈出了威远县农村资产从“本本”变“本钱”的第一步，“产改”成果运用取得实质性进展。

（冯光辉）

国土资源管理

【概况】 2015年，威远县国土资源系统做好分批次城市、乡镇建设用地报批和重点基础设施建设征地的服务工作，上报11个批建设用地项目报件，总面积183.44公顷，其中，省政府已批准和已下计划9个批次，面积155.07公顷，为全县教育、卫生、水利建设、工业、城市基础设施、招商引资等项目落地提供用地保障。严格执行经营性用地和商品住宅用地“两个百分之百”出让规定，全面推进工业用地的招标拍卖挂牌出让，全年供应土地36宗，面积43.52公顷，土地收入58827.82万元。坚持开展矿山年检、“三率”指标考核、储量登记等矿政管理工作，编制矿业权设置方案，稳步推进矿产资源开发秩序整顿和资源整合，进一步健全矿业权管理制度和机制，不断加大“两费”征收力度，推进矿产资源有偿使用。全年征收入库采矿权价款299.50万元、矿产资源补偿费54.84万元、采矿权使用费10.28万元，征收矿山地质环境恢复治理保证金5343.02万元。

【耕地红线保护】 威远县严格落实耕地保护责任制，将耕地保护的各项指标任务层层分解落实到镇、村、组、户，坚决做到不逾越耕地红线，确保全县耕地保有量5万公顷以上，基本农田面积4.12万公顷以上，保护率达100%。大力实施土地整理，实施完成2012年度新店、龙会、严陵镇高标准基本农田建设项目和2013年度14个高标准基本农田建设改造完善项目；上报省国土资源厅批准立项5个县级和2个省级投资土地整理项目，整理规模4400公顷，预计新增耕地326.67公顷；编制连界镇等6个省级投资土地整理项目，已完善内外业工作，待专家评审后上报市局入库。建立完善国土资源执法监管共同责任机制，落实分片包干责任制，强化巡查责任，加强重点区域的巡查，及时制止和查处国土资源违法行为。全县立案查处违法用地采矿案件15件，罚款62.65万元。其中6件矿产案件，罚款48.63万元；土地案件9件，罚款14.02万元；1件土地案件移送法院。

【地质灾害防治】 威远县坚持抓好地质灾害防治的经常性工作。组织对全县地质灾害隐患进行拉网式排查，新增隐患点33处，销号60处，地灾隐患点622处。逐点落实防灾责任人、监测人员，发放“一表两卡”，制定相应防灾措施。邀请909地质队对全县各监测人员、防灾责任人、监测责任人、基层国土所人员、村社干部等进行地质灾害防治知识集中培训，培训36场979人，发放宣传资料4000余份。组织各地质灾害隐患点开展地质灾害应急疏散演练621场，参演人数9655人。坚持“以防为主、防胜于治”，全面完成2015年地质灾害避险搬迁安置60户，建成避险场所3个，应急排危除险5处。

【群众权益维护】 威远县落实征地“两公告一登记”和听证等制度，严格依法按规拆迁，及时足额兑现征地各项补偿补助费。年内实施北部新区扫尾、县城湿地公园、东风片区、商贸城、吴荣路和二环路西北段等征地拆迁工作，均切实做好被征地农转非人员的社会保障工作，审核养老保险3024人、医疗保险2478人、失业保险1689人。推进安置还房建设。县城北部新区项目安置房一标段、城市综合体项目安置房、三河1社安置房主体完成，共14.75万平方米；严陵工业园区安置房完成建筑面积0.4万平方米；船石湖新区（木兰苑）安置房一标段主体完工，二标段基础施工，完成建筑面积5万平方米；平山村8组安置房项目1~5号楼已分配完毕，分配安置房273套3.75万平方米。

【基础业务夯实】 2015年，启动实施威远县向义镇土桥村、水口村、古井村城乡建设用地增减挂钩试点项目。严格执行土地利用总体规划，根据城镇发展和各项建设项目的需要，对综合养老服务中心等10个项目用地进行土地利用总体规划局部调整，对港华燃气等19个项目进行用地预审，保障建设项目用地。做好年度土地变更调查与遥感监测工作，完成2014年度土地利用变更调查工作和住房城乡建设部下发遥感监测图斑389个、面积411.15公顷的遥感监测工作。全年办理国有土地使用证7287宗、抵押登记宗地数152宗、抵押注销登记194宗，按时办结率100%。

（袁　林　官　勇）

工商行政管理

【概况】 县工商局于1999年1月上划省工商局垂直管理；2015年1月，调整为县政府分级管理，成为县政府工作部门。根据“三定”方案，主要承担市场监督管理和行政执法等12项职责。县工商局下辖严陵等14个工商所；内设办公室等8个股室和直属经济检查大队、消委会秘书组和个私协会。县工商局设党组书记、局长1名，副局长2名，机关党委书记1名，纪检组长1名。全系统有编制115人，实有职工90人（其中公务员76人、机关工勤3人、事业11人），退休职

2015 年“3·15”国际消费者权益日宣传咨询活动在县城市花园广场举行（县工商局 供图）

工 82 人。2015 年，全县工商系统主动适应经济新常态和分级管理新体制，以“促发展、强监管、重维权、求卓越、塑形象”为工作主线，深化商事改革，加强市场监管，促进消费维权，着力建设法治、服务、效能、智慧、阳光“五型工商”，荣获全市工商系统 2015 年度目标考核第一名，获得县级以上表彰 29 个。

2015 年，威远县新发展私营企业 500 户，同比增长 69.49%；发展个体工商户 3145 户，同比增长 30.82%；新发展农民专业合作社 45 户，新发展家庭农场 109 户。截至年末，全县拥有各类市场 34 个、企业 3474 户、个体工商户 16378 户、农民专业合作社 316 户、家庭农场 145 户。全县有全国驰名商标 3 件、著名商标 13 件、知名商标 36 件、有效注册商标 576 件。

【工商登记制度改革】 威远县公布并严格执行工商登记前置变后置审批事项 134 项和前置审批事项 34 项。出台《威远县“先照后证”市场主体登记信息抄告工作方案》，利用县工商门户网站，搭建“先照后证”市场主体登记信息抄告平台，定期将市场主体登记信息抄送各市场监管部门。通过加强舆论宣传，强化工商、质监、国税地税等部门协作，创新“3+1”模式，确保“三证合一、一照一码”改革快速落地。从 9 月 25 日实施起，企业办理开业手续时间从过去的 30 天缩减到 3 天，全县共办理“三证合一”营业执照 440 户。全年开展移动办照 132 户。健全网上登记工作制度，设立网上办事服务中心，推行工商注册登记全程电子化。远程网上企业名称核名 82 件，网上办照 55 户，网上办理动产抵押登记 111 户，注销登记 97 户，动产抵押全部实现外网申请，内网审批。

【企业年报公示】 2015 年是首个年报年，威远县组织力量，利用一切宣传手段，采取强有力的工作措施开展年报工作。2014 年度企业年报率 96.73%，个体年报率 97.23%，农专年报率 98.15%；2013 年企业年报率 97.3%，个体年报率 97.39%。

【事中事后监管】 威远工商系统坚持“谁审批，谁监管；谁主管，谁监管”的原则，探索创新建立新型市场监管体系。落实“双随机”抽查机制，先后开展年报抽查、专项抽查和定向抽查，完成抽查检查企业 134 户及时公示通报抽查情况。依托企业信息公示系统，加强年报、企业备案信息的收集，全年将 135 户企业列入经营异常名录，公示处罚信息 97 条。

【“回家工程”实施】 威远县工商系统建立返乡创业“绿色通道”，营造良好创业环境，鼓励、引导和扶持返乡创业者创办投资小、见效快、易转型、风险小的小规模经济实体，制定《科技小微企业入孵注册的具体办法》，出台 17 条举措，全力支持创业服务中心、科技孵化园的建设，促进大众创业，万众创新。

【产业发展服务】 威远县工商系统培育新兴经济实体，支持原国有、集体企业改制为有限责任公司。培育和引导有一定规模的个体工商户转型升级为私营企业，全年办理“个转企”15 户。发展农村经纪人 55 户，指导签订农业订单合同 1 万份，金额 1.18 亿元。

【商标兴县战略】 威远县搭建工业园区服务平台，在严陵工业园区创建省级商标指导示范站。培育指导企业争创“三名”（驰名、著名、知名）商标，“威宝及图”获全国驰名商标认定，“斯杰普及图”“穹窿花”2 件商标为内江市知名商标，新申请“石板河”等注册商标 40 件。推进“互联网+商标”，指导 16 户商标企业入驻内江商标品牌网，帮助企业上网经营。

【助企融资破解发展难题】 威远县

工商局帮助企业解决经济新常态下融资难题，与县邮储银行联合召开银企合作座谈会，搭建银企合作平台，利用动产抵押、股权出质、小额贷款助企融资32.77亿元。

【促进电子商务发展】 出台扶持全县电子商务健康快速发展的19条意见，从降门槛、促培育、强监管、重保障措施四个方面规定系列扶持帮扶举措。发展电子商务小微企业，培育本地电商集群注册托管企业，引导20余名青年网商从事网上创业，发放电子商务营业执照35户。

【“守合同重信用”企业创建】 2015年，威远县工商局复审认定和新创2014年度县级“守合同重信用”企业50户。全县拥有国家级“守合同重信用”企业3户、省级5户、市级14户、县级50户。

【红盾春雷行动2015】 2015年，威远县工商系统紧扣“执法维权、红盾为民”活动主题，在全县开展为期100天的“3+X”五个专项行动。共查处各类违法违章案件145件，案值102万余元，为消费者挽回经济损失6万余元。

【红盾网剑行动】 2015年，县工商局建立网络经营主体数据库105户，发放工商营业执照电子链接标识63枚。通过实地排查、网上巡查等方式，加强对第三方交易平台及重点商品监管，共巡查企业网站105个、网络广告68次，查办各类网络违法案件11件，完成省局交办调查处理网络销售假冒伪劣商品案件1件。

【卷烟市场整治】 2015年，县工商局与烟草部门开展联合执法，加大市场巡查频率，突出职能合力、突出舆论导向、突出监管职能、突出整治重点，对销售假冒、仿冒、非法倒卖销售卷烟等行为实施重点打击，共检查经营户32户，查获假烟、非渠道烟39.4条，案值3188元，并依法实施暂扣封存。

2015年4月19日，威远县质监执法人员进行化妆品监测抽检（县质监局 供图）

【重点领域商品质量监管】 2015年，威远县建立流通领域商品质量抽检的常态化和制度化机制，对26个品种34个批次的纺织类、液体加热器等商品开展抽检，并对经营12个批次不合格商品的商家予以立案查处。开展消防器材、农村商品质量、电动自行车、家具装修材料等专项整治，查处侵害消费者合法权益案件71件，案值77.67万元。

【消费维权】 县工商局加强“12315”维权体系建设，推进“12315”综合服务平台试点应用，完善责任分工与协作，推进“诉转案”对接机制，办理“诉转案”9件。全年受理消费者投诉、举报88件，解决率100%，为消费者挽回经济损失11.31万元。

【法治工商建设】 2015年，县工商局加强法治宣传教育，建立党组中心组会前学法制度，深入开展“法律七进”活动，威宝和金四方两户企业列入民营企业诚信守法企业示范创建企业。开展“3·15”消费者权益日、“12·4”法制宣传日等活动20场次。坚持执法检查制度和案卷评审制度，组织10个办案单位对全系统一般程序实施行政处罚的92件行政处罚案卷进行交叉评查。

（林银鹏）

质量技术监督管理

【概况】 威远县质量技术监督局于2015年1月起由内江市质量技术监督局下划至威远县人民政府管理，并由四川省内江市威远质量技术监督局更

2015 年 3 月 10 日，国家安监总局调研督查组到威远工农煤矿调研安全生产工作　（县安监局　供图）

名为威远县质量技术监督局（简称威远县质监局）。内设办公室、政策法规宣传股（行政审批股）、质量监督管理股、标准化计量股、特种设备安全监察股、执法监督监察股（稽查大队）；下设威远县计量测试所、威远县产品质量监督检验所（2015 年 7 月由内江市产品质量监督检验所划归威远县质监局直属管理）、威远县技术开发服务中心等 6 个股室和 3 个直属事业单位。其职能为主管本行政区域内标准化、计量、质量、锅炉、压力容器（管道）、特种设备等工作，行使质量技术监督行政执法监督职能。局机关属行政，下设 2 个技术机构属事业性质，全局有在职职工 38 名，其中公务员 20 名、专业技术人员 10 名、工人 8 名。

【质量监督管理】　2015 年，县质量技术监督局起草《威远县质量强县实施意见》，并撰写 2 篇质量分析报告，为政府质量决策提供参考。加强品牌培育，共完成 8 家企业争创四川名牌产品称号和 3 家企业争创内江市政府质量奖培育工作。开展重点工业产品的日常巡查工作，共出动车辆 72 台次、人员 21 人次，巡查企业 41 户，发出整改书 3 份，质量回访企业 3 户。

【标准化管理】　加强农业标准化管理工作，对获得国家级、省级农业标准化示范区进行日常巡查。制定《威远无花果生产技术规程》，申报“威远无花果”为国家地理标识保护产品。加强代码管理，全年新办代码证书 614 个、年检 1482 个、变更 234 个、换证 688 个、注销 138 个。

【计量监督管理】　2015 年，威远县共检测各类计量器具 2.6 万台件，出具检定（测试）证书、检验报告 8000 余份，证书差错率 0.11%。对城区集贸市场的衡器进行免费检定，完成 861 台件；对各超市计量器具进行检定，完成定量包装检测 64 批次，合格率达 95%以上。自 2014 年 7 月起，为县内 67 家企业进行计量器具检测收费减免工作，共减免收费 62.56 万元。

【行政执法监督管理】　2015 年，威远县检查特种设备使用单位 156 家，出动检查人员 280 余人次，出动检查车辆 100 辆次，检查锅炉 36 台、压力容器 256 台、电梯 352 部、起重机械 128 台、游乐设施 10 台、各类气瓶 1000 余支。查出安全隐患 35 处，发出特种设备安全监察指令书 6 份，提出相应整改措施 35 条。开展节日期间特种设备安全检查工作，开展电梯及威远县煤焦化集团特种设备专项整治工作。

【服务地方经济】　2015 年，县质量技术监督局参加县政府组织的城市道路交通安全秩序整治、煤焦化集团环境保护整治、煤矿税控征收系统建设等工作，对煤矿非煤矿山税控计量器具进行强制检定和维修服务。开展企业减负工作，为集贸市场的计量器具开展免费检查，免收检定费 40 余万元。做好多起电梯、汽车质量信访投诉案件的协调处理工作。

（廖华勇）

安全生产监督管理

【概况】　威远县安全生产监督管理局成立于 2001 年 10 月，属县政府工作部门，2015 年内设“5 股 1 室”（矿山股、非煤矿山股、综合股、危化股、职业健康股和办公室），下属事业单位 3 个（威远县安全生产监察执法大队、威远县煤炭工业办公室和威远县矿山驻矿安全监管站）。主要负责全县综合安全生产监督管理工作，对全县矿山企业、危险化学品和烟花爆竹实施行业管理。

2015 年，威远县安全生产形势稳定好转，安全生产四项指标“全面下降”。1 月至 12 月共发生各类安全事故 9 起，同比下降 35.7%；死亡 4 人，同比下降 55.6%；直接经济损失 83.2

万元，同比下降81.2%。其中，工矿商贸企业发生生产安全事故1起，死亡1人（属冶金机械行业），煤矿（非煤煤系矿山）安全实现“零”死亡。道路交通发生生产经营性事故8起，同比下降33.3%；死亡3人，同比下降25%；受伤9人，同比下降18.2%；经济损失13.2万元，同比上升254.8%。

【综合安全】 2015年，威远县组织开展“百安活动”、大检查、“隐患治理回头看、回头查”和“安全生产月”等活动，围绕重点时段、重大节日和重点活动，组织实施安全生产大检查、专项检查和综合督查。突出煤矿（非煤煤系矿山）、危险化学品、建筑施工、道路交通、消防等重点行业领域，不间断地开展隐患排查治理、“打非治违”和安全生产监管工作，保证全县安全生产形势平稳。

社区创建　威远县把安全社区建设作为创新社会管理的重要内容，纳入“民生工程”考核，实行“一票否决”。建成国家级安全社区1个（严陵镇）、省级安全社区5个（镇西镇、新店镇、高石镇、新场镇、龙会镇），超额完成市下达的民生工程目标任务。严陵镇接官亭社区纳入全省3个示范社区安全体验中心建设之一，系年内唯一建设完成的，倍受省、市领导关注。

隐患排查　威远县按照隐患整治“三级管理”原则，以“治理隐患、防范事故”为重点，将安全生产工作由事后处理向事前预防转变、由事故管理向隐患管理转变，加大隐患排查治理力度。截至12月31日，全县开展隐患排查588家，累计排查隐患2400条，整改率98%，覆盖全县20个镇、3个园区和县级重点监管部门。2015年确定挂牌督办重大隐患整治项目10项，全部整治完成，共投入隐患整治资金650余万元。

打非治违　威远县加强部门联合执法，集中开展4次安全隐患大排查、大整治执法专项行动，突出煤矿、非煤矿山、危险化学品、道路交通、建筑施工、公共集聚场所消防、食品药品、特种设备等行业的专项检查。共组织各专项检查组168个、督查组6个；参加检查人员1200余人次，检查企事业单位和场所600余家次，责令停产、停业企业6家，行政处罚65万元。

【矿山安全】 2015年底，威远县保留煤矿22个、非煤矿山60个，其中，非煤井工企业14个（非煤煤系矿山10个）、露天矿山46个。

安全管理　年初，县委、县政府多次召开常委、常务会议，专题研究煤矿（非煤煤系矿山）复工复产、整顿关闭和安全生产大检查工作。县政府投入350万元专项经费用于升级改造威远县物联网综合安全监管平台，推进信息化平台建设。加强瓦斯、水害治理，聘请中介机构对全县煤矿资源及开采情况进行实测，对水患情况进行全面调查，逐矿形成《水患现状调查报告》，沙湾煤业二井达到水害普查治理示范矿井要求。全县22个煤矿均建立瓦斯监控系统，实现与省、市、县监控平台联网。威远县瓦斯综合治理达标矿井19个，建立地面固定瓦斯抽采系统9个、移动瓦斯抽采系统1个，3个煤矿实现瓦斯发电。加快煤矿安全质量标准化建设，3个煤矿达安全质量标准化二级、17个达三级。强力推进机械化（安全高效）矿井建设，18个煤矿经专家验收达标，其中3个煤矿在达到安全高效矿井的基础上，又进行机械化升级改造，经专家验收达到升级改造要求。

治本攻坚　2015年，威远县煤矿安全生产重点县攻坚战工作领导小组继续按照《威远县煤矿安全治本攻坚工作方案》和《威远县煤矿安全治本攻坚工作方案实施细则》开展工作。坚持对煤矿实际控制人、矿领导班子、驻矿安监员的再教育再培训和县四大家领导对所联系煤矿企业业主和矿长的谈心对话。通过两年多的艰苦努力，2015年9月9日，威远县煤矿治本攻坚工作通过国家安监总局现场验收；10月29日，威远县参加全国煤矿治本攻坚经验交流会并作经验交流。

攻坚克难　2015年5月，威远县被国务院安委会办公室确定为全国金属非金属矿山安全新增的30个重点县。随即县政府组织召开全县金属非金属矿山安全生产攻坚克难暨非煤露天矿山矿业秩序整治工作会。印发《威远县金属非金属矿山安全生产攻坚克难工作方案》《威远县非煤露天矿山矿业秩序综合整治工作方案》等文件。2015年10月30日，国务院安委会办公室到威远县调研非煤矿山整顿关闭工作，对全县非煤矿山关闭工作给予充分肯定和高度评价。全县各镇制定完善矿山矿业秩序整治方案，综合整治取得初步成效。2014年底至2015年底，全县共开展矿山安全检查210余次、检查535矿次，查出安全隐患5331条，处罚33.5万元。

【危险化学品及烟花爆竹监管】 2015年，县境内有危险化学品生产企业8家、运输企业1家、经营113家、烟花爆竹批发企业1家、经营零售户247家。

危险化学品监管　年内，召开危险化学品安全生产工作系列会议，制发危险化学品监管系列文件。特别是在“8·12”天津港瑞海国际物流公司特别重大火灾爆炸事故后，威远县全面开展危险化学品安全大检查。聘请专家对9户重点监管的危化品企业进行安全检查。聘请安全评价机构对煤焦化集团粗苯罐区储存混合苯的2个储罐进行评估，确定存在重大安全隐患。县安监部门强化责任措施，全力做好煤焦化集团有限公司混合苯搬迁处置工作。截至12月10日，储存在煤焦化集团粗苯罐区的混合苯全部处置完毕。县安监局按要求参与县政府成立的严陵工业园区安全环保常态化监管工作组，对园区内所有企业，重点是对煤焦化集团进行常态化检查监管。

2015年7月21日，省安监局在威远开展“千名干部与万名矿长谈心对话”活动　（县安监局　供图）

【职业健康】 2015年，全县存在职业病危害的用人单位429户，已申报429户，从业人员4.6万余人，接害员工2.6万余人。存在主要危害较大的行业有非煤矿山、化工、有色金属、冶金、建材、机械等。主要危害因素有粉尘、噪声、高温、有毒有害气体等。全县有职业健康检查、职业病诊断机构3家（县疾控中心、现代医院和第三人民医院），职业卫生服务机构1个。

年内，县安监局按照新修订的职业病防治法和国家安监总局“二规定”“三规范”“四办法”等相关法律法规，开展以下工作：宣传贯彻职业病防治相关法律法规，推进职业病危害防治评估工作。开展重点行业领域职业病危害等专项治理，制定《威远县2015年职业病危害专项整治工作方案》。继续推进用人单位职业卫生基础建设，强化企业主体责任落实，规范企业基础管理资料和档案，用人单位工作场所职业病危害因素定期检测率达70%，职业卫生培训率达90%以上。严格职业卫生监督执法，开展职业卫生专项检查80余次，督查90余个用人单位，查处隐患及问题450余条，下达整改指令书6份。

【安全教育培训】 2015年，威远县以贯彻落实新安全生产法为平台，结合“安全生产月”活动，开展“新安法”宣讲和安全文化、安全法治“七进”（进机关单位、进乡村、进社区、进企业、进学校、进家庭、进宗教场所）为主题的宣传活动。开展进机关（单位）18个次、进企业（班组）380个次、进学校120个次、进村（社区）160个次、进家庭430个次，发放安全生产法宣传小手册5000份和各类安全法律法规宣传资料2万余份。利用广播、专栏、墙报、板报、展板等形式开展安全宣传教育。在县广播电视台开设《安全生产》专栏，《威远宣传》设立《安全生产》专刊，建立“威远安全”短信服务平台。组织开展第4个“安全生产月”活动和安全生产宣传咨询日、安全生产法宣讲、送安全知识到操作手、安全生产知识竞赛、安全文化“七进”、安全事故警示教育、安全事故应急演练等活动。加强“三项岗位人员”（指煤矿主要负责人、安全生产管理人员和特种作业人员）和以班组长、农民工为重点的从业人员安全培训。依托威远鸿威安全培训中心进行安全培训，煤矿进行全员培训10矿、900余人；非煤矿山开展全员培训5矿、240余人；开展班组长培训5期、260余人。

2015年威远县安全生产事故统计

行业	2015年事故统计					
	起数（起）	死亡（人）	起数（起）		死亡（人）	
			±	%	±	%
总情况	9	4	-5	-35.7	-5	-55.6

续表

行业			2015年事故统计					
			起数（起）	死亡（人）	起数（起）		死亡（人）	
					±	%	±	%
工矿商贸	矿山	煤矿	0	0	0	0	0	0
		金属与非金属矿	0	0	-1	-	-4	-
	非煤矿山	建筑施工	0	0	0	-	0	-
		危险化学品	0	0	0	-	0	-
		烟花爆竹	0	0	0	-	0	-
		特种设备	0	0	0	-	0	-
		冶金机械	1	1	1	-	1	-
		其他	0	0	-1	-	-1	-
道路交通	生产经营性事故		8	3	-4	-33.3	-1	-25
消防火灾			0	0	0	-	0	-
其他			0	0	0	-	0	-

（张　宇）

食品药品监督管理

【体制改革】　2015年，威远县完善以县委副书记、县长为主任，常务副县长及县委县政府分管领导为常务副主任，县委县政府相关领导、县人大常委会、县政协联系领导为副主任，相关部门主要负责人为成员的县食品药品安全管理委员会。成立县长任组长的威远县创建四川省食品安全示范县领导小组。20个镇进一步完善以书记镇长任主任的镇食品药品安全管理委员会。加快构建政府负总体责任、企业负主体责任、监管部门负监管责任、相关部门负协管责任的“四位一体”责任体系。调整内设机构、派出机构、直属机构负责人，明确职责，形成主要领导亲自抓、分管领导具体抓、局所协同联手抓的工作机制，构筑起“上下联动、齐抓共管、横向到边、纵向到底”的监管网络。在力量配备、装备建设、资源配置、技术体系建设上重点保障，招考公务员、工勤、事业人员11人；在巩固严陵、连界、镇西3个示范所基础上，新建10个规范化监管所。“四有两责”（有职责、有岗位、有人员、有手段，落实现场检查职责和市场产品抽检职责）逐步落实。

【宣传培训】　2015年，威远县食品药品监督管理局（简称县食药监局）举办监管人员及信息员协管员培训41期，参训人员6800余人次，参加省市县培训820余人次。组织食品安全宣传周、药品医疗器械不良反应监测、全国安全用药月、党员义工日、“3·31”投诉举报日等大型街头宣传活动。向《内江日报》、四川新闻网、四川法制网、中国食品网、四川食品新闻网、县电子政务、党政网等媒体上报信息162篇，纪检监察信息36篇，其中市食药监局采用49篇，省食药监局2篇，四川法制网65篇，中国食品网59篇，四川食品新闻网16篇，《内江日报》31篇，《精神文明报》1篇，县电子政务内网18篇，县电子政务外网21篇。局网站点击率位居全县前茅。

【依法行政】　2015年，县食药监局复核按一般程序处罚的案件294件，核审重大案件12件、案件评查2次2件，无行政复议和行政诉讼。对新进人员和镇所所长37名办理行政执法证件，执法考试合格率100%。在局网站、省稽查网站和四川省行政权力公开运行平台上公开行政处罚案件和行政许可审批件。出台《关于加强“两法衔接”的实施方案》，“两法衔接”（行政执法与刑事司法衔接）信息共享平台正常运行。完成行政权力事项目录清理工作和行政权力责任清单编制工作。县政协抽查145份案卷，认为局行政执法文书规范，处罚均在法定幅度内，执法公开、公平、公正。县人大常委会对县食药监局“十二五”期间的工作报告满意度测评位居前列。

【日常监管】 2015年，县食药监局与38家获证食品生产企业、168家小作坊、4231户食品经营企业、1993户餐饮企业以及1203户药品、化妆品、医疗器械生产经营单位签订食品药品安全承诺书。累计巡查食品企业450余家次，批发市场（集贸市场）33个次，药品、化妆品、医疗器械相关单位2388家次，开展4次拉网式餐饮监督检查。对高风险的肉制品、酱腌菜、桶装水三类食品企业警示约谈5次、集体行政约见接待高（中）考就餐的25个学校及餐饮单位负责人、学校负责人45人。完成6家餐饮服务单位明厨亮灶工程试点。培训流动餐厨师81人次，监管备案群体聚餐6515餐次、539888人次，群体聚餐监管备案率100%。指导帮助企业正确操作药品电子监管系统，4个批发公司、258个药店通过（或申报）新版GSP认证。完成县“两会”、第二届无花果采摘节、高（中）考、全市县域经济座谈会、东联镇佛尔岩庙会和川南越野汽车场地挑战赛等重大活动的食保工作。

【专项整治】 2015年，县食药监局开展白酒类、冷冻肉、收购加工销售病死猪肉、豆芽菜质量安全、婴幼儿配方乳粉、中药材中药饮片、医疗器械“五整治”专项行动“回头看”、避孕套质量安全管理等专项整治35次；开展安全隐患“大排查大整治”活动1次。

【风险监测检验】 2015年，县食药监局抽检食品药品化妆品871批次，出报告707批次，不合格66批次。确定县人民医院、县中医院为化妆品不良反应监测哨点单位。完成药品、医疗器械、化妆品、药物滥用不良反应监测报告1544例，其中药品1118例、医疗器械262例、化妆品15例、药物滥用149例。承办内江市不良反应监测现场会议1次。

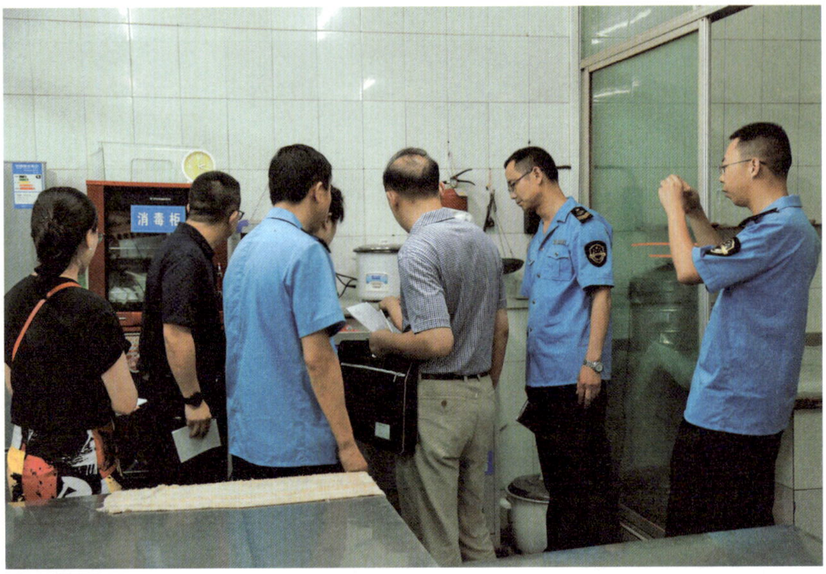

2015年，威远县开展食品安全检查 （夏向前 摄）

【应急管理】 2015年，县食药监局建立食品药品应急队伍制度、重大信息报告员制度、舆情信息员队伍。受理群众电话或现场咨询472人次，受理投诉举报87件，处理回复87件（食品类61件、药品类18件、医疗器械类4件、化妆品2件、审批2件）。承办由内江市食品药品监督管理局与威远县人民政府联合主办的威远县2015年突发餐饮服务食品安全事故（Ⅳ）级应急演练。

【重拳出击执法】 2015年，县食药监局实施“双随机”集中交叉稽查，每月6个组，每组3~5名稽查人员对20个镇进行区域全覆盖检查。全年立案307件，结案率96%，罚没收入102.8万元。高某军等人未取得食品流通许可证经营食用酒精案被评为全省典型案例。向县公安局移送2个案件，向县工商局、县商务局移交虚假广告案1件和注水猪肉案1件。

【省食品安全示范县创建启动】 2015年10月13日，县委、县政府召开全县食品药品安全监管工作会暨创建四川省食品安全示范县工作推进会，共有416人参会。县委、县政府与成员单位、各镇签订责任书53份，实现全覆盖。组织召开协调会议，抓示范企业创建工作，抓食品安全责任保险，抓生产经营企业诚信体系建设。抓示范县创建工作行业推进会，明确62家食品安全示范单位，召开创建工作任务认领会。创建工作艰难而有序地推进。

（王 琴）

统计管理

【统计服务】 2015年，全县统计工作围绕县委、县政府的中心工作，以抓实经济运行统计监测为突破口，切实提升统计服务水平。健全统计信息定期发布制度，通过《内江日报》、统计内网、政府政务外网进行统计服务宣传，扩大统计服务覆盖面。丰富统计服务内容，充实并完善统计卡片和《威远统计年鉴》。撰写《威远县消费品市场运行分析》《威远服务业发展现状分析》《威远县2015年上半年经济运行特点分析》《我县务工人员就业与生活状况调查》《威远县规模工业能源消耗分析》《威远县财税收入简析》等经济运行分析和《统计内参》共30余篇；撰写《服务业对威远经济贡献突出》《威远县“三变”新模式助农增收》《我县节能降耗成效显著》等经济信息60余篇，刊发《威远统计信息》《威远经济信息》12期2400余册，其中20篇分析、35篇经济信息、37篇工作信息被省、市统计采用。深化统计产品，包括《威远主要经济指标快报》《全省“扩权强县”主要指标报表》《各镇主要经济指标运行情况》《威远目标进度执行情况统计》等，为各级领导了解和把握威远经济发展态势和运行发展趋势提供参考。

【统计规范化建设】 威远统计工作以提升统计数据质量为中心，全面推进县（镇）两级统计规范化建设。按照中央、省、市统计局关于加强县级统计机构基础工作规范化建设达标的要求，以制度建设为抓手，以强化数据审核为重心，从统计保障、统计组织、统计服务、统计信息化建设、统计法制建设、统计管理等六个方面继续加强统计基础工作。不断深化联网直报工作，通过走访、指导、培训，全年实现全部“四上”企业（规模以上工业、有资质的建筑业和全部房地产开发经营业、限额以上批发零售业和住宿餐饮业、规模以上服务业法人单位）联网直报率100%。加强统计执法。6月至10月，开展“关于坚决制止和严肃查处编造统计数据等弄虚作假行为”的统计大检查，对全县所有规模以上工业企业，资质以上房地产、建筑企业，限额以上批发零售业和住宿餐饮业等统计专项执法检查，“四上”企业自查面达100%，现场抽查达20%，符合统计规范化建设标准率为92%。查处统计违法案件5件，限期整改5件，整改完成5件。

【统计培训】 2015年，威远县通过以会代训等方式，提升全县统计从业人员综合素质。1月至2月，召开农业统计、贸经统计、劳动工资统计、综合核算、工业统计、投资统计等年报会和业务培训会8次，参会320人。3月，召开经统计业务工作等培训会议2次，培训180余人。4月至8月，召开农业统计调查、城乡一体化调查等业务培训会议4次，培训200余人。9月，组织统计从业资格考前培训3天，培训74人，考试合格72人，通过率97.3%。9月至10月，组织1%人口抽样调查业务培训会2次。10月，组织统计人员继续教育培训3天，培训统计从业人员533名，占全部统计持证人员的60%；组织乡镇统计人员岗位知识培训，培训乡镇统计人员30余名。

2015年9月3日，威远县2015年统计从业资格考试培训班开班　（县统计局　供图）

【威远县第三次全国经济普查】 第三次全国经济普查被称为“和平时期最大规模的社会动员”。威远县动用约1000名普查员、普查指导员和其他工作人员，对371个普查区内从事第二产业和第三产业的全部法人单位、产业活动单位和个体经营户，做“地毯式”的全面普查。这次普查的标准时点为2013年12月31日，普查时期资料为2013年度资料。通过普查，摸清了全县第二产业和第三产业的发展规模及布局，全县产业组织、产业结构、产业技术的现状以及各生产要素的构成，查实服务业、战略性新兴产业、小微企业和高技术产业（制造业）的发展状况。

2013年末，全县共有从事第二产业和第三产业活动的法人单位2273个，比2008年末（2008年是第二次全国经济普查年份，下同）增加413个，增长22.2%；产业活动单位2817个，增加688个，增长32.3%；有证照个体经营户10636个（含个体运输户2822个），减少4743个，下降30.8%。

2013 年威远县第二、第三产业单位数与有证照个体经营户数

	单位数（个）	比重（%）
一、法人单位	2273	100. 0
企业法人	1169	51. 4
机关、事业法人	498	21. 9
社会团体和其他法人	606	26. 7
二、产业活动单位	2817	100. 0
第二产业	575	20. 4
第三产业	2242	79. 6
三、有证照个体经营户	10636	100. 0
第二产业	359	3. 4
第三产业	10277	96. 6

威远县统计局切实做好经济普查数据开发工作，并进行综合分析。2015 年 5 月，威远县统计局、威远县人民政府经济普查领导小组办公室发布威远县第三次全国经济普查的主要数据公报第 1 号、第 2 号和第 3 号。

【基本单位名录库规范化建设省级试点】 根据《四川省统计局办公室关于开展基本单位名录库规范化建设省级试点工作的通知》（川统计办发〔2015〕27 号）文件精神，威远县被确定为基本单位名录库规范化建设省级试点县。威远县组成以统计主导、乡镇和部门参与的工作机构，全县 20 个镇都有统计专线，试点的 2 个社区也建立 VPN 用户，20 个镇和 2 个社区均建立和完善名录库维护和更新台账。联合工商、民政、编办、国税、地税、质监等部门建立联席会议制度，加强部门对名录库的统计监管、前置审批、基础保障和信息共享职责，开展名录库信息整理、资料互换、比对检查、信息更新和开发应用工作。

【1%全国人口抽样调查】 威远县按照“统一领导、分工协作、分级负责、共同参与”原则，做好调查组织和实施工作。成立以县委常委、县政府常务副县长为组长的威远县 2015 年 1%全国人口抽样调查工作协调小组，协调小组办公室设在县统计局，负责调查的组织实施和日常工作，督促落实协调小组议定事项。2015 年全国 1%人口抽样调查内容为人口和住户的基本情况，主要包括姓名、性别、年龄、民族、受教育程度、行业、职业、迁移流动、社会保障、婚姻、生育、死亡、住房情况等。该次抽样调查，威远县抽取 30~40 个调查小区，调查对象为抽中小区内的全部人口（不包括港澳台居民和外国人），约 7500 人。编纂《威远县全国 1%人口抽样调查简报》共 9 期。

（彭　欢　马　骏　宋春丽）

审计管理

【概况】 2015 年，威远县审计局审计计划项目 51 个，实际完成 95 个，超目标任务 86%。通过审计，查出违规金额 1756 万元，管理不规范金额 223872.85 万元，上缴财政 175 万元，核减决算投资额 6246.24 万元，提出审计建议 127 条，向社会公告审计结果 12 项，向纪检监察机关和有关部门移送违规违纪线索 13 件，处分党员干部 10 人。提交审计信息 117 篇，被国家、省、市、县报刊、网络等媒体采用 223 篇次，被县领导肯定和表扬性批示 8 件，促成制订或修订规范性文件 5 件。

【财政预、决算审计】 威远审计系统在预算执行审计中，重点做到三个“关注”：关注预算制度建立和执行情况，资金转移支付情况，本级人民代表大会批准预算的决议和执行情况，促进财政部门进一步加强预算管理，规范财政资金分配行为；关注税收征管情况，揭露和纠正税收征管不力，执法不严，稽查查处不到位，违规减、免、缓税等问题，促进地税部门规范税收征管行为；关注政府经济事项决策情况以及效果，查清有无严重损失浪费和脱离实际搞“形象工程”等问题，上级补助地方专款是否按预算执行，有无挤占挪用和虚报冒领问题。全年对 17 个单位实施预算执行和决算审计，查出违规违纪金额 840 万元，管理不规范金额 209761 万元，上缴财政 128 万元。

【经济责任审计】 威远县建立“三个联合”“五个重点”的经济责任审计工作机制，经济责任审计工作在制约和监督权力、惩治和预防腐败问题上发挥积极作用。“三个联合”即联合确定审计目标，联合参与重要环节，联合运用审计成果。每年由县经济责任审计联席会议联合确定审计项目，在审前调查、审计进点、审计签证、审计报告征求意见等重要环节，视情况与组织、纪检、监察、人事等部门的负责人联合参与，组织人事部门把审计结果作为考察评价干部的重要依据，纪检、监察部门把审计结果用于干部的廉政监督、警示教育，财政部门将审计结果用于规范资金预算安排、财务管理等，审计成果在更大范围、更广领域显示了经济责任审计的综合效应。在审计中，注重对领导干部履行经济工作职责和经济工作决策的合法性、科学性、效益性以及个人遵纪守法、廉洁自律等“五个重点”方面的情况予以审计，各部门通力合作，资源共享，促进经济责任审计工作的全面推进。2015 年对 13 个单位 15 名领导干部实施经济责任审计，查处违规金额 916 万元、管理不规范金额 9426 万元，上缴财政 47 万元。

【固定资产投资审计】 县审计局围绕全县的重点工程项目开展跟踪审计，重点审计项目投资的真实、合法和效益性，揭示建设项目过程中决策不当、管理不严造成的损失浪费问题；审查财务核算管理是否规范，有无截留、挤占、挪用建设项目资金；有无虚列建设成本，以多报投资完成额等手段转移建设资金；项目建设管理（勘察设计、施工、监理、设备材料采购）是否规范等问题。审计中注重将工程项目预算审计、跟踪审计与决算审计相结合，通过事前、事中和事后审计齐头并进的方式，扩大审计范围。全年实施投资审计项目 27 个，审减投资 4016.06 万元。

2015 年 6 月 11 日，省审计厅厅长黄河（右二）在威远县向义镇调研（余远文　摄）

【专项资金审计】 县专项资金审计结合威远县实际，以涉农、惠民和民生工程项目为重点，先后对农业综合开发资金、土地整理资金、农村饮水安全工程资金、教育、环保、医疗等专项资金进行审计或审计调查，深化对专项资金的监管。全年实施专项资金审计项目 33 个，审减投资 2230.18 万元，收缴专项资金结余 584.51 万元。对审计发现的问题及时督促相关项目单位进行整改和纠正，促使各项专项资金规范管理、有效运行，最大限度地发挥资金的经济效益和社会效益。

【镇审计站工作】 县审计局加强对审计站的业务指导。通过审计监督，9 名村（社区）党员干部被移送纪检监察机关处理。《中国审计报》《现代审计》《内江日报》等媒体对威远县审计站工作开展情况进行宣传报道。省审计厅厅长黄河到威远县调研，对审计前置发现和堵塞违纪违法问题的做法给予充分肯定。

【国有企事业单位审计】 2015 年，县审计局对威远县经济技术开发公司、威远华悦股份有限公司等 8 户企业经营损益情况开展审计，对成渝钒钛有限公司进行成本核算，为政府决策提供依据。通过审计，对企业内部管理提出合理的建议，为深化企业产权制度改革，提高企业的效益起制积极的推动作用。

（杨汉伟　李　珍）

国有资产投资管理

【概况】 2015 年是威远投资控股集团有限责任公司的转型年、成长年、发展年。4 月中旬，在县工商局完成威远县华悦有限责任公司（控股子公司）和威远县粮油收储有限公司（全资子公司）的工商变更登记，集团公司总人数突破 100 人。4 月 30 日，县统计局认定威远投控集团公司为中型企业。年内提拔、续聘经营班子成员

3人，提拔中层干部5人，调岗中层干部1人，调岗一般员工2人，新进劳动合同员工2人，离职2人，退休1人。子分公司合同制员工6人。

【融资渠道拓宽】 2015年初，威远投控集团公司密集对接国家开发银行、农业发展银行、中江信托、中铁信托、利得财富、农商银行、德邦证券等20余家金融机构。全年贷款项目12个，截至12月31日签订合同金额12.72亿元（不含穹窿项目收益债项目），到位资金8.31亿元。2015年上半年，威远投控集团公司与上海利得财富资产管理公司签订合作协议，以非公开定向融资（“资管计划”融资模式）2亿元。该融资模式不需要抵押，且可以长期合作；2015年下半年与利得资本（与利得财富同属于利得金融服务集团）签订合作协议，在2亿元总授信范围内继续提供资金支持。

按照县委、县政府的安排，2015年9月启动威远穹窿旅游（一期）项目收益债发行准备工作，涉及中介机构的选择、可研报告的编制、主体资料的完善、项目资料的收集、处理、财务审计报告、法律意见书、评级报告、评估报告、账户监管、募集说明书等资料的编制，至10月16日基本完成申报资料的编撰，并上报省发改委。按照省发改委的指导意见，于11月下旬将申报资料转报国家发改委，得到国家发改委的初步认可。

【工程项目推进】 *二环路西北段改扩建工程（一期）项目* 2015年，路基土石方、管网及排水工程全面完成；水稳层铺筑完成3.9千米；沥青砼路面铺筑完成城南总站至川威大道口1.4千米，川威大道口至凉竹路交叉口完成1.8千米；人行道垫层完成3.8千米，人行道花岗石面板完成1千米。施工单位为河南省第一建筑工程集团有限责任公司。

石板河旅游基础设施建设（一期）项目 以石灵路路面工程、石黄路路基路面工程、旅游步道、栈道建设项目为主。为加快石板河旅游基础设施建设项目，威远投控集团公司派驻2名专业技术人员负责项目建设、征地拆迁的协调工作，并及时反馈施工过程中出现的问题矛盾。

石灵路路面工程、石黄路路基路面工程 于2015年2月26日开工，4月30日全面完成沥青砼路面铺筑，5月1日投入使用，其附属工程（钢索护栏、边沟、雨水进出口和挡墙、公路标志标线和相应安全设施）于6月12日全部建设完成。经自检及监理抽验工程各项指标符合设计及规范要求，评定为合格工程。竣工图纸等交（竣）工验收资料齐全，于9月25日完成交（竣）工验收。施工单位为四川威远路桥有限责任公司。

2015年，川威大道前期工程 （县住建局 供图）

【工程设计优化】 *二环路西北段项目* 在该项目前期设计过程中，组成一个初步设计图核量小组；项目管理中，配备现场管理人员、计量人员、计价人员、协调人员，对项目建设每个施工环节进行监督核实，并对变更要求专业人员共同研究，选择优化合理设计节约投资的变更方案。该项目招标控制价为22704.4万元，施工单位投标报价为21381.2万元，经初步估算，节约投资4000万元。

城区排水基础设施建设项目 对二环路西北段一期范围内雨污水管道基地设计不合理的砂砾石换填进行多地段的扣除，并根据现场实际情况，做到合理优化。严格控制施工环节及收方计量，节约投资186万元。

石板河旅游基础设施建设（一期）项目 通过优化设计，优化管理实际完成建设总费用1986.13万元，与设计概算总投资2394.25万元相比，节约408.12万元。

【国有资产增值保值】 2015年9月，威远投控集团公司会同县房管局对全县已建设的和在建的廉租房、公租房进行清理，并联合发文，拟将建成的668套、32980平方米青龙佳馨廉租房先行划入威远县国有资产经营有限公司。该项工作正在加快推进中。

2015年7月至12月，开展镇西镇

5252.38平方米、严陵镇1167.40平方米安置房住房、门面、库房拍卖工作，有1宗标的（严陵镇百兴佳园B区安置房1号楼8号门面）转让，转让标的面积34.05平方米，成交价款33.54万元。

2015年对严陵镇西街政法委家属楼第-1层住房和公园路50号库房共603.62平方米闲置资产进行公开招租，确定承租方，与承租方签订租赁合同，收取房屋租金、押金，提高国有资产使用效益。

（罗哲奇）

城乡经济调查

【网点分布】 2015年，国家统计局威远调查队与全省44个县（市、区）调查机构形成一个完整的调查网络，县境内样本网点覆盖面广，其中城乡住户一体化调查150户，分省样本100户，分市县样本量50户，分布在9个镇15个小区；农作物类调查以省为总体的样本量9个，分布在7个镇9个小区，以县为总体的样本量20个，分布在15个镇20个小区；畜禽监测类调查样本量20个，分布在13个镇20个小区；规模养殖户和生产单位59个；消费流通价格指数类调查涉及164个采价点，上千个规格品。

【信息搜集整理】 2015年，国家统计局威远调查队有城乡住户一体化调查、以省和县为总体的粮食产量调查、畜禽暨生猪调出大县监测调查、居民消费价格调查、农户固定资产投资调查、农产品生产价格调查、农民工监测调查、服务企业监测调查、农产品中间消耗调查、月度劳动力调查、限下批发零售住宿餐饮、农民工市民化、月度劳动力调查、新设小微企业调查、规模以下工业企业调查、工业生产者价格指数调查等16个专业。

年内，完成2015年度各专业定报、年报工作。重点业务生猪监测实现“五个转变”，农业调查推行“定基固本法”，农产品价格调查注重“四面开动”，城乡一体化收支调查打造“一招三式”，消价调查采取“打分找碴法”，粮食实割实测实施“图片定位法”，农民工监测把好“直联关”。

自2014年10月至2015年10月共撰写39篇工作信息。其中，被国家级媒体采用1篇，被总队“市县队要事”采用16篇，“专业信息”采用10篇。撰写经济信息16篇，调查分析7篇。完成春耕备耕、旅游业对农民增收贡献、乡镇政府债务情况、主要经济作物收益、留守儿童暑期生活、农村用水及水环境、秋粮收购等7篇约稿调查。开展城乡居民食品安全问题专项调查，撰写的《威远县城乡居民食品安全调查报告》在总队网站登载。

（伍桥良）

城市建设与管理

住房和城乡规划建设

【概况】 2015年，威远县深入实施“两化”互动、城乡统筹战略，加快推进新型城镇化建设，促进城乡一体化发展，生态与城乡人居环境得到明显改善，较好完成各项目标任务。城镇化率提高1.8个百分点达46.5%，新增城镇建成区面积1.8平方千米，达到41平方千米（县城新增建成区面积1.2平方千米，达到19.7平方千米，建制镇新增建成区面积0.6平方千米，达到21.3平方千米），新增城市绿化覆盖面积18公顷，建筑业总产值27.49亿元，固定资产投资39亿元，招商引资8.25亿元，城市基础设施建设投资6亿元，小城镇建设投资1.8亿元。

（史俊耀）

【村镇建设】 威远县完成重点小城镇建设投资1.88亿元；完成2015年农村危房改造目标任务759户。依法受理建设项目，严格按《四川省村镇规划建设条例》《四川省城乡规划条例》等法律法规，依法行政。办理村镇房屋产权证150件，面积2.55万平方米，办理施工执照52件，面积15.96万平方米，办理初设方案批复3件，面积8861.95平方米。完成全县20个聚居点的规划选址、规划设计审查工作。按住建部、文化部、国家文物局《关于做好中国传统村落保护项目实施工作的意见》，深入挖掘申报连界镇土河沟村、新场镇红豆村，观英滩镇永兴村、向义镇白石村、越溪镇吉祥村5个传统村落。

（文国忠）

【规划编制】 威远县根据城市发展实际，编制威远县城东、城西15平方千米控制性详细规划、威远县严陵工业园区10平方千米控制性详细规划，实现县城建设用地范围控规覆盖率达90%。完成4个专项规划（《威远县城市综合交通体系规划》《威远县城市排水（雨水）防涝综合规划》《威远县城市排水规划》《城市排水防涝设施普查数据采集项目》）编制工作，完成《威远县全域规划》初步成果、重点区域和重点地段的城市设计、威远县主城区及清溪河片区城市设计、婆城公园开发建设规划设计方案、完成各镇总体规划、全域规划及控规。全面完成连界、新店等19个镇总体规划编制工作；完成向义镇1个镇全域规划编制；完成连界、镇西2个镇控规编制；完成新店镇8个、界牌镇中坝村、连界镇船石村等10个新村聚居点规划编制。

（曾丽莉）

【规划管理】 2015年，威远县召开4次规委会，审议并通过威远县城西区控制性详细规划、花城公园景观设计方案、晨南食品有限公司标准化屠宰场及农副产品冷链物流方案、连界客运中心设计方案、威远县公路机械化

2015年9月21日，县规委会召开2015年第三次方案审查会 （余远文 摄）

养护（应急抢险）中心设计方案、关于调整二环路西北段、吴荣路快速通道（一期）一标段商贸城段绿化方案的请示、2014年棚户区改造项目（罗家坝B区）修建性详细规划、赵家坝四组团（荣威·外滩）修改方案、白塔二期工程规划建筑设计方案、二环路西北段改扩建工程（一期）绿化带建设项目施工设计、关于威远县四利油料经营部双桥加油站迁建选址的请示、威玻老厂棚户区改造方案、威远县花塘住宅项目方案设计、威远河综合治理一期工程杨家坝湿地公园等修改方案、威远县牛头山·中华感恩园总体规划暨局部修建性详细规划、内江市威远县公众移动基站建设布点规划、合力金融写字楼建设项目规划方案设计、关于调整“商贸城”地块建筑控制高度的请示、威远县达木河城市综合体段景观设计方案，威远县船石湖旅游小镇旅游总体规划，高石镇总体规划，界牌镇总体规划，《威远县城市规划管理技术规定》（2016版送审稿），《威远县房地产开发项目公共配套设施验收程序和内容实行办法》（送审稿），威远县杨家坝渡改桥、白塔大桥概念设计方案等23个设计方案。完成荣威国际·外滩、威远县综合养老服务中心建设项目、威远县2014年棚户区改造项目、荣威国际·尚景、四川白塔新联兴陶瓷集团有限公司二期工程、通用别克威远通达专营店项目、东风日产三和明威专营店项目、上海大众威远通达专营店项目等58个规划设计审批。核发“建设项目选址意见书”25件、用地面积21.29万平方米，建设用地规划许可证79件、用地面积78.64万平方米，建设工程规划许可证139件、建筑面积66.46万平方米；乡村建设规划许可证9件、建筑面积0.62万平方米。

（李　念）

2015年，县城城北新区一角　（冷国文　摄）

市政建设

【市政设施】　威远县城建成街道共105条（其中2015年新建街道5条），道路总长94千米（其中2015年新建道路2千米），道路总面积210万平方米（其中新建道路面积共4万平方米）。全城建成桥梁15座，城市排水系统全长175千米。全城有路灯电杆3339根、灯头8921盏，122691米输电线路；安装红绿灯共13个路口、49套。

【市政管理】　2015年，威远城区新建天域路、锦园东街、花塘东路、花塘西路、锦园西街等，累计新建道路长2千米。全城车行道维修560平方米，人行道维修共5430平方米；沥青路面维修460平方米，背街小巷砼路面硬化500平方米，桥梁安全检查1次；处理污水满溢27处，二环路边沟清理1200立方米，更换井圈井盖45套，防洪清淤2300余个检查井、清淤4800立方米。县城共维修各型号高钠灯800余支、镇流器700余套，更换节能灯1000余支、灯具30个，其他电器材料1000余件，处理路灯故障400余次，更换被损电缆线900余米，更换智能控制柜6台，背街小巷新安路灯12套，2015年春节协助安装城区背街小巷马路弯灯1189盏。

【温家坝五云东路（含桥梁工程）及滨河景观工程】　道路全长802米，红线宽14米。桥梁工程：桥长89米，桥宽20米（含人行道，两侧人行道宽各2.5米），河道景观面积约1.7万平方米，工程总投资3961.95万元。工程2015年4月开工，截至12月，完成挡墙基础及墙身464米，砼方量2755立方米，桥梁φ1.8米桩基础8根，φ1.6米桩基础14根，砼方量511米，桥梁0号承台及墙身，砼方量630米，1号、2号系梁砼方量43米和φ1.8米墩柱8根，砼方量169米，$4^{\#}$挡墙基础φ1.2米桩80根，砼方量1400米。完成雨污水管网安设共600米。K0+020340段道路路基回填17000米，挖方2000米，清表3000米，$1^{\#}$、$2^{\#}$挡墙基础片石换填2800米碎石900米。累计完成投资约800万元。施工单位是四川涵天建筑有限公司和四川

2015年，威远县城天域路　（县住建局　供图）

九鼎建筑工程有限公司，监理单位是四川康立项目管理有限责任公司。

【天域路和锦园东街工程】 天域路位于威远县城北部新区，全长502.84米，红线宽15米；锦园东街道路全长189.82米，红线宽25米。沥青混凝土路面。2015年3月开工，12月31日竣工，总投资1862.45万元。施工单位是四川省威远路桥有限公司，监理单位是四川省兴旺工程项目监理有限公司。

【吴荣路快速通道城区段一期一标段工程】 位于县城西侧，道路总长3.23千米（其中二环路吴家湾交叉口至一和小学校段1千米；商贸城4条道路魏家路、魏家东路、桂花北路、桂花南路，全长约2.23千米），总投资1.92亿元。采用BT融资建设，投资人：四川荣威矿业集团有限责任公司；施工单位：贵州建工集团第六建筑工程有限责任公司；监理单位：四川元丰建设项目管理有限公司。工程于2014年12月1日开工，截至2015年12月完成吴荣路快速通道一千米段杂填土挖方12.84万立方米、路基土石方填方29.53万立方米。完成任源食品厂房拆迁及地下通道的施工。双安驾校宿舍下锚板挡墙70米完成施工。桂花北路完成路基填筑86.92万立方米，杂填土挖方25414立方米，强夯面积54200平方米，水稳铺筑28117立方米，雨水管安装1423.8米，污水管安装1224米。桂花南路完成路基填筑235000立方米，杂填土挖方12632立方米，水稳铺筑21300立方米，雨水管安装1260.45米，污水管安装836.42米。魏家东路完成路基填筑9979.18立方米，杂填土挖方71246立方米，水稳铺筑10500立方米，雨水管安装453.17米，污水管安装420米。魏家路完成路基填筑375105立方米，杂填土挖方31776立方米，强夯面积39600平方米。累计投资5371万元。

【威远河（清溪河）综合治理一期工程】 整治内容包括河道清淤、截污干管、拦河坝、防洪堤、滨河道路（含景观步道和自行车道）、商业建筑、人行景观桥、滨河绿化及亮化、环卫设施等，其中景观绿地面积达16万平方米。总投资3亿元。该项目业主单位为威远县住房和城乡规划建设局，施工单位为陕西省中业交通建筑工程有限公司，监理单位为成都衡泰工程管理有限责任公司。工程于2014年4月11日破土清表，2014年8月1日正式动工。截至2015年12月31日，完成B段（赵家坝大桥至狮子山段）自行车道、栈道及绿化亮化工程，完成人行景观桥；C段（狮子山公园至罗家坝上堰）滨河道路土石方完成7.2万立方米，湿地公园土石方完成6.1万立方米，累计完成投资6500万元。

【县城市地下综合管网普查工程通过验收】 2015年6月26日，县城市地下综合管网普查工程通过县住建局验收。该项工程由四川省蓉嘉工程勘测规划设计有限公司负责实施。于2014年4月12日进场开展威远县地下综合管网普查及信息管理系统建设项目工作，投入32人，历时4个月，于2014年8月12日完成此项外业工作，总投入175万元。

（董雪敏　杨　洪）

园林绿化

【概况】 县城区绿化覆盖面积634.85公顷，2015年新增18公顷，绿化覆盖率32%，绿地率30%。完成锦城路、花城路、滨河游园、和谐广场、滕家坝广场、县城区各交通渠化岛等街道和绿地的植物栽植、补植工作。新建成二环路东段、建业大道、凤凰大道、三河路、达木河欧景城段绿地，新增绿化管护面积40万平方米。

【青龙山公园一期安置房分配】 青龙山公园一期安置房7幢楼524套房屋，建筑面积共5.1万平方米，2010年12月竣工。2015年组织4次分房，分配461套，入住448户。截至12月，完成361户的房屋产权证办理工作，正在办理土地使用证。

【婆城公园建成】 威远县婆城公园位于威远县城北部新区，项目占地面积约15.4万平方米，于2014年8月开工建设，2015年7月竣工正式向市民开放。年内完成投资2815万元。施工单位为四川兴立园林环境工程有限公司—攀枝花攀甬路桥建设有限公司（联合体）；监理单位为四川元丰建设项目管理有限公司。建设内容有广场、车行道、游步道、观景平台、停车场、各类球场等硬质铺装，观景长廊、歇息厅、公厕、管理用房等构筑物，疏林式草坡、各类乔灌木，园区各类供、排水管网沟渠，园区照明及背景音乐系统。婆城公园依托原有地形地貌，以自然、生态、人文为设计理念，建设3个主要功能区，分别为北部体育运动区、中部园林景观区、南部休憩活动区。其中北部运动活动区建设有篮球场2个，5人制足球场1个，网球场1个，羽毛球场3个，乒乓球台17个，公共厕所、管理用房各1座，停车场1处。主要满足群众体育运动、体育竞技等需要。中部园林景观区建有环园路、樟林小道、海棠步道、蓝花小径等各类游览步道10余条，修建山顶观景平台2处、景观长廊1座、景观六角亭1座、休息葡萄廊架1座。栽植各类乔木5000余株，点缀球形植物1000余个，各类灌木、草坪10余万平方米，达到树成林、花成片、草成坪、四季见绿、四季有花的效果。南部公共休憩活动区建主广场1个、休闲广场2个、儿童游乐场1个、公共厕所1座、大型停车场1处；公园大门立有1块景石铭牌，正面写有“婆城公园”，背面镌刻“婆城赋”；主广场建有艺术浮雕墙，以中国画的形式展现威远“古八景”，在主广场两侧设置艺术长廊，满足人民群众休闲娱乐、文艺鉴赏等活动需要。

（陈　科）

2015年7月25日，市民在婆城公园晨练　（冷国文　摄）

建筑业

【建筑勘察设计】 2015年，建筑工程勘察设计院完成施工图设计项目83个，其中重点完成的勘察设计项目有：威远县应急救援基地暨第二消防站建设、严陵工业园二期工程、威远县2014年棚户区改造项目B区、威远县婆城公园及配套道路建设工程（配套房屋）、镇西镇城镇污水处理设施配套管网建设项目、威远县连界汽车站改扩建工程和界牌镇敬老院及附属工程。施工图面积8万多平方米，全年勘察设计收入673万元，完成税收38万元。

（李　玲）

【建筑施工】 加强建筑业管理，规范建筑市场秩序。2015年全县有建筑业施工企业27个，其中年产值超亿元的建筑企业11个。企业年平均施工人数8337人。新开工工程37个，总面积63.68万平方米。

2015年威远县建筑企业一览

序号	企业名称	资质等级
1	威远县严陵建筑工程有限责任公司	房屋建筑工程施工总承包二级
2	四川省劲诚建筑安装工程有限公司	房屋建筑工程施工总承包二级

续表

序号	企业名称	资质等级
3	四川省威远县文教建筑工程有限责任公司	房屋建筑工程施工总承包二级
4	威远县建筑工程有限责任公司	房屋建筑工程施工总承包二级
5	四川省永宏建筑安装工程有限责任公司	房屋建筑工程施工总承包二级
6	四川省盛地建筑工程公司	房屋建筑工程施工总承包二级
7	威远县镇西建筑工程有限公司	房屋建筑工程施工总承包二级
8	四川威远县田源建筑工程有限责任公司	房屋建筑工程施工总承包二级
9	四川省威远县嘉兴建筑工程有限责任公司	房屋建筑工程施工总承包二级
10	四川省天星建筑工程有限责任公司	房屋建筑工程施工总承包二级
11	威远县基建安装有限公司	房屋建筑工程施工总承包二级
12	四川科迪源建筑有限公司	房屋建筑工程施工总承包二级
13	四川省威远路桥有限责任公司	公路工程施工总承包二级
14	威远县市政工程建设有限责任公司	市政公用工程施工总承包二级
15	四川东方高新能源工程有限公司	机电安装工程施工总承包二级
16	威远县供电安装公司	送变电工程专业承包三级
17	威远港华燃气有限公司	管道工程专业承包三级
18	内江东工水电设备制造有限公司	水工金属结构制作与安装工程专业承包三级
19	四川弘威钢结构工程有限公司	钢结构工程专业承包三级
20	威远建业商砼有限公司	预拌商品混凝土专业承包三级
21	威远通盛混凝土有限公司	预拌商品混凝土专业承包三级
22	威远杰超建筑工程机械租赁有限责任公司	起重设备安装工程专业承包三级
23	威远县广维建材有限责任公司	预拌商品混凝土专业承包三级
24	威远兴顺土石方工程有限责任公司	土石方工程专业承包三级
25	威远恒创机械设备有限公司	土石方工程专业承包三级
26	威远县安泰水电安装工程有限公司	水暖电安装作业劳务分包不分等级
27	威远宏祥劳务有限公司	砌筑作业等劳务分包一级
28	四川利华建筑劳务有限公司	木工作业等劳务分包一级
29	威远县海阔建筑劳务有限责任公司	砌筑作业等劳务分包一级

【建设质量监督】 2015年，威远县质量安全监督站实施监督工程122个，面积217.69万平方米，投资30.07亿元。新增报监工程项目56个，面积69.02万平方米，投资13.24亿元。受监竣工工程合格率100%。

【威远县建筑业优质工程】 雄飞·国际新城1、2号楼被评为“2015年度‘内江市结构优质工程’”。花塘安置房一期1~11号楼、乐雅居安置房1~20号楼、雄飞国际新城酒店、威远县公租房2、3、4号楼、三河安置房1~6号楼获得内江市标准化施工现场工程称号。雄飞·国际新城7、13、14、15号楼被内江市住房和城乡建设局评为2014年度内江市优质工程“甜城杯”奖。

2015 年威远建筑业前 10 强企业业绩一览

名次	公司名称	资质类别	建筑业总产值（万元）		利润总额（万元）		从业人数（个）
		等级	产值	排名	利润	排名	
1	威远县基建安装有限公司	总承包二级	24264	1	1019	3	960
2	四川省威远路桥有限责任公司	总承包二级	22983	2	625	7	820
3	四川省永宏建筑安装工程有限责任公司	总承包二级	22664	3	453	8	1000
4	威远县镇西建筑工程有限公司	总承包二级	22117	4	820	5	850
5	威远县市政工程建设有限责任公司	总承包二级	21299	5	1112	2	827
6	四川威远县田源建筑工程有限责任公司	总承包二级	20875	6	1610	1	680
7	威远县建筑工程有限责任公司	总承包二级	20494	7	806	6	598
8	四川东方高新能源工程有限公司	总承包二级	19100	8	31	10	148
9	威远县严陵建筑工程有限责任公司	专业承包三级	18863	9	828	4	370
10	四川省天星建筑工程有限公司	总承包二级	17600	10	195	9	300
	合　计		210259		7499		6553

（周宏伟）

【新型墙体材料及散装水泥】 威远县在建筑领域加快节能减排步伐，推广节能建筑和新型墙材，培育并扩大县内 2 个新墙材企业生产规模，形成年产 0.6 亿块标砖的能力，基本满足自给需求。在建设领域强制贯彻《民用住宅建筑节能标准》，全年使用新墙材 3.25 亿块标砖，占墙材使用量的 75%。出台《预拌混凝土管理暂行办法》，实现县城规划区及连界镇、镇西镇场镇规划区范围内所有建设工程（房屋建筑和市政基础设施工程等），禁止施工现场搅拌混凝土。

（童　万）

【建筑招投标管理】 2015 年，全县基础设施和房屋建筑招投标项目共计 29 个，总投资 96517.33 万元。其中：在网上公开招标项目 17 个，投资 65141.84 万元；在县内进行房屋建筑邀请招标和勘察、设计邀请招标项目 7 个，投资 23151.09 万元；在网上公开招标勘察、设计、招商、采购项目 5 个，投资 8224.4 万元。

（肖胜月）

房地产业

【房地产市场管理】 2015 年，县房地产管理局办理商品房预售许可证 20 件，批准预售面积 44.66 万平方米；办理《商品房买卖合同》备案登记 5337 件，备案面积 48.37 万平方米；办理物业服务企业“暂定三级资质”转“三级资质”核准 3 件；完成二手房网签及备案 1865 件。按国家发改委和建设部的要求实行商品房价格公示制度，年内组织 3 次开展商品房销（预）售专项检查工作，集中检查威远县房地产开发企业在预、销售行为的各个环节，确保房地产市场预售规范。

【物业管理】 全县有物业服务企业 14 家，从业人员 800 余人，物业管理面积 200 余万平方米。年内指导和协助社区居委会新成立小区业主委员会 6 个，改选业主委员会 2 个。县住建局共接到物业公司、业主举报案件 26 起，处理 26 起。出具房屋安全鉴定报告 16 份，总面积 2.37 万平方米。

【保障性安居工程】 2015 年，威远县完成新增保障性住房 150 套。棚户区改造 2796 户（其中威远县 2015 年棚户区改造项目 A 区 204 套、B 区 950 套、蓝色地中海棚户区改造项目 980 套、荣威国际外滩棚户区项目改造 662 套。四个棚改项目已全面开工建设），实施租赁补贴 800 户，其中新纳入保障 80 户。

【白蚁防治】 2015年，威远县签订新建房屋白蚁预防合同33份，建筑面积75.66万平方米；新建房屋基础白蚁预防处理51幢，面积31.61万平方米；旧房屋白蚁灭治21户，面积1.7万平方米。

【房地产权属登记】 2015年，县房地产管理局办理房屋初始登记106件，房屋转移及分户登记4683件，房屋变更登记328件，产权更正登记6件，房屋所有权、抵押权以及预告注销登记2332件；缮证17413件，发证11875件；校正、补录房产电子档案登记43件，查询并出具住房权属登记证明13829户，办理存量房转移登记3045件，房屋抵押权登记5206件，预购商品房所有权预告登记2571件，预购商品房抵押权预告登记2530件。实施农村产权制度改革，完成8个镇的房屋所有权登记发证工作，登记颁证率达95%以上，确定黄荆沟、山王、观英滩、连界、小河、两河、越溪和碗厂8个镇作为产改镇，涉及110个村、1664个村民小组、4.78万户农房。

（李怀彬）

城市管理

【概况】 威远县城市管理局是县人民政府负责城市综合管理、行使相对集中的城市管理行政执法职能的直属事业局。2015年，企业清扫队人员25人，聘用制队员120人，临聘环卫人员646人。年内，整顿全局作风纪律，开展“庸、懒、散、浮、拖”问题专项治理。任免干部和中层管理人员22人，通报迟到、旷工、工作落实不力等45人次，按单位制度规定开除辞退11人，对2名正式职工违纪违规行为

2015年6月3日，县城管局清理商户违规占道经营行为　（县城管局　供图）

进行调查，并上报县纪委、县人社局处理。对病事假人员、违反工作纪律人员、借用人员进行全面清理，确保队伍组织纪律。实行城管执法人员理论、实践考试制度。开展城管执法人员法制、业务集中培训3次，对130名城管执法人员进行理论考试。建立完善资金收取和使用的各项管理制度，做到厉行节约，应收尽收。全年完成收费441.72万元，其中：垃圾处理费416万元，占道费、罚款25.72万元。

【城管信息化建设】 威远县启动城管数字化系统监控平台建设，与严陵镇平安威远天网共享75个监控点位，基本覆盖全城主要街道、公园、广场，助推城市管理工作上新的台阶。

【市容环境整治】 威远县实施城市精细化管理，针对县城19条一类街道、3个城市广场和7条问题严重街道开展占道经营综合整治工作，发出责令整改通知5300余份，纠正坐商不归店10580起，取缔零担游摊占道经营2350次，扣押违规占道经营物品3360件，规范商品占道促销、门店占道装修228起。建立《县城区街道市容秩序定期巡查整治工作制度》，合理规划设置广场歌舞点33个，与每个露天娱乐活动点签订承诺书。处理代表建议、委员提案和群众来信来访，办复人大代表建议3件、政协委员提案7件，“12345”市民热线21件，县长信箱信访件29件，城乡环境综合治理专项督办7件，县委宣传部网络问政6件，其他群众来电、来信、来访340件。稳妥处置三轮车经营权投放信访问题。全年无行政复议和行政诉讼案件发生，无群体性上访事件发生。

【户外广告治理】 威远县对各类利用户外空间进行设置、悬挂、张贴的各种广告等进行分类、分步整治。共清理“牛皮癣”小广告1500余处，拆除城区各类不符合规定、违规设置和破损的钢架、软体、刀旗式广告共402幅，拆除墙面张贴大型广告178幅，清除临街软体广告241幅，总面积33200平方米，没收移动式店招636块。

【洗车场治理】 2015年6月1日至7

月31日，县治理办、城管、住建、国土资源、环保、工商、交通、公安、交警、严陵镇政府等部门组成106人的综合执法队伍，对县城二环路沿线不符合规定要求的洗车场（店）进行清理整顿。清理整顿的内容包括是否符合城市规划、市容环境卫生、交通安全等规定，是否具备一定规模的冲洗、停车场地，有无泥沙沉淀和污水处理系统，排放的废水是否达到国家规定的排放标准，是否占用城市道路和公共场所作业等方面。并根据《威远县洗车场管理暂行办法》，对不符合规定要求的洗车场（店）予以取缔或限期整改。

【夜市治理】 由县食药监局牵头，县治理办、城管、工商、环保、公安、交警大队、严陵镇政府等部门组成综合执法队伍，清理取缔主干线上夜市规划区外的夜市摊点35家，规范夜市规划区内的夜市摊点30家。建立夜市巡查整治工作机制。成立夜间执勤中队，每晚安排城管执法人员8人、城管执法车2辆，对全城夜市和重点监控路段进行巡查整治，工作时间为18：00—24：00。

【县城婆城公园管理】 婆城公园综合管理办公室有城管13人（婆城公园综合管理办公室主任1人、婆城公园管理中队12人），住建1人，市政1人，园林4人；配备电瓶巡逻车1辆、公园管理办公室5间。主要负责婆城公园日常管理维护、综合执法等工作。

婆城公园综合管理办公室加强对婆城公园的日常巡查监管，对不文明、不遵守公园管理规定的行为进行纠正、规范。全年纠正乱摆摊设点200余起，机动车、自行车违规进入园区60余起，行人践踏草坪1400余起，强制取缔乱摆摊设点、游乐项目等23起。为确保公园环境干净整洁，环卫人行道清洗车每周对婆城公园道路、园内广场、球场等进行定期清洗，安排15名环卫工人专门负责婆城公园的清扫保洁，4人负责公园公厕的管理，果皮箱、垃圾箱保持清洁，箱内垃圾及时清理。

【人力客运三轮车经营权投放】 2015年9月22日，县政府最后一次投放县城区人力客运三轮车经营权，投放数量为50辆，比2014年减少50辆。决定从2016年起不再投放人力客运三轮车。2015年收回旧车100辆，重新投放50辆，销毁旧车50辆。

2015年7月8日，婆城公园文明劝导志愿者服务行动 （团县委 供图）

【环卫管理】 2015年，威远县将县城城北片区约70万平方米街道、绿化带及婆城公园的清扫保洁实行市场化运作。成立1个夜间清扫保洁队，对主要路段、重点区域保洁至24：00。调整检查人员作息时间，实行错时上班，确保主要街道清洁卫生的监督管理。制定《环卫管理工作考核标准》，加强督查考核。人工清扫保洁实行定人、定段、定时、定量的清扫保洁措施，车行道、人行道实行定时、定点机械清扫保洁，安排专人清扫保洁城市广场，安排人行道清洗车定期冲洗广场，定期清洁果皮箱、市政环卫设施，增加10台电瓶三轮保洁车实行移动保洁。县城生活垃圾实行定点存放、定时收集，日产日清。全城26座公厕全部免费开放，安排75人实行24小时管理，保证如厕环境。县城市生活垃圾处理厂日处理垃圾150吨（涉及县城区120吨和12个镇约30吨），全年处理垃圾5.5万吨，处理渗滤液2.3万吨。

（王 强）

城乡环境综合治理

【概况】 2015年，威远县推进城乡环境治理工作，开展各类城乡环境综合治理专项行动，治理城乡接合部“脏、乱、差”环境，实现环境质量再提升、农垃治理见成效、城镇品质上水平、设施建设增投入、专项行动转常态和文明新风促和谐“六大目标”，城乡人居环境进一步改善。

【示范城镇乡村创建】 威远县实施省级“环境优美示范城镇乡村”创建工作，完成新店镇、界牌镇、镇西镇3个镇和严陵镇塔山村、界牌镇中坝村、界牌镇四合村、新店镇长塘村、

2015年，高石镇垃圾转运站　（冷国文　摄）

新店镇十字村、铺子湾镇红星村、连界镇土河沟村、东联镇天宝沟村、靖和镇花祠村、山王镇象鼻村、高石镇升子村、观英滩镇竹塘村等12个村省级“环境优美示范城镇乡村”创建工作。

【农村生活垃圾综合治理】 威远县全面推进农村垃圾治理，完善农村生活垃圾“户分类、村收集、镇运输、县处理”机制，增添垃圾收运设施，配备村庄保洁人员，建立再生资源回收点，实施农村沼气池、干粪池、“生态肾脏”建设按照“乔—灌—草”园艺结构建设农村庭院，提升农村面貌，改善农村生产生活条件。综合治理期间，全县新建或维修垃圾池累计1 127口，购置或维修果皮箱302个，自建干粪池8万余个，配备农村保洁人员2280人，印发农村生活垃圾分类宣传单17万余份，出动宣传车220辆次，完善农村生活垃圾治理“村规民约”321份，“门前三包”责任书签订90%以上，村民对农村生活垃圾分类处理的知晓率95%以上，通过第一批国家十部委对农村生活垃圾治理的验收。

【新农村环境连片整治】 2015年，新店镇、向义镇、界牌镇3个镇，在贡威路沿线、大小环线、休闲广场及院落，开展新农村村庄环境专项整治，重点治理“广告乱贴、垃圾乱倒、污水乱排、杂物乱堆、秸秆乱烧”现象。整治行动清理宣传牌、指示牌和广告牌427块，清理各类广告“牛皮癣”156处，各类垃圾554吨，升级改造垃圾池20个，组织再生资源回收点从业人员技能培训2期。

【专项整治行动】 2015年3月12日，威远县人民政府办公室印发《威远县县城区露天娱乐活动管理暂行办法》，对县城区露天娱乐活动进行整中清理、整治，限定露天娱乐活动的地点、时间和音量，且规定其不能有营业营利性质。年内规范公园广场露天娱乐活动33个，取缔唱歌点2个。开展县城区街道占道经营综合整治，重点治理占道经营摊点、夜市占道摊点、县城区车辆等，解决坐商不归店，零摊、游摊、夜市摊点占道经营，车辆乱停乱放等突出问题，纠正、规范城市花园广场、滕家坝广场、城南车站广场等乱摆摊设点353个，取缔摊点200个。开展二环路沿线洗车场取缔搬迁工作，对县城区二环路沿线洗车场进行集中清理，依法取缔7家无证无照、无经营许可的洗车场，同时规范7家符合经营条件的洗车场。做好婆城公园日常监督管理工作，成立“威远县婆城公园管理工作领导小组”，县治理办每天巡查3~4次，并做好巡查记录，有效遏制“乱丢乱扔乱停乱放乱摆”行为。

（董凤玲　林　丽　曾玉凤）

交通 · 邮政

交　通

【概况】 2015年，威远县交通建设完成固定资产投资18.36亿元，招商引资5.44亿元。12月，内威荣高速公路建成通车，市级重点项目资泸路贡威段（G247）路面改造二期工程建成并投入使用，威双路路面改造一期工程进展顺利，城南客运总站改造工程全面完成。建成农村重要乡镇连接线68千米，农村通村水泥路263千米，通组公路51.98千米、入户道路38.94千米，实现通组76个、入户1350户。完成安保工程（路侧护栏）建设145.1千米，国省干线公路PQI值达到90。建成候船亭5个、渡改桥2座。全县实现村村通畅。

全县有城乡公交公司2家，公交车98辆；出租汽车公司3家，车辆116辆；货运企业17家，车辆2465辆；客运汽车站16个、招呼站14个。城乡客运企业7家，车辆395辆，开行客运班线102条。全年完成238辆农村客运班车经营权延续工作；完成客运量3853万人，客运周转量650748万人千米，客运周转量同比增加13%；货运量3690万吨，货运周转量502329万吨千米，货运周转量同比增加14%。水运完成客运量27万人次，客运周转量228万人千米；完成货运量15万吨，货运周转量132万吨千米。加快客运网络建设。2015年3月8日按照威远县人民政府《关于加快发展农村客运的意见》，草拟《威远县乡村农村客运发展方案》《威远县城乡客运一体化发展方案》；推进客运站建设和改扩建，逐步完善客运站场网络。新开通11个行政村农村客运线路。

【养护管理】 威远县结合全国、全省养护年活动，切实加强道路养护投入。全年投入养护资金9069.1万元，其中小修保养投入285.7万元、大中修工程投入5897万元、机养中心投入80万元、安保工程（路侧护栏建设）投入2750万元、桥梁养护投入1.4万元、公路抢通保通投入55万元，全县主要道路晴雨畅通。

【路政管理】 2015年，威远县在农村公路建设中，严格项目管理，完善质量保证体系，加强质量控制，确保建设质量。规范程序，将通村公路建设纳入《威远县政府性投资项目监督管理暂行办法》组织实施、管理和监督，严格实行项目法人制、招投标制、工程监理制和合同管理制。严格质量，成立农村公路建设督导组，进行“分

2015年12月，资泸路贡威段（G247）路面改造二期工程建成投入使用（县交通局　供图）

2015 年 9 月 24 日，内威荣高速公路主体完工　（县交通局　供图）

片督导、定人定责”，履行行业监管职责。以镇或联镇划片打捆项目，选择有资质的监理单位，建立“施工自检、监理抽检、业主抽查、群众监督”的质量保证体系和质量责任追究制度，做到分级管理，层层负责。严管资金，遵照独行《威远县通村水泥（油）路建设资金使用管理暂行办法》，通村公路建设资金统一纳入财政专户储存，专款专用。推进农村公路纪检监察巡查制度，大力推行账务公开。加强资金的考核拨付，定期对农村公路进行抽查，抽查结果与资金拨付挂钩。县财政、审计等部门加强建设资金的监督和审计，规范资金运行，杜绝截留、挤占、挪用资金的情况发生。对各镇分管镇长、交管办工作人员、村两委及社员代表等进行农村公路建设基本程序和施工技术质量监管、公路养护技术指导培训；对通村公路建设的项目经理、技术负责人和监理等进行专题培训。严格验收，严格执行“六不验收”制度（宽度厚度达不到要求不验收）没设错车道、水沟不通、水系不畅不验收，路面不符合质量标准不验收，未制定管护措施不验收、未完成安保设施不验收、竣工文件未完成不验收。

【运政管理】　2015 年，威远交通运输系统全面推进依法行政、构建法治交通，切实提高交通运输行政执法的能力和水平，促进威远交通运输事业又好又快发展。

加大对县城区内客运车辆沿街揽客、乱停乱放的检查力度；开展客运站安全管理的专项整治，严格执行“三不进站、六不出站”（易燃易爆和易腐蚀等危险品不进站、无关人员不进站、无关车辆不进站；超载客车不出站、安全例检不合格客车不出站、驾驶员资格不符合要求不出站、客车证件不齐全不出站、出站登记表未经审核签字不出站、乘客和驾驶员不系安全带不出站）的管理要求，落实站内“三超”（指道路交通中严重超速、超员、超限超载）管理，对存在的问题进行依法整改；严格执行水上交通“六不发航”（证照不齐不发航、超载不发航、船况不良不发航、停航封渡不发航、气候不良不发航、乘客不穿救生衣或不带浮具不发航）制度，依法严厉打击超载、超员和冒险航行行为。三个交通行政执法单位（路政、运管、海事）执法程序正确，各种法律文书规范，未发生行政复议和行政诉讼案件。加强运输市场监管，组织开展专项整治行动、货运车辆改拼装及“双超”（超载超限）治理等行动，出动运政稽查人员 5360 人次，执法车辆 1936 辆次，查处违法违规经营案件 208 起。其中，查处非法营运车辆 55 辆、不按核定站点行驶或停靠客车 11 辆、伪造道路运输证牌客车 1 辆、电动三轮车 2 辆；出租车议价 22 辆、拒载 4 辆；货车非法载货、非法改装拼装及货物扬撒等 127 辆。查处超范围经营维修 5 家，占道维修 9 家，噪音扰民 1 家，限期整改 10 家，规范经营行为 36 家，限期搬迁 6 家，调解维修质量纠纷 1 起。强力整治路域环境。出动执法人员 7186 人次，检测车辆 37186 台次，查获超限车辆 1688 台次，卸载货物 800.57 吨；对全县所有管护道路进行环境综合治理，开展干线公路线专项整治行动 5 次，指导公路用地内加水洗车站点 170 余次，清除公路堆积物 143 处；投入整治资金 15 万元，对公路沿线路缘、路肩按整形路标准进行集中治理，创建“畅、洁、绿、美”的公路优美环境；全县主要干线公路无“三乱”（指在公路上乱设站卡、乱罚款、乱收费的行为）成果得到进一步巩固；规范管理公路建筑控制区；安全责任事故为 0，经济损失为 0，各项指标均在控制范围内。

【水上交通】　2015 年，威远交通运输工作坚持以“保安全、保畅通”为工作目标，以“安全生产年”为载体，以专项整治活动为抓手，强化现场监管手段，完善长效管理机制，落实安全监管责任。开展 15 次宣传培训活动，出动宣传车 12 台次，宣传人员 58 人次，悬挂横幅标语 12 幅、宣传画 51 张，在客渡船上张贴安全标语 73

幅，展出展板46块，出黑板报12期，播放水上安全教育片21部，安全教育培训课件4件，散发各种宣传资料3000余份，培训从业人员318人次。加大船检力度，对辖区内18艘客船、15艘渡船、2艘快艇、20艘游艇、27艘货船、9艘采砂船、2艘趸船进行年度检验。全年组织检查212次，检查人员940人次，检查船舶1067艘次，渡口码头182个次，查处违法行为242起（其中现场纠正184起），发放船舶现场检查整改通知书37份、水上交通安全隐患通知5份、行政指导意见书7份。当场行政处罚警告5起，罚款950元。加大运营管理，全年完成客运量27万人，客运周转量228万人千米；货运量15万吨，货物周转量132万吨千米。

【交通安全】 2015年，威远县交通运输工作坚持“安全第一、预防为主、综合治理”的方针，强化和落实安全生产企业主体责任及行业安全监管责任，狠抓安全生产日常排查和专项整治。开展“安全生产月”“宣传咨询日”等活动，共派发各类宣传资料2.86万份，悬挂横幅890条，张贴宣传标语100余份，派发宣传读本500余本，接受咨询100余次，受教育驾驶员、群众1万余人次。维护客运市场，组织春运及国庆黄金周、五一、中秋小长假等节假日旅客运输，做好“两节两会”、汛期等重点时段和重点部位的交通安全生产工作。

开展隐患排查。按照“全覆盖、零容忍、严执法、重实效”工作要求，县交通运输局组织道路运输安全检查组31次，参加检查人数131人次，受检企业157个，查处非法客运“黑车”55辆，电动三轮车8辆，非法货运车辆17辆，货物脱落、扬撒货车60辆以及其他违规违章经营车辆59台次；组织水上交通安全检查组191次，参加检查人数851人次，检查船舶977艘次，现场纠正181起，行政处罚警告8起。

交通战备

【概况】 威远县交通战备办公室大力推进国防交通基础设施建设。做好内威荣高速公路威远段建设工程的建设环境协调工作，未出现影响工程进展的事件，年底建成通车，初步形成“X”高速公路网络。5月，资泸路贡威段（G247）路面改造二期工程改造完成；威双路路面改造一期工程进展顺利。加强安全检查，整改安全隐患。对境内1条省道35千米、13条专养县道262千米进行全面检查。加强安保工程项目建设，完成全县的县、乡道公路路侧波型护栏100条道路263千米的建设任务，同时对公路沿线标志、标牌是否完好，安保设施是否缺失等进行检查，发现问题及时进行更换处理。加强对公路桥涵结构物的检查，对认定为四五类的危桥，采取限制通行或关闭交通的措施。结合S207贡威段沥青路面改造及时对资泸路（S207）石桥井桥、乌龟桥进行加固整治。加强对地质灾害隐患点的检查、监控。加强管养道路整治力度，对破损砼烂路及时维护保通；对发现的隐患进行处置和整改，确保公路运输安全和交通战备运输通畅。

2015年12月，威双路路面改造一期工程竣工 （县交通局 供图）

【国防交通专业保障队伍建设】 2015年，威远县加强国防交通专业保障队伍建设工作，进一步完善组织机构，理顺关系，调整完善县应急公路工程抢险大队、县应急汽车运输大队、县应急路政保障大队、县海事保障大队、县通信保障大队、县维修保障大队6支国防交通专业保障队伍。做好国防交通信息数据库统计更新工作。6月，按照省交战办的要求，对国防交通信息数据库进行统计更新；联系发改、经信等部门对组织机构、交通基础设施、国防交通工程设施、民用运力动员潜力、交通专业保障队伍、国防交通物资储备等内容进行完善更新。

（陈 勇）

2015年，威远县邮件处理中心　（冷国文　摄）

邮　政

【概况】　2015年5月，威远县邮政局更名为中国邮政集团公司四川省威远县分公司（简称威远邮政），位于严陵镇杉树坳街中段142号，辖新店、镇西、龙会、观英、高石、新场、连界、越溪、回龙、杉树坳10个邮政支局；向义、界牌、黄荆沟、东联、靖和5个自办邮政所；两河、山王、庆卫、坭河、达木河5个代办所。全年处理各类进出口邮件139.28万件，投递邮件134.8万件、报刊439.06万份。

【业务发展】　2015年，邮政业务总量完成3385.89万元。业务总收入完成3589.9万元，完成市局下达年计划的100.4%，同比增长10.64%，全员劳动生产率完成21.12万元/人。其中：函件收入完成25.12万元，同比下降76.34%；包件完成5.69万元，同比下降31.86%；集邮收入完成119.37万元，同比下降10.92%；报刊收入完成192.18万元，同比增长9.79%；电子商务完成收入460.28万元，同比增长14.2%；分销完成收入40.17万元；代理速递全口径收入46.98万元；代理金融完成收入2679.18万元（储蓄收入完成2375.67万元、保险收入完成301.07万元），同比增长15.66%，其他业务收入20.93万元。储蓄余额累计17.34亿元，年内净增2.61亿元；发放IC27345张。

【安全管理】　威远邮政做好邮件、储汇资金、票款、车辆、人身、消防安全工作。加大网点安全防范的硬件投入，增加金库、ATM室报警设备，配备UPS电源，网点安全设备24小时不间断布防，增强安全防范能力。在党代会、人代会、政协会召开期间及节日期间均安排专人值班，确保邮寄物品安全和信访维稳工作。年内与网点负责人签订公务用枪管理责任书5份、安全生产、消防安全、资金票款安全、金融资金安全、规范经营、金融从业人员安全责任书各15份，签约率100%。全年邮政通信生产经营无事故。

【服务地方】　威远邮政有委代办投递员71人，营业网点20处，邮政服务“三农”加盟店26个，便民服务站135个，报刊亭12个，安装信报箱2300个，安装智能包裹柜2套（64格口）。党报党刊实现当日投递，邮件准时率、处理合格率达95%以上；邮政服务综合满意率达85%以上。

（王　杨）

环境保护

综　述

【概况】　2015年，威远县以威远河流域综合治理为龙头，深化污染防治，狠抓主要污染物减排，严格环境准入，加强监管，夯实环保能力建设，努力改善环境质量。截至2015年10月，县城区可吸入/颗粒物（PM10）浓度为87微克/立方米，较2010年同期下降53微克/立方米。县城区全年空气达标天数比例为90.9%，较2010年同期上升14.2个百分点；县城区空气质量良好率92.3%。威远河出境考核断面廖家堰2个月考核达Ⅳ类；主要污染物化学需氧量、氨氮排放总量分别同比下降2%、4%；二氧化硫和氮氧化物同比上升18%、6%。环保“三同时”保证金制度全面实施，通过经济手段约束企业环境行为，有效控制新增污染。2015年威远县跨界断面水质考核扣缴资金174万元。

“十二五”以来，葫芦口水库水质基本维持在Ⅱ类水平，水质类别为优；廖家堰出境断面水质得到显著改善，2015年1月至10月，廖家堰水质达标率为20%，较2010年同期上升20个百分点。“十二五”期间县城区酸雨情况得到有效遏制，2015年全县酸雨出现的频率为0.0%，酸雨等级为Ⅰ级，质量状况为非酸雨区。

【环境安全工程】　县环保局开展环境风险隐患专项执法检查和涉重金属及危险废物专项执法检查。加强对化工企业的环境风险评价、环境事件应急预案管理、风险防范设施建设运行及应急物资配备情况监管。对涉危企业、涉重金属企业、国控企业以及2014年度环境安全专项检查中发现的问题进行全面排查，对检查中发现的不规范管理危险废物、污水设施不完善等问题予以整改。实施省“十二五”规划重点项目4个（均属清洁生产审核项目），威远县铭威废料加工有限责任公司已完成清洁生产审核验收；内江市川威特殊钢有限公司清洁生产审核验收资料已报市上。淘汰四川新威矿物质饲料有限公司的盐酸法磷酸氢钙3万吨、无水氯化钙2万吨，四川威远石牛三力化工有限责任公司硫精砂制酸6万吨、过磷酸钙10万吨。全年重金属铅、镉、汞、砷污染物排放量为零，未新增排放量。对2014年未处置利用的881吨含铬废渣等危险废物按相关法律要求进行暂存。督促四川省煤焦化集团有限公司等14个重点排污单位建成水污染物自动监测设备11台。2012年以来，实施县城污水处理厂脱氮除磷提标升级改造工程、生活污水收集管网完善工程、城南片区雨污分流等一批县城生活污水收集处理设施。

污染治理

【流域治理】　威远县以威远河综合治理为核心，统筹推进乌龙河、越溪河、花园河连片环境整治，深化污染防治，水环境质量得到较大改善。2015年葫芦口水库水质较为稳定，达到Ⅲ类水质标准；威远河跨界考核断面廖家堰两项考核指标达标率为17%；越溪河铁马桥达到Ⅲ类水质百分率为0%，2015年铁马桥水质类别为Ⅴ类；乌龙河乌龙沱达到Ⅲ类水质百分率为0%，2015年乌龙沱水质类别为Ⅴ类；花园河焦家坝达到Ⅲ类水质百分率为0%，2015年焦家坝水质类别为劣Ⅴ类。化学需氧量、五日生化需氧量、总磷、高锰酸盐指数、氨氮等，是各未达标断面的主要污染物。加强流域沿线场镇生活污水治理，龙会、庆卫等18个场镇生活污水处理工程运行正常，新增污水处理能力8350吨/日。2015年6月18日，县政府印发《2015年度威远河流域水污染综合治理实施方案》（威府发〔2015〕13号）。加快污水治理工程建设管理，完成新店、小河、越溪等3个镇生活污水处理工程，总投资1000万元（新店110万元、小河580万元、越溪310万元），日处理污水能力分别为500立方米、1000立方米、700立方米。

【主要污染物总量减排】 2015年，全县主要污染物化学需氧量、氨氮、二氧化硫和氮氧化物排放总量分别为8571.06吨、991.93吨、43651.35吨和11221.42吨，完成年度工作目标任务。

【大气污染防治】 2015年，威远县贯彻落实“大气十条”等系列大气污染防治政策，出台《威远县大气污染防治行动计划实施方案》和《2015年度大气污染防治目标考核办法》；升级改造空气自动站1套，建成重点污染源二氧化硫、氮氧化物在线监测8台，并全部与环保部门联网；建成1套机动车尾气检测线，完成43户加油站和座储油库的油气回收治理；开展耐材行业烟粉尘专项整治，关闭耐材企业8户、转向经营2户、无限期停产1户，17户技改为隧道窑，并配套完善污染治理设施；开展工业烟粉尘治理，督促重点污染源排放企业完善治理设施，西南水泥公司建成2500t/d新型干法熟料水泥生产线脱硝工程，四川省煤焦化集团实施干法熄焦工程；实施《威远县燃煤小锅炉淘汰方案》，淘汰燃煤小锅炉6台；划定高污染燃料禁燃区和秸秆禁烧区；开展扬尘、餐饮油烟废气、挥发性有机物污染等专项治理，整治县城区夜市摊点，规范食品服务经营场所污染防治，全面取缔城区内经营性燃煤炉灶。截至9月底，大气达标天数较2011—2014年分别提升10.9%、8.9%、17.9%和14.7%，可吸入颗粒物均值较2011—2014年分别降低33、23、25和26微克/立方米，县城区环境空气质量状况持续好转。

2015年与2014年威远县废水、大气污染物排放情况对比

	2014年	2015年
水污染物排放量	COD：8773.94吨 氨氮：1042.45吨	COD：8571.06吨 氨氮：991.93吨
大气污染物排放量	SO_2：36955.87吨 NOX：10516.31吨	SO_2：43651.35吨 NOX：11221.42吨

环境监管

【建设项目管理】 县环保局加强建设项目管理，严把环境准入关。2015年办件141件，审批新、扩、改建项目141个（办理并联审批项目6个），审批项目总投资32713.2万元，环保投资1447.57万元；出具环评执行标准35个；出具环评审查意见函19个；在县政府信息网站上发布各项公示127个。执行建设项目环保“三同时”保证金制度，缴纳保证金22万元。

“十二五”期间共办件1411件，其中，审批新、改、扩建项目1411个（办理并联审批项目141个），审批项目总投资755423.82万元，环保投资27103.13万元；出具环评执行标准306个；出具环评审查意见函50个；在县政府信息网站上发布各项公示782个。规范建设项目环境管理，制定约见谈话和承诺两项制度，约见项目负责人110人次，完成连界工业园区、严陵工业园区规划环评。出台《威远县建设项目环境保护“三同时”保证金管理办法》，累计收缴保证金116万元。

【环境监察执法】 坚持对国控重点企业每周2次、省级审批项目每月1次、其他污染源每季度至少1次的现场执法检查，贯彻落实《国务院办公厅关于加强环境监管执法的通知》，开展全县环境保护大检查专项执法检查活动，全面排查环境问题和环境风险隐患，依法查处环境违法行为，整改环境问题，排除环境隐患。始终保持严厉打击环境违法行为的高压态势，加大环境监察执法巡查力度，国、省控等重点企业日常监管频次加密，夜间和节假日暗查实现常态化。建立行政执法和刑事司法联动机制，将威远县建业鑫茂瓷业有限公司、四川省煤焦化集团等企业不正常使用污染处理设施案件移送公安机关。全年接待群众来信来访124件，来访54人次，“12369”环保举报热线来电216件，处理率100%；实施环境行政处罚40余件。

【环境质量监测】 2015年，县环保局按要求完成2个城市集中饮用水水源地、22个农村集中式饮用水水源、控制断面环境质量监测，共出具监测数据57368个，其中水和废水7073个、气和废气46658个、噪声3637个。

2015 年威远县区功能区噪声监测结果统计

单位：dB（A）

城市名称	1 类区		2 类区		3 类区		4 类区		全　区（县）		面积（平方千米）
	Ld	Ln	Ld	Ln	Ld	Ln	Ld	Ln	Ld	Ln	
威远县	52.5	40.5	56.2	45.5	50.7	50.4	61.1	55.5	53.9	49.4	16.14

威远县城区空气质量全年良好天数336天，良好率92.3%，空气污染指数为71，较上年（87）下降18.4%。空气质量属于Ⅱ级，空气质量状况良，首要污染物为可吸入颗粒物。县城区声环境质量达到功能区标准，县集中式饮用水水源地葫芦口水质状况稳定，并有5个月达到Ⅱ类水质标准。

2015 年威远县城区环境空气质量状况

时　间	二氧化硫（mg/m³）	二氧化氮（mg/m³）	可吸入颗粒物（mg/m³）	本月实际监测天数（天）	本月达标天数（天）	本月达标天数比例（%）	污染	首要污染物	空气质量级别
1月均值	0.014	0.030	0.159	35	14	40%	105	可吸入颗粒物	Ⅲ（1）
2月均值	0.011	0.026	0.115	28	21	75%	83	可吸入颗粒物	Ⅱ
3月均值	0.014	0.025	0.102	28	28	100%	76	可吸入颗粒物	Ⅱ
一季度	0.013	0.027	0.125	91	63	76.9%	88	可吸入颗粒物	Ⅱ
4月均值	0.018	0.021	0.097	28	28	100%	74	可吸入颗粒物	Ⅱ
5月均值	0.015	0.017	0.091	35	35	100%	71	可吸入颗粒物	Ⅱ
6月均值	0.016	0.018	0.071	28	28	100%	61	可吸入颗粒物	Ⅱ
二季度	0.016	0.019	0.085	91	91	100%	68	可吸入颗粒物	Ⅱ
半年均值	0.015	0.023	0.105	182	154	84.6%	78	可吸入颗粒物	Ⅱ
7月均值	0.015	0.024	0.075	35	35	100%	63	可吸入颗粒物	Ⅱ
8月均值	0.015	0.026	0.063	28	28	100%	57	可吸入颗粒物	Ⅱ
9月均值	0.015	0.021	0.053	28	28	100%	51	可吸入颗粒物	Ⅱ
三季度	0.016	0.024	0.063	91	91	100%	54	可吸入颗粒物	Ⅱ
10月均值	0.025	0.029	0.089	35	35	100%	70	可吸入颗粒物	Ⅱ
11月均值	0.027	0.031	0.084	28	28	100%	67	可吸入颗粒物	Ⅱ
12月均值	0.026	0.035	0.103	28	28	100%	77	可吸入颗粒物	Ⅱ
四季度	0.026	0.032	0.092	91	91	100%	71	可吸入颗粒物	Ⅱ
全年均值	0.018	0.025	0.091	364	336	92.3%	71	可吸入颗粒物	Ⅱ

【环保宣传】 2015年，威远县建立环境保护联席会议制度，定期召开联席会议，研究部署环保重点工作，解决突出问题。利用“6·5”环境日开展环保法主题宣传活动，通过街头法律法规咨询、环保知识有奖问答、环境警示教育展、发放宣传册等方式进行广泛宣传。与四川农业大学合作举办以“山水相连、绿色相传、共建家园”为主题的“黄+蓝”威远环保行活动。将环保法的学习纳入干部培训课程，分期对重点企业、私营业主及各单位环保工作人员进行专题培训。利用电视、网站、微博等网络媒体宣传环境保护法，并在县政府网站公开环境违法案件，主动接受舆论监督。设立“12369”环保举报热线、“12345”市民热线，及时受理环保投诉，虚心接受社会各界意见建议和监督，让广大人民群众主动参与、支持环保工作。（李　简）

教　育

综　述

【概况】　2015年，威远县教育经费总投入为87610万元，比上年增加32%。其中，国家财政性教育经费（主要包括公共财政预算教育经费、各级政府征收用于教育的税费、企业办学中的企业拨款、校办产业和社会服务收入用于教育的经费等）为79046万元，比上年增加28%。

【改善办学条件】　威远县投入资金3954万元加强学校基础设施建设，新建校舍16800平方米，改扩建校舍及运动场34220平方米。投入1128万元改善农村薄弱学校教学仪器、音体美器材、实验设备、图书配备、班班通。推进“五改一提高”工程建设，新建改建食堂9个，改建学生公寓3个，改水7所，改厕10个，改垃圾池17个。创建市级标准化学生食堂3个，创建市级标准化学生公寓3个。

【师资队伍建设】　威远县多措并举，加强城乡师资队伍建设。全年选送16名校（园）级干部到县外培训，举办2期干部培训班（一期校级干部培训、一期为德育处主任培训），培训校级干部49名、中层干部64名。建立和落实师德建设责任制，严格实行“师德一票否决制”。开展“四有”（有理想信念、有道德情操、有扎实知识、有仁爱之心）教师和第二届“最美乡村教师”评选活动。建立干部教师交流制度，全年交流18名干部，选派37名城区教师到农村薄弱学校支教，各镇选派101名教师在镇内挂岗交流。对口支援民族地区教育，选派10名教师到小金县、3名教师和1名干部到黑水县对口支援。安置1名生源地免费师范生就业。加强教师业务培训，全县2486名教师参加信息技术应用能力提升工程培训，3609名教师参加农村教师培训，580名教师参加骨干教师培训，89名教师参加名师工作室培训，700名教师参加幼儿教师培训。面向全省公开招考81名新教师，其中研究生1名、“硕师计划”3名。

【教育教学管理】　2015年，威远县坚持以立德树人为目标，以活动为载体开展德育工作，开展“奋发向上、崇德向善”爱国主义读书教育活动，获全国优秀组织奖。开展纪念抗战胜利70周年系列教育活动、“最美家书”征文竞赛等活动。组织开展全县德育工作流动现场会，108名德育干部参加。组织参加第30届青少年科技创新大赛。连界镇中心校、山王中心校创建为国家级乡村学校少年宫。完成国家学生体质健康标准数据上报。组织参加内江市第六届中小学生运动会、内江市“青苗杯”青少年篮球锦标赛、内江市初中生足球联赛。召开威远县“文轩杯”中小学生田径运动会，2人次打破县中小学生田径纪录。开展全县中小学大课间活动比赛。严陵镇河东街小学校和新店中学创建省

2015年11月25日，威远县义务教育均衡发展通过省级督导评估　（县教育局　供图）

级阳光体育示范校，高石镇中心校、山王镇中心校、新场中学创建市级阳光体育示范校。结合“体育、艺术2+1”项目工程（通过学校组织的课内外体育、艺术教育的教学和活动，让每个学生至少学习掌握两项体育运动技能和一项艺术特长，为学生的终身发展奠定良好的基础），开展课外校外艺术活动。传承传统文化，抓好石坪山歌和越溪牛灯舞“进校园”活动。组织参加四川省第十一届中小学生优秀艺术人才大赛，491人参赛329人获奖。开展威远县第八届中小学生艺术展演活动、威远县第三届青少年书画作品大赛、“墨香书法”展评活动。落实艾防、狂防、结核病等教育“进课堂”，开展传染病、艾滋病、结核病、常见病、多发病、地方病等防控工作。全县3717人参加高考，一本上线445人，二本上线1746人。

【教育惠民】 2015年，威远县共资助学生12万余人次，发放各类学生资助金720.8万元。办理生源地信用助学贷款3604人，贷款金额2561万元，还本付息率100%，连续6年名列全省前列。威远县作为唯一的县级代表在全省生源地信用助学贷款工作会上作经验交流发言。教育基金会资助贫困大学新生395人，资助金额91万元。

2015年威远县各级各类教育事业情况

类别		学校数（所）	班级（个）	毕业生数（人）	招生数（人）	在校学生数（人）	教职工（人）	
							合计	其中：专任教师
幼儿园	公办	11	147	2691	2825	4883	148	107
	民办	128	405	3558	5447	12972	1023	555
小学		53	831	5027	6171	35987	2325	2256
初中		30	321	5892	4898	15406	1871	1747
普通高中		3	150	2929	3308	8355	588	566
职业高中		1		1532	1693	2746	177	177
特殊教育		1	14	38	60	145	39	35
民办学校		6	61	1814	3220	4807	243	150

备注：由于基础教育统计未有职业高中班级数，此表未予统计。

【县通过义务教育均衡发展省级督导评估】 2015年11月25日至27日，省督学、省政府办公厅原巡视员鲁兰率省政府教育督导团专家组对威远县县域义务教育均衡发展工作进行省级评估验收，综合评定威远县已经达到“义务教育发展基本均衡县”要求。威远县从2013年起按照《四川省县域义务教育均衡发展督导评估实施办法（试行）的通知》（川办函〔2012〕217号）和《义务教育学校办学条件基本标准（试行）》（川教〔2012〕184号），从保障机制、入学机会、教师队伍、质量与管理等方面推进全县义务教育均衡发展。

【教育部社区教育专家到威远调研工作】 2015年8月6日至7日，教育部社区教育研究培训中心常务副主任周延军率专家组成员4人，到威远县调研指导社区教育促进社会治理创新等工作。专家组先后到严陵镇建业路社区、东街社区、向义镇四方村教学点进行实地考察，对威远县社区教育给予肯定。专家组认为，威远县将社区教育办成青少年第二课堂、营造成留守儿童的关爱之家、建成新市民的新家园、打造成职业人员的充电站、搭建成老年人的新舞台、转换成社区建设的助推器，走在全国县级社区教育工作前列。

【建成教育城域网】 2015年4月中旬，全县122所学校（含29个教学点）实现光纤接入，县教育局、各直属学校和镇中心校实现视频会议系统开通，建成小学、初中、高中3间录播教室，初步建成全县数字校园云平台。威远县从2012年8月规划，2013年8月起启动教育城域网建设，总投资263.5万元。

【县实施义务教育阶段学生免费午餐试点】 从2015年9月起，威远县在黄荆沟镇中心校、黄荆沟镇垅河小学和威煤中学3所学校共622名学生实施义务教育阶段学生免费午餐试点，按6元/生·天提供一顿免费午餐，所需费用在国家、省级补助的基础上，市财政补助就餐资金1元/生·天，其余资金由县财政保障。试点工作从6

月中旬起筹备，由县委常委、宣传部长任领导小组组长，分管副县长任副组长，县教育局、财政局、食品药品监督管理局等部门为成员；9月正式启动，力争到2017年全县基本实现全覆盖。（王朝晖）

学前教育

【概况】 2015年，威远县有幼儿园139所（公办11所、民办128所），在园幼儿17855人，有教职工1171人（其中专任教师662人）。年内，对全县的民办幼儿园进行清理整顿，对有证民办园进行公示。印发《威远县民办幼儿园管理办法（试行）》《关于进一步规范学前教育机构办园行为的意见》等文件，进一步规范幼儿园的办园行为。召开全县学前教育常规管理培训会。开展以“给孩子适宜的爱”为主题的宣传月活动。严格幼儿园的准入制度，新发展6所民办幼儿园，缓解入园难问题；制定《威远县第二期学前教育三年行动计划》，继续完善以公办园和普惠性民办园为主体的学前教育服务网络，落实国家对民办园的奖补政策。举办全县贯彻《3—6岁儿童学习与发展指南》现场观摩研讨会，进一步纠正“小学化”现象。

（王朝晖）

【威远县第一幼儿园】 位于严陵镇东街122号，建筑面积2234平方米。2015年添置区域活动操作台和玩具柜、桌面玩具和实木积木等，修建幼儿攀爬岩，完善幼儿主题文化墙。修建专用美工室、舞蹈室、阅览室。配置空调、幼儿实木床、会议桌椅和音响设备，添加灶具、烟机、消毒柜、盛物架等厨房设备。初步实现幼儿园内外网站通，安装电脑视频监控系统，每班配备手提电脑、一体机、电子钢琴等，建成幼儿园数字化管理平台。

2015年11月11日，县第一幼儿园教师为孩子们讲故事 （县总工会 供图）

全园有教学班9个，其中小班3个、中班2个、大班2个、大大班2，有343名幼儿。在册37名教师中，本科学历12人，大专25人；一级教师16人。普通话达标率100%。

威远县第一幼儿园把开展“绘本阅读、快乐童年”特色创建活动作为办园特色，深化科研《通过绘本教学开展幼儿情景阅读》的课题研究，以科研为引领带动特色建设，以绘本为载体，整合五大领域教育内容。探索将“绘本阅读、快乐童年”特色教育和游戏活动相融合，加强园本课题的研究，更好地形成教育特色。省级示范幼儿园被评为四川省示范幼儿园、内江市爱国卫生先进单位、内江市语言文字规范学校、内江地区托幼工作先进集体、内江市安全稳定管理改革示范校。

（邬琴欢）

【威远县第二幼儿园】 位于威远县城小东街19号，占地面积1035平方米，建筑面积1969平方米。设有7个班，幼儿300余名，教师32名，是内江市市级示范性幼儿园。

2015年投资20万余元，加强幼儿园的基础设施建设。对教学楼外墙进行装饰美化；安装新电表、水表，与园内住户分户；对食堂天然气进行改造，加强食堂配套设施建设；新增教师办公电脑、电钢琴及幼儿床上用品、桌椅、室内外玩具等。创建市级语言文字规范化示范校，荣获内江市幼儿体操比赛乙组规定操金奖。县级课题《培养幼儿责任心的研究》结题，立项市级课题《幼儿礼仪教育研究》及县级课题《音乐教学游戏化研究》《培养幼儿自主游戏的研究》。与威远义工携手到敬老院举办重阳节慰问活动，受到各大网站的关注。教师作品在威远县首届“阳光园丁”绘画作品展中荣获一等奖。承办2015年国培项目“送教下乡”活动现场会、组织片区民办园在骄子艺术幼儿园、嘉保儿幼儿园举行教研活动。教师们组织教育教学活动及科研能力日益提升，数篇论文在省、市、县级评比中获得很好的成绩。在实施素质教育考核中多次获一等奖，被评为幼儿教育管理先进集体、教书育人先进集体、自制玩教具先进集体、三八红旗集体和四川省体操特色幼儿园。

（林小莉）

义务教育

【概况】 2015年，威远县有小学53所，在校学生35987人，专任老师2256人；初中30所，在校学生15406人，专任老师1747人。年内，威远县贯彻落实《四川省人民政府关于深入推进义务教育均衡发展的实施意见》，完成《四川省实现县域内义务教育基本均衡发展规划目标进度表》明确的目标任务，全县完小以上学校基本配齐配足功能室，体育艺术器材设备配齐率达100%，使用率高。着力化解大班额，全面消除起始年级大班额，全县小学一年级平均班额38.85人，城区平均班额49.1人；初中一年级平均班额45.8人，城区平均班额50.6人。妥善解决2834名进城务工、经商人员的子女入学。

（王朝晖）

【威远县实验小学校】 是近代实业家、教育家吴天成于1903年4月25日创办的，是四川省最早创办的三所高等小学堂之一，1984年批准为四川省首批重点小学。一百年来，培育出许许多多的优秀人才，其中有革命烈士胡驭垓，首任县委书记张涤痴，《人民日报》原主编、著名报人胡绩伟，"清华爱迪生"邱虹云。学校共有3个校区，南大街本部校区、东小校区、南塔山校区，共48个教学班，占地面积6860平方米，教职工134名，在校学生2788名。学校以"习惯教育"为办学特色，形成较为完善的办学思想体系。2015年被县教育局命名为习惯教育特色学校。截至2015年底，学生在各级各类比赛中获国家级奖12人次、省级奖46人次、市级奖87人次、县级奖263人次。学校被确立为基地学校，为全县小学提供学校管理人员、教师培训等工作。

（谭 洪）

【威远县严陵镇中心学校】 坐落于严陵镇西街131号，学校占地6045平方米，建筑面积6594平方米，辖粮丰校区占地面积2673平方米，校舍面积1265平方米。2015年有教职工146人，其中高级教师9人、一级教师68人。校本部有小学教学班38个，学生2676人；学前教学班3个，幼儿144人。粮丰校区有小学教学班3个，学生150人；学前教学班1个，学生33人。

严陵镇中心校以义务教育均衡发展工作为契机，全校的硬件建设迈上一个新台阶，办学条件得到进一步改善。2011年至2015年，严陵镇中心校本部硬件设施的总投入200余万元，用于完善科学实验室、美术室、音乐室、舞蹈房、微机室、图书室等功能室，新建录播室、电子阅览室。

严陵镇中心校坚持"以活力教育为美、为活力人生奠基"的办学理念，继续推进"活力教育"。举办"书香节""笔墨节""艺术节""体育节"等文化活动和"校本研修""共读一本书""活力课堂"研讨等研修活动。2015年，严陵镇中心校被内江市人民政府评为"内江市教育工作先进集体"，荣获"义务教育阶段修业年级教学质量考核一等奖""第三十届青少年科技创新大赛市优秀组织奖"、县"文轩杯"中小学生田径运动会团体第三名。

（黄利萍）

【四川省威远县严陵中学校】 是一所保留高完中建制的县直属学校，位于严陵镇半边街83号。学校占地2.4公顷，建筑面积11908平方米，教学及辅助用房面积4279平方米，绿化用地面积1126平方米，运动场7263平方米。2015年，学校有42个教学班级，207名教师，2409名学生。有3幢教学大楼，1幢实验楼，1幢图书综合大楼，1幢食堂综合楼，2幢学生公寓。拥有3个计算机网络教室，有各类书刊6257册，图书总册数为66006册，另有电子图书10万册。

严陵中学坚持"一切为着全体学生全面发展、一切为着教师专业发展、一切为着学校可持续发展"的办学宗旨，贯彻"勤、严、细、实、准、创"工作作风，团结并依靠全体教职工，开展教学工作。学校高度重视校风、班风和学风建设，重视学生行为习惯养成教育，全面落实学生自主管理，坚持德育为首，安全第一。2015年，青少年科技创新大赛获市级优秀组织奖，市县中小学生运动会名列前茅，保持市县教学质量先进集体、艺术教育工作先进集体、科技教育管理先进集体、特色学校创建工作先进集体、县全面实施素质教育先进集体、市体育传统项目示范学校管理工作先进单位等各级各类荣誉，代表内江市参加四川省青少年女子排球（乙组）锦标赛获得第七名。

（余卫平）

【威远县第一初级中学校】 位于威远县严陵镇中心街78号，占地23415平方米，建筑面积16312平方米。2015年，学校有48个教学班，218名教职员工，2524名学生。学校坚持"厚德启智、追求卓越"的办学思想，紧紧围绕"仁德教育、智慧课堂"核心，呈现"五张名片"特色，逐步实现“做幸福教师、育卓越人才、建巴蜀名校”的奋斗目标。在工作中，坚持以人为本，依法治校，做到用思想引领人，用情感温暖人，用制度规范人，用事业激励人。

加强教学常规管理，确保入学率和巩固率，努力提高尖生率和优生率，加强过关生的质量监控。同时，狠抓毕业班工作，领导包班指导、蹲班听课；开好毕业班成绩分析会、动员会和表彰会，2015年初中毕业会考成绩喜人，毕业率100%。以活动为载体，加强艺体课堂管理，促进学生特长发展。开展专项治理“三乱”，打造德艺双馨的教师队伍。加强教育科研工作，落实网上培训，确保全部合格。注重科技创新，措施到位，成绩斐然。加强德育工作建设，建立以爱国主义教育为主线、以养成教育为基础、以心理健康教育为保障，培养德、智、体、美、劳、心理健康等全面发展而又有个性特长的新世纪中国学生，将德育思想贯穿于教育工作的各个环节。即坚持以操行评比为杠杆，规范学生的行为习惯；秉承先贤先进教育思想，传承国学经典，全员育人；重视转化工作，推进全员德育；开展“唱班歌、立班训、展班风”活动，宣传正能量；开展系列主题活动，营造德育良好氛围。

（邓如高）

普通高中教育

【概况】 2015年，威远县有普通高中3所，在校学生8355人，专任教师566人。招收新生3308人，毕业2929人。

年内，以高中教育引领威远教育的发展。整合各种资源，调动各方积极性，加强各阶段教育的衔接和配合。落实全省普通高中课程改革各项政策措施，推进高中课程改革，提升高中学校管理水平，提高高中办学水平和办学质量，全面完成高考目标任务。深化高中招生改革，探索全年招生、全员招生，建立招、送生工作对接的长效机制，规范招生秩序，强化招生考核和奖惩，严厉打击违规招、送生行为。加强拔尖人才培养基地建设，推进威远中学拔尖人才培养试点。进一步完善高中教育质量评价方案，建立健全学生成绩监控体系。加快标准化考场的建设。组织高中学业水平考试和高中阶段招生考试，严肃考风考纪，以考风促学风，确保平安顺利。

（王朝晖）

2015年4月4日，威远中学“五四”文艺会演学生表演节目 （冷国文 摄）

【威远中学校】 为全民事业单位。2015年有班级85个，在校学生4900余人，专任教师317人（其中四川省学术学科带头人1名、特级教师8名、省级骨干教师15名、市级骨干教师65名、县级骨干教师72名、中高级教师253名）。学校占地面积12．2公顷，基础设施建设完善，有教学楼3幢、实验楼1幢、多功能会议楼1幢，学生公寓式寝室楼3幢，学生食堂及信息技术专业教室完备，学校运动场可提供带草坪足球场、塑胶跑道、篮球场、排球场、羽毛球场、乒乓球台等各类健身设施。

2015年，威远中学校以“安全第一、德育为先、强化管理、狠抓质量、协调发展、勇争一流”为奋斗目标，以务实的作风、严谨的态度、科学的思维和统筹的方法，坚持以人为本，面向全体，向“过程、管理、课堂”要效益，强化目标意识、责任意识，推进学校事业健康快速发展。威远中学校2015高考全面完成市级目标任务，二本上线1090人，重点上线339人，重点上线率达34%；基地班、实验班重点任务完成率达109%，600分以上特尖生52人。吕晓慧以656分位居全市第三名。威远中学校被评为内江市2015年度高中教育教学质量管理实现目标先进集体、威远县2015学年度全面实施素质教育一等奖、特色学校创建工作先进集体。

（古 强）

【威远县龙会中学校】 2015年末，威远县龙会中学校有教职工219人，高初中班级54个（其中初中班级11

个），在校学生 3065 人。878 人参加高考，一本上线 47 人，二本上线 261 人，其中陈驰为全县文科第一名。

学校以“赏识”为办学特色，狠抓学校校风建设。学校的精致管理富有成效，是内江地区仅次于球溪中学的第二大农村高级完全中学。学校将寝室管理当作重要工作来抓，实行领导干部带头查寝制度。严格落实市教育局的“一日安全常规”工作，构建从校级干部到一线教师的完整安全责任制体系。提出“抓人品就是抓高中考、抓德育就是抓素质”，利用校会、班会等途径对学生开展品德教育。学校对学生手机实行合同化管理，严格规范学生对手机的使用，有效遏制学生沉迷网络小说、游戏等行为。开设古筝、国学、书法、象棋、武术等兴趣小组，丰富师生的精神生活。柳健强获内江市第二届中学生象棋比赛冠军，学校象棋队获团体总分第四名。书画教师陈旭的画作《人物素描》入选大学教材。

（刘　森）

职业教育

【概况】　2015 年，威远县加快发展职业教育。规范中职招生，全面完成中职招生任务。建立中职招生准入制度、宣传资料审查备案制度，规范中职招生秩序，严格中职招、送生考核和通报制度。贯彻实施《职业院校管理水平提升行动计划（2015—2018）》，规范中职学校教育教学管理；规范中职学校学生顶岗实习管理办法，推进探索委托培养、定向培养、订单式培养改革工作。落实《内江市实施藏区“9+3”免费教育学校管理办法》，做好县职业技术学校“9+3”民族地区学生免费教育工作，确保安全稳定，继续保持全省先进水平。组织省、市、校职业技能比赛。组织中职学校教师参加国培、省培，鼓励专业骨干教师参加国家级、省级企业实践。开展学生创业培训。研究高考改革方案，探索中职学校与高职院校搭建招生直通车，提高中职学生高考升学率。

（王朝晖）

【威远县职业技术学校】　威远县职业技术学校位于威远县严陵镇环卫路 201 号，占地面积 6.85 公顷，建筑面积 31490 平方米。2015 年末，在职教职员工 176 人，49 个教学班，在校学生 1705 人，高考上线 69 人。组织学生 249 人次（9 个工种）参加职业技能鉴定，一次通过率达 100%。推荐就业（顶岗实习）18 批（次），共 358 人（其中藏区“9+3”学生 34 人），就业率达 98%以上。开展创业意识培训结业 1496 人，新型职业农民培育结业 162 人（主要培训种植、养殖技术）。

（廖新权）

特殊教育

【概况】　2015 年，威远县巩固发展特殊教育，有特殊教育学校 1 所。落实《威远县特殊教育提升计划（2014—2016 年）实施方案》，制定《进一步加强特殊教育工作实施意见》，做好适龄残疾儿童入学工作，入学率达 90%以上。建立随班就读工作指导中心，加强对全县各镇、校的随班就读工作的指导，提高全县随班就读水平。加强县特教校的内涵式发展，争取扩大办学规模。抓好第二十六次“全国助残日”的宣传教育及资助活动。

（王朝晖）

【威远县特殊教育学校】　2015 年末，县特殊教育学校有教职工 38 人、学生 135 人、班级 13 个，包括特教幼儿园、小学、初中、高中，是四川省办学规模最大、学制最完善的县级特教学校之一。学校建有教学楼、办公楼、宿舍楼、食堂，设有律动室、图书室、书画室及按摩、美发、缝纫功能室和实训基地。学校安装电子监控摄像头 68 个，对重点部位和防范区域实施 24 小时监控，安排专人值班。配备消防灭火器 54 具，安装应急照明灯 30 个、应急疏散标志 28 个。

年内，开展一次国旗下的讲话、一次主题班会、一次知识竞赛、一次

2015 年 5 月 4 日，威远县特殊教育学校新校区投入使用　（冷国文　摄）

诵读“红色经典”活动；举办一次法制手抄报竞赛，评出一等奖5名、二等奖5名、三等奖10名、优秀作品20件。2015年6月，陈梦等5名学生参加四川省艺术人才大赛内江赛区声乐、舞蹈、书法专业初中组获一、二、三等奖；同月，学生李琪获内江市美德少年称号；11月，黄鑫等3名学生参加第三届威远县青少年书画作品大赛美术类、书法类比赛获一、二等奖。组织教师参加县首届园丁书画赛和阳光歌手大赛，林建获歌手赛二等奖，叶培林、高秀华获毛笔书法优秀奖，王林获绘画优秀奖。组织职工参加由严陵中学承办的片区（六校）“我运动、我健康”趣味运动会，获得团体总分第一名。

（焦　洁）

【县特殊教育学校搬迁新校园】 2015年5月4日，县特殊教育学校搬迁到位于严陵镇联合村二组的新校园。

威远县特殊教育学校旧址位于县城南塔山上，建成于1995年4月，占地面积3700平方米，建筑面积2183平方米。根据《威远县城区中小学布局调整规划方案》和威远县人民政府《关于进一步推进特殊教育改革和发展的意见》（威府发〔2007〕90号）精神，将新的威远县特殊教育学校建成一所集盲、聋、弱智三类残疾人教育、康复训练、职业技能于一体的综合性特殊教育学校，以满足威远县特殊学生的教育需求，于2012年1月13日启动新校园建设，选址位于严陵镇联合村。按照《特殊教育学校建设标准（试行）》（1994版）进行建设。总投资1098万元，占地面积9221.76平方米，建筑面积3970平方米，由教学楼、综合楼、宿舍、食堂等主体建筑构成，包括消防、水电设施、变压器、沼气等配套设施。由四川省城市建筑工程监理有限公司监理，威远县建筑勘测设计院设计，施工单位为自贡市龙城建筑工程有限公司。

（王朝晖）

成人教育

【概况】 2015年，威远县大力发展农村成人教育，办好各镇农村成人文化技术学校，全面完成农村实用技术的长、短期培训任务，推动全民学习、终身学习型社会的形成。进一步巩固提高全县扫盲工作成果，按照“一堵、二扫、三提高”的工作方针，全面完成扫盲工作目标任务。利用县教师培训中心和电大威远分校开展继续教育。电大威远分校探索社区教育取得成效，6月在教育部组织召开的全国社区教育工作会上作经验交流发言，10月被省教育厅推荐申报全国社区教育实验区。

（王朝晖）

【内江广播电视大学威远分校】 内江广播电视大学威远分校（威远县社区学院）是国家开放大学（原中央广播电视大学）的教学点和考点；是国家奥鹏远程教育公共平台威远学习中心和四川农业大学威远学习中心。学校开设经济数学、汉语言文学、法学、工商管理、会计学、环境工程、水利水电工程、药学、护理学等60余个专业（专、本科）。

2015年，学校围绕省重点科研课题《开展社区教育促进社会治理创新的实践研究》，在威远县设立12个教学点，累计开展社区教育活动3500次，参与居民20万余人次。参加全国性比赛8次，获组织奖6次、单位一等奖2次、个人单项奖26次。5月，教育部社区教育研究培训中心在长春召开全国社区教育工作会，学校作为唯一的县级代表在会上作题为“社区教育促进社会治理创新的探索与实践”的交流发言。8月6日，教育部社区教育研究培训中心常务副主任率专家组到威远进行专题调研，对威远县社区教育工作给予肯定。年内，组织居民参加全国第三届美好中国国画

2015年8月6日，教育部社区教育研究培训中心负责人到威远调研　（县教育局　供图）

2015 年，自强中学校园一角 （县教育局 供图）

大赛，获个人一等奖 1 名、二等奖 1 名、三等奖 4 名，学校被教育部社区教育研究培训中心授予组织奖；组织威远摄影爱好者参加中国成人教育协会举办的“光影与梦想：——2015 年全民摄影大展”，被评为先进单位；参加教育部社区教育研究培训中心举办的“全国首届传统文化进社区微视频大赛”，选送的《石坪山歌唱响社区教育》荣获一等奖；参加四川广播电视大学举办的“国学经典诵读”，获二等奖 1 名、三等奖 1 名、优秀奖 1 名。在招生工作方面超额完成任务，被内江广播电视大学评为一等奖；在综合业务考评中，被评为特等奖；在威远县综合目标考核中荣获一等奖。

（刘纬度）

民办教育

【概况】 2015 年，威远县有民办学校 6 所，班级 61 个，在校学生 4807 人，教职工 243 人（其中专任教师 150 人）。贯彻落实民办教育政策，努力营造有利于民办教育发展的环境。切实加强民办教育机构的监管，严格实行民办教育机构年检制度。加强民办教育学校的教育教学管理，严格规范招生宣传和收费行为。 （王朝晖）

【威远县自强中学校】 2015 年末，威远县自强中学校有在职教职工 127 名，教学班级 37 个（高中班级 30 个、初中班级 7 个），在校生 2816 人（高中 2233 人、初中 583 人）。

学校以办现代化学校为目标，推进并落实“以教学为中心，思想工作先行，教书育人并举，身教言教同重，各类素质齐抓”的工作方针，以服务学生为主导方向，开展“四双”创建活动，形成一种“学校潜心办学、班主任耐心育人、教师静心教书、学生专心学习”的良好氛围。制定《威远县自强中学校课堂常规》《威远县自强中学校学生考试规则》《威远县自强中学校班主任执勤制度》，辅以“错时下楼”“教师维持秩序”等办法，确保校园安全。建立起学校主导教育、家庭配合教育、社会协同教育相结合的“三位一体”教育模式。组建一支由政教处、保卫科、班主任、护校队组成的队伍，对校园周边店、网吧、游戏厅等场所进行不定时检查，发现违纪行为严肃处理，为学生的成长进步营造良好的环境。

在学校严格的制度管理下，在老师的辛勤培育下，把差生转变成中等生，把中等生转变成优生，把优生转变成尖子生。2015 年，全校 642 人参加高考，一本上线 42 人，本科上线 267 人。

（李炳全）

科学技术

综　述

【概况】 2015年，威远县拥有国家级高新技术企业13户、市级高新技术企业14户；拥有省级工程技术研究中心1个、市级工程技术研究中心8个；拥有省级创新型企业12户、市级创新型示范企业5户；拥有省级知识产权试点园区1个、省级知识产权试点企业3户、省级知识产权优势培育企业1户；拥有省级科技企业孵化器1个。累计培育省级战略性新兴产品6个、市级高新技术产品33个、市级战略性新兴产品17个。成立威远县科技顾问团、科技特派员、外智人才、科技服务团等4支科技决策、参谋、咨询、服务团队。

2015年10月22日，市县领导参观"2015川南高新技术成果交易暨科技金融对接推进会"威远展台　（县科技局　供图）

【高新技术企业培育】 威远县通过科技创新政策的激励引导以及科技项目的实施，一大批企业生产与科研单位技术成功嫁接，企业创新水平明显提升，企业利用高新技术改造提升传统产业能力增强。四川法拉特不锈钢铸造有限公司、威远县德胜耐材有限公司、四川西南工业炉有限公司、威远县华鑫选煤设备有限公司、内江东工设备制造股份有限公司、四川省金镭铸业有限公司、威远县合众机械设备制造有限公司等7户企业新建成国家级高新技术企业，威远凤凰高新材料有限责任公司新建成内江市线缆护导材料工程技术研究中心。严陵工业园区科技企业孵化器被认定为省级科技企业孵化器，实现威远县省级孵化器零突破；白塔集团联合四川大学组建并申报四川省建筑陶瓷产业技术研究院，实现威远县产业技术研究院零突破；成立中国农业大学教授工作站，建成威远无花果研究所；威玻集团建成四川大学教学实习基地，白塔集团建成四川大学材料科学与工程学院产学研合作基地。

坚持把发展高新技术产业与产品培育相结合，不断培育发展高新技术产品和战略性新兴产品。新培育市级高新技术产品3个（电子封装复合材料熔融填料、高档漆用高透明低硬度复合材料填料、堇青石蜂窝陶瓷新材料），新培育市级战略性新兴产品2个（高强度超塑性镍基合金铸件、超低温深冷钢铸件）。全年实现高新技术产业总产值61.45亿元，同比增长19.1个百分点；高新技术产业产值占规模工业总产值比重达到12.4%，占比提高3.2个百分点。

【严陵工业园区科技企业孵化器建成省级科技企业孵化器】 2015年12月16日，威远县严陵工业园区科技企业孵化器过省级科技企业孵化器创建现场验收及专家评审，获批省级科技企业孵化器，实现威远县省级科技企业孵化器“零”的突破。

严陵工业园区科技企业孵化器于2015年7月20日投入使用，建设总面积1万平方米，能全面满足60余户孵化企业办公及试验需求，全面达到“拎包入驻”的标准。孵化器设立100万元的种子资金，设立工商、税务、就业等政务服务窗口，入驻中介服务机构6个，组建创业导师团队，能够为入孵企业提供一站式的政务服务，企业管理、知识产权、法律、财税、科技等创业服务以及全方位创业导师辅导服务。

2015年，严陵工业园区科技企业孵化器入孵企业41户，入驻博士后创新实践基地1个、省级企业技术中心1个、院士（专家）工作站1个、大学生创业园1个。

2015年，严陵工业园区建成省级科技企业孵化器 （余远文 摄）

科技服务

【概况】 威远县按照“优质、高效、安全、环保”的组织模式，推进特色农业、技术创新、转化应用、推广示范对接，培育农业科技示范基地和科技型农业龙头企业，推广农村实用技术。年内，建成市级农业示范基地3个（高石镇生态甲鱼养殖科技示范基地、东联镇中药材种植科技示范基地、镇西镇萝卜种植科技示范基地）；推广新技术新品种5项（兽用中药散剂超微粉碎技术推广应用、高档复立白茶新产品制作新工艺新技术开发与应用、优质道地中药材佛手标准化种植技术、特色水果发酵技术应用示范、无花果的盐渍与低排放预处理集成技术及应用示范）。以科技之春宣传月、知识产权宣传月、科技活动宣传周、科普宣传日等集中宣传活动为契机，开展科普知识宣传，累计发放各类科普宣传资料15种14万余份。

【开展农村实用技术培训】 威远县发挥科技特派员、科技服务团、涉农部门科技人员在农村科技创新与服务中的专业技术特长，重点开展农技、林业、畜牧、水产等技术人员知识更新培训和新型农民培训、农村实用技术培训等工作。全年举办各类培训班132场次，累计培训1.22万人次。

【威远高新技术创业服务中心成立】 2015年，威远高新技术创业服务中心设主任1名，核实事业编制3个，下设综合管理部、财务管理部、企业发展部。制定《威远县高新技术创业服务中心管理办法》等孵化器运营管理制度18个，从制度上为孵化器的运转提供保障。营造创业环境，制定《威远县科技企业孵化器扶持资金管理办法》《威远县高新技术创业服务中心种子资金管理办法》，设立100万元的种子资金，对重点孵化项目进行扶持。

【科技计划】 2015年，威远县科技局围绕威远支柱产业、高新技术产业和战略性新兴产业，重点组织实施省、市、县级成果激励与研发风险补偿、科技型中小企业创新资金、科技孵化、科技推广、专利实施、创新驱动发展、科技支撑和创新基金等科技计划项目54项，获得上级立项支持895万元。其中，实施省级创新驱动与发展2项、省级成果激励与研发风险补偿2项、省级科技型中小企业创业新资金2项、省级科技示范推广活动1项、省级专利实施与促进专项资金2项。

2015 年威远县获省级科技计划支持项目

序号	项目编号	项目名称	承担单位	项目类别
1	2014GZ0138	四川陶瓷产业集群关键技术攻关项目—超薄陶瓷砖工艺技术优化	四川白塔新联兴陶瓷集团有限责任公司	成果激励与研发风险补偿
2	15CX03302102	基于天然产物无花果多糖的鱼用免疫调节剂	四川康而好动物药业有限公司	科技型中小企业技术创新资金
3	15CX03305090	高效节能新型洗矸用数控跳汰机研制	四川海山宇光机械设备制造有限公司	科技型中小企业技术创新资金
4	2015GZ0175	钒钛工业废渣无害化资源综合利用生产高品质陶瓷成套工艺技术研发	四川省威远金凤凰陶瓷有限责任公司、四川大学、四川白塔新联兴陶瓷集团有限责任公司	成果激励与研发风险补偿-重点科研
5	2015GZ0219	燃气轮机高温合金核心备件制造技术研究与应用	四川省金镭铸业有限公司	成果激励与研发风险补偿-重点科研
6	川财教〔2015〕26 号	无花果新品种新技术科技示范推广应用	威远县科学技术和知识产权局	科技系统科技示范推广活动
7	川财建［2015］42 号	用钠长石作助熔剂澄清剂生产无碱玻璃纤维专利实施项目	内江华原电子材料有限公司	专利实施与促进专项
8	川财建［2015］42 号	《企业知识产权管理规范》实施项目	四川白塔新联兴陶瓷集团有限责任公司	专利实施与促进专项
9	2015ZYZF0052	出口绿茶自动化精深加工技术集成研究与产业化示范（川财教［2015］26 号）	四川省复立茶业有限公司	创新驱动发展专项

【科技成果】 2015 年，威远县获内江市科技进步奖 4 项（其中二等奖 3 项、三等奖 1 项）。

2015 年威远县获内江市科技进步奖名单

序号	项目名称	完成单位	获奖等级
1	电子封装复合材料熔融填料开发与生产	威远县大禾陶瓷原料有限公司	二等奖
2	窑变艺术陶瓷砖生产技术	四川白塔新联兴陶瓷集团有限责任公司	二等奖
3	止滑功能陶瓷砖工业化生产技术	四川白塔新联兴陶瓷集团有限责任公司	二等奖
4	高效节能煤矸石分选用跳汰机研制技术	四川海山宇光机械设备制造有限公司	三等奖

【知识产权】 2015 年，威远县专利申请量 164 件。其中：发明专利 29 件，占全部专利比重的 17.7%；实用新型专利技术专利 63 件，占全部专利比重的 38.4%；外观专利 72 件，占全部专利比重的 43.9%。

县科技局实施专利转化，组织申报省级专利助推计划项目 2 个，白塔集团和内江华原电子获省知识产权局专利实施项目立项支持。新增专利转化产值 24.78 亿元，比上年同期增长 23.3%。（唐国峰）

2015 年威远县专利申请统计

编号	申请号	申请人地址	专利类型	申请人类型
1	2014305640768	威远县小河镇大岩村 10 组 9 号	外观设计	个人
2	2015200136675	威远县连界镇川威集团有限公司	实用新型	企业
3	201420856478X	威远县连界镇川威集团有限公司	实用新型	企业
4	2015100478573	威远县连界镇川威集团有限公司	发明	企业
5	2015100465200	威远县连界镇川威集团有限公司	发明	企业
6	2014208576787	威远县连界镇川威集团有限公司	实用新型	企业
7	2015100724417	威远县连界镇川威集团有限公司	发明	企业
8	2015300758683	威远县小河镇大岩村 10 组 9 号	外观设计	个人
9	201520149293X	威远县严陵镇工业园区石牛工业园	实用新型	企业
10	2015201492395	威远县严陵镇工业园区石牛工业园	实用新型	企业
11	2015201500654	威远县严陵镇工业园区石牛工业园	实用新型	企业
12	2015201492944	威远县严陵镇工业园区石牛工业园	实用新型	企业
13	2015201586091	威远县连界镇川威集团有限公司	实用新型	企业
14	2015201497789	威远县严陵镇工业园区石牛工业园	实用新型	企业
15	2015101102401	威远县严陵镇建立村 10 组 4 号	发明	个人
16	2015101224945	威远县严陵镇中心街 356 号附 7 号	发明	个人
17	2015201506788	威远县严陵镇工业园区石牛工业园	实用新型	企业
18	2015201758558	威远县越溪镇金堂村 5 组 4 号	实用新型	个人
19	2015202455764	威远县龙会镇龙会村 6 组	实用新型	企业
20	2015202455529	威远县龙会镇龙会村 6 组	实用新型	企业
21	2015201993736	威远县越溪镇金堂村 5 组 4 号	实用新型	个人
22	2015201957636	威远县越溪镇金堂村 5 组 4 号	实用新型	个人
23	201520199383X	威远县越溪镇金堂村 5 组 4 号	实用新型	个人
24	2015201993717	威远县越溪镇金堂村 5 组 4 号	实用新型	个人
25	2015202446040	威远县龙会镇龙会村 6 组	实用新型	企业
26	2015202446322	威远县龙会镇龙会村 6 组	实用新型	企业
27	2015202450332	威远县龙会镇龙会村 6 组	实用新型	企业
28	2015202446356	威远县龙会镇龙会村 6 组	实用新型	企业
29	2015300860982	威远县新场镇丰田村 6 组 15 号	外观设计	个人
30	201510160976X	威远县严陵镇中心街 356 号附 7 号	发明	个人
31	2015202384858	威远县越溪镇金堂村 5 组 4 号	实用新型	个人
32	2015202384665	威远县越溪镇金堂村 5 组 4 号	实用新型	个人
33	2015202384843	威远县越溪镇金堂村 5 组 4 号	实用新型	个人
34	2015202384646	威远县越溪镇金堂村 5 组 4 号	实用新型	个人
35	2015202421414	威远县越溪镇黄桷村 1 组 33 号	实用新型	个人

续表

编号	申请号	申请人地址	专利类型	申请人类型
36	2015202384650	威远县越溪镇金堂村5组4号	实用新型	个人
37	2015203538073	威远县连界镇解放街C134幢	实用新型	企业
38	2015102804702	威远县连界镇解放街C134幢	发明	企业
39	201520353434X	威远县连界镇解放街C134幢	实用新型	企业
40	201530153316X	威远县新场镇胜利村15组8号	外观设计	个人
41	2015301534923	威远县新场镇胜利村15组8号	外观设计	个人
42	2015203538092	威远县连界镇解放街C134幢	实用新型	企业
43	2015203538069	威远县连界镇解放街C134幢	实用新型	企业
44	2015202744957	威远县越溪镇金堂村5组4号	实用新型	个人
45	2015102805103	威远县连界镇解放街C134幢	发明	企业
46	2015202744923	威远县越溪镇金堂村5组4号	实用新型	个人
47	2015202745038	威远县越溪镇金堂村5组4号	实用新型	个人
48	201520353522X	威远县连界镇解放街C134幢	实用新型	企业
49	2015202745019	威远县越溪镇金堂村5组4号	实用新型	个人
50	201520334107X	威远县严陵镇中心街356号附7号	实用新型	个人
51	2015203538410	威远县连界镇解放街C134幢	实用新型	企业
52	2015203516977	威远县连界镇解放街C134幢	实用新型	企业
53	2015203533510	威远县连界镇解放街C134幢	实用新型	企业
54	2015202744942	威远县越溪镇金堂村5组4号	实用新型	个人
55	2015203534180	威远县连界镇解放街C134幢	实用新型	企业
56	2015103507101	威远县镇西镇民主街四组一单元4号	发明	个人
57	2015301860161	威远县小河镇民治村1组7号	外观设计	个人
58	2015103169213	威远县龙会镇兴龙街57号	发明	个人
59	2015205271264	威远县严陵镇西街106号1幢2单元6层1号	实用新型	个人
60	2015103930115	威远县龙会镇龙会村6组	发明	企业
61	2015103930312	威远县龙会镇龙会村6组	发明	企业
62	2015104695061	威远县连界镇川威集团有限公司	发明	企业
63	2015206201466	威远县高石镇达木河	实用新型	企业
64	2015206201358	威远县高石镇达木河	实用新型	企业
65	2015206204055	威远县高石镇达木河	实用新型	企业
66	2015206200092	威远县高石镇达木河	实用新型	企业
67	2015105052280	威远县高石镇达木河	发明	企业
68	2015207601061	威远县高石镇达木河	实用新型	企业
69	2015105458561	威远县高石镇达木河	发明	企业
70	2015207497867	威远县严陵工业园区凤凰大道东段888号	实用新型	企业

续表

编号	申请号	申请人地址	专利类型	申请人类型
71	2015303468625	威远县新场镇胜利村 15 组 8 号	外观设计	个人
72	2015207496370	威远县严陵工业园区凤凰大道东段 888 号	实用新型	企业
73	2015207497852	威远县严陵工业园区凤凰大道东段 888 号	实用新型	企业
74	201520749886X	威远县严陵工业园区凤凰大道东段 888 号	实用新型	企业
75	2015207600139	威远县高石镇达木河	实用新型	企业
76	2015207498499	威远县严陵工业园区凤凰大道东段 888 号	实用新型	企业
77	2015207498662	威远县严陵工业园区凤凰大道东段 888 号	实用新型	企业
78	2015105566867	威远县高石镇达木河	发明	企业
79	2015207496385	威远县严陵工业园区凤凰大道东段 888 号	实用新型	企业
80	2015207498484	威远县严陵工业园区凤凰大道东段 888 号	实用新型	企业
81	2015207498605	威远县严陵工业园区凤凰大道东段 888 号	实用新型	企业
82	2015207499311	威远县严陵工业园区凤凰大道东段 888 号	实用新型	企业
83	2015303854131	威远县越溪镇金堂村 5 组 4 号	外观设计	个人
84	2015303854146	威远县越溪镇金堂村 5 组 4 号	外观设计	个人
85	2015303854150	威远县越溪镇金堂村 5 组 4 号	外观设计	个人
86	2015303854377	威远县越溪镇金堂村 5 组 4 号	外观设计	个人
87	2015303854593	威远县越溪镇金堂村 5 组 4 号	外观设计	个人
88	201530385583X	威远县越溪镇金堂村 5 组 4 号	外观设计	个人
89	2015303855844	威远县越溪镇金堂村 5 组 4 号	外观设计	个人
90	2015303855882	威远县越溪镇金堂村 5 组 4 号	外观设计	个人
91	2015303856599	威远县越溪镇金堂村 5 组 4 号	外观设计	个人
92	2015303856601	威远县越溪镇金堂村 5 组 4 号	外观设计	个人
93	2015303857515	威远县越溪镇金堂村 5 组 4 号	外观设计	个人
94	201530385752X	威远县越溪镇金堂村 5 组 4 号	外观设计	个人
95	2015303857534	威远县越溪镇金堂村 5 组 4 号	外观设计	个人
96	2015303857549	威远县越溪镇金堂村 5 组 4 号	外观设计	个人
97	2015303857553	威远县越溪镇金堂村 5 组 4 号	外观设计	个人
98	2015303857568	威远县越溪镇金堂村 5 组 4 号	外观设计	个人
99	2015303857572	威远县越溪镇金堂村 5 组 4 号	外观设计	个人
100	2015303857587	威远县越溪镇金堂村 5 组 4 号	外观设计	个人
101	2015303857591	威远县越溪镇金堂村 5 组 4 号	外观设计	个人
102	2015303857604	威远县越溪镇金堂村 5 组 4 号	外观设计	个人
103	2015303857619	威远县越溪镇金堂村 5 组 4 号	外观设计	个人
104	2015303857623	威远县越溪镇金堂村 5 组 4 号	外观设计	个人
105	2015303857638	威远县越溪镇金堂村 5 组 4 号	外观设计	个人

续表

编号	申请号	申请人地址	专利类型	申请人类型
106	2015303857642	威远县越溪镇金堂村 5 组 4 号	外观设计	个人
107	2015303857657	威远县越溪镇金堂村 5 组 4 号	外观设计	个人
108	2015303857661	威远县越溪镇金堂村 5 组 4 号	外观设计	个人
109	2015106468310	威远县小河镇小河村 7-49 号	发明	个人
110	2015106472621	威远县镇西镇黄老五大道 39 号	发明	企业
111	2015106473978	威远县镇西镇黄老五大道 39 号	发明	企业
112	2015303924238	威远县越溪镇金堂村 5 组 4 号	外观设计	个人
113	2015303922181	威远县越溪镇金堂村 5 组 4 号	外观设计	个人
114	2015303925940	威远县越溪镇金堂村 5 组 4 号	外观设计	个人
115	2015303926500	威远县越溪镇金堂村 5 组 4 号	外观设计	个人
116	201530392701X	威远县越溪镇金堂村 5 组 4 号	外观设计	个人
117	2015303927024	威远县越溪镇金堂村 5 组 4 号	外观设计	个人
118	2015303924948	威远县越溪镇金堂村 5 组 4 号	外观设计	个人
119	2015303924971	威远县越溪镇金堂村 5 组 4 号	外观设计	个人
120	2015303924632	威远县越溪镇金堂村 5 组 4 号	外观设计	个人
121	2015303922730	威远县越溪镇金堂村 5 组 4 号	外观设计	个人
122	2015303925387	威远县越溪镇金堂村 5 组 4 号	外观设计	个人
123	2015303924810	威远县越溪镇金堂村 5 组 4 号	外观设计	个人
124	2015207873371	威远县高石镇达木河	实用新型	企业
125 .	2015207863524	威远县高石镇达木河	实用新型	企业
126	2015304025361	威远县越溪镇金堂村 5 组 4 号	外观设计	个人
127	2015304025380	威远县越溪镇金堂村 5 组 4 号	外观设计	个人
128	2015304025431	威远县越溪镇金堂村 5 组 4 号	外观设计	个人
129	201530402554X	威远县越溪镇金堂村 5 组 4 号	外观设计	个人
130	2015304025569	威远县越溪镇金堂村 5 组 4 号	外观设计	个人
131	2015304025412	威远县越溪镇金堂村 5 组 4 号	外观设计	个人
132	2015304025446	威远县越溪镇金堂村 5 组 4 号	外观设计	个人
133	2015304025520	威远县越溪镇金堂村 5 组 4 号	外观设计	个人
134	2015304025554	威远县越溪镇金堂村 5 组 4 号	外观设计	个人
135	2015304025592	威远县越溪镇金堂村 5 组 4 号	外观设计	个人
136	2015304025342	威远县越溪镇金堂村 5 组 4 号	外观设计	个人
137	2015304025357	威远县越溪镇金堂村 5 组 4 号	外观设计	个人
138	2015304025376	威远县越溪镇金堂村 5 组 4 号	外观设计	个人
139	2015304025395	威远县越溪镇金堂村 5 组 4 号	外观设计	个人
140	2015304025408	威远县越溪镇金堂村 5 组 4 号	外观设计	个人

续表

编号	申请号	申请人地址	专利类型	申请人类型
141	2015304025427	威远县越溪镇金堂村 5 组 4 号	外观设计	个人
142	2015304025516	威远县越溪镇金堂村 5 组 4 号	外观设计	个人
143	2015304025535	威远县越溪镇金堂村 5 组 4 号	外观设计	个人
144	2015304025573	威远县越溪镇金堂村 5 组 4 号	外观设计	个人
145	2015304025588	威远县越溪镇金堂村 5 组 4 号	外观设计	个人
146	2015304025605	威远县越溪镇金堂村 5 组 4 号	外观设计	个人
147	201530402561X	威远县越溪镇金堂村 5 组 4 号	外观设计	个人
148	201520833882X	威远县高石镇兰田村 3 组 22 号	实用新型	个人
149	2015304257284	威远县小河镇大岩村 10 组 9 号	外观设计	个人
150	201530428862X	威远县小河镇大岩村 10 组 9 号	外观设计	个人
151	2015208581224	威远县高石镇兰田村 3 组 22 号	实用新型	个人
152	2015304374292	威远县小河镇大岩村 10 组 9 号	外观设计	个人
153	2015304477570	威远县小河镇大岩村 10 组 9 号	外观设计	个人
154	2015107733046	威远县严陵镇建业大道 333 号	发明	企业
155	2015107733050	威远县严陵镇建业大道 333 号	发明	企业
156	2015107730461	威远县严陵镇建业大道 333 号 20 幢 2 层	发明	企业
157	2015107730476	威远县严陵镇建业大道 333 号 20 幢 2 层	发明	企业
158	2015107731089	威远县严陵镇建业大道 333 号 20 幢 2 层	发明	企业
159	2015107731093	威远县严陵镇建业大道 333 号 20 幢 2 层	发明	企业
160	2015107731106	威远县严陵镇建业大道 333 号 20 幢 2 层	发明	企业
161	2015107733027	威远县严陵镇建业大道 333 号	发明	企业
162	2015107733031	威远县严陵镇建业大道 333 号	发明	企业
163	2015107829477	威远县严陵镇建业大道 333 号	发明	企业
164	2015305009421	威远县向义镇向万村 2 组 38 号	外观设计	个人

气象测报

【概况】 威远气象局位于县城南塔山，北纬 29°31′，东经 104°40′，海拔高度 351.1 米，属国家二级气象站。主要业务是：地面气象要素观测、气象预测预报、气象服务、人工影响天气、农经网、气象科技服务（防雷、氢气球广告、气象专业有偿服务）。

2015 年，威远县气象局全面深化气象改革，着力推进县级气象机构综合改革。完成 2 个内设机构（办公室、气象防灾减灾科）和 2 个直属事业单位（县气象台、县气象服务中心）的机构设置与业务人员的调整。年底，全局有在职职工 11 人。

气象工作纳入县委、县政府目标考核，县农业农村工作任务和应急体系建设考核；年底参加农工委组织的农村工作考核，重点督查镇气象灾害体系建设和农信网工作。

【地面测报】 观测时次采用北京时每天 08、14、20 时 3 次观测。观测项目有云、能见度、天气现象、气压、气温、湿度、风向风速、降水、雪深、日照、地温等。观测场内安装自动气象站仪器，所有观测数据均以自动气象站观测数据为准，每月定时复制光盘归档、保存、上报。自动气象站观测数据由计算机通过光纤通信网络自动传输到四川省气象局。

【气象服务】 2015 年底，全县共有

10个气温、降水两要素气象自动监测站，4个气温、降水、风向、风速四要素气象自动监测站，9个降水单要素气象自动监测站。每天逐时提供气温、降水的实时资料，对防灾减灾起到不可忽视的作用。

2015年，县气象局共发布各类重大气象信息专报、重要天气警报和专报共计12期，发布预警信号23期，各类雨情通报和服务材料44期，向各级政府领导、相关单位领导、服务单位、村镇气象信息员发送手机短信250余条，8.5万人次。

农气象服务　县气象局把保障国家粮食安全作为气象工作的重中之重，传统农业气象服务有声有色，开展《春耕春播服务专报》《夏收夏种气象服务专报》《秋收秋种气象服务专报》，同时开展面向本地特色农业、专合组织、种养殖大户的直通式气象服务12家，并签订《直通式气象服务协议》。在金四方果业有限公司开展无花果气候产品认证。

决策气象服务　在县政府的春耕生产备耕会，县气象局作“威远县2015年春播农业气象条件分析”专题发言；在威远县委、县政府组织召开的“2015年全县防汛抗旱工作会议”上，对2015年汛期的气候趋势进行详细的预测分析，提出与之相宜的对策建议。

气象防灾减灾体系　全县20个镇313个村建立以村干部为气象信息员的农村应急气象队伍，气象灾情信息服务实现横到边纵到底。开展中小河流和山洪地质气象风险预警业务。

气象科技服务　完成全县中、小学校，易燃易爆场所、煤矿、重点企业等项目的防雷装置安全性能检测，依法开展氢气球的安全管理和施放活动；开展县水务局、供电局、川威集团以及涉农企业的专项气象服务。

【人工影响天气】　2015年，县气象局全面实施《威远县重污染条件下人工影响天气实施方案》，践行“蓝天行动”。秋季雾霾天气明显，10月16日晚，出动车载火箭车1辆，作业人员5名，在严陵镇花椒坡人影固定作业炮点（5113801）于20：30～23：00，发射6枚BL-1型火箭弹，组织开展人工增雨消减雾霾作业，全县普降小到中雨，作业区达中雨，其中城区11.3毫米，最大限度地降低雾霾天气对空气质量的影响。针对“4·10”煤气冷凝水溢出事件，开展2次人工影响天气作业，增雨效果明显，空气得到净化。

（辜良书）

2015年，南塔山气象观测站　（县气象局　供图）

文　化

综　述

【概况】　威远县文化广电体育新闻出版局（简称县文广体新局）是县政府工作部门，主管全县的文化、广电、体育和新闻出版（版权）工作，系2015年3月政府职能转变和机构改革时组建。局机关设有办公室、宣传管理股、市场管理股（行政审批股）、文化和新闻出版事业股、体育事业股、广播影视事业股、人事政工股、财务股8个股室，现有在编在岗职工70人，下辖县文化市场综合执法大队、县广播电视台（新闻宣传中心、广告文艺中心、科技播发中心）、县少年儿童业余体校、县图书馆（罗世文烈士史料陈列馆、县文管所）、县文化馆、县体育中心、县川剧团、县文轩集团（垂管）、县电影公司、广告传播公司、省网威远分公司（垂管）13个单位。

2015年，威远县文化事业继续完善公共文化服务体系，强化文广体新惠民工程，深化文化体制改革，激发文广体新事业发展活力。创新方式方法，促进文化事业大繁荣。创新管理机制，促进广播影视事业（产业）发展。健全文化执法机构，推动文广体新市场繁荣稳定。保障人民基本权益，使其共享文化发展成果。1月31日，完成2014年“全国第一次可移动文物普查”工作，上报文物250件。2月7日，组织舞蹈《梦幻汶川》在四川省“金曲迎春·舞动天府”群众广场舞大赛总决赛中获优秀奖。2月中旬，向县人民政府报送《妥善解决我县原乡镇（公社）老放映员历史遗留问题的实施方案》，并成立老放映员的历史遗留问题工作领导小组，解决217名原乡镇（公社）老放映员的历史遗留问题。同月中旬，由文化部组织委派的中国成都艺术团赴非洲埃塞俄比亚等3个国家进行“欢乐春节非洲行”7场慰问演出，威远籍作曲家邓建平原创歌曲《我的老爸老妈》唱响非洲。4月1日，开办“威远广播电视台”微信公众号。5月，获2013—2014年度四川广播电视节目奖（3个优秀奖、1个提名奖）。同月，县广场舞爱好者参加2015年中泰国际文体艺术交流节泰国大比舞获三等奖。同月5日，内威荣高速公路高石段发现古生物化石遗存，县文管所进行现场勘查和测量、考古，确定为白垩纪恐龙化石。5月19日至22日，参加四川健身气功交流比赛大会暨全国健身气功站点联赛，集体项目获体育道德风尚奖、健身气功集体三等奖2个；个人项目杨文萍获单项“马王堆导引术”第二名，被评为体育道德风尚奖运动员。6月23日，威远曲作家邓建平“美丽中国咱的家——邓建平访问学者原创民族歌曲作品音乐会暨研讨会”在北京中国音乐学院主楼演奏厅内举行。8月21日，县“十二五”村村通地面数字电视16个补点基站通过

2015年9月19日，威远民族歌舞《石坪情怀》参加第五届成都国际非遗节展演　（县文广体新局　供图）

市文广新局验收合格。8月22日，选送《春风伴我回故乡》参加全省第二届民歌大赛，获表演金奖、组织一等奖、创作三等奖。8月30日，县广播电视台新媒体中心试运行。8月31日，电视台购买航拍无人机，成为内江市首个拥有无人机的县级媒体。10月下旬，获四川省国家级青少年体育俱乐部全民健身操舞比赛健身操规定动作（小学组）第三名。11月下旬，著名男高音歌唱家刘和刚演唱歌曲《我的老爸老妈》。12月6日，2015年首届川南越野汽车场地挑战赛在靖和镇银杏山庄（感恩寺）举行。

2015年2月1日，严陵镇文化惠民演出　（冷国文　摄）

【广播电视设施】　2015年，广体新局拥有摄像机18台，导播系统1套，非线性编辑系统9套，硬盘播出系统主备播各1套，广告管理系统1套，应急综合信息发布系统1套，广播调频发射机1台，广播电视发射塔2座，地面无线数字电视信号补点直放站21个。有线电视总前端机房1个，传输模拟电视节目6套，数字电视节目222套，其中威远县自办频道有3个（新闻综合频道、音乐·动漫·资讯频道、影视频道）。

【行政管理】　县文广体新局做到日常巡查、检查笔录纸质和电子平台对接，每次检查内容和处罚事项均录入电子平台。全年办件无拖延，案件办结率100%，群众满意率100%。新增网吧11家，新增电脑1087台，投资约1100万元；新增娱乐场所1家，投资500余万元。县文广体新局与62家网吧和30家KTV全部签订文明经营承诺书及安全生产责任书。2015年，县文化市场综合执法大队累计出动执法人员588人次，检查文化经营场所1118家次，处罚接纳未成年人网吧12家，责令整改12家，罚款金额1.8万元。以开展“两会”期间出版物市场专项清查为重点，推进“扫黄打非”（是文化市场管理的一个专业术语，是一项执法活动。“扫黄”指清理黄色书刊、黄色音像制品及歌舞娱乐场所、服务行业的色情服务，就是指扫除淫秽色情、封建迷信等危害人们身心健康、污染社会文化环境的文化垃圾。“打非”是指打击非法出版物，即打击违反《中华人民共和国宪法》规定的破坏社会安定、危害国家安全、煽动民族分裂的出版物，侵权盗版出版物以及其他非法出版物）工作。结合“秋风2015”“净网2015”“护苗2015”“清源2015”和“固边2015”等专项行动，严厉打击“三假”（打击假媒体、假媒体机构、假记者），坚决查处含有国家法律法规禁止内容的出版物，整治淫秽色情低俗信息。开展校园周边文化环境整治行动，收缴盗版教辅教材110本、盗版图书38本，检查出版印刷单位206家次；出动执法人员179人次，学校周边200米以内无经营性网吧、电子游戏厅、歌舞娱乐场所，以及“黄、赌、毒”等丑恶现象。对文化部公布的网络音乐“黑名单”同KTV点歌曲库进行核对，加强未成年人进入歌舞娱乐场所的检查。出动执法人员362人次，检查经营单位510家次，向县工商局抄告无证经营歌舞娱乐经营场所54家。通过“12318”举报电话，处理一起违规广告促销演出活动。规范营业性演出，出动检查人员110人次，全程监督演出40场次。联合县工商局、公安局加大对非法卫星接收器的执法力度，排查固定销售门店221家，查获非法销售的卫星接收设施55套、接收机12个、高频头1个，用户自行拆除“小锅盖”25套、主动上交4套。

文化惠民

【概况】　2015年，威远县举办各类文化惠民活动100余场次、参与群众达10万人。举办4场“文化四季风”活动；县川剧团开展“月月看大戏”川剧免费演出活动；县文化馆开展“月月送文化下乡演出活动”；县图书馆举办4次“威远大讲堂”公益讲座；20个镇文化站组织精彩的文艺节目到村、社区、学校、企业开展“百姓大舞台”文艺演出；各文化艺术协会每季度举办主题活动。全县广场舞爱好者团体参加2015年中泰国际文体艺术交流节泰国大比舞获三等奖；组织作品《月移水影》参加四川省2015年舞蹈新作比赛；组织舞蹈《牛灯情》参加内江市建市三十周年演出；参加内江市幸福文化广场戏剧曲艺专场文艺展演荣获组织奖。选送诗朗诵《铭记》荣获内江市幸福文化广场戏剧曲艺专场文艺展演优秀表演奖；选送节目《一条红领巾》荣获内江市“幸福文化广场甜城甜女”群众舞蹈大赛一等奖。新创歌曲《春风伴我回故乡》在全省第二届民歌大赛中，荣获一等奖、表演金奖、创作铜奖；组织4个非遗节目参加第五届中国成都国际非物质文化遗产节；原创歌曲《背着巴山走》受邀参加第五届川南文化交流展演活动开幕式；完成威远县第二届无花果果摘节开幕式活动的节目组织和演出；威远作曲家邓建平原创歌曲《我的老爸老妈》受文化部组织委派赴非洲埃塞俄比亚等3个国家慰问演出，由著名歌唱家刘和刚演唱，对宣传威远起到推动作用。

【电影放映工程】 全年放映各类电影10358场（商业电影5776场、社区公益电影446场、校园电影256场、农村公益电影3880场），观影人数65.57万人次，票房收入313.53万元，公益电影财政补助118.37万元。其中，放映农村公益电影占目标任务的101%，观影人数34.76万人次。在全市率先解决老电影放映员历史遗留问题。引进社会资本700余万元，新建“维多利”影城1座，总建筑面积2600余平方米，内设5个标准化数字放映厅、1个休息大厅，可同时容纳500余名观众观影。

【“书香四川——全民阅读”服务宣传周系列活动】 2015年5月25日至6月1日，县图书馆以“书香四川——全民阅读”为主题，开展服务宣传周系列活动。投入开架借阅新书200册；开展“读者问卷调查活动”活动；公共电子阅览室开展“数字图书馆使用培训活动”；开展“公益视频·电影”播放活动、庆“六一”活动、“少儿读书心得交流会”、向图书小管理员赠书、向少儿读者赠送节日小礼物等系列活动，累计服务接待读者3500余人。

【公共文化服务】 2015年，威远县完成85个村文化活动室相关设备设施的配送安装，并投入使用；新建66个村文化活动室，完成设备器材的配送、安装、验收工作；建成16个村电子农家书屋（村公共电子阅览室），各配送6台电脑和桌椅。全县共建成村文化活动室236个、村电子阅览室20个。完成全县313个农家书屋、57个社区书屋出版物补充更新工作；完成靖和、新店省级示范站LED屏的招投标工作。

文物普查与非遗保护

【概况】 2015年，威远县有各级文物保护单位22处、文物保护点670处。主要类型包括古建筑、古墓葬、石窟寺及石刻、近现代重要史迹及代表性建筑、古遗址。3月，整改威远城墙、静宁寺、罗世文烈士史料陈列馆等重点文物保护单位存在的安全隐患，对隐患单位及部位进行专业设计，加装灭火器48套，其中静宁寺加装32套、北门城楼8套、罗世文烈士史料陈列馆8套。6月，启动省级文物保护单位静宁寺儒林院外墙、屋面、梁架的排危抢救性维修工作，完成主体维修设计并完成立项工作。完成内威荣高速公路（高石段）恐龙化石的保护鉴定工作；实施向义镇境内宋代墓葬的抢救性清理发掘，出土宋代陶器4件。

【全国第一次可移动文物普查】 2015年1月31日，完成2014年“全国第一次可移动文物普查”工作，上报文物250件。7月31日，完成全国第一次可移动文物普查工作照相和测量，普查文物441件。9月，全县国有单位可移动文物保存情况普查工作完成全部的数据录入工作并进入审核和修改阶段。

【非遗保护】 2015年，县文广体新局继续打造《牛灯情》舞台精品节目；挖掘新场火龙节资源，积极申报市级非遗项目。依托乡村少年宫，在越溪镇中心校、观英滩镇石坪小学定期开展省级非遗牛灯舞、石坪山歌传承教学，被内江市文化广电新闻出版局表彰为2015年非遗保护工作先进集体。

文艺团体

【威远县摄影家协会】 2015年，威远县摄影家协会（简称县摄协）新增会员8人，会员人数增至93人。其中省摄协会员8人、市摄协会员12人。全年召开理事会8次，先后增补詹光伟、佘志吾、虞崇宁、李八中4人为协会理事，增补谢大宽、罗英为协会副主席。举办6次摄影讲座。2月1日，邀请谢礼书介绍纪实摄影专题拍摄经验和体会。3月1日，杨俊德主讲纪实摄影。4月5日，夏向前主讲纪实摄影基本知识。10月24日，冷国文主讲《漫谈摄影构图》。11月7

2015 年 4 月 4 日，威远县摄影家协会会员在小河镇茶山采风　（谢大宽　摄）

日，中摄协会员、金镜头金奖获得者、市摄协副主席王斌主讲纪实摄影。12 月 20 日，陈勇主讲《读图时代摄影作品的看与品》。

5 月，组织会员参加“印象甜城·幸福内江”摄影大赛。冷国文、阚晓华、夏向前等 10 人 31 幅（组）作品获奖。6 月 22 日，县摄协理事专程到隆昌县摄协学习取经。7 月 17 日至 19 日，协办“光影威远·大美穹窿——省市摄影家威远采风活动”，省摄协副主席贾跃红、副主席陈宁一行到俩母山、石板河等地采风。

组织活动　农历正月十五，组织到新场拍摄火龙舞。3 月 7 日，组织到城郊牛拉坳拍摄“大龙闹春”。3 月 19 日、21 日，组织到威玻集团拍摄。3 月 28 日，组织到长沙湖开展“长湖对歌”拍摄。4 月 4 日，组织到复立茶场进行“茶山风情”拍摄。4 月 11 日组织到白塔集团拍摄。4 月 12 日，组织到勤达公交公司拍摄。4 月 17 日，组织到港华燃气公司拍摄。4 月 19 日，组织到镇西井得毛织制衣有限公司拍摄。5 月 9 日至 10 日，组织到俩母山、石板河等地采风创作；8 月 2 日，组织参加第二届无花果采摘节开幕式。8 月 23 日，与县作协联合开展“纪念抗战胜利 70 周年”创作采风活动。9 月 12 日至 18 日，组织到红原、阿坝、若尔盖川西北采风。

7 月 3 日，开展摄影作品交流活动，陈勇等 20 余位会员到场交流发言。12 月 4 日，缪体波等 11 名会员在作品交流会上作交流发言。

搭建平台　实体平台有摄影橱窗，网络平台有清溪论坛，2015 年 35 位作者 125 幅摄影作品被评为月评优秀。期刊平台《威远摄影》第四期设《美丽威远》《赛事聚焦》《佳作欣赏》等 10 个栏目。在县城静林茶坊建立摄影沙龙交流平台。

影展影赛　2015 年，县政协开展 4 次县级摄影比赛；与县总工会联合举办“威远县首届职工风采摄影大赛”；与雄飞·国际新城联合举办“新城市·新家园·新生活”首届新城市建设摄影大赛；与金四方果业公司联合举办第二届无花果采摘节摄影大赛；与县旅游局联合举办“四川宏益置业杯”发现威远美景摄影大赛。利用兰草街、萝卜巷和婆城公园 3 处摄影橱窗开展 6 次橱窗影展。9 月 8 日，由省委宣传部、省文联主办的“看四川”文艺精品创作工程优秀摄影作品展在省美术馆举行，内江市 7 幅入选作品中威远占 4 幅。

创作成果　据不完全统计，县摄协会员在《内江日报》《人民摄影》《摄影世界》《中国税务报》等报刊发表 40 余幅，获全国、省、市、县级奖项 180 人次。

2015 年威远县摄影作品刊展演及获奖情况

作　者	摄影作品名	刊展演及获奖情况
夏向前	《威远穹窿地貌》	“看四川”文艺精品创作工程优秀摄影作品展
樊碧贞	《野菊花》	《内江日报》

续表

作　者	摄影作品名	刊展演及获奖情况
冷国文	《画意穹窿》	2015“印象内江·幸福甜城”摄影大赛二等奖
	《长沙坝飞瀑》	2015“印象内江·幸福甜城”摄影大赛优秀奖
	《幻彩》	“尼康杯”摄影月赛优秀奖 《摄影世界》2015年5期刊载
	《抗战老兵的家》 《仿佛隔世》 《劳动者剪影》《观展》	《人民摄影》“明星杯”手机摄影月赛入围奖
	《选照片》	“看四川”文艺精品创作工程优秀摄影作品展
	《鸽子》	省摄协网“黑白”季赛优秀奖
	《俩母夕照》 《威远新场坝子》	《内江日报》发表
陈　勇	《五堡拱日》	“看四川”文艺精品创作工程优秀摄影作品展
	《各有所乐》	省党校系统第五届摄影展获纪实类一等奖
罗　英	《大龙闹春》	“看四川”文艺精品创作工程优秀摄影作品展
	《丝缕之间》	市机关工委“党旗飘扬·幸福美丽内江”书画摄影比赛中获一等奖
阚小华	《欢乐石板河》	2015“印象内江·幸福甜城”摄影大赛三等奖
	《茶山情歌》《老东门》《收获》	2015“印象内江·幸福甜城”摄影大赛优秀奖
杨宗品	《课外作业》	《人民摄影》月赛中获三等奖
	《山花》	《人民摄影》被专家评图采用
	《劳动者之手》	《天府地税》第5期
	《亲历滇西大反攻的机枪手》	《中国税务报》
	《向老兵致敬》	《天府地税》第9期
	《内江篇章》	市机关工委《党旗飘扬·幸福内江》书画摄影赛中获二等奖
胡卫东	《青山如黛》《晨曲》《锦绣田园》	2015“印象内江·幸福甜城”摄影大赛优秀奖
	《茶山飞出金凤凰》《孕》 《年味》《春的节奏》 《花舞人间》《温馨的小屋》 《西藏那木措晚霞》	《内江日报》

（胡卫东）

【威远县作家协会】 威远县作家协会（简称县作协）有会员128人（其中市作协会员20人、省作协会员5人），2015年新增县作协会员5人、市作协会员2人。1月，召开县作家协会会员代表大会暨2014年度表彰大会。会议通过作协主席袁成援、副主席冷国文和陈良3人的辞职报告，由副主席余向红主持县作协工作。会议就2014年工作和2015年工作进行总结和安排，并对荣获2014年“逐日文学奖”的10名优秀会员、“我是威远人，我爱威远”征文获奖者进行表彰。11月20日，《四川文学》主编牛放到威远指导文学创作，并聘任余向红为《四川文学》内江工作站副站长。年内，4名会员在县文体广新局主办、县图书馆和县电视台承办的“威远大讲堂”中担任主讲，内容涵盖穹窿山川、威远人文、诗歌评论、散文创作等方面。

采风交流　集中组织采风交流活动8次，参与人数200余人次，创作作品80余篇（首）。其中，袁成援创作的《婆城赋》在新建成的婆城公园广场碑刻展出，与园内的“古八景”相映生辉。“清溪论坛”举办同题征文4期，收到参赛作品50余篇（首），评出优秀作品20篇（首）。

培训参赛　年内，县作协广览信息，分别在清溪论坛、县作协创作交流QQ群发布，鼓励会员以个人或集体名义参赛或参培。3月，会员参加第五届川南·大千文化旅游桃花节《桃园春歌》大众诗歌比赛。4月，组织会员参加由县旅游局、县作协联合举办的首届“发现威远美景”征文和“天下穹窿·魅力威远”景区景点历史文化故事征文比赛。莫玉英的《醉美长沙湖》、冷国文的《清凉石板河》等66篇分获一、二、三等奖和优秀奖，其中10名会员作品入选由市委党史研究室、市地方志办公室联合主编的“内江市资政育人丛书之三”《内江胜览》。胡卫东、杨美成等5名会员参加“川南片区戏剧小品培训班”。6月，陈辉忠、刘长祝参加四川省作家协会“结对子、种文化”主题实践活动。9月，组织会员参加第二届“非常梦想——四川省第二届农民工原创文艺作品大赛”，选送文学作品177余件，经初选，14位作者18篇作品送省参加评比。11月，樊碧贞被推荐参加在巴金文学院举办的“2015年四川省中青年作家高级研修班”。

平台建设　依托“两刊一网一论坛”4个展示平台，培养和发现文学新人，打造文学精品。两刊：《逐日》《清溪》。《逐日》年出版2期，刊载140余篇作品，18万余字，图片20余幅，并在封三专题推出威远本土文化人及其代表作品。除在省内交流外，还寄送至河南、天津、广东、福建等地，扩大刊物的影响力。《清溪》为县作协主办的廉政文化季刊，年出版4期，刊发100余篇作品。两刊发行上1000册。一网：逐日网。2015年拥有驻站作家70余名，众多的文学爱好者在这里云集。网站年刊载各类作品1500篇，45万字。一论坛：威远清溪论坛。作协举办的活动、文坛消息、会员出版、发表、获奖消息等等，都通过论坛及时发布，成为作协会员之间非常重要的交流平台。年内尝试推出“婆城文学公众号”，尚在测试阶段。

2015年8月30日，县作协举行杨美成作品研讨会　（崔海斌　摄）

创作成果　据不完全统计，2015年县作协会员在《解放军报》《中国教师报》《中国安全生产报》《农村青年》《少年文艺》《百姓故事会》《华西都市报》《内江日报》《内江晚报》等报刊发表作品200余件，荣获县级以上奖项50余人次。网络文学创作呈现上升趋势，袁成援、刘长祝、余宾、杨红英等在起点中文网、榕树下、腾讯文学创世中文网、红袖添香等大型文学网站签约，网载小说8部，文字逾200万。

2015年威远县文学作品刊展演及获奖情况

作　者	文学作品名	发表刊物及获奖情况
陈辉忠	《到朝鲜去捡回我那只手》	《台湾好报》
	《一塘乡愁》《童年农事》《多哥》《到朝鲜去捡回我那只手》	《内江日报》
陈小丰	婆城春色	《内江日报》
	《种葱记》	《时空之树——新时期内江散文选》
陈　良	《给五十岁的自己点个赞》	《内江日报》
	《窄窄的天井圆圆的月》	《时空之树——新时期内江散文选》

续表

作　者	文学作品名	发表刊物及获奖情况
崔海斌	《30年树木》《喜竹》《遮羞帽》	《内江日报》
	《雄奇秀险五堡墩》	《内江胜览》
	《故乡的清溪》	《时空之树——新时期内江散文选》
樊碧贞	《石磨·豆花》	《时空之树——新时期内江散文选》
	《戏》	《小小说月刊》
	《一个老兵的签名》	《少年文艺（少年读者文摘）》《解放军报》《赢在高考的秘密——语文阅读理解真题精粹》
	《道家圣地老君山》《绿水青山长沙湖》《金碧辉煌感恩寺》《精雕细刻大站佛》	《内江胜览》
	《野菊花》《写意郁金香》《小荷》《在一株稻里亲近故乡》《秋走威远银厂沟》	《内江日报》
付恒博	《海棠》	《内江日报》
胡卫东	《弯弯刀儿匠》《孕》《年味》《春的节奏》《花舞人间》《茶山飞出金凤凰》《温馨的小屋》《聆听圣湖的声音》《想起故乡那缕炊烟》《吃面的往事》《金黄金黄的玉米》《月下清溪》	《内江日报》
	《葫芦峡谷花水湾》	《内江晚报》
	《世外桃源葫芦峡》	《内江胜览》
冷国文	《三年一梦梨花缘》	《时空之树——新时期内江散文选》
	《求助》	《小小说选刊》2015年第10期
刘　瑜	《仲夏的雨》《沙漏》	《内江日报》
	《花壁》	《时空之树——新时期内江散文选》
刘长祝	《父爱如诗》	《时空之树——新时期内江散文选》
刘　忠	《心路》《乡思》《怀念父亲》	《内江日报》
李兰英	《守望》	《内江日报》
罗翠英	《乡野之居》	《内江日报》
吉树奎	爱或者惊鸿一瞥（外一首）	《星星·诗歌原创版》
	《那个高声说话的人》《谁摇响我家的门环》	《内江日报》
莫玉英	《悠幽一线天》《父亲》《夏“满”石板河》《慈菇塘之韵》《白龙池与美女山的传说》	《内江日报》
	《探秘“杀人沟”》	《内江晚报》
石建希	《风中有封鸡毛信》《最后一夜》	《四川文学》（中旬版）
	《空巢》	2013—2014年度中国优秀原创小小说
唐晓春	《矿山的剃头匠》	《时空之树——新时期内江散文选》

续表

作　者	文学作品名	发表刊物及获奖情况
杨红英	《世界上没有两片叶子是相同的》	《教育导报》
	《五年的功夫，只为一堂作文课》	《中国教师报》
	《自然的女儿》《春到绿水岸》《小镇的私家花园》《夏天的诗意》《昙花宴》《家在天空下》《我家是个植物园》《秋意》	《内江日报》
	《土甘蔗》《小镇之夜》	《内江晚报》
	《老队长癌了》	《农村青年》
	《歌声飘过的日子》	《时空之树——新时期内江散文选》
杨俊德	《过年》《清明》《这一片天空》《邂逅石板河》《一枚枫叶》《秋雨》	《内江日报》
	《慢品石榴》	《时空之树——新时期内江散文选》
杨美成	盐铁古道的梦幻（组诗）	《内江日报》
吴　畏	《花朵是献给阳光的笑脸》	《内江日报》
	《溪之梦》	《时空之树——新时期内江散文选》
王若晶	《幽幽静宁》	《内江日报》
徐淑英	《一世风雨情》	《时空之树——新时期内江散文选》
	《时光不解催人老》	《中国安全生产报》
	《紫晶魂》《美丽俏佳人》	《百姓故事会》
	《龙凤呈祥》	《民间故事》
	《26℃的爱》《时光又催人》《把欲望还原成最初的样子》《唯有梦想光芒万丈》《偶像》	《内江日报》
余向红	《父亲的花草》	《时空之树——新时期内江散文选》
余春莉	《书香溢》	《内江日报》
袁成援	《与梅同清德政坊》	《时空之树——新时期内江散文选》
	《婆城赋》	《内江日报》
曾　平	《养蚕记》	《时空之树——新时期内江散文选》
张永康	《心狱解码》（长篇小说）	团结出版社
	《爱，流入那条春河》	“村镇银行杯”全国小小说大赛三等奖
	《古佛茶缘》	“绿茗春杯”全国文学书画大赛优秀奖

（樊碧贞）

【威远县书法协会】 威远县书法协会成立于1986年9月23日，2015年有会员108人（国家级1人、省级2人、市级22人、县级83人）。县书法协会始终坚持传承艺术经典，开展书画教育及展览活动，为社会主义精神文明建设培养艺术人才。3月，县书法协会进行换届选举，产生新一届领导班子。

2015年1月，举办全县“问道经典”临帖书法展，入展书协会员及书法爱好者的58件优秀作品。6月，举办全县庆“六一”少儿书画展。9月，与县教育局、县总工会共同组织威远县首届“阳光园丁”书画作品展。12月，田源、李德明、刘跃如参加市文学艺术界联合会到镇西镇“送文化下乡”活动。

年内，田源的书法作品入展省书协主办的行草书大展、入展川南艺术节书画展、入展全国和谐社区书法展；

刘跃如的书法作品获县教育系统一等奖；李勇的硬笔作品获威远县首届“阳光园丁”书画比赛一等奖。

【威远县诗词学会】 2015年，县诗词学会有会员70人。春节到越溪敬老院慰问老人。3月到石板河采风。5月刘劲秋主讲《怎样填词》。8月到接官亭社区，开展纪念抗日战争胜利70周年诗歌朗诵会。10月杨俊德主讲新诗赏析。

年内，出版《清溪浪花》第12期500册，刘劲秋出诗词集《藜芦秋韵》500册。周福祥的《郊游》、贺十康的《青春荡山庄》《崇州街子古镇》、刘劲秋的《行香子·消夏》《江城子·老犊心声》、刘清菊的《八声甘州·春游野炊》、胡明才的《江城子·冬韵》《归自谣·古寨秋色》被《巴蜀诗词》刊载。吴炳康的《布谷鸟》《夜读》《夏》在《内江日报》发表。

（刘劲秋）

【威远县老年书画研究会】 2015年，县老年书画研究会组织会员开展创作活动，向全国各级刊物投稿，向社区居民送春联200余副。吴维根出版歌词集《一路走一路歌》，刘劲秋出版诗词集《藜芦秋韵》。承办全市老年书画研讨会，得到市领导肯定和赞扬。

（王　曼）

【威远县美术家协会】 2015年，威远县美术家协会内设办公室、中国画、油画、水彩水粉画、美术教育理论等5个专门小组，拥有在省、市、县享有较高声誉的一批专业艺术人才，拥有会员55人。

威远县美术家协会每月开展一次美术培训和作品研讨会，邀请知名画家肖野、刘戈、张强等到协会举办讲座和进行指导。通过开展各种活动，发现和吸收新人，壮大美协队伍。组织开展“画威远、展穹窿、宣威远”活动。2月，举办威远县迎春名家画展，共展出书画作品38幅。10月20日至28日，第五届川南文化艺术节在自贡举办，县美术家协会李泱的《山居》、黄渝文的《山妹子》、李怀彬的《秋虫欲雨鸣》、卜玺山的《春到佛尔岩寺》、李阳的《初春图》等5幅作品在艺术节上亮相。11月，组织会员参加内江市首届美术作品展，全县送展41件（国画作品29件、油画作品11件、装饰画作品1件）。同月，李怀彬、黄渝文、李阳选送的国画作品参加教育部社区教育研究培训中心主办的全国第三届美好中国国画大赛，李怀彬的《秋虫欲雨鸣》获一等奖，黄渝文的《先师·白石·子恺》获三等奖；李阳获优秀指导教师奖。12月，县美术家协会确定银花山庄、感恩寺、镇西食品工业园区、周萝卜等4处创作基地。

（杨旭东）

国画《桃李花开》　（李　泱　作）

【威远县镇西文学艺术协会】 于2012年10月31日正式成立，系内江市首个乡镇文学艺术协会。2015年，镇西文学艺术协会召开2次理事会，调整充实理事会成员，增补程建、童敏芝为副会长。年内发展新会员10人，会员增至162人。设置文学创作、书画美术、摄影、音乐舞蹈4个小组，并调整文学、摄影、书画小组组长。建立起文学交流QQ群（180150034），建成威远县镇西文学艺术协会网络平台，为宣传“四个镇西”（商贸镇西、生态镇西、宜居镇西、文化镇西）建设和会员交流学习提供全新的阵地。

开展文学艺术创作、研讨、交流

活动，并不定期举办相关培训、讲座、文艺演出、作品展览等。农历正月十三举办由黄老五冠名的“镇西镇首届广场舞大赛”，15个节目参赛，同时邀请四川著名歌手尔玛丹、阿香、黄艳和内江著名歌手王玲等友情出演。3月、9月、12月分别参加全县“四季风广场舞”活动。组织文学作品30余篇、摄影作品100余幅、书画作品90余幅在镇内展出3次，并选送优秀文艺作品30余幅参加全县各类赛事。5月，组织会员到威远银花山庄采风。12月19日，与内江市文学艺术界联合会在镇西镇联合开展“写春联送福”活动，共送出1000余副春联。

（魏文英）

传　媒

【概况】　出台《威远县推动传统媒体与新兴媒体融合发展工作方案》，“微威远”官方微信、微博粉丝数量有所增加。加紧建设县广播电视台网，广播电视台微信运行良好。全县开通认证政务微博81个、微信公众平台40个，其中“威远工会”政务微信排名全国工会系统前十名。探索政府购买公益性全媒体产品，通过财政资金安排，购买航拍设备，提高拍摄效果。实施广播电视台标准化改造，谋划全媒体播控平台、婆城公园大型公益电子显示屏建设等项目。开展科级领导干部手机报订阅工作，配合内江日报社在威远县人民政府、城市花园、城南总站建设3块户外多媒体阅报系统。网络管理其他工作均按要求高标准落实。

【广播电视】　2015年，县广播电视台在《威远新闻》节目里新开辟《新作为　新常态》《学雷锋　树新风》《看项目》《婆城先锋》《幸福美丽新村见闻》《文化惠民》等6个主题报道。新开办“威远广播电视台”微信公众号，有粉丝2万余人。1月至12月，县广播电视台在《威远新闻》栏目中编发广播消息1889条、电视稿件1889条，制播《社会写真》《百姓逸事》等各类专题片37部，制播《阳光政务》22期。对外宣传上，完成中央电视台用稿6条，四川广播电视台用稿22条、市广播电视台用稿126条；采制5分钟专题片《魅力内江——神奇威远》52期，在内江广播电视台每周二黄金时段播出。在创优节目评选中，省级获奖作品4件，市级获奖作品22件。县广播电视台采购首台航拍无人机并成立专门飞行小组，主要对县域内穹窿风光、大型企业、重点项目等进行航拍，成为全市首家拥有无人机的县级媒体。“农村广播村村响建设项目”稳步推进，累计完成1个县级广播站、20个镇级广播站和256个村级广播室及321个无线广播终端的项目建设任务。

【安全播出】　2015年，县文广体新局投资8万元搭建应急灾备平台，在所有光纤线路中断情况下还能保证中央、省、市13套节目正常播出，实现零停播、零插播的“双零”目标，被内江市文化广电新闻出版局表彰为2015年度广播电视安全播出先进集体。

【数字电视】　2015年，全县整转有线数字电视用户5387户，占目标任务269%，累计整转用户137369户（其中城网52423户、农网84946户）；双改覆盖用户数达106000户（其中县城区用户40000户、场镇用户66000户）。完成全县地面数字电视信号覆盖主基站、直放站、补点站规划及基站间链路结构连接设计方案，并通过省级广电专家评估论证。完成地面数字电视24个直放站设备招标采购工作。建成地面数字电视县级主发射站1座，直放站23座，其中建成同频直放站6座。全年新增地面无线数字电视100个自然村，新发展用户2328户，占目标任务的116.4%，累计发展无线数字电视用户6708户，被内江市文化广电新闻出版局表彰为2015年度农村地面无线数字电视发展工作先进集体。完成“十二五”广播电视村村通工程建设，实现2418个20户以下已通电自然村通广播电视的建设任务，经市级验收合格。完成全县54个贫困村、9553户贫困户收听收看广播电视现状调查和规划，为“十三五”广播电视精准扶贫奠定基础。编制完成《“十三五”广播电视重点项目建设规划》。

（官宇宁）

【《威远宣传》】　是由县委宣传部主管主办的全县性机关事业单位内部旬刊，分要闻、综合、经济和文化四个版面，有总编1人、编辑4人（其中2人为责任编辑），编辑部设在县委宣传部宣传文艺股。2015年，《威远宣传》出版35期用稿1100余篇，开设“威远党组织建设”“健康教育之窗”“我是威远人　我爱威远”“威远廉政视线”“寻找内江最美人物”“艾滋病知识宣传栏”“征兵专栏”“依法治县”“食品安全法”等20余个专栏专题，刊发县委全委会、人代会、政协会等专刊4期，刊用各类信息1200余篇。

（张　翼）

【今日威远】　网站由县委宣传部主管主办（http://www.scwy.cn/）。2015年开辟专栏7个，发布更新各类信息3000余条。利用“一台一报一官方微博—微信公众平台三网站”，刊播各类新闻宣传稿件7000余篇。“微威远”官方微博和微信坚持多角度、多层面展示威远形象，发布微博423条、微信459条，其中魅力威远、重点项目等系列宣传起到较好的社会反响。在汉安堂、大千社区、麻辣社区等网站刊载正面引导贴文7628条。全县开通认证官方微博81个、微信45个。加强与中央省市媒体的协调联系，全年在中央电视台用稿5条、《人民日报》用稿2条，《四川日报》、四川广播电视台用稿30余条，内江电视台《新闻联播》用稿100余条，其他各类媒体刊发正面宣传稿件2000余条。

（简 萍）

【威远县电子政务（政府信息公开）】 2015年，威远县电子政务（政府信息公开）围绕加强政府网站建设和深化政府信息公开，组织全县43个政府系统网站开展第一次全国政府网站普查，完成初审评分工作。扩展政府信息公开内容，推进重点领域信息公开。年内，通过威远县政府信息公开目录系统主动公开政府信息10717条，其中工作动态信息6688条、人事信息85条、财政信息418条、行政执法信息523条、重大建设项目信息121条、其他重点领域信息344条、其他信息2538条。受理政府信息公开申请8件，各受理单位均按规定进行答复，按期答复率100%。扎实做好涉及群众切身利益的重点领域信息、重大政策解读等内容的公开，开设2015年重点领域信息公开专栏和公共服务重点服务专栏，提升信息公开服务群众的能力。县政府门户网站在2015年度全省182个县（市、区）人民政府网站绩效评估排名位居前列。

【政府网站群建设】 2015年，围绕政务宣传、政府重点信息公开领域、在线办事和互动交流，对政府网站进行局部升级改版。发挥政府门户网站载体作用，开设文件图解和便民图解专栏，运用图片、图解等可视化方式对县政府出台的重要文件和涉及民生、便民利民的重要内容进行解读，累计发布文件图解43条，便民图解50条。县政府门户网站累计访问量260万人次，日均点击930余人次。

（周仕文 李 科 魏 巍）

【威远党政网】 2015年，威远党政网发布各类信息4200余条、上报信息5000余条，内江市电子政务内网采用921条，完成市上下达目标任务的460%。按照“保安全、保畅通”的要求，不断完善网络巡查、信息审核和机房出入登记等相关制度，加强网络维护管理，及时排除网络故障，确保网络运行稳定高效，做到网络安全“零事故”。完成威远县党政高清视频会议系统建设，3月通过验收交付使用。启动威远县涉密电子政务内网建设，做好各项前期准备工作。

（陈 彬）

【逐日文学网】 为威远县作家协会主办的文学网站（http：//www.zhuri.cn/），创办于2005年。经过十余年的发展与沉淀，网站注册会员3160人。网站秉承“自由、开放、交流、共享”的办网宗旨，为广大文学爱好者提供广阔的交流空间。网站设置二级导航，包括首页、论坛、热点、服务、读书、廉网等。2015年，受新兴媒体向移动化、融合化、社会化发展的影响，网站刊载作品量锐减，上载稿件1536篇，总浏览量3万余人次。与中国廉讯网、新华网、新浪网、网易、凤凰网等40余家网站的友情链接，为用户提供一个综合开放的网络环境。

【威远清溪论坛】 为逐日文学网的子网站（http：//125.65.243.82：8000/bbs），拥有注册会员3119人。2015年开设“美术天地”专区，由威远县美术家协会协办，论坛专区增至6个。年发帖17991帖，累计逾30万帖。年内，与县作家协会、县摄影家协会、县委宣传部、县外事侨务旅游局、金四方果业公司、雄飞·国际新城、四川宏益置业公司等单位合作，协办县青年创业设计大赛、“12·9”艺术节、“发现威远美景”摄影大赛、威远“金四方”无花果摄影大赛等大型活动。组织会员开展以摄影、休闲、创作为主的采风活动30余次。与淘宝网、今日威远、内江电视新闻网内江论坛、色影无忌网、蜂鸟摄影网、资阳之家、西秦会馆、新津作家协会、威远史志网等24家网站建立友情链接，互为推广，为宣传威远和推介威远的一个重要网络平台。

（樊碧贞）

卫生·体育

卫生事业

【概况】 2015年8月12日，原县卫生局、县人口和计划生育局合并组建威远县卫生和计划生育局（简称县卫计局），原县卫生局的职责、原县人口和计划生育局的计划生育管理和服务职责整合划入县卫生和计划生育局。县卫生和计划生育局设10个内设机构：办公室（医改办、政策法规股）、规划财务与信息股、监督股（食品安全股、药物管理股）、疾病预防控制股（卫生应急办公室）、基层卫生股、医政医管股（行政审批股、中医股、县献血办公室）、计划生育指导股（流动人口计划生育服务管理股）、计划生育家庭发展股（妇幼保健股）、科教宣传股、人事股；机关行政编制31名，工勤人员3名，实有在编人员26名（其中公务员23名、工勤人员3名）。

全县医疗卫生计生机构535个（不含代管非营利性市级卫生机构1个）。其中：县直医疗卫生计生单位7个〔县人民医院、县中医医院、县疾控中心、县人口计生服务中心、县妇幼保健院、县卫生执法监督大队、县第三人民医院（企业代管）〕；乡镇（中心）卫生院20个；镇计生服务站20个；村卫生站323个；社区卫生服务中心1个（城市花园社区卫生服务中心）；民营医院9个；厂矿职工医院5个；综合门诊部、医务室和个体诊所150个。建成国家“二级甲等”医院2个、“二级乙等”医院3个、“一级甲等”医院8个、“爱婴医院”3个。

各级各类卫生计生人员4153人，其中卫生计生技术人员2777人。在卫计人员总数中卫生计生部门在职职工2326人。其中：县人民医院793人，县中医医院330人，县疾病预防控制中心49人，县人口计生服务中心22人，县妇幼保健院47人，县卫生执法监督大队25人，县三医院173人，镇（中心）卫生院887人。企业、民营医院职工总数688人，镇计生服务站58人，个体医生158人，乡村医生923人。卫计部门卫生计生技术人员中副高级及以上职称115人，中级职称423人，初级职称733人。全县注册有执业（助理）医师总数1959人，注册护士总数1516人。每千人口拥有医护人员4.7人。

实际开放病床3444张，其中卫生计生部门2777张。每千人口拥有病床4.6张。

推进县人民医院外科大楼、疾控中心改扩建工程，完成山王中心卫生院改建项目，建成村卫生站85个，新增医疗业务用房2500平方米，卫生计生部门业务用房126122平方米，万元以上设备总值13082万元，固定资产总值64629万元。

2015年8月12日，威远县卫生和计划生育局成立 （县卫计局 供图）

【卫生应急】 2015年，县卫生和计划生育局修订完善突发公共卫生事件应急预案，做到人员、车辆、物资、通信四落实、四到位。加强各医疗机构急诊科室和县120急救中心建设，开展应急知识培训和传染病疫情的医疗救治、疫情防控演练工作，卫生应急救治能力和水平全面提高。完成全县各类突发事件、安全事件的应急救治和各种重大活动、会议医疗保障任务。

【人口健康信息化建设】 2015年，威远县完成县级数据中心建设，并接入市级平台，数据迁移至县级数据中心。乡镇卫生院和社区卫生服务中心（站）公共卫生服务功能软件使用95%。县级医疗机构按照国家《远程医疗信息系统建设技术指南》完成改造和整合。县人民医院开展信息安全等级保护定级备案、建设整改和等级测评等工作并达到三级标准。县人民医院、县中医院申报数字化医院评审，其中县人民医院通过评审。

【医改工作】 2015年，威远医改工作以公平可及、群众受益为出发点和立足点，坚持医保、医药、医疗“三医联动”，在完善医保支付制度、基本药物和药械采购、开展分级诊疗等方面迈出新步伐，在推进县级公立医院综合改革上取得初步成效。

新型农村合作医疗 威远县新农合参合人数50.72万人，参合率99.82%，筹集资金2.36亿元，实现全覆盖。保障水平进一步提高，政府补助提高到380元，全年补偿167.6万人次、累计补偿22174.86万元，大病商业保险支出912.95万元。全县参合农民受益面330.4%，新农合政策范围内住院补偿比达到77.8%，参合农民实际补偿比例65.7%。加强基金使

2015年9月17日，省医改督查评估组到威远督查评估县级公立医院综合改革工作 （县卫计局 供图）

用监管，与定点医院签订目标管理责任书，实行基金使用三级审核制，强化对新农合定点医疗机构管理，进一步规范诊疗行为，控制医疗费用不合理增长；在支付方式方面，实行门诊统筹总额预付、住院费用总额控制和均次费用控制；卫生执法大队和新农合管理中心不定期对定点医疗机构进行检查，发现问题及时纠正并严肃查处。进一步提升服务水平，全部实行网络监管，在统筹区域内和市内定点医院医疗费用即时结算基础上，全年实现省内定点医院医疗费用即时结算，方便群众就医结算。

基本药物和药械采购 镇（中心）卫生院和村卫生站继续实施基本药物制度，基本药物采购金额3650万元，惠及群众548万人。加强药品、器械、耗材采购和使用监管，镇（中心）卫生院严格执行基本药物货款集中支付，县直医疗机构按照规定比例配备、使用基本药物；严格药品、耗材、器械采购管理，所有公立医疗机构上网采购高值耗材和医疗器械，药品100%上网采购。

公立医院改革 威远县推进县级公立医院综合改革。巩固取消药品加成政策，落实医疗服务价格调整及财政、医保补偿机制。完善绩效考核和分配制度，探索紧缺和高层次人才引进机制。实施改善医疗服务行动，继续开展优质护理服务工程和临床路径管理，加强医疗服务精细化管理，提升医疗服务能力；进一步优化服务流程，推行预约诊疗，方便群众就医。

分级诊疗 威远县完善分级诊疗制度，引导群众基层就医，县域内住院就诊率90%。推进全科医生与居民签约服务、乡村医生与农村居民签约服务，落实基层首诊，乡村医生签约服务率77.03%，社区医生签约服务率84.14%。发挥新农合基金差别化支付的激励约束和杠杆作用，引导病人合理就医。建立双向转诊制，全县二级公立医疗机构与19所基层医疗机构建立双向转诊关系，并签订双向转诊协议。落实首诊分级负责制，完善转诊程序，医疗机构严把“上转”关口，畅通“下转”渠道，引导病人合理选择就医级别和机构。内江市第一人民医院与威远县第三人民医院，自贡市中医院、内江市中医院与威远县中医院分别建立医联体模式。

【卫生行政管理】 2015年，威远县卫生行政管理工作从等级创建、医疗质量管理、中医工作和无偿献血等方面入手。

等级创建 县人民医院接受“二级甲等”综合医院等级复评工作；龙会、新店、新场、越溪、镇西、山王等6所中心卫生院接受“一级甲等”综合医院等级复评工作。向义镇卫生院、观英滩镇卫生院通过“甲等乡镇卫生院”等级评审。

医疗质量管理 组织开展抗菌药物使用管理规范、基层心血管疾病诊疗等医疗业务培训，提高基层医务人员技能水平。定期组织质控站专家开展医疗质量检查，并进行通报，要求医疗机构对照整改，推进医疗质量提升，医患争议、纠纷较上年同期下降28.6%，无重大医疗责任事故。实施改善医疗服务行动，优化服务流程；实施临床路径管理，二级医院80%的病房开展优质护理服务，建立医务人员服务患者及家属制度，咨询服务、随访服务量增加21.2%。开展建设群众满意乡镇卫生院建设，新店中心卫生院被国家卫计委遴选为“2014—2015年度群众满意的乡镇卫生院”。推进远程医学影像诊断在基层医疗机构实施，县内观英滩、铺子湾镇卫生院、龙会中心卫生院、威玻职工医院均加入内江市临床医学影像诊断中心，与内江市第二人民医院签订医学影像远程诊断项目协议。开展城乡对口支援工作，县直医院派出医务人员143人次对口支援4个乡镇卫生院，派出医务人员8人次支援黑水县乡镇卫生院，帮助指导乡镇卫生院开展医疗服务。

中医工作 威远县发挥中医药的传统优势，发展和强化中医特色专科建设。县中医医院完成中医数字化诊疗平台建设项目、中医制剂能力建设项目，镇西中心卫生院、连界镇卫生院、新场中心卫生院、靖和镇卫生院、新店中心卫生院完成基层中医药适宜技术服务能力建设项目，铺子湾镇卫生院开展基层中医药适宜技术服务能力建设项目，龙会中心卫生院、黄荆沟、高石镇卫生院开展中医诊疗区（中医馆）服务能力建设项目。开展中药资源普查试点工作，开展外野调查4次，出动普查人员48人次，出动车辆12次，采集普查点21个。加强对威远县中药资源的保护、研究开发和合理利用。以县中医医院为龙头，开展县乡村中医药服务试点工作，完善基层中医药服务体系建设，提升基层中医药服务能力。

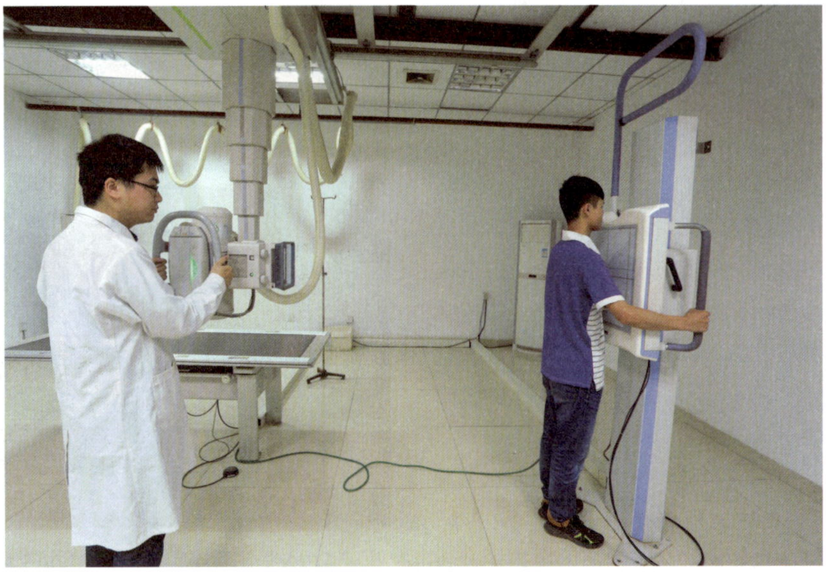
2015年，DR射线检查 （冷国文 摄）

无偿献血 威远县完成采血8697人次，献血量173.95万毫升，超市政府下达计划任务3837人次，超计划任务量79%。

【行政审批】 2015年，县卫生和计划生育局所有行政审批事项全部入驻县政务服务中心集中受理、集中审批，进一步规范行政许可审批程序和优化服务流程，按时办结率100%。完成公共场所机构的现场审核审批发证148个，受理执业医师注册变更及注册申请220个，执业护士注册、变更、延续注册申请182个，发放卫生从业人员健康证3157份。

【医学教育科研】 人才引进 2015年，县卫生和计划生育局制定适宜的卫生用人计划，落实14个编制面向社会公开考核招聘高层次和紧缺专业人才。配合县人才办、人社局、编制部门做好公开招聘工作，面向社会公开招聘60个岗位，公开考聘20个岗位，招收订单定向医学生4名，申报全科特岗医师5名。县级公立医院每床卫技人员数1.1，每床护士数0.55。

人才培养 威远县加强卫技专业人员的进修和继续教育工作。举办各类业务培训班，培训镇村卫生技术人员2200余人次，全科医生转岗培训14人，参加住院医师规范化培训13人。派出120人次到上级医院进修学习，继续医学教育学分达标率97%。

学科建设及科研工作 威远县加快重点学科建设步伐，县中医医院骨伤科在创建省级临床重点专科，康复科在创建市级临床重点专科；县人民医院重症医学科在创建市级临床重点专科，呼吸内科申请创建县级临床重点专科。开展新技术引进推广和科研工作。

人才激励　威远县建立职称晋升激励机制，鼓励学历提升教育，中高级职称比例增加5.7%；卫技人员大专及以上学历的县级医疗卫生机构增加7%，乡镇卫生院增加4%。

【公共卫生】　基本公共卫生服务项目　全县城乡居民规范化电子健康档案累计建档60.9万份，建档率98.58%。高血压患者规范管理率75.27%，糖尿病患者规范管理率69.19%。

妇幼卫生　2015年，威远县狠抓孕产妇、儿童系统管理，孕产妇系统管理率95.46%、7岁以下儿童系统管理率95.15%，婴儿和五岁以下儿童死亡率分别为2.49‰和4.77‰。实施农村孕产妇住院分娩补助，孕产妇住院分娩率99.92%，孕产妇死亡率20.73/10万。开展免费婚前医学检查，婚检率达68.4%；加强助产机构管理，剖宫产率40.39%。完成叶酸增补、新生儿疾病筛查、母婴阻断、两癌筛查等妇幼卫生项目工作。

卫生执法　威远县完善卫生监督网格化管理和协管制度。所有住宿、沐浴场所、游泳场所和美容场所100%实施卫生监督量化分级管理，卫生监督协管服务覆盖率100%。加大打击非法行医和卫生综合执法工作力度，开展公共场所、学校卫生、生活饮用水、医疗卫生等日常执法监督检查，监督检查各类单位4900户次，提出限期改正监督意见4600余户次，行政处罚违法公共场所经营单位、医疗机构46户次，罚款6.5万余元，医疗废弃物集中处置率83%。处理涉及医疗安全的举报投诉7起。

爱国卫生　威远县开展城乡环境综合整治、病媒生物防治和改厕为重点的农村爱国卫生运动，农村卫生厕所普及率88.21%。巩固卫生镇（村）建设，创建国家级和省级卫生乡镇各1个、创建省级卫生村12个，完成船石湖村“健康示范新村”项目任务。开展居民健康素养调查和健康知识巡讲活动10余次，发放宣传资料2.5万份，义诊1800余人次。

（周国庆　周　武　甘良国）

【疾病预防控制】　根据中国疾病预防控制信息系统统计（按发病日期），2015年，威远县无甲类传染病报告，乙类传染病报告14种1197例，死亡22例，乙类传染病年报告发病率188.50/10万，死亡率3.46/10万，与2014年相比，发病率上升1.96%，死亡率上升266.67%。丙类传染病：2015年度报告丙类传染病6种289例，无死亡病例，年报告发病率45.51/10万，发病率较上年下降16.95%。发病、死亡位次。甲、乙类传染病：2015年全县甲、乙类传染病发病数居前五位的病种依次是：肺结核、乙肝、梅毒、丙肝、艾滋病，五病占甲、乙类传染病总发病数的90.14%；报告死亡数22例，其中艾滋病17例、肺结核3例、乙肝1例、狂犬病1例。丙类传染病：丙类传染病发病数居前三位的病种依次是手足口病、其他感染性腹泻病和流行性腮腺炎，三病合计占丙类传染病总发病数的94.46%。

免规工作　截至2015年12月31日，全县共监测疑似麻疹病例34例，其中实验室诊断2例成人麻疹，2例均为异地发病；1例儿童风疹，其余31例排除麻疹病例。2月至3月，开展麻疹疫苗查漏补种和脊灰疫苗补充免疫工作，脊灰摸底人数23959人，应种17808人，实接种17271人，接种率96.98%。继续维持全县无脊髓灰质炎状态。麻疹摸底人数11993人，应种773人，实际接种742人，接种率95.99%。全县新建接种证3723人，接种疫苗187487剂次。积极推进儿童预防接种信息化系统建设，辖区0~6岁儿童建卡率≥98%、建证率≥98%、卡证网符合率≥95%、信息系统数据及时上传率、备份率≥90%。

结核病防治　2015年，威远县非结防机构网络报告患者数526例（含

2015年7月14日，威远县地方病防治“十二五”规划终期评估汇报会召开（县疾控中心　供图）

重报患者数19例），出院3例，实际报告患者数510例。其中：转诊到位177例，追踪到位311例，拒绝就诊2例，外出13例，死亡5例，其他1例，地址不详未追踪1例；外单位管理3例。总体到位488例，总体到位率95.7%。年内登记治疗涂阳肺结核患者90例，涂阳患者密切接触者120例，筛查120例，筛查率100%。

地方病防治工作　2015年，全县未发生疟疾病例。年内对界牌镇、越溪镇、镇西镇、观英滩镇、严陵镇开展碘盐监测。每个镇抽4个村共20个村，每个村随机抽15户村民家庭食用盐，共300份；定量检测合格277份，定量检测合格率92.33%；该次监测结果无非碘盐。全县未发现克山病新病例。1月，对全县40岁以上农村村民土源性线虫病重点人群开展普治工作，服驱虫药103050人次，除禁忌证外，重点人群服药率96.3%；发放土源性线虫病防治知识单页宣传资料10万份、土源性线虫病普治服驱虫药告知书11万份。3月至4月，对严陵镇河东街社区、高石镇场镇居民开展华支睾吸虫病调查，两个点共检查539人，人体寄生虫感染14人，总感染率2.6%。其中钩虫感染10人，感染率1.9%；蛔虫感染2人，感染率0.4%；蛲虫感染1人，感染率0.2%；华支睾吸虫感染1人，感染率0.2%。未发现其他寄生虫感染。10月，在小河镇开元村开展土源性线虫病监测，共调查村民1018人，土源性线虫病感染63人，感染率6.2%，较2014年有所下降。

公共卫生监测工作　2015年，县疾病预防控制中心开展职业健康监护工作，对县境内的煤矿、水泥、矿山等企业职工上岗前、在岗期间、离岗后的健康体检1953人。开展食品、环境、药品及生活饮用水生产等从业人员健康体检5142人。针对管辖区内的理发、美容院、宾馆、招待所、娱乐场所、医院候诊室、诊所、游泳场所共计159家单位进行空气质量和水质的监测。按照政府下达的指标，完成集中式供水（管网水、出厂水、水源水），分散式供水（农村井水、学校饮用水）等水质监测工作，抽检样品1136件。对各镇医院、民营医院、乡村诊所及计划生育指导站的无菌器械保存液、使用中的消毒剂、手术室环境空气等进行消毒灭菌监测，抽检样品1022件。开展农村水井水质监测工作，全年（枯水期、丰水期）分三批抽检样品959件。

学校卫生工作　2015年，县疾病预防控制中心对全县各中小学校（私立学校除外）开展学生体检工作。应体检学生63606人，实际体检55532人，体检率87.31%，查出视力低下等7种疾病30774人次，患病率55.42%。其中视力低下患病率最高，达31.9%；其次为龋齿、鼻炎、扁桃体炎和沙眼，患病率分别为19.9%、1.5%、1.4%和0.4%。

艾滋病防治工作　2015年，全县新报告艾滋病感染者和病人201例，比2014年（115例）增加86例，增长74.8%。传播途径：均是性传播，其中异性传播194例，占构成比96.5%；同性传播7例，占构成比0.35%。年龄构成：年龄以50岁以上为主，130例，占新报告病例构成比65.7%，比上年增加114.3%；20～50岁66例，占新报告构成比33.3%；20岁以下2例。2015年度新报告病例数居全市第一，属内江市艾滋病疫情较重县（区）之一。

全县累计抗病毒治疗475例，成人治疗474例，儿童治疗1例；在治394例，死亡44例，停药33例，转入4例。

（应　涛）

威远县主要医院简况

【威远县人民医院】　始建于1941年，位于威远县严陵镇五云路72号。是一所集医疗、科研、教学、预防为一体的国家“二级甲等”综合性公立医院、国家“爱婴医院”。2015年医院通过“二甲”复评。

医院占地面积41732.22平方米，建筑面积42419.15平方米，其中业务用房39526.24平方米，配套用房706.51平方米，生活用房2186.40平方米，绿化面积9424.20平方米。开

2015年，威远县人民医院接待导引大厅　（冷国文　摄）

2015年9月6日，县卫计局领导到县第二人民医院检查指导工作（县卫计局　供图）

设临床一级科室19个，二级临床科室15个，包括消化、肾病、心血管、内分泌、神经、呼吸、儿科、普外、胸外、骨科、脑外、泌尿、妇科、产科、眼科、耳鼻咽喉、康复等17个专业组，呼吸内科、重症医学科两个重点专科。设有医技科室6个、行政后勤职能科室22个。编制床位730张，实际开放床位960张，床位使用率100%。

全院编制517人，职工820人，其中卫技人员710人，占职工总数86.7%。有研究生9人、高级职称48人、中级职称170人。设院长1人，党总支书记1人（院长兼），党总支副书记2人，副院长2人，工会主席1人，党、团、工会、职代会、妇委会等组织健全。

县人民医院拥有资产3.3亿元，其中：固定资产1.6亿元、流动资产1.2亿元。设置内科住院大楼、外科住院大楼、行政楼、门诊大楼、社区服务中心和“120”急救中心。拥有64排螺旋CT、DR、电子胃镜、四维彩超、腹腔镜、胆道镜、纤维支气管镜、肠镜、全自动生化分析仪、麻醉机、激光治疗机、全自动血凝分析仪、血液透析机、呼吸机等万元以上设备700台，10万元以上210台（件）。2015年，医院外科大楼完成改扩建。

2015年，医疗门诊量393302人次，比上年同期增加6342人次，增长率1.64%；住院32738人次，比上年同期增加1585人次，增长率5.09%；手术5554台次，比上年同期增加144台次，增长率2.66%。总收入2.68亿元，比上年同期增加1511万元，增长率5.96%。其中业务收入2.56亿元，增长率5.67%；药品收入8193万元，比同期减少3.38%。

医院名称：威远县人民医院
医院性质：公立/综合医院
医院等级：二级甲等
联系电话：0832-8222095
联系地址：威远县严陵镇五云路72号

（陈碧辉）

【威远县妇幼保健院】　始建于1952年，位于威远县严陵镇东街239号。是集妇幼保健、医疗、预防、基层指导为一体的国家“一级甲等”妇幼保健院，系以产科、妇科和儿科、儿童保健为特色的妇幼保健医疗机构。医院设有妇产科、儿科、基层保健科、检验科、儿童保健科、行管后勤等科室，配备手术室和分娩室各2间。2015年有职工47人（卫生专业技术人员38人、事业管理及工人9人），其中副高级职称3人、中级职称20人。

医院建筑面积1800平方米，开设床位20张，可为妇女儿童提供健康教育、预防保健、国家妇幼卫生系列保健等公共卫生服务。2015年提供孕产妇住院分娩920人次，门诊量4万余人次，业务总收入1000余万元。

医院名称：威远县妇幼保健院
医院性质：公立/综合医院
医院等级：一级甲等
联系电话：0832-8222261
联系地址：威远县严陵镇东街239号

（李叶林）

【威远县第二人民医院】　始建于1971年，为严陵镇医疗站，1974年改建成严陵镇卫生院，1997年9月改建为威远县第二人民医院，为“二级乙等综合医院”。李武三任院长。2010年获市、县卫生局批准转型为公立医院。2015年10月，法人代表李武三退休，县卫计局任命李泽朝为院长（法人代表）。被评为2015年度全县药械安全性监测工作先进集体、市级卫生先进单位。

县第二人民医院占地面积1300平方米，业务用房面积4617平方米，政府划拨整体迁建医疗用地2公顷在规划设计当中。医院设有临床科室18个、医技科室5个，有专业组15个。承担辖区内及周边居民的疾病预防、保健、妇幼、计生、健康教育、基本医疗等工作，并负责辖区内卫生人员的培训及技术指导。编制床位100张，实际开放床位120张，床位使用率100%。

2015年，全院有在编人员134人，自主聘用人员88人，其中本科学历占15%，大专学历占80%，副高及以上职称4人，中级职称39人。设院长1人、党支部书记1人、副院长3人、工会主席1人（副院长兼）。

医院拥有原装东芝Astsion/VFl秒螺旋CT扫描机、DR、C臂、日本富士能电子胃镜、电子结肠镜、全自动血液生化分析仪、德国原装进口多功能全麻呼吸机、美国史赛克电视腹腔镜、宫腔镜、前列腺气化电切镜、尿道膀胱镜、鼻（鼻窦）内窥镜、手术显微镜、多参数生命监护仪、胎儿监护仪、日本东芝全自动生化仪等大批先进高科技设备200台（件）。

2015年，全院门诊量88632人次（含防保），住院量5097人次，手术量1347台次，总收入3658.31万元。

医院名称：威远县第二人民医院
医院性质：公立/综合医院
医院等级：二级乙等
联系电话：0832-8216600
联系地址：威远县严陵镇外北路23号

（贺小栖）

【威远县第三人民医院】 威远县第三人民医院（原川威集团总医院）创建于1950年，1999年7月经内江市卫生局批准更名为威远县第三人民医院，2003年划转地方政府，定性为“自收自支事业性单位”，定编人数为165人。2004年12月经内江市卫生局等级评审为国家二级乙等综合医院、国际爱婴医院。

医院位于内江市威远县连界镇，占地面积1.3万平方米，建筑面积8145平方米。设置医院办公室、医教科、护理部、感染管理科、预防科、财务科、外科、内儿科、妇产科、麻醉科、急诊科、门诊部、中医科、检验科、功能科、放射科、药械科、医保办公室，主要提供医疗与预防保健服务。医疗、常见病多发病护理、恢复期病人康复治疗与护理、预防保健、卫生技术人员培训、初级卫生保健规划实施、合作医疗组织与管理、卫生监督与卫生信息管理。2015年有职工159人，其中在编职工47人。设院长1人、副院长1人、院长助理1人。有副高级职称7人、中级职称17人、初级职称105人。医院开设病床150张。

2015年全院完成门急诊4.7万余人次，收治住院病人4.7万余人次，开展各型手术660余台，接诊“120”900余人次。爱卫、预防保健及基本公共卫生服务工作完成建立居民健康档案、举办卫生宣传知识讲座及传染病管理、儿童保健、慢性病管理等工作，并通过县社区卫生年度目标考核检查验收。全年举行院内各类专题培训8期、学术讲座4期，600余人次参加学习培训；参加上级卫生行政部门及上级医院举办的各种学术讲座82人次，外出参观学习30人次，继续医学教育培训面达到100%。引进影像、儿科、检验专业人才3名，招收临床、影像、检验、护理等专业人员25名，充实专业技术队伍。全年无重大医疗差错、医疗事故及安全事故发生。

医院名称：威远县第三人民医院
医院性质：综合医院
医院等级：二级乙等
联系电话：0832-8833765
联系地址：威远县连界镇人民路

（文书奎）

【威远县中医医院】 威远县中医医院始建于1953年2月，1987年经威远县委、县政府批准转为全民所有制的医疗卫生事业单位。是一所以中医药为主、中西医结合的国家“二级甲等”中医医院，中医特色突出，技术精湛，服务优良，是集全县医疗、教学、科研、预防于一体的综合性中医医院。医院是新农合、基本医疗保险、工伤保险和其他商业保险定点医院；全国中医药适宜技术推广视频网络平台医院；华西医院远程教学及会诊医院；成都中医药大学、内江医科学校教学医院；威远县中医药教学示范基地。

医院占地面积25353平方米，建筑面积27615平方米，业务用房面积15781平方米。编制床位200张，实际开放床位160张，平均每床建筑面积78.90平方米，平均每床净使用面积8.64平方米。医院现有职能科室12个，医技科室6个，建有急诊科、内科、儿科、外科、骨伤科、康复科、妇产科、肛肠科、耳鼻咽喉科、眼科、皮肤科、口腔科等临床专科18个。设住院部、东街门诊部、西街门诊部及西街社区卫生服务站。在建重点中医专科2个：骨伤科为省级重点中医专科建设项目单位；康复科为市级重点中医专科建设项目单位。

医院核定编制250人，2015年有在职在编196人，其中：卫生技术人员164人、其他专业技术人员8人、管理岗位及工勤人员24人。有高级职称1人，副高级职称28人，中级职称70人，学科带头人8人，市、县名中医7人。省骨科专业委员会委员1人，省中医心脑血管疾病委员会委员2人，市级各类医学专委会委员10人。

医院拥有16排螺旋CT、数字化

DR、彩超、全自动生化分析仪、全自动血液分析仪、腹腔镜、前列腺电切气化镜等先进检查检验、治疗设备及各种具有中医特色的诊疗仪器640余台（件）。

2015年医院总收入5430.27万元，比上年同期增长8.29%，业务收入4710.20万元，比上年同期增长7.61%。门诊诊疗人次122263次（其中急诊人次为3738人次），比上年同期增长0.39%，新入院人数6293人次，比上年同期增长6.68%，出院病人治愈好转率94.65%，床位使用率99.51%，门诊中医治疗率67.75%，门诊与住院诊断符合率达97.47%，手术例数1347例。

医院名称：威远县中医医院

医院性质：中医医院

医院等级：二级甲等

联系电话：0832-8222585

联系地址：威远县严陵镇二环路东段30号

（王　瑛）

体育事业

【概况】 2015年，威远县承办内江市第八届老年人运动会乒乓球比赛。县文广体新局指导县体育类协会开展活动。篮球协会开展2015年度“健身杯”篮球联赛；县乒乓球协会于2月举办“高升杯迎新团体赛”；县信鸽协会于春节前后举办收官比赛和开门红比赛。威远组队参加2015中国·内江第六届大千龙舟经贸文化节龙舟比赛，并备战四川省第十三届运动会。

2015年12月6日，2015川南越野汽车场地挑战赛在威远县靖和镇举行（冷国文　摄）

向省队输送1名专业武术运动员。组队参加四川武术套路锦标赛获5金8银7铜，参加省拳击锦标赛获1银1铜。严陵中学承训的女排项目基本完成队员的注册工作。县少年儿童业余体校为创建“四川省县级业余训练重点单位”。全县年体彩销售量近2000万元。率先完成内江市全民健身入户调查（抽取样本600名）工作。在国家体育总局下发足球改革方案之后，协调县足协、足球俱乐部、足球培训班的筹建工作；培训合格五人制足球三级裁判员30名；调动社会力量在白塔中学新建3个五人制足球场地。新引进奇迹健身、动岚健身2个健身会所，投资200余万元，开展跑步、力量训练及健身操舞、乒乓球、台球等项目训练。新建1家游泳池（川威游泳池），投资150余万元。加强游泳池的安全管理，申请经费20万元用于滕家坝社区EPDM球场建设。县政府在二环路新增10千米健身步道和10千米自行车道，在高速公路入城线两边修建8千米的健身步道。县政府总投资1亿元修建的婆城公园新增1个五人制足球场、2个篮球场、3个羽毛球场、1个网球场和19张乒乓球台以及20条健身路径。自筹资金7万元购买10条健身路径帮扶部分乡镇和单位，为村文化站配备体育设施，农民体育健身工程建成116个。县文化体育中心列入政府重点PPP项目。

【威远县第二届运动会】 2015年11月11日至12月2日，举行县第二届运动会。比赛分设运动五人制足球、乒乓球、篮球、川牌、中国象棋、趣味体育、羽毛球等7个项目，20个镇代表团和11个行业系统代表团近2000名运动员参加比赛。经过角逐，严陵镇、连界镇、新场镇获乡镇组团体总分前三名，宣传系统、交通系统、政法系统获行业组团体总分前三名。

（官宇宁）

人力资源和社会保障

综　述

【概况】　2015年，威远县人力资源和社会保障局（简称县人社局）主要负责全县就业再就业；社会养老、失业、医疗、工伤、生育保险制度改革及扩面征缴；全县公务员职位管理、考试录用、考核、培训、奖励、惩戒、申诉控告；全县人力资源开发服务；全县事业单位职员、专业技术人员、工勤人员考聘、考核、管理；全县机关、事业单位工作人员调配和工资福利、退休退职；全县军队转业干部安置；劳动保障法律法规贯彻执行情况监督检查，劳动保障监察以及劳动人事争议仲裁等工作。

2015年，全县引进紧缺高层次人才4人。城镇登记失业率3.91%。城镇新增就业10617人，其中城镇失业人员再就业2701人、就业困难人员再就业774人。

威远县2014年度“创建省级创业型城市”和县（区）人社局目标绩效考核工作分别获市创城办、市人社局通报表彰，2015年社会保险基金调整预算编制工作被市财政局、市人社局评为一等奖，被市委组织部、市人社局、市公务员局评为2014年度全市公务员统计年报表“全优报表”单位，被市依法治市工作领导小组评为2014年全市依法治市工作先进单位；被县委、县政府评为2014年度全县群众和信访工作先进单位、维护社会稳定暨社会管理综合治理工作先进单位和2014年度党风廉政建设责任制考核优秀单位，被县委、县政府命名为2014年度县级最佳文明单位，被县委评为2014年度“四好”班子，被县人大、县政府、县政协评为2014年度建议提案办理工作先进单位，被县政府、县人武部评为征兵工作先进单位，2014年度绩效目标考核工作获全县政府非经济序列二等奖。

2015年2月11日，县人社局领导到高石镇慰问基层困难群众　（县人社局　供图）

人力资源管理

【公务员管理】　威远县深化公务员制度改革，启动县以下机关建立公务员职务与职级并行制度工作，全县573名政府系统公务员（参公人员）晋升职务。切实维护公务员合法权益，建立公务员申诉公正委员会。坚持公平、公开、公正的原则，2015年招录公务员95名，其中县级机关48名、乡镇机关47名。组织开展新录用公务员培训，上半年对新录用的公务员进行为期5天的法律知识培训。依法开展公务员登记（转正）工作，办理公务员登记60名、参公人员登记25名。办理县内、外调动51人，借用5人。辞退公务员1名，批准5名公务员辞职。公务员调出县外 43 名，调入县内公务员 6 名。

【职称评聘】 全县有 222 人取得初级专业技术职务任职资格；176 人取得中级专业技术职务任职资格，推荐 199 名专业技术人员参加市相关行业中级资格评审；96 人取得高级专业技术职务任职资格，推荐 109 名专业技术人员参加省相关行业高级资格评审。抓好专业技术人员继续教育。组织 1000 余人参加内江市专业技术人员继续教育公需科目的学习培训。

【招才引智】 威远县以实施“甜城英才聚集工程”为载体，加强人才的引进和培养，引进紧缺高层次人才 4 名。严格事业单位人事考聘工作，考试招聘 139 名教育、卫生单位工作人员；考核招聘各类人才 23 人，其中：考核聘用教师 1 人、考核聘用“特岗全科医生”2 人、考核聘用“三支一扶”人员 6 人、考聘聘用大学生村干部 14 人。规范高校毕业生人事档案管理，接收大中专毕业生档案 734 份，转出人事档案 416 份。

【事业单位改革】 威远县贯彻落实《事业单位人事管理条例》，对 261 名专业技术人员进行岗位等级调整。加强事业单位人员管理，办理县内平行调动工作人员 4 名，逆向调动 13 名，县外调入事业人员 3 名，事业人员调出县外 35 名，政策性（士官）安置 14 名。辞聘教育、卫生事业人员 83 人，解聘 6 人。

【工资制度改革】 威远县落实津贴补贴标准调整和机关事业单位工作人员基本工资标准调整以及增加离退休人员离退休费工作，对 2628 名公务员和 8729 名事业单位工作人员调整基本

2015 年 12 月 19 日，“创·享未来”大学生创新创业成果展在城市花园广场举行 （县人社局 供图）

工资标准；对 6334 名离退休人员调整生活补贴标准并增加离退休费。完成财政直发与绩效工资基金审批 1146 人次，对因职务、岗位、学历等变动后的 580 名机关事业人员的工资调整进行审批，办理正常晋升工资 9191 人次，办理新进人员、军队转业安置人员等工资关系 284 人次，办理调进调出人员工资关系转移 222 人次，为 369 名到龄（含提前退休）人员办理退休手续。

【军转干部管理】 威远县健全完善军转干部安置办法，完成 278 名在岗、下岗失业、退休企业、死亡军转干部管理系统数据调整上报工作；计划安置军转干 1 名，自主择业军转干 2 名。严格落实企业军队转业干部解困政策，全年发放慰问费、生活困难补助费、体检补助等费用 220 万元。

就业创业

【就业再就业】 2015 年，全县实现城镇新增就业 10617 人，其中：城镇失业人员再就业 2701 人、就业困难人员再就业 774 人。城镇登记失业率 3.91%，低于 4.1%的控制线。建立高校毕业生见习基地 10 个，引领大学生创新创业 420 名，促进高校毕业生创业 255 名。2012 级藏区“9+3”毕业生初次就业率 100%。品牌培训 240 人，青年劳动者技能培训 1455 人。

【公共就业服务】 县人社局强化窗口建设，实现统一标识、统一着装、统一业务流程、统一服务流程和统一场所功能“五统一”。规范完善人力资源市场建设，将人力资源市场现场招聘会从每月一次调整为每周五举行，实现招聘会的常态化。组织开展“春风行动”“高校毕业生招聘周”“民营企业招聘周”等大型公共就业服务活动，为下岗失业人员、大中专毕业生和进城务工人员等提供求职登记、职业指导、职业介绍服务。全年组织招聘会 37 场，累计采集岗位 43372 个，进场企业 1701 户，34644 人次现场求职，达成意向 8824 人。

【援企稳岗】 威远县贯彻落实中央

和省、市关于失业保险支持企业稳定岗位政策。将失业保险费单位缴纳部分由2%下降到1.5%，个人缴纳部分由1%下降到0.5%，全年减征失业保险费300余万元。积极向上争取政策，拨付沙湾煤业、西南水泥、银星实业等23户企业稳岗补贴127.61万元，为企业保生产、减负担、稳就业提供支持。

【“大众创业万众创新”】 威远县以创业孵化基地等载体建设为突破口，打造“两园一街一基地一中心”（建立“回家工程”工业示范园和农业示范园、商业示范街、返乡创业孵化示范基地，设立返乡创业服务中心）。“严陵工业园区大学生创业孵化园”被认定为省级大学生创业孵化园。举办“创·享未来”大学生创新创业成果展，为30名大学生创业者搭建起展示自我的平台，激发全民创业热情。完善和落实创业政策，把创业贷款、补贴政策等作为推动创新创业的着力点，加大扶持力度。全年发放小额担保贷款1945万元，发放大学生创业补贴258万元，创业带动就业2680人。

【职业技能培训】 县人社局创新培训模式，采取政企合作、校企合作的方式，联合威远县爱君家政服务有限公司、井得毛织制衣有限公司等企业，开展家政服务、钳工、汽车修理工等“订单式”培训。探索电商培训新模式，与县商务局合作，在龙会镇启动威远首期农民工电商培训班。全年开设培训班8期，共培训农民工252名。启动第二届新型职业农民培训班，对全县20个镇的162名农民、退役士兵进行为期45天的“洋教授半天理论+土专家半天实习”的培训。进一步强化创业培训，努力打造SYB创业培训品牌，成立“创业培训教研组”，建立健全教研机制和绩效考评机制，实行职业培训实名制管理，实现教育教学模块化，模块教学专业化。全年举办创业培训班33期，免费创业培训1017人，创业意识培训5300人。

【农村劳务工作】 县人社局在全县20个镇开展农村劳动力实名制登记“示范村”建设，完善农民工综合信息查询系统，按季更新信息库数据，降低指标空缺率和错误率，登记入库准确率92.3%。探索跨区域劳务合作机制，与成都市双流区、江苏省泰州市海陵区、江苏省昆山市开展劳务合作，签订劳务合作协议，建立劳务输出基地，加大农村劳动力转移就业输出力度，全年实现农村劳动力转移输出17.49万人，劳务收入25.6亿元。评比推荐177件农民工原创作品参加全省第二届农民工原创文艺作品大赛，其中48件作品代表内江市参加全省评选。威远县返乡创业农民工童敏芝被国务院农民工工作领导小组表彰为全国优秀农民工。2015年，县就业局园区企业用工监测工作被省就业服务管理局评为先进单位。

劳动关系维护调整

【劳动保障监察执法】 2015年，县人社局开展常规检查及农民工工资支付、清理整顿人力资源市场秩序、劳务派遣用工、旅游企业劳动用工、用人单位遵守劳动用工和社会保险法律法规情况等专项监察，检查各类用人单位360户、职工4.46万人；取缔2家证照不齐的职业介绍机构，对超范围从事职业介绍的4户业主责令立即改正；督促7户企业为3363名职工补缴社会保险费20.78万元。全面推行劳动保障两网化信息系统管理，建立劳动保障监察网格26个。全年受理投诉举报19件，结案16件，法定期限内结案率100%；与县住建局共同协调处理群体性讨薪案件15件，为430名农民工追讨工资1027万元；协助县委群工局化解突发群体性事件16起，涉及职工5100余人，金额6232万元。

【劳动争议调解仲裁】 威远县加强基层调解组织建设，率先在县教育局、

2015年8月17日，县政府召开产改乡镇农民参加企业职工养老保险补贴试点工作会议 （县人社局 供图）

卫生局成立专业的人事调解委员会；同时在20个镇建立劳动人事争议调解委员会。严格执行劳动争议办案规程，开展劳动争议案件的申诉接待、审查立案、调解仲裁工作。全年受理劳动人事争议案件215件（劳动争议213件、人事争议2件），涉案金额1121万元；结案215件（仲裁裁决172件、仲裁调解43件），为当事人挽回经济损失208万元。接待群众咨询1361人次，处理信访件170件。

2015年3月10日，县社保局、县居保局到向义镇开展养老保险政策宣传（县人社局 供图）

社会保障

【概况】 截至2015年12月底，全县养老、医疗、失业、工伤、生育等社会保险覆盖人数达660174人次，征收社会保险费94591.51万元，支付社会保险待遇164620.03万元。

养老保险 机关事业养老保险参保人数17619人（其中退休6337人），征收养老保险费24609万元（其中财政津补贴拨入11825万元），支付养老保险待遇24964万元；企业职工养老保险参保人数120054人（其中退休53041人），征收养老保险费44484万元，拨付养老金104134万元，支付退休人员死亡丧葬费、抚恤费等1860.69万元；城乡居民养老保险参保人数266453人（其中待遇领取人数14.32万人），征收养老保险费2853.58万元，支付养老保险待遇10616.56万元。

医疗保险 城镇基本医疗保险一档参保67537人（其中退休27130人），征收基本医疗保险费13803万元，支付医疗保险待遇9059.69万元；城镇基本医疗保险二档参保87030人，征收基本医疗保险费4302.38万元，支付医疗保险待遇4202.14万元。

失业保险 失业保险参保23008人，征收失业保险费641.66万元，发放失业救济金1433万元。

工伤保险 工伤保险参保46778人，征收工伤保险费3559.52万元，支付工伤保险待遇8061万元。

生育保险 生育保险参保33656人，征收生育保险费338.37万元，支付生育保险待遇288.95万元。

【社会保险待遇调整】 全县51383名企业退休人员养老金增调，人均月增调173.19元；对1366名领取伤残津贴人员的待遇进行调整，人均月增300元，962名领取供养亲属抚恤金人员的待遇人均月增130元；城乡居民基础养老金从60元调整至75元，每人每月提高15元。

【养老保险制度改革】 县人社局做好机关事业养老保险改革的前期准备工作。对全县各参保单位的个人账户、参保人数、缴费基数、离退休（职）人员养老金待遇落实情况进行全面的清理核定，摸清非在编人员的参保情况。全面落实农村产权改革社保参保补贴试点工作，6103名参保农民获得参保补贴517万元。畅通城乡居保与城镇职工养老保险之间的转移衔接，推动城乡居民养老保险转入企业职工基本养老保险工作，为1757人办理转移手续。

【基本医疗保险】 威远县深化付费总额制度下的按病种付费、单元付费的复合式付费方式改革，将全县14家定点医疗机构纳入总控范围，预防“小病大治”“开大处方”等行为，减少参保患者就医负担。拓展异地就医即时结算，完成县人民医院联网测试，接入省级平台，实现县以上人民医院定点医疗机构全省联网结算。全年异地联网结算1109人次，结算金额828.39万元。

【工伤保险】 县人社局制定《推进建筑业工伤保险专项扩面“同舟计划”实施方案》，与县总工会、安监、住建、交通、水务等部门召开专题协调会，着力推动建筑业参加工伤保险工作。截至2015年12月底，全县建筑业职工参加工伤保险人数16514人。强化工伤保险定点医疗机构的协议管理，将县人民医院、威玻职工医院等6家工伤保险定点医疗机构纳入内江市社保局医疗服务协议管理，签订医疗服务协议。继续探索实行工伤医疗费“双控”管理办法，严控工伤医疗费用，确保工伤基金收支平衡。

【社保缓缴政策落实】 县人社局与川威集团、煤焦化集团分别签订缓缴协议，缓缴社会保险费总额7120.49万元，其中：养老保险2763.87万元、医疗保险3438.99万元、工伤保险508.62万元、失业保险308.82万元、生育保险100.19万元。在缓缴期内，支付川威集团参保人员医疗保险待遇1307.81万元，其中支付住院医疗费用894.78万元、个人账户413.03万元；支付煤焦化集团参保人员住院医疗费用87.84万元。

【社会保障工作统筹推进】 2015年，县人社局办理工伤认定数853件、退休人员2779人，其中：正常退休2391人、提前退休333人、领取伤残津贴20人、领取病残津贴20人、病退休15人。加大社会保障卡发行力度，全年新增社会保障卡持卡人数5.35万人，累计持卡36.71万人。

【社会保险基金监管】 2015年，威远县严格社会保险基金专户储存、专款专用，实行“收支两条线”管理。完善社会保险基金内审内控制度，严格执行社保基金支付审批制度和报销制度，从源头和各个环节上堵塞漏洞，防止基金挤占挪用。加强网络运行平台监管，落实网络监管人员，采取定时监控等措施，督促县社保经办机构核查、纠正监管软件报警信息208条。公布社会保险基金监督电话，鼓励社会力量参与监督，严厉打击医保、工伤等领域存在的骗保违法行为，确保基金完整、安全。

（李建伟）

社会生活

人口和计划生育

【计生基层指导工作】 全县计划生育年度（上年10月至当年9月）出生人口8533人，比市下达目标任务9960人少生1427人；人口自然增长率4.53‰，比市下达目标任务5.4‰低0.87个千分点；符合政策生育率76.23%，比市下达目标任务高6.23个百分点。2015年出生人口4899人，人口出生率6.7%。完善人口数据预警机制，完成省统计监测点工作，人口出生、死亡统计误差率均在2%以内，全市排位第一。完成人口数据清理、育龄妇女基础信息核查和生育意愿调查工作，全员人口数据库个案数据与公安数据核查比对工作完成率99.98%，核查误差率低于4%。实现计生证件办理在规定时限内办结，主动核查婚育信息比例100%，在全省委托第三方机构测评计生满意度工作中群众满意率90%以上。年内全县声明领取生育服务证2958人，办结2958人，申请再生育审批和生育证办理1078人，申领（办）独生子女父母光荣证1876对。全县共有622户申请单独两孩再生育，已生育206人。违法生育立案处理率93.6%。严格执行社会抚养费的征管用，建立健全“三分离”的征收机制，实现社会抚养费执法文书、征收台账、征收票据和缴库金额的“四个统一”。开展全员人口信息采集，村（社区）手持移动终端使用率100%。

【流动人口管理工作】 2015年，威远县全员流动人口信息采集率和入库率98%以上，流入个案新增20%以上；完善基础信息核查比对，个案信息准确率95%以上；重点信息反馈率、接收率和提交率均为100%。强化流动人口动态监测工作，全县流动人口动态监测调查完成率100%，在《2015年全国卫生计生流动人口动态监测调查数据质量检查报告》中，威远县在四川省分县区总误差率排位为全省第十四、全市第一。抓好示范点建设，全县建立卫生计生公共社区工作平台示范点2个、流动人口协会建设示范点2个、打造流动人口健康教育示范点2个，新建1个关爱留守儿童和老人的示范点，各镇均建有1个“流动人口”之家。简化办事程序，流动人口一孩生育网上服务登记受理347件，办结率100%。稳步推进流动人口婚育证明电子化改革，截至2015年10月底，威远县完善流动育龄妇女电子婚育证明70055人，电子化比例达92.3%。

【孕前优生健康检查项目】 威远县开展免费孕前优生健康检查3412人，超任务7.5个百分点；群众孕优覆盖率、知晓率均为100%，随访率100%，

2015年11月4日至5日，省民政厅领导到威远检查指导计生“三结合”、灾后重建工作 （县民政局 供图）

档案完整率、信息录入准确率100%。

【奖励扶助特别扶助】 威远县健全计划生育家庭奖励扶助和特别扶助两项制度，完善利益导向机制。2015年确认农村计生家庭奖励扶助对象8766人，计生家庭特别扶助对象620人，奖特扶资金1147.256万元，全部兑现至个人账户。

【综合治理出生人口性别比】 2015年，县卫生和计划生育局联合妇联等部门开展“两非”（指利用超声技术和其他技术手段进行非医学需要的胎儿性别鉴定以及非医学需要的选择性别的人工终止妊娠）整治行动，全县范围内没有发现非医学需要的胎儿性别鉴定和非医学需要的人工终止妊娠。全县出生人口性别比103.26。

【计划生育技术服务体系建设】 县卫生和计划生育局开展以查病为主要内容的生殖健康服务，为已婚育龄群众提供生殖健康服务7余万人次，治疗有妇科疾病的育龄妇女3189名。完善自助式药具发放网络。在流动人口较多的企业、社区、农贸市场及居民住宅小区等地设立识别二代身份证的药具自助发放机5台，避孕套免费自取箱39个。开展药具市场整顿，无免费避孕药具进入市场销售的现象。完成病残儿医学鉴定审查上报，全年开展手术并发症鉴定16例，达到三级并发症以上的9例。

【农村独生子女父母奖励金发放】 2015年，威远县独生子女奖励费发放工作实行“资格确认、资金管理、资金发放和社会监督”四个环节相互衔接、相互制约的运行机制。严格奖励资金运行，将农村独生子女父母奖励金兑现至个人账户，发放27641户、331.69万元。

【失独家庭再生育关怀扶助】 县卫生和计划生育局做好特殊家庭再生育救助工作，申报参加特别计划生育家庭再生育关怀项目的家庭6户，其中接受再生育关怀扶助的失独家庭6户。开展“关爱失独家庭”生育关怀慰问活动，对344户失独家庭发放慰问金32.72万元。在山王镇探索失独家庭居家养老模式，让失独家庭晚年老有所养。

【计生群众自治】 威远县修订完善村（居）计划生育群众自治章程、制度、公约、协议、合同、目标管理办法等操作规范，签订“三包一挂”（指包任期内计生工作质量、包计生工作经费、计生工作效果与经费挂奖惩的“三包一挂”管理办法）责任书。继续推行“协会+基地”和“协会+协会”的模式，2015年全县成为全国第二批计生基层群众自治示范县项目四川唯一示范点，全县20个镇40个村正在进行创建活动，新店镇民付村、向义镇四方村、连界镇船石村、新场镇万祥村作为重点进行打造。

（周　武　甘良国）

民政工作

【概况】 2015年，县民政工作坚持“以民为本、为民解困、为民服务”的宗旨，全力保障和改善民生，推进社会管理创新，全县民政事业健康发展。建立并完善动态救助机制，全年下拨冬春生活救助资金355万元。县城乡低保标准平均比上年增长25%；城市低保累计保障125140人；农村低保累计保障213957人。供养五保对象6147人。开展助贫助困助医等慈善捐助活动，受助人数103人。新建成界牌、庆卫、靖和3个镇农村敬老院，向义镇敬老院主体工程完工。全县有福利企业13户，安置残疾人500人。威远县被评为四川省双拥工作先进县。局领导班子被县委评为“四好班子”，县民政局荣获全市退役士兵安置先进单位、敬老院建设先进单位，全县信访维稳工作先进单位、社会综治先进集体、县级最佳文明单位、征兵工作先进单位、安全生产先进单位。

【救灾减灾】 县民政局修订完善救灾应急预案及相应的工作规程，形成“纵到底、横到边”的救灾应急预案体系。加强村组灾害信息员队伍培训，强化物资储备，组织开展防灾救灾演练，全县救灾减灾能力大幅提升。做好冬春受灾困难群众救助工作，下拨冬春生活救助资金355万元，有效解决困难群众缺粮、缺御寒物资、缺生活必需品和需伤病救助等基本生活问题。切实加强救灾款物使用管理，严格实施《威远县救灾资金救灾物资管理办法（暂行）》，全面建立救灾台账，严禁超范围、违规使用。

【社会救助】 威远县保障标准进一步提高，城乡低保保障标准分别提高到400元/月、人和205元/月、人。开展普查清理，加强动态管理和核查比对，全年新增城市低保664户767人，取消1123户2852人；新增农村低保476户499人，取消563户1699人。城市低保累计保障125140人，发放低保金3149.51万元，累计月人均补助251.68元；农村低保累计保障213957人，发放低保金2434.64万元，累计月人均补助113.79元。建立家庭经济状况信息核查机制，重点进行公租房、廉租房和低保救助核对。推进信息平台建设，全县统一建立“一门受理、协调办理”社会救助窗口。实施临时生活救助制度，全年救助 597 人次，发放救助金 147.65 万元。大力实施“一站式”医疗救助服务，2015 年累计救助 37281 人次，其中累计直接救助 17318 人次、资助参保 19963 人次，累计救助支出 1420.96 万元，政策范围内住院自负费用救助比例达 70%。大力提倡农村互助养老模式，建成城乡社区日间照料中心 13 个和农村幸福院 21 个，切实解决农村老人特别是留守、独居老人的养老问题。

【农村五保】 威远县坚持政府投资为主、社会参与为辅的投入方式，动员社会各界参与和支持敬老院建设，大力提升“五保”供养水平。年内重点推进界牌、庆卫、靖和及向义 4 个农村敬老院建设，界牌、庆卫、靖和 3 个敬老院具备入住条件，即将投入使用，向义农村敬老院主体工程完工，总共新增床位 650 张。全县五保供养对象 6247 人，全年发放五保供养金 1883.7 万元，五保供养条件明显改善。

【慈善救助】 威远县大力发展慈善事业，开展“慈善一日捐”和“送温暖、献爱心”活动，筹集善款资助贫困大学新生 71 名，发放助学金 27.5 万元；资助贫困高中新生 10 名，发放助学金 3 万元；助医 22 人次 5.5 万元。

【社会福利社会化】 威远县推进社会福利社会化，完善以居家为基础、社区为依托、机构为补充的社会福利服务体系。全县福利企业 13 户，安置残疾人 500 人。全县有养老机构 24 个，其中政府办 22 个、社会办 2 个。大力推进农村养老服务建设、完善社会养老服务体系、提升养老服务保障、增强养老服务能力“四措并举”的办法，应对人口老龄化带来的挑战。加大公办养老机构投入建设力度，2015 年重点推进县综合养老服务中心建设。该项目占地 2 公顷，设计床位 300 张，总投资 5000 万元。推进“12349”居家养老服务信息平台建设，全县 29790 名服务对象信息已采集录入，通过购买服务方式为老人提供助餐、助浴、助洁、助急、助医等服务，满足绝大多数老年人的居家养老服务需求。坚持实行高龄补贴制度并按时足额给付。

2015 年 3 月 31 日，县民政局在龙会镇革命烈士陵园举行清明节祭扫活动
（龙会镇 供图）

【优抚安置】 县民政局注重军民融合式发展，开展“爱心献功臣”公益活动，为 37 户优抚对象维修改造住房 125 间，补助资金 55 万元；落实各项优抚安置政策，各类优抚补助按时按量落实到位；下拨“三难”资金 443.5 万元，帮助优抚对象解决的生活、住房、医疗方面存在困难。修缮县内各革命烈士纪念设施，组织开展清明祭扫和公祭活动。组织军休干部开展各类活动，军休所建设有力推进。解决在役士兵家庭的实际困难，提高义务兵奖励金标准，支持驻威部队抓建设，双拥工作成效显著。做好 2014 年冬季退役士兵（士官）安置工作。全县接收退役士兵（士官）265 人，其中农村退役士兵（士官）183 人、城镇退役士兵（士官）69 人、转业士官 13 人。为 240 名自主就业退役士兵发放自主就业补助金 551.15 万元，为 12 名自谋职业退役士兵发放地方经济补偿金 124.6 万元，13 名转业士官公开选择工作岗位。组织开展退役士兵就业技能培训工作，参训率 100%；发放职业教育技能培训费 75 万元。2015 年 9 月，全县接收退役士兵 166 人。

【婚姻登记管理】 威远县全面贯彻落实《婚姻登记条例》，强化婚姻登记管理，推进标准化建设，巩固 AAA 创建成果，开展优质便民服务，实行“朝九晚五”工作制。2015 年依法办理结婚登记 5102 对、离婚登记 2313 对；补办结婚登记 4492 对、离婚登记 213 对，截至 2015 年末共出具婚姻登记记录证明 13145 份。婚姻登记合格率 100%。完成 1990 年以来婚姻历史数据的补录工作。

【殡葬和救助管理】 2015年，威远县火化遗体823具，公墓安葬115棺，为城乡困难群众49人免除基本殡葬服务48510元。加强救助管理，开展街头救助行动和“接送流浪孩子回校园”专项行动，累计救助各类受助人员285人次，其中老年人95人次、未成年人62人次、危重病人26人次、精神病（智障）人员100人次；安置弃婴2人。

【民间组织管理】 县民政局依法做好社会组织登记管理工作，支持社会组织发展，引导社会组织参与社会管理和服务。全年新登记社会团体5个、民办非企业单位13个；变更社会团体5个，民办非企业单位3个。完善社会组织年检制度，对43个社会团体和120个民办非企业单位进行年检。积极推动政府部门向社会组织转移职能、购买服务。发挥社团、社工在社会管理中的基础性作用，不断创新活动方式，支持社会组织开展各类社会公益活动；推进公益性社会组织培育和社会组织公益性发展。加强社会组织党的建设并强化评估工作，全县社会组织建设日益规范。

2015年，五保老人在严陵镇中心敬老院安度晚年　（冷国文　摄）

老龄事业

【概况】 县辖20个镇、313个村、57个居民委员会，总人口72.9万人。截至2015年底，全县有60周岁以上老年人口15万人，占全县总人口的20%，80周岁以上老年人口2.9万人，占全县总人口的3.9%。老年人中最高年龄者111岁。全县共建立基层老年人协会291个，其中县1个、乡镇290个，参会人数累计2.6万人；法律援助中心（站）21个；老年活动中心（站、室）61个，老年人参与人数0.93万人。全年免费为60周岁以上的老年人办理老年优待证3620本。按时足额向49名百岁老人发放200元/人·月的高龄补贴。全面落实21060名80~99岁老年人150元/人·年的高龄补贴金。

【养老服务】 2015年新建4所敬老院，全县近4000名五保老人入住敬老院；有日间照料中心41个，近3000名老人享受服务。通过政府购买服务在全县20个镇全面推行“12349”居家养老服务信息平台，为29790名60周岁以上的空巢、失能老人提供居家养老服务。威远县将老年医疗卫生服务纳入卫生事业发展规划，统筹做好各项卫生保障工作。全县城镇基本医疗保险参合率95%，参合率99.81%；三级卫生服务体系覆盖城乡。推广开展老年护理，实施临终关怀服务。发展以老年人健康管理为重点的社区卫生服务，各基层卫生机构共为辖区内64840名老年人（65周岁及以上）建立健康档案并开展健康管理服务，定期进行一般体检及相关辅助检查。政府投资40余万元扩建教学场地450平方米，全面排除安全隐患，结束17年来老年大学居无定所的局面。加大对老年服务设施建设的投入，增添老年人活动设施。开展老年门球赛、老年书法、绘画和文化知识竞赛活动，丰富老年人的精神文化生活。

【百岁老人】 2015年，全县有百岁老人49人（其中男性20人），比上年增加4人。

2015年威远县百岁老人花名册

（截至12月底）

序号	姓名	性别	民族	出生年月	家庭住址	城镇/农村
1	罗元芳	女	汉	1915-04-06	严陵镇广场路454号	城镇
2	许文华	男	汉	1914-11-14	严陵镇建立村12组	农村

续表

序号	姓名	性别	民族	出生年月	家庭住址	城镇 农村
3	官久林	男	汉	1913-10-08	严陵镇东街社区 2 组	城镇
4	董少清	男	汉	1915-06-02	严陵镇中心街 3 组	城镇
5	张树高	男	汉	1910-07-02	新店镇张建村 3 组	农村
6	杨绍钦	男	汉	1911-01-20	新店镇永农村 4 组	农村
7	曾焕章	男	汉	1914-08-11	新店镇永政村 6 组	农村
8	刘淑芳	女	汉	1903-12-27	向义镇四方村 16 组	农村
9	黄淑清	女	汉	1915-06-19	向义镇静宁村 2 组	农村
10	宋玉儒	女	汉	1912-05-13	界牌镇夏家村 2 组	农村
11	徐德清	女	汉	1915-01-25	界牌镇市郊村 1 组	农村
12	张少芝	男	汉	1915-10-24	界牌镇丰胜村 11 组	农村
13	翁树章	男	汉	1913-11-15	界牌镇政府街	城镇
14	彭子荣	男	汉	1913-12-22	界牌镇贾山村 9 组	农村
15	张付容	女	汉	1914-10-23	界牌镇花园村 12 组	农村
16	胡正明	男	汉	1914-02-03	界牌镇中坝村 3 组	农村
17	叶仲良	男	汉	1915-08-02	庆卫镇桃李村 12 组 5 号	农村
18	刘玉树	女	汉	1915-08-03	高石镇陈家村 1 组	农村
19	曾淑芳	女	汉	1908-11-16	高石镇童家村 1 组	农村
20	陈元和	男	汉	1914-12-26	靖和镇华场村 8 组	农村
21	倪郭芳	女	汉	1904-12-22	靖和镇盐井村 1 组	农村
22	张聂群	女	汉	1910-09-23	镇西镇团标村 14 组	农村
23	官大兴	男	汉	1915-11-12	镇西镇新华村 25 组	农村
24	黄才发	男	汉	1915-04-15	镇西镇五星村 9 组	农村
25	李刘淑	女	汉	1912-05-27	镇西镇团标村 15 组	农村
26	钟邱云	女	汉	1913-06-04	镇西镇莲花村 1 组 26 号	农村
27	兰中付	男	汉	1914-05-28	镇西镇炉丰村 12 组	农村
28	陈自芳	女	汉	1914-06-06	镇西镇永和村 14 组 33 号	农村
29	魏义发	男	汉	1914-10-01	镇西镇红林村 4 组	农村
30	倪淑容	女	汉	1907-12-16	黄荆沟镇坭河村 11 组	农村
31	张淑珍	女	汉	1915-11-29	黄荆沟镇砚台村 2 组 60 号	农村
32	刘云芳	女	汉	1912-09-03	黄荆沟镇秀峰桥村 8 组 6 号	农村
33	谢菊仙	女	汉	1913-01-04	黄荆沟镇老明槽 6 组	城镇
34	熊李氏	女	汉	1915-09-15	新场镇曹胜村 1 组	农村
35	潘德银	男	汉	1915-08-05	东联镇天宝沟村 9 组	农村
36	苟仕维	女	汉	1915-02-15	东联镇档竹湾村 6 组	农村

续表

序号	姓名	性别	民族	出生年月	家庭住址	城镇 农村
37	黄淑全	女	汉	1914-01-19	东联镇娃娃山村 6 组	农村
38	张淑珍	女	汉	1915-12-04	龙会镇互助村 16 组 17 号	农村
39	袁守端	女	汉	1914-01-20	龙会镇龙会场居委会	城镇
40	李国英	女	汉	1913-10-18	龙会镇龙会村 5 组	农村
41	梁淑琴	女	汉	1914-02-15	龙会镇杨岭村 14 组 37 号	农村
42	倪郑氏	女	汉	1913-10-04	龙会镇高梯村 7 组	农村
43	代瑞先	男	汉	1915-09-18	小河镇响水村 14 组 10 号	农村
44	柯连花	女	汉	1915-04-10	小河镇新同村 5 组 10 号	农村
45	王丙香	女	汉	1914-01-24	小河镇碾子村 10 组 16 号	农村
46	杨翠莲	女	汉	1914-02-24	观英滩镇观英村 8 组	农村
47	崔胜芳	男	汉	1913-10-29	观英滩镇白云村 3 组 19 号	农村
48	徐书容	女	汉	1915-12-23	两河镇镇江村 1 组	农村
49	谢志光	男	汉	1914-05-10	两河镇沙湾煤业公司 1 组	城镇

（兰紫琪）

镇域概况

严陵镇

【概况】 严陵镇是县城中心所在地，辖区面积71平方千米，其中城区面积19.7平方千米。全镇辖23个行政村和19个社区，460个村（居）民小组，总人口16.2万余人，其中农业人口4.9万余人。

2015年，严陵镇全力抓好“做大项目、做美城乡、做实民生、做好稳定、做响文化、做亮社区、做强队伍”七项工作，较好地完成年度目标任务。全镇实现地区生产总值（GDP）243310万元，增长10.3%；地方一般公共财政收入2866.45万元；农民人均可支配收入11557元，增长12.4%；城镇居民人均可支配收入25787元，增长8.0%。固定资产投资98891万元，其中技改投入64367万元。社会消费品零售额52.79亿元，限上商贸企业销售额12.17亿元，新培育限上商贸企业3户。

【工业经济】 严陵镇建立健全联系企业制度，提高服务质量和效率，着力解决企业资金匮乏、建设用地紧张、企业用工难等问题，帮企业保住生存，促进企业加快技改进程，不断增加企业自主创新和产业升级能力；优化投资软环境，加大招商引资力度，壮大工业经济总量。全年实现规模工业总产值350726.6万元，增长22.6%；规模工业增加值104235.9万元，增长22.6%；规模工业销售收入350843.3万元，增长23.1%；规模工业利润23061.7万元，增长32.7%；万元产值单耗同比下降1.19%。全镇规模工业企业13户，新增规模工业企业1户，新发展重点工业企业2户，招商引资到位市外资金3.31亿元，新签并开工制造业0.5亿元以上项目4个、高新战略类0.3亿元以上项目1个，新增项目包装3个。

【惠农工作】 2015年，严陵镇投入资金1300余万元，新建续建农村公路16.03千米；维修水毁渠道、堰塘153处，其中渠道5100米，堰塘、石河堰、囤水田26口；新建沼气池30口；安装农村自来水1800余户、解决5000余人的饮用水问题。加大农技培训力度，开展大小春粮食作物、蔬菜、柠檬、桃子、枇杷等农作物的田间管理、生产新技术培训。在联合、建立、桂花、食丰等村实施现代农业示范项目，种植高产优质水稻、玉米246.67公顷；完成标准化畜牧建设项目2个；推广核桃示范基地建设，在联合、食丰、建立等村的100公顷核桃园内，成片套种海椒、洋芋、大头菜53.33公顷，每公顷增收4.5万元以上；推广“玉米—大豆—洋芋”新栽培技术33.33公顷，鲜食玉米13.33公顷；全镇种植、养殖业科技示范户40户，带

2015年5月14日，严陵镇第六届人民代表大会第六次会议召开　（严陵镇供图）

动周边400余户增产增收。加大土地流转力度，在联合村流转土地3.3公顷发展大棚蔬菜，在新义村流转土地38.67公顷建设普祥生态农业产业园。

【城乡环境综合治理】 严陵镇推进城市变景区工程，婆城公园建成投入使用。加强河道治理，建立长效机制，投入20余万元开展清溪河水面漂浮物和河岸环境卫生治理。实施背街小巷亮化工程，在17个社区及平山村的390条巷道里安装路灯1123盏。深化“五乱”（垃圾乱丢、摊点乱摆、工地乱象、广告乱贴、车辆乱停）及小街小巷卫生治理，配合做好县城区街道占道经营综合整治、夜市整治及县城区露天娱乐活动的规范管理；开展小街小巷认领活动，20个单位170余人认领小街小巷343条。加强小区管理，筹备成立小区业委会11个。健全农村生活垃圾“村收集、镇运输、县处理”工作机制，在农村新建垃圾池43口，维修垃圾池1口，落实村级保洁人员352人，农村生活垃圾得到有效治理。桂花村和塔山村通过省级“环境优美示范城镇乡村”验收。

【民生事业】 严陵镇组织送科技、法律、文化、健康“四下乡”活动3次，开设“道德讲堂”4次，宣传严陵好人好事4次，举办文艺会演7场。建立业余文艺演出队17支，组建机关兴趣小组9个、群众性健身组织30个。免费开放乡镇文化站1个、放映农村公益电影320场。积极改善村（社区）运动设备，参加第二届县运动会获乡镇组团体总分第一。完成村卫生站建设8个，犬只免疫率98%。新农合实际参合人数51605人，参合率99%。做好艾滋病防治及宣传工作。办理就业失业登记证900人，新增就业人员3200人，失业率控制在4%以内。开展企业退休人员年检，年检率98%以上；办理城镇居民医疗保险4.56万人，城乡居民养老保险2.3万人，续保缴费8100人；办理城乡医疗救助514人，发放救助资金75万余元。开展残疾人“量体裁衣”式个性化服务，受益残疾人4004名。发放城市低保1892万元、农村低保279万元、五保金142万元。严陵镇中心敬老院建成区域性养老服务中心，入住141人。发放优抚金603万元，对重点优抚对象医疗救助50万元。落实百岁老人定期生活补助，完成8099周岁的老人生活补助报批3453人。计生工作巩固发展，全镇符合政策生育率81.62%，人口出生率8.23‰，人口自然增长率2.62‰；落实农村计划生育家庭奖励扶助、特别扶助873人。

2015年1月22日，小学生到接官亭社区安全体验中心体验 （严陵镇 供图）

【项目建设】 严陵镇推进辖区内的市、县重点项目建设。完成市下达重点项目花塘片区安置房工程一组团5.2万平方米主体工程和平山村8组安置房建设。加大商贸城、吴荣路、二环路西北段和西山村1、2、5组，长益村7、15、16组，富谷村1组、白塔二期等项目的征地拆迁及扫尾工作。抓好北部新区，三河村1组，西山村5组安置房，棚户区A、B区改造，内威荣高速公路聚居点，新红人行桥等项目建设，正排工序，倒排工期，各项工作有序推进。做好二环路西北段、吴荣路、杨家坝湿地公园、内威荣高速公路、页岩气和人饮工程管敷铺设等工程施工过程中的矛盾纠纷调处工作，营造良好施工环境，保障工程顺利实施。

【严陵镇建成内江市首家安全体验中心】 2015年4月，严陵镇接官亭社区安全体验中心建设项目正式启动，建设面积506平方米，经过118天设计施工，于2015年11月底完工，12月投入试运行，是内江市建成的首家安全体验中心。体验中心按“宣教、科普、体验”三大功能，分别建成道路交通安全、火灾消防安全、企业安全、涉水安全、居家安全、地震知识区等六大体验项目，采用多媒体技术，运用声光模拟等形式，还原再现安全事故及灾难发生场景，通过参与者的切身感受和现场体验，增强参与者的自救、互救、防护等安全知识技能。

【严陵镇建成首家农村淘宝服务站】 2015年6月10日，严陵镇第一家农村淘宝服务站在建设村开业。建设村地处严陵镇北部，为龙会镇、界牌镇和严陵镇三镇交界，人口集中，购买力强，区位优势明显。建设村农村淘宝站设于农村赶集点，面积15平方米，主要业务为代买百货。建设村农村淘宝站自建成以来月销量逐步增长，2015年“双十一”月销量近10万元。

【严陵镇东街社区创建为全国综合减灾防灾示范社区】 2015年12月，严陵镇东街社区通过全国综合减灾防灾示范社区评定验收，是严陵镇继建业社区、接官亭社区之后创建的又一个全国综合减灾防灾示范社区。累计投入800余万元，开展防灾减灾宣传教育活动，普及推广防灾减灾知识和避灾自救技能，提高社区综合减灾能力和全民防灾减灾意识，最大限度地减轻自然灾害的损失，推动和谐平安严陵建设。

2015年严陵镇社区（各村）情况一览

社区（村）名	党支部书记	主　任	村（居）民小组（个）	户籍数（户）	人口数（人）	耕地面积（公顷）	农村经济总收入（万元）	人均纯收入（元）
南街社区	罗　静	魏丽英	4	2056	4971	—	—	—
东街社区	倪桂英	吴　迪	6	2682	5868	—	—	—
西街社区	卓　驰	游　敏	8	6074	13521	—	—	—
外南街社区	刘　勇	郑　庆	7	2188	4681	—	—	—
中心街社区	廖　芸	李　萍	7	2593	5707	—	—	—
外西街社区	伍智强	刘　英	9	3677	7263	—	—	—
河北街社区	张　丽	张　敏	5	3075	5971	—	—	—
大桥街社区	张玉兰	王猷凯	8	4125	8560	—	—	—
河东街社区	周　莉	—	5	2391	4813	—	—	—
杉树坳社区	林　萍	林　松	9	3368	8425	—	—	—
三河街社区	雷筱萍	谭　旭	7	3299	7167	—	—	—
广场街社区	易红武	张　丽	10	5166	11729	—	—	—
花城路社区	刘世华	朱建君	5	2096	3378	—	—	—
建业路社区	张　进	李永红	8	2012	4832	—	—	—
锦城路社区	温继敏	叶庆沁	3	1446	2716	—	—	—
东风路社区	刘丽萍	刘秀英	6	1754	5004	—	—	—
接官亭社区	陈　兰	唐　艳	7	2123	5765	—	—	—
滕家坝社区	李青坪	高　健	3	1347	2248	—	—	—
桂花社区	邹泽彬	林文杰	9	883	1729	48. 45	4208	10989
三河村	廖勇军	王永新	3	268	475	16. 37	2294	12274
新义村	姚洪良	廖桂芳	14	1157	2135	74. 03	3970	9897
桥里村	官水高	缪玉洪	14	763	2216	148. 11	4138	10027
白荷村	董仲勋	—	13	965	1711	78. 58	3908	10140
长益村	王志军	杨学文	11	1126	2096	28. 71	5071	10773
塔山村	黄泽飞	刘永仲	15	1377	2280	101. 13	4537	10496
富谷村	曾勇权	王志宗	18	1152	2743	115. 10	5170	10361
食丰村	周新权	—	16	854	1945	129. 13	4025	10756

续表

社区（村）名	党支部书记	主　任	村（居）民小组（个）	户籍数（户）	人口数（人）	耕地面积（公顷）	农村经济总收入（万元）	人均纯收入（元）
建设村	甘自群	宋新明	14	746	2108	121.12	4791	11328
鸭子村	古永富	尤　林	17	835	2150	110.70	4214	10172
联合村	黄建付	张淑芬	23	1368	3183	165.76	6264	10660
三胜村	倪念高	曾　杰	18	1151	2342	138.07	3830	9116
建立村	曾新明	李朝远	18	786	1994	122.85	4161	10020
新家村	王桂兰	陈　纲	19	1214	2380	166.16	4263	9618
新堂村	朱怀江	刘　洋	15	660	1880	106.05	3776	9910
平山村	李　明	李木金	16	1961	3242	67.4	7088	10898
东风村	刘学安	杨　森	10	826	1748	53.96	4866	10635
先觉村	唐泽金	刘淑瑛	19	864	2328	90.82	4335	10099
花塘村	陈锡钦	李　均	5	479	793	22.85	2308	11286
双柏村	郭　建	张长贵	15	1326	2230	63.88	3413	9839
粮丰村	黄艳梅	吴　琴	12	1170	2211	65.41	5730	10611
宋埝村	程金玉	胡仲元	15	821	1908	87.85	3710	10178
龙埝村	杨光洪	温顺海	14	831	1967	97.92	3778	10097

（崔译文）

铺子湾镇

【概况】　铺子湾镇位于威远县城西北部，东连高石镇，南接严陵镇，西连庆卫镇，北邻新场镇、山王镇。镇政府驻地两河口距县城约4千米，交通便利，山清水秀，人杰地灵，是城郊型经济重镇。辖区面积32.67平方千米，辖8个农村行政村、1个街道社区居委会、128个村民小组、10个居民小组。耕地面积784公顷。2015年末总人口18789人，其中农业人口17114人。全镇地区生产总值7.18亿元，同比增长4.4%。第一产业7677万元，同比增长4.2%；第二产业58711万元，同比增长13.7%；第三产业3857万元，同比增长9.5%。工业销售收入13.01亿元，工业利税1805万元。农民年人均收入10912元。

【农村经济】　铺子湾镇以“农业增效、农民增收、农村发展”为目标，大力培育以生猪、山羊、兔业养殖和香葱生产为主的特色农业，促进农村经济持续发展。实现农业增加值1.37亿元；粮食总产量8210吨，农民人均纯收入10912元。全年发放各类粮种补贴167.78万元；兑现农机补贴44台次，补贴金额2.13万元；完成南延线管网延伸工程1.95千米；巩固退耕还林133.33公顷，土地流转10公顷；争取“一事一议”财政奖补资金56万元。抓好精准扶贫，对双岭村、马道村168户394名贫困户的生产和生活进行关心帮扶，采取有效措施在预期内实现脱贫致富。

【工业经济】　2015年，铺子湾镇大力巩固东方型钢为龙头的机械铸造产业群，以天地源陶瓷、西南水泥为龙头的建材生产产业群，以鑫达动力、民富密封件为龙头的配件生产产业群以及以同威贸易、阳光物资、鑫源矿业为龙头的煤业加工产业群。同时，加大招商引资力度。新建双岭果园农场项目、王家联办碎石生产线设备项目、西南水泥磨节能技术改造项目等通过市、县招商引资部门验收。威远县恒丰机动车检验中心项目投资4400万元，尚在建设中。特能运业有限公司东方型钢厂深加工生产线技术改造项目、鑫南化工技改扩能项目改造完成，页岩气开发202H3平台井建设有效推进。各村（社区）发展农村电商，镇域商贸经济实现平稳增长。

【社会事业】　2015年，铺子湾镇免费提供教科书1032套；送中职校就读学生18人，“两基”（基本普及九年

2015 年 5 月 19 日，铺子湾镇进行义务教育均衡发展公众满意度测评调查（铺子湾镇　供图）

义务教育、基本扫除青壮年文盲）成果得到巩固。抓好困难群众、低保、五保以及优抚对象保障工作，全镇城镇低保 50 户、58 人，发放城镇低保金 21.15 万元；农村低保户 298 户、321 人，全年发放农村低保金 87.40 万元；农村五保 163 户、165 人，全年发放五保金 47.3 万元；到位救灾救济款 12 万元。城镇新增就业 485 人，培训新型农民 205 人，农民实用技术培训 1560 人，新农保参保 8260 人，新农合参合率达 95%以上。全镇出生人口 232 人，符合政策生育率 83.19%，人口出生率 11.59‰，人口死亡率 7.39‰，人口自然增长率 4.2‰；立案处理违法生育对象 49 对，依法征收社会抚养费 51.7 万元。

【安全生产工作】　铺子湾镇抓好工业企业、露天矿山、道路交通、建筑施工、食品药品、消防等重点领域安全隐患排查治理工作。围绕安全生产月、节假日、夏季高温等重点时段组织开展安全检查和宣传活动，危旧房屋、烟花爆竹、化工企业的各种安全生产专项检查。对查出的事故隐患，及时提出整改意见，落实整改措施，严格督促整改到位。全年无一起较大及以上安全事故发生。全年接待群众来访 235 批次、357 人，未发生一起进京上访、集体上访和越级上访案件。排查各类矛盾纠纷 101 起，调处率 100%。处置好内威荣高速公路建设、老街危房改造等各类矛盾纠纷。

【重点工程】　铺子湾镇续建通村通畅工程渣桐路、盐王路，总长 10.12 千米，总投资 786 万元，已全面竣工并通过验收。新开建夏虾路、晏达路、王林路、倪大路 4 条道路，总长 11.477 千米，总投资 842 万元，正进行路基施工。内威荣高速公路建成通车，涉及全镇 7 个村 30 个社全长 5.25 千米。全年农村居民住宅改扩建完善用地报批 32 户；为内威荣高速公路拆迁户办理新建住房审批手续 4 户；老街危房改造及场镇城中村建工作进展顺利。2 个新村聚居点（红星 2 社、龙泉 5 社）建设全面竣工，通过市、县两级验收，村民已入住。投入 223 万元新建龙泉村、红星村、歧山村、长石村村级活动场所，2015 年 11 月建成投入使用。推进城乡环境综合治理，抓好场镇卫生、规范市场秩序、保持公路沿线清洁，清理越界摆摊和占道经营 10 余处，清除“牛皮癣”120 余处。农村生活垃圾分类处理接受国家验收，有效地改变生活垃圾乱堆、乱放、乱焚烧的现象。投入资金 56 万元，通过扶贫、财政奖补等项目打捆的形式，整治山平塘 4 口、渠道 1500 米，砖砌田埂 400 米；投入资金 5000 元，维修好双岭村涉及的相关 4 个组的涵洞，解决好与毗邻新场镇二峨村的用水纠纷。协调解决内威荣高速公路、页岩气井、团鱼凼自来水管网延伸工程建设的相关问题。做好农村土地产权制度改革、土地整理和石漠化治理项目的前期工作。

2015 年铺子湾镇社区（各村）基本情况一览

社区（村）名	党支部书记	主　任	村（居）民小组（个）	人口数（人）	耕地面积（公顷）	农村经济总收入（万元）	人均纯收入（元）
铺子湾街社区	雷庆彬	杨玉辉	5	1675	—	—	—
红星村	曾礼远	张　珍	18	3019	86.2	26.23	10912*
歧山村	曹国彬	李　波	15	2152	87.2	38.23	10912*
龙泉村	龚玉和	官钱均	11	1722	76. 4	25.96	10912*

续表

社区（村）名	党支部书记	主　任	村（居）民小组（个）	人口数（人）	耕地面积（公顷）	农村经济总收入（万元）	人均纯收入（元）
护林村	彭晏明	付祥超	10	1250	61.9	48.77	10912*
双岭村	吴　艳	李连忠	22	2100	118.7	18.73	10912*
马道村	罗永清	何长春	18	2442	118.2	29.57	10912*
王家村	王　平	詹德仙	15	1732	96.9	18.21	10912*
长石村	龙　琴	聂东阳	19	2697	146.2	119.52	10912*

（注：“*”采用全镇平均数）

（周俊丽　唐育峰）

新店镇

【概况】　新店镇位于县城南，东邻界牌镇，西连镇西镇、贡井区成佳镇，北与严陵镇相连，南接向义镇，辖区面积70平方千米。辖21个村、322个村民小组和1个社区、7个居民小组，人口51453人。2015年，实现地区生产总值69809万元，同比增长2.7%；税收收入340万元。完成规模工业总产值10亿元，实现规模工业销售收入10亿元、规模工业利润总额3500万元、工业性投入1.75亿元；农民人均纯收入11287元，同比增长12.3%。

【农业农村工作】　新店镇粮食生产总面积5227.07公顷，农业增加值增长5.5%。建设凤翔村、骑龙村、帽塘村等新村聚居点5个，幸福美丽新村6个，农村廉租房12户。各项涉农项目不断落地，农业农村基础设施水平逐渐提高。利用地势高差，发展适度规模养殖，建成“串珠”式现代生猪养殖场78个，实行“沼液—果—蔬”自流灌溉，农村面貌得到整体改造提升。四川任源牧业有限公司入住张建村的畜牧养殖场，有标准化圈舍3500平方米，生猪年出栏量1万头，存栏量3500头。通过土地流转，在长山村原有竹林26.67公顷的基础上，打造“长山竹海”产业，发展林下特种养殖产业。完成大环线东半环和新农村示范片大环线（帽塘村办公室至李家湾）道路改建工程建设。对凤翔、骑龙、长塘等村大环线公路两侧可视范围的坡地进行工程护坡、水池、生产便道、便民路布局建设。完成永强、十字村公路建设2.3千米，新建休闲活动广场6个，田型调整94.07公顷，新修便民路2万米、田间支路4000米、山平塘和蓄水池34口、囤水田333.33公顷以及斗渠、水渠、排洪沟共7000米。完成砖拱路1.06千米、加黄路1.06千米、学华路0.52千米、加丹田路0.46千米、金花路、新和12组通组公路、砖采路等公路建设共计4.82千米。续建公路完成黄清路4.64千米、熊永路3.91千米、大环线东半环3.98千米、山王路1.98千米，共计14.5千米。全镇水泥公路通村率100%，通社率42%。镇内有在运行的农村客运线路5条，实现村村通客运。完成全镇385户、971口贫困人口的数据采集和建档立卡工作，脱贫337人。

【工业经济】　新店镇工业基本形成机械制造、新型建材、农副产品加工三大产业格局。全年完成利弘陶瓷年产500万平方米外墙砖垫板窑技改工程等项目3个，投入技改资金1.27亿元，占任务的121%。招商引资3个项目，到位资金2.72亿元，占任务172%。新签并开工投资总额1亿元以上项目3个（分别是利弘陶瓷有限公

2015年，新店镇凤翔村十里荷塘　（余远文　摄）

司的年产500万平方米外墙砖垫板窑技改工程项目、宏鑫木材加工厂的各式高档家具及木制产品深加工生产线项目、美源润生态农业发展有限公司的无花果系列产品加工生产线及配套设施改造项目及美源润2万吨农副产品加工项目）。包装威远县万亩葛根农业生态观光园项目、威远县绿色生态有机无花果种植示范旅游观光基地建设项目、年产660万平方米6毫米以下陶瓷板生产线项目。

【集镇建设】 新店镇按规划实施建设，处理违法违章建筑23件。完成2015年农村危房改造申请、审批、竣工验收工作，完成指标481户，补助资金392.45万元。建成街道180米（七星椒街），建成馨逸A区、银鑫小区、世纪佳苑、七星苑、七星椒市场综合楼等6个小区工程及2处棚户区改造，建成面积11.45万平方米。建成七星椒街农贸市场，建筑面积2372平方米；完成七星椒街下段硬化工程，人行道敷设及街道绿化工作；背街小巷路灯安装96盏，总投资3.65万元。环境治理实现常态化管理，有效制止“五乱”现象反弹。

【重点项目】 金镭铸业征地工作永华村4组房屋收购和安置协议签订完成90%，发放青苗费221万元、征地拆迁款645万元。白塔二期征地工作永农村3、4组房屋收购和安置补偿协议签订完成98%，拆除房屋5.6万平方米，发放征地拆迁款1516万元。建成永华村、永政村、十字村3个村级活动场所，完成长塘村村级活动场所的改扩建，为社区购买村级活动场所。

【社会事业】 2015年，新店镇发放城乡低保金250万元、五保金109万元、医疗救助40万元、城乡社会救济金18.37万元、自然灾害生活补助金69万元、抚恤金15万元、80周岁以上老人高龄补贴22.3万元，免费送精神病人住院44人次，清理低保户1300多户。城乡居民养老保险参保2.1万人，医疗保险参保3000人，办理就业失业登记证50人，城镇新增就业100人，城镇失业人员再就业60人，就业困难人员再就业20人。支持教育经费13.06万元，组织社会捐资助学4.5万元。小学、初中巩固率分别达到100%、98.1%，15周岁人口初等教育完成率99.63%，17周岁人口初等中等教育完成率89.15%，残疾儿童入学率100%。完成张建、民付村卫生室建设；新农合参合率97%，组织无偿献血1次。全镇符合政策生育率73.65%，人口自然增长率控制在7.68‰以内。完成孕优任务，被省人口计生委表彰。加强对交通、食品药品、供电、危化品、烟花爆竹、学校周边环境等的监管工作，抓好汛期安全生产，全年未发生生产安全死亡事故。保持省级安全社区称号，着力创建国家级安全社区。全年接待群众来信来访110件，受理调处矛盾纠纷4件，化解县级领导包案1件，科级领导包案6件；各村（社区）、专业调解组织共调解矛盾纠纷92件。

2015年新店镇社区（各村）基本情况一览

社区（村）名	党支部书记	主任	小组（个）	人口（人）	耕地面积（公顷）	农村经济总收入（万元）	人均纯收入（元）
新店场社区	杨明芳	降付贵	7	5179	—	—	22146
永农村	甘作福	曹利嘉	13	2349	117.6	4628	10187
永华村	李尚华	钟　军	16	2994	136.4	5720	12170
永结村	方永芬	刘成平	15	2084	127.8	6155	15811
永强村	王章彬	周　平	20	2777	182.9	4808	10594
永红村	刘　刚	姚　良	15	2092	130.7	4838	11605
永政村	甘润华	叶旭东	15	2671	135.5	4774	10980
金莲村	邹永鸿	杨新文	17	2344	162.3	5316	12605
十字村	宋光明	付蔓丽	19	2456	165.5	5315	9259
高山村	王成林	黄桂芳	16	2101	141.7	5368	12159
骑龙村	李时林	周述明	18	2462	177.7	5379	11188
长塘村	杨晓梅	吴家文	19	2321	150	5022	10531

续表

社区（村）名	党支部书记	主任	小组（个）	人口（人）	耕地面积（公顷）	农村经济总收入（万元）	人均纯收入（元）
新和村	漆中文	李美明	13	2532	91.5	5268	13627
民付村	李海彬	倪春云	13	1697	83.5	5629	15425
石坪村	兰发奎	李建军	15	1967	117.2	5184	6616
文丰村	杜翠琴	董超平	14	2220	89.8	4940	12788
张建村	聂志良	江小平	11	1478	64.6	4938	11245
长山村	李志明	颜德付	14	1887	88.7	3589	11633
朝阳村	涂泽章	王书贵	11	1402	89.2	3242	10937
帽塘村	刘文明	刘志金	15	2022	100.8	5418	9398
一品村	赵存尧	许　勇	14	1928	92.5	3265	10540
凤翔村	陈体刚	邱安全	19	2490	165.6	4530	11064

（杨　伦）

向义镇

【概况】 向义镇地处威远县最南端，距县城17千米，与自贡市隔河相望，国道G247线穿境而过，辖区面积47.20平方千米，辖17个行政村、2个社区，总人口3.48万人，耕地面积1936.40公顷。全镇设立基层党支部32个，有党员1166名。2015年实现地区生产总值54645万元、较上年增长2.2%；地方公共财政收入实现267万元、超目标任务14.6%；固定资产投资18960万元、超目标任务5.1%；招商引资完成24080万元、超目标任务66.7%；农民人均纯收入实现11233元、较上年增长11.2%；农业增加值实现12045万元、同比增长4.1%；公共财政预算支出实现1544万元。

【工业经济】 向义镇加快工业经济建设，着力打造工业经济集中区。全年技改投入1.78亿元，实现规模工业总产值8.96亿元、工业增加值2.51亿元、销售收入8.94亿元、利润总额2879万元。多方协调争取政策，鼓励企业改造生产线、革新技术，增强核心竞争力，企业经济指标稳步向好。东工水电通过股份制改革，成为全县首家、全市第二家挂牌“新三板”的企业。狠抓企业服务管理，落实“一岗双责”，严格执行安全生产的各项要求，全面推进依法治安。对危化企业、烟花爆竹、非煤矿山等企业进行重点监管，全年出动安全检查人员220余人次，下达整改指令书50余份，安全生产形势总体稳定，全镇未发生死亡以上的安全生产事故。推动第三产业发展，引导和鼓励农民兴办农家乐、乡村旅游和农业观光园，推进农村新型业态发展。投资600余万元的星级农家乐“印象四方”正式营业，吸引周边城镇大量人员周末游。推进农村电子商务发展，陆续打造大冲、高硐、白石等农村电商人才创业示范平台，实现无花果、大头菜、设施蔬菜等农产品线上销售。

【现代农业】 向义镇粮食播种总面积3922.67公顷、油料播种面积480公顷、蔬菜种植面积1732.67公顷。创建水稻优质示范面积533.33公顷，发放优质水稻“川优6203”种子3000千克、无公害农药500千克，种植玉米、油料等优质示范面积1266.67公顷，粮食总产量20780吨。发展畜牧业生产，抓好猪瘟、口蹄疫、狂犬病的防治工作。加强农业产业结构调整。继续巩固“一村一品”，持续发展大棚设施蔬菜、大头菜、无花果、短平快蔬菜、菌类种植等。新规划发展桂圆种植面积26.67公顷，投入配套建设资金400余万元打造的“桂圆产业园”初具规模。巩固退耕还林53.04公顷，全年流转土地34.20公顷。加大农业基础设施投入，推进标准化农田建设，投入19.6万元完成渠道掏淤、整治、提灌站建设等基础工作，春灌放水148.85万立方米。农机补贴86台次，补贴金额7.74万元。全年申报“一事一议”财政奖补项目4个，总投资174万元。农村公共服务运行维护资金投入141万元覆盖全镇所有村。加快乡村旅游发展步伐，发挥四方、大冲新农村综合体休闲旅游观光农业效应，不断加大农旅结合基

2015 年，向义镇大冲村桑葚采摘园　（余远文　摄）

础设施投入。巩固新农村示范片建设成果，优质水产品健康养殖基地“十里荷塘”全面竣工，完成白石村美丽乡村基础设施建设，大冲村桑葚采摘园、紫薇观赏园初具雏形。多处农家乐相继开业，大环线农业示范观光园成效明显。举办第二届“中国·威远”无花果采摘节，吸引游客 3 万余人次。壮大农村新型经济组织，支持农产品加工企业的发展，着力提高农产品附加值。争取专项资金扶持专业合作社，四方村大棚蔬菜专业合作社和大冲村大头菜专业合作社通过国家级无公害蔬菜、原产地商标证明等认证。全年新发展家庭农场 11 个，着力打造懂技术、会管理、善经营的“新型职业农民”。

【城乡建设】 2015 年，向义镇投资 1.5 亿元的城乡建设用地增减挂钩试点项目完成大部分前期工作，施工队伍即将入场。投资 800 余万元、建筑面积 5400 平方米的镇中心敬老院新建工程施工进度达 60%以上。龙湾大桥安置房建设全面完成，年前安置户搬迁入住。白石、石庙 2 个村办公室建设全面竣工，全镇村级活动阵地标准达到上级要求。做好环境协调工作，完成国道 G247 线途经镇路段改造。改建变中路、向高路等农村水泥路 10.49 千米，全面实现水泥路“村村通”。多方争取项目资金，完成三人桥的维修改造，彻底解决重大交通安全隐患。按照环境保护“一岗双责”要求落实工作职责，开展突出环保问题专项整改整治。制发《向义镇秸秆和垃圾禁烧工作方案》，建立镇、村、社三级秸秆和垃圾禁烧联动机制，成立 4 支整治小分队进行专项督查。做好矛盾纠纷协调，全面完成南线饮水工程管线 5.2 千米敷设。加强对饮用水水源的保护，制定《向义镇自来水站承包管理办法》，规范场镇自来水供水管理，确保居民用水质量安全。继续加大“五乱”治理力度，促进城乡环境绿化、美化和亮化。建立垃圾清运保洁社会化服务购买机制。加大基础设施投入，新建垃圾收集池 4 个、维修 7 个，向家岭场镇新安装背街小巷路灯 33 盏，高硐场镇全部实现亮化。规范污水处理站运行，推进高硐片区环境连片整治工程。

【社会事业】 2015 年，向义镇符合政策生育率 76.56%。落实计划生育奖励扶助对象 823 人，兑现奖励金 93.55 万元。调查核实独生子女父母 1332 户，兑现独生子女父母奖励金 15.99 万元。开展捐资助学，支持教育事业发展，教学质量稳步提升。完成卫生院改扩建工程，开展爱国卫生、无偿献血等工作。严格执行低保补助标准，全年发放五保、低保金 1337 人 223.6 万元，救灾款支出 14.5 万元。坚持对低保户、低收入家庭户、五保户进行无遗漏入户调查，进行两次彻底的低保、五保清理核查，做到应保尽保、应退尽退。到龄失地农民养老保险上报办理 82 人，退休人员年审 1275 人。落实新农合工作，缴费金额 352.03 万元，参合率 97.44%。完成城镇医保、城乡居民基本养老保险、社保卡发放、就业失业登记等工作。全年排查出各类矛盾纠纷 124 起，调处 123 起；接待群众来信来访 156 起，息访率 97.4%。

2015 年向义镇社区（各村）基本情况一览

社区（村）名	党支部书记	主任	村民小组数（个）	人口数（人）	耕地面积（公顷）	农村经济总收入（万元）	人均收入（元）
向家岭社区	杨元华	曾友良	2	2882	—	—	—
高硐社区	张新平	刘树文	3	1913	—	—	—

续表

社区（村）名	党支部书记	主任	村民小组数（个）	人口数（人）	耕地面积（公顷）	农村经济总收入（万元）	人均收入（元）
向万村	梁　兴	刘培辉	17	2483	115.67	7934.70	12043
柏林村	殷志和	邹婵娟	19	2405	145.48	4364.12	10400
水口村	郑　勇	郑华银	18	2118	133.72	9296.00	11713
石象村	刘　蓉	刘发龙	11	1178	97.73	3639.00	11126
大山村	董寨荣	董寨荣	18	2049	149.67	4650.00	10450
石庙村	陈玉明	刘德辉	13	1373	114.85	2439.00	11362
小古村	余建平	邓云平	17	1828	108.83	6572.57	11465.96
枇杷村	刘淑英	肖　明	15	1965	85.35	44458.74	10651.96
解放村	古礼权	—	17	2377	104.04	4272.30	10662.4
土桥村	缪礼萍	余　地	15	1915	67.43	41552.85	10611.6
高硐村	余　宇	钟利明	16	1950	101.93	4435.20	10906
大冲村	吴金容	李先明	14	1590	104.67	3040.17	11946
塘角村	胡新容	胡新容	15	1720	140.15	5513.20	11380
静宁村	赖太明	赖太明	14	2038	132.62	3890.50	11621.17
白石村	丁利锋	李新华	13	1714	119.86	4690.90	11147.6
四方村	余文祥	邹德文	16	2249	110.85	9304.40	13440
古井村	黄付华	林淑英	11	1739	103.53	7784.06	11480

（陈辛菡　廖　熙）

界牌镇

【概况】　界牌镇位于威远县东南部，辖区面积44平方千米，耕地面积1892公顷。辖行政村15个、社区1个，总人口29600人，其中农业人口27740人。2015年，实现地区生产总值32847万元，同比增长5.8%。其中：第一产业12093万元，同比增长3.9%；第二产业12476万元，同比增长5.4%；第三产业实现8278万元，同比增长9.4%。全镇财政一般预算收入116.59万元，占预算的315%；一般预算支出1968.46万元，占调整预算的100%。农民人均纯收入11200元，同比增长10.5%。

【农业和农村经济】　2015年，界牌镇粮食播种面积3861.6公顷，粮食总产量实现18936吨，同比增长0.83%。全镇粮食生产实现连续四年增长。打造“中国无花果之乡”界牌核心区域，在巩固南强、中坝、漫水村“BOT模式”成片发展无花果种植基地的基础上，按“农户自愿、政府供苗、农户管养、间种矮秆”原则，引导市郊、响锣、林山、丰胜村的群众栽植无花果66.67公顷。全镇无花果栽植面积达400公顷，产值超2000万元。大棚蔬菜、彩糯玉米、麻竹、油菜、大头菜、龙爪豆等种植面积进一步扩大，产值超过500万元。生猪、山羊、小家禽家畜养殖稳定增长，达到2.8万头、0.45万只和42万只。利用财政资金50万元，引导柏杨、贾山、林山村发展年出栏300只的山羊标准养殖场3个。2015年，南强村被国家农业部命名为全国“一村一品（无花果种植）”示范村。全年开展对种子、农药、化肥市场等的监督检查和粮食作物、蔬菜等的有害残留物质检查50余次，实现全镇种植业安全无事故。全镇实施猪瘟、新蓝耳病、牛羊口蹄疫等免疫近30万头（只），狂犬病疫苗注射2012只，捕杀犬只67只。全镇秋防工作代表县接受市上检查，名列全市各乡镇第一。获得农村基础设施建设项目补助资金95万元，聘请农村公共服务人员116名，实施农村基础设施维修维护工程25个。

【工业经济】　2015年，界牌全镇各

工业企业争取上级财政技改项目补助资金30万元，减免税近50万元。各企业通过技改、调整产品结构、延伸产业链、增加销售模式等措施，使企业发展稳中向好。特别是海山机械和新凯碳素公司，创新运用“互联网+”销售模式，实现网上销售2000余万元。全力推进招商引资，统筹招商资源，优化招商服务，引资3500万元搬迁改造的铭达选煤设备制造公司YT数控跳汰机项目建设完成。全镇市级重点引资建设项目——四川久润泰科技有限公司，总投资1.1亿元的无花果酶、无花果糖等系列产品加工项目有序推进。开展“大众创业、万众创新”以及“回家工程”活动，24名在外务工人员回乡开办标准化餐厅、大型种植养殖场等，创造就业岗位100余个，实现产值200余万元。农村电子商务发展迅速，全镇新开电子商务服务点3个，营业额40余万元。全年镇农商银行、邮政储蓄银行存贷款总和分别达3.2亿元、2300万元。

【城乡基础设施】 界牌镇完成“余堡路”“三滩路”“老古路”等9条8.7千米村级公路新建，“界龙路”“新界路”“界靖路（二期）”3条14.1千米镇级公路续建，“中坝渡改公路桥”新建工程；新改建凉水井渡改公路桥、中坝十字坡桥、漫水滩大桥、转角井大桥、余家坝大桥、石关门大桥、李家湾桥等7座桥梁。实现“界龙路”“界靖路”“新界路”“大环线”等主要交通干线全面通车，全县第一批实现全镇村村通水泥混凝土公路，基本达到“内外相接、通村联网”的交通路网新格局。投入75万元，对辖区内道路、桥梁等基础设施维修整治和养护，增设警示标牌20块，整治安全隐患12处。组织交通巡查86次，查处交通违法行为184起。

2015年10月15日，县委常委、组织部长李杜（前排右）到界牌镇调研农村淘宝运行情况　（界牌镇　供图）

投资1000余万元，完成南强、市郊村高标准农田建设6公顷，新建、维修、整治水库1座（石包凼水库）、堰塘13口、水渠18.5千米、电力提灌站4座、蓄水池46口。投入500余万元的6个村级活动场所建成并投入使用。投资400余万元，拥有130个床位的新敬老院建设工程完工。投资40余万元对40户农村危房进行改造，解决农村低收入家庭住房条件差的问题。投资10余万元，在南强、丰胜、桥凼村新建3个“农村幸福院”。投入10余万元，实施街村社区和石关门场镇亮化工程，改造线路近10千米，新增路灯115盏。投资近500万元的中坝、南强“美丽乡村”建设工作基本完成，新建文化广场5个、生产便道13千米、蓄水池4口、堰塘2口，完善观景平台、绿色廊道等乡村观光设施。投资220万元的“中坝村古村落”建设工程接近尾声。

【民生工程】 2015年，界牌镇全面落实惠农政策，兑现粮食直补、综合直补、良种补贴、农机补贴、退耕还林补贴400余万元，累计发放低保金141.4万元，五保金91.62万元。申报医疗救助159户，审批并发放医疗救助金额11.3万元。临时救助485户受灾群众，发放救灾资金21.5万元。举办就业、创业培训班6次，城镇新增就业100人，城镇失业人员再就业30人，帮助就业困难对象再就业10人，新增公益性岗位“4050”人员4人。城镇医疗保险覆盖人数915人，城乡居民养老保险覆盖人数14039人。利用传统节日慰问困难群众、困难党员、困难职工等500余人次。采取“广泛宣传、逐一核实、结对帮扶、一户一策、责任倒查”等举措，对全镇773户1705人贫困户建立“一户两册”，完成系统录入工作。针对每户贫困户不同情况，逐一建立低保兜底、大病统筹、产业扶持等办法，新增低保户9户，大病统筹报销3.9万元，发放土豆种7.66吨，无花果苗3600株。帮助390户、741人脱贫。

【社会事业】 2015年，全镇上报出生人口354人，符合政策生育率72.88%，人口出生率11.76‰，人口死亡率7.87‰，人口自然增长率

3.89‰。落实“单独”政策，办理单独夫妇再生育申请42对；深化免费优质服务，完成孕优87对；做好奖扶、特扶、独生子女父母奖励金等惠民资金的发放工作，全年发放惠民资金61.79万元。投入73万元，建成全县首个省级示范综合文化站。举办就业（创业）培训班6次、展览4次，农村电影放映192场次，15个农村和1个社区书屋实现免费开放。投入10万元，完成4个村文化活动室建设；投入4.5万元完成林山村运动场扩建工程。镇卫生院全年接受门诊11096人次，收治住院病人848人次，新农合报销总额191.6万元。镇中心校创造历史最好成绩，国家级示范高中上线10人，市级示范高中上线25人，普通高中上线59人。供电所完成10千伏线路延伸47.71千米，改造低压线路263.16千米，新增配变45台，用电改造8983户。镇天然气公司投资40万余元，新建管网20千米，新增用户300户。广电网络分公司完成镇1、2级光纤网络改造，数字电视整改用户1782户。

【南强村被农业部命名为全国一村一品示范村】 2015年8月3日，农业部发布《关于公布第五批全国一村一品示范村镇名单的通知》（农经发〔2015〕9号），认定界牌镇南强村为第五批全国一村一品示范村。

界牌镇南强村以省级新农村示范片建设为契机，引进四川久润泰生态农业有限公司等业主，采取业主流转土地、有限年限经营、政府部分补助、无偿移交专合组织并签订收购订单的农业BOT模式，促进无花果特色产业的发展。全村80.2%的农户以无花果种植为主导产业，生产基地达130公顷。

南强村先后实施新村基础设施建设、水土保持及高标准农田建设、扶贫工程建设等项目。新建便民路和公路2.4万米、蓄水池89口、广场4个，改善农民生产生活条件。坚持“合作社+公司+社员”的利益联结机制，成立无花果种植农民专业合作社，全村41.6%的从事无花果产业的农户加入合作社。依托农民专业合作社等几家龙头企业和专合组织，与农户签订无花果购销合同，确保无花果的销售无忧。免费对农民进行无花果种植、栽培、统防统治技术培训，为农民提供优质、优价的生物肥料和农药，引导农民走专业化、规模化的无花果种植道路。加强品牌建设，无花果生产全部实现无公害标准化生产，并注册“向家岭”商标。

（张丹萍）

2015年界牌镇社区（各村）基本情况一览

社区（村）名	党支部书记	主任	村（居）民小组（个）	人口数（人）	耕地面积（公顷）	农村经济总收入（万元）	人均收入（元）
界牌镇街村社区	游　斌	游　斌	4	1860	—	—	10183
花荷村	胡　洪	黄文筠	16	1939	133.26	2781.19	11123
南强村	林仁怀	孙　莲	20	2399	144.1	2999.13	10408
中坝村	兰书明	胡小彬	17	1912	123.21	2923.08	10980
漫水村	夏毕光	陈　权	15	1814	142	2463.71	11431
田坝村	黄润华	钟云良	19	2042	124.67	2852.52	10718
市郊村	张树才	周晓霞	14	2243	92.9	3097.87	11019
柏杨村	殷　卷	文川远	12	1785	110.73	2704.12	11257
响锣村	倪林清	王进泉	15	1774	130.9	2869.99	11393
夏家村	倪修林	殷文娟	12	1337	111.13	2343.99	11865
林山村	陈小金	黄　科	12	1313	116.3	2451.09	11909
丰胜村	游成品	陈化文	13	1539	121.4	2624.77	11613
贾山村	龙　泉	王明典	21	2159	169.2	3529.03	11140
四合村	王泽仙	梁林权	15	1840	119.6	2686.12	11674
桥凼村	缪荣康	陈建忠	14	1901	132.8	2868.96	11077
花园村	梁智权	宋文清	13	1743	120.2	3179.14	11227

龙会镇

【概况】 龙会镇属浅丘陵地域，位于威远县东部，距县城12千米，系省级小城镇试点示范镇，全国页岩气开采基地。辖区面积55.49平方千米，耕地面积2383.96公顷。辖区21个村、305个组和2个社区、6个居民小组，常住人口39032人。其中建档立卡贫困村3个，分别为五皇村、互助村、高湾村。辖区有规模型企业3家、中小规模民营企业7家、敬老院1个、镇中心卫生院1个、村卫生诊所18个、学校5所。龙会为农业大镇，粮食作物以水稻、小麦、玉米、红苕为主，养殖业以猪、羊、鱼、蚕桑、家禽为主。

2015年，全镇实现地区生产总值4.91亿元，同比增长8.8%；一般预算收入完成311.64万元，增长207%；总支出1747.61万元，增长3.52%；农民人均纯收入11740元，增长11.8%。全镇创新运用的“村干部573述职评议法”受到市委组织部主要领导的肯定批示并发文全市推广，以及省委党建领导小组的肯定性通报。

【农业和农村经济】 龙会镇农业总产值21847.9万元（其中农业增加值24783万元），同比增长4.1%。发放耕地地力保护补贴492.8万元，退耕还林政策补助资金兑现38.8万元。全镇出栏生猪4万余头、家禽49万余只、肉兔24万余只、肉牛341头、肉羊5409只；水产品1561吨；粮经作物2.67万吨。以柠檬、蚕桑、核桃三大产业为重点的农业产业结构调整成效明显。全年柠檬产量4752吨，高湾村流转26.67公顷土地发展的柠檬产业园产量稳定，水库村柠檬加工厂产品产销保持稳定增长。蚕桑协会及桑葚专业合作社的带动效应日趋明显，全年养蚕10500张，产茧46万千克，发展优质桑葚基地26.67公顷。组织蚕桑养殖大户到南充学习养蚕经验，为蚕桑的进一步发展提出发展思路。以西藏圣核农业科技股份有限公司为主体在五皇、高湾2个村流转土地40公顷的核桃产业初步成型。走出新路，农村电商经济效益初显。发展农村淘宝3家，月销售额稳定在30万元左右。互助村通过“第一书记”“电商扶贫”，利用自身的微信等网络平台为该村农户销售农产品交易额10万余元。该村农村淘宝店以20余万元的月销售额长期稳居全县农村淘宝销售的第一名。

【工业经济】 2015年，龙会镇规模工业总产值实现4.2亿元，同比下降35.3%；销售收入实现4.23亿元，同比下降37.5%；入库税金1038万元，同比下降31.3%；实现利润844万元，同比下降44%。招商引资实现1.23亿元，同比下降13.9%。工业性投入累计9280万元，同比增长54.9%。

新引进感应器生产企业“四川天娇纺织配件有限公司”。筹备成立企业商会，吸纳镇属9个企业，实现信息共享，抱团发展。镇域内建钻井平台7个，产气25口，日产量200余万立方米，创造就业岗位230余个。打造农村淘宝服务站，通过产品线上线下转换，促进经济发展。实现21个村网络接入全覆盖，发展麻柳、坝上、互助、尹家4个农村淘宝服务站，打造互助村淘宝示范点1个。

【社会事业】 2015年，投资245万元的镇敬老院二期工程全面完成，100余名五保老人的食宿条件得到提高。投资8万元新建的麻柳村日间照料中心投用。投入30余万元对龙会河河道进行清理。2个社区新装太阳能路灯20盏，新增停车位105个，新画斑马线3组，新建减速拱8根，新建或维修垃圾池5口，购置果皮箱22个，硬化背街巷道400余平方米，安装巷灯38盏。加大禁止秸秆焚烧的宣传和巡查力度，引导农民实施秸秆青贮、秸

2015年12月13日，省级安全社区创建评估专家在龙会镇企业生产车间现场验收 （龙会镇 供图）

秆覆盖或深翻还田，杜绝露天焚烧秸秆行为，减少农村大气的主要污染源。新建沼气池21口，办理各类来信来访32件，调解矛盾纠纷52起，协调解决双塘街办证遗留问题，妥善化解内威荣高速路（龙会段）拆迁纠纷、征地低保办理等重点信访案件。新农合参合率88%。完成5个村级卫生站建设。对低保、农保、计划生育奖特扶、危房改造等事关群众切身利益、社会十分关注的热点问题，尽最大限度实行规范化管理、阳光化运作。全面清理低保，取消不符合城乡低保条件的对象户325人。全镇初中入学率98.5%、小学入学率100%，初中、小学辍学率为零。加强对留守儿童、“五失”青少年（指失足、失管、失学、失业、失亲青少年）、特殊儿童等群体的关爱，发挥党员干部、“五老”、志愿者等的模范作用，为青少年的成长营造良好的环境。以脱贫攻坚为着力点，以贫困村第一书记为纽带，狠抓党员精准扶贫、驻村帮扶等工作，704户贫困户结对帮扶达到全覆盖；向贫困村倾斜基础设施等项目资金累计700余万元。落实安全生产“一岗双责”，强化对道路交通、食品安全、建筑、消防等重点行业领域的安全监管，全年安全生产“零事故”。整合资源，全员参与，省级创建接受省级安全社区专家组验收。

【重点工程】 2015年，龙会镇新建高湾村和五皇村公路2千米，续建钢铁、杨岭、郭林3个村公路5.79千米。耗资900余万元的界龙路（龙会段）全面完工并实现通车，内威荣高速公路（龙会段）进入收尾阶段。投资70余万元拱背桥建设完工，群众期盼多年的愿望得以实现。农村天然气一期工程9个村正在实施，将解决天然气管道沿线村民1.8万余人的能源使用问题。建成农村户用沼气21口。总投资1500余万元的东线工程一期进入扫尾阶段，饮用水改造工程管网建设全面完工。合理运用103万元公共运行维护专项经费，完成各村太阳能路灯安装、堰塘维修、公路维护等106个群众需求的具体项目。投资210余万元的李家场社区、麻柳村、晓阳村和高梯村4个村级活动场所投入使用。投资500余万元日处理800立方米的龙会场镇污水处理工程投入运行。投资3000余万元的川康医院进场开工，投资900余万元的龙会中学征地拆迁全面完成。

2015年9月18日，民办川康医院动工　（龙会镇　供图）

【省级安全社区创建通过验收】 2015年12月13日至15日，龙会镇省级安全社区创建工作通过专家组验收。

龙会镇省级安全社区创建工作自2013年8月启动以来，共开展道路交通安全、社会治安、消防安全、工作场所安全、涉水安全、老年人残疾人安全、居家安全、学校安全等八个方面的促进项目。经过全面启动、宣传发动、调查诊断、实施促进、评审改进五个阶段，投入资金8427.47万元。创建期间效果明显，获得全省计生系统政风行风群众满意度测评先进单位、县消防先进单位、县“六好”基层关工委、县尊师重教先进集体等荣誉。

【“村干部573述职评议法”】 “村干部573述职评议法”是为了治理部分村干部“庸懒散浮拖”的行为，解决村干部“能上能下、能进能出”的问题，激发干部干事创业、为民服务的责任感和热情，在全镇21个村、2个社区开展民主评议。该评议法主要是通过实行村干部述职述廉，村民面对面评议的方式，对村干部“德、能、勤、绩、廉”五个方面的表现进行评议。该评议法主要包括“五个明确”“七个环节”“三个结合”等三个方面。“五个明确”即明确评议对象、明确参评人员、明确测评方式、明确评议内容、明确评议环节；“七个环节”是指考核、通告、述职、谈话、评议、公示、整改七个环节，评议严格围绕这七个环节进行，规范操作，保证评议程序公正严谨、结果公平客观；“三个结合”即评议结果与评先选优结合、与管理使用相结合、与群众建议相结合。

“村干部573述职评议法”自2014年实施以来，共调整村支书1人、村主任3人、村副主任1人，有效解决“村干部管理方式方法缺乏创新”的问题。该考评法受到省委党建领导小组的肯定，并受到市委组织部主要领导的肯定性批示并发文全市推广。

（肖　潇　何雨联）

2015 年龙会镇社区（各村）基本情况一览

社区（村）名	党支部书记	主任	村（居）民小组数（个）	人口数（人）	耕地面积（公顷）	农村经济总收入（万元）	人均收入（元）
龙会场社区	罗文辉	陈仁仲	7	2778	—	—	—
李家场社区	卿小红	杨光再	3	306	—	—	—
郭林村	胡　勇	罗　毅	19	1871	115. 48	7395	11839
杨岭村	宋志康	詹玉英	16	1685	87. 69	6950	11947
少里村	宋　挺	宋海洲	14	1662	123. 01	6584	11895
坝上村	缪成立	刘显忠	12	1550	92. 16	6908	11800
窑湾村	黄国述	倪昔洪	12	1415	123. 88	6003	11837
高梯村	陈昭金	古小平	12	1048	97. 28	5515	11870
晓阳村	罗林华	宋星材	16	1732	144. 35	660	11957
互助村	周　强	杨乾坤	17	2281	168. 19	7616	11920
钢铁村	陈开兴	郭文友	10	1456	84. 02	6444	11655
龙会村	陈敏辉	郭　强	8	1742	71. 25	7623	11980
政权村	甘小强	赖正华	9	1429	95. 13	6238	11959
新花村	陈　端	罗志刚	14	1562	138. 00	6374	11831
水库村	王　俊	钟　英	13	1590	115. 79	6994	11906
梨湾村	邓　林	黄和钦	9	1176	68. 01	5201	11998
共同村	吴国华	孔　建	18	1996	120. 47	6956	11799
高湾村	柳大军	余友龙	20	2332	167. 38	7077	11930
麻柳村	倪先友	张　薇	19	2456	161. 62	6926	11600
瓦店村	陈本才	何利国	12	1232	95. 74	5198	11924
久安村	胡志良	钟家祥	17	1822	117. 10	6429	11822
五皇村	陈昔江	曾　彬	19	1986	154. 14	6195	11880
尹家村	陈再新	熊跃全	19	1925	136. 77	9260	11803

高石镇

【概况】　高石镇位于县城北部，与资中县接壤，辖区面积 54. 15 平方千米，辖 20 个村、2 个社区、278 个村民小组，总人口 4. 1 万余人。镇政府驻地距县城 12 千米，是内江市首批“工业强镇”之一，工业基础雄厚，交通信息通畅便捷，民风淳朴，政通人和。2015 年实现地区生产总值 6. 25 亿元，增长 7. 2%；规模工业总产值 3. 4 亿元，增长 7. 8%；规模以上工业增加值 4474 万元；招商引资 1. 35 亿元，增长 4. 7%；固定资产投资 1. 89 亿元，增长 15. 2%；第三产业产值 9751 万元，增长 10. 1%。全力化解突出的收支矛盾，财政性一般预算收入 272. 68 万元，争取到各类财力补助和专项资金 1405. 4 万元，实现财政总收入 1984. 69 万元，总支出 1473. 67 万元。农民年人均纯收入实现 11869 元。

【工业经济】　2015 年，高石镇重视工业转型，促成正威实业公司与台湾自然人林欣源的战略合作，投资 5100

万元新建绿色新型缓控释肥料生产线，实现产业转型升级；促进新威矿物质公司和四川锦圆矿业有限公司合作，投资5030万元建设重晶石矿粉生产项目；促成平康机砖有限公司和北京中电富通电子有限公司合作，投资5020万元进行新型隧道窑生产线升级改造项目，新增年产值2000万元。

【农业经济】 2015年，高石镇推广旱地育秧面积920公顷、地膜覆盖玉米235公顷，新增成片鲜食玉米种植3公顷，产值40万元。依托农业产业带头人，打造止马、升子、禾丰、石牛等村枇杷产业带；在禾丰村建成7公顷麒麟瓜种植示范点；支持止马特种鱼养殖基地改造提升，争取水产保增项目资金80万元，新扩建32公顷团鱼养殖基地；新增山羊、生猪养殖大户10户；引进资金在升子村发展8公顷葛根种植；促成金色柠檬园转型。推进产权制度改革，发展培育家庭农场2个，主要从事生猪及家禽养殖。培植鱼丰农业专业合作社，发展四大家鱼养殖5公顷，合作社吸纳社员100人，带动养鱼面积17公顷，产生效益130余万元。全镇有种养殖专业合作社22个，社员700人。

【社会事业】 2015年，高石镇代表威远县接受省义务教育均衡发展迎检工作，承办内江市学前教育现场研讨会。推进"亿万农民健康促进行动"，中、小学健康教育开课率98%以上。完成6个村卫生站的建设工作，新型合作医疗农民参合率98.7%。全年发放救灾款13万元、医疗救助款12.5万元；新增城乡低保16人，清退城乡低保379人，共有638户、845人；新增五保户53人，共有497人；新农保参保人数占全镇农业人口的95.9%。

【民生工作】 2015年，高石镇帮助165人再就业，灵活就业373人，青年劳动者技能培训1000人次，吸引人才回归5人。法律援助127人、127项次。扶持50名农村贫困残疾人发展生产，救助贫困家庭脑瘫儿童2人。减免113名家庭困难幼儿保教费，免除2512名义务教育阶段学生作业本费。维修改造敬老院床位40张，为1593名困难家庭失能老人和80周岁以上老人提供居家养老服务。实施农村危房改造18户，新增沼气用户15户。巩固退耕还林成果261.80公顷，建成高标准农田33.33公顷。免费开放镇文化站，免费放映农村公益电影240场次。

【基础设施建设】 2015年，高石镇新建和维修蓄水池31口、山平塘54口、渠道2.4千米、砖砌田埂15.65千米、便民路2.8万米。一事一议项目投入180万元，修建通村公路5千米；投入739万元，建设联网交通工程5.74千米，达高路全面完工并通车。投入346万元专项资金，完善通村道路安全设施，安装交通安全警示标示标牌400余块、波形护栏14422米。新增便民路6.13千米，实施危桥改建3座。全镇年村级运行维护费84万元，主要用于群众急需的公共服务设施建设。新建蓄水池2口，维修渠道1200米、堰塘骨干囤水田8口、公路堡坎300米、公路涵洞200米、沉沙池42口，公路保洁除草理马沟等12千米，新开通断头路400米。

【电商发展】 2015年，成立高石镇电子商务发展工作领导小组，建立领导干部带头直联服务电商工作机制。5个服务点（兴旺村、伞岭村、大湾村、泡桐村、石牛村）开业以来，7名领导干部共走访30次。利用"一站一平台"工程，整合资源，把村级活动场所打造成电商信息的中转站，宣传电商的前沿阵地。确定1名大学生村干部、4名农村党员为农村电商宣传员，开展电商宣传活动。研究制定《高石镇电子商务发展实施意见》《大学生村干部服务电商试行办法》，确保电商工作落实到位。5个服务点开展"线上网银支付，线下取货付现"特色电商服务，提供网上代买代卖、话费充值、水电气缴费、购票等便民服务，共实现交易额136万元。

【省级安全社区建设通过现场评定】 2015年10月21日至22日，高石镇建设四川省安全社区工作接受省安全社区建设评定组的现场评定，并通过。自2013年9月以来，高石镇结合实际，按照"资源整合、全员参与、持续改进"的工作原则，投入55万元用于四川省安全社区建设。高石镇成立四川省安全社区建设促进委员会，制定《高石镇安全社区建设管理制度》。通过"三重点一需求"对全镇农业、工业、九小场所等重点领域进行分析，针对交通安全、居家安全、学校安全、学校安全、工作场所安全、老年人残疾人安全、农业生产安全、消防安全、社会治安安全等8个项目的安全隐患进行排查，对19个安全促进项目有针对性地采取干预措施。以党委、政府为主导，社会各方力量参与，着力落实组织保障、措施保障、人员保障、经费保障"四大保障"，解决安全问题。辖区各类事故伤害处于可控状态，呈下降趋势。高石镇幼儿园、敬老院、禾丰桥等特色项目获得上级和专家的肯定。

2015 年高石镇社区（各村）基本情况一览

社区（村）名	党支部书记	主任	村民小组数（个）	人口数（人）	耕地面积（公顷）	农村经济总收入（万元）	人均纯收入（元）
高石场镇社区	刘敬贵	刘敬贵	3	1947	—	—	—
达木河社区	苏玉泉	苏玉泉	4	893	—	—	—
陈家村	曹文君	曾智勇	9	1301	40.09	2874.9	11650
藕塘村	李忠华	刘　勇	19	2137	128.12	7877.8	11373
刘家村	詹先根	魏润华	13	1613	66.91	7709.1	11540
石牛村	刘润良	——	13	1501	78.39	4772.7	11859
禾丰村	陈　琦	陈仕勇	12	1185	85.77	4302.6	11338
九里村	曾忠鸿	王玉明	11	1621	74.35	6393.8	11605
童家村	周志勇	周　庆	10	1452	86.65	3799.1	11605
大湾村	陈　德	谢　平	16	1705	99.08	4679.9	11699
伞岭村	张德树	焦俊文	15	1780	174.27	4778.2	11785
小湾村	黄宗安	朱国民	13	1458	141.96	4386.1	11218
石牌村	黄淑琴	—	9	1163	88.38	4429.5	11589
止马村	郭玉彬	魏金华	20	2544	203.37	8605.9	13487
升子村	胡　高	蒋忠洋	12	1416	127.13	4167.9	11619
泡桐村	王润明	宋四海	11	1621	99.71	4967.4	11667
兰田村	王润明	陈俊才	15	1839	101.29	4990.7	11992
农建村	黄昔明	涂美华	18	1743	156.42	6814.9	11769
群建村	黄昔明	熊群英	18	1987	172.24	9087.9	12470
兴旺村	唐淑芝	郑海禄	10	1211	98.87	3894.9	11841
和平村	曾革仁	陈德才	19	2082	124.71	8187.8	12017
胜丰村	王安贵	焦文钦	15	1911	151.13	5959.9	11916

（徐嘉琦）

东联镇

【概况】 东联镇位于威远县东部，北纬 29°31′，东经 104°51′。东与东兴区朝阳镇、凌家镇接壤，南与威远县靖和镇相邻，西接威远县龙会镇，北界资中县陈家镇。镇政府驻地李家坪，距威远县城 23 千米，距内江市城区 25 千米。2015 年，全镇辖区面积 31.29 平方千米，耕地面积 1271 公顷。辖 13 个村民委员会，1 个居民委员会。总人口 22234 人，其中农业人口 20528 人。2015 年实现地区生产总值 25139 万元，同比增长 6.1%；农民人均纯收入 11279 元，增长 11.1%；财政收入实现 62 万元，占全年目标任务的 137%；实现税收性财政一般预算收入 51.94 万元，占目标任务的 124%；固定资产投资 7230 万元。

【农业和农村经济】 2015 年，东联镇实现农业总产值 20848 万元，农业增加值 9804.8 万元，增长 4.1%。粮食种植面积 3180.8 公顷，优质粮油 1791.20 公顷，其中小春粮食面积 1066.9 公顷，大春种植面积 2113.87 公顷，粮食总产量 14287 吨。全镇继续巩固柠檬产业，狠抓袁家嘴、金圣寺、牛皮场 3 个园区的规范化管理，巩固“万亩柠檬基地”，柠檬产量 5062 吨，实现收入 1360 万元，柠檬种植户户均增收 473 元。进一步巩固和发展中药材种植，新发展中药材 33.33 公顷，在李家坪村 1、2 组建立

2015 年，东联镇袁家嘴村万亩柠檬园区 （东联镇 供图）

1 个中药材种植基地，种植砂仁 12 公顷，“千亩药材基地”逐步建成。生猪出栏 2.12 万头，出栏肉牛 78 头，山羊出栏 5585 只，小家禽出栏 29.93 万只；巩固一村一品特色村 7 个，新发展农民专业合作社 1 个，巩固农民专业合作社 9 个，巩固龙头企业 3 个。开展精准扶贫工作，按照“六个精准”（扶贫对象精准、项目安排精准、资金使用精准、措施到户精准、因村派人精准、脱贫成效精准）的要求确定贫困户 202 户 571 人，明确 34 个单位部门 193 名党员实施结对帮扶，争取扶贫项目 4 个，涉及资金 110 万元。稳步推进农村产权制度改革，鼓励适度规模土地流转，发展庭院经济，发挥“小生产、大产业”效益。经过产业结构调整，全面形成以“两万两千”（万亩大豆、万亩柠檬，千亩柚园、千亩中药材）基地为核心的农业四大产业格局。

【工业经济】 2015 年，百胜药业有限公司荣获“国家级高新技术企业”“省级企业技术中心”和“省级守信用企业”称号，正着手 GAP 建设，实现销售收入 19837 万元，实现利润 2016 万元。康而好动物药业加大技术进步和技术创新的投入，公司荣获“省级创新型企业”和“四川省高新技术企业”称号，2015 年实现销售收入 15829 万元，实现利润 1554 万元。东联镇在服务现有企业的同时，贯彻落实招商引资政策，鼓励民间资金投入，培育新的工业增长点，完成包装项目 2 个，新开工项目 2 个。

2015 年，全镇工业总产值 57899 万元；工业销售收入 59148 万元（其中规模以下工业销售收入 19895 万元）；实现工业增加值 17588 万元（其中规模以下工业实现增加值 4004 万元）；固定资产投入 7230 万元，占全年目标任务 104%。创新招商引资模式，推进以企招商，以商招商，实现工业性招商引资到位资金 8700 万元，占全年目标任务的 174%。规模工业实现利润 3754 万元。

【第三产业】 2015 年，佛尔岩寺庙通过 BOT 方式引进资金建设的观光楼道、钟鼓楼、观景台和放生池等 5 个景点向游人开放，景区内卫生、消防、工作人员管理规范有序，绿化面积逐步扩大。景区外“十里荷塘”、垂钓走廊、绿色长廊得到有效巩固，规划范围内土地管控有力。全年景区接待游客 17 万人次，旅游收入达 110 万元以上。佛尔岩旅游开发总规出炉，生态停车场、星级厕所、游客接待中心、体验中心、博物馆一应俱全。13 个行政村的商贸流通进一步发展，发展“万村千乡店” 1 个。

【基础设施建设】 2015 年，东联镇投入 150 万元新建成 2 个村级活动场所，购置 300 平方米社区用房。与所有村签订公路养护、管理、运营目标责任书。新规划建的 3.8 千米农村公路已启动建设，投入 25 万元对 3 条路险情进行整治，投入 7 万元新增 130 块指示牌、9 处减速带、21 处警示牌。4.77 千米的城乡供水一体化工程基本竣工，新建备用水机井 2 口，新增自来水用户 40 户。投资 50 万元，整治山平塘 10 口，清淤 6 口，新建蓄水池 2 口，水渠整治 3600 米，维修电灌 7 处。实施高标准农田建设项目，总投资 1060 万元，实施改土 233.33 公顷，整治水沟 4337 米、生产路 11391 米、水池 11 口、护坡 32741 米。在李家坪场镇实施亮化工程，投入 10 万元，新增路灯 31 盏，维修维护 22 盏。新增沼气用户 10 户，打造沼气池示范村 1 个。持续开展“四清四化”（“四清”指清垃圾、清杂物、清残垣断壁和路障、清危房；“四化”指绿化、美化、亮化、净化）工作，清除垃圾 840 立方米，新增垃圾池 15 个，修缮垃圾池 38 个，配备垃圾清运车 2 台，在场镇安装垃圾箱 30 个。天宝沟作为“美丽乡村”接受检查。村社宽带接入能力 4M 以上行政村比例达 80%以上。

【社会事业】 东联镇符合政策生育率 73.58%。全面落实义务教育阶段学生实行“两免一补”政策，减免贫困家庭幼儿保教费 34 人。实施新型农村合作医疗制度，新农合参合率 97%，门诊住院补贴累计 825 人次，门诊报销 7.43 万元，住院报销 136.4 万元。做好城镇居民医保和新农保工作，全镇参加城镇居民医保 340 人；新农保参保人员10690人，直接享受待遇3300人，发放养老金260余万元。全镇424人享受低保，297人享受五保待遇，清退不合条件对象224户248人。全年为受灾群众发放困难救济金11.4万元。全年完成残疾人“量服”工作994人；为40名残疾人办证；实施重度残疾人护理补贴制度，111人获补资金9万余元；为残疾人办理新农合519人，金额4.7万元。全镇资助和安置残疾人就业投入6.5万元，解决558名城乡残疾人居家灵活就业。农民工信息录入完成8000余人。建成农家书屋14个；李家坪场镇有绿色网吧2家、健康音像1家、书店3家；免费开放乡镇文化站1个，免费放映农村公益电影140场。促进就业，完成就业登记150人，新型农民培训221人，农民实用技术培训1390人次，城镇登记失业控制率控制在4.1%。

【民生工程】 2015年，东联镇按照县委、县政府建设团鱼凼水厂东线管网延伸工程要求，对工程涉及的佛尔岩、袁家嘴、金圣寺村农户落实青木、林木、永久占地、地上建筑及其他附属设备的赔偿，总计37万余元。新安装管道2000米，新增饮水用户40户，受益群众1000余户。实施农村电网改造，杜绝私拉乱接电力设备的现象发生，各村（社区）配备2名电工，对导线老化、供电不足、电压不稳等涉危电网进行全面检测，对存在的隐患进行停电整改，完成11个村用电安全检测。对李家坪、金圣寺、凤金山、佛尔岩村新增天然气管道铺设1000米，天然气用户新增300户，总投入200余万元。发放天然气安全使用指南和安全使用须知，为群众免费进行灶前阀门、管线接头、软管、热水器阀门等燃气检查，排除安全隐患。

【牛皮场、金圣寺村组织活动场所建设】 东联镇牛皮场村组织活动场所建设工程征地（牛皮场村7组）总面积0.14公顷。东以罗广东竹林地为界，南以罗广东承包地为界，西以东联镇李牛路为界，北以罗广东承包地为界。土地出让金额66万元/公顷，包括青苗、附着物等一切费用，总金额90640元。2014年12月30日开工建设，2015年5月30日全面竣工。投入44.8万元，建筑面积324.68平方米，框架结构，建筑两层，高度8.1米。

东联镇金圣寺村组织活动场所建设工程征地（金圣寺村9组）总面积0.10公顷。东以乡村小道为界，南以罗成品承包地为界，西以刘方钦承包地为界，北以内威路为界。土地出让金额45万元/公顷，总金额46200元。投入39万元，建筑面积233.08平方米，砌体结构，建筑一层，高度4.5米。2014年12月30日开工建设，2015年5月30日全面竣工。

【威远县东联镇总体规划（2014—2030）获县规委会同意实施】 2015年6月30日，威远县东联镇总体规划（2014—2030）获县规委会同意实施。该规划从规划年限、规划层次及适用范围、发展战略定位及目标、镇域产业发展规划及布局四个方面分析该镇在区域中的地位和作用，确定规划期限，预测规划期内镇域人口规模；分析该镇发展的优势、潜力以及不利因素，确定发展方向等。《威远县东联镇总体规划（2014—2030）》是由自贡市城市规划设计研究院有限责任公司编制，设计费12万元。

【内威荣高速公路（东联段）建设】 内威荣高速公路（东联段）全长1.05千米，途经牛皮场村。项目采用BOT方式建设，由内威荣高速公路有限责任公司出资、建设、管理和经营。项目于2013年1月开工，2015年12月26日完成建设并通车试运行。该路段征地7.67公顷，拆迁补偿计390万元。

【城乡供水一体化】 城乡供水东线工程包含龙会、东联、靖和，总投资900余万元，涉及全镇铺设主管道总长4.78千米，项目于2015年10月实施，2015年12月底主管道铺设完工。已实现通水，水源来自葫芦口饮用水保护区，由威远源泉自来水公司和李家坪自来水供应站分片区负责供水。工程全面完工后，水质达到国家生活饮用水质标准，实行同网同质，场镇人均日用水量100升，农村人均日用水量40升，供水保证率95%。农村自来水普及率70%以上，场镇自来水普及率100%，1.8万人受益。

2015年东联镇社区（各村）基本情况一览

社区（村）名	党支部书记	主任	村（居）民小组数（个）	人口数（人）	耕地面积（公顷）	农村经济总收入（万元）	人均收入（元）
东盛社区	周　巧	罗伦传	—	927	—	—	—
李家坪村	周　巧	刘付初	19	2216	70.2	2630.30	11869.61

续表

社区（村）名	党支部书记	主任	村（居）民小组数（个）	人口数（人）	耕地面积（公顷）	农村经济总收入（万元）	人均收入（元）
档竹湾村	陈宣泽	陈宣泽	11	1400	93.8	1598.57	11418.36
菜子湾村	雷成平	雷成平	14	1663	85.5	1703.38	10242.81
刘家沟村	刘晋平	曾　钢	15	1518	84.7	1717.43	11313.79
天宝沟村	高正宽	李绍初	9	1352	63.5	1639.76	12128.42
牛皮场村	杨泽彬	钟国怀	19	2080	119.7	2276.76	10945.96
幺磨坝村	袁　莉	黄树良	17	1873	129.7	2072.64	11065.89
金圣寺村	罗华伟	陈　云	15	1578	102.7	1844.31	11687.62
凤金山村	段召新	段召新	17	1636	97.4	1954.60	11947.44
娃娃山村	邹　玲	陈良波	9	971	71.6	986.57	10160.39
佛尔岩村	刘　军	陈利端	17	1870	96.7	2236.77	11961.34
袁家嘴村	刘明辉	刘明辉	10	1040	45.5	1063.65	10227.39
吊脚楼村	陈良华	陈民宗	10	1331	82	1429.87	10742.79

（叶　旭）

靖和镇

【概况】　靖和镇地处威远县城东南部，与威远县的龙会镇、东联镇、界牌镇，市中区凌家镇，自贡市团结镇、三多寨镇、大山铺镇毗邻，全镇辖区面积34.75平方千米，辖12个村，1个社区居委会，198个村民小组，总人口24128人，镇政府驻地距县城22千米。2015年实现地区生产总值27174万元，同比增长2.32%。

【农业和农村经济】　靖和镇实现农业总产值21327万元，实现农业增加值10189万元，增长3.9%。重点培育花祠村树莓（虫草参）种植基地，种植树莓33.33公顷，虫草参20公顷，并成功举办第一届树莓采摘季节。积极融入威远“中国无花果之乡”建设规划，先后种植无花果面积123.33公顷，拓宽全镇特色农业发展的道路。加强基础农业生产，全年粮食产量14450吨；优质粮油产量1170吨，蔬菜产量24749吨。新增特色种植面积57.33公顷。柠檬、柑橘、葡萄等水果产量4265吨，麻竹产量630吨，养蚕74146千克。生猪出栏19179头，山羊出栏4102只，小家畜家禽出栏33.4万只，水产品产量1460吨。2015年农民人均纯收入12430元，比上年增长13%。2015年农业科技示范建设、生猪调出大县监测调查工作成绩显著，先后被市农科院评为农业科技先进乡镇、被市调查队评为内江市生猪调出大县监测调查先进单位。

【工业经济】　2015年，恒丰纸业设计产值过亿的全自动高强瓦楞原纸生产线运转正常，实现产值1.52亿元、税收517万元，成为靖和镇首个产能过亿元的企业。全镇实现工业总产值145592万元，工业增加值21985万元，其中规模以上企业总产值19910万元、规模以上工业增加值5374万元。

【财税工作】　靖和全镇财税工作坚持抓税费保运转的思路，在发展生产、培植财源的同时，强化资金管理与监督，实施部门综合预算，压缩非生产性支出，控制新增债务。2015年，全镇财政总收入1070.78万元，其中财政一般预算收入111万元、争取上级补助收入959.78万元。统筹安排，合理调度，全年总支出1069.9万元，化解政府性债务75.69万元。

【社会事业】　2015年，靖和镇中考实现重高上线率15.09%，优生率74.53%。推行“1357”德育教育工程、“尚礼”特色教育，代表威远县接受义务教育均衡发展省级评估验收获得好评。医疗卫生条件不断改善，镇中心卫生院门诊大楼投入使用，三望、高楼、花祠3个村级标准卫生室建成。落实人口计生各项政策，全镇符合政策生育率保持在70.7%，人口自然增长率3.76‰。投资近60万元打造省级示范乡镇综合文化站；三望、花祠农民体育健身场所建成；全镇“村村响”广播工程全面实施；全年开展送文化下乡活动、文艺会演等文艺活动共8场次；组织50余人参加县第二届运动会。及时发放各类惠农补贴，全年发放耕地地力保护补贴326万元。落实各项种养殖保险、小额人身保险，规避农户生产、生活的风险，全年玉米投保面积866.67公顷、水稻投保面积640公顷、油菜投保面积366.67公顷，生猪投保11430头；缴纳小额人身保险2702人。加强对农户的生产指导，开展科技培训220人次。

【民生工程】 2015年，靖和镇新农保参保人数13613人，新农合参保人数19749人；发放城市（农村）低保金共90.04万元、五保金86.37万元、优抚资金73.54万元；落实自然灾害救济436人次17.3万元；落实农村和城镇医疗救助1164人次。发放766名高龄老人生活补贴11.49万元；发放奖励扶助329人31.58万元、特别扶助26人14.04万元。华乐社区居家养老日间照料中心正式投入使用。着力抓好“扶贫攻坚”工作，完善全国扶贫开发信息系统和省脱贫攻坚“六有”（指脱贫攻坚“六有”信息管理平台中的户有卡、村有册、乡有簿、县有档、市有卷、省有库）信息管理平台的信息录入。全镇结成帮扶对子572对，争取专项扶贫产业发展项目资金100余万元，针对贫困户实施仔猪扶持帮扶项目，购买仔猪1739头，帮扶贫困户592户1345人。完成C、D级危房加固维修改造项目，投入25.3万元对39户危房进行加固、重建。

2015年，宏胜农副产品加工厂粉条晾晒 （冷国文 摄）

【基础设施】 2015年，投资近800万元，建筑面积3777.3平方米的现代敬老院建设完成主体和装修工程。镇境内全长约2500米的团鱼凼水库东线管网建设工程主体工程基本完成，与华场—感恩寺、华场—红星堰供水管网延伸工程连通后，全镇自来水管网主线将基本形成。投资165万元长1.86千米，连通自贡的出口路报油路投入使用；投资275万元长3.25千米的凉狮路完成路基检测；投资近600万元长4千米的界靖路靖和段基本完工，标志着投入3500万元构建的连接感恩寺、三望、马基、花祠、盐井、木瓜、高坡、高楼、华家、万年、河湾及场镇的镇内大环线全线贯通，实现镇域内的“村村通”。投资300余万元，新建村级标准化活动场所1177.54平方米，硬化道路1800米，便民路5200米，生产道1800米的花祠村“美丽乡村”项目完工并投入使用。近年来，通过“一事一议”“退耕还林”“土地整理”“千亿斤粮食”等项目和业主自筹的方式，累计投资3500万元，完成田埂硬化4万米，新建便民路7.2万米、生产便道4.6万米，新建泥结石路25千米，整治山平塘112口，新建蓄水池66个，新建维修电灌站8个，贯通渠道2.7万米，农业基础设施实现大升级。

【城乡环境建设】 2015年，靖和镇严格场镇规划建设，合理布局场镇发展。完善场镇配套设施，投入15万元实施场镇亮化工程。开展城乡环境综合整治，清除主要道路沿线脏点死角，整治乱设摊点，推进垃圾收运体系建设。新建的2座日污水处理量达200立方米的场镇污水处理厂投入运行。推广清洁能源利用，推广农村沼气池建设。抓好大气污染、水污染等综合治理，加强对秸秆燃烧的管控，强化对企业环保常态化监管，发现问题，及时督促整改，注重从源头上排除污染隐患。

2015年靖和镇社区（各村）基本情况一览

社区（村）名	党支部书记	主任	村民小组数（个）	人口数（人）	耕地面积（公顷）	农村经济总收入（万元）	人均收入（元）
华乐社区	曾国信	倪　伟	3	1188	—	—	—
华场村	曾国信	李明洋	22	2659	128.15	2561.71	6479
高楼村	夏廷辉	陈建明	15	1643	82.99	2219.48	8970
花祠村	孙　洁	黄火生	20	2292	166.75	2566.07	7345
三望村	刘国才	苟红平	16	1889	144.62	2594.22	8950
河湾村	陈化刚	胡小惠	13	1540	73.93	1944.69	8835
万年村	温付才	古自力	13	1544	71.29	1902.33	8400
华家村	游利成	陈　洪	14	1670	106.95	2295.16	9000
高坡村	温树明	倪　琳	14	1527	81.08	1974.51	9400
石岭村	张　蔓	郭　刚	20	2430	159.43	2528.52	6931
木瓜村	应　勇	郭青云	21	2169	105.53	2546.47	8008
盐井村	刘茂琼	邓小彬	17	1951	121.40	2063.73	7238
马基村	雷永军	汤秀琴	10	1441	105.87	1841.29	8670

（段晓婷）

镇西镇

【概况】 镇西镇因位于威远县城的西部而得名，场镇东距威远县城11千米，西距荣县县城15千米，距成自泸高速公路威远城西出口4千米，距内威荣高速公路出口2千米。全镇辖区面积110平方千米。辖30个村、2个社区，耕地面积4301公顷，总人口7.8万人，场镇建成区面积1.8平方千米，场镇常住人口2万人。地形兼具深丘和浅丘，土地肥沃，土质多样，物产丰富，盛产白萝卜、大头菜、青菜、花生、樱桃。境内森林覆盖率16%。建有4座水库（河口水库、刘家沟水库、核丰塘水库、永丰水库）。2015年，全镇地区生产总值（GDP）完成77513万元，增长6.68%。财政一般预算收入完成557万元，占预算380万元的147%；财政支出2961万元。农民人均纯收入增长12.5%，农业增加值增长4.01%。固定资产投资2.13亿元，引进项目4个，镇域限上商贸企业累计增长25%，新增限额以上商贸企业1户。

2015年建成的镇西汽车站　（镇西镇　供图）

【基础设施】 镇西镇投资30余万元，完成城镇背街小巷亮化工程，新安路灯283盏，正街路灯改造33盏，场背巷旧城改造新安装路灯11盏。总投资1010万元镇西镇管网工程立项已批，进入设计阶段。总投资110万元，占地3000平方米的镇西镇祥和广场工程在申请立项。总投资140万元，占地7000平方米的镇西园区广场建成投入使用。完成镇西镇核心区控制性详规。全面完成农村危房改造51户。完成通村公路建设26.57千米。2015年度农村公路完善工程 14.09 千米全面放线进场，总投资 1210.04 万元，其中上级补助 704.65 万元、自筹 505.39 万元。

【农业与农村经济】 以镇西食品工业园区为依托，抓好白萝卜、青菜、大头菜、花生 4 个“万亩基地”的巩固建设。重点发展核桃、无花果产业，种植核桃 64 公顷，种植无花果 27.2 公顷。通过基础设施建设扶贫、产业精准扶贫、党员干部精准帮扶扶贫等措施实施精准扶贫。

【工业与安全生产】 镇西镇完成规模工业总产值 45988 万元，规模工业增加值 13712 万元，销售收入 46245 万元，利润实现 3714 万元；完成工业技改投资 14323 万元；招商引资到位市外资金完成 1.46 亿元；固定资产投资 2.13 亿元。坚持每月全面安全检查，2015 年全镇安全事故为零。按全县统一部署，做好中石油长城钻探开发公司的开发协调工作。

【社会事业】 2015 年，镇西镇城乡居民养老保险参保人数 3.3 万人，城镇居民医疗保险覆盖人数 3539 人，新农合参合率 97.46%。开展人口与计划生育工作，全镇符合政策生育率 70.65%，人口自然增长率 4.93‰，奖励扶助、特别扶助和独生子女父母奖励全面到位无错漏。抓好民政救灾救济工作，下拨自然灾害款 26 万元，解决灾民生活困难 635 户、650 人、12.95 万元。强化场镇基础设施建设管理，杨家咀村两个农民新村聚居点全面完工，并投入使用。投资 42 万元完成农贸市场升级改造，完善市场功能分区与配套。投入 17 万元对镇西污水处理厂进行整治维修，确保稳定运行。

【镇西镇争创省级环境优美示范镇】 2015 年初，镇西镇启动国家卫生镇和省级“环境优美乡镇”的创建，成立以党委书记、镇长同时为组长，镇分管领导、职能部门负责人组成的创建工作领导小组。通过发动群众，利用广播、电视、黑板报、电视会议、标语横幅、文艺演出等多种方式营造宣传氛围。通过全面清理场镇及农村结合部“破、旧、烂、乱”，拆除违章建筑 64 处 527 平方米。对场镇内的乱贴乱画进行全面清除，共清除公路沿线“牛皮癣”、杂物等 198 处。实行定人定点，对乱挂乱拉、乱吐乱扔、乱停乱放、占道经营、流动摊点经营等陈规陋习进行规范，改变市容市貌。加强公共厕所配套建设和改造，维修公共厕所 5 个。加强园林建设，道路绿化普及率 90%。投资 320 万元完成四级新车站建设、投资 1100 万元的自来水厂改造完成、投资 42 万元完成农贸市场升级改造，市场功能分区合理，市场秩序井然。投入资金 2000 余万元，完善管网等基础设施建设，减少污水排放。

【首批 20 个农村淘宝村级服务站在镇西镇杨家咀村集中开业】 2015 年 6 月 10 日，县领导曾云忠、陶用波、王志文，阿里巴巴农村淘宝四川片区经理周菠参加开业仪式。标志着威远县农村电子商务向纵深推进，电商服务领域和服务深度不断拓展。通过“农村淘宝服务站”，农村也能享受与城市一样的消费选择，优秀人才也能在农村创业，足不出户就可以把农副产品卖到全国。黄老五等 8 家企业建立电子商务平台，网上年销售额突破千万元。镇西大力发展农村电子商务，推广农村淘宝。在杨家咀、中心、护建 3 个村建立 3 家农村淘宝服务站，截至 2015 年底，交易单数 2000 余单，交易额 40 余万元。

（杨选富）

2015 年镇西镇社区（各村）基本情况一览

社区（村）名	党支部书记	主任	村（居）民小组数（个）	人口数（人）	耕地面积（公顷）	农村经济总收入（万元）	人均收入（元）
民主街社区	钟群英	曾　群	12	3872	—	—	—
胜利街社区	罗　莉	张　南	14	3042	—	—	—
肖兵村	王学群	邱　波	19	2501	143.40	5489.55	11075
杨家咀村	吴铁勇	王彩霞	21	3121	180.27	6777.84	11060
正兴村	徐华丰	李仲华	17	2306	156.93	5096.65	11065
团标村	刘长久	王俊英	18	2854	127.47	6116.07	11019
炉丰村	邓德才	沈泽福	21	2529	155.00	5230.44	11030
正荣村	简　军	张正国	15	1873	73.20	5412.96	11052

续表

社区（村）名	党支部书记	主任	村（居）民小组数（个）	人口数（人）	耕地面积（公顷）	农村经济总收入（万元）	人均收入（元）
花祠村	李德生	缪友林	21	2501	129.27	5852.46	10906
临江寺村	李　东	徐　勇	10	1617	78.33	4866.70	11025
铜锣村	顾孝君	周崇高	19	2304	151.47	4083.92	11007
秧田村	袁建兵	付仕贵	16	1783	106.67	3548.44	10204
五星村	梁永贵	林正茂	12	1377	102.73	3625.35	10230
金竹村	刘永刚	曾树荣	13	1297	103.73	3781.62	10534
清水村	曾铃翔	廖永胜	17	2022	145.47	5414.05	10946
红光村	林新怀	龚连钦	19	2383	182.00	4875.91	10962
莲花村	邹建春	张夕英	20	229	180.20	4876.32	10846
川主村	曹天寿	郭根良	17	2116	138.13	4181.66	10713
护建村	黄金泉	官银安	22	2724	201.60	6049.84	11077
红林村	叶　涛	王国友	12	1479	99.00	3735.64	11023
新华村	林敬坤	庞晓平	25	286	201.07	7393.74	10959
新屋村	曾玉婷	段全丰	16	1681	154.27	3330.55	11059
核丰村	周星星	曹　伟	22	2907	199.87	6092.91	11035
护新村	魏志元	高学英	18	2324	131.00	7895.76	11064
民建村	张静	周昭华	15	2464	128.33	4599.89	11057
护民村	黄正良	刘　强	21	312	152.80	10015.24	10974
中心村	丁永明	李茂英	21	3621	195.53	9327.20	11054
永团村	杨友生	邹建国	9	837	47.67	1952.14	11076
黄泥村	王模金	范　锟	16	1968	131.00	2571.69	10384
永和村	彭燕鑫	徐泽英	14	1864	126.20	2306.47	10061
老君村	唐亨权	杨光红	10	1122	74.00	1913.39	10009
龙王坝村	梁玉英	肖明兴	12	987	53.53	1639.6	10980

庆卫镇

【概况】　庆卫镇位于威远县县城西10千米的深浅丘结合部，辖区面积40.35平方千米，辖9个行政村124个村民小组，1个街道社区3个居民小组，总人口15616人，其中农业人口14084人、非农业人口1532人。耕地面积843.53公顷，园地43.6公顷，林地745公顷。镇内有中心校1所，中学1所，卫生院1所，卫生站9所。镇内资源丰富，交通便利，煤炭、石灰石、页岩气等矿产资源储量较大，威连路、成自泸、内威荣高速公路穿境而过。全镇海拔327～850米，属浅丘到深丘的过渡区，拥有独特的穹窿地貌。年平均气温18.4℃，年均降雨量1000毫米左右。镇内盛产水稻、玉米、小麦、红苕等粮食作物和樱桃、香葱、李子、香芋等经济作物。特别是樱桃，以果大、味甜、色美、成熟早而远销省内外。

【农业和农村经济】　庆卫镇以保粮增收为原则，全年粮食种植面积1753.33公顷，粮食总产量8470吨，优质粮油种植面积完成1168公顷，油料种植面积1053.33公顷，产量实现570吨；水果种植面积406.67公顷；蔬菜种植面积968公顷，其中以庆团村为核心。扩大黄安路沿线香芋等特

2015年4月15日，庆卫镇桃李村农民采摘樱桃（陈 勇 摄）

色蔬菜种植规模，新增香芋70公顷，产量销售平稳，再次拓宽农民增收途径。全镇农民人均纯收入10970元，同比增长10.1%。年出栏生猪0.83万头、肉牛72头、山羊0.83万只、小家禽15.59万只，水产品产量620吨。

【工业经济】 2015年，镇政府依据自身工业发展条件，倾力服务发展软环境，积极寻找企业转型途径，着力为企业排忧解难。坚决贯彻执行省、市、县各级安全生产会议精神，加大对煤矿、非煤矿山企业的安全检查力度；严格片石厂的生产审批和安全操作监管，坚决杜绝非法开采、无照经营等安全隐患企业的存在。水泥生产企业受国家宏观调控影响，较上年有所减缓。全镇完成工业生产总值8005万元，规模以上工业总产值6262万元；工业性投入4000万元；招商引资4000万元。

【社会事业】 2015年，庆卫镇新农合参合人数13393人，参合率95.1%以上；新农保参保人数6843人，到龄人员直享率100%；城镇居民医疗保险参保人数1065人。全年为157人次提供医疗救助，救助金额16.2万元；发放各类临时救助资金16.15万元，帮助804人次困难群众渡过难关。关注残疾人生活，为69名残疾群众办理残疾证，并启动“阳光家园”计划，发放重度残疾人护理补贴116人，居家托养11人，发放帮扶资金8.82万元。完成总占地面积0.23公顷，设计床位120个，建筑面积2200平方米的敬老院主体工程建设。全镇符合政策生育率76.89%（含漏），综合节育率87.07%，“生殖健康检查”率在家达100%。规划计生帮扶基地1个，帮扶计生“三结合”户50户；做好“农村部分计生家庭奖励扶助工作”，全镇有246名奖扶、15名特扶对象享受奖励，发放金额33.38万元；独生子女父母奖励855户，发放金额5.13万元。

【“桃李沟”樱桃】 2015年，庆卫镇以樱桃基地和大棚园区为中心，采取集中规划，成片种植，公路沿线重点打造，田边土角连散成片的方式，带动本村及庆丰、金龙、黄石、庆安等周边村社群众发展樱桃266.67公顷，形成“公司+基地+合作社+农户”的产业化发展格局。将产业优势与地域优势融合，不断完善畅通道路网格，形成集“赏樱花—品樱桃—观梯田”为一体的商贸旅游产业链，全面促进镇域第三产业的顺势发展。樱桃赏花品果期间旅游人数突破6万人，农家乐收入达到400万元。全年樱桃总产值700万元，仅樱桃业农民户均增收2500元。

【“礼宏”香葱】 庆卫镇香葱栽培历史悠久，种植规模大。从本地传统香葱品种中选育出的高产、优质、抗病、抗高温的“黄红头笔杆”香葱新品种，自上市以来，供不应求，受到省内外广大种植农户的欢迎。2015年，香葱种植面积433.33公顷，实现产值1320万元，人均增收1370元。

【退耕还林巩固成果项目】 2015年，庆卫镇规划并落实9个村、77组实施退耕还林巩固成果项目建设，整治山平塘35口、蓄水池133口、排灌沟渠941米、山粪池388口、石板路4153米，砌筑田埂13226米、便民路6399米。

【道路建设】 2015年，庆卫镇农村道路建设投资600余万元，完成庆斑路改建工程6.12千米。兼顾当地群众生产生活出行和煤矿等企业生存发展要求，该公路设计路基宽度5米，路面宽度4.5米；路面结构为28厘米厚二灰碎石基层，23厘米水泥砼面层，设计行车速度15千米/小时。完成庆安村富安路、水保路等农村公路水泥砼改造建设招投标及前期准备工作，两条道路2.72千米，预计投资190.3万元。

2015 年庆卫镇社区（各村）基本情况一览

社区（村）名	党支部书记	主任	村（居）民小组数（个）	人口数（人）	耕地面积（公顷）	农村经济总收入（万元）	人均收入（元）
黄石板社区	古世强	蒋晓英	3	1522	—	—	—
黄石村	肖伯华	官泽容	17	2034	98.34	3528.70	12092
庆丰村	吴　兵	刘晓兵	13	1800	108.30	3324.40	8960
庆安村	邓全政	吴泽伟	18	2247	124.80	3600.10	10663
庆和村	陈六均	罗付楚	19	1892	117.07	4091.30	10360
庆团村	杨中书	叶再权	10	935	55.87	2026.00	9567
金龙村	左祠元	杨昌友	13	1035	74.08	1897.00	10986
桃李村	李朝美	丁华兵	13	1471	98.67	2415.50	8730
跳石河村	倪正发	温玉书	12	1586	94.40	2869.20	8814
世和村	张仲康	丁树槐	9	1119	72.00	2014.40	10993

（刘　泉　朱　娟）

山王镇

【概况】　山王镇位于县城北 19 千米，辖区面积 47.67 平方千米，地处穹窿核部的低山区（背斜脊部），地势南北低东西高。境内山峦重叠，一般海拔 500~700 米，海拔 896 米的芦高山是全县次高峰。全镇耕地面积 516.66 公顷，有林地 1946 公顷，森林覆盖率 46.67%，是威远县主要林区之一。建有葫芦口、手爬崖、猫沟、茶子林水库，总库容为 7620 万立方米。矿产资源主要有煤、石灰石、黏土、白云石。葫芦口湖区为内江市最佳风景区，附近有芦高山、李家寨、翠峰山、美女山、肖家洞、风垭寺、象鼻山石刻等景点。辖 10 个村、1 个社区，共 167 个村（居）民小组。总户数 6389 户，总人口为 14471 人，其中农村人口 13121 人。乡镇从业人员 6852 人，其中外来从业人员 50 人，从事第二产业 1726 人，第三产业 1821 人。

2015 年，全镇地区生产总值实现 16031 万元，同比增长 5.4%；农民人均纯收入 10922 元，同比增加 9%；财政一般预算收入实现 86.17 万元，同比降低 30.3%；财政支出 1079.3 万元，比上年减少 1.4%。

【农业与农村经济】　2015 年，山王镇农业总产值 4435 万元，同比增长 2%；粮食补贴兑现小麦补贴面积 333.33 公顷，油菜补贴面积 200 公顷，水稻补贴面积 320 公顷，玉米补贴面积 200 公顷。建档立卡贫困户 275 户，643 人，脱贫 3 户 8 人。投入 300 余万元在白龙、跃进、裕华、豹山等 4 个村实施石漠化工程，初步形成豹山、裕华、长岭、象鼻等村 466.67 公顷的核桃农业产业发展板块。实施农村产权制度改革工作，推进农村产权制度改革成果运用，新增家庭农场 5 户。生态农业观光旅游带逐步形成，桃花

2015 年 12 月 22 日，中国共产党山王镇第六届代表大会第二次会议　（山王镇　供图）

岛、幸福港湾等农家乐接待能力明显提高，生态旅游规模初步形成。建成豹山、白龙2个农村淘宝村级服务站，实现“网货下乡”和“网货进城”的双向流通。

【工业经济】 2015年，山王镇工业总产值完成5287万元，同比增长2.3%；规模以上工业增加值完成1146万元，同比降低13.6%；销售收入完成4304万元，同比降低-20.2%；利润总额完成589万元，同比降低10.3%；固定资产投入完成9017万元，完成年初任务的112.7%。

【社会事业】 2015年，山王镇城镇新增就业100人；城镇失业人员再就业40人；就业困难人员再就业20人；城镇登记失业率控制在4%以内。城镇居民基本医疗保险覆盖人数564人，城乡居民养老保险覆盖人数7089人，小额人身保险3584人，老龄保险683人；新农合农村居民参合率97%。免除义务教育阶段学生作业本费；创建星级留守学生之家1所。免费开放乡镇文化站1个；开办社区家长学校1个；免费放映农村公益电影120场次。参加县第二届运动会全部比赛项目，获团体总分第四名。投入18万元，实施敬老院装修改造和设施设备更新工程，集中供养五保老人28名。发放城乡低保545人低保金120万余元，五保金175人52万余元；救助受灾群众270人次，发放救助金16万余元；困难群众临时救助15人次，发放救助金4.2万余元；救助医疗对象152人次，发放医疗救助金18万余元。发放各类优抚、定补资金58万余元；帮助困难优抚对象47人次，发放优抚“三难”资金2.9万余元。完成全镇727余名残疾人的“量服”统计录入工作。开办全市第一个残疾人种植、养殖业培训班，对112名重度残疾人发放护理补贴8万元，为25名残疾人发放辅助工具25件，帮扶残疾人创业就业32人次。全年出生人口197人，符合政策生育率72.08%，人口自然增长率5.37‰；避孕节育措施落实率88.47%，宣传教育普及率在95%以上，优质服务到位率100%。开展食品药品主体资格调查，查出未取得经营许可证的小作坊6个、小食品店18个、流通小食品摊贩1个、小餐饮店2个、化妆品店5个。培训镇村级食品药品协管员。检查、备案群体性聚餐食品31次。

【基础设施】 山王镇全年新修农房建筑面积7600平方米。镇内有县道25千米、镇级公路35千米、村级公路10条，总里程72千米。2015年完成跃新路、李寨路、刘山路等三条公路硬化共10.01千米。移动网络全覆盖；推进“宽带乡村行”，宽带覆盖10个村49个组。医疗卫生条件良好，有中心卫生院1所、村卫生站11所。建有自水站2个、新建农村沼气5口、维修蓄水池13口、便民道和生产便道12.05千米，维修整治山平塘12口、提灌站技改工程1处。运用“一事一议”财政奖补项目投入90.2万元硬化通组公路2.25千米。规划扶贫项目投入60万元硬化便民道3200米、山平塘3口、蓄水池5口、机耕道1700米。投入300余万元，完成对10个村（社区）活动阵地进行规范化建设。

2015年山王镇社区（各村）情况一览

社区（村）名	党支部书记	主任	村（居）民小组（个）	人口数（人）	耕地面积（公顷）	农村经济总收入（万元）	人均纯收入（元）
山王场社区	罗连珠	韩正国	10	1290	—	—	—26544
风垭村	刘永高	谈　平	13	1061	29.19	2568.59	10905.66
李寨村	刘跃能	冯联仲	15	1106	25.57	2731.23	10909.86
跃进村	解政金	王利琴	17	1076	39.05	3542.83	10913.85
白龙村	刘清安	董召友	13	1094	27.74	2708.54	10887.02
长岭村	蔺银仙	阳雪峰	17	1455	80.68	4341.29	10926.39
象鼻村	李桂琴	夏忠义	12	1181	57.20	4045.78	10908.38
裕华村	李仕兵	董林芝	16	1736	87.49	6174.88	10946.89
华丰村	颜志冰	陈　刚	20	1733	42.86	3836.14	10921.18
双塘村	罗庆贵	黄宝鋆	15	1084	62.00	2382.68	10924.17

续表

社区（村）名	党支部书记	主任	村（居）民小组（个）	人口数（人）	耕地面积（公顷）	农村经济总收入（万元）	人均纯收入（元）
豹山村	罗永付	官　礼	19	1323	65.20	7060.28	10959.79

（蔡　梅）

观英滩镇

【概况】 观英滩镇地处威远县西北部，距县城34千米、成渝高速（渔溪）28千米，成自泸高速（连界）20千米，辖区面积101.24平方千米，辖16个行政村、284个村民小组和1个街道社区居委会、6个居民小组，年末总人口26020人（其中农业人口23932人）。全镇有耕地996公顷（其中田747公顷、土249公顷）。林地3959公顷，森林覆盖率51%。矿产资源主要有原煤、黏土和页岩。旅游资源丰富，有石坪（川南）山歌、贞节牌坊、凤凰古寨、长沙湖、“106”战备工程等人文古迹、自然风光数十处。2008年，被国家文化部命名为“中国民间文化艺术之乡”；2009年，被省林业厅、省旅游局命名为“生态旅游百佳乡（镇）”；2010年，被省档案局命名为新农村建设档案工作示范乡（镇）；2013年被命名为“义务教育示范镇”。2015年，实现地区生产总值20271.4万元（第一产业8964万元、第二产业3178万元、第三产业8131.4万元）。

【农业和农村经济】 2015年，观英滩镇积极落实国家强农惠农政策，以项目建设为载体，千方百计促进农业增效、农民增收。搞好退耕还林、工程造林、生态绿化等补植补造。民政村茶林坳至一碗水上场口段公路加宽项目，总投资127万元，已进入项目财评、招投标阶段。石漠化、以工代赈工程基本完成建设任务，等待上级验收。2014年财政专项资金扶贫项目总投入900余万元，工程基本完成，等待上级验收。2015年度财政专项资金扶贫项目总投入350余万元，完成工程量的30%。完成2015年度“一事一议”9个项目的规划、核算、申报，工程总投入资金139万元，申请财政奖补资金95万元。规划农村公共服务运行维护项目47个，投资总额78万元，完成工程量的70%。保障农村饮用水，观英滩自来水饮水工程改造总投入120余万元，基本完工，争取国家补助90余万元；完成龟形村提灌站整治维修，投入15万元，国家补助资金10万元。天然气延伸工程。完成飞蛾、观英、永兴、民政、一碗水等地段供气，完成计划的80%。农村产改确权登记，各项准备工作就绪，等待工程测绘队进场开展工作。全镇农业增加值增长实现4.2%，农民人均纯收入增长14%，达到11519元。完成新村聚居点建设1个（竹塘新村）。

【工业经济】 2015年末，全镇工业总产值8718万元；增加值实现2603万元；销售收入8703万元，实现利润300.2万元。固定资产投入完成12367万元，占任务的101.49%。工业技改投入完成9649万元，占任务的100.4%。单位增加值能耗下降6%。

【社会事业】 2015年，观英滩镇稳步推进观英村、一碗水村、民政村新村聚居点规划建设和观英滩场镇总体规划修编。深化城乡环境综合治理，完成“省环境优美示范村”系统资料的收集和整理。完善污水收集管网的延伸和入户的接入，加强饮用水水源的保护和巡查监督管理。全年发放救灾资金20.3万元、五保金95.7万元、城乡低保金151万元、抚恤（优待）金140万元。完成对原三板桥煤矿改

2015年8月17日，观英滩镇财政扶贫项目公开筛选施工队伍　（观英滩镇供图）

建观英滩中心敬老院的购买工作，待设计改建入住。全年发放耕地地力保护补贴204万元。城镇居民基本医疗保险覆盖人数700人，城乡社会养老保险覆盖人数11528人，参保缴费人员4287人。全镇符合政策生育率70.94%、人口自然增长率控制在5.4‰，完成孕优服务124人。计生奖励扶助28人、特别扶助2人、独生子女父母奖励到位806户。义务教育阶段学生“两免一补”全面落实到位。

【发展乡村旅游】 观英滩镇狠抓护林防火工作，全年未发生一起森林火灾。加强饮用水水源保护工作，对向宝溪河倾倒垃圾的行为进行干预，对长沙湖水面漂浮物进行打捞清理。深化城乡环境综合治理，新建18个农村垃圾收集库，建立农村生活垃圾处理长效机制。完善资料，申报竹塘村“环境优美示范村庄”。制定《大气污染防治方案》，明确任务目标和责任单位，坚持进行日常监管和巡查；加强污水处理厂的运行监管；加强饮用水水源的保护和巡查监督管理；加强对镇域内污染企业的监管和巡查。接受省环保厅生态镇验收，完成县上下达的大气污染治理、取缔建成区小锅炉等各项指标任务。

做好基础设施建设和竹塘新村“花朝门生态园”的配套设施建设。将“十三五”农村基础设施规划建设和“花朝门生态园”建设作为全镇重点旅游建设项目推进，利用新闻媒体、旅游网站发布招商项目信息，吸引外资及民间资金参与旅游开发建设。启动长沙湖码头扩建的建设规划工作，加快旅游资源的转化，推动旅游项目建设。

【通村通畅公路建设】 2015年，县下达给观英滩镇的交通建设任务是新建农村公路14千米，雷桥路、金龟路、红大路、凉凉路尚在建设中；续建农村公路24.51千米全面完工（观康路6.4千米、飞猴路5.64千米、北坪村道5.66千米、长猪路2.2千米、民政通组路3.98千米、花洞路0.63千米）。协调完成球马路沓水至红旗及观英滩镇场镇公路硬化维护工作。

【竹塘村创建“省环境优美示范村”】 2015年4月，竹塘村启动创建工作，先后开展垃圾污水处理、庭院环境整治和基础设施建设等创建活动，总投入76万元。县环保局数次现场指导创建工作。12月，省级“环境优美示范村”考评组对竹塘村创建省级环境优美示范村庄进行考核检查验收，对创建工作予以肯定，验收合格。

2015年观英滩镇社区（各村）基本情况一览

村（社区）名	党支部书记	主任	村（居）民小组数（个）	人口数（人）	耕地面积（公顷）	农村经济总收入（万元）	人均收入（元）
观英村	曾维元	王　勇	22	2332	94.10	2400	10290
永兴桥村	刘其德	巫君文	21	2165	84.00	2134	9859
云台村	陈绍斌	龙细仙	19	1630	81.90	1657	10163
牛王村	唐　彬	姜明清	15	1179	67.20	1175	9969
龟形村	崔国付	崔国付	16	1591	53.50	1644	10332
金顶村	夏权能	王元根	20	916	34.60	995	10863
民主村	刘忠贵	聂　群	21	1288	46.80	1333	10350
骑龙坳村	闵　彪	王一文	19	1158	50.60	1262	10897
飞蛾寺村	王庆明	杨万华	21	1987	81.70	2051	10320
北坪村	王继超	王树根	10	820	34.70	873	10651
青山村	马　胜	雷文才	18	1441	54.10	1491	10349
竹塘村	孙传相	崔柳扬	19	1427	69.10	1495	10477
保民村	钟方明	陶　勇	18	1874	81.30	1918	10234
白云村	刘远国	马前文	8	650	33.30	660	10161
一碗水村	曾朝阳	曾　洁	17	1614	55.30	1619	10028
民政村	夏忠辉	夏年明	20	1840	74.10	1917	10417

续表

村（社区）名	党支部书记	主任	村（居）民小组数（个）	人口数（人）	耕地面积（公顷）	农村经济总收入（万元）	人均收入（元）
观英滩街道社区	朱盈勇	郭建军	6	23912	—	—	—

（罗利勇　林丽丽）

黄荆沟镇

【概况】　黄荆沟镇位于威远县城北22千米，东临资中县新桥镇，西界山王镇，南连高石镇，北靠观英滩镇。辖区面积56.28平方千米，地势南北低，东西高，丘陵和山地地貌各一半。境内有菜子沟、长沙坝两座水库，库区湖光山色，自然风光优美宜人，东汉真觉寺、凤凰寺等千年古刹亟待开发。镇政府驻地胜利街41号。辖13个行政村、168个村民小组和4个社区居民委员会、39个居民小组。全镇总户数10842户，总人口24998人，其中城镇人口11384人。城市化率46.6%。森林覆盖率43.9%。2015年，全镇地区生产总值实现6.95亿元；财政总收入实现166.1万元；规模工业增加值完成30380万元，同比减少7.8%。

【工业经济】　2015年，全镇工业总产值实现3.88亿元，规模工业增加值完成30380万元，同比减少7.8%；招商引资实现1.55亿元，占任务的258%。

【农业与农村经济】　黄荆沟镇推进结构调整，稳定粮食生产，以农民增收为主线，加快产业结构调整，形成以核桃、传统养殖产业为主，园林绿化苗圃、水产养殖为辅的产业化发展格局。全年种植粮食作物面积1573.33公顷，粮食总产量7500吨，同比增长1.68%。在联盟、砚台、土店3个村发展苗圃3个，工农、太阳等7个村种植园林观赏林30余公顷。积极探索彩林经济，打造休闲农业，启动160余公顷退耕还林工程。新建砚台村“甜城百草鸡”养殖和一井社区豪猪养殖2个回乡大学生创业示范基地。转移农村劳动力4323人，劳务收入5047万元。全镇农民人均纯收入增加943元，还9328元。

【社会事业】　2015年，黄荆沟镇人口自然增长率4.13‰，符合政策生育率81.91%，综合避孕率87.24%。组队参加县第二届运动会，获团体第二名。投入资金58.2万元，改造农村危旧房81户。投入资金26万元完成镇敬老院改造升级和道路硬化，新增床位30个，共入住38名五保老人，年内新增14名。完成白香村吊嘴岩危岩安全隐患避险搬迁6户。镇文体站坚持免费开放健身中心、多功能活动室、图书室、电子阅览室等，丰富场镇居民的文化娱乐生活。全镇继续坚持教育优先和扶贫助学工作力度，强化教师队伍管理，推进校安工程。镇中心校开展“举荆燃煤”校园文化建设，打造学校文化特色亮点，营造浓厚的学习氛围，教学质量和升学率稳步提升。拥有“社区书屋”4个、文体站书屋1个，存书1万余册。

【基础设施】　2015年，黄荆沟镇引进威远源泉水务有限公司在秀峰桥村新建自来水厂，一期投资400万元，9月底建成正式供水，惠及胜利街和红丰、坭河、砚台等村6000余名群众，结束场镇不通自来水的历史。投资91.5万元，完成刘七路1.56千米硬化；投资127万元实施凹新路1.35千米路面改造、筹资25.4万元对板铺

2015年6月17日，县委副书记周功会（右二）到黄荆沟镇调研危岩防治工作　（黄荆沟镇　供图）

路、黄沓路进行维修整治；投资57万元完成28千米的村级便民道路改造和公路养护。投入45万元增设波形护栏1738米、减速带91条。投入资金16万元对镇属范围内17千米的河道进行清淤，清理岸边垃圾125.3吨。投入资金11万元在凤凰寺、垊河、红丰、砚台4个村新建垃圾池19个，投入238.9万元巩固退耕还林成果。投入18万元完成库区移民后扶工程，改善库区移民生活条件。多方筹集资金68万元对威煤闲置房屋进行改造，作为一井、老明槽、桥湾、胜利街4个社区联合办公活动场所。

2015年黄荆沟镇社区（各村）基本情况一览

社区（村）名	党支部书记	主任	村民小组数（个）	人口数（人）	耕地面积（公顷）	农村经济总收入（万元）	人均收入（元）
一井社区	—	李　月	11	3143	—	—	—
老明槽社区	—	张　强	12	3467	—	—	—
桥湾社区	—	李　鸿	13	3903	—	—	—
胜利街社区	付　英	付　英	7	2065	—	—	
工农村	王大伟	陈文武	18	1369	69.40	4944.66	9334
联盟村	邹伦清	罗卫兵	16	930	59.33	3663.66	9336
长沙村	杨绪林	刘成学	11	694	19.53	2489.07	9255
唐家山村	刘忠付	李忠宝	10	815	36.40	3493.1	9287
白香村	童　飏	王友才	12	848	28.67	3434.11	9413
土店村	王开平	黄志强	11	772	37.20	3330.49	9230
太阳村	邹礼义	杨　勇	12	796	60.87	3921.73	9314
太平村	刘晋阗	唐忠平	14	793	41.93	3933.61	9332
凤凰寺村	郑胜君	张又元	14	1158	61.33	4318.78	9454
秀峰桥村	张仁良	唐元江	12	1345	51.47	4355.55	9283
垊河村	万明国	甘国友	13	1565	71.87	5083.2	9304
红丰村	丁道华	彭　湃	10	1325	44.93	4729.45	9372
砚台村	唐　明	李泉龙	15	2138	94.40	6158.95	9359

（刘　涛）

新场镇

【概况】 新场镇辖区面积135.58平方千米，辖21个行政村、365个村民小组和1个社区居民委员会、6个居民小组，常住人口4.38万人。2015年，全镇地区生产总值73845万元，同比增长4%；财政总收入1155.6万元；一般预算收入451.6万元，完成目标任务的107.2%。农业增加值5884万元，同比增长3.7%。招商引资0.96亿元，占全年任务的120%。固定资产投入1.5亿元，占全年任务的100%。规模工业总产值2.8亿元，规模工业增加值0.5亿元，规模工业利润0.13亿元。全镇人口出生率7.9‰，人口自然增长率为2.91‰，符合政策生育率84.68%。农民人均纯收入10239.8元，同比增长10.2%。

【农业和农村经济】 2015年，新场镇完成新场河堤治理工程，建设具有防洪和休闲功能的景观河堤1500米，提升场镇防汛抗洪能力。完成总投资逾420万元的石漠化项目建设，栽植核桃158.4公顷，森林哺育720公顷，惠及曹胜、白胜等6个村。规划“一事一议”项目7个，申请财政奖补117.83万元。投入资金87万元，实施21个村公共运行维护项目78个，并通过验收。投入资金170余万元，维修整治全镇水利工程，改善镇域水利状况，基本满足农业生产和人畜饮水。稳定粮食播种面积，加强技术指导，

2015 年，新场镇场镇建成区面积达 3 平方千米 （余远文 摄）

发放农技宣传资料 3 万份，全镇粮食种植面积 3662.4 公顷，完成农业政策性保险投保面积 1913.8 公顷、小额人身保险 2021 人。开展基础设施、产业现状、贫困群众调查摸底，制定龙奉、卡房、民胜、联丰 4 个贫困村扶贫规划。

【安全及产业结构】 镇域安全工作以地面矿山、煤矿、危化品烟花爆竹为三条主线，加大安全投入，强化隐患排查和整治；强化道路交通安全，坚持将路面查纠违法和排查道桥安全隐患作为抓好道路安全工作的常态；注重搞好护林防火、防洪抢险、安全用电、地灾避让等预案制定、演练和日常监管；强化疫病防控，食品药品的监督、检查，全年无一起安全生产死亡事故发生。持续推进“省级安全社区”达标建设，出动人员 220 余人次，出动车辆 97 台次，查出并整改隐患 85 条。第一产业的经济占比逐年下降，探索发展二、三产业，淘汰粗放型经济增长模式。协助国土、工商、公安、林业等部门制止非法开采点 5 处，立案查处 2 起，杜绝违法开采矿产品和私挖乱采行为。加大传统产业改造提升力度，金镭铸业开发树脂砂和精密锻造项目，延长产业链条；突出技改扩能，培育规模企业，威远新杰矿业有限责任公司投资 800 万元技改矿产品加工和洗选项目。发展个体私营经济，新增限上商贸企业 1 户。

【社会事业】 2015 年，新场镇开展地方病、传染病、狂犬病等疾病的防控工作，妥善应对公共卫生突发事件。新农合、农村改水改厕、义务献血等公共卫生工作全面完成。把教育工作纳入党政重要议事日程，支持教育经费 10 万余元，开展校园周边环境整治 2 次，维护学校正常教学秩序。推进镇域内义务教育均衡发展，2015 年镇小学教育质量综合考评获全县第一名。发展文艺队伍 16 支，在“五一”“七一”、春节等节假日举行丰富多彩的文体活动。开放镇文体站 1 个，年放映农村公益电影 252 场。镇内有中心卫生院 1 个、村卫生站 22 个；有初级中学 1 所、中心小学 1 所、二级完小 4 所、幼儿园 16 所。学龄儿童入学率 100%。

【场镇建设】 完成《新场镇总体规划（2014—2030）》。修编内容主要包括：镇村体系规划、城镇规划等。涉及发展战略定位及目标、镇域产业发展及布局、镇村体系暨新村布局、镇域服务设施和基础设施、镇域空间管理、城镇性质和规模、城镇布局结构及功能分区、城镇用地布局、城镇生态绿地及景观风貌、城镇道路交通、城镇市政工程、城镇防灾、城镇远景发展、城镇近期建设、城镇建设用地使用控制等 15 个方面的规划。该修编工作投资总额 28 万元。截至 2015 年，场镇规模发展到 3 平方千米，竣工房屋建筑面积 1.24 万平方米，投资 55 万元完成避灾点建设；投入资金 87 万元，实施 21 个村公共运行维护项目 78 个；投入资金 170 余万元，维修整治全镇水利工程；投资 992 万元，改造、加固农村危旧房 112 户；投资 2851 万元，建成场天路、瓦马路等 7 条 34.53 千米通村公路。

【石漠化项目】 石漠化项目于 2014 年 1 月启动，2015 年 3 月完成。主要建设内容包括羊圈建设、人工种植紫花苜蓿草、封山育林种植墨柏树、人工造林栽植香玲核桃，涉及曹胜、白胜、蔡家、西沟、老场、红村等 6 个村。各部门从规划、施工、工程进度质量、验收进行全程到场指导，按照工程设计要求保质保量完成。草食畜牧业工程羊圈建设农户自建，建设农户 4 户，实际建成面积 1438.58 平方米，其中红村村 2 组唐刚 395.34 平方米、蔡家村 4 组罗加友 356.73 平方米、白胜村 3 组吴真良 546.65 平方米、红村村 21 组陈善国 139.86 平方米。购买紫花苜蓿草种 1140 千克，种植面积 38.07 公顷，其中养羊户分散种植 15.27 公顷、成自泸高速公路两旁种植 22.8 公顷。在封山育林和人工造林工程方面，墨柏补植面积 720 公顷，栽植株数18万余株，成活率95%以上；栽植香玲核桃面积158.43公顷，栽植株数13.07万株，成活率95%以上，经县级验收合格。该项目工程总投资421.12万元。其中：自建羊圈补助37.1万元，种植紫花苜蓿草35.42万元，补植墨柏（含苗木采购、后期管护费用）88.38万元，栽植香玲核桃（含苗木采购、后期管护费用）260.22万元。

【威荣路建成通车】 2015年11月，威荣路（威远—荣县）建成通车。威荣路由四川省威远路桥有限责任公司中标承建，工程开工时间为2012年1月，该路全长8.74千米，路基宽度5.5米，路面宽度4.5米，工程投资846.13万元。工程质量达到国家现行《公路工程施工质量验收规范》合格标准。公路建设中，新场镇采取“三勤”（勤检查，及时掌握进度动态；勤调度，坚持每月一次调度会制度；勤服务，对工程问题及时答复）的管理办法，为施工单位排忧解难，争取时间，确保工程按时竣工通车。公路建成设施主要包括：交通标志44块、警示桩535根、里程碑9个、涵洞5个、波形护栏6000米、限宽墩3处、桥6座。该公路通往越溪镇、自贡市荣县及荣县墨林乡和荣县东兴镇，为威远县新场镇境内红村、麻柳、裕河等3个村6000余人出行提供便利。

【基层森林防火能力建设】 2015年初，新场镇调整充实森林防火领导小组，明确镇护林防火委员会成员主要职责，细化森林火灾扑救预案。镇政府投入10余万元资金，书写标语500余幅、制作固定宣传牌32块、配备1台风力灭火机、2个水袋、50把砍刀、50把铁扫把、50只电筒，确保护林防火工作的正常开展。全年发生4起山火，过火面积4公顷，林业工作站协助县森林公安局查处2起。2015年11月，新场镇荣获四川省林业厅表彰的“基层森林防火能力建设成效显著单位”。

2015年新场镇社区（各村）基本情况一览

社区（村）名	党支部书记	主任	村（居）民小组（个）	人口数（人）	耕地面积（公顷）	农村经济总收入（万元）	人均收入（元）
新场镇街区	徐明忠	廖定衡	7	4280	—	—	—
曹胜村	熊文勋	熊泽良	17	1785	75.17	8572	9484
古佛村	彭一礼	金学会	19	1476	67.85	957.18	9711
白胜村	龚小莲	文宗培	16	1264	67.13	932.38	10284
蔡家村	余广文	宋学辉	13	1045	63.34	957.82	10576
三佛村	周年德	周进才	15	1251	64.27	905.32	9985
二峨村	陈平刚	官俊安	11	945	52.92	845.47	1024
联丰村	李　杨	刘光学	16	1109	63.18	1000.98	9540.3
西沟村	熊明斌	杨　柳	19	2382	119.86	3192.09	10224
老场村	晏德文	曾玉坤	15	2360	83.19	5353.33	10380
卡房村	曾玉萍	刘跃刚	18	1364	91.26	1204.09	9647
万祥村	唐兆权	刘跃明	10	1334	39.18	1515.58	10914.8
民胜村	余秀兰	祝银才	16	814	54.89	834.41	10064
丰田村	王　健	李凤辉	28	3211	148.30	2233.31	9990
上游村	王红英	唐维明	12	2724	67.60	7770.38	10219
新权村	邓晓梅	李志刚	17	2346	109.83	3650.11	9945.37
胜利村	刘跃权	邓修敏	22	1638	121.77	1253.83	9765
龙奉村	周光群	姜云健	13	688	52.63	746.96	10387
红村村	蒋　舵	周能秀	23	2269	97.62	1927.95	9933

续表

社区（村）名	党支部书记	主任	村（居）民小组（个）	人口数（人）	耕地面积（公顷）	农村经济总收入（万元）	人均收入（元）
麻柳村	曹付洪	张胜付	21	2561	115.35	3.99.51	9672.8
裕河村	唐建康	唐国林	21	1819	77.28	1240.95	9711
红豆村	蒋章占	周红艳	23	1746	77.27	800.05	9870

（周红艳）

连界镇

【概况】 连界镇位于威远县西北部，因地处资中、仁寿、威远三县交界而得名。辖区面积128.67平方千米，交通便捷，物流发达。辖19个村、6个社区，453个村（居）民小组。户籍人口5.9万人，其中城镇户籍人口2.6万人（年内新增城镇人口3000余人），户籍人口城镇化率44%；常住人口7.9万人，其中城镇常住人口5万余人，常住人口城镇化率63%。建成区面积6.40平方千米，森林覆盖率50%以上，荣获四川省环境优美示范镇称号。2015年，建设新城大道7.09千米。全年实现地区生产总值12.67亿元，比上年增长14.9%；农民人均纯收入10935元，增长11%；农业增加值3.7%。地方公共财政预算收入完成2482.61万元，占县下达目标任务的126.66%。

【工业经济】 2015年，连界镇围绕支持龙头企业成渝钒钛公司“保生产、保增长、保稳定”中心工作，全力开展协调服务，确保企业正常运转。支持下游企业转型升级，逐步淘汰落后产能和高耗能高污染企业；培育商贸、服务业龙头企业，提升企业竞争能力。在经济形势下行的趋势下，工业经济仍保持平稳增长，全镇规模工业总产值完成13.03亿元，增加值6.42亿元，销售收入13.03亿元，利润总额1.12亿元。新增铭威公司为规模以上工业企业，天星贸易、博瑞贸易为限额以上商贸企业。

【项目投资】 连界镇完成固定资产投资10.67亿元；加大招商引资力度，新签约项目6个，招商引资到位资金6.08亿元。实施船石湖大道、木兰苑安置房及石板河景区基础设施建设一期工程等3个市级重点项目，白牛路、污水处理厂及船石新农村综合体等3个县级重点项目。船石湖大道道路全长2.87千米，标准路幅宽度30米，规划为城市主干路，设计时速40千米/小时，总投资3.6亿元，已竣工通车。白牛路全长1.7千米，标准路幅宽度16米，总投资1.2亿元，已竣工通车。木兰苑安置房建设，建筑总面积8.7万平方米，建安置房660套，楼层6+1F，项目总投资2亿元，完成主体工程。

【景区建设】 连界镇以建设船石湖旅游小镇和石板河AAAA级旅游景区为突破口，加快发展现代旅游产业，培育新的经济增长点。完成石板河旅游基础设施建设一期工程，石灵路、石黄路和游客步道一期工程建成并投入使用。做好石板河景区管理工作，2015年接待游客30万人次；石板河景区建设项目成功招商，四川巨洋文化旅游股份有限公司拟投资20余亿元打造石板河景区。推进服务业围绕AAAA级旅游景区建设提档升级，培育乡村旅店、特色餐饮等旅游要素保障，提升经济活力。完成《船石湖旅游小镇旅游总体规划》编制。

【工业转型】 2015年，连界镇建立工业固体废物综合利用循环集中区，瑞丰环保科技公司投资9000万元建设钻井岩屑资源化综合利用项目，建成燃烧炉、收尘系统、脱硫系统和脱水系统，利用国内领先的油基处理技术处理页岩气钻井岩屑。项目正式投产后可实现年销售收入19860万元、利润900万元、税金4200万元。

【城镇建设】 2015年，连界镇接受省“百镇建设行动”综合评估，四川电视台（公共频道）制作连界镇“百镇建设行动”宣传片《走进刚柔并济的连界镇》，受到舆论好评。船石湖大道、白牛路竣工通车，完成木兰苑安置房和连界镇集中供水主体工程建设，完成连界镇生活污水处理厂及配套管网工程征地拆迁和初设方案设计。全面完成连界镇亮化改造工程，在完成主要街道亮化改造的基础上，在背街小巷及老旧小区楼院安装246盏楼院路灯，切实解决群众夜间出行难的问题。

【威远县北部新农村示范片】 2015年，连界镇集中打捆使用支农资金，投入470万元，完成荣胜村生产道路、田埂护坡、山平塘整治等农业基础设施建设。实施精准扶贫 30 户，新建 4.5 米宽公路 980 米、3.5 米宽公路 970 米、便民路 4 千米、田埂护坡 1 千米、山平塘 3 口。启动农业综合开发高标准农田建设项目，投资 1393.5 万元，建设高标准农田 666.67 公顷，建设内容为整治囤水田 652.4 公顷、山平塘 20 口、蓄水池 26 口，新建便民路 25200 米、4.5 米宽公路 635 米、3 米宽公路 210 米，技术培训 1600 人次；制定肥料配方 2 项，印发配方施肥卡 8000 份；推广秸秆腐熟还田 266.67 公顷。截至 2015 年底该项目完成 60%。

【农业经济】　实施农村产权制度改革，基本完成农村集体土地、建设用地、家庭承包土地所有权和经营权及农村房屋所有权登记发证外业工作，并利用产权制度改革成果探索土地流转，以土地租赁和土地入股相结合方式在荣胜、船石、新农等村流转土地面积 230 余公顷发展一村一品特色种植基地。采取农业 BOT 模式，引进四川百胜药业公司在船石村种植佛手、枳壳面积共计 66.67 公顷；荣胜村发展药用栀子种植面积 33.33 公顷，风景名树、银杏、桂花面积 100 公顷；新农村发展玉竹、射干等名贵药材种植面积 33.33 公顷。传统农业稳步发展，2015 年新发展专业合作社 1 个、家庭农场 6 个，新增生猪出栏 50 头以上养殖户 25 家，种植优质粮油面积 2290.37 公顷、连片特色蔬菜面积 33.33 公顷，连片特色水果面积 20 公顷，新增速生林面积 13.33 公顷，培训新型农民 1600 余人次，发放农业技术资料 1 万余份。

【船石新村综合体建设】　2015 年，连界镇面积 1206 平方米的“6+1”村级服务中心通过验收，即将投入使用。实施省级美丽乡村、新村基础设施及

2015 年 3 月 2 日，连界集中供水工程动工　（县委宣传部　供图）

扶贫项目，投入 650 万元建设山野公园 3 个，新建便民路 13 千米、休闲广场 3 个、3.5 米宽生产道路 1.94 千米，水体改造 4 口，庭院绿化工程 50 户。

【农村公路】　2015 年，威双路（连界段）改造工程竣工通车；完成杉板、观连路后段 16.68 千米通村公路硬化（全面完成全镇通村公路硬化），启动 3.07 千米的四松路、1.65 千米的沙象路路面改造工程。

【社会事业】　2015 年，连界镇着力解决镇中心校起始年级“大班额”问题，通过“义务教育均衡发展”检查验收。镇初中 373 人参加中考，国重上线 56 人、市重上线 143 人、普高上线 235 人。夯实医疗卫生基础工作，加强医疗保障体系建设。做好狂防工作，完成犬只免疫 4390 只。开展镇、村（社区）干部“艾防”知识培训，做好义务献血工作。加强食品药品安全监管，开展食品安全法集中培训 2 期，化妆品从业人员集中培训 1 期。新农合参合率 95% 以上。落实船石、李子坝、中峰村“博爱家园”项目。强化计生优质服务，全年出生人口 631 人，符合政策生育率 82.41%，人口出生率 11.4‰，人口自然增长率 5.42‰，综合节育率 86.5%，生殖健康服务率 99.67%。处理违法生育 96 例，征收社会抚养费 162.45 万元。兑现 927 户独生子女父母奖励金 11.1 万元，发放计生奖励扶助金 312 人 29.95 万元，发放计生特别扶助金 41 人 22.56 万元。文化体育事业全面发展，参加威远县第二届运动会，取得总分第三名的成绩；4 次派送群众文化队伍参加县文化四季风演出。

【民生实事】　2015 年，连界镇推进民生工程，实施船石、双桥、建强农村环境连片治理项目，建成户用沼气池 81 口、集中净化池 7 口，完成污水管道敷设 1400 米。完成船石湖饮用水水源保护项目前期工作。完成民生实事，落实粮食直补、综合直补和各种惠民利民政策，加强农业政策性保险及小额保险，完成水稻投保面积 1142.6 公顷，玉米投保面积 415.9 公顷，油菜投保面积 294 公顷。完成农村危旧房改造任务，改造农村危旧房 84 户，发放危房改造补贴 68.6 万元。做好农业政策性保险工作，发放耕地地力保护补贴 9893 户，补贴资金 316.46 万元。拓宽就业渠道，完成促进高校毕业生实现创业 16 人次；办理失业登记 142 人次；完成劳动力技能

培训152人次。巩固提高新型农村合作医疗水平，新农合参合率98%以上；城镇医保参保7304人；按时发放5413人基本养老金。完成城乡居保档案清理工作，进村入户认证4050人次。启动离退休职工生存认证工作，落实退管生存认证工作；做好征地农转非及社会保险工作。做好外出务工人员信息登记工作，及时更新以保证抽查准确率90%以上。落实民政保障，解放街、胜利街、狮子街联合社区建成日间照料中心1个，新农村建成农村幸福院1个，建成四新、荣胜、土河沟、双桥、盘古5个村卫生室，船石村改厕改卫320户，解放街、狮子街、胜利街联合社区通过二星级社区验收。2015年清退不符合条件的城乡低保37户38人，新增城乡低保58户60人，新增五保15人，发放临时生活救助15人4.3万元，农村医疗救助80人6.27万元，城镇医疗救助45人5.22万元。完成1800名残疾人个性化服务。基本完成村改居工作，石板河村成功改为石板河社区。开展农村生活垃圾治理工作，新增农村垃圾收集房44个，新建垃圾池11个，全镇垃圾收集设施共151个。

2015年连界镇社区（各村）基本情况一览

社区（村）名	支部书记	主任	村民小组数（个）	人口数（人）	耕地面积（公顷）	农村经济总收入（万元）	人均收入（元）
建设街社区	郭友华	刘泽明	18	7156	—	—	—
劳动街社区	黎　容	余晓燕	30	6318	—	—	—
胜利街社区	尹　静	尹　静	8	1926	—	—	—
解放街社区	宋淑君	唐　云	30	5123	—	—	—
狮子街社区	石雪英	石雪英	13	2321	—	—	—
石板河社区	谭英忠	宾　玉	8	468	—	841.87	9740
连界村	谢　永	冯仲书	5	950	14.29	1238.64	9841
建强村	刘国超	刘肖舒	16	2139	34.42	3687.76	9344
新农村	李建芳	唐　俊	23	2291	94.93	2494.93	9641
盘古村	蔡兴文	易友财	22	1918	96.85	2622.35	9542
中锋村	廖尚才	戴世文	22	1741	97.60	2468.13	9573
庙山村	汪　洋	唐运芳	20	1893	111.87	2374.97	9555
高屋村	邱　勇	林全中	18	1799	83.65	2082.23	9571
先锋村	陈兴文	戴世满	24	2098	13.88	1766.97	9718
杉树村	刘浑田	刘明清	16	1663	57.45	1962.98	9680
四兴村	曹堂根	刘　利	19	1722	77.48	2032.41	9626
中岭村	赖成明	王远明	22	2085	118.45	2031.43	9758
荣胜村	李发南	王一军	22	2526	118.51	2476.25	9638
五堡墩村	阳运林	段正华	21	1275	97.69	2386.46	9554
土河沟村	刘玉明	夏忠友	11	1183	25.04	1138.82	9707
民新村	唐淑容	唐淑芬	20	1567	94.88	3146.48	9564
李子坝村	段基元	熊明贵	18	1443	91.64	2613.96	9731
国防村	刘期森	代　勇	18	2035	92.78	3760.92	9444
船石村	陈　程	雷代文	16	1537	24.11	2787.45	9541
双桥村	刘政权	龙莲芳	14	1389	33.09	1543.08	9377

（陈辉忠　杨彩苓　江　荣）

越溪镇

【概况】 越溪镇位于威远县西北部，距县城45千米，东邻新场、连界镇，南连荣县东兴镇，西与碗厂镇接壤，北同两河镇交界，辖区面积77.59平方千米。辖16个村、1个场镇社区、1个农村社区，238个村（居）民小组，总人口20902人。全镇林业用地面积2755.2公顷，森林总蓄积7.64万立方米，森林覆盖率36.3%。全镇基本形成200千米的公路网络，实现村村通公路。2015年实现地区生产总值55417万元；规模工业总产值完成7699万元；招商引资完成13200万元；财政总收入471.29万元，一般预算收入171万元。

【农业和农村经济】 2015年，越溪镇良种用种率100%，种植优质粮油800余公顷、蔬菜737公顷、水果460.67公顷。大力发展畜牧业，出栏生猪2.01万头、山羊1.29万只、牛655头、小家畜禽28.96万羽，蜂蜜产量10.16吨、禽蛋产量343.6吨；培育出栏50头以上养猪户133户，培育出栏家禽1万只以上的1户，发展养殖小区1个。麻竹笋产量2550吨、茶叶产量2385吨、水产品产量870吨。培育一村一品1个，新发展农民专业合作社2个，科技培训新型农民600人。转移农村劳动力4296人。全年实现农业总产值12997万元，比上年增长782万元，增幅6.4%；农业增加值完成6285万元，比上年增加241万元，增幅3.9%；农民人均纯收入实现11790元，比上年增加1064元，增加值10.2%。粮食种植面积1493.53公顷，实现粮食产量7807吨。

2015年11月9日，县文广体新局到越溪镇开展送文化下乡活动 （越溪镇 供图）

【工业经济】 2015年，越溪镇完成工业总产值21414万元，规模工业总产值7699万元，销售收入13820万元，工业利润总额1200万元，工业技改投入8500万元，固定资产投资总额实现124.8万元。镇党委、政府强化对骨干企业的帮扶力度，为工业发展创造良好的发展环境。奉龙煤矿、宏远化工、机砖厂等镇内骨干企业得到巩固发展，生产能力得到提升。坚持以技改促发展、抓技改增效益。奉龙煤矿通过省竣工验收，证照齐全，正式投入生产。按照“企业做市场、政府做环境”的原则，抓好企业生产要素的保障工作。集中精力化解矛盾，为企业发展营造良好发展环境。

【社会事业】 2015年，越溪镇以“两线两点”（沿公路线、沿河道线；场镇为重点、旅游景区为重点）为治理重点，着重清除在视野范围内暴露的白色垃圾1800吨，破旧标语、广告牌125个，清理乱堆乱放柴草360处、建筑余石余土80吨、堆积的煤堆和沙堆9处，清理暴雨带来的淤泥垃圾及河床上各类漂浮物28吨，清理场镇及农村接合部的卫生死角900余处垃圾180吨，清理和规范流动商贩及越门占道经营360起，拆除、清理违章设置的户外广告25块，规范店招牌35块，清理“牛皮癣”1800余处，治理机动车违章停放300起，治理施工现场扬尘污染8处，查处抛洒建筑垃圾车辆90辆，群众生产生活环境得到改善。新建通村公路11千米，通社公路17千米，维修维护27千米。全镇育龄妇女5182人，占总人口的25.43%；已婚育龄妇女4069人，占总人口的19.97%；符合政策内生育194人，违法生育64人，符合政策生育率75.19%。关心困难群众，在全体镇村干部中开展结对帮扶活动，对因灾生活困难的群众给予临时生活补助，发放各类救灾救济资金163.1万元、医疗救助126人次8.9万元。关心因地质灾害等造成损失的困难群众，发放救灾救济资金405人次。组织城乡居民参加养老保险，60岁以上老人虹膜采集照相4153人，完成96%。全部免除义务教育阶段学生学杂费、教科书费、资助贫困学生24人。新农合参合率98%；城镇居民基本医疗保险参保人数500人；农村养老保险参保人数11107人。落实惠农政策，兑现惠农补贴131.9万元，发放良种补贴21.78万元。

【乡村旅游】 镇党委、政府把旅游业作为工作重中之重来抓，紧紧围绕打造“四个第一”为目标，坚持把发展旅游产业作为优化经济结构的有效途径，整合旅游资源，不断增强发展活力。通过抓旅游业带动第三产业发展。配合市县做好穹窿地貌综合体开发的规划工作。注重旅游文化的挖掘和民间传说的搜集，丰富旅游文化内涵。通过牛灯舞扩大越溪旅游的影响力，越溪牛灯舞正在申报国家级非物质文化遗产。全年实现旅游收入480万元。

【场镇污水处理工程竣工】 2015年2月，场镇污水处理工程正式竣工。该工程经县环保局组织专家论证和实地考察，结合越溪场镇实际修建。该项目包括1座日处理700立方米生活污水的污水处理厂以及配套截污管网3.9千米，总投资310万元。

2015年越溪镇社区（各村）基本情况一览

社区（村）名	党支部书记	主任	村民小组数（个）	人口数（人）	耕地面积（公顷）	农村经济总收入（万元）	人均收入（元）
越溪场镇社区	郭典军	廖建辉	3	1620	—	9581	14240
龙洞村	刘德文	何从成	13	1093	35.46	8580	10434
平安村	郑连帝	曾成刚	10	870	18.40	5165	10741
新桥村	李华中	杨仁文	8	1052	40.00	1989	10621
发展村	梁英才	黄开元	21	1992	79.30	2167	11235
前进村	幸成军	刘建元	17	1250	55.00	6166	12140
金堂村	陈　春	幸　奎	16	1633	55.30	7422	12457
八一村	杨华超	徐康文	17	1320	50.50	9831	13234
俩母山村	李　友	吴永祥	15	1072	23.40	7277	12457
二河村	吴国章	黄正军	15	894	44.80	8579	11250
黄桷村	殷永联	周建明	11	1028	49.10	4947	12459
水源村	李文强	曹顺文	12	856	27.60	1394	11258
吉祥村	李奇红	赖盛景	20	1563	75.20	1528	12473
楠木村	唐昌刚	唐克云	18	1346	42.60	2104	10410
瑞林村	史占武	陈　胜	15	1193	25.30	1936	12594
海潮村	潘顺文	殷德文	10	973	36.30	7435	11580
互相村	雷现宏	雷　达	8	402	15.40	3541	11250
插旗村	叶　权	唐国辉	12	728	29.40	3400	11394

（袁　杨）

两河镇

【概况】 两河镇地处威远西北，距离县城50千米，与连界镇、越溪镇、碗厂镇和仁寿县汪洋镇、天峨乡接壤，辖区面积40.20平方千米，辖9个行政村124个村民小组，1个社区居委会，耕地面积176公顷，森林覆盖率70%。2015年，全镇围绕“固本强基促旅游，统筹发展构和谐”战略目标，继续坚持“一路二水三产业四增收”工作思路开展工作，完成地区生产总值5.5亿元、固定资产投资1.55亿元，税收收入68万元。

【农业和农村经济】 2015年，两河镇粮食播种面积530.73公顷，粮食总产量2440吨，新增特色蔬菜面积20公顷，新增特色水果面积13.33公顷，建高标准农田面积56.67公顷。出栏肉猪1.12万头、肉牛177头、山羊1.06万头、禽畜7.95万只、肉兔7.19万只，水产品产量630吨。

投资2500余万元的威远县银花山庄乡村大酒店，完成集农业观光、休闲、娱乐和餐饮为一体的生态农家乐二期工程扫尾建设，发展林下中药材种植面积26.67公顷。威远县远恒种植有限公司投资1000余万元巩固发展生态农业综合开发项目面积50余公顷，规模化育大棚蔬菜苗面积20公顷，解决务工人员1000余人次，为地方农民工创收200余万元。巩固面积6.67公顷的茶叶种植大户，新增流转土地面积20公顷。

全面推进农村产权制度改革工作，完成6个村的"农村产改"外业勾绘工作。完成巩固退耕还林成果基本口粮田项目建设的规划动员、踏勘测绘、预算审核、统计上报、实施监督、检查验收，以及资金兑付和公示等工作，涉及9个村94个组共273公顷计307.13万元的专项资金。

加强动植物疫情监控，搞好疫病防治，保障农、林、牧、渔业的发展。编制护林防火、抗旱防汛、地质灾害及供水安全防御预案，落实责任和措施，增强农业抗御自然灾害的能力。

【工业经济】 两河镇加大现有企业的技改提升及优化升级，夯实镇域工业经济基础。2015年工业销售收入实现4.47亿元，比调整目标多增长20%；利润总额实现0.39亿元，比调整目标多增长20%；工业技改投入1.55亿元。按照省、市、县"治本攻坚"的要求，坚持"安全第一、预防为主、综合治理"的安全生产方针，建立健全安全生产协调、监管、会议、培训等制度；开展"安全生产月"活动和"打非治违"专项整治活动，开展安全大检查、机关干部走村入户访企等活动。完善服务职能，做好镇干部巡矿、驻矿职守。完成县委、县政府、县安委会布置的各项安全生产工作任务，全年无死亡事故发生。

【基础设施】 2015年，完成两河镇总体规划和新农村聚居点规划编制工作。通过"一事一议"财政奖补项目等方式筹集资金，推进两河农村基础设施建设。投资90万元完成广阳、镇江2个村3800余米"一事一议"公路硬化工程建设。全面推进9个村70个项目27万元的农村公共服务运行维护项目的组织动员、核实审批、实施监督和验收兑付工作。

完成农村安全饮水"四大工程"项目建设。投资50余万元完成威远县连界集中供水工程（两河段）3613米主水管网敷设安装；投资330余万元完成农村抗旱应急水源工程22千米水管网敷设安装；投资80余万元完成农村安全饮水项目11千米管网敷设安装；投资55万元完成农村抗旱应急机井1口和6000余米的配套管网建设。

加强道路交通设施建设和管理，全年投入公路养护资金49.08万元，并完成两棕路2.66千米的水泥砼面公路改建工程。

制定《两河镇2015年环境保护工作意见》，明确环境保护的分工和职责，使环保工作真正落到实处。建立完善城乡环境综合治理考核监督等长效管理机制，进一步治理"五乱"，推进"两建"（建文明入户路、建清洁能源）、"三清"（清垃圾、清污水、清乱建）、"四改"（改厨、改厕、改圈、改危房）、"五通"（通路、通电、通自来水、通电话、通宽带网）工作。建成的1个生活污水处理厂稳定运行，完成县下达的2015年场镇污水处理设施建设目标任务；所有行政村建立生活垃圾处理机制，建好、用好和管好农村生活垃圾收集池。管护好20公顷生态绿化工程，并扩大绿化建设，新造林26.67公顷，绿化率70%以上。

【社会事业】 两河镇完成9个村扶贫建档立卡工作。清退贫困户48户

2015年6月30日，两河镇庆"七一"文艺会演 （两河镇 供图）

2015年7月18日，省、市摄影家走进两河镇，聚焦威远穹窿风光（余远文　摄）

155人、扶贫对象312户676人，扶持生产78户、就业132户、低保兜底82户、医疗救助134户。投入资金4150元更新10块宣传橱窗，发放宣传资料3000份，推进“单独两孩”政策和生育证件办理制度改革。全镇符合政策生育率74.53%；人口自然增长率3.65‰。全面落实社会抚养费征收管理体制改革，立案违法生育61起，处理率100%，实际征收社会抚养费34.32万元。制定教育发展规划，把依法办学、科学管理同推进素质教育紧密结合起来，保障学校安全与稳定，全力推进素质教育，义务教育均衡发展。2015年教育工作目标管理考核获全县一等奖。

加强疫病监控、妇幼保健和食品药品安全监管，完成传染病防预、“狂防双打”“灭鼠”等公共卫生服务工作。全年组织义务献血2场次，73人参加，献血量2.75万毫升。开展新农合宣传、组织工作，新农合参合率97%。城镇新增就业200人，城乡残疾人居家灵活就业150人，青年劳动者技能培训60人次。全年提供法律援助事项120件，受助对象120人次。投资10万元维修改造公办养老机构床位35张，建设城乡社区日间照料中心1个。为困难家庭失能老人和80周岁以上老人提供居家养老服务480人。完成避险搬迁7户，完成农村危房改造60户。投入资金1.3万余元完成向矿街、广阳街及沙湾厂区3个背街小巷26盏路灯的安装工作。完成面积30.23公顷种植业投保受损理赔6.5万元、41头养殖业农业政策性保险投保理赔2.95万元。全年处理纠纷案件67件，全镇持续保持社会大局和谐稳定。

【镇第六届人民代表大会第六次会议】　2015年3月26日，两河镇第六届人民代表大会第六次会议在两河镇大礼堂召开。参加会议代表107人，其中正式代表42人、特邀代表11人、列席代表54人。大会通过政府工作报告的决议、镇人大主席团工作报告的决议、镇2014年财政预算执行情况和2015年财政预算（草案）的报告的决议，补选产生两河镇第六届人民政府镇长1名。

【承办“光影威远·大美穹窿”省市摄影家威远采风活动】　2015年7月17日至18日，两河镇人民政府在银花山庄承办由四川省文联、四川省摄影家协会、内江市委宣传部、内江市文联、内江市摄影家协会与威远县文联、威远县外事侨务旅游局联合举办的“光影威远·大美穹窿”省市摄影家威远采风活动。活动主要安排有“光影威远·大美穹窿”省市摄影家摄影创作启动仪式、观看省级非遗“牛灯舞”表演、参观穹窿风光摄影展和建明收藏馆、登俩母山和牛脑壳山观穹窿地貌、拍摄穹窿晚霞和俩母山日出及穹窿风光等内容。参加活动的领导、专家及群众共500余人。

2015年两河镇社区（各村）基本情况一览

社区（村）名	党支部书记	主任	村（居）民小组数（个）	人口数（人）	耕地面积（公顷）	农村经济总收入（万元）	人均收入（元）
双河口社区	贺进建	周　英	4	3699	—	—	—
相合村	阳禄军	林建	20	1614	13.20	1934.38	11985
勇敢村	余建英	贺十全	13	907	8.10	1124.95	12403
永富村	王志银	朱章付	19	895	32.80	1104.52	12341

续表

社区（村）名	党支部书记	主任	村（居）民小组数（个）	人口数（人）	耕地面积（公顷）	农村经济总收入（万元）	人均收入（元）
黄林村	夏保国	代钦华	11	996	12.10	1193.41	11982
镇江村	王良郁	黄世刚	12	1412	43.10	1732.38	12269
新国村	王光辉	雷建英	10	1158	11.00	1417.97	12245
凉山村	张志明	刘德军	15	1261	27.30	1571.33	12461
断桥村	兰洪水	刘首兵	11	855	5.20	1048.83	12267
广阳村	朱章明	林大文	13	933	17.40	1163.08	12466

（何　伟）

碗厂镇

【概况】 碗厂镇位于威远县城西北部57千米处，东连越溪镇，西与仁寿县汪洋镇接壤，北与两河镇仅一山之隔，辖区面积32.25平方千米，西北低。一般海拔500~600米，森林覆盖率48%。粮食主产水稻、小麦、玉米、红苕等，产量稳定在6000吨左右，经济作物有茶叶、油菜、水果等。辖行政村9个，社区1个，村（居）民小组117个，总户数4287户，总人口11475人，其中农业人口10648人。2015年，全镇地区生产总值2.99亿元，财政总收入195.94万元（国税完成34.48万元、地税完成70.92万元、非税收入完成90.54万元）；镇级一般预算收入195.94万元；农民人均纯收入11415元。

【工业经济】 2015年，全镇固定资产投入完成1.4亿元；招商引资1.96亿元。规模工业总产值1.03亿元，增加值实现0.72亿元；利润总额1035万元。镇党委、政府支持和引导骨干企业投入资金进行标准化建设。鼓励耐材企业加大技改投入，使其达到环保要求，在不断技术改造升级、提升产品档次、增强市场竞争力方面下功夫，促进企业做大做强。

【农业和农村经济】 2015年，碗厂镇农业总产值实现7418.83万元，农业增加值增长3.8%。生猪出栏1.11万头，山羊出栏1.11万只，小家禽出栏8.3万只，核桃种植面积100余公顷。兑现耕地地力保护补贴16.85万元，退耕还林补贴16.8万元、公益林补贴2.2万元、生态绿化补贴17.2万元。

【社会事业】 2015年，碗厂镇基础教育均衡协调发展，通过省教育厅验收。严格执行国家提高的低保补助标准，全年发放五保、低保金372人62万元、救灾款15万元。新农合参合率98%，1901名老人领取基础养老金。全面落实计划生育奖扶特扶政策，搞好计生优质服务，全镇符合政策生育率达70%。申报3个村级文化活动室并开展文体活动。

【基础设施建设】 2015年，碗厂镇着重抓好农村道路交通建设和水利基础设施建设，投资80余万元的中原桥改建完成；总投资800余万元的天双路3.84千米、碗玉路2.25千米、碧凤村道路3.98千米年内全线通车；总

2015年11月18日，县委常委、常务副县长毕胜到碗厂镇指导精准扶贫工作　（碗厂镇　供图）

投资340余万元的出境公路铁大路与通乡公路高山路铺筑水稳碎石基层；青宁水厂基本建成主体水处理设施和管网敷设工程；投资11万余元，新建蓄水池1口，解决250余人生产生活用水困难。

【场镇污水处理工程竣工投运】2015年2月，场镇污水处理工程竣工，进入试运行阶段。5月25日，接受省人大建环工委执法检查获得好评，9月通过验收。该工程位于碗厂镇涌溪村7组，于2014年6月开工，总投资431.6万元。设计日处理量300立方米，建成厌氧池、缺氧池、接触氧化池、二沉池等污水处理设施，配套建设截污管网2.2千米。工程投运后，基本能解决场镇污水处理问题。

【举办“庆五一迎五四”文艺会演活动】 2015年4月29日，威远县碗厂镇在休闲广场举办庆祝“五一”国际劳动节和“五四”青年节文艺会演。活动以“唱响时代旋律 舞动青春魅力”为主题。全镇各村（社区）居委、政府机构和驻场镇单位选送节目27个，其中舞蹈13个，歌曲10个，武术表演、课本剧、诗朗诵、音乐剧各1个。最终碧凤村选送的独舞《卷珠帘》和街村居委会选送的广场舞《活力飞扬》获得会演一等奖。

2015年碗厂镇社区（各村）基本情况一览

社区（村）名	党支部书记	主任	村（居）民小组数（个）	人口数（人）	耕地面积（公顷）	农村经济总收入（万元）	人均收入（元）
新街社区	梁元武	唐金顺	3	827	—	—	—
古堰村	彭德刚	李介成	11	1509	59.47	1532	10154
涌溪村	罗玉康	王明仲	16	1562	46.57	1612	10322
碧凤村	周仲文	—	13	1206	56.98	1286	10667
双石村	王文光	—	10	768	26.16	766	9979
青龙村	黎登贵	陈　林	13	1551	37.66	1590	10254
义和村	黎兴贵	杨仁勤	12	1023	44.37	1030	10067
青宁村	黄建军	郭正文	12	922	44.00	919	9967
光荣村	肖志友	陈　文	15	835	43.79	828	9911
天宫村	黎德元	黎儒君	12	1270	39.49	1270	9998

（李　峰）

小河镇

【概况】 小河镇位于威远县西北部，毗邻仁寿、井研和荣县，辖区面积82平方千米，辖16个村、2个社区，总人口2.4万人。镇政府驻回龙场，距县城70千米。小河地处龙泉山脉末端的浅丘地带，自然资源丰富，已探明煤炭储量600万吨，瓷矸1000万吨左右，森林覆盖率46%。全镇有煤矿3个、矸子厂2个、建材企业20余个。1300余公顷茶园通过省农业厅无公害鉴定，年产优质无公害茶叶1.5万担，创产值近亿元。2015年，全镇实现地区生产总值8.51亿元；财政一般预算收入607.88万元，其中非税收入116.32万元；规模工业企业总产值4.5亿元；规模工业利润总额3510万元；农民人均纯收入11685元；全镇符合政策生育率83.27%；创建为省级环境优美示范镇。

【农业和农村经济】 2015年，小河镇农业增加值5571万元，增长3.6%；农民人均纯收入11695元，增长10.3%。农作物种植面积2221.2公顷，粮食产量8045吨；油料种植面积348.13公顷，产量748吨。发放“三农”补贴170.7万元。巩固良种茶园面积533.33公顷，茶叶总产量3600吨。建成标准化生猪养殖场2个，养殖规模1000头以上；全年生猪出栏20330头。巩固肉羊标准化养殖场1个，养殖规模500只以上。投入6万元开展“四防”及狂防双打工作，全年无重大疫情发生。镇财政投入扶持规模种养殖户资金3万余元。植树造林面积180公顷，森林覆盖率46%。巩固退耕还林面积476.5公顷，实施

2015年7月22日，小河镇人大主席团组织市、县、镇人大代表开展视察活动 （小河镇 供图）

退耕还林基本口粮田建设面积390.33公顷，其中改大土配肥面积166.67公顷，投入项目资金22.5万元，投入中低产田改造资金416.63万元建设便民路28500米，修建山平塘16口，砖砌田埂1100米，建蓄水池26口。全年申请“一事一议”财政奖补资金65万元，实施公路工程建设项目4个，完成道路硬化4.18千米。投入56万元，在全镇开展农村公共服务运行维护机制建设示范工作。

【工业经济】 2015年，小河镇招商引资0.85亿元，完成任务数142%。固定资产投资1.28亿元，完成任务数107%；规模工业总产值4.5亿元，完成任务数120%；利润总额3510万元，完成任务数122%。投资9000万元升级改造耐材生产工艺和井工企业开采设备，工业技改与单位增加值能耗均完成目标任务，其中三强煤矿升级为年生产能力15万吨矿井。

【社会事业】 2015年，小河镇利用“百万教育基金”激励师生勇争一流，小河中心校中考国重上线28人、市重上线136人。全镇符合政策生育率84.5%，人口自然增长率5.18‰，人口出生率11.22‰，综合节育率90%；“九上门”优质服务率100%。强化流动人口监测，反馈率和及时率均达100%。免费开放镇文化站1个，免费放映农村公益电影220场。全年发放城镇低保金179736元，农村低保金511887元，因灾困难救济231户救灾金105780元。收集、上报大病医疗、生活困难救助27人次，争取救助金额59500元。全面完成残疾人信息系统录入；救助重残129人，发放补贴102960元；发放残疾人辅助器械23件。完成农村危房改造85户。完成扶贫开发建档立卡和贫困村、贫困户调查登记及网报工作，统计上报贫困村6个、贫困户892户、贫困人口2583人。

【新型城镇建设】 2015年，小河镇投入30万元完成镇总规修编，初步提交城乡统筹全域规划。投资550万元建设的场镇生活污水处理厂投入使用。市政通信线路下地工程全面完工。垃圾处理厂全面改造，供水及基础设施建设和交通街工程有序推进。新增场镇排污管道800米，解决复立场镇生活垃圾集中处理和立石桥农贸市场问题。场镇新增路灯21盏、停车标线800余米、大型洒水车1台；交通街栽植行道树30余棵；处理违章摊点124个，处罚违章停放机动车14台。全镇新增住房面积3.7万平方米。

【乡村路网建设】 小河镇大力实施“通村通畅工程”，投资1170余万元用于通村公路，按政府性投资项目程序确定施工单位，硬化碾子村道路、开元村道路、双登路、五牌路等4条公路14千米，改建工程完成路基工程量50%以上。大管路、大于路、曹三路、五四川路完工并验收。3座危桥中，羊过沟桥、沙石坡桥完工，沙嘴桥预计2016年5月前完工。龙江桥完成招投标，等施工方进场施工。2015年，超额完成县下达农村公路水泥路建设任务，农村公路养护286千米。

【基层阵地建设】 2015年，小河镇实施政府危房改造工程，完成勘测、设计、预算、审图，待进行招投标程序。投入123万元的民治村、铁厂村、新古村等3个村级活动场所新建工程全部完工；回龙社区签订购买协议。

【便民服务】 2015年，镇便民服务中心办结服务事项493件，群众满意度98%以上；建成16个村级代办点和2个社区代办点，各村定期在村办公室办公，社区与镇机关同步作息时间，确保基层便民服务全覆盖。

2015年小河镇社区（各村）基本情况一览

社区（村）名	党支部书记	主任	村（居）民小组数（个）	人口数（人）	耕地面积（公顷）	农村经济总收入（万元）	人均收入（元）
回龙场社区	尹建忠	余建中	3	1403	—	—	—
复立场社区	刘　荣	郑连明	1	216	—	—	—
小河村	尹建忠	姜德才	14	3189	77.62	3756	11778
开元村	彭绍富	张辉祥	16	1815	77.51	1838	10126
牌坊村	张朝阳	肖　筑	14	2460	85.66	2631	10695
三羊村	宋正华	黄自维	16	1161	94.23	1195.6	10293
民治村	黄建军	黄自德	14	1168	66.99	1311	11224
响水村	胡万平	黄兴友	14	1532	45.89	1725.3	11261
平乐村	夏汝洪	刘长代	13	1386	60.39	1796.5	12961
新同村	刘尚勇	刘应千	15	1325	59.77	1748.6	13196
新古村	曾本来	唐　军	16	1320	56.99	1543.2	11690
碾子村	胡文彪	徐琴玲	13	1008	32.01	1256	12460
大岩村	雷祥军	肖建忠	23	1436	51.92	1533.8	10675
三合村	梁德元	连　云	10	678	26.05	832	12271
葡萄村	刘　荣	廖　勇	14	1364	15.59	1623.3	11901
铁厂村	许述华	荣明修	14	716	25.97	922	12877
玉麦村	严健康	姜方云	10	472	29.11	648	13288
青兰村	黄付庆	邹文彬	12	716	23.83	856	11955

（杨海彬）

婆城人物

新任县领导

【毕胜】 男，汉族，1973年11月生，四川纳溪人。中共党员，1992年7月参加工作，党校研究生学历。

历任内江市东兴区太安乡干事、企业办主任；内江市直机关工委干部、团工委副书记（其间：1995年8月至1997年12月，省委党校法律专业学习，取得本科文凭）、统战群工处副处长；中共内江市委组织部副主任科员、组织处副处长、办公室主任（其间：2002年7月至2005年6月，省委党校区域经济专业研究生班学习；2004年8月至2005年1月，借调内江市委办公室工作，2005年2月至2005年7月借调省委先进性教育活动办公室工作）；内江市政府副秘书长；中共四川省委办公厅秘书处副处长、中共隆昌县委副书记（挂职锻炼）；中共资中县委常委、副县长、县住建局局长（兼）；内江市发展和改革委员会党委副书记（兼）、市重点建设项目办公室主任、市“打造百年川威、建设千亿企业”领导小组办公室主任（兼）；2015年8月任中共威远县委常委，10月任中共威远县委常委、副县长。

（县政府办公室）

全国劳动模范

【江勇】 男，汉族，1982年7月生，四川资中人。大学本科学历，中共党员，任四川省川威集团成渝钒钛科技有限公司

炼钢厂转炉车间炼钢炉长。炼钢高级技师、工程师、全国钢铁行业技术能手、全国技术能手、四川省五一劳动奖章获得者、全国五一劳动奖章获得者。2001年毕业进入川威集团至今，在炼钢厂转炉车间先后从事炉前工、摇炉工、合金工、操枪工、炼钢炉长等岗位，任转炉炼钢炉长、国家级技能大师工作室领办人。在近几年工作中严肃认真、敢于负责、勇挑重担，以“技能大师工作室”为平台，带领工作室成员进行技术革新、工程技改，对新技术、新工艺进行生产实践。对半钢冶炼过程中粘枪控制、降低出钢温度控制、提高转炉炉龄、少渣冶炼等技术熟练应用，为生产过程有序、可控。在转炉炉龄攻关项目中，通过采取废钢调节，加焦炭提温、优化冶炼工艺，保证C-T平衡，降低出钢温度，减少后吹等措施使钒钛转炉半钢冶炼炉龄首次突破1.5万炉，提钒炉龄达到1.1万炉，在同行业中处于领先水平；在半钢冶炼技术攻关项目上，突破了半钢冶炼不但能冶炼常规品种，还实现焊丝钢、25MnV等品种的开发，使炼钢厂的各项炼钢技术经济指标得到大幅度的提高。参与转炉提高提钒技术研究、转炉炉龄攻关项目、低硅铁水的冶炼攻关、干法除尘“泄爆”技术攻关项目等，为公司创造利益9000万元。工作室成立后，共为炼钢厂培养中高级工和技师40余人。2015年，江勇荣获“全国劳动模范”称号。

（川威集团成渝钒钛科技有限公司）

全国巾帼建功标兵

【倪清】 女，汉族，1965年5月生，四川威远人。1987年7月参加工作，大学本科文化。该同志有坚定的理想信念和正确的世界观、

人生观、价值观，品德高尚，乐于奉献。弘扬“四自”精神，立足本职岗位，爱岗敬业，勇于创新。具有良好的职业道德、务实的工作作风，在参与经济社会发展中展现巾帼风采，工作成绩突出。在她的带领下，威远县民政工作取得长足发展，社会救助全面有力，养老事业快速发展，优抚安置平稳有序，为全县民政事业的发展作出了突出贡献。在抗灾救灾中情系灾区、真情为民，无私奉献、忘我工作，科学务实、团结协作。2008 年 9 月获国家民政部抗震救灾先进个人表彰，多次荣获四川省民政厅、内江市委市政府、威远县委县政府表彰，2013 年荣获省、市“三八红旗手”称号。2015 年 2 月，被中华全国妇女联合会评为“巾帼建功标兵”。

（县妇女联合会）

全国农村科普带头人

【吴金容】 女，汉族，1955 年 11 月生，四川威远人，农技师。任威远县大头菜协会会长、威远县向义镇大冲村党支部书记，先后当选为中共威远县第十三届党代表，

内江市第五、六届人大代表，中共四川省第九届、第十届党代表。

2000 年，吴金容接任村党支部书记，担负起改变贫穷落后面貌、兴村富民的重担，凭着一身苦干实干、带领村民脱贫致富奔小康不达目的不罢休的自力更生、艰苦创业精神，坚持以产业兴村、项目富民的发展理念，瞄准并立足大头菜种植这一传统产业，组建成立威远县大头菜协会。培育开发“香型Ⅰ、Ⅱ号”系列新品种，大头菜鲜产由过去的亩产不到 1 吨提高到 2013 年 4 吨以上，盐渍加工鲜大头菜樱利用率达 100%。功申报省级无公害农产品产地并获国家级无公害农产品证书，注册“向义”“鼎肴坊”“威龙”“金川玉”等 4 个大头菜产品注册商标，申报绿色蔬菜和地理标志认证。威远大冲村大头菜 2009 年登上中央电视台 7 套《致富经》栏目。在大冲村建立科普服务站 1 个、协会科普服务站 1 个、科普宣传栏 1 个、农民健康科普宣传栏 5 个。组织开展亿万农民健康科普行动和新型农民科技培训、计算机技能培训等活动，大冲村的农民人均收入以每年超过 30% 的速度增长，从 2000 年前的不足 1000 元提升到 2013 年 1.46 万元，村级集体经济年收入超过 12 万元。威远县大头菜协会荣获全国科普农兴村先进单位、农技协发展 30 年突出贡献奖、全国先进农村专业技术协会等荣誉；吴金容被评为全国劳动模范、省级优秀农村人才示范岗，先后荣获全市科协系统科普工作先进个人、全县科普工作先进个人。2015 年，吴金容被中国科协、财政部评为“科普惠农兴村计划”农村科普带头人。

（县科学技术协会）

全国优秀工会工作者

【吴国华】 男，汉族，1969 年 9 月生，四川威远人。大学专科学历，高级经济师，四川白塔新联兴陶瓷集团公司工会主席。

吴国华于 2011 年 3 月当选工会主席，始终以工会事业为己任，坚持工作重心“向下”，切实关心服务职工，不断提升公司企业职工文化。组织关爱活动，三年里先后帮扶困难职工 685 名，发放救助资金 72 万元；发放金秋助学 427 名，帮扶资金 39 万元；开展夏季“送清凉”物资 11400 份，慰问资金 26 万元。大力开展技术创新，发挥工会在公司加快转型、提升科技竞争力的中坚力量，在全市率先建立“院士专家站”和“（技能人才）劳模创新工作室”，共为公司节能减排、技术改造中节约资金 5000 万元。切实维护职工利益，推行公司职代会、厂务公开，开展工资集体协商，公司一线职工收入年均增加 15%。率先建立“三平台、五机制”工会维权阵地和模式，切实当好第一责任人、第一知情人、第一帮扶人，真正成为职工们心中的主心骨和“娘家人”。公司工会先后荣获“四川省模范劳动关系和谐企业”“四川省五一劳动奖状”等荣誉称号。多次被评为先进个人、优秀党员、生产标兵和劳动模范等殊荣。2015 年 12 月，中华全国总工会授予吴国华“全国优秀工会工作者”称号。

四川省劳动模范

【李海斌】 男，汉族，1953 年生，四川威远人。初中文化，中共党员，威远县新店镇民付村支部书记。

李海斌，2001 年 10 月

任新店镇民付村支部书记。先后被评为内江市优秀党支部书记、内江市优秀共产党员、威远县优秀支部书记、威远县优秀共产党员、县优秀人才示范岗、共产党员示范岗，多次被推选为县党代表、市党代表。

2001年以来，以李海斌为支部书记的新一届村支部班子带领广大党员群众重点发展以俗称“锅炉姜”为主的反季节生姜种植。经过多年发展，民付村演变成了真正的“民富村”。到2013年底，该村农民人均纯收入达2.5万元，13年间增长了25倍。近年来，所属支部先后被各级党组织表彰：2010年被表彰为“感动·内江”先进基层党组织榜样、“春风示范村”，被县委组织部表彰为“五星级”村级示范活动场所，2011年被省委组织部表彰为“先进基层党组织”，2012年被市委组织部表彰“三分类三升级”活动旗帜引领奖，被中组部表彰为“全国创先争优先进基层党组织”。李海斌2014年被评为内江市劳模，2015年4月，被评为四川省第七届劳动模范。

【李真甫】 男，汉族，1967年生，四川威远人。大学专科学历，威远农商银行向义支行信贷员，会计员职称。

李真甫自1990年参加工作以来，曾在偏远的分社从事出纳、会计工作，在业务量集中的大社从事柜员和信贷工作，并兼职保安员。无论在什么岗位，他都兢兢业业，勤勤恳恳，在平凡的岗位上创造了不平凡的业绩。作为向义镇向万、水口、柏林等8个村的包片信贷员，他为辖内的农民、蔬菜专业合作社、无花果种植基地等提供建档、评级、授信、发放贷款等金融服务。先后为734户农民、575户蔬菜种植户、3家专业合作社、1户家庭农场、1户种植基地提供资金支持2630万元，为25户无花果专业合作社成员提供资金支持383万元，支持当地农村种植面积426.67公顷，带动当地农户依靠种养业发家致富。多次被威远农商银行评为“先进个人”“先进工会积极分子”。2014年荣获四川省联社内江办事处“信贷标兵”称号。2015年4月，被评为四川省第七届劳动模范。

【孙正军】 男，汉族，1973年生，高中学历，中共团员，威远县新米兰陶瓷有限公司职工，工程师。

孙正军自2008年担任机电维修车间主任以来工作兢兢业业，恪尽职守，任劳任怨，乐于奉献。他严格要求自己，始终坚持在生产第一线，与员工同甘共苦。现场监督检查机器设备，做好班前的准备工作和班后的检查工作，认真检查安全生产设施，落实安全生产措施，掌握车间各个主要生产工序的运转动态，发现问题及时处理，日夜奋战在第一线。他在印花机安装方面做出一套有效实用的方法，不仅解决了陶瓷行业的阴阳色，还减轻了员工的劳动强度。他利用自己在机电工作中的丰富专业知识和所积累的实践经验，向公司提出多项加大生产技术设备改造和提高产品质量的改革方案。孙正军1996年获得内江市先进个人，2005年获得威远新米兰陶瓷有限公司先进个人，2010年以后相继获得威远新米兰陶瓷有限公司安全标兵、技术能手、优秀员工等荣誉称号。2015年4月，被评为四川省第七届劳动模范。

【杨秀琼】 女，汉族，1972年生，四川威远人。初中文化，四川白塔新联兴陶瓷集团有限责任公司地砖事业部检验班长。

杨秀琼身患血液性皮肤病，从事大砖线检验这项重体力活20年以来，从没有请过一天病假，工作兢兢业业，任劳任怨。凭借其丰富的技能和杰出的工作业绩，连年被评为公司优秀员工、先进生产工作者，并获公司忠诚员工奖。

在瓷砖检测工作中，杨秀琼严把质量关，始终做到认真、细致、一丝不苟。她不但精通大砖翻包的工作方法和技巧，而且在瓷砖角度和尺寸的检定方面积累了丰富的经验，检测结果既快又准，确保从公司出去的陶瓷都是最优品，坚决不让劣质产品毁了“白塔”这块金字招牌。她结合自己多年的经验提出提高产品检验质量等建议，为公司技术创新、提升产品质量作出积极贡献。2015年4月，杨秀琼被评为四川省第七届劳动模范。

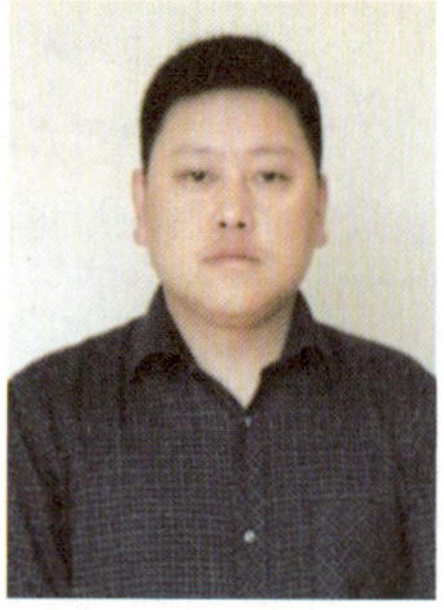

【吴惑】 男，汉族，1982年7月生，四川巴中人。大学专科学历，党员，成渝钒钛科技有限公司炼铁厂高炉车间主任、生产技术科科长，工程师。

他精通炼铁技术，是川威炼铁高钒钛冶炼技术创始人之一。多年生产摸索使他在高炉高钛炉渣冶炼方面有着过硬操作技能，具备年产300万吨以上的高炉生铁组织能力和技术创新能力。2005年，编写《“空料线停炉”技术方案》。十年间，20余次实施该方案，创造经济价值2000余万元。2012年—2015年，根据生产实践，结合国内外原燃料综合性价比，对配料工作提方案并负责实施，节约配料成本5000余万元。2004年—2015年，他负责高炉钒钛矿冶炼技术攻关，完成高炉由普通矿石冶炼向高钒钛冶炼转变，入炉钒钛配比在58%左右，炉渣中TiO2从不到5%逐步提高到20%，达到国内钒钛矿冶炼先进水平，产生效益8000余万元。2007年负责高炉多环布料研究，完成“降低高炉燃料比10公斤”重大科技项目，并在川威高炉推广，年节约成本4000余万元。组织并参与高炉撇渣器、高炉布料系统、高炉开路口结构等多项国家级专利的研究。通过各种技术创新，为企业创造效益数亿元。同时，他为炼铁成长史上留下了有价值的学术论文。《高炉布料技术摸索》《高炉钒钛矿冶炼操作特点》《高炉高煤比探索》等论文分别在《炼铁》年会期刊和《川威科技》上发表。吴惑多次被评为川威集团公司“先进生产工作者”，2008年获得集团公司“技术能手”称号。2015年4月，被评为四川省第七届劳动模范。

（县总工会）

威远县高级专业技术人员名单

2015年，威远县取得高级专业技术任职资格的共109人。其中：中学高级教师50人，高级农艺师1人，林业工程高级工程师1人，高级工程师5人，高级讲师1人，高级兽医师7人，主任中医师1人，副主任医师14人，副主任中医师2人，副主任护师5人，基层卫生副主任医师3人，基层卫生副主任中医师3人，基层卫生副主任护师2人。

中学高级教师（50人）

威远县中小学教学研究室：熊　超　魏建英
威远中学校：吴茂良　聂泽良　宋学军　刘　晋　夏贵宾　林　广
威远县职业技术学校：马丽英　谢颖华
威远县特殊教育学校：叶培林　唐晓君
威远县第一初级中学：董华富　余秀林
威远县严陵中学：王　丽　张　毅
威远县新店中学：王华平　李　洪　钟贞伟
威远县镇西中学：虞德明　姚文远
威远县龙会中学：陈俊伟　张　勇
威远县威煤中学：巫英明
威远县竞力学校：刘　燕　徐泽平　陈　勇
威远县新场中学：邹佳洪
严陵镇中心校：曹利秋　尹　红　周　莉　郭淑容　范淑平　官　勇
铺子湾镇中心校：付再军
新店镇中心校：彭　燕
向义镇中心校：许红兵
高石镇中心校：杨万勇　董存英
镇西镇中心校：刘永全
龙会镇中心校：杨秀洪
靖和镇中心校：钟秀容　潘秀英
东联镇中心校：刘　骥
新场镇中心校：陈　莉
连界镇中心校：李秀芬　代俊英
越溪镇中心校：杨　红
两河镇中心校：姜剑英
小河镇中心校：刘　强

高级农艺师（1人）

新店镇农业服务中心：谢　键

林业工程高级工程师（1人）

威远县林业局：李玉珊

高级工程师（5人）

威远县城乡规划办公室：周宏伟
威远县建设工程质量安全监督站：谭　波
威远县建筑勘测设计院：廖永胜
威远县园林管理所：车忠慧　邱世芸

高级讲师（1人）

威远县委党校：彭雄军

高级兽医师（7人）

威远县动物疫病预防控制中心：段学辉
严陵镇畜牧兽医站：罗　敏
新店镇畜牧兽医站：陈　群
界牌镇畜牧兽医站：但德权
东联镇畜牧兽医站：倪云峰
山王镇畜牧兽医站：唐华仙
小河镇畜牧兽医站：苏廷高

主任中医师（1人）

威远县中医医院：范新成
威远县人民医院：刘玉华

副主任医师（14 人）

威远县疾病预防控制中心：黄永红

威远县人民医院：詹新勇　李义兵　曾子文　官云里　王海燕　李　丽

威远县妇幼保健院：袁五四

威远县第二人民医院：李雪芹

威远县第三人民医院：罗德荣　李　凯

威远县同心医院：彭　任

威远县民康医院：曾建英

威远县铜仁医院：姚　衡

副主任中医师（2 人）

威远县中医医院：邹照樆

威远县越溪中心卫生院：夏　雪

副主任护师（5 人）

威远县人民医院：唐宏英　陈新琴

威远县中医医院：赖禹梅

龙会中心卫生院：刘玉英

新场中心卫生院：周　杰

基层卫生副主任医师（3 人）

威远中学校：官　敏

威远县民康医院：刘　永

界牌镇卫生院：许志强

基层卫生副主任中医师（3 人）

威远县新店中心卫生院：朱祥文

威远县山王中心卫生院：刘绍武

威远县铺子湾镇卫生院：陶运平

基层卫生副主任护师（2 人）

镇西中心卫生院：刘蔓莉

越溪中心卫生院：邹华秀

（县人力资源和社会保障局）

先进个人名录

【全国先进个人】

威远县全国先进个人

姓名	工作单位	授予称号	授予单位
江　勇	成渝钒钛科技有限公司	2015 年全国劳动模范	党中央、国务院
许志超	威远县民政局	《中国社会报》民政宣传工作先进个人	中国社会报社
吴金容	向义镇大冲村	2014 年度全国科普工作先进个人	中国科学技术协会
吴国华	四川白塔新联兴陶瓷集团公司	2015 年全国优秀工会工作者	全国总工会
倪　清	威远县民政局	全国巾帼建功标兵	全国妇联

【省委、省政府表彰的先进个人】

威远县省级先进个人

姓名	工作单位	授予称号	授予单位
李海斌	威远县新店镇民付村	四川省第七届劳动模范	四川省人民政府
李真甫	四川威远农村商业银行股份有限公司向义支行	四川省第七届劳动模范	四川省人民政府
孙正军	威远新米兰陶瓷有限公司机电维修车间	四川省第七届劳动模范	四川省人民政府
杨秀琼	四川白塔新联兴陶瓷集团有限公司	四川省第七届劳动模范	四川省人民政府
吴　惑	成渝钒钛科技股份有限公司炼铁厂	四川省第七届劳动模范	四川省人民政府

胡小虎	威远县人民政府办公室	四川省道路交通安全综合整治先进个人	四川省人民政府
杨年夫	城北派出所	第五届四川省一等功公务员	中共四川省委 四川省人民政府
张成明	威远中学校	四川省优秀教师	四川省人民政府

【内江市委、市政府、内江军分区表彰的先进个人】

姓名	工作单位	授予称号	授予单位
罗　平	威远县人民政府	2014年度目标绩效管理先进责任人	中共内江市委
段培燕	威远县科学技术和知识产权局	2014川南高新技术成果交易暨科技金融对接推进会先进个人	中共内江市委 内江市人民政府
肖永康	威远县科学技术和知识产权局	2014川南高新技术成果交易暨科技金融对接推进会先进个人	中共内江市委 内江市人民政府
廖菊玲	威远县科学技术和知识产权局	2014川南高新技术成果交易暨科技金融对接推进会先进个人	中共内江市委 内江市人民政府
曾云忠	中共威远县委	2014年度目标绩效考核先进个人	中共内江市委 内江市人民政府
罗　平	威远县人民政府	2014年度目标绩效考核先进个人	中共内江市委 内江市人民政府
罗　辉		2014年度目标绩效考核先进个人	中共内江市委 内江市人民政府
潘　婷	连界工业园区	2014年度目标绩效考核先进个人	中共内江市委 内江市人民政府
林丽丽	镇人民政府	第三次全国经济普查先进个人	市人民政府
郭祥万	新场镇群工办	优秀共产党员	中共内江市委
杨照华	威远县残疾人联合会	省八运会先进个人	内江市人民政府
刘永安	威远县人民武装部	践行强军目标先进个人	内江军分区
刘英启	威远县人民武装部	新闻宣传先进个人	内江军分区
谭智洪	连界镇武装部	践行强军目标优秀基层主官	内江军分区

【威远县委、县政府表彰的先进个人】

威远县优秀共产党员

赖太明　威远县向义镇静宁村党支部书记
陈小川　威远县高石镇石牌村党支部书记
胡　高　威远县高石镇升子村党支部书记
代　帅　威远县东联镇党政办主任
刘付初　威远县东联镇李家坪村村主任
付　英　威远县黄荆沟镇胜利街社区党支部书记
邓华利　威远县山王镇豹山村村主任助理
邱忠锋　威远县山王镇党政办主任、武装部副部长
李奇红　威远县越溪镇吉祥村党支部书记
黄正良　威远县镇西镇护民村党支部书记
童敏之　内江市井得毛织制衣有限公司总经理
温付才　威远县靖和镇万年村党支部书记
夏廷辉　威远县靖和镇高楼村党支部书记
余建英　威远县两河镇勇敢村党支部书记
贺进键　威远县两河镇双河口社区党支部书记
陈再兴　威远县龙会镇尹家村党支部书记
李玉辉　威远县龙会镇建设交通委员会副主任

甘自群　威远县严陵镇建设村党支部书记
邹泽彬　威远县严陵镇桂花村党支部书记
雷筱萍　威远县严陵镇三河街社区党支部书记
何建华　威远县铺子湾镇副主任科员
曾礼远　威远县铺子湾镇红星村党支部书记
肖伯华　威远县庆卫镇黄石村党支部书记
古世强　威远县庆卫镇黄石板社区党支部书记
尹建忠　威远县小河镇回龙小河联合党支部书记
杨海彬　威远县小河镇村建办主任
唐兆权　威远县新场镇万祥村党支部书记
肖　赫　威远县新场镇计生办党支部书记
李志明　威远县新店镇长山村支部支书
李尚华　威远县新店镇永华村党支部书记
林仁怀　威远县界牌镇南强村党支部书记
游成品　威远县界牌镇丰胜村党支部书记
彭　涛　威远县碗厂镇农业服务中心主任
周仲文　威远县碗厂镇碧凤村党支部书记
曾维元　威远县观英滩镇观英村党支部书记
马　胜　威远县观英滩镇青山村党支部书记
刘国超　威远县连界镇建强村党支部书记
陈红英　威远县连界镇社会事业中心主任
刘　波　威远县航务管理处办公室主任
刘　玲　威远县邮政局市场部主任
谢大宽　威远县林业局林政资源股股长
王　洪　威远县水务局水利股股长
梁　刚　威远县水利工程质量和安全监督管理站站长
何　勇　威远县城市建设监察大队大队长
段儒兵　威远县连界工业园区发展服务中心工作人员
吴国华　四川白塔集团党委副书记、工会主席
姚　鸿　黄老五食品股份有限公司党支部副书记
钟水林　威远县国家税务局机关党委办公室主任科员
许志超　威远县民政局办公室主任
李璐君　威远城市管理局政工人事股股长
肖代泉　威远县环保局机关党支部书记
李建明　威远县财政局副主任科员
曾钰玲　威远县教育局政工股工作员
刘玉华　威远县人民医院大内科主任、重症医学科主任
胡咏梅　威远县威远中学教师
张懿姮　威远县司法局办公室主任
秦建国　威远县委统战部办公室主任
李晓路　威远县人民法院龙会人民法庭庭长
晋　力　威远县地税局收入核算与财务股股长
张富明　威远县委群众工作局复查股股长
周　樾　威远县委机构编制委员会综合股股长
郭晓静　威远县人民政府办公室政工人事股股长
谭宏艳　威远县工商行政管理局严陵工商所副所长
潘维刚　威远县委组织部办公室副主任
刘　磊　威远县文化广电体育新闻出版局办公室主任
李林凌　威远城市管理局环卫所办公室主任
胡　琳　威远县环境保护局办公室副主任
张　大　威远县食品药品监督管理局科员
陈　荣　威远县投资促进局综合股副股长
周测琦　威远县检察院法律政策研究室主任
许　林　威远县公路运输管理所运政股副股长
陈明刚　威远县政协办公室专职纪检员
温春艳　威远县向义镇党委委员、县委组织员
黄述友　威远县连界镇党委副书记、纪委书记
邬长德　威远县住房和城乡规划建设局副局长
胡　广　威远县公共资源交易服务中心专职副主任
杜　刚　威远县人口计生局党组成员、副局长
肖祥忠　威远县连界住房和规划建设分局局长
吕恒权　威远县黄荆沟镇党委副书记、纪委书记
赖庆勇　威远县人力资源和社会保障局党组成员、纪检组长

第二届“威远县有突出贡献人才”

刘　勇　四川华原玻璃纤维有限责任公司总经理
廖咏康　白塔新联兴陶瓷集团有限责任公司技术中心主任
冷国文　威远县史志办公室主任

第二届　“威远县拔尖人才”

何　斌　内江华原电子材料有限公司副总经理
游　勇　威远县金四方果业有限责任公司总经理
倪　红　观英滩初级中学一级教师
周琼英　威远县农林局高级工程师

第四届威远县科学技术杰出贡献奖、外智人才突出贡献奖和2014年度科学技术进步奖

第四届威远县科学技术杰出贡献奖
胡智敏
第四届威远县外智人才突出贡献奖
杨为中
2014年度威远县科学技术进步奖
一等奖
窑变艺术陶瓷砖生产技术（四川白塔新联兴陶瓷集团有限责

任公司：廖咏康、徐小洪、龚泽华、易能、何洋、陶陶、李进、罗燕）

二等奖

一种聚醚多元醇作增强剂处理高硅氧玻璃纤维的方法（四川威玻股份有限公司：刘钢、鲁明、刘勇、付明高、余广丛）

高效节能煤矸石分选用跳汰机研制技术（四川海山宇光机械设备制造有限公司：陈威宇、刘黎明、张语琪、汪鹏）

电子封装复合材料熔融填料开发与生产（威远县大禾陶瓷原料有限公司：胡智敏、张建、夏古俊、殷海荣、周正华）

无花果的盐渍与低排放预处理集成技术及应用示范（威远县金四方果业有限责任公司：游勇、夏勇、周琼英、胡小兰、魏小玺）

三等奖

止滑功能陶瓷砖工业化生产技术（四川白塔新联兴陶瓷集团有限责任公司：徐小洪、廖咏康、龚泽华）

威远县无花果气候适应性区划（威远县气象局：汪延波、杨戈、陈小能）

榜上有名

先进集体名录

【全国先进集体】

威远县全国先进集体

被授予单位	授予称号	授奖单位
威远县关心下一代工作委员会	全国关心下一代工作先进集体	中国关心下一代工作委员会 中央精神文明建设指导委员会办公室
界牌镇南强村	第五批全国一村一品示范村镇	农业部
镇西食品工业园区	国家农业产业化示范基地	农业部
威远县	威远无花果获国家地理标志产品保护	国家质检总局
威远县民政局	2015 年度全国综合减灾示范社区名单	民政部
威远县民政局	民政宣传工作先进单位	中国社会报社
威远县人民法院	有效实施失信被执行人名单制度示范法院	最高人民法院
新店中心卫生院	2014—2015 年度群众满意的乡镇卫生院	国家卫生和计划生育委员会
威远县教育局	“奋发向上、崇德向善”青少年爱国主义读书教育活动全国组织优秀奖	全国青少年爱国主义读书教育活动组委会
威远县严陵镇东街社区	2015 年“全国综合减灾示范社区”	国家减灾委员会、民政部
镇西镇食品工业园区农业产业化示范基地	递补及认定国家农业产业化示范基地	农业部
镇西食品工业园区	第六批国家农业科技园区	科学技术部办公厅
威远县总工会威远工会微信号	全国最有力工会新媒体	中华全国总工会宣传教育部
威远县总工会威远工会微信号	全国十佳运营推广策划工会新媒体	中华全国总工会宣传教育部
威远县妇女联合会	2015 年度《婚姻与家庭》杂志宣传推广优秀奖	全国妇联宣传部
威远县妇女联合会	2014 年度《中国消费者》杂志联办工作先进集体	中国消费者协会
威远县严陵镇接官亭社区	全国科普示范社区	中国科协财政部
威远县无花果种植科普示范基地	全国科普惠农兴村先进单位	中国科协财政部

续表

被授予单位	授予称号	授奖单位
威远县消费者委员会	2014年度《中国消费者》杂志联办工作先进集体	中国消费者协会
威远县国土资源局	2015年地质灾害防治高标准“十有县”	国土资源部

【四川省委、省政府表彰的先进集体】

威远县被省委、省政府表彰的先进集体

被授予单位	授予称号	授奖单位
威远县	2014年全省“三农”工作先进县	省委农村工作领导小组
威远县人民政府	四川省道路交通安全综合整治先进集体	四川省人民政府

【内江市委、市政府表彰的先进集体】

威远县被内江市委、市政府表彰的先进集体

被授予单位	授予称号	授奖单位
威远县人民政府 威远县科技局 威玻 金四方果业 白塔新联兴	2014川南高新技术成果交易暨科技金融对接推进会先进单位	中共内江市委 内江市人民政府
中共威远县委 威远县人民政府	2014年度目标绩效考核先进单位（二等奖）	中共内江市委 内江市人民政府
川威集团钒钛产业园	2014年度目标绩效考核先进单位（三等奖）	中共内江市委 内江市人民政府
龙会镇 高石镇 新场镇 县检察院 县地税局	2014年度全市党委（党组）中心组学习暨学习型党组织建设先进单位	中共内江市委 内江市人民政府
威远县人民政府	2014川南高新技术成果交易暨科技金融对接推进会先进单位	中共内江市委
威远县严陵镇人民政府 威远县两河镇 威远县住房和城乡规划建设局	内江市第三次全国经济普查先进集体	内江市人民政府
新店镇	2014年度内江市“三农”工作先进乡镇	中共内江市委 内江市人民政府
黄荆沟镇人民政府	2015年度民兵预备役军事训练先进单位	内江军分区
越溪镇	村民自治模范镇	内江市人民政府
威远县残疾人联合会	省八运会先进集体	内江市人民政府
威远县人民武装部	新闻宣传先进单位	内江军分区
严陵镇武装部	践行强军目标先进基层单位	内江军分区
威远县地税局	党组中心组暨学习型党组织建设先进单位	中共内江市委
威远县地税局	内江市首批依法行政示范单位	中共内江市委

续表

被授予单位	授予称号	授奖单位
威远县人民政府	安全生产先进单位一等奖	内江市人民政府
威远县国土资源局	内江市最佳精神文明单位	内江市人民政府
威远县国土资源局	2014 年度耕地保护暨国土资源管理目标考评先进单位	内江市人民政府

【威远县委、县政府表彰的先进集体】

威远县 2014 年度“四好”领导班子名单

镇（14 个镇）

严陵镇　铺子湾镇　新店镇　向义镇　界牌镇　镇西镇
高石镇　靖和镇　庆卫镇　越溪镇　观英滩镇　新场镇
连界镇　碗厂镇

县级部门（60 个部门）

县纪委（监察局）　县法院　县检察院　县委办
县人大办　县政协办　县委组织部　县委宣传部
县委统战部　县委政法委　县委群工局　县直机关工委
县委编办　县委老干部局　县委党校　县农工委
县工商联　县总工会　县妇联　团县委
县科协　县公安局　县发改局　县教育局
县供销社　县民政局　县科技局　县财政局
县人社局　县国土局　县环保局　县住建局
县交通运输局　县水务局　县林业局　县商务局
县工商局　县卫生局　县食药局　县人口计生局
县审计局　县安监局　县统计局　县政务服务中心
县城管局　县粮食局　县投促局　县畜牧局
县档案局　县史志办　县扶贫办　县外侨旅游局
县国税局　县地税局　县气象局　县调查队
县质监局　严陵工业园区管委会　连界工业园区管委会
镇西食品工业园区管委会

2013—2015 年全县先进基层党组织

威远县向义镇白石村党支部
威远县高石镇场镇社区党支部
威远县高石镇藕塘村党支部
威远县东联镇档竹湾村党支部
威远县黄荆沟镇凤凰村党支部
威远县山王镇风椏村党支部
威远县越溪镇吉祥村党支部
威远县镇西镇杨家嘴村党支部
威远县靖和镇高坡村党支部
威远县靖和镇小学校党支部
威远县两河镇勇敢村党支部
威远县龙会镇晓阳村党支部
威远县第二人民医院党支部
威远县严陵镇西街社区党支部
威远县铺子湾镇护林村党支部
威远县庆卫镇庆丰村党支部
威远县小河镇牌坊村党支部
威远县新场镇卡房村党支部

威远县新场镇上游村党支部
威远县新店镇凤翔村党支部
威远县界牌镇桥凼村党支部
威远县界牌镇四合村党支部
威远县碗厂镇双石村党支部
威远县观英滩镇飞蛾村党支部
威远县连界镇五堡墩村党支部
威远县连界镇解放街社区党支部
威远县公路养护管理段党支部
威远清溪水务有限公司党支部
威远县港华燃气有限公司党支部
四川内江威宝食品有限公司党支部
四川威玻新材料有限公司委员会内江华原党总支
威远县委办公室党支部
威远县人大机关党支部
威远县纪委机关党支部
威远县委组织部党支部
威远县委宣传部党支部
威远县委农村工作委员会党支部
威远县委政法委党支部
威远县统计局党支部
威远县委党校机关党支部

2014 年度全县维护社会稳定暨社会治安综合治理工作先进单位

威远县 2014 年度维护社会稳定工作先进单位（76 个）

铺子湾镇	新店镇	向义镇	界牌镇
龙会镇	高石镇	靖和镇	东联镇
庆卫镇	山王镇	观英滩镇	黄荆沟镇
新场镇	连界镇	越溪镇	碗厂镇
县纪委（监察局）	县人武部	县法院	县检察院
县委办（防邪办、保密局）	县人大办	县政府办（应急办、民宗局）	
县政协办	县委组织部	县委宣传部（县政府新闻办、网信办）	
县委统战部	县委政法委（维稳办、综治办、大调解中心）		
县委群工局	县直机关工委	县委党校	县委农工委
县总工会	县残联	县发改局	县公安局（交警大队）
县司法局	县财政局	县人社局（社保局、就业局）	
县国土资源局	县环保局	县住建局（房管局）	
县交通运输局（运管所）	县水务局	县林业局	县商务局
县人口计生局（计生服务中心）	县审计局	县安监局	
县统计局	严陵工业园区管委会	连界工业园区管委会	
县畜牧局	县史志办	县外事侨务旅游局	县公安消防大队
县气象局	县工商局	县邮储银行	县移动公司

威远县 2014 年度社会治安综合治理工作先进单位（85 个）

龙会镇	高石镇	靖和镇	东联镇
山王镇	新场镇	连界镇	越溪镇
县纪委（监察局）	县人武部	县法院	县检察院
县委办（防邪办、保密局）	县人大办	县政府办（应急办、民宗局）	
县政协办	县委组织部	县委宣传部（县政府新闻办、网信办）	
县委统战部	县委政法委（维稳办、综治办、大调解中心）		
县委群工局	县直机关工委	县委农工委	县总工会
县妇联	团县委	县科协	县发改局
县科技局	县公安局（交警大队）	县民政局	县司法局
县财政局	县人社局（医保局、机保局、社保局、就业局）		

县国土资源局	县环保局、县住建局（房管局、市政所、园林所）		
县交通运输局	县水务局	县农业局	县林业局
县商务局	县文广体新局	县卫生局（疾控中心）	县食品药品监管局
县人口计生局（计生服务中心）	县审计局	县安监局	县城管局
县统计局	严陵工业园区管委会	连界工业园区管委会 、	县档案局
县粮食局	县投促局	县畜牧局	县地税局
县供销社	县公安消防大队	县国税局	县电信公司
县气象局	县质监局	县工商局	县移动公司

附　录

文件索引

2015 年中共威远县委重要文件索引

序号	文件标题	文　号	发文时间
1	县委县政府关于全面深化农村改革努力开创“三农”发展新局面的意见	威委发〔2015〕1 号	2015 年 5 月 25 日
2	县委关于批转《威远县人大常委会 2015 年度监督工作计划》的通知	威委发〔2015〕2 号	2015 年 1 月 16 日
3	县委关于贯彻落实党的十八届四中全会精神全面深入推进依法治县的实施意见	威委发〔2015〕3 号	2015 年 2 月 2 日
4	县委关于坚持思想建党与制度治党紧密结合全面推进从严治党的实施意见	威委发〔2015〕4 号	2015 年 2 月 6 日
5	县委关于批转《政协威远县委员会 2015 年工作要点》的通知	威委发〔2015〕5 号	2015 年 2 月 10 日
6	县委县政府关于 2014 年度全县绩效目标考核结果的通报	威委发〔2015〕6 号	2015 年 2 月 17 日
7	县委县政府关于推进无花果和核桃产业发展的实施意见	威委发〔2015〕7 号	2015 年 2 月 25 日
8	县委县政府关于大力发展家庭农场的实施意见	威委发〔2015〕8 号	2015 年 2 月 25 日
9	县委县政府关于 2014 年度各镇各部门落实党风廉政建设责任制考核结果的通报	威委发〔2015〕9 号	2015 年 3 月 23 日
10	县委关于印发《威远县加强和改进机关党的建设暂行办法》的通知	威委发〔2015〕10 号	2015 年 3 月 24 日
11	县委关于印发《中共威远县委常委会会前学法制度》和《中共威远县委常委会会前学法方案》的通知	威委发〔2015〕11 号	2015 年 3 月 30 日
12	县委县政府关于表扬 2012-2014 年度威远县关心下一代工作先进集体、先进个人的决定	威委发〔2015〕12 号	2015 年 5 月 10 日
13	县委关于 2014 年各镇和县级各部门领导班子“四好”创建活动考核结果的通报	威委发〔2015〕13 号	2015 年 5 月 21 日
14	县委关于转发《中共内江市委认真贯彻省委<严守政治纪律严明政治规矩加强领导班子思想政治建设的十项规定>的实施意见》的通知	威委发〔2015〕14 号	2015 年 6 月 8 日

续表

序号	文件标题	文　号	发文时间
15	县委关于废止和宣布失效一批党内规范性文件的决定	威委发〔2015〕15号	2015年6月8日
16	县委县政府关于2015年党风廉政建设和反腐败工作的意见	威委发〔2015〕16号	2015年7月3日
17	县委县政府关于威远县天网视频监控系统建设的工作方案	威委发〔2015〕17号	2015年8月28日
18	县委关于进一步加强和改进党的群团工作的实施意见	威委发〔2015〕18号	2015年12月17日
19	县委县政府关于印发《落实环境保护“党政同责”和“一岗双责”责任制》的通知	威委发〔2015〕19号	2015年12月21日
20	县委县政府关于加快农村通组公路和“户户通”道路建设的实施意见	威委发〔2015〕20号	2015年12月31日

（县委办公室　提供）

2015年威远县人民政府重要文件索引

序号	文件标题	文　号	发文日期
1	转发市政府《关于支持个体工商户转型升级为企业的意见》的通知	威府发〔2015〕1号	2015年2月16日
2	关于编制2015年度国有建设用地供应计划的通知	威府发〔2015〕2号	2015年1月6日
3	关于关闭威远县越溪镇白鹤湾煤矿的通知	威府发〔2015〕3号	2015年1月7日
4	关于建立城乡低保家庭经济状况核查机制的通知	威府发〔2015〕4号	2015年1月9日
5	关于实行最严格水资源管理制度的实施意见	威府发〔2015〕5号	2015年1月15日
6	关于印发威远县国有资本经营预算管理办法的通知	威府发〔2015〕6号	2015年1月21日
7	关于表扬2014年度应急管理示范单位的通报	威府发〔2015〕7号	2015年1月28日
8	关于印发威远县人民政府法律顾问团顾问人员名单的通知	威府发〔2015〕8号	2015年2月2日
9	关于加快发展农村客运的意见	威府发〔2015〕9号	2015年3月8日
10	关于威远县2015年度国有建设用地供应计划的通知	威府发〔2015〕10号	2015年3月26日
11	关于公布《威远县行政许可项目目录》的通知	威府发〔2015〕11号	2015年4月1日
12	关于颁布第四届威远县科学技术杰出贡献、外智人才突出贡献和2014年度科学技术进步奖的决定	威府发〔2015〕12号	2015年4月9日
13	关于印发2015年度威远河流域水污染综合治理实施方案的通知	威府发〔2015〕13号	2015年6月18日
14	关于促进农村公路建管养运协调发展的实施意见	威府发〔2015〕14号	2015年6月18日
15	关于表扬2014年消防工作先进单位和个人的通报	威府发〔2015〕15号	2015年6月18日
16	关于非行政许可审批事项清理结果的通知	威府发〔2015〕16号	2015年7月1日
17	关于进一步完善体制机制加强公共资源交易管理的实施意见	威府发〔2015〕17号	2015年7月8日
18	关于印发威远县农村义务教育学生免费午餐计划实施方案的通知	威府发〔2015〕18号	2015年7月9日

续表

序号	文件标题	文 号	发文日期
19	关于表扬2014年夏秋季征兵工作先进单位和先进个人的通报	威府发〔2015〕19号	2015年7月13日
20	关于印发威远县高标准农田建设总体方案（2011—2020年）的通知	威府发〔2015〕20号	2015年7月3日
21	关于设立威远县连界固废综合利用循环经济集中区的决定	威府发〔2015〕21号	2015年7月23日
22	关于做好2015年地质灾害防灾避险搬迁安置工作的通知	威府发〔2015〕22号	2015年7月28日
23	关于下达2015年农村公路完善工程、新农村示范片及产业园区道建设计划的通知	威府发〔2015〕23号	2015年8月6日
24	关于印发威远县科学技术奖励办法的通知	威府发〔2015〕24号	2015年8月11日
25	关于印发《转变工作作风狠抓工作落实五项制度》的通知	威府发〔2015〕25号	2015年8月12日
26	关于印发威远县2015年推进简政放权放管结合转变政府职能工作方案的通知	威府发〔2015〕26号	2015年8月13日
27	关于征收四川任源食品有限公司房屋的决定	威府发〔2015〕27号	2015年8月26日
28	关于实施威远穹窿旅游（一期）工程建设项目的决定	威府发〔2015〕28号	2015年6月2日
29	关于征收威远县民富密封件有限公司房屋的决定	威府发〔2015〕29号	2015年10月8日
30	关于进一步加强电梯安全管理工作的通知	威府发〔2015〕30号	2015年10月18日
31	关于印发威远县县级行政权力项目目录的通知	威府发〔2015〕31号	2015年10月20日
32	关于表扬威远县第二届运动会先进集体和优秀个人的通报	威府发〔2015〕32号	2015年12月9日
33	关于新一轮退耕还林工程建设的实施意见	威府发〔2015〕33号	2015年12月9日
34	关于2015年度信用村创建工作情况的通报	威府发〔2015〕34号	2015年12月25日
35	关于同意关闭威远县新场镇民胜石灰岩矿等7户非煤矿山企业或采场的批复	威府发〔2015〕35号	2015年12月28日
36	关于印发县级部门责任清单的通知	威府发〔2015〕36号	2015年12月31日

（县政府办公室　提供）

统计资料

全市各县区主要指标完成情况

	单位	本年数	同期数	增长%
一、地区生产总值　*	亿元	1198.57	——	8.0
市中区	亿元	153.29	——	4.5
东兴区	亿元	219.08	——	10.4
威远县	亿元	294.43	294.00	5.0

续表

	单位	本年数	同期数	增长%
资中县	亿元	236.12	——	8.1
隆昌县	亿元	233.04	——	12.0
经开区	亿元	62.61	——	10.9
二、第一产业增加值 *	亿元	191.14	——	3.9
市中区	亿元	12.21	——	3.7
东兴区	亿元	45.08	——	4.0
威远县	亿元	39.12	37.31	3.9
资中县	亿元	63.35	——	4.1
隆昌县	亿元	29.09	——	3.8
经开区	亿元	2.29	——	3.6
三、第二产业增加值 *	亿元	717.78	——	8.2
市中区	亿元	101.31	——	3.1
东兴区	亿元	114.58	——	12.4
威远县	亿元	201.16	207.48	4.2
资中县	亿元	110.52	——	9.2
隆昌县	亿元	147.67	——	14.1
经开区	亿元	42.54	——	11.9
四、第三产业增加值 *	亿元	289.65	——	9.3
市中区	亿元	39.77	——	9.5
东兴区	亿元	59.42	——	9.6
威远县	亿元	54.15	49.21	9.3
资中县	亿元	62.24	——	9.0
隆昌县	亿元	56.27	——	9.2
经开区	亿元	17.76	——	9.1
五、规模工业增加值	亿元	——	——	8.1
市中区	亿元	——	——	7.3
#市中区（小）	亿元	——	——	1.5
经开区	亿元	——	——	11.9
东兴区	亿元	——	——	12.3
威远县	亿元	148.72	143.14	3.9
资中县	亿元	——	——	8.8
隆昌县	亿元	——	——	14.2
六、高新技术产业产值占比	%	27.4	16.2	11.2
市中区	%	50.1	20.4	29.7
#市中区（小）	%	53.1	8.6	44.5

续表

	单位	本年数	同期数	增长%
经开区	%	47.5	38.1	9.4
东兴区	%	41.1	28.1	13.0
威远县	%	12.4	9.2	3.2
资中县	%	25.8	16.6	9.2
隆昌县	%	21.0	16.2	4.8
七、战略性新兴产业产值占比	%	18.8	15.8	3.0
市中区	%	18.6	16.1	2.5
#市中区（小）	%	15.4	12.4	3.0
经开区	%	24.2	21.7	2.5
东兴区	%	26.5	23.7	2.8
威远县	%	19.0	15.8	3.2
资中县	%	12.8	9.6	3.2
隆昌县	%	18.7	16.2	2.5
八、社会消费品零售总额	亿元	408.57	363.64	12.4
市中区	亿元	115.46	102.90	12.2
#市中区（小）	亿元	54.56	48.64	12.2
经开区	亿元	60.91	54.25	12.3
东兴区	亿元	58.46	52.12	12.2
威远县	亿元	75.42	67.07	12.5
资中县	亿元	80.97	72.07	12.4
隆昌县	亿元	78.27	69.49	12.6
九、全社会固定资产投资	亿元	803.76	697.77	15.2
市中区	亿元	157.36	135.20	16.4
#市中区（小）	亿元	89.21	74.25	20.2
经开区	亿元	68.15	60.95	11.8
东兴区	亿元	174.02	152.39	14.2
威远县	亿元	169.74	149.75	13.3
资中县	亿元	150.99	131.94	14.4
隆昌县	亿元	151.66	128.49	18.0
十、工业投资	亿元	222.33	213.78	4.0
市中区	亿元	43.76	40.56	7.9
#市中区（小）	亿元	18.69	17.19	8.7
经开区	亿元	25.07	23.36	7.3
东兴区	亿元	17.49	21.02	-16.8
威远县	亿元	75.93	72.38	4.9

续表

	单位	本年数	同期数	增长%
资中县	亿元	47.55	44.56	6.7
隆昌县	亿元	37.60	35.27	6.6
十一、地方一般公共预算收入	亿元	50.27	45.33	10.9
市中区	亿元	6.04	5.17	16.7
#市中区（小）	亿元	4.03	3.54	14.0
经开区	亿元	2.01	1.64	22.6
东兴区	亿元	5.59	4.88	14.6
威远县	亿元	7.53	7.99	-5.8
资中县	亿元	8.33	7.57	10.1
隆昌县	亿元	7.39	6.53	13.2
十二、地方一般公共预算支出	亿元	192.44	176.55	9.0
市中区	亿元	22.74	19.26	18.0
#市中区（小）	亿元	19.55	16.84	16.1
经开区	亿元	3.19	2.43	31.5
东兴区	亿元	27.71	26.85	3.2
威远县	亿元	29.80	28.06	6.2
资中县	亿元	42.86	38.82	10.4
隆昌县	亿元	29.81	26.86	11.0
十三、到位市外资金	亿元	477.49	——	15.1
市中区	亿元	109.18	——	——
#市中区（小）	亿元	58.17	——	14.4
经开区	亿元	51.00	——	13.2
东兴区	亿元	61.33	——	15.4
威远县	亿元	107.02	——	14.7
资中县	亿元	94.74	——	15.6
隆昌县	亿元	105.22	——	16.0
十四、城镇居民人均可支配收入 *	元	25787	——	8.1
市中区	元	26254	——	8.0
东兴区	元	25250	——	7.9
威远县	元	26544	——	8.3
资中县	元	25690	——	8.2
隆昌县	元	25498	——	8.2
十五、农村居民人均可支配收入 *	元	11428	——	9.7
市中区	元	11727	——	9.5
东兴区	元	11297	——	9.8

续表

	单位	本年数	同期数	增长%
威远县	元	11850	——	9.6
资中县	元	11237	——	9.8
隆昌县	元	11413	——	9.6
十六、全社会用电量	亿千瓦时	53.50	54.93	-2.6
市中区	亿千瓦时	9.04	11.08	-18.4
东兴区	亿千瓦时	6.47	6.19	4.6
威远县	亿千瓦时	19.87	18.38	8.1
资中县	亿千瓦时	11.02	12.10	-8.9
隆昌县	亿千瓦时	7.12	7.21	-1.3
十七、工业用电量	亿千瓦时	33.37	35.65	-6.4
市中区	亿千瓦时	4.55	6.65	-31.7
东兴区	亿千瓦时	1.75	1.88	-6.9
威远县	亿千瓦时	16.83	15.46	8.9
资中县	亿千瓦时	6.44	7.64	-15.7
隆昌县	亿千瓦时	3.80	4.02	-5.5

教育信息

2015年威远县普通高校招生考试理工前60名录取情况统计

名次	姓名	成绩	科类	毕业学校	录取院校	录取专业
1	吕晓慧	656	理工	威远中学	四川大学	临床医学（口腔医学）
2	夏菲阳	643	理工	威远中学	上海财经大学	工商管理类
3	刘秉宇	642	理工	威远中学	北京航空航天大学	计算机科学与技术
4	李俊威	640	理工	威远中学	华中科技大学	光电信息科学与工程（光电卓越计划实验班）
5	刘翔宇	638	理工	威远中学	中央财经大学	保险学（精算）
5	袁希禹	638	理工	威远中学	北京航空航天大学	自动化类
7	胡双鹏	632	理工	威远中学	国防科学技术大学	军用材料工程
8	袁俊强	630	理工	威远中学	华中科技大学	材料科学与工程
8	颜　浩	630	理工	威远中学	西安交通大学	电气类
10	郭晓旭	629	理工	威远中学	厦门大学	物理学类（含物理学、电子信息科学与技术、微电子学、天文学）
11	段淦元	626	理工	威远中学	北京邮电大学	电子信息工程

续表

名次	姓名	成绩	科类	毕业学校	录取院校	录取专业
12	邱林辉	625	理工	威远中学	北京邮电大学	电子科学与技术
13	宋青果	623	理工	威远中学	华中科技大学	光电信息科学与工程
14	刘　敏	620	理工	威远中学	西南财经大学	法学（法学-会计双学位班）
15	吴　涛	619	理工	威远中学	电子科技大学	电子科学与技术（物理电子技术、传感网技术方向）
16	朱家添	617	理工	威远中学	华南理工大学	轻化工程
17	李齐贤	615	理工	威远中学	华中科技大学	交通工程
18	赖　宇	614	理工	威远中学	中南大学	会计学
19	卓文越	613	理工	威远中学	四川大学	高分子材料与工程
20	温　忻	609	理工	威远中学	重庆大学	电气工程及其自动化
21	罗赟杰	608	理工	威远中学	北京交通大学	交通运输类
21	张恩华	608	理工	威远中学	四川大学	城乡规划
23	刘恒邦	606	理工	威远中学	四川大学	电子信息类
23	兰鑫宇	606	理工	威远中学	西南交通大学	电气类
23	王晨曲	606	理工	威远中学	西南交通大学	电气类
26	倪家辉	605	理工	威远中学	四川大学	电子信息类
26	巫昊霖	605	理工	威远中学	四川大学	金属材料工程
28	缪承希	604	理工	威远中学	中南大学	能源与动力工程
29	李直昆	603	理工	威远中学	西南交通大学	土木工程
30	李　凯	601	理工	威远中学	四川大学	软件工程
30	李龙捷	601	理工	威远中学	中国医科大学	临床医学
32	朱　毅	600	理工	龙会中学	四川大学	机械设计制造及其自动化
33	陈姝兰	599	理工	威远中学	华北电力大学（北京）	人力资源管理
34	刘　颖	598	理工	威远中学	哈尔滨医科大学	临床医学
35	杨智宇	597	理工	自强中学	中南大学	测控技术与仪器
36	陈　雨	596	理工	威远中学	西南交通大学	土木工程
36	熊盛兰	596	理工	龙会中学	西南交通大学	工商管理类
38	刘何为	595	理工	威远中学	西南交通大学	自动化
38	邓幽扬	595	理工	威远中学	中南大学	冶金工程
40	张　进	592	理工	威远中学	西南交通大学	计算机类
40	刘　毅	592	理工	威远中学	西南交通大学	电子信息工程
42	宋　毅	591	理工	威远中学	西南交通大学	材料类
43	黎洪位	590	理工	威远中学	北京科技大学	冶金工程
43	段杭蕊	590	理工	威远中学	中国石油大学（北京）	自动化
45	周梦梅	589	理工	威远中学	西南交通大学	统计学

续表

名次	姓名	成绩	科类	毕业学校	录取院校	录取专业
45	温　越	589	理工	威远中学	南京理工大学	机械类（车辆工程、工业工程、机械工程）
47	刘昕彤	588	理工	威远中学	武汉理工大学	电子信息类（工学）
47	张　宁	588	理工	威远中学	上海大学	工商管理类（中外合作办学）（工商管理）
47	曹敏英	588	理工	自强中学	北京语言大学	金融学
50	龙开荃	587	理工	威远中学	吉林大学	地质工程
51	邓智文	586	理工	竞力学校	成都医学院	信息管理与信息系统
52	唐　敏	585	理工	龙会中学	西南大学	计算机类
53	余港临	584	理工	威远中学	东华大学	材料类
53	杨璐瑜	584	理工	威远中学	首都经济贸易大学	旅游管理
53	罗胥伦	584	理工	自强中学	长安大学	土木工程
53	陈玉梅	584	理工	龙会中学	哈尔滨医科大学	护理学
57	涂林飞	583	理工	威远中学	合肥工业大学	车辆工程
57	董晓萍	583	理工	威远中学	武汉理工大学	物流管理与工程类
57	唐伟钦	583	理工	威远中学	西南大学	电子信息类
60	宋宝莲	582	理工	威远中学	中国地质大学（武汉）	工程管理
60	肖艺波	582	理工	威远中学	长安大学	电气工程及其自动化

2015 年威远县普通高校招生考试文史前 30 名录取情况统计

名次	姓名	成绩	科类	毕业学校	录取院校	录取专业
1	陈　驰	594	文史	龙会中学	西南大学	汉语言文学
2	杨馥瑜	592	文史	竞力学校	四川外国语大学	翻译
3	温晓丽	578	文史	龙会中学	汕头大学	国际经济与贸易
4	聂　瑶	577	文史	威远中学	四川农业大学	工商管理
5	余　闵	576	文史	威远中学	四川师范大学	英语
5	江青媛	576	文史	威远中学	四川师范大学	汉语言文学
7	沈　瑶	573	文史	威远中学	四川农业大学	工商管理
8	周珊羽	570	文史	威远中学	重庆师范大学	英语
9	蒋　威	568	文史	自强中学	海南大学	英语
10	钟　露	567	文史	威远中学	西南石油大学	会计学
11	曾　珠	564	文史	威远中学	四川师范大学	汉语言文学
11	黄越红	564	文史	威远中学	四川大学锦城学院	审计学
11	董晓莉	564	文史	威远中学	西南科技大学	法学
11	何木兰	564	文史	龙会中学	四川师范大学	汉语言文学

续表

名次	姓名	成绩	科类	毕业学校	录取院校	录取专业
11	黄漫玉	564	文史	龙会中学	四川大学锦城学院	审计学
16	谭　浩	563	文史	威远中学	四川师范大学	汉语言文学
16	倪杨波	563	文史	威远中学	青岛理工大学	日语
16	李慧敏	563	文史	龙会中学	四川师范大学	国际经济与贸易
19	林国明	562	文史	威远中学	重庆工商大学	法语
20	李心雨	561	文史	威远中学	成都中医药大学	针灸推拿学
20	肖　宇	561	文史	威远中学	河南大学	财务管理
20	曾科宇	561	文史	威远中学	成都理工大学	法学
23	廖　琳	560	文史	威远中学	西华大学	会计学
24	廖晓敏	559	文史	威远中学	江苏科技大学	人力资源管理
25	谭　茜	558	文史	威远中学	西华大学	经济学
26	杨　英	557	文史	威远中学	青岛理工大学	朝鲜语
26	熊梦莹	557	文史	威远中学	南京信息工程大学	英语
26	周彩霞	557	文史	自强中学	成都学院	汉语国际教育
26	唐　敏	557	文史	龙会中学	西南科技大学	法学
30	袁　源	556	文史	龙会中学	太原理工大学	法学

（县教育局　提供）

便民服务

威远县主要旅行社名录

旅行社名称	负责人	办公电话	手　机
威远青年旅行社	何　勇	8233828	13890531588
四川大观旅行社威远分社	蒋　红	8235036	18990542229
自贡康辉旅行社威远分社	余　群	8185888	13629003388
自贡春秋旅行社威远分社	何英斌	8226629	13890533777
自贡光大旅行社威远分社	黄　卫	8232077	13541646808

威远县快递公司一览

名　称	电话号码	联系人	地　址
EMS 速递	0832-8229185（门市） 0832-8219185 0832-8236606（办）	李　伟	威远县顺城街 105 号
圆通快递	0832-8216868 0832-8228802	王　建	威远县地方税务局对面
汇通快递	0832-5156619 18990589966	唐　诚	威远县河北街小学对面

续表

名　称	电话号码	联系人	地　址
申通快递	0832-5137555 0832-8238000	文　勇	威远县阳岗街 72 号（同心医院对面）
韵达快递	0832-8216866 18981427706	陈治全	内江市威远县外西街 158 号
国通快递	0832-8223780		威远县严陵镇奉龙街丽景沁园
中通快递	18990551838 0832-8238128	杨小刚	威远顺城街 114 号（邮政大厦斜对面）
天天快递	0832-8222178 13541617727	肖丛军	威远县建业街 75 号（运政对面）
宅急送	13659003422	杨先生	威远县严陵镇粮贸市场对面
优速快递	18990583102	钟华银	威远南街新华书店对面

（年鉴编辑部　收集整理）

威远县餐饮单位一览

特大型餐馆			
1	威远县鑫宏大酒店有限责任公司	威远县严陵镇兰草街 189 号附 1 号	0832-8223888
2	威远银桦半岛酒店有限责任公司	威远县严陵镇平山村 8 组	0832-8626666
大型餐馆			
1	威远县炖香园酒楼	威远县严陵镇二环路宏业商住楼	0832-5893333
2	四川金桂山餐饮有限责任公司	威远县严陵镇双柏村 12 组	0832-8102333
3	威远县景城大酒店	威远县严陵镇花城路建业・欧景城 309~335 号	0832-8388999
4	威远威玻商务酒店有限公司	威远县严陵镇外北路 208 号	13438431108
5	威远县尚诚瑞林商务酒店	威远县严陵镇凉竹路 228 号	18683224888
6	威远县银鑫世际大酒店	威远县严陵镇花塘东路 20 号 4 栋 2 层 1、2、3、4 号商铺	0832-5898188
7	威远县名流花园大酒店	威远县严陵镇东风路 382 号	13398108869
8 （已歇业）	威远县唐记煌火锅城	威远县严陵镇顺城街西段荣威后湾 1 幢 2 层 498 号	0832-8556613
9	威远县银杏山庄餐饮服务有限公司	威远县靖和镇花祠村 8 组	13980656565
10	威远县怡都贸易有限公司	威远县严陵镇中心街 259 号	0832-8236836
11	威远县福鑫大酒楼	威远县严陵镇福地名苑 12 号楼	13890530836
12	威远县聚鑫商务酒店	威远县小河镇牌坊村五社	0832-8958332
13	威远县天星大酒店	威远县连界镇红旗大道 78-108 号	0832-8839789
14	威远县聚丰园食府	威远县新场镇上游村 11 社	15808325949
15	威远县新店镇二鑫大酒店	威远县新店镇步行街 4 号	13629007909
16	威远县德光食府	威远县黄荆沟镇威煤幼儿园底楼	0832-8156677
17	威远皇廷大酒店	威远县严陵镇广场街 377 号	13990542261

续表

18	威远县新店苟师大酒楼	威远县新店镇交通街 114 号	0832-8522302
19	威远县雄鹰大酒店	威远县严陵镇广场街 377 号 2 层附 3 号	0832-8266699
		中型餐馆	
1	威远县蜀留香中餐厅	威远县严陵镇高升街 53 号	13730777686
2	威远县郭勇红菜馆	威远县严陵镇土地坳街 55 号	0832-8265180
3	威远县叶记乡村特色盐排骨店	威远县严陵镇高阳街 32、34、36、38、40、42 号	0832-8263555
4	四川省川威集团有限公司白牛寨森林公园	威远县连界镇解放街 C-821 幢	
5	威远县和森园休闲山庄	威远县连界镇建强村 5、6 组	80832-295888
6	威远县临江亭酒楼	威远县严陵镇滨河路 555 号附 1 号	0832-8238202
7	威远县奇味轩餐厅	威远县碗厂镇交通街	15883298382
8	威远县罗炳肥肠鱼店	威远县严陵镇易佳街 158-168 号	13678328958
9	威远县丽景大酒店	威远县严陵镇建设路西段 12-22 号	0832-8100288
10	威远县鸿胜大酒楼	威远县严陵镇河北街 17 号附 2 号	0832-8212226
11	威远县鲜活堂中餐厅	威远县严陵镇镇西街 35 号	18096332156
12	威远县香天下火锅店	威远县严陵镇外西街广场商厦四号楼 302 号附 12 号	15183255152
13	威远县伊兰丝休闲山庄	威远县铺子湾镇马道村 3 社	18383225888
14	威远县龙香居饭店	威远县小河镇步行街	0832-8950555
15	威远县丹桂坊酒楼	威远县严陵镇易佳街 62 号	0832-8266068
16	威远县余林羊肉汤锅馆	威远县严陵镇正西街 21 号	13518480208
17	威远县银杏阁餐饮店	威远县严陵镇荷花街 238 号	0832-8262280
18	威远县盛隆居山庄	威远县严陵镇建设村 1 组	0832-8100717
19	威远县罗氏白果乌鸡汤店	威远县严陵镇荷花街 249、251 号	13678328958
20	威远县威新龙酒楼	威远县严陵镇易佳街 176 号	0832-8217333
21	威远县聂三耳鹅肠火锅店	威远县连界镇连兴花园 14-18 号	13198007798
22	威远县巴人治灶串串香火锅连界店	威远县连界镇滨湖路碧水湾小区 4 幢 92、94 号	13684316222
23	威远王府汤食府	威远县严陵镇建设路西段 40 号	0832-8244666
24	威远县野山菌砂锅	威远县连界镇碧水湾五幢二楼	15928378306
25	威远县如意山庄旅游投资咨询服务有限公司	威远县新场镇水井街 57 号	0832-8921111
26	威远县银花山庄	威远县两河镇相合村四社	0832-8292222
27	威远县宏圆酒楼	威远县严陵镇广场街 21 号	0832-8244333
28	威远县妙味香美蛙鱼头店	威远县严陵镇易佳街 162、164 号	13890513707
29	威远大权麻辣天地火锅店广场街分店	威远县严陵镇广场街 273 号 2-1-1 号	0832-8222535
30	威远县钟四酒楼	威远县向义镇向万村二组	0832-8555450
31	威远县老玩火锅店	威远县严陵镇下桥街 11-15 号	0832-8224699

续表

32	威远县打渔人家酒楼	威远县严陵镇荷花街 28 号附 2 号	0832-8266290
33	威远县冯六餐厅	威远县黄荆沟镇操场坝	0832-8156424
34	威远县群悦餐厅	威远县小河镇北大街 65 号	13518480299
35	威远县玖玖香鲜鸭肠火锅店	威远县严陵镇奉龙街 124、126、128 号	0832-8245558
36	威远县内月源餐厅	威远县龙会镇兴龙街 196 号	0832-8423115
37	威远县码头故事火锅酒楼	威远县严陵镇半边街 149 号附 2 号	13038183076
38	威远县皇朝火锅城	威远县严陵镇易佳街 121 号	13568028242
39	威远县河口水库餐厅	威远县镇西镇胜利街 209 号	0832-8626234
40	威远县粥道餐厅	威远县严陵镇正西街 44，46，48 号	13890530593
41	威远县山王镇如意餐厅	威远县山王镇正街附 1 号	0832-8022569
42	威远县新饮饭庄	威远县镇西镇胜利街 388 号	0832-8622090
43	威远县品品人家酒楼	威远县庆卫镇交通街二幢 A1-4 号	0832-8947321
44	威远县胖兄弟酒楼	威远县向义镇万村 2 社	0832-8555502
45	威远县婆城三毛餐饮有限公司	威远县铺子湾镇红星村 6 组	13548319888
46	威远刘一手火锅店	威远县严陵镇顺城街 240 号附 3 号	0832-8231222
47	重庆刘一手毛肚火锅威远店	威远县严陵镇顺城街 240 号附 3 号	13890532333
48	威远县惠宾酒楼	威远县龙会镇龙会村三组	0832-8425158
49	威远县靖和镇和平酒楼	威远县靖和镇新华街	13890531129
50	威远山野人家餐厅	威远县新场镇新权村 17 组	0832-8726111
51	威远县天府鱼庄	威远县严陵镇荷花街 220、222、224 号	13890531329
52	威远县钟记绿豆养生汤馆	威远县严陵镇顺城街西外段 136 号	0832-8299888
53	威远县渔府码头火锅店	威远县严陵镇河东街 297、299 号	13990538880
54	威远县富鸿老鸭汤馆	威远县严陵镇广场街南段 408 号附 1 号	0832-8235665
55	威远县银花山庄乡村大酒店	威远县两河镇相合村四社	0832-8857333
56	威远县滨河农家乐	威远县庆卫镇黄石村 5 组	13890551993
57	威远县天逸旅游生态园	威远县严陵镇新义村 6 社	0832-5197002
58	威远正风大酒店	威远县越溪镇交通街 88 号附 5 号	0832-8922269
59	威远县龙森园中餐厅	威远县严陵镇荷花街 237 号	18990592255
60	威远县严陵镇聂三耳鹅肠火锅店	威远县严陵镇外西街西段 332 号	0832-8266669
61	威远县佛缘居山庄	威远县东联镇佛尔岩村 4 组	13708250548
62	威远县五福酒楼	威远县连界镇云钢街 148 号 A 幢 3 层 3 号	0832-8825999
63	威远县邮亭鲫鱼餐馆	威远县连界镇云钢路 90 号附 3 号	0832-8825838
64	威远凤凰古寨旅游有限公司	威远县越溪镇平安村 9 组	13890570108
65	威远县私房鱼餐馆	威远县严陵镇御屏街 166、178 号	0832-8230731
66	威远县竞园餐厅	威远县连界镇人民路 108 号	0832-8834680
67	威远县人民公社火锅店	威远县严陵镇城市花园商业步行街 B 座 1 号	18081773999

续表

68	威远县明心荷花饭店	威远县严陵镇高升街 49、51 号	18990533433
69	威远县久久香烤鱼美食汇餐厅	威远县严陵镇顺城街西段荣威·后湾住宅小区 2 幢 1 层 1-480 号	0832-8227272
70	威远界牌一家乐酒楼	威远县界牌镇政府街 11 号附 1 号	18728131166
71	威远县月月餐厅	威远县严陵镇紫荆街 35 号	15984294500
72	威远县雅盛餐厅	威远县严陵镇高阳街 67、69 号	15983282296
73	威远县食皇阁酒楼	威远县严陵镇内环路 101 号附 1 号	0832-8262411
74	威远县知味轩餐厅	威远县严陵镇广场街 311 号	18980219898
75	威远县嘉州鱼馆	威远县严陵镇塔山村 17 组	0832-8238999
76	威远县香厨房私家菜餐馆	威远县严陵镇荷花街 144、146、148 号	0832-8223999
77	威远县渝香刀叉牛肉馆	威远县严陵镇高笋塘街 120 号	13088225940
78	威远县龙传调火锅城	威远县严陵镇人民路 9 号	0832-8223333
79	威远淡远大酒店	威远县新店镇商业街 46 号附 48 号	13198218213
80	威远县老码头炒杂拌餐馆	威远县严陵镇大桥街 59 号	15884813577
81	威远县文远山泉竹菌养生汤馆	威远县严陵镇建设路西段 34 号	0832-8244666
82	威远县镇西镇新民餐旅馆	威远县镇西镇民主路 197 号	0832-8622006
83	威远县悦宴私家菜馆	威远县严陵镇三益巷 69 号	
84	威远县森林火锅城	威远县严陵镇易佳街 192、194 号	13388365799
85	威远县鸿岛餐厅	威远县严陵镇大桥街 81、93、95 号	18384908868
86	威远县味取名养生羊肉汤馆	威远县严陵镇荷花街 237 号	13458888158
87	威远县黄记耗儿鱼店	威远县严陵镇紫荆街 32、34 号	15828818588
88	威远县向义木板凳餐厅	威远县向义镇小古村 10 组	13518484534
89	威远县煌釜肥牛火锅店	威远县严陵镇花城路建业欧景城 333、335 号	0832-8217555
90	威远县张彬餐饮店	威远县高石镇白盐井 1 号	13980201012
91	威远县九襄黄牛肉餐厅	威远县严陵镇易佳街 195 号附 1 号、197 号	0832-8555456
92	威远县婆城故事酒家	威远县严陵镇商业一街 85 号	18990517888
93	威远县首席火锅餐厅	威远县严陵镇土地坳街 113 号	18981415666
94	威远县真好烧牛肉餐馆	威远县严陵镇荷花街 46 号	15182115688
95	威远县祥龙轩大酒楼	威远县严陵镇易佳街 176 号 2 层附 1 号、178 号	18783292841
96	威远县十全香汤锅店	威远县严陵镇西山村 7、9、10 组安置房 1 楼 3-7 号	15082443524
97	威远县打渔人家酒楼	威远县铺子湾镇岐山村 5 组 14 号	15183291900
98	威远县乡村印象生态河鲜馆	威远县严陵镇长益村 8 组 3 号	13890580555
99	裕同四海商业管理（北京）有限公司威远服务区第二分公司	威远县新店镇永结村七组	18081796625
100	裕同四海商业管理（北京）有限公司威远服务区第一分公司	威远县新店镇永结村七组	18081796625
101	威远县好友鱼庄	威远县连界镇建强村 3 社	13438660780

续表

102	威远县渠波餐饮休闲庄	威远县严陵镇东风村 4 组	08328100449
103	威远县金鱼塘山庄	威远县连界镇国防村 5 社	08328839888
104	威远县刘三哥中餐厅	威远县严陵镇内环路 35 号	13730768505
105	威远县希望农家乐	威远县严陵镇长益村 10 组	13890516282
106	威远县向义镇一口鲜酒楼	威远县向义镇向万村 5 组	13438802572
107	威远县兰天虹大酒楼	威远县连界镇建设街 886 号附 29 号	13608250275
108	威远县火巴耳朵稀饭馆	威远县严陵镇外西街 400 号	08328244111
109	威远县飘香天下火锅	威远县连界镇广场花园 3 幢 2、3、20 号	15828720317
110	威远县老街兔餐馆	威远县严陵镇荷花街 153 号	13419488111
111	威远老陈菌汤兔干锅店	威远县严陵镇东风路桃花源香居三单元 1-2 号门面	13696062807
112	威远县永林砂锅城	威远县严陵镇当铺巷 12 号	08328221036
113	威远县柴门土灶中餐馆	威远县严陵镇长益村 6 组 40 号	13629003289
114	威远县老地方菜馆	威远县新店镇交通街兴旺苑 3、4、5 号	15883298289
115	威远县牛氏清汤黄牛肉汤锅店	威远县严陵镇高升街 53 号	13980200398
116	威远县新世纪大酒楼	威远县严陵镇荷花街 265 号附 15 号	18990551688
117	威远县春天乡村菜饭店	威远县严陵镇东风村 10 组	15583712777
118	威远县兄弟饭店	威远县小河镇哨棚街 76、78、80、82 号	13629000581
119	威远县土乡土菜餐馆	威远县严陵镇建设路西段 37 号	18080202875
120	威远县回归酒店	威远县小河镇交通街 110-4 号	13708254477
121	威远县御香苑酒店	威远县连界镇滨湖路 128 号	15983288823
122	威远县德克士餐厅	威远县严陵镇美好家园电影商贸城 1 层 128 号	0832-8265898
123	威远县雄柒火锅	威远县严陵镇建业欧景城维多利亚风情商业街	13568008787
124	威远县卢氏农家乐	威远县连界镇船石村 7 组	18040422298
125	威远县农乡莱中餐馆	威远县严陵镇花城路尚座雅致 3 号楼-1 层 392、394、396、398 号	15892200888
126	威远县镇西镇康乐大酒店	威远县镇西镇祥和小区第 13 栋 1 号、3 号商业房	18990512932
127	威远县美途食品店	威远县连界镇成自泸高速公路连界停车区（自贡至成都方向）	15265691888
128	威远县渔溪鱼餐厅	威远县连界镇成自泸高速公路连界停车区（成都至自贡方向）	13730780018
129	威远县天一水晶阁酒楼	威远县严陵镇顺城街西外段 53 号城市花园 62 幢-1 层 497 号、507 号	15828824547
130	威远县董小姐西餐厅	威远县严陵镇二环路东段 4000 号	0832-8195555
131	威远县万国酒楼	威远县严陵镇桂花街 12 号	0832-8229777
132	威远县俏媳妇老灶火锅店	威远县严陵镇顺城街西外段 62 号楼 513 号	18111730208
133	威远县一再红自助火锅店	威远县连界镇连兴花园 8 号楼 14-18 号	13438802715
134	威远县霍香黄辣丁鱼馆	威远县连界镇广场花园三号楼	0832-8839163

（县食品药品监督管理局　提供）

索 引

说 明

一、本索引采用主题分析法编制，按主题词首汉语拼音顺序排列，同音字按声调排列，音调相同按下一字的音序排列。

二、索引款目后的阿拉伯数字表示内容所在的页码。

D

F

G

H

J

K

L

M

N

P

Q

R

S

T

W